사상의 자유시장 이론

사상의 자유시장 이론
– 주권의 형성과 실천의 장

펴낸날   초판 1쇄 2015년 12월 30일

지은이   이춘구
펴낸이   서용순
펴낸곳   이지출판

출판등록   1997년 9월 10일 제300-2005-156호
주 소   03131 서울시 종로구 율곡로6길 36 월드오피스텔 903호
대표전화   02-743-7661 **팩스** 02-743-7621
이메일   easy7661@naver.com
디자인   김민정
인 쇄   (주)꽃피는청춘

ⓒ 2015 이춘구

값 28,000원

ISBN 979-11-5555-039-7 93360

※ 잘못 만들어진 책은 바꿔 드립니다.

이 도서의 국립중앙도서관 출판예정도서목록(CIP)은 서지정보유통지원시스템 홈페이지(http://seoji.nl.go.kr)와 국가자료공동목록시스템(http://www.nl.go.kr/kolisnet)에서 이용하실 수 있습니다.(CIP제어번호: CIP2015035583)

※ 이 책은 홍성현 언론기금의 지원을 받아 저술 출판되었습니다.

MARKETPLACE OF IDEAS

주권의 형성과 실천의 장

사상의 자유시장 이론

이 춘 구 지음

이지출판

우리나라도 춘추전국시대의 백가쟁명 백화제방의 활발한 사상적 토론이 가능할까? 미국처럼 언론의 자유와 표현의 자유를 충분히 누릴 수 있을까? 언론인인 필자에게는 평생 머리를 떠나지 않는 화두이다. 우리 역사를 반추해 보면 충분히 가능한 얘기이다. 우리는 홍익인간 재세이화를 개국이념으로 삼고 실천하려고 하는 민족이다. 더욱이 뛰어난 지능과 지혜 그리고 신바람의 민족성을 가진 만큼 백가쟁명 백화제방의 사상이 현실화할 가능성이 있다고 본다.

그 잠재력을 공론의 장으로 이끌고 국가공동체의 명운을 개척해 나가기를 바라는 마음에서 사상의 자유시장에 대해 접근해 보려고 한다. 사실 언로가 막히고 사상의 토론이 제대로 이루어지지 않는 곳에서는 독재로 흐르기 쉬우며, 공동체는 침체와 퇴보에 머물 것이다. 반대로 언로가 트이고 사상의 토론이 활발하게 이루어지면 자유민주주의가 꽃을 피우며, 공동체는 안정과 균형 속에서 지속가능한 발전을 이루게 될 것이다.

우리가 바라는 사회는 이성과 감성이 조화를 이루며, 진리가 항상 승리하고, 공동체 구성원이 자신의 가치를 실현하며, 공동체의 운명을 스스로 결정하는 사회일 것이다. 이러한 사회는 우리의 노력 여하에 따라 달성될 것으로 본다. 이를 위해서는 자신이 갖고 있는 사상과 지식을 시장에 내놓고 검증을 받아야 한다. 시장에서 재화나 용역을 거래하는 것처럼 사상을 교환하는 것이다. 이를 통해 밀턴이 주장한 바와 같이 진리가 허위와의 싸움에서 반드시 승리하고, 우리는 진리에 도달할 것이다. 이를 위해 사전에 검열을 받지 않는 표현의 자유가 절실하며, 제도적으로 언론의 자유가 절대적으로 요청된다. 밀턴의 주장은 근대시대의 이정표적인 이론으로 오늘날 자유민주주의의 토대를 구축하는 주요한 계기를 이룬다.

사상의 자유시장 이론은 영국에서 싹을 틔우고 미국으로 건너가 표현의 자유, 언론의 자유로 꽃을 피운다. 식민시대에 영국의 압제로부터 벗어나고자 했던 미국 건국의 아버지들은 사전억제를 받지 않는 표현의 자유와 언론의 자유가 새로운 국가건설에 가장 절실한 과제임을 인식하고 있었다. 밀턴식의 사상의 자유시장은 국가공동체 건설에 전제조건이다. 이 사상의 자유시장에서 주권자들이 모여 일반의지를 형성하고, 이 일반의지의 결단에 따라 국가공동체를 형성한다. 이 과정에서 주권자인 국민의 알 권리가 보장되고, 표현의 자유, 언론의 자유는 자연스럽게 보장돼야 하는 것이다. 주권자인 국민이 공동체의 대부분의 사항에 대해 정보를 얻고 그에 따라 올바르게 공동체의 운명을 결정하는 것이다. 사상의 자유시장은 은유로서 관념적이지만 실재하며, 국가권력의 행사 등을 통해 실제로 작동하는 것이다.

사상의 자유시장이 구체적으로 논의되고 국가권력 행사에 등장한 것은 Abrams사건의 홈즈 연방대법관의 소수의견에서이다. 홈즈는 밀턴의 견해에 따라 진리와 허위가 사상의 자유시장에서 서로 맞붙어 싸울 때 진리가 이길 것이라는 생각을 하게 된다. 그래서 사상의 교환을 통해 진리가 가려지고, 사회가 진화할 것으로 본다. 홈즈는 사상의 교환에서 사상의 자유시장의 은유를 이끌어내고 이후 사상의 자유시장 이론을 경제학적 관점에서 접근하게 하는 데 결정적 역할을 한다. 경제학적 관점의 사상의 자유시장 이론은 고전학파가 융성하고, 시장의 실패가 두드러지지 않을 때에는 거의 그대로 통용된다. 그러나 과학기술의 발달에 따라 시장이 변화하고 시장의 실패가 두드러지게 나타나면서 사상의 자유시장 이론은 여러 비판에 직면한다.

특히 고전학파가 전제로 한 이성적인 인간상과 보이지 않는 손에 의한 시장의 자동조정 기능이 근본부터 도전을 받는다. 특히 미국 역사가 오래되고 자본주의가 성숙함에 따라 건국 전후의 사회 사정과는 크게 달라지게 된다. 인간이 우리가 상정하는 것처럼 이성적이지도 않고 감성과 사회 관습에 따라 결정을 하는 경향 등이 비판의 전제이다. 시장기능 또한 자본의 집중과 과학기술의 축적에 따라 근본적인 변화를 겪고 있다. 어제까지 진리이던 것이 오늘에는 그 타당성을 도전받게 된 것이다.

홈즈의 언명처럼 인류역사는 인간의 죽음 위에 형성된다. 사상 또한 조상들의 진리가 죽음으로써 새로운 진리가 구축되는 것이다. 사상의 자유시장의 정당성은 심각하게 도전을 받고 있다. 더욱이 기득권층의 편견과 이익을 대변하는 기능에 그치게 된다는 비판마저 제기된다. 미국 학자들의 접근법을 탐색하고 함께 연구하다 보면 이 접근법이 맞다는 생각이 든다.

이에 대한 대안으로 제도경제학적 접근론이 모색된다. 제도적인 측면에서 접근은 사상의 자유시장 이론을 보다 더 현실적으로 이해하게 한다는 측면에서 바람직한 접근이자 이론의 완성도를 높이는 것으로 본다. 사실 여러 비판론도 사상의 자유시장에 대한 이해를 높이는 것으로 받아들일 수 있다. 근본적으로 사상의 자유시장을 부정하기보다 사상의 자유시장의 완벽한 기능을 바라는 의미에서의 접근법이라고 생각한다.

요컨대 사상의 자유시장은 국가공동체의 주요 의사결정의 장이라는 점에서 미국 언론법, 헌법학에서는 살아 있는 개념이다. 연방대법원과 학자들의 동향을 보면 확연하게 이를 증명한다. 사상의 자유시장의 고전적 개념과 기능을 충실히 수행하는 것이 올바른 태도로 받아들여진다. 다만 많은 비판론자들이 지적하는 바를 늘 염두에 두고 이론의 완전성을 이룩하도록 해야 하겠다.

미국에서는 사상의 자유시장 이론이 표현의 자유, 언론의 자유, 방송의 자유 등에 대한 이론으로 발전해 나간다. 특히 공간적 측면에서 공적 토론장으로 구체화하고, 또 이를 확대하려는 노력들이 주목을 끌고 있다. 그 역사만큼이나 많은 사상의 자유시장 판례와 표현의 자유의 판례와 관련 이론이 축적되고 있다. 더 나아가 공적 토론장의 확대에 관한 이론도 활발하게 연구되고 있다. 특히 언론의 공정성 원칙은 표현의 자유와 언론의 자유를 냉각시킬 것이라는 우려가 제기되면서 폐기되고 만다. 하지만 이 공정성 원칙은 의회 내에서 활발하게 주장되는데 공화당은 언론의 자유의 위축이라는 점에서 부활에 반대하고, 민주당은 언론의 자유의 활성화라는 측면에서 부활하려고 시도한다. 이번 저술은 이 같은 방향성에 주목하고 사상의 자유시장의 활성화에 초점을 맞추려고 한다.

사상의 자유시장에서 필자가 추구하는 것은 에머슨이 정리한 표현의 자유를 규정한 수정헌법 제1조의 보호법익의 활성화이다. 에머슨은 수정헌법 제1조에 의해 본질적으로 보호받는 주요가치를 4개로 범주화하고 있다. 자유로운 표현체제를 유지하는 것이 개인의 자기실현을 보증하는 수단으로서, 진리에의 도달 수단으로서, 정치적 의사결정을 포함해 사회적 의사결정을 내리는 데 있어서 사회 구성원의 참여를 확보하는 수단으로서 그리고 사회에서 안정과 변화 사이에서 균형을 유지하는 수단으로서 필수적인 것으로 본다. 에머슨은 한계문제나 다른 가치들과의 조화와 관련 없이 독립적이고 적극적인 측면에서 4대 가치들을 고려한다. 또한 표현의 자유의 책임성, 언론의 자유의 책임성이다. 미국은 오랜 역사를 통해 수정헌법 제1조의 보호법익을 실천하려고 노력하고 있다.

우리의 경우 언론은 ICT의 기술 발달에 따라 다채널 다매체의 무한경쟁시대로 돌입하고 있다. 이런 상황에서 보수독재 논리와 자유민주 논리가 팽팽하게 맞서면서 미국과는 상당히 다른 사상의 자유시장을 목격하게 된다. 안보와 총리 청문회 등 국가적 사건에 대해서조차 객관적 사실을 각기 다르게 인식하고 그 위에 논쟁을 벌이는 경향이다. 사실을 사실대로 보지 않는 사회는 존립의 기반이 크게 위협을 받는다. 마치 늑대를 감시하는 양치기 목동의 거짓을 대하는 느낌이다.

우리는 사상의 자유시장에서 모든 국민이 사실을 제대로 판단하도록 올바른 정보를 제공하도록 해야 한다. 특히 영향력이 큰 방송국의 보도는 사실과 진실보도, 공정성과 객관성을 생명으로 해야 한다. 지금 우리가 목격하는 바로는 왜곡된 정보에 의해 국가공동체가 어려움에 처할 수 있겠다는 생각도 지울 수 없는 게 현실이다.

우리 역사를 살펴보면 미국과 영국, 그리스 등에서 논의되는 사상의 자유시장을 유추할 수 있는 장면들이 지속적으로 이어지고 있다고 본다. 일제 식민사관이 신화로 폄하하는 고조선의 개국 과정을 보면 그리스의 아고라, 광장처럼 신시에서 만인의 논의에 의해 임금이 세워지는 것을 알 수 있다. 홍익인간 재세이화의 숭고한 개국이념은 사상의 자유시장 유추의 결정판이라는 생각이다. 화백회의, 소도, 풍류도, 제천의식 등은 시원적 형태의 사상의 자유시장으로 유추한다. 왕정시대의 활발한 상소나 간언, 마을공동체의 의사결정구조 등에서 사상의 자유시장의 단초를 찾을 수 있다. 이 같은 흐름은 동학혁명, 3·1운동, 독립운동 등을 통해 계승된다. 우리 건국의 아버지들은 3·1운동 이후 나라를 세우고 임시정부를 통해 온전한 나라를 세우는 데 생명과 재산 모두를 걸었다.

사실 대한민국 정부 수립 이후 사상의 자유시장을 유추하는 것은 미국과 영국 등의 예와 비슷하다고 하겠다. 다만 미국이 식민지로부터 독립한 특성을 고려하면 우리의 경우도 미국 이론의 직수입이 상당부분 타당성이 있다는 판단이다. 그러나 그동안 사상의 자유시장 이론에 대한 연구는 우리의 경우 깊게 진전되지 않았다고 하겠다. 그런 점에도 불구하고 박용상 언론중재위원장님의 독보적인 연구는 필자에게 많은 시사점을 주고 있다.

이 책은 이와 같은 배경을 바탕으로 영국과 미국에서 진행된 이론의 전개를 살펴보려고 한다. 영국의 밀턴과 밀, 미국의 제퍼슨, 홈즈, 브랜다이스, 에머슨, 마이클존, 채피, 블라시, 볼로크, 잉버, 브리츠키, 샤우어, 블로처, 호르위츠, 돔 카리스티 등 정치가와 연방대법관, 학자들의 이론을 중심적으로 살펴본다. 외국 학자들의 이론을 그들의 표현 방식대로 직접적으로 소개하려고 노력했다. 이 때문에 일부 문장이 다소 매끄럽지 않은 부분이 있을 수 있다. 학자들의 기본정신을 살리려고 하는 필자의 완고함 때문이며, 다음 연구에서 보완하도록 할 생각이다.

이 책의 출판은 홍성현 언론기금의 지원을 받아 이루어졌다. 홍성현 선생은 1997년 KBS 보도국장으로 재직하던 중 모처럼 여름 휴가를 냈다가 괌에서 KAL기 추락사고로 유명을 달리하셨다. 홍성현 선생은 보도국장 재직 시 공정한 보도와 공정한 인사에 중점을 두고 어려운 선후배를 많이 챙기셨다. 필자는 지금도 홍 선배가 보도국에서 다정한 눈빛으로 잔잔하게 미소를 짓고 있는 것 같다는 생각을 한다. '위대한 대한민국 건설'과 '공정한 보도'라는 고인의 뜻이 이 책을 통해서 널리 전파되는 데 기여하기를 감히 바란다.

또한 여러 분들의 격려와 지도가 있었다. 양영철 한국방송기자클럽 회장님과 이홍기 홍성현 언론기금 이사장님의 배려로 이 책을 집필할 수 있게 됐다. 전북대학교 전 법대학장인 백종인 교수님께서는 필자의 연구가 적확하게 진행되도록 지도편달을 아끼지 않으셨다. 조금은 어려운 듯한 본서를 쉽게 전달되도록 편집에 애써주신 이지출판사 서용순 사장님에게도 감사의 뜻을 전한다.

2015년 12월 16일 인왕산 우거에서
눌제 이춘구 씀

MARKETPLACE OF IDEAS

사상의 자유시장 이론

• 제1장 •
서 론

　우리는 인간으로서 공동체에서 어떻게 살아가야 하는가? 이 근본적인 화두가 우리를 붙들어 매는 과제일 것이다. 인간으로서 어떻게 사는가 하는 문제는 무엇을 위해 사는가 하는 문제로 이어진다. 인터넷과 SNS로 연결된 세상에서 방송과 신문 등 대중매체가 우리 일상을 지배하고 있다. 소위 다매체 다채널의 무한경쟁과 정보의 홍수 속에서 우리는 어떤 정보를 받아들이고 어떻게 판단하고 일상생활을 살아갈지를 결정해야 한다. 특히 남북 간의 무력충돌, 대형 참사, 대규모 국책사업, 복지논쟁 등 국가 사회적으로 쟁점이 되는 사안에 대해 너무도 다르게 접근하는 문제에 대해서는 당혹스럽기 그지없다. 객관적 사실 확인과 사실을 해석하는 관점, 문제를 해결하는 접근법의 차이 등에서 확연하게 다르다. 국가의 주요 기관인 정부나 국회, 사법부, 헌법재판소 등의 판단마저 불신을 받는 실정이다.

　그래도 우리는 공동체 일원으로서 자신의 행복과 공동체의 번영을 함께 이룩해야 한다. 자신만 잘 살겠다는 것은 마치 무인도에서 혼자 의식주를 해결하며 사는 것과 같다. 심각한 고민을 안고 일상적으로 이루어지는 일을 곰곰이 생각해 보면, 우리가 사는 모습을 이 같이 그려볼 수 있을 것이다. 공동체 측면에서 이 전체적인 흐름을 아우르는 게 사상의 자유시장(marketplace of ideas)이다. 사상의 자유시장은 인간이 공동체 생활을 하면서 시장이나 광장, 거리 등에서 사상을 서로 주고받으며 공동체 운명을 결정하게 되는 체제이다. 사상을 주고받는 과정에서 진리가 허위를 이기며, 인간은 이성적으로 행동할 것으로 본다.

국가공동체의 경우 사상의 자유시장은 국가를 형성하고, 주권을 행사하는 관념의 장이다. 이는 주권자인 국민이 주권의 최종 결단권자로서 국권을 행사하는 바탕이다. 우리는 의식을 하든 의식을 하지 않든 이 사상의 자유시장에서 일생을 살다 가는 것이다. 인간의 역사는 죽음, 선조들의 사망 속에서 이루어진다. 마찬가지로 인간의 사상은 선조들의 사상의 사망 속에서 진화할 것이다.

우리가 삶의 방편으로 사는 게 자신의 생각, 즉 사상이며, 삶의 목적으로 내세우는 것은 자신의 사상의 실현이다. 사상이라고 말하니 거창한 이데올로기나 유명한 사상가의 사상만을 떠올릴 것이다. 우리가 논의할 사상의 자유시장에서의 사상은 자본주의와 사회민주주의, 공산주의 등의 이데올로기나 유명한 사상뿐 아니라 일상생활에서 제기되는 사상(ideas), 다양한 생각으로 보는 것이 옳다. 이 같은 사상은 내면의 세계에만 머문다면 시장에 미치는 영향이 없다. 사상을 공동체 구성원이 많이 모이는 시장이나 광장, 거리 등에서 표현하고, 상대의 사상을 받아들이기도 한다. 사상을 주고받는 교환과정에서 허위는 도태되고, 진리는 살아남는다는 게 원형질적인 고전주의적 사상의 자유시장 모형이다.

표현의 자유는 고대 그리스로부터 강한 논쟁이 이어져 왔다. 현대적 의미에서 표현의 자유에 대해서는 1600년대 영국에서 시민전쟁과 종교개혁 등이 이어지면서 논쟁이 펼쳐졌다. 논쟁의 도화선이 된 것은 1644년 밀턴(John Milton)의 '아레오파지티카(Areopagitica)'이다. 여기서 논쟁적인 쟁점들

● 밀턴(John Milton)

을 공개적으로 논의하는 것을 통해 자동조정과정(self-righting process)이 일어난다는 개념을 포함해 여러 가지 주요한 사상들이 나타나게 됐다. 밀턴은 진실한 사상은 어찌됐든 그릇된 사상을 이길 것이기 때문에 검열은 필요하지 않다고 말한다. 밀턴은 사상의 자유시장의 중요성을 옹호한다. 그것은 혁명적 생각이다. 밀턴 시대에 거의 어느 누구도 표현의 자유가 보편적이어야 한다고 믿지 않았다. 그러나 밀턴에게도 그 자유는 한계가 있었다. 그는 자신의 동시대 대부분의 사람들보다 훨씬 더 많은 자유를 선호했지만 자유로운 표현이 위험하게 그릇되거나 체제전복적인 사상을 옹호하는 사람들에게까지 확장돼야 한다고 생각한 것은 아니다.[1] 자유를 위한 그의 호소는 '가톨릭, 공개적 미신'과 '불경하거나 사악한' 사상들을 특별히 배제한다.

미국에서는 식민지 초기 영국과 같은 경험을 겪으며 표현의 자유를 확립하게 된다. 1735년 Zenger사건에[2] 이어 1791년 수정헌법 제1조, 홈즈(Oliver Wendell Holmes) 연방대법관의 사상의 자유시장 이론이 기념비적이다. 표현의 자유가 발달된 미국에서는 표현의 자유를 얻기 위한 3세기동안의 심한 투쟁이 있었다. 그래서 표현의 자유를 규정한 수정헌법 제1조를 자연의 일반법(a universal law of nature)처럼 언제나 존재하고 존재할 것으로 쉽게 말한다는 지적이 있다.[3] 더글러스(William O. Douglas) 연방대법관은 미국의 역사상 가장 큰 기여는 표현의 자유를 이룩하려고 한 실험이라고 꼽는다. 미국에서 발언의 자유와 언론의 자유는 다가오는 미래에도 인류가 경외의 눈으로 바라볼 성과라고 강조한다.[4]

그러나 애덤 스미스(Adam Smith) 식으로 보이지 않는 손에 의해 시장이

---

1 Wayne Overbeck, Major Principles of Media Law, Harcourt Brace College Publishers, 1998, p. 34.
2 Attorney General v. John Peter Zenger.
3 Wayne Overbeck, op. cit., p. 32.

우리 역사의 단계마다 적용하려고 시도한다.

　우리 국민은 신바람, 풍류도의 민족으로서 사상의 자유시장에서도 열 띠게 토론을 했을 것이다. 이는 조선시대 간원들이 목숨을 내걸고 간언을 하는 데서도 유추할 수 있다. 또한 대한제국 멸망 후 초개와 같이 목숨을 버린 순국선열들의 숭고한 희생과 의병활동, 독립투쟁에서도 유추해 볼 수 있다. 우리는 개화기에서부터 선각자들의 연구로 자유와 평등, 민주공 화제 등 서양의 주요한 법철학을 수용하게 된다. 이를 바탕으로 3·1독립 운동을 일으켰으며, 3·1독립운동 이후 대한민국을 건립하고 임시정부를 출범시켰다. 임시정부의 헌법은 조국 광복 이후 제헌헌법으로 계승되었 으며 오늘날 국가체제를 유지하게 되었다.

　사상의 자유시장에 대한 연구와 논의는 우리의 경우 미국처럼 활발하 지는 않지만 일부 철학자와 언론학자를 중심으로 진행되고 있다. 법학계 에서는 박용상 언론중재위원장이 독보적으로 연구의 방향을 제시한 바 있다. 그러나 전체적으로는 연구가 이론의 소개 단계 초기 형성과정에 머 물고 있다고 할 것이다. 민주화가 진행되면서 사전검열과 사후억제 금지, 사상의 자유시장 이론 등이 헌법재판소와 대법원 판결 등을 통해 원용되 는 사례가 늘어나고 있다.

　이러한 동향을 놓치지 않고 우리에게 법적으로 시사하는 바를 검토한 다. 법철학과 헌법, 언론법, 정치학, 경제학 등 학제적 관점에서 판례분석 과 함께 종합적으로 비교분석한다. 특히 우리 역사를 통해 사상의 자유시 장을 유추하는 데 상상력을 동원하려고 한다. 우리는 민족의 역사를 통해 사상의 자유시장이 여러 형태로 유지되고 계승되고 있다는 사실을 발견 하게 될 것이다.

제2장

사상의 자유시장 이론의 연원

Ⅰ. 사상의 자유시장의 기초 형성

서양에서 사상의 자유시장 원형은 고대 그리스나 로마의 시장, 광장, 거리 등에서 상품거래와 함께 사상을 서로 주고받는 데서 형성된 것으로 본다. 소위 전통적 공적 토론장에서 사상의 자유시장의 원형이 형성된 것으로 해석한다.[5] 고대 도시국가에서는 일정 부분 인민의 직접 민주정이 가능하기 때문에 사상의 자유시장 또한 활발했을 것이다. 이 같은 사상의 자유시장은 중세 암흑기에 침체되었다가 근대 르네상스를 맞아 개인이 존중되고 표현의 자유가 논의되면서 또다시 부활하게 되었다.

근대적 의미의 표현의 자유, 언론의 자유는 밀턴이 허가받지 않는 출판의 자유를 주장하면서 발행한 아레오파지티카로부터 논쟁이 시작된다.[6] 영국 시인이자 수필가인 밀턴은 자신의 이혼을 정당화하기 위해 아레오

---

5 이춘구, 공적 토론장의 확대에 관한 법적 고찰: 미국의 판례를 중심으로, 전북대학교 동북아법연구소, 동북아법연구 제8권 제2호, 2014, 305–349쪽. 이하 공적 토론장의 확대에 관한 법적 고찰로 인용.

6 J. Milton, Areopagitica, Everyman's Library ed. 1927. 이하 Areopagitica로 인용. Areopagitica: A Speech of Mr. John Milton for the Liberty of Unlicensed Printing, to the Parliament of England.

파지티카라는 소책자를 펴내고, 여기서 출판의 허가와 검열을 반대했다. 아레오파지티카는 표현과 언론의 자유에 대한 권리의 원칙 가운데 역사적으로 가장 영향력이 있고 열정적인 철학적 방어물 가운데 하나이다. 그것이 표현한 사상의 자유시장 이론 등 많은 원칙들은 그러한 권리를 현대적으로 정당화하는 기초를 형성한다. 아레오파지티카는 영국 시민전쟁이 최고조에 달할 때인 1644년 11월 23일 출판됐다. 그것은 BC 5세기 아테네의 웅변가 이소크라테스(Isocrates)가 작성한 연설, 아레오파지티코스(Areopagitikos)를 본따 이름이 붙여진 것이다.[7] 이소크라테스처럼 밀턴은 구두로 연설을 행할 의도가 없었다. 대신, 연설문 형식의 이 소책자에서 출판 검열을 반대했다. 개신교도로서 밀턴은 장기의회 내 장로교 교인들을 지지했다. 그러나 그는 이 책을 출판하기 전에 정부의 허가를 받도록 한 1643년의 허가명령에 강력하게 반대하는 주장을 펼쳤다.

국가사회 법질서상 표현의 자유가 사회적 선을 향상시킨다는 중요한 시각은 밀턴의 아레오파지티카에서 본격적으로 유래한다. 밀턴은 당시 이혼을 원했으며 그는 이혼을 금지하는 엄격한 법적 장애들을 낮추기를 바라며 이 글을 썼다. 또 자신의 이혼을 방어하는 여러 소책자들을[8] 출판했다. 그는 허가를 받지 않고 출판을 했다는 이유로 비판을 받았다. 그러나 허가를 받지 않고 출판할 것을 의회가 허용하도록 유도하기 위해 자신의 철학을 밝힌 것이다. 이것은 급진적 입장이어서 검열관들로부터 호감을 받지 못했다. 아레오파지티카에서 밀턴은 성서와 고전을 참고하며 자신의 주장을 펼쳤다. 당시 장기의회는 칼뱅주의자, 장로교인들이 장악하고 있었기 때문이다.

밀턴의 아레오파지티카는 허가 없는 출판의 자유를 위한 웅변적인

---

7 Areopagus는 아테네의 언덕으로서 실제적이고 전설적인 재판소 자리이며, 이소크라테스가 회복을 희망한 위원회의 이름이기도 하다. Wikipedia.

8 John Milton, Doctrine and Discipline of Divorce, 1643.

항변으로서 필연적으로 사상 사이의 공개적 경쟁을 요구했다. 진실과 허위를 대결하게 하라고 밀턴은 주장한다:

"비록 원칙의 모든 바람들이 지상에서 움직이도록 내버려둘지라도, 따라서 진리가 들에 있게 하고, 우리는 진리의 힘을 믿지 못하고 허가하고 금지함으로써 해롭게 행동한다. 진리와 거짓으로 하여금 대결하게 하자. 자유롭고 공개적 대결에서 진리가 더 나쁜 곳으로 내던져지겠는가?"

3세기 이상 동안 실제로 이 같은 시장의 비유는 국가의 가장 유해한 정책들과 싸우는 데 기여해 왔다.[9] 자유주의자의 사회적 정치적 정의감 속에서 경제적 자유가 크게 나타나기 때문에 공개적 대결, 즉 시장의 비유는 광범위하고 지속적인 소구력을 갖게 됐다.

밀턴은 역사적으로 고대 그리스와 로마가 출판 허가 행위를 고집하지 않았다는 데 주목한다. 상당수 사례들을 보면 모독적이거나 명예를 훼손하는 저작들이 불태워지고, 저자들은 벌을 받는다. 그러나 이러한 책들은 출판 이전에 거부되기보다는 출판 이후 거부된 것이다. 밀턴의 관점은 만약에 책이 거부된다면 그것은 그 책의 사상이 표현되기 이전에 금지되기보다는 우선 "점검을 받고, 논박을 당하고, 비난을 받아야 한다"는 것이다.

밀턴은 허가과정이 종교재판과 함께 가톨릭에 의해 제도화한 것으로 지적한다. 그러나 허가과정이 개신교도들에 의해 지배되고, 영국에서 개신교도들과 가톨릭 신도들 사이에 갈등이 발생한 이래 의회의 종교적 믿음에 대해 호소하는 것이다. 밀턴은 종교재판 이후 역사적 사례들을 제시한다. 1300년대부터 로마교황은 전제적 허가권자가 된다. 예를 들면 마틴 5세(Martin V세) 교황은 이교도 책을 읽는 것을 금지한 최초의 교황이다.

---

9 Deni Elliot, Responsible Journalism, Sage Publications, Inc., 1986, pp. 83-84.

그리고 1500년대에 트렌트(Trent)와 스페인 종교재판위원회는 본질적으로 이교도적인 것이 아니지만 수사에 대해서 오로지 비우호적이라는 이유로 책들을 금지했다.

밀턴은 그의 주장에 앞서 독서의 목적을 논의했다. 그는 모세(Moses), 다윗(David), 바울(Paul)이 모두 학식 있는 사람이라고 언급했다. 이것은 개신교 독자에게 학식을 얻게 되는 것은 "모든 종류의 책"을 읽는 것이라고 상기시킨다. 그는 심지어 "나쁜" 또는 이교도 서적들도 포함한다고 주장한다. 왜냐하면 그들의 잘못으로부터 배울 수 있고, 또 그렇지 않은 것을 고려해 무엇이 진리인가를 발견할 수 있기 때문이다. 신이 모든 사람에게 이성과 자유의지, 그들 스스로가 사상을 판단하는 양심을 부여했기 때문에 따라서 책의 사상들은 독자 자신의 선택에 의해 거부돼야 하고, 허가당국에 의해 거부돼서는 안 된다는 게 밀턴의 관점이다. 역시 정신은 단순히 거짓과 대결했다고 해서 타락하는 것은 아니다. 사도 바울이 개종하면서 "기적"으로 여겨지는 에베소서들을 사적으로 그리고 자발적으로 불태운 방식처럼 밀턴은 거짓과 대결이 실질적으로 선한 행동으로 귀결될 것이라고 본다. "좋은 책은 위인의 고귀한 생명의 피이며, 사후의 삶에 대한 목적을 갖고 방부 처리되고 간직된다."[10]

밀턴은 허가는 "저자에 대한, 책에 대한, 학습의 특권과 위신에 대한 불명예이자 비하이다"라고 주장한다. 이것은 많은 저자들이 허가자의 주관적이고 재량적인 판단 정도에 의해 오로지 검열을 받기 위해 순전히 좋은 의도를 갖고 기술된 작품을 생산할 것이기 때문이다. 밀턴은 역시 영국은 진리와 지식에 공개적이기를 요구한다고 생각한다. 진리와 지식은 정부의 표준에 의해 독점돼서는 안 된다. 믿음과 지식은 실행을 요한다. 그러

---

10 A good book is the precious lifeblood of a master spirit, embalmed and treasured up on purpose to a life beyond life. 뉴욕 공공도서관의 주 독서실 입구에 걸려 있는 Areopagitica의 한 구절.

나 이 명령은 순응과 게으름을 초래할 것이다. 허가를 해주는 것은 정부의 편견과 관습에 의해 진리의 발견을 방해할 것이다. 왜냐하면 우리가 아직 알지 못하는 진리가 더 많이 발견될 것이기 때문이다. 밀턴은 허가가 허가자에게 다른 사람들을 침묵하게 할 힘을 주기 때문에 허가가 잠재적으로 신의 계획을 방해할 수 있다고 생각한다.

밀턴은 의회의 허가명령이 물의를 빚고, 선동적이며 명예를 훼손하는 책들을 누르려고 하는 그 목적을 이루지 못할 것이라고 주장했다："이 허가명령은 명령이 형성된 목적에 대해 아무것도 이바지하지 못할 것이다." 명령은 나쁜 책에 의해 야기된 "감염"의 확산을 방지하는 태도들을 바로잡기 위한 것을 의미한다. 밀턴은 허가명령이 너무 광범위하다고 주장한다. 심지어 성경 자체도 신성모독과 사악한 사람들의 공격적인 서술들을 담고 있어서 역사적으로 독자들에게 제한돼 있었다고 주장한다.

밀턴은 허가는 작동할 수 없으며 또 표현하고자 하는 시각을 가진 사람들에게 모욕이라고 주장했다.[11] 그러나 이보다 더 그가 주장하듯이 허가는 사회에 대해 해롭다. 왜냐하면 사람들이 아는 것이 많고 다른 관점들에 노출되면 사람들은 기능을 더 잘할 수 있기 때문이다. 시대적 맥락에서 비록 밀턴의 시각은 그 당시 만연했던 엄격한 검열로부터 대단히 동떨어진 것이다. 밀턴은 그러나 모든 주제에 대해 모든 사람에게 표현의 자유를 주는 것까지는 준비되지 않았다. 청교도로서 그는 가톨릭 교리나 무신론을 자유롭게 토론하는 것을 허용하지 않으려 했다. 만약에 허가 없이 출판하는 게 허용되면, 왕의 견해가 압도당하는 공적 두려움을 누그러뜨리려고 밀턴은 시도했다.

밀턴은 역시 이 명령에 의해 나쁜 책들로부터 무지한 사람들을 보호하지

---

11 T. Barton Carter · Marc A. Franklin · Jay B. Wright, The First Amendment and The Fourth Estate, The Law of Mass Media, The Foundation Press, Inc., 1991, p. 34. 이하 T. Barton Carter · Marc A. Franklin · Jay B. Wright로 인용.

못할 것이라고 지목했다. 왜냐하면 책들이 학식 있는 사람들에 의해 어느 정도 읽혀질 가능성이 더 높기 때문이다. 더욱이 기술된 어떠한 나쁜 사상이라도 단어를 통해 여전히 가르침을 받을 수 있다. 그렇지 않으면 감염 또는 타락이 예방되지 않는다. 밀턴의 요점은 책을 허가하는 것은 사회의 타락을 방지할 수 없을 것 같고, 그래서 실행가능한 정지점이 없다는 것이다:

"우리가 인쇄를 규제하고 그것에 의해 태도들을 바로잡는 것을 생각한다면, 우리는 역시 모든 오락과 취미를 규제해야 한다."

최종적으로 밀턴은 적합하게 허가를 받은 사람들이 있을지라도 책을 허가하는 데 오류의 가능성은 여전히 크고, 또 그 일이 들이게 될 시간의 양이 비현실적이라고 한다.

II. 표현의 자유 이론의 형성

밀턴은 아레오파지티카와 같은 소책자에서 주장한 사상을 방어하기 위해 노력한다. 그는 영국이 찰스 1세(Charles I)와 고위성직자들의 전제를 극복한 것을 찬미했다. 그러나 그의 본래 목적은 자신의 불만의 소리를 내기 위한 것이다. 밀턴은 이 목적을 방어하고, 불평을 의회 앞에 가져오는 것은 시민의 자유이자 충성의 문제라고 주장했다. 왜냐하면 건설적인 비판은 잘못된 아첨보다 낫기 때문이다.[12] 그는 진리와 똑바른 판결을 구하기 위해 의회가 "이성의 목소리(the voice of reason)"에 복종하고, "어느 명령도 기꺼이 폐지하도록" 의회를 격려함으로써 자신의 주장의 결론을 내린다.

밀턴은 기독교적인 원죄의식을 통해 자연권적인 인간의 이성과 자율성, 절제가 발현되는 과정을 설명한다. 이 부분이 표현의 자유, 언론의 자유 이론 역사에 결정적으로 기여한다. 사상의 자유시장 개념과 자동조정원리와 관련되는 것이다.[13] 밀턴은 진리의 발견을 위한 방법으로 공개적 토론이 최적의 방법이라고 주장한다. 공개적 토론이 이루어지려면 관용과 자유가 필수적임을 주장한다. 밀턴은 예수가 취한 태도, 즉 공개적으로 자신의 생각을 설교함으로써 스스로를 변호한, 공개적인 전달방식이 주는 의미에서 진리추구의 한 전형을 제시한다.[14]

밀턴은 '공개적' 이라는 단어를 '단련' 하고 '훈련' 할 수 있는 기회로 설명한다. 어떤 사상이 검열 없이 자유롭게 표현됐을 때 그러한 견해를 피력했던 사람에게는 자신의 생각이 공개적으로 논의되는 과정을 거쳐 검증받을 수 있는 장이 마련되는 것이다. 밀턴은 하버마스(Habermas)의 '이상적인 의사소통 상황' 에 해당되는 '자유롭고 공개적인 대결' 이란 열린 공간의 개념을 강조한다. 각자의 자유로운 의견이 정치적으로나 종교적으로 당파성을 지녀 개인적인 이익을 구하는 경우라고 하더라도 공개적인 검증과정을 거칠 수 있도록 열려 있고, 공정성이 보장되는 '대결' 의 장이 마련되어야 함은 당연하다는 것이다.

밀턴은 개인의 권리를 인정하더라도 이전의 상태(status quo ante)가 가장 잘 작동한다고 주장한다. 이처럼 아레오파지티카에서 완벽히 자유주의적이지는 않다. 과거 법에 따르면 모든 책들은 적어도 인쇄자의 이름, 그리고 더 선호되는 것은 저자의 이름이 책 속에 표기돼야 했다. 밀턴은

---

12 Jason P. Rosenblatt, Milton's Selected Poetry and Prose, W.W. Norton & Co., 2010, pp. 337-380.
13 임상원, 〈아레오파지티카〉의 언론자유사상, 언론과 사회 제16권, 1997, 20쪽.
14 이종우, 밀턴의 〈아레오파지티카〉: 언론·출판의 자유에 대한 선언, 사회비평 제16권, 1996, 293쪽.

비록 이교도적이거나 명예훼손적 내용이 출판되더라도 그러한 책들은 그후 여전히 파괴될 수 있다고 주장한다. 이에 덧붙여, 그는 자신의 관용이 한계가 있다는 것을 인정한다. 그는 가톨릭을 관용하고 공개적 미신을 지지하는 게 아니다. 그들이 모든 종교와 시민의 우월성을 제거하듯이 그들 자신도 제거되어야 한다. 밀턴은 출판허가법 개정이라는 구체적 사건을 통해 지적 탐구행위의 자유를 정당화하고, 그렇게 함으로써 종교적인 신앙의 자유문제를 양심의 자유문제로 한 단계 확대·승화시키고 있다.[15]

밀턴의 주장은 공동체론적 사회관을 그 밑바탕에 깔고 있다.[16] 즉 출판의 자유가 영국이라는 국가에서 개혁(reformation)을 완성하기 위해 필요하다는 것이지 개인의 자기실현(self-fulfillment)을 위한 것은 아니라는 것이다. 그의 주장은 사상의 자유시장이라는 개념도 진리의 발전이라는 목적이 있고, 때문에 모두가 참여할 수 있는 그런 시장을 의미하는 것으로 해석하는 것은 무리가 있다고 한다. "나에게 어떠한 자유보다 양심에 따라 알고 말하고 자유롭게 논쟁할 자유를 주라"고[17] 할 때 '나'는 밀턴 자신과 그가 그토록 찬사를 보내는 지식인 그리고 진리를 추구하는 사람들이지 모든 대중을 포함하는 것은 아니다. '사상의 자유시장' 개념은 특정한 질서의 지배를 받는 시장을 의미하는 것이다.

그럼에도 표현의 자유 철학에 대한 밀턴의 가장 지속적인 기여는 제한받지 않는 토론이 진리의 발견으로 이끌 것이라고 하는 그의 언명이다. 50여 년 후 영국에서 로크(John Locke)는 진리가 승리하게 될 것이라는 이 믿음을 일정 부분 유지했다. '관용에 관한 편지'(1689)에서 그는 다음과 같이 주장했다:

---

15 임상원, 앞의 논문, 14쪽.
16 임상원, 앞의 논문, 39쪽.
17 Give me the liberty to know, to utter, and to argue freely according to conscience, above all liberties.

"만약에 진리가 진리 스스로 움직이게 한다면, 진리는 확실히 충분히 잘할 것이다. 진리는 위대한 사람의 힘으로(the power of great men) 도움을 거의 받지 않았고 또 결코 받지 않을 것이다. 진리는 그러나 위대한 사람에게 거의 알려지지 않고 또 보다 환영받지 않는다. 진리는 법률에 의해 가르침을 받지 않고 또는 진리는 사람의 마음속으로 진리가 진입하는 것을 확보하기 위한 힘을 필요로 하지 않는다. 오류는 외국과 용병들의 도움에 의해 승리한다. 그러나 만약에 진리가 진리 자신의 빛에 의해 이해하는 방향으로 가지 않는다면, 폭력이 진리에 대해 더할 수 있는 용병의 힘 때문에 진리는 약자가 될 것이다."[18]

표현의 자유에 대한 로크의 관심은 진리를 찾는 데 있어서 지침의 원천으로서 국가 또는 개인에 대한 회의로부터 나온다. 그는 묻는 자유에 대한 정부의 제한은 실수 가능성을 증대시킬 것이라는 밀턴의 시각을 공유한다. 지식 없이 진리를 전파하기 위해 관심을 갖는 그러한 점을 그는 비난했다. 밀턴처럼 로크는 사전 제한조치에 대해 반대하고, 1694년 최종적으로 허가명령(Licensing Order) 폐지를 가져온 운동에 참여했다. 이에 앞서 영국에서는 1649년 인민협약(The Agreement of the people)에 의해 언론·출판의 자유가 선언됐다.[19]

그러나 역시 밀턴처럼 로크는 출판 후 표현에 대한 형벌을 문제 삼지 않았고, "인류사회 또는 시민사회의 유지에 필요한 그러한 도덕 규정들에 반대되는 의견"의 진압을 옹호했다. 로크는 자유에 대한 침해를 막고 안전을 확보하기 위해서 언론의 자유에 대한 제한이 가능하다고 본다. 또 언론의 자유에 대한 제한은 국민의 평화와 안전, 공공복지를 위해서만 가능하

---

18 T. Barton Carter · Marc A. Franklin · Jay B. Wright, op. cit., p. 34.
19 이승우, 헌법학, 도서출판 두남, 2014, 812쪽.

다.[20] 오늘날 우리의 헌법상 일반유보와 같은 개념을 형성하는 것이다.

1776년쯤에는 대서양 양안에서 표현에 대한 정부 제한과 관련해 논쟁이 활발하게 전개된다. 영국에서 벤덤(Jeremy Bentham)이 자신의 '정치론단편(Fragment on Government)'에서 블랙스톤(Blackstone)에 반대해 투쟁을 수행하고 있었다. 그는 자유정부와 독재정부 사이의 차이는 "집행권이 그들을 방해하는 데 법적으로 정당화되기 전에, 그로써 좋지 않은 내용이 그들의 감정을 전달하고, 그들의 계획들을 조정하고, 실제로 터지지 않지만 모든 반대방식을 실행할지도 모르는 안보"라고 기술했다.

영국 철학자이자 경제학자인 밀(John Stuart Mill)은 밀턴 이후 200년에 밀턴이 했던 것보다 더 충분하고 자유로운 토론을 믿었다. 밀은 사회는 그러한 자유로써만이 오로지 잘 기능을 할 수 있다고 생각했다. 그는 사상과 토론, 조사의 자유를 그들 자신만의 권리에 있어서 사상의 교환으로부터 오는 보다 더 중요한 사회적 이점으로 간주했다. 그러나 오로지 사람들이 진실한 생각들을 들을 수 있다면, 사람들은 진실한 생각을 위해 그들의 그릇된 생각들을 거래할 수 있다. 그러한 공개적 토론은 필연적으로 참된 사상뿐 아니라 그릇된 사상도 표현될 것이라는 것을 의미한다.

밀은 '자유론(On Liberty)'에서 정부는 "의견을 규정"할 수 없거나 사람들이 들어야만 하는 "어떤 원칙이나 주장들을 결정"할 수 없다고 주장했다. 비록 정부와 대중들이 하나의 쟁점에 대해 통일되더라도 표현의 자유와 관련된 강제는 허용돼서는 안 된다고 말했다:

"권력 그 자체는 불법이다. 가장 좋은 정부는 가장 나쁜 정부와 마찬가지로 정부에 대한 명칭을 갖지 않는 것이다. 정부는 공공여론에 반대할 때보다 공공여론에 따르려고 노력할 때 유독하고 또 더욱더 유독하다. 한 사람

---

20 이진로, 미국의 언론자유사상 연구, 한국정치평론학회, 정치와 평론 11권, 2012, 87쪽.

● 밀(John Stuart Mill)

을 빼고 모든 사람이 한 의견이 된다면, 그리고 오직 한 사람만이 반대의견이라면, 그 사람이 권력을 갖고 있다면 인간을 침묵시키는 일이 정당화될 것이라는 것을 인간이 말하지 않는데 더 이상 정당화되지 않을 것이다. 의견의 표현을 침묵하는 특별한 죄악은 인간을, 현존하는 세대뿐 아니라 후손들도, 여론을 지지하는 사람들보다 더 많이 여론에 반대하는 사람들을 강도질하는 것이다. 여론이 옳다면, 그들은 오류를 진리로 교환하는 기회를 박탈당한다. 만약에 여론이 그르다면, 그들은 대부분 큰 장점을, 오류와의 충돌로 생긴 진리의 보다 명확한 인식과 보다 생생한 인상을 잃는다.

진리는 항상 박해에 대해 승리를 거둔다는 금언은 그러한 기분 좋은 오류 가운데 하나이다. 오류들이 다반사로 될 때까지 인간은 그러한 오류를 차례로 반복한다. 그러나 모든 경험은 그것을 반박한다. 역사는 박해에 의해 깔아뭉개진 진리의 사례들이 많다. 영원히 억눌려지지 않으면, 여러 세기 뒤로 던져질지 모른다. 그것은 순전히 진리로서 진리가 내재적 힘을 갖고 있다는 게으른 감상벽의 일부이다. 그 내재적 힘은 지하 감옥과 화형대에 대해 승리하는 오류를 부정한다."[21]

경쟁의 힘과 자유로운 거래의 가치에 대한 이러한 언급들은 자유주의자들이 지켜온 자유방임원칙(the principle of laissez-faire)의 믿음을 강조한다. 그리고 역사적으로 그들은 경제적 자유와 표현의 자유 사이의 관계에 있어서 자유주의자의 지속적인 믿음에 생명을 준다. 시장의 은유는 개인의 자율성과 선택의 자유에 대한 전폭적인 약속을 중요하게 나타낸다.

---

21 T. Barton Carter · Marc A. Franklin · Jay B. Wright, op. cit., 36.

III. 아레오파지티카의 법적 적용

아레오파지티카는 영국 의회의 장로교 교인들이 1643년의 허가명령을 구성하는 사전출판 검열제를 무효로 하도록 설득하지 못했다. 이로 인해 출판의 자유는 1695년까지 이루어지지 않았다. 밀턴과 장로교 교인들은 함께 찰스 1세 치하에서 성청(Star Chamber)을 폐지했다. 그러나 장로교 교인들이 압제를 받지 않고 또 권력을 잡았기 때문에 의회에서 장로교 교인들은 더 이상 출판의 자유의 방어를 고수하지 않았다. 1643년 허가명령을 통해 그들은 런던에서 나타나기 시작한 왕을 지지하는 작업뿐 아니라 보다 더 급진적인 개신교도들, 독립파들을 침묵시키는 데 착수했다. 밀턴의 논문은 이 허가명령에 대해 반대하는 반응이다. 그것은 분명히 밀턴과 의회가 이미 의견을 달리하게 된 것이다.

여기에 덧붙여, 밀턴이 아레오파지티카를 쓸 때까지 그는 이미 특권과 권리의 다른 분야에서 의회에 성공적으로 도전하지 못했다. 밀턴의 이혼 소책자들은 그 당시 너무 급진적인 것으로 받아들여졌다. 밀턴의 사상은 자유의지와 선택의 개념을 개별적 표현과 권리들과 관련지음으로써 언론의 자유를 옹호하며 자신의 시대를 앞서갔다. 밀턴의 소책자는 로크와 밀과 같은 저자들에게 생각의 기초를 놓았다.

그러나 미국 헌법상 표현의 자유는 아레오파지티카의 영향을 받은 직접적인 사례이다. 미국 헌법은 사전억제 또는 사전출판 검열에 반대하는 금지를 포함한다. 이 금지는 필요하다. 왜냐하면 밀턴이 아레오파지티카에서 인식한 바와 같이 출판에 앞서서 검열로 위협하는 것은 표현과 발언에 대한 사기저하를 초래하기 때문이다. 밀턴의 시각에서 보면 그것이 신의 계획과 연관된 것처럼 그것은 진리의 추구를 방해할 것이다.

미국의 표현의 자유를 보장하는 수정헌법 제1조를 해석하는 데 있어서 미국 연방대법원은 수정조항의 보호를 설명하기 위해 아레오파지티카에 대해 언급했다. 연방대법원은 4개의 사건에서 아레오파지티카를 거론했다. 가장 유명한 것은 이정표적인 Sullivan사건이다.[22] 연방대법원은 아레오파지티카를 잘못된 진술의 내재적 가치를 설명하기 위해 인용했다. Times Film사건에서도 연방대법원은 사전억제의 위험성들을 설명하기 위해 밀턴을 인용했다.[23] Baird사건에서는 더글러스 연방대법관이 출생통제 강의에 대한 제한을 폐지하는 것을 지지하기 위해 밀턴의 소책자를 인용했다.[24] 또 Communist Party사건에서 블랙(Black) 연방대법관은 아레오파지티카를 인용했다.[25] 그는 연방대법원이 자유로운 발언과 자유로운 결사에 도전하는 것에 반대해 미국 공산당에 대한 제한을 지지하는 것과는 다른 의견을 냈다. 연방대법관들은 각 사례에 있어서 자유로운 발언과 결사를 폭넓게 그리고 확장적으로 보호하기 위해 밀턴의 아레오파지티카를 인용했다.

밀턴의 아레오파지티카에 대해서는 긍정적 평가와 소극적 평가가 엇갈리고 있다. 전자는 언론자유를 정당화하는 '사상의 공개시장'과 '자동조정 과정'의 현대적 개념의 도출로 이어진다는 평가이다.[26] 밀턴이 아레오파지티카를 통해 "자유방임주의적 장엄한 지적 자유를 주장"했다고 해석하는 견해이다. 이에 따르면 밀턴은 "인간은 이성에 의해 옳은 것과 틀린 것 그리고 선과 악을 구분할 수 있으며, 이러한 능력을 행사할 수 있기 위해서는 인간은 다른 사람의 사상이나 사고에 제한 없이 접근할 수 있어야 한다"고

---

22 New York Times Co. v. Sullivan, 376 U.S. 254, 279 (1963).

23 Times Film Corp. v. City of Chicago et al., 365 U.S. 43, 67, 82, 84 (1960).

24 Eisenstadt, Sheriff v. Baird, 405 U.S. 438, 458 (1971).

25 Communist Party of the United States v. Subversive Activities Control Board, 367 U.S. 1, 151 (1960).

26 임상원, 앞의 논문, 6쪽. F. E. Siebert, Four Theories of The Press, Urbana: University of Illinois Press, 1963, p. 44. 재인용.

주장한다. 더 나아가 "진리는 확정적이고, 증명 가능하여 자유롭고 공개적인 대결을 하게 되면 이길 수 있는 독특한 힘을 갖고 있다는 것을 확신하고 있었다"고 본다. 또 밀턴을 언론자유이론의 선구자로 자리매김하고 아레오파지티카에서 주장된 "지적 자유"를 높이 평가한다. 이것이 현대 언론자유이론의 핵심인 "자동조정과정"이라는 아이디어의 산출물로 평가한다.[27]

그러나 밀턴은 근원적으로 다른 의견에 대해 관용을 허락하지 않고, 오직 형제적인 차이들에 대한 관용을 주장한다. "가톨릭과 공개적 미신"은 자유의 대상에서 제외시키고 있다. 가톨릭 교도, 영국 국교도, 무신론자 또는 비기독교 교도들의 자유를 지지하지 않았다. 이런 관점에서 모든 사람을 위한 자유언론이 밀턴의 꿈이었다고 말하지는 않을 것이다. 그 논거로 출판의 자유 특히 지적인 자유로부터 자유주의 정치철학의 보편적 원리, 즉 '열린사회(open society)'를 전제로 하는 것은 오류이다. 또한 출판의 사전검열 반대 주장에 압도당해 자유주의와 모순되는 밀턴의 다른 주장을 중요시하지 않고 사소한 것으로 보는 것은 문제이다.

그럼에도 아레오파지티카에 담긴 언론자유의 정신을 과소평가할 수는 없을 것이다. 밀턴의 주장이 현대적 의미의 자유주의는 아닐지라도 그것이 자유주의 원리와 언론자유이론의 발전과정에 크게 기여한 점은 인정해야 할 것이다. 밀턴의 자동조정과 이성, 관용 그리고 사상의 자유시장 개념은 자유주의의 발아단계에서 주요한 공헌을 했다.

특히 아레오파지티카는 소극적 언론자유의 틀에서 벗어나 공화주의적인 대안적 언론자유이론을 수립하는 데 적용할 수 있는 많은 내용을 함축하고 있다.[28] 언론의 자유와 민주주의의의 관계를 비롯해 공동선(common

---

27 임상원, 앞의 논문, 6-7쪽. J. H. Altschull, From Milton to McLuhan, New York: Longman, 1990, pp. 40-41. 재인용.

good)과 언론의 자유의 조화 등에 대해서 중요한 논거를 제공한다. 공화주의는 시민적 인본주의(civic humanism)와 고전적 공화주의(classical republicanism)로 나뉜다. 전자는 정치참여를 좋은 삶의 기준으로 삼아 정치참여를 의무로 규정한다. 이 논리구조는 개인들의 소극적 자유를 위축시킬 우려를 낳는다. 후자는 이에 비해 타인으로부터 스스로를 방어하기 위해 정치에 참여한다고 본다. 시민이 소극적 자유를 보장받기 위해 정치에 참여한다고 규정함으로써 소극적 자유와 정치참여를 통한 공동선 모색을 서로 조화시킬 수 있는 가능성을 열어둔다.

공화주의적 관점에서 보면 밀턴은 자유국가에서만이 언론의 자유가 만개할 수 있다는 신념을 역설한다. 여기서 밀턴은 언론의 자유가 권력행사에 의해 억압을 받을 수 있다는 점을 강조함으로써 언론의 자유를 비지배적 원리로 파악한다. 또 언론의 자유이론의 핵심은 언론의 자유와 공동선의 조화이다. 언론의 자유는 종교개혁 당시 개신교 내부의 평화로운 유대를 마련하는 공동선을 위해 존재하며, 공동선에 의한 언론의 자유의 억제는 정당하다. 밀턴은 절제의 개념을 통해 언론의 자유 정당화 논리를 보강한다. 더 나아가 공적 토론장(public forum)을 배경으로 한 공화주의적 사유가 주목을 받는다. 자유로운 논쟁을 통해 진리에 다가갈 수 있다는 밀턴의 주장은 공적 토론장이라는 독특한 의사소통의 질서가 수립됐기 때문에 가능하다. 갈등적이고 경합주의적인 공적 토론장의 모습이 그것이다.

여기서 밀턴의 '사상의 자유시장'은 재화가 교환되는 시장이나 자본과는 관련성이 없다.[29] 그의 '사상의 자유'에 대한 논리가 스미스(Adam Smith)의 '자유시장'의 논리와 같을 뿐이다. 밀턴의 '사상의 자유시장'에서는

---

28 홍성구, '아레오파지티카'에 나타난 공화주의와 언론자유, 한국언론학회, 한국언론학보 55권 2호, 2011, 197-198쪽.

29 문종대, 존 밀턴의 언론자유사상: 이성과 자유의지, 그리고 관용, 한국언론학회, 한국언론학보 48권 1호, 2004, 360쪽.

'시장'이 아니라 '이성'에 의해서 진리가 선택된다. 즉 시장이 진리를 결정하는 것이 아니다. 자본의 미성숙으로 아직 자본 집중이 미약했던 밀턴의 시대에서 그는 자본을 권력으로 인식하지 못했다고 보여진다. 자유롭고 공개적인 대결에서 진리는 결코 불리할 수 없다. 따라서 자연스럽게 사상의 자유시장에서 이성에 의해서 진리는 스스로 드러날 것이다. '보이지 않는 손'이 아니라 '이성'에 의해서 진리가 드러날 것이라는 것이다. 이것이 이성에 의한 자동조정능력이다. 이 자동조정능력은 외적인 법이나 강제에 의해 작용하는 것이 아니라 인간이 내적으로 갖추고 있는 이성에 의해 진리가 선택되는 과정을 의미한다.

밀턴의 입장에서 이미 반진리로 판명된 가톨릭 교리나 공개적 미신, 독신이나 절대적 악, 신앙이나 관행에 대한 부정 또는 어떠한 법도 허용할 가능성이 없는 신앙이나 도덕적 행위를 부정하는 것과 법 그 자체를 불법화하려는 것, 무신론자의 극단적인 생각과 공공연한 명예훼손은 관용될 수 없는 것이라고 할 수 있다. 반진리이고 허위인 것은 탄압돼도 마땅하다는 입장이다. 이미 진리인 것으로 판명된 것을 침해하지 않는 한, 그리고 허위로 판명된 것을 제외한 모든 영역에서 관용을 인정하고 있다. 관용의 논리상 진리를 거스르는 것과 허위는 관용될 수 없기에 밀턴의 관용논리는 전혀 모순적이지 않다. 또 밀턴은 인간 개개인의 이성능력을 사회적 우연성에 맡겨 둠으로써 언론의 자유의 불평등을 용인하고 있다.

밀턴은 진리를 선택하는 절제 하에서 모든 인간은 자유로울 수 있다고 말함으로써 진정한 자유에 대해서 얘기한다. 진정한 자유를 실현하기 위해서는 이성이 가장 잘 활동할 수 있도록 자유가 보장돼야 하고, 이성에 의해서 파악된 선과 악에 대한 모든 지식이 자유로이 제공돼야 한다고 주장한다. 밀턴은 이성을 절대적으로 신뢰함으로써 사상의 자유시장에서 발생할 수 있는 사회적 해악에 대해서는 거의 주목하지 않고 있다.[30] 진리가 허위와 싸워서 진리가 승리할 수 있을 것이라는 확신 아래 허위가 초래할 수 있는 사회적 해악에 대해서는 논의하지 않고 있다. 허위를 침묵하게 할 수는 없지만 그 허위에 대해서 책임을 물을 수 있는 여지까지 없는 것은 아니다.

IV. 미국 식민시대의 의도

밀턴의 표현의 자유와 사상의 자유시장 이론은 미국 건국 과정에서 중요한 역할을 한다. 미국은 사상의 자유시장 이론을 통해 영국 식민지로부터 벗어나고 독립하게 된다. 그러나 역사는 단순하거나 직설적이지는 않다. 지금 사상의 자유시장을 해석하는 것과 식민지 시대 사람들이 마음속에 간직한 것과 똑같다고 할 수는 없다. 이 같은 점은 1776년 7월 4일 미국의 독립선언(the Declaration of Independence)에 자세히 설명된 것처럼 표현의 자유 개념에 대해서도 부합한다:

"우리는 다음을 자명한 진리로 생각한다. 모든 사람은 평등하게 태어났으며 신은 그들에게 누구도 빼앗을 수 없는 권리를 부여했다. 여기에는 생명과 자유와 행복추구의 권리가 포함된다. 이 권리를 확보하기 위해 인민은 정부를 만들었으며, 정부의 정당한 권력은 인민의 동의에서 나온다. 정부가 이런 목적을 파괴할 때에는 인민은 언제든지 이를 변혁 내지 폐지하고, 인민의 행복과 안전을 가장 효과적으로 가져다주어야 한다는 원칙에 기초하고 이를 위한 기구를 갖춘 정부를 새로이 조직할 수 있는 권리

---

30 문종대, 앞의 논문, 358쪽.

가 있다. 학대와 착취가 오랫동안 계속되고 인민을 절대 전제정치 밑에
예속하려는 계획이 분명히 드러나면, 이런 정부를 타도하고 미래의 안전
을 위해 새로운 보호자를 마련하는 것이 인민의 권리이고 또한 의무인 것
이다. 식민지는 지금까지 이런 고통을 겪어왔고, 이제 우리가 지금까지
내려온 정부를 변혁해야 할 필요성도 여기에 있는 것이다."

　식민지인들의 근본정신을 밝혀내는 것은 표현의 자유와 사상의 자유시
장 체제를 이해하는 데 중요한 기초가 될 것이다.[31]

　미국 독립시대에 논의의 출발점은 상대적으로 확실하다. 독립선언의 제
안자와 헌법 기초자들은 로크의 사회계약론을 받아들였다.[32] 당연한 결과
로, 그들은 계약에 가입한 개인의 일정한 권리를 자연권이자 불가양의 권
리이며, 개인에게 고유하고 국가가 준 선물이 아니라고 간주했다. 그러나
외견상 모두 다 그런 것은 아니지만, 이들 권리의 일부는 현실적인 계약,
즉 헌법상에 구체화한다. 수정헌법 제1조의 보호는 블랙스톤이 설명한 정
도, 즉 인쇄과정에 대한 통제체제와 출판에 대한 사전검열 등을 금지하는
것이다.[33] 블랙스톤은 출판의 자유를 출판에 대한 사전억제를 금지하는
것으로 해석하고, 출판됐을 경우 형사문제에 대한 검열로부터의 자유가
아닌 것으로 해석했다. 추정하건대, 정부 억제는 출판과 동시에 합법적으
로 이루어질 수 있다.

　밀턴의 경우처럼 많은 쟁점들이 충분히 풀리지 않고 있다. 표현의 자유
의 보호 범위에 모든 집단들이 포함되는 것인지는 분명하지 않다. 노예들

---

31 Thomas I. Emerson, Colonial Intentions and Current Realities of the First Amendment,
　　Faculty Scholarship Series Yale Law School Faculty Scholarship 1-1, 1977, pp. 737-760. 이
　　하 Colonial Intentions로 인용.
32 J. Locke, Two Treatises of Civil Government, Everyman's Library ed. 1924, pp. 164-167.
33 W. Blackstone, Commentaries *151. Emerson, Colonial Intentions, p. 737. 재인용.

은 분명하게 제외되고, 여자들도 문제가 되는 것 같지는 않다. 밀턴은 앞에서 본 것처럼 영국에서 표현의 자유의 선도적 주창자로 식민지 사람들에게 잘 알려져 있지만 언론의 자유를 가톨릭 신도나 무신론자, 터키인 또는 다른 비기독교인들에게까지 확장하는 것은 아니다.[34]

로크도 가톨릭 신도들에 대한 정치적 자유를 명백히 부정했다. 순전한 종교문제에서 모든 사람을 관용하는 의무를 지지 않거나 종교를 가르치지 않는 사람들을 처벌하려고 했다. 게다가 정부나 공무원에 대한 군사적 공격을 처벌하는 선동적 명예훼손법에 대한 수정헌법 제1조의 영향을 설명하지 않고 있다. 또 수정헌법 제1조와 사적 명예훼손법, 모욕 또는 외설법을 조정하려는 노력이 없다. 채피(Zechariah Chafee)와 레비(Leonard W. Levy) 등 여러 학자들이 이러한 점과 관련해 건국의 아버지들의 의도를 파악하는 데 미묘하게 견해를 달리하고 있다.[35] 채피는 수정헌법 제1조의 기초자들은 보통법상 선동죄를 폐지하고 정부 비판에 대한 기소를 방지하려 했다고 주장한다. 레비는 그러나 밀턴 시대로부터 수정헌법 제1조 추인까지 자유주의 이론은 실질적으로 선동적 명예훼손을 억제하는 국가의 권리를 인정했다고 이론을 제기한다. 레비 교수는 헌법 기초자들의 실질적인 의도를 확인하는 것은 불가능하다고 믿는다.

독립선언과 헌법의 기초가 구축되던 시기는 현실적으로 변혁의 시대이다. 혐오스러운 집단들의 배제와 관련된 밀턴과 로크의 견해는 도전을 받고 있었다. 식민지 법원들은 여전히 선동적 명예훼손법을 집행하고 있었으나, 정치이론들은 정치적 표현에 대한 절대적 보호 사상으로 옮겨가고 있었다. 다른 철학을 갖고 있는 다른 개인들은 언론과 출판 · 집회 · 청원

34 J. Milton, Areopagitica, p. 38.
35 Z. Chafee, Jr., Free Speech in the United States, Harvard University Press, 1941, pp. 3–35; L. Levy, Legacy of Suppression: Freedom of Speech and Press in Early American History, Belknap Press of Harvard University Press, 1960.

의 자유의 광범위한 개념에 대해 다르게 해석했다. 게다가 이러한 쟁점들에 실질적인 합의가 없었을 뿐 아니라 헌법의 자세한 적용에 대한 폭넓은 토론도 없었다.

1798년에 시행된 외국인과 선동죄 처벌법은 주요 문제에 초점을 맞추고, 표현의 자유의 헌법적 보호를 강조하는 이론의 자세한 연구를 촉진했다. 외국인법은 대통령이 공공의 안전을 위협하는 것으로 판단되는 외국인 또는 정부에 대해 음모를 꾸미는 것으로 의심되는 외국인을 강제로 추방하는 권한을 대통령에게 부여하고 있다. 법률에 대한 명예를 훼손시키거나 선동 또는 저항을 유발하는 의도를 갖고 공표되면 선동죄 처벌법은 정부에 대한 허위와 추문, 비방적 사실을 적시하는 저작을 처벌했다.

그러나 이 문제에 대한 연방대법원의 결정은 없었다. 이어서 다른 연방입법도 수정헌법 제1조 문제를 1세기 넘게 제기하지 않았다. 덧붙여서 수정헌법 제1조는 각 주에 적용 가능한 것이 아니었다.[36] 시민적 자유의 갈등은 일상적으로 비사법적 영역에서 다투어지고 개척지로 달아남으로써 해결되곤 했다. 결론적으로 제헌헌법 직후 시대에는 건국의 아버지들의 견해가 입법부에서, 법원 의견에서 또는 법학 논문에서 충분히 해석되지 않았다.

놀랍게도 연방대법원은 1919년 제1차 세계대전 입법에 따라 제기된 쟁점들이 나타날 때까지 수정헌법 제1조의 주요 문제를 고려하지 않았다.[37] 1925년까지 수정헌법 제1조는 각 주에 적용되지 않았으며, 각 주들은 주의 제한에 대한 광범위한 사법적 시험에 돌입하게 됐다.[38] 그때까지 연방

---

36 Prudential Ins. Co. v. Cheek, 259 U.S. 530, 543 (1921). Patterson v. Colorado, 205 U.S. 454, 462 (1906). cf. Twining v. New Jersey, 211 U.S. 78, 92 (1908). 초기에 10개 수정조항들이 각 주에 적용할 수 없는 것이었음.

37 Schenck v. United States, 249 U.S. 47 (1919). Schenck사건에서 연방대법원은 징집제도를 반대하는 유인물을 인쇄하고 유통시킨 피고의 유죄를 확정하기 위해 명백하고 현존하는 위험의 원칙을 채택했다.

헌법의 채택을 둘러싼 역사적 사건들이 오랫동안 위축되고 있었다. 게다가 획기적으로 변화된 조건들이 법원들과 대립하게 됐다.

결과적으로 연방대법원은 수정헌법 제1조를 해석하는 데 있어서 원래 의도의 특정성에 특별히 관심을 가지지 않은 것으로 보이며, 이러한 쟁점들에 대해 스스로 깊이 다가서지 않았다. Sullivan사건에서 연방대법원은 역사의 연혁을 충분히 끌어올리며 1798년 선동죄 처벌법이 수정헌법 제1조를 위반했다고 판결했다.[39] 그러나 연방대법원은 헌법 기초자들의 의도를 형식적으로 살폈다. 여기서 동등한 보호 조항과 헌법의 대부분의 다른 조항을 해석하는 것과 마찬가지로, 헌법 조항들의 현재 적용 가능성 면에서 연방대법원은 헌법이 이룩해야 할 중요한 원칙들을 살피게 된다. 연방대법원은 고정된 헌법보다 시간이 흐름에 따라 건국의 아버지들이 특별히 가시화한 것처럼 요컨대 살아있는 헌법이론을 채택했다. 판단하건대 이러한 접근이 전적으로 옳다고 본다.

역사를 거슬러 올라가면 건국의 아버지들이 확립하고자 했던 근본적인 원칙들을 확실히 하기 위해 매우 광범위한 면에서 건국의 아버지들의 정신을 탐구하는 것이 보다 더 유익할 것이다. 그러면 건국 당시 그들에게 중요한 언론과 출판·집회·청원의 자유인 특정한 언명을 보호하는 데 있어서 건국의 아버지들이 실현하고자 했던 표현의 자유체제의 기본적 기능이 무엇인지가 관건이다. 그리고 어느 정도 이러한 기능들이 현재 체제에서 확보되는지도 문제이다.

먼저 역사적으로 보면 식민지 사람들이 표현의 자유 체제본질적 기능을 오늘날 우리가 하는 것처럼 중요하게 간주한다는 것을 드러낸다. 우선,

---

38 Gitlow v. New York, 268 U.S. 652, 666 (1925) (dicta). Herndon v. Lowry, 301 U.S. 242 (1937). Fiske v. Kansas, 274 U.S. 380 (1927). Whitney v. California, 274 U.S. 357 (1927).

39 New York Times v. Sullivan, 376 U.S. 254, 276 (1964).

● 제퍼슨(Thomas Jefferson)

식민지인들은 언론과 출판·집회·청원의 자유에 대한 권리를 모든 사실의 노출, 공개토론과 여론의 점검을 통해 진리를 발견하는 과정에 중대한 것으로 여겼다. 밀턴의 선언을 이어받아 제퍼슨(Thomas Jefferson)은 1785년 버지니아 주 종교자유법 전문에서 밀턴의 견해를 되풀이했다:

"스스로 내버려두면 진리는 위대하고 승리하게 될 것이다. 진리는 오류에 대해 적절하고 충분한 반대자이며, 인간의 간섭에 의해 진리의 자연의 무기, 즉 자유로운 주장과 논쟁을 무장해제하지 않는다면, 갈등을 두려워할 것이 없다. 오류를 부정하는 것이 자유롭게 허용되면 오류는 위험을 그치게 될 것이다."[40]

---

40 Thomas Jefferson, The Papers of Thomas Jefferson, Princeton University Press, ed. Julian P. Boyd, 1950, p. 546.

현대에 이 명제를 다시 언명한 것 가운데 가장 유명한 것은 홈즈 연방 대법관의 언명이다:

"그러나 시간이 많은 투쟁적인 믿음을 전복한다는 것을, 진리의 최상의 점검은 시장의 경쟁 속에서 사상 자신을 받아들이게 하는 사상의 힘이라는 것을, 그리고 진리는 그것에 입각해 자신들의 바람을 안전하게 수행할 수 있는 유일한 근거라는 것을 인간이 깨닫게 될 때, 사상의 자유로운 거래에 의해 바람직한 궁극적인 선은 보다 잘 도달된다는 인간 자신들의 행위의 그 기초를 인간이 믿는 것보다 더 믿게 될 것이다."[41]

오늘날 우리는 그 과정을 진리를 발견하는 과정의 하나로 얘기하지 않고 있다. 우리는 지식을 계발하거나 보다 나은 결정에 도달한다는 면에 대해 보다 더 강조한다. 그러나 강조되는 기능은 근본적으로 같다. 궁극적인 가치를 절대적이거나 상대적인 면에서 생각하는지 여부와 관계없이, 본질적인 점은 그 과정이 가장 좋은 사회적 결정에 도달하기 위해 필수적이라는 것이다. 그 이론은 사회가 이미 모든 진리를 갖고 있다는 옹호될 수 없는 전제에만 또는 오로지 한 사람만이 또는 작은 집단이 진리를 알고 선언할 수 있다는 권위주의적 전제에 서 있을 때에는 타당하지 않다.

그 과정은 본질적으로 과학적 방법이다. 표현의 자유 이론은 실제로 과학적 방법의 성장과 함께 그리고 그 방법의 통합적인 부분으로서 발전했다. 로크는 홉스를 계승하면서 과학의 전제 위에 자신의 철학적 정치적 이론의 기초를 다졌다. 또 자유로운 표현의 지지자들은 넓은 의미에서 적어도 자유롭고 이성적인 탐구를 통한 진보를 믿은 모든 사람들이다.

따라서 그들이 상상한 과정은 과학자들을 인도한 원칙들처럼 같은 원칙

---

41 Abrams v. United States, 250 U.S. 616, 630 (1919). 소수의견.

에 근거해 작동되고 있다. 현존하는 권위의 수용 거부, 새로운 지식의 지속적인 탐구, 반대와 비판에 자신들의 사실과 의견을 노출시키는 것에 대한 주장, 비록 반드시 최종적인 것은 아닐지라도 이성적 토론이 보다 나은 판단을 낳는다는 믿음 등과 같은 원칙이다. 이 과정은 선행 지식이나 의견을 무시하지 않는다. 그러나 그 과정은 그러한 의견에 도전하기 위해 개인의 책임을 주장하고, 증거에 입각해 이성적인 결론을 내리기 위해 모든 사람의 책무를 주장한다.

자유로운표현 체제의 두 번째 주요한 기능도 역시 독립을 선언하고 헌법을 채택한 식민지인들에 의해 분명하게 의도된 것이다. 표현의 자유는 민주적인 정치과정에 필수적이다. 독립선언은 정부들은 자신들의 권한이 피치자의 동의로부터 유래한다는 명제에 의존한다. 이 명제는 로크로부터 직접적으로 영향을 받은 것이다. 이러한 전제로부터 주권의 궁극적인 주체인 시민은 자신들의 개별적 판단에 이르기 위해, 공통의 결정에 도달하기 위해 또 자신들의 공복, 정부를 지도하기 위해 충분한 표현의 자유를 가져야 한다는 명제에 의존한다. 언론과 출판, 집회, 청원의 자유에 대해 헌법이 확장한 보호는 명백하게 이러한 중요한 정치적 구조를 시행하기 위해 설계된 것이다. 표현의 자유의 이러한 기능의 가장 설득력 있는 주창자는 마이클존(Alexander Meiklejohn) 박사이다. 수정헌법 제1조의 기능은 자치과정의 기초에 깊이 놓여 있다고 강조한다:

"인간이 자신을 통치할 때 무지와 불공평, 위험에 대한 판단을 해야 하는 사람은 다른 사람이 아니라 본인이다. 그리고 이것은 현명한 사상뿐 아니라 현명치 못한 사상도, 공정한 사상뿐 아니라 불공정한 사상도, 안전한 사상뿐 아니라 위험한 사상도, 미국적 사상뿐 아니라 비미국적 사상도 들을 기회를 가져야 한다는 것을 의미한다. 바로 지금까지는 어느 점에 대해서도 어느 쟁점을 결정해야 할 시민은 그 쟁점에 대해 관련이 있는 정보

● 마이클존
(Alexander Meiklejohn)

또는 의견, 불신, 비판에 대한 지식이 부정돼 왔다. 그만큼 결과가 잘못 고려되고, 공중의 이익을 위해 불균형적인 기획이 이루어질 수밖에 없다. 그것은 헌법에 대해 수정헌법 제1조를 반대 방향으로 지향하는 공동체의 사고 과정의 훼손이다. 언론의 자유의 원칙은 자치(self-government) 프로그램의 필요성으로부터 유래한다. 그것은 개략적으로 자연법이나 이성법이 아니다. 공적 쟁점이 보통투표에 의해 결정돼야 한다는 것은 미국의 기본적인 합의로부터 나오는 연역이다."[42]

역사는 마이클존의 입장을 확인해 주지만 실제로는 그의 입장을 넘어서는 것으로 사료된다. 표현의 자유에 대한 기본권은 정치적 영역에만 국한되는 것을 의미하지는 않는다. 수정헌법 제1조에 포함된 양심의 자유의 보장이 드러내는 것처럼, 헌법적 보호의 범위는 종교와 예술, 과학 그리고 인간의 모든 학습과 지식영역으로 확장하기 위해 의도된 것이다.

표현의 자유체제의 세 번째 기능은 식민지시대 사람들이 분명하게 적시하지는 않았지만 로크의 사회계약론에서 함축된 것이다. 그 체제는 안정과 변동 사이에서 사회의 균형을 깨는 사회통제의 한 형식이며, 그것에 의해 그 체제는 폭력에 의존하지 않고 필요한 변화를 허용하게 된다. 그 체제는 사상의 빈곤과 무능력으로부터 공동체를 보호하고, 현실적인 시행착오에 내맡기기 전에 사상과 토론의 영역에서 사회가 제안된 새로운 수단들을 점검하도록 하며, 어렵게 도달하고 반대자와 결정들에 대해 정당화

---

42 A. Meiklejohn, Political Freedom: the Constitutional Powers of the People, 1960, p. 27. 이하 Constitutional Powers of the People로 인용.

하는 과정을 제공한다. 이러한 삶의 방식, 즉 활기차고 이성적이며 평화적인 이러한 진보의 과정이 밀턴에 의해 가장 열렬하게 표현되고 있다:

"이제 이 거대한 도시를 보도록 하자. 신의 보호로 아우르고 둘러싸인 난민의 도시, 자유의 저택이다. 존경심과 충성서약, 접근적인 개혁으로 스튜디오 등 옆에 앉아서, 음악을 하며, 그곳으로부터 드러낼 새로운 인식과 사상을 회전시키며, 호전적인 진리를 방어하는 데 있어서 무장된 정의의 판과 도구를 만들기 위해 전쟁의 가게는 그곳에 있어야 하는 펜과 이성보다 그곳에서 잠을 깨우는 모루와 망치를 더 이상 갖지 않는다. 다른 도시들이 빠르게 읽고, 모든 일을 하며 이성과 확신의 힘에 찬성하는 것처럼 그렇게 한다. 사람은 지식을 탐색하기 위해 유순하며 그런 경향을 보이며 국가로부터 보다 많은 것을 요구할 수 있을까? 지식을 갖춘 국민과 예언가, 현자 그리고 중요한 인물의 나라로 만들기 위해 그러한 유망하고 다산의 토양에 대해 그러나 현명하고 믿음이 있는 근로자들에 대해 어떠한 것이 부족할까? 우리는 아직 수확까지 다섯 달 이상 예상한다. 5주는 필요가 없다. 우리가 눈을 올리기만 하면, 들은 이미 하얗게 될 것이다."[43]

퀘벡 주 주민에 대한 중요한 서신에서 대륙의회는 표현의 자유체제의 세 가지 기능과 관련해 식민지인들의 기대를 간결하게 정리했다:

"우리가 언급해야 할 최후의 권리는 언론의 자유와 관계된다. 언론의 자유의 중요성은 진리의 진보 외에 정부행정에 대한 자유로운 감정의 유포 그리고 국민 사이의 사상의 준비된 소통, 국민 가운데 결과적으로 조합을 촉진하는 일반적 과학과 도덕, 예술로 구성된다. 그것에 의해 억압적인

---

43 J. Milton, Areopagitica, p. 32.

공무원들은 부끄러워하고 두려워하며 업무를 처리하는 데 있어서 보다 명예롭고 정확한 방식으로 하게 될 것이다."[44]

　표현의 자유를 보호하는 네 번째 헌법적 기능은 사회발전을 위해 본질적인 언론과 출판, 집회, 사회적 선으로 간주되는 청원뿐 아니라 개인의 자기실현을 중요한 수단으로 여기는 것이다. 또 이 기능은 식민지 시대에는 오늘날과 같이 충분히 규정된 것은 아니다. 식민지인들은 집단의 다양한 압력에 대해 개인을 보호하는 데 있어서 우리가 생각하는 것처럼 밀도 있게 생각한 것은 아니다. 끝없는 개척지를 갖고 있는 새로운 나라에 있어서 집단은 강력하거나 전반적이거나 갈등을 유발하는 것은 아니다. 그럼에도 서구 개인주의의 기본인식은 식민지인들이 수용하는 사회계약론에 본질적인 것이다. 이러한 인식들은 밀턴이 출판면허를 반대하며 선언할 때 주어진 표현의 인식이다. 즉 표현에 대한 정부의 그러한 제한은 자신에게 주어질 수 있는 자유로운 지식의 정신에 대한 최대 실망이며 모욕이라는 것이다.[45]

　개인의 전체적인 잠재역량을 실현하는 것을 허용하는 수정헌법 제1조의 목표는 바뀌었다. 미국 사회가 고도의 기술사회로 진입하고 인구 밀도가 높아지며 보다 집단적인 세계로 성장하면서, 그것은 중요성 면에서 진화를 하고 있다. 그러나 개념의 핵심은 식민지 시대정신 속에 확실히 존재하며, 우리 시대에 더 발전하기를 기대한다. 표현의 자유의 불가양의 권리에 대한 식민지인들의 사상과 태도들은 몇 가지 중요한 측면에서 오늘날 유지되는 것과 다른 정치 경제적 전제 위에 기초하고 있다. 현재 사회

---

44 1 JOURNAL OF THE CONTINENTAL CONGRESS, 1774-1789, at 108 (W. Ford et al. eds. 1904-1937), Near v. Minnesota, 283 U.S. 697, 717 (1931)사건에서 인용 (Hughes 연방대법원장).

45 J. Milton, Areopagitica, p. 21.

에 대한 수정헌법 제1조의 기본적 의미는 그러나 본질적으로 동일하게 유지된다. 그 의미는 Whitney사건에서 브랜다이스(Brandeis) 연방대법관이 잘 정리하고 있다 : [46]

"미국의 독립을 쟁취한 사람들은 국가의 최종 목적은 인간을 자유롭게 해서 자신들을 발전시키게 하며, 그 정부 안에서 숙고하는 세력들이 전제적인 세력들을 이겨야 한다고 믿었다. 그들은 자유를 목적이자 수단으로 평가한 것이다. 식민지인들은 자유가 행복의 비밀이라고 믿었으며, 용기가 자유의 비밀이라고 믿었다. 그들은 원하는 대로 생각하고 또 생각하는 대로 말하는 자유는 정치적 진리(political truth)를 발견하고 확산시키는데 불가결한 수단이라고 믿었다. 그들은 자유로운 언론과 집단토론이 없는 것은 소용없는 일이라고 믿었다. 그들은 그러한 것들과 함께 토론은 해로운 원칙의 확산에 대해 일상적인 적절한 보호를 제공한다고 믿었다. 자유에 대한 최대의 적은 기력이 없는 국민이라고 믿었다. 정치적 토론은 정치적 의무이며, 이것은 미국 정부의 근본적 원칙이 되어야 한다는 것을 믿었다. 그들은 모든 인간의 제도가 복종하는 위험을 인식했다.

그러나 그들은 질서가 질서 위반에 대한 처벌 가능성을 통해서만이 순전히 확보될 수 없다는 것을 알고 있었다. 생각과 희망과 상상을 꺾는 것은 위험하다는 것을 알고 있었다. 공포는 압제를 낳고, 압제는 증오를 낳고, 증오는 안정적인 정부를 위협한다는 것을 알고 있었다. 안전의 길은 제기된 불만과 제안된 구제책을 자유롭게 토론하는 기회 속에 놓여 있고, 악의 조언에 적절한 구제책은 좋은 조언이라는 것을 알고 있었다. 공적 토론을 통해 적용된 것으로서 이성의 힘을 믿으면서, 그들은 법률에 의해 강제된 침묵, 그것의 최악의 형태로 힘의 논쟁을 피했다. 지배하는 다수

---

46 Whitney v. California, 274 U.S. 357 (1927).

의 일시적인 전제를 인정하면서, 그들은 자유로운 언론과 집회가 보장되도록 헌법을 수정했다."

이제 식민지인들이 표현의 자유와 사상의 자유시장 체제, 즉 수정헌법 제1조를 통해 이룩하고자 했던 목적들이 현실적으로 실현되는 정도를 점검하도록 한다.

V. 사상의 자유시장의 변화

1. 진리의 탐구 실현

수정헌법 제1조는 사상의 자유시장에서 전반적으로 진리의 탐구를 촉진하고 지식을 증진시키는 것으로 받아들여지고 있다. 미국 헌법 이론에서 표현의 자유의 권리는 미국 사회의 모든 집단에게 확장된다. 심지어 반민주적 집단, 즉 권력을 쟁취하면 표현의 자유를 파괴할 집단이라도 수정헌법 제1조의 보호를 받을 자격이 있다. 이러한 주장이 연방대법원의 전체 의견으로 명시적 주제가 되지는 않았다고 할지라도, 그것은 수정헌법 제1조 원칙의 발전 상 초기에 홈즈 연방대법관에 의해 Gitlow사건에서 소수의견으로 언급된 바 있다.[47]

결국 프롤레타리아 독재에서 표현된 믿음이 공동체의 다수세력에 의해 받아들여지게 되어 있다면, 자유로운 언론의 유일한 의미는 그러한 믿음

---

47 Gitlow v. New York, 268 U.S. 652 (1925).

들에 대해 기회가 주어져야 하고, 자신들의 생각대로 하게 해야 한다는 것이다. 일부 학자들은 반론을 제기하지만, 홈즈 연방대법관의 견해가 오늘날 국법으로 받아들여지고 있는 것은 공정하다는 생각이다.

이와 유사하게 미국 헌법 이론에서 수정헌법 제1조의 보호는 그러한 것들이 다른 것들에 대해 얼마나 못마땅한 것인지에 상관없이 모든 사상과 의견, 판단을 표현하는 권리를 포괄한다. 그럼에도 부분적인 자격 제한이 외설에 대해 존재하며, 외설은 핵심 내용의 표현에 있어서 제한을 받을 수 있다.[48] 역시 연방대법원은 1952년 Beauharnais사건 결정에서 집단적 명예훼손법을 지지하며 인종차별적 의견은 제한될 수 있다고 판결했다.[49] 그러나 연방대법원이 오늘날과 같은 결론에 이를 것인지에 대해서는 회의적이다. 일반적 명제로서 수정헌법 제1조의 우수한 원칙은 많이 사멸됐을지라도 모든 종류의 표현의 보호로까지 확대된다.

실제로 연방대법원은 어느 정도 진취적인 입장을 취한다. 여러 차례 연방대법원은 학문적 자유의 원칙을 위한 헌법적 기초를 인정했다.[50] 헌법 이론의 이 영역이 더디게 발전했을지라도, 그것은 학습과 연구기관들이 사회적 비판과 혁신가로서 기능을 하게 하는 원칙과 관습들이 수정헌법 제1조가 제공하는 보호 우산 아래에서 특별한 위치의 자격을 받도록 한다. 그러나 어려운 문제들이 이제 지평선 위로 떠오르고 있음을 주목해야 한다. 법원들은 특정 유전학 연구를 금지해야 할지 또는 규제해야 할지를 결정해야 한다. 이러한 쟁점들이 어디로 이끌지 예측하는 것은 어렵다.

헌법학자들은 이 문제를 지속적으로 연구하고 있다. 그러나 실행이 이론과 반드시 부합하는 것은 아니다. 미국 사회는 때로는 정부 규제를 통해

---

48 Miller v. California, 413 U.S. 54 (1973); Paris Adult Theatre I v. Slaton, 413 U.S. 49 (1973).

49 Beauharnais v. Illinois, 343 U.S. 250 (1952).

50 Whitehill v. Elkins, 389 U.S. 54 (1967). Keyishian v. Board of Regents, 385 U.S. 589 (1967). Shelton v. Tucker, 364 U.S. 479 (1960).

진리의 탐구와 지식의 발전에 대한 현실적인 장애를 주고 있다. 전반적으로 이러한 제한들은 표현에 대한 직접적이기보다는 간접적인 제한이 되고 있다. 그 제한들은 로열티 프로그램과 권한의 부여에 대한 정치적 자격의 부과 또는 장점의 획득, 입법위원회에 의한 심문, 감시, 교란 등과 같은 통제를 포함한다. 그러나 이러한 제한들의 영향은 추상적인 사상의 노출을 금지하는 것보다 더 민주적 절차에 정치적 참여를 제한할 것이다. 그들은 따라서 표현의 자유체제의 두 번째 기능, 즉 민주적 정치과정의 보전과 연계해서 고려해야 할 것이다.

또는 미국 체제는 다른 관점을 전달하거나 다른 조사의 목표를 추구하는 능력 면에서 평등성을 제공한다고 말할 수 없다. 미국 사회가 보는 바와 같이 대중매체에 대한 동등한 접근권이나 공적 기금을 지지하는 동등한 권리는 현재 존재하지 않는다. 그 길이 가끔 외로운 길이더라도, 이 영역에서 확보하는 것은 어디에서나 그것이 이끌지도 모르는 진리를 추구하는 개인의 권리이다. 이것이 실질적인 성과이다. 그것은 우연히 작성된 것이 아니며 또는 그것의 중요성을 인정하지 않는 것을 통해서 서서히 줄어드는 것은 아니다.

2. 정치적 참여의 논쟁

사상의 자유시장을 통한 궁극적인 권력의 행사자로서 시민에게 자신들의 특권을 행사하는 기회를 제공하는 수정헌법 제1조의 기능은 충분히 성취된 것은 아니다. 수정헌법 제1조가 오늘날 작동하는 것처럼 체제상 중요한 적극적인 특징들이 있다. 일반적으로 비정통적인 것 또는 급진적인 정치사상을 표현하는 것도 역시 보호되고 있다는 것은 이미 주목받고 있다. 결사의 권리는 일반적으로 역시 인정되고 있다.[51] 게다가 그 체제는 실제상 중대한 성공을 거두고 있다. 그러한 성공의 중요한 사례들은 시민 권운동의 지지, 월남전 반대의 합법화, 워터게이트 독직사건의 폭로 등에서 표현의 자유체제의 가동을 포함한다.

그럼에도 수정헌법 제1조의 충분한 잠재력은 확실히 실현되지 않고 있다. 대부분의 문제가 식민지인들이 수정헌법 제1조의 틀을 짠 이래 발생하는 변화로부터 일어나고 있다. 이러한 발전들은 미국의 성장하는 산업화와 기술, 관료제 그리고 산업화 이후 사회의 다른 특징들을 포함하고 있다. 그들은 요컨대 대중민주주의의 산물이며, 식민지인들이 다룰 수가 없는 상황이다. 그러나 수정헌법 제1조가 현대적 조건 아래에서 적절하게 기능을 하게 된다면 그들을 다룰 수 있을 것이다.

(1) 법적 원칙들의 갈등

첫째 문제는 수정헌법 제1조 영역에서 여러 중요한 사건들에서 연방대법원이 발전시켜 온 법적 원칙과 관련이 있다. 우선적으로 그 사건들은 급진적 언론과 급진적 정치결사와 관련이 있다. 하나의 중대한 측면은 군사적 표현과 불법적 행동 사이의 구분을 포함하고 있다. 이 문제는 치명적이다. 대부분의 급진적 정치운동들은 폭력이나 다른 불법행동의 씨를 안고 있고 또 그러한 것을 수반하고 있다. 지하조직이나 불만을 품고 있는 조직은 주로 현상을 유지하려고 설계된 법률과 제도, 관습의 총체적인 것들과 대치한다. 지도자와 일반 구성원들은 공고한 체제를 돌파하려고 하지만 좌절하고 화를 내고 호전적인 언사를 구사하게 된다.

일부 운동 참가자들은 과거를 부정하고 직접적인 행동으로 해법을 찾으려고 한다. 이러한 점에서 그들은 경찰의 도발 또는 정부 공작원에

---

51 NAACP v. Alabama, 357 U.S. 449, 460–461 (1958).

의해 도움을 받을지도 모른다. 노동, 소수인종, 여성운동 등 가치가 있는 성과를 거둔 미국의 많은 사회운동은 그러한 역사를 가지고 있다. 사회가 문제의 여러 측면들을 정리하는 것은 쉬운 것이 아니다. 사회는 표현을 억누르지 않고서 법과 질서를 방어해야 한다. 타당한 불만들을 무시하기보다 필요한 사회적 변혁을 이룩해 내야 한다. 운동 주변부의 다른 많은 것들뿐 아니라 전체적인 운동을 분쇄하지 않고 지나친 부분에 대해서는 처벌해야 한다.

이러한 목표들을 달성하려는 현재의 법적 원칙은 적절하지 못한 것으로 보인다. 원래 연방대법원은 매우 변칙적으로 명백하고 현존하는 위험의 기준을 적용했다.[52] 그 뒤에 연방대법원은 이론의 균형을 잡는 데 일정한 태도를 갖지 못했고 지금도 그러한 실정이다. 현재 유력한 원칙은 Brandenburg사건 판결로 보인다.[53] "언론이 즉각적으로 불법행동을 선동하거나 유발하는 경향이 있고, 또 그러한 경향이 있을 경우 언론은 처벌을 받을 수 있다."[54] 이러한 원칙들은 이론적으로 정상적이거나 현실에서 작동 가능한 것 같지 않다. 다른 행동과 구별되는 것처럼, 수정헌법 제1조의 목적은 표현에 대해 특별한 보호를 제공하는 것이다. 언론이 자극적이거나 불법행동을 유발할지도 모른다는 사실은 압제의 충분한 근거는 아니다. 사회는 언론을 통제하지 않고 행동을 통제할 다른 방법을 갖고 있다. 게다가 그 형성이 매우 모호하고 정의가 내려지지 않아 원칙의 적용을 주장할 때 법원과 검찰, 경찰 그리고 다른 공무원들은 거의 어느

---

52 '명백하고 현존하는 위험'이라는 구절은 Schenck v. United States, 249 U.S. 47, 52 (1919)에서 유래한다. Debs v. United States, 249 U.S. 211 (1919). Frohwerk v. United States, 249 U.S. 204 (1919). 이 기준에 따라 즉각적인 위험의 우려가 있기 전까지 언론은 위축될 수 없다. 위험의 근접성과 정도는 평가될 중대한 요소이다.

53 Brandenburg v. Ohio, 395 U.S. 444 (1969). Hess v. Indiana, 414 U.S. 105 (1973). 불법행위에 대한 유죄선고를 파기하는 일차 근거로 Brandenburg사건을 인용.

54 395 U.S. at 447.

결론에 이를 수 있다. 오로지 행동으로부터 표현을 분리하고 표현에 대해 충분한 보호를 제공하는 것은 만족할 만한 답변을 줄 것이다.

다른 법적 원칙들은 상징적 언론의 문제에 적용되고 있다. 이러한 형태의 표현은 1960년대에 정교하게 다듬어지고 세련됐다. 원칙의 발전은 부분적으로 청중에게 도달하기 어려운 데 대한 반응이며, 또 부분적으로 텔레비전의 늘어나는 영향에 대한 반응이기도 하다. 원칙의 형성 이유가 무엇이든 간에, 상징적 표현의 사용은 표현의 자유의 권리체제 내에서 중요한 혁신을 이룩했다. 그것은 역시 표현을 행동으로부터 분리하는 어려움을 반영한다. O'Brien사건에서 연방대법원의 해법은 재앙이라는 비판을 받는다.[55] 연방대법원이 세운 공식은 기준을 균형 잡는 수준까지 이른 것은 아니다. 본질적으로 연방대법원은 순전한 이성의 기준만을 채택했다. 정부 규제가 일정 부분 타당한 목표를 갖는다면, 표현에 대한 원칙의 효과는 무시될 것이다.

수정헌법 제1조의 기능에 보다 진실한 것은 표현이나 행동이 행위에 있어서 지배적 요소인가 하는 것을 결정하는 시도들이 그리고 거기서 표현이 지배적인 것으로 발견되면 그 표현을 충분히 보장하게 하는 기준일 것이다. 이미 언급한 바와 같이 법적 원칙의 다른 측면도 정치적 표현에 부과된 간접적인 제재 문제와 관련이 있다. 여기서 간접적인 제한이 부과된다면, 직접적인 제재로부터의 보호는 정치적 참여의 면에서 그리 중요한 의미를 갖지 않는다. 시민은 사상을 교환할 충분한 자유를 가질 수 있다. 그러나 보조금들이 차단되고, 생계가 방해를 받고 또는 경력이 파괴된다면 시민이 정치결사를 통해 사상을 실행하려고 시도하자마자 그 체제는 건국의 아버지들이 마음속에 간직한 대로 표현의 자유체제의 기능을 할

---

[55] United States v. O'Brien, 391 U.S. 367 (1968). O'Brien사건은 징병 영장을 불태우는 상징적 행위에서 언론과 표현의 요소에 종속적인 것처럼 보이고, 중대한 주목을 받게 된다.

수 없을 것이다.

이러한 문제에 대한 연방대법원의 반응은 1950년 Douds사건에서 균형성 기준을 적용하는 것이다.[56] 이 기준은 보호를 거의 제공하지 않으며, 보다 더 많은 것을 제공하는 것을 기대하기 어려울 것이다. 후에 연방대법원 결정은 어느 정도 엄격한 요구와 직접적인 제재 사건들에서 사용된 접근기준들을 부과했다.[57] 그러나 연방대법원은 이 쟁점들을 충분히 명백하게 정리하지 않았다. 미국은 덜 압제적 시대에 있지만, 그 문제는 여전히 존재하며 언제라도 예민하게 될 것이다.

경찰과 정보기관의 여러 행위에 대한 법원의 태도와 접근은 주의 깊게 볼 필요가 있다. 여기서 쟁점은 치명적이다. 정치적 감시, 정치적 박해와 유사한 경찰의 행위에 대한 표현의 자유의 영향력은 현실적으로 의문을 가질 수 없다. 그러나 연방대법원이 지도하는 각급 법원들은 감시사건들에서 정보기관들의 행위를 축소하는 데 반대하고 있다.[58] Rizzo사건은 법원들이 입증과정에서 주요한 장애물들을 부과하고 또 부적절한 구제책들을 제공할 준비가 되어 있다는 것을 보여 준다.[59] 정보기관에 대한 효율적인 통제를 부과하는 데 대해 법원이 꺼리는 것은 미국의 표현의 자유체제 내에서 논쟁을 일으킬 수 있는 취약점이기도 하다.

---

[56] American Communications Association v. Douds, 339 U.S. 382 (1950). 절대주의 입장에 대한 반대로 균형성 접근법은 Harlan과 Black연방대법관 사이에서 대치하는 고전적 영역이다. Konigsberg v. State Bar of California, 366 U.S. 36 (1961)사건에서 다수와 소수견해를 비교.

[57] Whitehill v. Elkins, 389 U.S. 54 (1967). Keyishian v. Board of Regents, 385 U.S. 589 (1967).

[58] Laird v. Tatum, 408 U.S. 1 (1972). cf. California Bankers Ass'n v. Shultz, 416 U.S. 21 (1974). 광범위한 자료 수집을 지지. United States v. United States Dist. Court, 407 U.S. 297 (1972). 국가안보상 필요로 할 때 도청하는 것은 대통령 고유권한이라는 주장을 각하. Katz v. United States, 389 U.S. 347 (1967). Berger v. New York, 388 U.S. 41 (1967). 허용가능한 도청과 정부에 의한 전자감시에 대한 헌법기준을 확립.

[59] Rizzo v. Goode, 423 U.S. 362 (1976).

(2) 경제적 독점과 왜곡

식민지인들이 가시화한 표현의 자유체제와 오늘날 존재하는 체제 사이의 주요한 차이는 정치적 표현이 발생하는 시장(marketplace)의 본질이다. 그 시장은 대중매체에 의해 지배를 받고, 시장으로 흘러드는 통신은 대부분 유일한 정치적 경제적 사회적 관점을 반영한다. 발전자가 되려는 많은 사람들은 시장에 접근할 수 없으며, 따라서 다양성이 심각하게 결여되고 있다. 요컨대 식민지인들이 의심의 여지없이 기대했던 순수한 스미스 형태의 완전경쟁시장은 오늘날에는 없다는 점이다.

해법은 분명히 정부가 원자력산업 또는 다른 기업을 규제하기 위해 시도한 것과 같은 방식의 대중매체산업에 대한 정부 규제는 아니다. 그러한 규제는 애그뉴(Agnew) 전 부통령과 다른 비평가들에 의해 제안되거나 언급되고 있다. 표현의 자유체제는 그러나 본질적으로 자유방임 영역에 남아 있어야 한다. 그것은 자유방임의 마지막 자취가 될 것이지만 현실은 그렇게 될 수 없는 것이며, 여전히 자유체제로 유지되며 정부 통제를 받고 있다.

이것은 미국이 매우 많이 주의를 기울이지 않은 기본적인 문제를 미국 사회에 제기한다. 자유로운 표현이 기능하는 체제에서 시장에 대한 접근권의 평등성이 얼마나 존재해야 되고, 또는 얼마나 필요한지가 관건이다. 단순히 우리는 정확한 평등성을 가질 수 없으며, 어떠한 기준으로도 평등성을 측정할 수 없다. 그러한 종류의 체제는 완벽한 정부 통제, 조건면에서 모순적인 수단에 의해서만 제도화될 수 있다. 다수의 견해는 항상 보다 큰 지배력을 구가할 것이다. 기대되는 모든 것은 반대하거나 비정통적인 견해들이 들려줄 실체적 기회를 가져야 한다는 것이다. 그들이 다수 견해처럼 목소리가 크거나 전반적이어야 한다는 것은 본질적인 것은 아니다. 그러나 균형이 어디서 또는 어떻게 공격을 받을 것인가를 말하는 것은 쉽지 않다.

배런(Jerome Barron) 교수 등 여러 학자들이 주장하는 하나의 해법은 정부의 대중매체에 대한 강제적 접근권을 위한 헌법해석 또는 입법에 의해 폭넓은 규정을 제정하는 것이다.[60] 언론출판이 관련되는 한, 명예훼손사건에서 제한된 응답권을 제외하고 무한한 정부 통제를 유발하지 않은 상태에서 이것이 달성되는 방법을 보는 것은 어렵다. 연방대법원은 외견상 이 같은 결론에 도달했다. 또 Tornillo사건이 그러한 행위를 배제하는 것처럼 보인다.[61] 라디오와 텔레비전에 대한 접근은 그러나 다른 문제이다. 이러한 점에 대해 출판매체와 전자매체 사이의 다른 취급은 전자매체 영역에서 시설의 소수성 이유에 의해서만 정당화한다는 것을 주목할 필요가 있다.

방송에 유용한 채널들이 제한되는 한 정부는 언제 어느 환경에서 발언하고자 하는 바람을 그렇게 실현하도록 하는 환경을 가질 것에 대해 결정해야 한다. 방송국 면허자에게 방송국 시설을 가동할 배타적 권리를 부여하게 되면, 그 사업자는 다른 발언자들에게 접근권을 줄 수 있고 주어야 한다. 희소성이 제거되거나 제거될 때 그러나 전자매체를 사용할 헌법적 권리는 출판매체를 사용하는 것과 같다. 매체를 사용하고자 하는 사람들 사이의 경제적 불평등은 정부 개입의 타당한 근거로 작용하지 않는다.

이러한 법적 맥락에서 그러면 어떠한 해법들이 유용한지를 살펴본다. 가장 좋은 약속을 주는 것은 다음과 같다. 첫째, 매체 독점을 해소하기 위해 독점금지법을 적용하고, 또 방송국 소유의 폭넓은 다양성을 이룩하기 위해 FCC규제를 활용하는 것이다. 헌법적 권한 문제는 여기서 발생하지 않는

---

60 J. Barron, Freedom of the Press For Whom? The Right of Access to Mass Media, Indiana University Press, 1973. 이하 Freedom of the Press for Whom?로 인용. Barron, Access to the Press—A New First Amendment Right, 80 HARV. L. REV. 1967, p. 1641. 이하 Access to the Press로 인용.

61 Miami Herald Publishing Co. v. Tornillo, 418 U.S. 241 (1974).

다. 그러나 실질적 결과들은 훨씬 더 여러 가지 상황이 존재하며, 그리고 개선의 희망이 그리 많지 않다. 신문사를 운영하거나 방송국을 경영하기 위해 요구되는 자본 규모는 전통적 관점에 대해 대안을 제시하려고 하는 대부분의 개인이나 집단들을 배제하기 위해 충분히 크다.

둘째, 공정성 원칙이다. 공정성 원칙은 방송국들이 공적으로 중요한 논쟁적 쟁점에 대한 프로그램을 방송하고, 또 그러한 쟁점들과 관련된 다양한 관점을 대표하기 위해 제공할 것을 요구한다. 원칙을 구체화한 FCC규제는 Red Lion사건 판결에서 지지를 받았다.[62] 공정성 원칙은 항상 방송산업으로부터 맹렬히 공격을 받고, 최근에는 강력한 반대기류가 다른 구역으로까지 확대되고 있다. 게다가 중대한 행정적 어려움에 직면하고 있다. 공정성 원칙은 현재 형식적으로는 폐기된 상태이지만 의회에서 입법 논쟁이 이어지고 있다.[63] 사람들은 공정성 원칙이 매우 효율적이라고 보지 않는다. 반면에 공정성 원칙은 없는 것보다 낫고 또 지속되어야만 한다는 판단이다.

셋째, 전자매체에 대한 접근권 문제이다. 라디오와 텔레비전에 대한 접근권 규정은 여러 형태를 취할 수 있다.[64] 가장 유망한 것은 정치 후보자들의 자유로운 시간의 요구이다. 다른 방법은 방송국들을 강제해서 상업광고처럼 같은 일반적 기초에 입각해 유료 정치광고를 받아들이도록 하는 것이다. 이러한 점을 넘어서서 접근권을 제공하는 방법들은 그러한 객관적 조건 속에서 형성되는 것이 아니고, 그들은 행정 속에서 보다 복잡

---

62 Red Lion Broadcasting Co. v. FCC, 395 U.S. 367 (1969).
63 이춘구, 미국 방송법제상 공정성 원칙의 전개 연구, 전북대학교 법학연구소, 법학연구 제43집, 2015, 223–265쪽. 이춘구, 미국 Red Lion 사건과 Syracuse 사건에 대한 연구: 방송의 공정성 원칙의 헌법 논쟁을 중심으로, 전북대학교 동북아법연구소, 동북아법연구 제8권 제3호, 2015, 383–416쪽.
64 이춘구, 기술 발전에 따른 매체 접근권 연구, 한국국가법학회, 국가법연구 제 11권 1호, 2015, 1–35쪽.

해진다. 그럼에도 앞으로 전진하고자 하는 의지가 있다면, 방송에 대한 보다 더 큰 다양성이 달성될 수 없는 이유는 없다. DNC사건에서[65] 연방 대법원이 수정헌법 제1조나 연방통신법(Federal Communications Act)이 방송국에 대해 정치적 광고를 수용하도록 요구하지는 않고 있다고 하더라도,[66] 그것이 그러한 또는 다른 형태의 접근권을 부여하는 입법이 방송사들의 헌법적 권리를 침해할 것이라는 입장을 유보하는 것은 아니다. 반면에 Red Lion결정은, 방송국 면허가 실질적으로 신탁(trustee)이나 공적 대리인(public agent)이라고 선언하면서, 헌법적 지름길이 열려 있다는 것을 분명히 한 것처럼 보인다.

넷째, 전자매체의 독점문제에 대한 가장 유력한 공격은 케이블 텔레비전의 발전에 놓여 있다. 전화 회선을 통해 도달하는 모든 가구에 거의 무제한의 채널을 공급할 수 있게 하는 것에 의해, 케이블 텔레비전은 이러한 통신 형태로부터 희소성 요인의 대부분 또는 모든 것을 제거하는 잠재력을 갖고 있다. 그 결과는 전자매체에 대한 접근권의 확장에 있어서 주요한 돌파구가 될 수 있다. 케이블 텔레비전이 실질적으로 전자매체를 개방할 것인지 또는 현재의 독점을 재강화할 것인지는 케이블 텔레비전의 발전이 규제되는 것에 의존한다.

다섯째, 가난한 사람의 매체의 확대 문제이다. 식민지 시대에는 결사와 청원의 권리는 표현의 자유의 체제의 중요한 특징이다. 회합과 행진, 시위는 18세기에 중요한 항의수단이다. 때로는 이러한 결사들이 보스턴 차(Boston Tea Party)사건처럼 폭력적이다. 유사하게 정치적 유인물을 배포하는 행위가 큰 역할을 했다. 이러한 모든 수단들은 추가되기도 하고 정비를 통해서 오늘날에도 대중매체에 의해 청중에게 다가설 수 없는 가난한

---

65 Columbia Broadcasting System v. Democratic National Committee, 412 U.S. 94 (1973).
66 Communications Act of 1934, 47 U.S.C. §§ 151-609 (1970).

사람들에게 유용하게 유지되고 있다. 그들은 시민운동에, 베트남전쟁 반대에, 최근의 유사한 정치적 노력을 위해 중대하다. 그리고 그들은 다가오는 미래에 지속적으로 중요할 것이다. 이러한 대체 소통방식을 위한 법적 지원은 명백해지고 강화돼야 한다. 불행히도 이것은 법원 결정과는 다른 방향이다. 상징적 언론법, 불법 결사에서 행동으로부터 언론을 분리하려고 하는 사건들 그리고 면허와 명령과 관련된 규정들 모두가 이 영역에서 표현의 자유에 대한 제한을 부과한다. 연방대법원은 쇼핑센터 사건에서 한 것처럼 수정헌법 제1조 권리가 행사될 수 있는 장소에 대해 심각한 제한을 두기 시작했다.[67] 따라서 가난한 사람들의 매체가 표현의 자유 체제의 효율적인 기능에 대해 보다 중대할 경우, 법원은 그 영역에서 표현에 대한 권리를 확대하기보다 포괄하는 경향이다. 또 공적 보조는 대중매체의 독점을 줄이기 위해 직접적이고 적극적인 길을 제공하고 다양성을 증대시킨다. 그들은 명백한 문제를 안고 있다고 하겠다.

(3) 알 권리의 위축

식민지인들은 민주주의 사회에서 알 권리의 중요성을 충분히 이해하고 있었다. 매디슨(James Madison)의 진술은 지금까지 가장 적절한 것 가운데 하나이다:

"인민의 정부는 인민의 정보 또는 정보를 얻을 수단이 없으면 소극이나 비극의 서론에 불과할 뿐이다. 또는 양자일 뿐이다. 지식은 영원히 무지를 지배할 것이다. 자신들만의 지배자를 의미하는 인민은 지식이 주는 권력으로 자신들을 무장해야 한다."[68]

---

67 Hudgens v. NLRB, 424 U.S. 507 (1976). Lloyd Corp. v. Tanner, 407 U.S. 551 (1972).

현대의 조건들이 알 권리의 중요성을 위축시키기보다 강조하고 있다. 이러한 기본권을 헌법적으로 입법적으로 지지하는 것의 발달은 현 세대의 가장 중요한 과업 가운데 하나이다.

연방대법원은 여러 사건에서 수정헌법 제1조가 알 권리의 헌법적 보호를 구체화한다는 것을 인정했다.[69] 그러나 연방대법원은 그 권리를 분명히 하지 않고 또는 알 권리의 논리적 경계를 향해 밀어 넣지 않았다. 반면에 여러 사건들에서 연방대법원은 알 권리를 무시하고 또는 심각하게 알 권리의 적용을 제한했다.

여러 영역에서 알 권리의 헌법적 발전은 표현의 자유체제상 중요한 역할을 할 것이다. 정부가 특정 자료를 읽거나 받는 데 대해 제재를 부과하는 것처럼, 여러 상황에서 정부는 직접적으로 알 권리에 개입하려고 시도한다. 여기서 알 권리는 충분히 보호를 받아야 한다. 다른 상황에서 발언자와 청자 또는 독자는 표현의 권리를 보호하는 것이 헌법상 알 권리를 적용하는 것에 의해 필수적인 것으로 여기게 될 것이다. 절차적 관점으로부터 알 권리는 수령자에게 또는 소통의 잠재적 수령자에게 의견을 줄 것이다.

초등학교 교육 영역에서처럼 정부가 표현의 영역에 대해 독점이나 독점에 가까운 조치를 하거나 또는 라디오와 텔레비전 면허를 줄 때처럼 희소한 시설을 배정하려고 시도할 때 알 권리의 원칙들은 적용될 수 있다. 알 권리를 가장 중대하게 적용하는 것은 정부로부터 시민에게 유용한 정보 양을 증대시키는 그것의 잠재적 역할에 놓여 있다. 요컨대 어느 것도 법원이 정부 정보는 공적 정보이며, 매우 정밀하고 좁은 예외를 제외하고 모든 시민은

---

68 G. Hunt ed., Letter from James Madison to W.T. Barry (Aug. 4, 1822), 1910, reprinted in 9 Writings of James of Madison 103.

69 New York Times Co. v. United States, 403 U.S. 713 (1971). 소위 Pentagon Papers사건이라고 불리는 이 사건에서 설명되지 않았다고 하더라도 그러한 권리는 함축적이다.

그러한 정보를 얻을 헌법적 권리를 갖는다는 기본적 원칙을 확립하는 것보다 민주주의 운동을 더 잘 발전시킬 수 없을 것이다. 정부 비밀은 본질적으로 수정헌법 제1조에 놓여 있는 전제들과 모순이다.

헌법의 해석과 별도로 알 권리는 입법 또는 행정부 조치로 시행될 수 있다. 연방과 주의 정보자유법(freedom of information law)과 선샤인법(sunshine law)은 공중으로부터 보류된 많은 정부 정보를 이미 공개하고 있다.[70] 실제로 이러한 법률들의 시행은 표현의 자유체제에서 가장 중요한 발전을 이룩해 냈다. 이룩해야 할 발전들이 여전하지만, 이러한 발전을 주요한 성과로 고려해야 한다.

(4) 적극적인 정부 조치

미국 사회의 다른 제도처럼 표현의 자유체제도 식민지인들이 의도했던 대로 정확하게 기능하지는 않고 있다. 미국 사회가 성숙하고 더 커지고 보다 복잡해짐에 따라 그 체제는 결점과 왜곡, 오작동이 드러나게 된다. 그러한 상황에서 정부를 통해 행동하는 시민은 정상화하고 지지하도록 요구를 받고 있다. 표현의 자유의 경우 그러나 정부에 의한 그러한 개입은 비상한 위험을 안고 있다. 정부가 개념상 정부통제로부터 면제된 표현의 자유체제의 규제를 하도록 기대하는 것의 역설은 현재 가장 어려운 문제 가운데 하나이다.

그러나 미국 사회는 그 문제가 풀 수 없는 것이라고 가정할 수는 없다. 미국 사회가 불가피하게 보다 더 집단적 사회로 이동하게 되면서, 이 혼선을 처리하지 않고서는 개인적 권리와 집단적 책임 사이에 적절한 균형

---

70 5 U.S.C. § 552 (1970 & Supp. 1974). 연방 모형을 닮은 주의 정보자유법 사례는 N.Y. PUB. OFFICERS §§ 85 (McKinney Supp. 1976).

을 유지할 수 없다. 여러 면에서 그것은 목전에 닥치고 있는 쟁점으로 여겨져야 한다.

궁극적으로 미국 사회에 스며들고 행동을 통제할 기본원칙을 발전시키는 것이 필수적이다. 그러한 방향으로 조금만 움직여도 알아차릴 수 있을 것이다. 경제기회국(Office of Economic Opportunity, OEO)을 대통령 행정부에 신설하면서 미국 사회는 정부를 공격하고 또 정부 정책을 반대하기 위해 표현의 자유의 권리를 행사하고 따라서 그를 고양시키는 일부 기관에 대한 정부지원을 확립하고 실시했다. OEO는 더 이상 존재하지 않지만, 법률구조공단(Legal Services Corporation)과 공동체지원국(Office of Community Services) 등이 전통에 따라 어느 정도 그 기능을 수행하고 있다. 정부는 대학과 연구기관 등에 연구비나 기금을 지원하고 있으며, 이들 기관은 정부의 공식적 입장이나 바람에 영향을 받지 않는다. 연방대법원은 대통령 선거운동에서 공중의 보조를 승인하는 중요한 조치를 취했다.[71] 다른 가능성을 살펴보고 점진적으로 이러한 영역으로 나아가야 한다.

3. 사회적 변화의 촉진

사회적 갈등을 풀고 사회적 변화를 촉진하는 데 있어서 표현의 자유체제의 가동은 혼재적 결과를 빚고 있다. 물론 이 기능은 정치적 참여를 허용하는 기능과 연관해서 작동되고 있는 같은 요인들에 의해 영향을 받고 있다.

전반적으로 미국 사회는 분명히 미국 사회 문제를 힘에 의해서가 아니라 대화를 통해 풀려고 시도하는 개방사회임에 틀림없다. 비록 힘이나

---

71 Buckley v. Valeo, 424 U.S. 1 (1976).

힘의 위협이 일부 해법들을 서둘러 내기는 했지만 미국 사회의 주류에서 는 대화를 통해 풀고 있다. 그러나 맹목적적인 반공주의가 득세한 매카시 (McCarthy) 시대처럼 급진적 또는 비정통적 대안들을 토론하는 채널들이 실제로 막혀 버린 시대도 있었다. 그 실수로 냉전과 특별히 베트남전쟁 기간에 미국 사회가 맞이한 쟁점들을 풀려는 노력들이 훼손됐다. 게다가 대중매체의 일차원적인 영향력에 의한 체제의 왜곡은 내포된 사회적 비 용(social cost)을 인식하는 데 실패하게 하고 해결을 더디게 하고 있다. 환경 문제나 에너지, 특히 원자력 에너지 문제 등의 해답을 찾는 데 지체되는 것들 이 이러한 영향의 사례들이다.

덧붙여서 사회적 변화를 효율적으로 하기 위해 표현의 자유체제를 활 용하는 것이 Watergate 기간에 미국 역사상 가장 혹독한 압박을 받았다는 사실을 외면할 수는 없다. Watergate 도전에서 미국 사회가 살아남은 것 은 미국의 지도층과 시민 가운데 있는 표현의 자유체제의 힘의 수단이다. 일반적으로 그 체제는 현재 그것의 기본 목적과 아주 잘 일치되어 기능하 고 있다. 지나치게 낙관할 수는 없지만 미국 사회의 문제를 이성적이고 평화적으로 풀기 위해 표현의 자유체제를 활용할 현실적인 기회는 있다.

4. 개인적 자기실현

개인적 자기실현을 허용하는 데 있어서 표현의 자유체제의 기능은 일 정 수준에서 실질적으로 실현되고 있다는 판단이다. 모든 개인은 말하고, 쓰고, 예술작품을 창조하고, 비슷한 방식으로 자신을 표현하는 포괄적 권 리를 가지고 있다. 개인이 자신의 의견을 들어줄 청중을 발견할 수 있는 지 여부는 물론 다른 문제이다. 모든 개인은 역시 읽고, 듣고, 관찰하고 또는 그렇지 않으면 통신을 받는 충분한 권리를 갖고 있다. 그러나 자신에게 흥미 있는 자료가 유용할 것인지에 대해서는 확신이 없다. 믿음을 형성하거나 유지하는 권리는 절대적이고 또는 거의 그러하다. 따라서 개인의 성격에 압제적인 영향력을 발휘하려고 하는 많은 세력들이 미국 사회에 존재하는 반면에, 수정헌법 제1조의 권한은 그로부터 인간의 잠재력을 실현하는 것이 시작될 수 있는 근거를 제공하지는 않는다.

중요하고 흥미 있는 문제는 수정헌법 제1조가 이러한 발전을 고무하는 데 크게 활용될 수 있는지 여부이다. 확실히 마르쿠제(Herbert Marcuse)나 라이히(Charles Reich) 측면에서 또는 다른 의미 있는 면에서 어느 누구도 수정헌법 제1조 스스로 자유로운 사회를 만들 수 있을 것이라고 주장하지는 않을 것이다.[72] 그러나 그것은 지금보다 더 폭넓은 영역을 포괄하는 것으로 해석될 수 있다.

이러한 점에서 수정헌법 제1조를 위한 보다 폭넓은 범주의 발전은 프라이버시권의 발전과 유사할 것이다. 그것은 같은 수요, 즉 집단적 힘의 성장에 의해 지배적으로 위협받는 삶의 영역을 고무하고 보호하기 위한 것에 대해 반응할 것이다. 그것은 요컨대 개인으로서 그리고 집단의 구성원으로서 인간의 권리와 책무 사이에, 즉 좋은 사회가 사적인 것으로 간주하는 것과 공적 생활영역이라고 간주하는 것 사이에 보다 예민한 선을 그으려고 시도할 것이다. 예를 들면 수정헌법 제1조는 자신의 생활방식, 즉 의상 머리 양식, 외모, 삶의 방식, 성적 취향, 경력 또는 경력의 부족 등을 통해 보여 주는 개인적 개성의 표현에 대한 정부 개입을 금지하는 것으로 해석할 수 있다. 또는 그것은 안전모를 사용하는 조건 또는 죽음의 방식을 선택할 권리에 대한 제한에서처럼 국가온정주의에 대한 한계를 부과하는 것이다. 또는 보다 큰 보호는 종교적 확신의 결과로서뿐 아니라 강

---

72 H. Marcuse, Eros and Civilization, Beacon, 1966. H. Marcuse, One-Dimensional Man, Beacon, 1964. C. Reich, The Greening of America, The New Yorker, 1970.

력한 도덕 또는 윤리적 감정으로서 개별적 입장이 간직하는 양심의 권리로까지 확장될 것이다.

수정헌법 제1조를 그러한 용도로 확인하는 것은 분명히 우리를 식민지인들이 생각했던 것들을 훨씬 뛰어넘게 하는 것이다. 연방대법관 가운데 더글러스만이, 그보다 조금 약하기는 하지만 마샬(Thurgood Marshall)도 수정헌법 제1조를 그렇게 확장하는 철학을 갖고 있다.[73] 게다가 적절한 원칙을 수행해내는데 있어서 막대한 어려움이 있다. 이러한 맥락에서 행동으로부터 표현을 분리하는 것은 어려울 것이다. 개인의 권리가 언제 끝나고 집단의 권리가 언제 시작되는지를 결정하는 것은 쉽지 않다. 이성적으로 정밀하고 작동 가능한 규정들을 형성하는 것은 위험할 것이다. 그러나 이러한 쟁점들이 주목해야 할 만큼 중요하다. 표현의 자유체제는 이러한 방향으로 성장을 시작해야 할 것이다.

5. 행정과 절차

수정헌법 제1조에 규정된 실질적인 권리들이 식민지인들이 마음에 두고 있던 이익에 봉사하는 정도는 행정과 집행에 관련된 규정과 조치들에 의존한다. 이들은 수정헌법 제1조뿐 아니라 전체 권리장전 실제로 헌법상 규정된 개인의 모든 보호에 영향을 미치는 문제이다. 이 영역에서 연방대법원의 결정 경향은 매우 중대한 관심을 불러일으킨다. 지위, 계급행동, 변호사 수임료, 연방 관할권, 구제책 그리고 이와 유사한 문제들에 대한

---

[73] Freeman v. Almon Flake, 405 U.S. 1032 (1972). Douglas, J., 이송명령을 거부하는 소수의견. Marshall연방대법관의 의견 Kelley v. Johnson, 425 U.S. 238, 251 (1976). 소수의견. Procunier v. Martinez, 416 U.S. 396, 427 (1974). 동의의견. Village of Belle Terre v. Boraas, 416 U.S. 1, 15-17 (1974). 소수의견.

판결들은 연방법원들이 수정헌법 제1조 권리의 옹호에 덜 유용하고 덜 효율적으로 만드는 결과를 빚게 한다. 이러한 발전을 위한 정당성으로서 주어진 연방법원의 문제는 무시되어서는 안 된다. 그러나 이러한 문제들의 해법은 연방헌법이 보장하는 오래된 권리의 적절한 실행을 앞지를 필요가 없고 또 앞질러서는 안 된다.

표현의 자유체제를 위한 정치적 법적 기초를 확립하는 데 있어서 식민지인들은 용감하기도 하고 낙관적이기도 했다. 그들은 영향면에서 선례가 없는 실험을 기꺼이 실행하려고 했다. 식민지인들은 발전을 믿었기 때문에, 실수로부터 배우고 혁신하고 점차적으로 전진해 나갈 수 있기 때문에, 그들은 궁극적으로 이성과 해방, 평화가 승리할 것이라고 믿었기 때문에 열심히 시도하려고 했다.

전반적으로 역사는 그들의 기대와 그들의 희망을 훨씬 더 정당화했다고 믿는다. 표현의 자유체제는 이론과 실행면에서 서서히 성숙하고 있다. 오늘날 표현의 자유체제의 모든 결점에도 불구하고 표현의 자유체제는 현저한 성과를 드러내고 있다. 그것이 지속적으로 성장하고 새로운 환경에 적응할 것인지 또는 활력을 잃고 포기될 것인지는 식민지인들처럼 현 미국 사회가 용감하고 진보를 위한 역량을 믿을지 여부에 달려 있다고 할 것이다.

제3장

사상의 자유시장 이론의 형성

Ⅰ. 사상의 자유시장 개념의 형성

사상의 자유시장 이론은 자유로운 표현과 자유로운 언론은 진리를 발견하고 사상의 오류를 확인시키는 최선의 길이라고 보는 미국 수정헌법 제1조 이론의 핵심적 부분이다. 이에 따라 정부는 표현과 언론을 억압할 것이 아니라 이를 촉진함으로써 그러한 기능이 최대한 달성될 수 있을 것으로 믿는 이론이다.[74] 이 같이 자유로운 표현이 진리를 발견하는 데 중심이라는 사상은 17세기와 18세기의 철학서에서 바로 이어진 것은 아니다. 식민지 미국에서는 유럽의 왕정과 귀족 중심의 사회로부터 벗어나기 위해 언론의 자유운동이 펼쳐진다. 프랭클린(Benjamin Franklin)은 자신이 창간한 펜실베이니아 가제트(Pennsylvania Gazette)에 1731년 6월 10일 '언론인을 위한 변명'을 발표하고, 사람들의 의견이 다를 때 공중에게 양쪽 의견 모두를 들을 기회를 주면 진리는 언제나 거짓에 대해 승리한다고 주장했다.[75] 밀턴의 자동조정원리를 반영한 주장이다.

---

74 박용상, 표현의 자유, 현암사, 2002, 25쪽. 김동철, 자유언론법제연구, 나남커뮤니케이션, 1987, 25쪽.
75 이진로, 앞의 논문, 88쪽.

1735년 Zenger사건에서도 언론의 자유사상이 명확하게 나타난다.[76] 뉴욕의 인쇄업자이자 언론인인 젱거가 선동적 명예훼손 혐의로 기소되고 무죄로 선고받는 과정에서 변호사 해밀턴(Andrew Hamilton)은 언론의 자유사상을 천명했다. 그는 미국 언론인이 권력의 폭압에 대해 자유롭게 비판하는 것은 사회의 중요한 목표이자 자유의 목적, 최선의 목적이라고 주장했다. 이에 따라 젱거를 석방하는 것은 억압정치를 좌절시키고, 인위적 권력을 폭로하고 비난하는 권리를 모든 미국인에게 보장해 주는 결정이라고 배심원들에게 호소했다. 결국 이 사건의 면소판결을 받아냄으로써 이후 명예훼손 혐의에 대해 진실한 의견은 면책이라는 판례로 정립됐다. 해밀턴은 또 독립혁명기의 스타로 추앙을 받게 된다.

미국 헌법과 권리장전의 초안자인 매디슨(James Madison)은 언론의 자유를 제도화하고, 또 제퍼슨(Thomas Jefferson)이 "신문 없는 정부보다 정부 없는 신문을 택하겠다"고 주장한다. 뒤를 이어 1919년 Abrams사건에서 소수의견을 편 홈즈 연방대법관은 사상의 자유시장 개념을 처음으로 주창한다. 그는 남북전쟁에 참전해 중상을 입은 뒤 제1차 세계대전 기간과 그 이후 연방대법관으로 봉직했다. 당시 급진주의의 영향으로 형사 무정부 또는 형사 신디컬리즘[77]이 확산되고 이에 따른 형사범들을 체포하는 일이 늘어났다. 홈즈는 이 사건에서 '명백하고 현존하는 위험의 원칙(clear and present danger doctrine)'을 세운 것으로도 유명하다. 홈즈는 수정헌법 제1조가 시민의 준비수단이라고 주장하는 사상의 선조들 가운데 한 사람이다.[78]

그는 밀턴이 처음 제안하고 밀이 발전시킨 사상의 자유시장 개념을 미국

---

76 Attorney General v. John Peter Zenger (1735).

77 형사 신디컬리즘: 정치적 경제적 변혁을 위해 폭력과 테러 등에 의존하는 것을 옹호하는 주의.

78 William E. Francois, Mass Media Law and Regulation, Iowa State University Press/AMES, 1990, pp.25-26.

법 안에서 인정했다.[79] 소수의견에서 홈즈는 바라는 궁극적인 선은 사상의 자유로운 거래에 의해 보다 더 잘 도달된다면서 진리를 가장 잘 시험하는 것은 시장 경쟁 속에서 자신을 받아들이게 하는 사상의 힘이라고 판시했다. 사상의 자유시장은 모든 사상을 시민이 접근하고 활용 가능한 곳에서 표현이 보장되는 환경에 대한 은유이다.[80] 이 개념은 1644년 밀턴이 아레오파지티카에서 암시를 한 데서 유래하고, 밀이 자유론에서 보다 구체화한 것이다. 두 철학자는 사상의 자유시장에서 진리의 유통이 자유로울 때에만 진리는 드러날 것이라고 믿었다.

미국에서 홈즈 연방대법관과 브랜다이스(Louis Brandeis) 연방대법관이 Abrams사건에서 소수의견을 내면서 '시장(market)' 이라는 개념을 실제로 처음 사용했다. 홈즈는 1919년 Abrams사건에서 사상의 자유로운 교환(a free exchange of ideas)을 위해 소수의견으로 "사상의 자유시장(marketplace of ideas)" 개념을 도입했다. 이 사건은 아브람스(Abrams)와 다른 사람들이 소형책자를 발간한 혐의로 기소된 사건이다. 그 책자는 윌슨(Wilson) 대통령이 러시아 혁명에 대항하는 것을 돕기 위해 군대를 파견하는 것을 비판하는 내용을 담고 있다. 또한 군수품 플랜트 건설에 반대하는 파업을 주창했다.

연방대법원의 다수는 전쟁 기간 중에 그러한 소형책자를 펴내는 것은 수정헌법 제1조에 의해 보호를 받지 못한다고 판결했다. 소수의견으로 홈즈는 브랜다이스가 가세한 가운데 이 소형책자는 미국 정부의 형태를 공격한 게 아니며, 따라서 기소된 바와 같이 선동죄 조항을 위반한 게 아니라고 주장했다. Abrams사건의 소수의견은 많은 점에서 영향을 미치고 있다. 소수의견의 논결 부분은 언론의 자유를 위한 수수께끼 같은 철학적

---

79 Abrams v. United States, 250 U.S. 616, 630 (1919).
80 Nancy C. Cornwell, Freedom of the Press, ABC-CLIO, Inc., 2004, p. 225.

정당성인 양 매우 세련된 단 하나의 구절로 분명히 표현한다. 놀랍게도 아마 이 구절은 억압의 난공불락의 논리를 설명하는 것으로 시작한다:

"의견의 표현에 대한 박해는 전적으로 나에게는 논리적으로 보인다. 만약에 당신이 당신의 전제나 권력에 대해 의문이 없고 또 진심으로 어떤 특별한 결과를 원한다면, 법적으로 당신의 희망을 자연적으로 표현하고 또 모든 반대를 물리친다. 어떤 사람이 원을 정방형으로 만들었다고, 또는 당신은 일념으로 결과에 대해 염려할 것이 없다고, 또는 당신은 당신의 권한이나 또는 전제들을 의심한다고 말할 때처럼 언론에 의한 반대를 허용하는 것은 당신이 그 언론을 무력하다고 생각하는 것을 나타내는 것처럼 보인다."

당시 홈즈는 자신의 뛰어난 관찰, 즉 법률의 일생은 논리적이지 않다는 점을 충실히 지키려고 한다. 법률의 일생은 경험이다.[81] 그는 경험으로부터 사려분별을 깨닫는 방법은 사상을 방해하는 것을 근절하고 자연적이며 전적으로 논리적인 열망을 조절해야 한다고 또다시 강조한다:

"그러나 시간이 많은 투쟁 중인 믿음을 전복해 오고 있다는 것을 인간이 깨달을 때, 인간은 자신들의 행동의 바로 그 근거를 믿은 것 이상으로 더 많이 믿게 될 것이다. 즉 바람직한 궁극적인 선은 사상의 자유로운 거래(free trade in ideas)에 의해 보다 잘 도달되며, 진리의 최선의 점검은 시장의 경쟁(the competition of the market) 속에서 스스로를 받아들이게 하는 사상의 힘이며, 또 진리는 자신들의 바람이 그 위에서 안전하게 실행될 수 있는 유일한 장이라는 행동의 근거이다."

[81] Oliver Wendell Holmes, Jr., The Common Law, 1881, p. 5.

홈즈는 당시 이러한 사려분별이 미국 헌법상 적극적인 법으로 구체화한다고 용기 있게 주장한다:

"어느 정도로 그것은 미국 헌법 이론이다. 모든 인생이 하나의 실험인 것처럼 그것은 하나의 경험이다. 비록 매일은 아닐지라도 해마다 불완전한 지식에 근거한 약간의 예언에 따라 우리는 구조를 하겠다고 맹세해야 한다. 반면에 그 실험은 우리 체제의 일부인 반면에, 그러한 시도들이 목전에서 합법적이고 즉각적인 점검이 나라를 구하기 위해 요구되는 법의 압박하는 목적들에 즉각적인 개입을 위협하지 않는다면, 우리는 영원히 우리가 혐오하고 죽음 투성이로 믿는 의견의 표현을 점검하는 시도들에 대해 주의 깊게 살펴봐야 한다."

다음으로 법률의 원천으로서 논리보다 경험을 선호하고, 그는 역사의 권위에 활기를 불어넣는다:

"나는 전적으로 수정헌법 제1조가 선동적 명예훼손에 대해 보통법을 강제로 적용하게 한다는 정부 주장과 의견을 달리한다. 역사는 인식에 대해 반대하는 것처럼 보인다. 나는 미국이 오랜 역사를 통해 선동죄로 처벌한 사람에게 부과한 벌금을 되돌려줌으로써 1798년의 선동죄 처벌법이 잘못된 것으로 후회한다고 생각한다."

최종적으로 홈즈는 수정헌법 제1조를 잘못된 조언을 교정하는 데 시간이 걸리게 하는, 즉각적으로 위험한 비상상황의 경우에만 제한에 종속하는 소탕명령으로 규정짓는다. 명백하게 홈즈는 이 구절에서 매우 풍부한 언급들을 하고 있다. 그의 시장 은유는 제안적이며 부과된 형상들 가운데 하나이다. 예를 들면 종교적 헌신에 대한 그의 적절한 세계적 설명을 보자.

"시간이 많은 투쟁 중인 믿음을 전복해 오고 있다. 불완전한 지식에 근거한 약간의 예언에 따라 우리는 구조를 하겠다고 맹세해야 한다." 홈즈는 또 "모든 인생이 실험이듯이 그것은 하나의 실험이다"라며 동시대의 헌법 숭배자들을 폄하한다. 이러한 관찰과 판단의 견지에서 시장의 은유를 이해하도록 해야 한다.

이 의견은 당시에 소수의견이었으나 그 후 매우 큰 영향력을 발휘하고 있다. 미국 정부나 연방대법원이 정치적 급진주의에 대해 관용할 분위기가 아니었다. 그것은 역시 브랜다이스가 1927년 Whitney사건에서 낸 보충의견에서도 나타난다. 거기서 그는 건국의 아버지들(the Founding Fathers)에 대해 언급하면서 "생각한 대로 생각하는 자유와 생각한 대로 말하는 자유가 정치적 진리를 발견하고 확산하는 데 불가결한 수단이라고 믿었다"라고 판시한다.[82] 브랜다이스는 "토론을 통해 거짓과 오류를 드러내고, 교육과정을 통해 죄악을 피하는 시간이 있다면 적용되는 구제 방법은 보다 더 많이 발언하게 하는 것이며, 침묵을 강요하는 것이어서는 안 된다"라고 덧붙인다.

언론을 보호하는 사상은 진리 또는 지식을 발견하기 위한 노력과 아주 잘 어울린다. 타블로이드 언론과 언론에 대한 냉소주의의 확산에도 불구하고 민주주의 사회에서 언론 기능의 일부는 시민에게 이익이 되거나 영향을 주는 사건들에 대해 시민에게 정보를 알려주는 것이라는 일반적인 믿음이 있다. 사상의 자유시장 개념은 은유의 타당성을 희석시키는 비사법적인 경제적 요인들에 대한 관심이 증대하는 데도 불구하고 현대 수정헌법 제1조 법제에 지속적으로 영향을 미치고 있다. 이 개념의 도입으로 자유로운 표현에 대한 법원의 입장에 큰 변화를 가져왔다.

수정헌법 제1조의 사상의 자유시장 개념은 좋든 나쁘든 모든 사상은

---

82 Whitney v. California, 274 U.S. 357 (1927).

시장에서 경쟁하도록 허용해야 한다는 것이다. 정부는 언론에 개입해서는 안 된다. 사상의 자유시장 개념을 밀턴의 자극적인 말들과 비교해 본다. 그는 언론의 허가에 반대하는 주장을 펼치면서 진리와 거짓이 격투를 벌이게 하자고 말했다. "자유롭고 공개적인 대결에서 진리가 더 악화되는 상황으로 놓여지겠는가?"라고 했다.

핸드(Learned Hand) 법관은 독점금지사건에서 비슷한 이론을 펼쳤다. 정부는 AP통신(Associated Press)의 제한적 행동들을 중단시키려고 했다. AP통신에게 고도로 회원을 제한하는 관행을 금지시키고, 또 통신사의 1,200명의 회원들에게 통신뉴스를 비회원들에게 전달하지 못하게 하는 것을 금지시키는 것이 1943년 미국 항소법원 판결의 핵심이다. 그 사건에서 그는 모든 일반 이익 가운데 가장 필수적인 것 가운데 하나는 가능하다면 많은 다른 취재원으로부터 또 많은 다른 측면과 색깔로써 뉴스를 확산시키는 것이라고 보았다. 비록 실제로 그것이 같지는 않지만, 그 이익은 수정헌법 제1조에 의해 보호되는 이익에 밀접하게 유사하다. 2:1로 결정된 그 사건에서 핸드는 다음과 같이 판시했다:

"그러나 배타적이지도 않고 또는 우선적이지 않더라도 신문 산업의 이익은 결정적이다. 왜냐하면 신문 산업은 전체 일반이익 가운데 가장 중요한 이익에 봉사하기 때문이다. 가능한 한 많은 다른 취재원으로부터, 많은 다른 면과 색깔들로 뉴스를 확산하는 것이다. 비록 그 이익이 실제로 같지는 않을지라도, 그 이익은 수정헌법 제1조에 의해 보호되는 이익이다. 그것은 올바른 결정들은 어떤 종류의 권위적 선정보다 많은 사람들의 말로부터 모여질 가능성이 있다는 것을 전제로 한다. 많은 것에 대해 이것은 어리석고 또 언제나 어리석은 짓일 수도 있을 것이다. 그러나 우리는 그것에 우리의 모든 것을 걸어 왔다."[83]

이에 불복해서 AP는 부분적으로 전통적 수정헌법 제1조에 근거해 Sherman의 독점금지법이 출판자들에게 적용될 때 언론의 자유를 침해한다고 상고했다. 블랙(Hugo L. Black) 연방대법관은 하급심의 금지명령을 인용하면서 AP 주장에 대해 다음과 같이 판시했다:

"그러나 수정헌법 제1조의 채택을 촉진시킨 언론의 자유에 대한 막중한 관심이 정부는 그러한 자유를 보호하는 권한이 없다는 명령으로 해석돼야 한다면 그것은 실제로 낯설다. 수정헌법 제1조는, Sherman법 적용에 반대하는 주장의 논거로 제공하는 것이 아니라, 여기서 그 반대로 강력한 이유를 제공한다. 수정헌법 제1조는 다양하고 적대적 취재원으로부터 정보를 가능한 한 가장 넓게 확산하는 것은 공공복지에 본질적이라는 가정에 그리고 자유로운 언론이 자유로운 사회의 조건이라는 가정에 의지한다. 확실히 정부 그 자체는 자유로운 사상의 흐름을 방해해서는 안된다는 명령은 만약에 비정부 조합이 헌법적으로 보호되는 자유에 제한을 가한다면 비정부 조합에 도피처를 제공하지 않는다는 것이다."[84]

또 교사의 표현의 자유와 알 권리에 관해 미국 연방대법원은 뉴욕 주의 교원에 대한 충성서약이 문제된 1967년의 판결에서 대학의 강의실은 사상의 자유시장이 돼야 하며 사상의 건강한 교환을 통해 단련된 지도자들에게 미국의 미래가 달려 있다고 판시했다.[85] 미국 연방대법원은 이와 함께 중고등학교 교실도 사상의 자유시장으로 보고 교실에서 교원의 교육의 자유를 널리 인정하려고 했다.[86]

---

83 United States v. Associated Press, 52 F.Supp. 362(S.D.N.Y. 1943), affirmed 326 U.S. 1 (1944).

84 Associated Press v. U.S. 326 U.S. 1, 65 S.Ct. 1416, 89 L.Ed. 2013 (1945).

85 Keyishian v. Board of Regents, 385 U.S. 589 (1967).

여기에 수정헌법 제1조의 초석들이 있다. 그들은 전통적 개념인 소극적 명령, 즉 정부는 사상의 자유로운 흐름을 방해해서는 안 된다는 것을 포함하고 있다. 정부는 그러나 다양하고 적대적인 원천들로부터 정보를 가능한 한 가장 넓게 확산시키는 것을 제공하는 목표를 향해 자유로운 언론을 보장하기 위해 그의 권한을 사용할 수 있고 사용해야 한다는 적극적인 측면도 있다. 분명히 이 결정 내에서 또 후의 결정들에서 수정헌법 제1조의 보장은 "언론의 이익을 위한 것이 아니라 우리 모두의 이익을 위한 것이다."[87]

마이클존(Alexander Meiklejohn)은 밀턴의 사상의 자유시장 이론을 지지하면서 사상의 충돌에서 진리가 승리할 것이라는 밀턴의 견해를 지지했다.[88] 어느 누구도 자치(self-government)의 목적을 위해 진리의 승리가 중요하다는 것을 부정할 수 없다. 그러나 그것이 가장 중요한 것은 아니다. 중요한 것은 인간이 자신의 지배자가 돼야 한다면, 훨씬 더 필수적인 것은 활용 가능한 어느 진리라도 공동체의 모든 시민의 처분에 놓여야 한다는 사회적 수요이다. 그래서 수정헌법 제1조는 승리한 진리를 함께 나누기 위한 장치이다.

---

86 Tinker v. Des Moines Independent School District, 393 U.S. 503 (1969). 팅커 검은 완장 착용사건.
87 Time, Inc. v. Hill, 385 U.S. 374, 389, 87 S. Ct. 534, 543, 17 L.Ed. 456, 468, (1967).
88 Wayne Overbeck, Major Principles of Media Law, Harcourt Brace College Publishers, 1998, pp. 42-43.

II. 사상의 자유시장 모형의 사상적 체계

사상의 자유시장과 언론의 시장 모형(marketplace model)은 밀턴과 로크, 밀, 볼테르, 루소, 제퍼슨, 스미스 등의 여러 철학 체계와 홈즈의 법철학을 종합한 데서 유래한다. 이들을 분석하면 적어도 5대 역사적 사상들이 이 모형을 발전시키고 지속하게 한 것으로 나눌 수 있다.[89] 5대 역사적 사상의 체계는 다음과 같이 세울 수 있다.

첫째, 유럽에 있어서 이성의 시대(the Age of Reason)로부터 나오는 자유와 개인주의 철학, 둘째, 홈즈 연방대법관의 사상의 자유시장,[90] 셋째, 개신교 윤리의 심한 노동과 경쟁가치들,[91] 넷째, 사업경쟁에 적용되는 자연선택(natural selection)과 적자생존(survival of the fittest)의 개념을 갖는 사회적 다윈이즘의 영향력, 다섯째 수요와 공급의 법칙이 재화와 용역의 흐름을 결정하는 자유방임적 자유시장 접근에 기초한 스미스의 자본주의 이론을 들 수 있다.

이 모형에 따르면 관념적 사상의 자유시장은 언론매체를 통해 현실의 시장으로 구체화된다. 또는 시장의 주요 기초로서 사회의 정보제공과 여론형성 차원에서 기능을 수행한다. 시장이 가능한 한 자유로워야 한다는 것은 본질적인 것이다. 왜냐하면 자유로운 시장이 진리에 도달하는 가장 큰 기회와 전반적인 사상과 정보, 여론을 얻는 최선의 방법을 제공하기 때문이다.

---

89 John C. Merrill, The Marketplace: A Court of First Resort, Media Freedom and Accountability, Greenwood Press, 1989, p. 12.

90 3세기 이전의 Milton의 자동으로 복원되는 절차로까지 거슬러 올라가고, Holmes는 "공개된 시장경쟁에서 자신을 받아들이게 하는 사상의 힘"을 강조.

91 Max Weber, Die Protestantische Ethik und der Geist des Kapitalismus, Gesammelte Aufsäze, zur Religionssoziologie, Bd. 1, J. C. B. Mohr, Tübingen, 1920.

시장 모형은 다음과 같이 법적으로 주요한 측면과 특징들이 있다. 우선 언론체제는 가능한 한 외부통제로부터 자유로워야 하며, 가능한 한 다양하고 다원적이어야 한다. 가능한 한 가장 큰 다양한 정보와 관점들, 의견들을 제공하기 위해 노력해야 한다. 특히 언론체제는 경쟁적이어야 한다. 모든 언론은 청중 구성원들을 모으고 유지하며, 또 경제적으로 건전하기 위해 노력해

● 루소(j. j. Rousseau)

야 한다. 더 나아가 경쟁적 시장에서 요구되는 서비스들을 제공하는 언론은 생존하고 번창할 것이다. 그리고 그렇게 하는 데 실패하는 언론은 시들해지고 아마 사라지게 될 것이다.

다양한 매체의 경제적 지원은 그들과 함께 그들의 청중 편에서 근본적인 만족이나 불만족을 반영한다. 언론은 따라서 생존과 성장을 위해 사람들에게, 청중들에게 책임을 진다. 특정 언론에 대한 공중의 공적 지원이 줄어들면, 이것은 경영에 대한 신호이다. 일들이 변화되고, 정책이 수정되는 것을 필요로 하고 또 편집 내용은 그것이 꼭 편집돼야 하는 당위성에 부합하는 것은 아니다. 그것은 위험한 신호이다. 만약에 공중의 공적 지원이 증가한다면, 이것은 기본정책이 모두 옳고 편집 내용이 적어도 적절하며 변화들, 즉 적어도 주요한 변화들이 불필요하다는 신호이다.

이 모형에 있어서 언론은 시장 때문에 간접적으로, 확실히 사람에 의해 지시를 받는다. 언론 관리자들은 이 경우 선출된 정부 공무원들과 유사하며, 선출된 공무원처럼 그들의 선거구민, 즉 시청자와 독자들을 기쁘게 하고 그들을 대표해야 한다. 언론체제는 그래서 사람들의 희망을 가장 잘 반영하는 적극적 반응적 기제이며 또 최종적으로 사람에게 책임을 진다.

사상의 자유시장 모형은 밀턴의 아레오파지티카와 홈즈의 사상의 자유

시장 이론을 토대로 언론의 자유와 자동조정, 통제, 책임성 측면에서 몇 가지 가정들을 전제로 한다. 첫째 그 모형은 지식이 있고 관심이 있는 청중을 전제로 하며 또 마찬가지로 어느 정도 잠재적이고 대부분 한 덩어리로 뭉쳐진 청중을 전제로 한다. 외견상 이 모형으로 "사람들이 선을 알 때 그들은 선을 행한다"는 일종의 플라톤적 가정을 세운다.

시장 모형은 더 나아가, 만약에 그들이 선을 알면 다른 사람들, 이 경우 언론 관리자들이 선을 알고 또 선을 행한다는 것에 주목하게 될 것이라는 것을 전제로 한다. 플라톤 입장에서는 여기서 실제로 지식의 획득과 전인 교육이 열쇠이다. 교육을 통해 사람들은 선을 알 것이며, 선을 알게 되는 사람들은 역시 선을 행할 것이라는 주장이다. 여기서 그러한 정도의 지식과 교육이 대중매체 시장에서 존재하는가 하는 문제가 제기된다.

시장 모형은 언론이 그들의 청중의 바람과 기대들을 충족시키는 데 따라 자동조정된다. 보답을 받고 시청자와 독자를 얻고 또 그것 때문에 이익을 얻는다. 그러나 충족시키지 못할 경우 벌을 받는다. 즉 시청자와 독자를 잃고, 또 사업에서 도태될 가능성이 있다. 이러한 언론은 그들의 공중에게 책임이 있다는 것을 견지한다. 그것은 단순한 상호작용 접근법이다.

미국에서 이 상호작용은 이론적으로 시장의 산물이다. "만약에 독자가 신문 내용에 대해 부정적으로 반응하면 신문구독을 중지하고, 그리고 신문은 시장에서 생존하기 위해 그의 행태를 수정하지 않을 수 없을 것이다."[92] 알철(Altschull)에 따르면 이것이 청중 구성원들이 뉴스 형성에 참여하는 방법이다. 그리고 이것이 대중매체의 시장이론의 핵심이다.

시장 모형은 개별 구성원뿐 아니라 청중 내에 있는 집단들에 맞출 수 있다. 시장을 형성하는 청중들의 압력집단은 압력을 행사할 수 있다.

---

92 J. Herbert Altschull, Agents of Power: The role of the News Media in Human Affairs, Longman, 1984, p. 289.

교회 집단들과 군사 집단들, 좌익과 우익 양자 그리고 보다 전통적인 집단들 모두 출판이나 방송국이 수행하는 방식에 영향을 미칠 수 있다.

신문 '여성란'의 변화 과정을 살펴보자. 여성란은 1950년대 신문 편집을 지배했던 보다 오래된 가정과 관련된 '사회란'과는 이제 아주 다르다. 역시 뉴스 매체에서 흑인 미국인을 다루는 지면이 증가된 것을 보자. 예를 들면 여성과 흑인은 대중매체의 정책에 대해 보다 크고 또 큰 영향력을 갖고 있다. 그들이 시장에서 사용할 달러 양을 증가시키는 만큼 접근 기회를 가지며 조직을 늘리고 또 거침없이 발언하게 된다.

크리그바움(Hillier Krieghbaum)과 같은 몇몇 학자들은 이러한 종류의 작용과 반작용, 자동조정 모형은 좋을 수도 있고 나쁠 수도 있다고 지적한다.[93] 크리그바움은 기껏해야 그것은 청중에 대한 반응을 대표한다고 말한다. 나쁜 경우 구매거부와 지원중단, 무관심 등으로 나타날 수 있다.

시장 모형은 청중과 언론 사이에 공생관계가 있다는 것을 상정한다. 즉 사람들이 원하는 것을 언론이 제공할 것이라는 전제이다. 사람들이 보다 높은 질을 요구하면, 언론은 그것을 청중들에게 제공할 것이다. 공중이 보다 낮은 질을 요구할 가능성에 대해서만큼은 이 모형은 말할 게 거의 없다. 왜냐하면 그들 스스로가 보다 높은 수준의 교육과 도덕적 의식으로 발전하는 만큼 사람들은 더욱더 보다 나은 정보를 요구하게 된다는 것을 가정하기 때문이다. 물론 시장 모형은 공중의 낮아지는 취향에 맞출 수 있다. 만약에 그러한 상황이 발전한다면, 시장에 있어서 그 매체는 여전히 청중의 보다 나은 기대에 맞추는 데 여전히 책임을 진다. 이것은 그러한 조정에 도덕적 이점이 있다고 말하는 것은 아니다. 이것은 언론의 반응이지 필수적으로 언론의 책임은 아니다.

이상적 사회에서 또는 이론상 이 시장체제는 잘 가동돼야 한다. 추정하

---

93 Hillier Krieghbaum, Pressures on the Press, Thomas Y. Crowell Co., 1973, p. 189.

건대 사람들은 언론이 최종적으로 책임을 지는 당국, 또는 대리인이 된다. 그리고 이상적으로 사람들은 지적이고 또 플라톤적 시각에서는 선하다. 사람들은 언론이 그들의 행동에 대해 책임을 져야 한다고 주장할 것이다. 그들은 당시 통일된 방식으로 언론을 지도하거나 지시할 수 있다. 이 책임론에 대한 기제는 보복과 보상의 경제적 수단에 놓여 있다.

언론은 공포와 이윤 동기를 통해 청중의 바람과 기대에 대해 따르게 되는 자동조정 관계를 강제로 따르게 될 것이다. 그리고 추정하건대 사회에서는 그러한 일치는 언론의 책임성과 도덕성을 보장할 것이다. 책임성과 도덕성은 자유롭게 작동하고 또 지적이고 단일체적이고 도덕적 사람들의 지시를 표현하는 시장에 의해 결정된다. 전체로서 사람들이 단일체적일지라도 적어도 강력한 압력으로 충분히 기능을 수행할 단일체적인 인구의 집단 또는 부문이 있을 것이다.

시장 모형은 책임성에 대해 민주적으로 접근한다. 사람들은 시장을 통해 분명하게 말하면서 언론 내용을 결정한다. 주된 문제는 실제 세상에서 사람들은 언론의 일상적인 업무에 대해 대체적으로 소극적이거나 또는 무관심하다는 것이다. 일부 중요한 반응은 삽화로 이루어지기도 한다. 우리가 말할 수 있는 언론은 자본주의 사회에서 재정적 지원을 위해 시장에 의존한다. 그러나 상대적으로 적어도 단기간에 전문적이고 또 도덕적 지침이 관련되는 한 영향을 받지 않는다.

자본주의의 발달로 경제력의 집중현상 등이 나타나면서 사상의 자유시장 이론도 도전을 받게 된다. 이에 대응해 1940년대 중반 미국에서는 언론자유위원회를 조직하고 사상의 자유시장 등 언론실태를 연구하게 된다. 우선 Time Inc.와 Britannica백과사전이 자금을 지원하고, 허친스(Robert M. Hutchins)가 위원장을 맡았다. 위원회는 철학자와 역사가들, 법학 교수 등으로 구성됐다. 언론 전문가들은 포함되지 않았다. 그러나 몇몇 사람들은 위원들과 서로 견해를 나눴다.

위원회는 언론의 자유가 20세기 중반 미국에서 심각하게 위협받지 않는 것으로 보았다. 그러나 독점금지법의 시행에도 불구하고 언론이 보다 소수 개인들의 손에 의해 집중되고 있었다. 매체 소유자들은 실제로 정부의 개입으로부터 상당히 자유로웠으나, 수정헌법 제1조는 대부분의 사람들에게 거의 직접적으로 적용되지 않았다.

위원회는 출판사와 방송사들이 보다 더 사회적으로 책임을 져야 한다고 주장했다. 그러면서 위원회는 각 매체 출구를 거리의 개인적 임시연단(soapbox)으로 취급하지 않고, 광범위한 시각을 널리 전파하는 수단으로 취급했다. 위원회는 정부가 새로운 통신 출구에 재정지원을 하고, 또 독립된 정부기구가 "자유롭고 책임지는 언론(A Free and Responsible Press)"에 있어서 언론의 성과를 감독해야 한다고 1947년 제안했다. 그러한 권고는 언론에 의해 잘 받아들여지지 않았으며, 언론은 사설과 여론 칼럼에서 그 생각을 공격했다.

위원회는 현존하는 사상의 자유시장에 대해 보조를 받고 보다 더 규제를 받는 시장으로의 변화를 고무하고자 한 것이다. 그 시장에서는 일부 견해가 매체 소유의 집중으로 야기된 제한된 수의 출구를 통해 전파될 수 있다. 이러한 사회적 책임 접근은 시버트(Siebert)의 언론의 4이론(Four Theories of the Press)에서 탐구되고 있다.

철학자이자 교수인 호킹(William Ernest Hocking)은 위원회 위원으로서 집단 작업을 상세히 설명했다. 언론이 많은 조직들로 구성될 때 언론을 보호하는 것은 소비자를 보호하고, 소비자는 폭넓은 정보들에 대한 접근권을 갖게 될 것이라는 데 대해 그는 주목했다. 그러나 정보 원천의 수가 줄어들 때 소비자는 수정헌법 제1조 아래에 무방비 상태로 놓여지게 된다. 호킹은 공중이 공중의 뉴스를 가질 필요뿐 아니라 권리를 갖는다고 믿었다. 특별히 시민의 정치적 의무가 걸리게 된 이후 적절한 뉴스 서비스를 가질 권리는 역시 공적 책임이 됐다.

따라서 언론은 공공이익으로 옷을 입게 되고 또 따라서 적절해야만 한다. 호킹이 막연한 기준이라고 인정한 용어이다. 그러나 적절성은 공중에게 폭넓은 뉴스 취재 영역과 시각들을 주는 것을 함축하고 있다. 이를 성취하기 위해 호킹은 언론을 사적으로 소유하는 공익사업 또는 사립학교로 비교할 것을 제안했다. 비록 정부가 언론 활동을 방해해서는 안 된다고 할지라도, 정부는 그러한 행동들이 일어나는 조건들을 규제해야 한다. 그래서 공익은 보다 더 제공될 수 있다. 그는 이것을 가장 많은 사람에게 가장 좋은 서비스가 독립기구에 의해 이룩되는 것을 의미하는 것으로 정의한다.[94]

다른 위원인 채피(Zechariah Chafee Jr.)는 언론은 단순히 정부의 제한이 없는 가운데서도 사회에서 그의 적절한 역할을 할 수 없다고 진술했다. 차라리 정부 또는 다른 누구에 의한 적극적인 행동이 요구된다고 한다. 채피는 홈즈 연방대법관의 공식으로 시작했다. 그 공식은 "진리의 가장 좋은 시험은 시장경쟁 속에서 자신을 받아들이게 할 생각의 힘이다"라는 것이다.[95] 그러나 채피는 매체 출구가 부족하기 때문에 제한된 시장에서 경쟁할 수 있을까에 대해 의문을 제기한다. 그는 자유로운 시장은 바로 상품을 위한 자유로운 시장이 독점에 반대하는 법률을 필요로 하는 것처럼 규제를 요구한다고 대답한다.

정부는 자유로운 발언을 규제하기보다는 촉진할 경기 규칙을 규정할 수 있다. 그러한 법률들은 모두에 대해 접근할 수 있는 필수적 시설들을 요구하고, 통신 채널이 개방된 채로 있어야 하는 것을 보장하는 방법들, 자유를 촉진하고, 내용을 개선하고 또는 그렇지 않으면 자유사회에서 그들의 적절한 기능을 그들이 수행하도록 의도된 특별한 통신산업들에

94 W. Hocking, Freedom of the Press, 1947, pp. 161-190.
95 Abrams v. United States, 250 U.S. 616, 630, (1919). Douglas S. Campbell, The Supreme Court and the Mass Media, Praeger Publishers, 1990, pp. 179-182.

지향하는 수단들을 요구한다.[96]

허친스보고서는 자유언론에서 책임언론으로 미국 언론의 패러다임을 바꾸게 했다.[97] 빠르게 집중화하고 있는 언론권력이 정부간섭을 초래하는 시대 상황을 분석하고, 책임 있는 언론이 필요하다고 진단한 것이다. 또 언론자유와 관련해 자유주의에서 벗어나 공동체주의로 언론의 사고 방향을 전환시켰다. 이를 위해 수정헌법 제1조의 조건부 적용을 위한 수정헌법을 만드는 등 정부의 개입이 필요하다고 주장했다. 그러나 강압에 치우치기 쉬운 정부 권력의 사용 없이 언론이 스스로 개혁하도록 설득해야 한다고 결론을 내렸다. 이로 인해 고전자유주의의 도그마에 빠진 미국 언론을 개선하는 방법을 두고 허친스위원회가 정부의 불가피한 개입을 강조하는 신자유주의의 논리를 채택하지 않았다고 볼 수도 있다.

후에 배런(Jerome A. Barron)은 같은 접근법을 채택했다. 그는 시장은 1791년 이래 매체와 사회에서의 변화 때문에 더 이상 작동하지 않는 시대에 뒤진 개념이라고 비판했다. 한 사람이 신문을 시작하는 것은 막대한 비용 때문에 어렵다. 또는 방송 업무를 시작하는 것은 주파수대 할당의 한계 때문에 어렵다. 사상의 자유시장 이론은 여러 사상을 표현하기 위한 효과적인 대중매체에 대한 접근권이 현실적으로 보장되어 있느냐의 여부에 대해서는 법적 관심이 결여되어 있다고 비판한다.[98] 즉 대중매체는 독점적 지배 하에 놓여 있어 일반인에게는 매체를 이용할 가능성이 없다며 사상의 자유시장 이론을 비현실적이고 공상적인 것이라고 덧붙인다.

배런은 이에 따라 매체를 통제하지 않는 사람들은 대중매체를 통해 그들의 견해를 표현할 수 있어야 한다는 결론을 내렸다. 배런은 1973년에 최소 상태에서 두 가지 구제책의 설정은 필수적이라고 썼다. 일간지에서

---

96 Z. Chafee, 2 Government and Mass Communications, 1947, p. 417.
97 손태규, 왜 언론자유, 자유언론인가, 기파랑, 2011, 130–131쪽. 이진로, 앞의 논문, 95쪽.
98 김동철, 앞의 책, 205–206쪽.

기사체 광고를 비차별적으로 구입하는 권리와 신문에서 명예가 훼손된 공적 인물들 또는 공무원들을 위한 응답권[99]이 그것이다. 사실 관념적 사상의 자유시장 이론이 현실적 시장, 공론의 장에서는 도전을 극복해야 하는 과제를 안게 된 것이다.

사상의 자유시장 접근법은 여러 측면으로부터 비판을 받는다. 마르크스주의적 시각에서 미국 철학자 마르쿠제(Herbert Marcuse)는 이성적 존재는 사상과 정보의 자유로운 교환에 관여한다는 시장 개념의 근본 전제를 인정하지 않는다. 정부와 대중매체가 각자 자신만의 목적을 위해 사람들을 조종하기 때문에 사람들은 이성적이지 않다고 그는 말했다. 순수관용의 비평(1965) 가운데 '압제적 관용'이라고 이름 붙여진 수필에서 그는 "사람들은 지식의 기초 위에서 심사숙고하고 선택할 줄 알아야 한다"는 전제로부터 출발했다. 그는 광고와 재앙, 사소한 일을 뒤섞은 신문편집 그리고 같은 단조로움 속에서 중대성과 평범성을 보도하는 방송보도를 비판한다. "그것은 사람이 화를 내야 할 곳에서, 비난이 실제로 그 자체들인 곳에서 비난을 삼감으로써 침묵을 지킴으로써 오히려 인간성과 진리를 공격한다." 그보다 더한 것은 "매체에 대해 끝없이 토론을 끌고 가는 데 있어서 어리석은 의견은 지적인 의견으로서 같은 존경심을 갖고 다루어지고, 잘못 정보를 가진 사람은 정보를 가진 사람과 선전이 교육으로써, 진리가 허위를 함께 타고 가듯이 말을 할지도 모른다"고 주장한다.

상황이 매우 위험해서 마르쿠제는 자유로운 발언권과 자유로운 집회의 연장을 권고했으며, 가짜 객관성이 우파로부터의 운동에 반대하는 비관용 그리고 좌파로부터의 운동의 관용에 의해 대체됐다고 한다. 마르쿠제는 참된 자유와 플라톤 이래 다양한 형태로 들려오는 견해를 성취하기 위해 특정 견해의 침묵을 옹호했다. "한 국가에서 허용돼야 하는 유일한

99 J. Barron, Freedom of the Press for Whom? p. 6.

시는 신들에 대한 찬송가와 선한 사람들을 칭찬하는 찬가이다. 한번 당신이 그것을 넘어서고 또 달콤한 서정시 또는 서사시의 영감을 받아들이면, 기쁨과 고통이 보통 최상의 것으로 받아들여지는 법률과 이성적 원칙들 대신에 당신의 지배자가 된다"고 한다.

이와 함께 수정헌법 제1조에 대한 재발결론자들은 강력한 공적인 토론을 창출하는 데 있어서 필요한 정부의 적극적인 조치가 필요하다고 보는 것이다.[100] 이러한 새로운 기초로 인한 효과는 발언의 민주적 기능의 중요성을 상승시키는 일이다. 실제로 마이클존은 이것을 발언과 언론의 자유의 순전한 정당성으로 보았다. 발언과 언론의 자유가 그 목적에 이바지하지 않으면 이 자유들은 축소될지도 모른다. 심지어 이러한 시각을 지나치게 좁게 본 자유주의자들도 고전적 자유주의자들보다 훨씬 더 민주주의 기능에 대해 중요성을 부과한다.

한 사례를 들면 자유주의자들은 권리보호를 위한 목적으로 국가를 제한하지 않지만 국가에 매우 폭넓은 명령권을 준다. 자유주의자들을 위한 민주주의는 이전에 주어진 목적을 달성하기 위한 방법을 결정하는 수단일 뿐 아니라 정부가 우선적으로 추구해야 하는 목적을 결정하는 방법이기도 하다. 따라서 공적 토론의 범위는 계량할 수 없을 정도로 확대된다.

그러나 보다 깊은 이유가 있다. 자유로운 발언의 민주주의적 기능은 이차적이거나 종속적 기능이 아니다. 왜냐하면 정치생활이 사적 생활에 종속적이지 않기 때문이다. 자유주의자들은 전형적으로 민주적 참여를 자신의 사적인 내부적 표현보다 더 중요한 인생의 한 방편으로, 한 행동으로 여긴다. 수정헌법 제1조의 궁극적인 목적에 비추어 볼 때 사상의 자유시장이 보이지 않는 손을 통해 바람직한 결과들을 자동적으로 생산해 낼 것이라고 기대하는 것은 무리라고 보는 견해이다.

---

[100] 이노홍, 미국 신문산업규제와 수정헌법 제1조, 홍익법학 제10권 제1호, 2009, 131쪽.

III. 홈즈의 사상의 자유시장 초기 이론 형성

1. 다원주의적 회의론

홈즈 연방대법관은 사상의 자유시장의 초기 이론 형성에 절대적인 영향을 미쳤다. 홈즈의 사상의 자유시장 이론은 하늘에서 떨어지거나 그 자신만의 창의성에 의한 것은 아니다. 홈즈가 활동하던 시대의 개혁적인 종합 지성의 산물로 보아야 할 것이다. 물론 결정적으로는 홈즈의 돋보이는 성찰과 창의성임에 분명하다. 대체적으로 홈즈의 다원주의적 회의론과 과학적 철학주의, 지적 절대주의의 부정, 다원주의, 실용주의적 접근이 종합적으로 홈즈의 사상의 자유시장 이론을 태동시킨 것으로 볼 수 있다.

수정헌법 제1조의 홈즈의 시장 이론이 신고전주의 경제학의 우아한 균형 탐색 기제를 통한 인식론적으로 미세조정 개념에 의존하지 않는다면, 그 무엇에 의존하는가가 관건이다. 홈즈가 시장의 사회학에서 인생에 대한 어떤 전반적인 관점을 발견했는지도 문제이다. 홈즈가 시장에 대해 좋아한 것은 아마 비규범적 특성이며, 그것은 참여자들로 하여금 그들의 이해와 그들이 무엇이든지간에 선호를 이행하도록 하기 위해 설계된 기능 내에서 구체화하고 있다.

균형 현상에 대해 위에 인용된 홈즈의 언급들은 가상의 인식론적 균형에 대한 것이 아니라, 공동체에서 사회적 바람의 균형과 실질적인 힘의 균형에 대한 것이다. Abrams사건 논결 부분에서 은유는 진리가 선택을 줄인다는 점으로 귀결된다. 홈즈의 언론 모습으로부터 취해야 하는 형상화는 증권거래와 일반투표와 거래의 정밀성을 얻으려고 설계된 기제와 같은 고도로 구조화된 가격결정 시장의 모습이 아니다. 그것은 차라리 선택 확산형 시장이자 자발적이며 잡다한 둘러보기, 비교, 맛보기 그리고 바람을 위한 장소이며, 풍부 속에서 소요학파의 주관성에 대한 찬가이다.

홈즈는 확실히 다원론자이다. 성인이 된 이후 전체 삶을 통해, 다양한 지적 노력 속에서, 그는 절대적 진리의 확신에 대해 본능적인 혐오감을 드러냈다. 그는 우(John Wu)에게 다음과 같이 의견을 표명했다. "나는 절대적 진리에 대해 어느 것도 믿지 않고 또는 알지도 못한다."[101] 그는 한때 진리를 모든 다른 사람들을 처리할 수 있는 국가의 다수결 투표로 결정되는 것이라고 설명한다. Abrams사건의 소수의견을 쓰기 전 해에 펴낸 법학지 논문에서 홈즈는 개성적으로 화려한 용어로 사상의 절대주의 방식에 대해 전적인 경멸을 표현했다 :[102]

"모든 사람에게는 최상급에 대한 수요가 있다. 너무도 그래서 그것에 도달하는 데 다른 길이 없는 가난한 말썽꾸러기는 술에 취함으로써 그것을 얻는다. 나에게는 이러한 수요는 진리가 절대라는 것을 증명하려는 철학자의 노력, 그리고 법관이 찾는 보편적 타당성의 기준의 기초에 있는 것으로 보인다. 철학자는 자연법 항목에 따라 보편적 타당성의 기준을 모은다."

회의주의를 낳은 홈즈의 다원주의는 그의 전 저술을 관통한다.[103] 곧바로 인용된 자연법 비평에서, 홈즈는 절대 진리의 주장들에 대한 자신의 혐오감을 더욱더 설명하려고 했다. "우리가 일반적으로 가장 사랑하고 존경하는 것은 건국을 위한 초기 결사(early associations)에 의해 결정된 것이

---

101 Letter from Holmes to John C. H. Wu (June 16, 1923). Harry C. Shriver, ed, Justice Oliver Wendell Holmes: His Book Notices and Uncollected Letters and Papers, 1936, pp. 164–165.

102 Oliver Wendell Holmes, Jr., Natural Law, 32 Harv. L. Rev. 1918, p. 40.

103 Vincent Blasi, Holmes and the Marketplace of Ideas, The University of Chicago, 2004 Sup. Ct. Rev. 1, 2004, p. 14.

다. 나는 화강암 바위와 매자나무 덤불을 좋아한다. 분명히 그들과 함께 한 것은 나의 과거 인생의 영원을 통해 되돌아가는 최초의 기쁨이다. 그러나 사람의 경험에 따라서 특정한 선호를 스스로 교조적이게 하는 반면에, 그들이 그렇게 되는 방법을 인식하는 것은 다른 사람이, 가난한 영혼이 그밖의 것에 대해 동등하게 교조적일 수 있다는 것을 볼 수 있게 남겨둔다." 이것은 다시 회의주의를 의미한다.

홈즈의 숭배자들이 하는 것처럼 홈즈는 자신을 회의주의자로 불렀다. 그러나 길모어(Grant Gilmore)는 홈즈의 회의주의가 경계를 넘어서 냉소주의에 이른다고 설명한다:

"관용적인 귀족의 초상, 위대한 자유주의자, 우리의 자유를 웅변적으로 보호하는, 올림푸스로부터 온 양키를 생각나게 한다. 그 모든 것은 신화이며, 주로 제1차 세계대전 시기의 래스키와 프랑크푸르터(Felix Frankfurter)가 만든 것이다. 홈즈는 실제 멋지고, 냉혹하고, 잔인하고, 평생 염세주의자였다. 그는 염세주의자로서 인생 전 과정에서 부자와 권세가들이 가난한 사람과 약자에게 자신들의 의지를 강제하는 지속적인 투쟁만을 보았다."[104]

마이클존은 홈즈의 진리의 시장개념을 지적 무책임과 무책임이 가져오는 실수들의 풍성한 원천이라고 간주했다. 우리는 국가의 지배자 가운데 한 사람인 시민의 가치가 있다는 것을 확실히 하기 위해 우리 생각을 점검할 책임이 없다는 것을 의미하는 것으로 보았다. 그러한 점검이 이루어질 경우, 우리는 우리에 의해서가 아니라 시장 경쟁에 의해서 그렇게 이루어진다고 믿는다. 우리 각자는 따라서 자신이 즐기는 대로 자유롭게 생각

---

104 Grant Gilmore, The Ages of American Law, 1977, pp. 48-56.

하고, 무엇이든지 자신의 고유한 이익에 봉사하는 것을 믿는다. 진리의 점검이라는 그러한 해석이 국민의 마음에 가져오는 지적 비하는 거의 믿을 수 없는 것이다. 그것은 지적 자유를 지적 면허로부터 구분할 수 없는 것으로 만들었다. 그리고 그러한 재앙적인 결과에 대해 홈즈의 아름다운 언어들은 대단히 기여를 한다고 비판한다.[105]

　여기서 문제가 되는 것은 홈즈의 세계관에 대해 적절한 명칭을 부여하는 것이 아니라, 진리의 개념에 대해 홈즈의 불손한 태도가 시장 은유를 이해하는 데 신빙성을 떨어뜨리는 열쇠를 제공하는지 여부이다. 그러나 짜증나게 하는 것이 스스로 올바르다고 하는 도덕주의자들과 스스로 공익보호자임을 자처하는 사람들의 가식일지라도, 우리는 홈즈가 망라한 것으로 이해할 수 있는 인식론적이고 규범적인 깊은 못에 의해 고통을 받지 않을 수 없다.[106] 게다가 그것이 관련된 정치 공동체에서 많은 동의를 결코 얻지 못하는 급진적인 도덕적 정치적 인식론적 전제들에 의존한다면, 우리는 헌법적 해석이 충분한 계보를 주장할 수 있는지를 물어야 한다. 이러한 점과 관련해 홈즈의 진리의 개념에서 인식하고 있는 염세주의는 실제로 문제를 야기한다.

　홈즈가 진리의 개념에 대한 심각한 회의적 태도에 강한 자유로운 언론의 원칙의 근거를 두는 것은 또 하나의 문제이다. 스미스는 극단적 회의주의는 수정헌법 제1조 분석에서 양날의 검이라고 설명한다. 이념적 품위의 이름으로 언론을 규제하려고 하는 사람들의 주장을 회의주의가 폄하하는 경향이고, 언론이 특별한 헌법적 보호를 받을 만한 특별한 인간의 행동이라고 확신하는 사람들의 주장을 회의주의는 역시 폄하하는 경향이다.[107] 홈즈가 말한 것처럼 진리가 전적으로 자의적 선호와 권력으로 실제

---

105 Alexander Meiklejohn, Political Freedom, 1948, pp. 70–71.
106 Albert W. Alschuler, Law Without Values: The Life, Work, and Legacy of Justice Holmes, 2000.

로 변한다면, 입헌민주주의에서 사법적 역할을 제한하는 권력의 존중과 분산의 원칙면에서 언론 분쟁을 특별한 것으로 취급해야 하는지는 문제이다.

이들은 홈즈의 이론에 대한 강력한 반대이다. 그러나 그들은 홈즈의 시장 은유가 실제로 염세주의의 경계상에서 회의주의의 극단적 형태를 표현할 경우에만 지지를 받는다. 실제로는 그렇지 않다. Abrams사건에서 홈즈가 진리에 대해 얘기한 것을 살펴보자. 첫째, 시장의 경쟁이 진리의 최상의 점검 기회를 준다고 판시한다. 이때 진리는 그를 근거로 인간이 자신의 기대를 안전하게 수행할 수 있는 유일한 근거라고 홈즈는 주장한다.[108] 논쟁상 이 두 번째 단계는 중요하다. 비록 우리가 자유로운 언론이 진리로 이끈다고 믿을 수 있다고 하더라도, 그것이 야기할지도 모르는 해로움 앞에서 언론을 보호하기 위한 사건은 진리를 아는 것은 무엇보다 중요한 가치라는 제안에 의존한다. 진리가 유일한 근거이며 진리 위에서 인간이 자신의 기대를 안전하게 수행할 수 있다는 홈즈의 언명을 이해하는 것이 가능하다. 여기에서는 진리탐구가 특별한 사회적 우월성을 갖는다.

진리로부터 접속사 'that'에 강조점을 두기 위해 이탤릭체로 쓰는 것처럼, 그것에 의해 '그것(that)'을 접속사로부터 지시형용사로 변형을 하게 된다. 이러한 이해에서, 홈즈가 말하는 진리는 단순히 진리의 점검을 위해 제안한 것이며, 그 모든 존재의 진리는 아니다. 해석 결과 홈즈는 진리탐구 행동에 부여되는 우월성에 대해 아무것도 말하지 않은 것으로 이해된다. 진리를 시장에서 점검하는 것이 보다 선험적이거나 탄력적이지 않은 대안적 점검들과 비교해, 안전성과 효율성의 근거 위에서 선호되어

---

107 Steven D. Smith, Skepticism, Tolerance, and Truth in the Theory of Free Expression, 60 S. Cal. L. Rev. 1987, p. 649.

108 Abrams v United States, 250 US 616, 630 (1919). Holmes 소수의견.

야 한다고 주장한 것으로 이해해야 한다.

그러한 이해는 홈즈의 구문론과 수사적 맥락에 의해 명확하게 반박될 수 있는 것은 아니다. 그럼에도 그것은 논쟁이 되고 있는 절에 구조적으로 평행하는 절에서, 같은 문장에서 그보다 앞선 이러한 수정론적 해석에 반대하는 내적 증거이다. 홈즈는 '그것(that)'이라는 단어를 형용사보다 접속사로 두 번을 쓴다. "바람직한 궁극적인 선은… 진리를 최선으로 점검하는 것…이라는 것을 그들은 믿게 될 것이다."

게다가 비록 겸손할지라도 세계적인 용어에서 형이상학적 인식론적 문제에 대한 홈즈의 애호는 자신의 특별한 논쟁적 주장을 진리라고 명명하는 것을 회의적으로 꺼리는 경향과 함께, 이 중요한 문장에서 홈즈의 의미는 "that truth,"라고 하기보다는 "that truth"라고 말하는 것으로, 또 따라서 진리탐구의 우월성을 확실히 하는 것으로 이해하는 것이 보다 더 잘 받아들이는 것이라고 결론을 내리게 한다. 홈즈는 진리의 추구가 그렇게 중요하다고 믿은 것처럼 보인다. 그는 그가 행한 것처럼 확실히 자신의 방식대로 삶을 살았다. 윌슨(Edmund Wilson)은 홈즈의 이러한 자질에 대해 특별히 찬사를 보낸다 :

"그는 순수문학에 담그기를 또는 명상을 즐기는 교양 있는 법관이기도 하다. 그는 법률 전문가인 실질적인 사고의 집중자이기도 하다. 그러나 인간의 본질이 무엇인가를 이해하기 위해 인간이 있어야 할 장소를 결정하려고 하고, 인간의 만족과 의무에 대해 정의를 내리려고 한다. 인간의 신념과 체제에 대한 근본적인 회의에도 불구하고 그는 보다 나은 대답을 찾기 위해 항상 긴장하고 집중적이고 질문하고 탐구한다."[109]

---

109 Edmund Wilson, Patriotic Gore: Studies in the Literature of the American Civil War, 1962, p. 781.

2. 다원주의적 갈등과 경쟁

홈즈는 사상의 자유시장이라는 구절을 전혀 사용하지 않았다. 사상의 자유시장은 홈즈의 사상을 해석하는 사람들이 주해를 하면서 만든 조어이다.[110] 여기서 사상의 자유시장이라는 용어를 사용하게 된 경위를 살펴볼 필요가 있다.

뉴볼드(David M. Newbold)는 뉴욕타임스에 보낸 편지에서, 이상적인 후보자들이 1936년 대통령선거에서 루즈벨트(Roosevelt) 대통령에게 기꺼이 도전한다면 여론이 형성되는 사상의 자유시장(marketplace of ideas)에서 경쟁하는 인간과 사상이 쟁점이 될 것이라고 강조했다.[111] 뉴볼드가 홈즈의 시장의 경쟁(competition of the market)을 사상의 자유시장(marketplace of ideas)으로 처음 변경시킨 것이다. 일 년 뒤 1939년 New York World's Fair를 광고하면서 전시회 위원장인 훼일런(Grover A. Whalen)은 모든 범주에서 생활에 영향을 미치는 조건들이 과학과 예술, 의학, 기계, 교육, 연극과 산업 등에 존재하는 모든 가능성과 함께 보여질 것이라고 자랑했다. "아름다움과 안락, 거대함, 다양한 오락물로 모든 사람을 즐겁게 하고 기쁘게 하기 위해 계획된 전시회는 사상의 자유시장, 경이로운 신시대를 탄생하게 하는 장소가 될 것이다."[112] 대중의 담론과정의 은유적 표현이다. 사상에 적용되면 형상은 지적 재미를 환기시켜 준다.

사상의 자유시장이라고 하는 구절은 법적으로 브렌난(Brennan) 연방대법관이 다수의견을 작성할 때 처음으로 사용했다.[113] Abrams사건 의견에

---

110 자세한 사용연혁 조사 Haig Bosmajian, Metaphor and Reason in Judicial Opinions, 1992, pp. 49-72. 초기 사용 시 대중적 토론에 대한 분석은 각주 28, 29.
111 New York Times 14 (Dec 28, 1935).
112 New York Times 27 (Oct 9, 1936).
113 Lamont v. Postmaster General, 381 US 301, 308 (1965).

서 홈즈가 실제로 사용한 구절은 시장의 경쟁(competition of the market)이다. 그것은 시장의 가격 그리고 산출을 결정하는 것, 효용을 극대화하는 것 또는 재량적인 선택을 찬미하는 데 대한 초점이 아니라, 경제 행위자와 그들의 산물이 서로에 대해 경쟁한다는 냉혹한 사실에 초점을 제시하는 것이다. 이러한 해석은 맬서스의 저작과 홈즈의 특별한 친밀성으로부터 지지를 얻는다. 맬서스는 희소성을 강조하고, 불가피한 시장의 자기교정(market self-correction)과 관련해 자신의 동료의 보다 더 야망적인 주장에 도전했다.

홈즈의 구절 가운데 주요 단어는 시장(market)이 아니라 경쟁(competition)이다. 이러한 시각에서는 엄밀하게 "진리는 유일한 근거이며 그러한 근거에 입각해 자신들의 바람을 안전하게 수행할 수 있기 때문에," 사상을 위해 요구되는 것은 비효율적인 기업들을 시장에서 죽이고 비생산적인 근로자들을 강제적으로 해고하는 데 있어서 재화와 용역시장이 수행하는 기능에 대해 요동치는 야만적인 도태과정과 유사하다.[114] 경제적 거세의 고전적 정당성은 슘페터(Schumpeter)의 창조적 파괴(creative destructive)와 같은 인식이다.

Abrams사건 소수의견을 내던 해에 작성됐지만 크롤리(Herbert Croly)에게 보내지 않은 편지에서 홈즈는 다음과 같이 말했다. 사상의 자유시장과 관련해 "나의 목적은 모든 흥분이 되는 확신을 들끓게 하기 위한 것이다. 그리 빠르게 그러한 확신들을 평온하게 하는 방법이 없다."[115] 만년에 친하게 편지를 주고받은 사람 가운데 한 사람인 우에게 다음과 같이 편지를 보냈다. "모든 사회는 인간의 죽음 위에 세워지고 있다."[116] 홈즈는 이에 따라 모든 사회는 역시 사상의 죽음 위에 세워지고 있다고 부가했을 법하다.

---

114 Joseph Schumpeter, The Theory of Economic Development, 1911.
115 Letter from Holmes to Laski (May 12, 1919).
116 Letter from Holmes to Wu (July 21, 1925).

홈즈는 치명적인 힘에 매료됐다. 볼스 블러프(Ball's Bluff)와 앤티텀 (Antietam) 그리고 다시 프레데릭스버그(Fredericksburg) 인근에서 중상을 입은 군인이 그러한 것처럼,[117] 그의 저술은 군인적 은유와 투쟁의 존엄성에 대한 찬가로 가득하다. 갈등과 경쟁의 집중성은 그의 철학적 사색에서 반복되는 주제이다. 홈즈가 인생을 협상과 투쟁의 함성으로 묘사하는 것을 회상해 보자. 홈즈가 남북전쟁에 참가해 큰 규모의 죽음과 대학살을 젊은 시절 겪고 나서, 생존의 주제가 홈즈의 주목을 끌게 된 것은 놀라운 일이 아니고 또는 자신의 동료인 맬서스학파와 다윈(Charles Darwin)에 호기심을 갖는 것도 놀라운 일이 아니다. 홈즈는 자신을 다윈주의자로 간주하고 또 법이 진화하는 방법 문제에 학문적 정열을 집중했다. 홈즈가 1870년대 초 형이상학클럽 모임에 참석하고 있을 때, 홈즈가 멘토로 여긴 클럽의 지도자 라이트(Chauncey Wright)[118]는 다윈과 확장적이고 상호 지지하는 서신의 중심 속에 있다.

시장을 이해하는 데 있어서 어려움은 지적 적용을 위한 다윈주의적 관심의 은유는 사람이 고귀하게 견지하는 사상이라는 점이다. 홈즈는 변화를 거부하는 방법으로 타격을 입은 것이다. "사람은 바위틈으로부터 빠져나올 수는 없다. 사람은 오랫동안 그 속에서 자신의 일생 속에서 공격을 받은 느낌 없이 성장해 오고 있다."[119] 인구와 번영과 관련한 전통적 믿음이 맬서스에 의해 오류가 입증됐다고 믿은 것처럼, 홈즈는 그들의 회복에 대해 조바심을 낸다. "맬서스는 나를 무척 기쁘게 하고 또 나를 슬프게 한다. 백년 전 맬서스는 정치인들과 노동지도자들이 여전히 그 위에 살고 있는 오류를 무너뜨리게 한다. 노출된 오류가 죽었다고 사람이 생각하지만, 그러

---

117 Liva Baker, Justice from Beacon Hill: The Life and Times of Oliver Wendell Holmes, 1991, pp. 114-119. 미국 남북전쟁의 경험이 Holmes의 사상에 심대한 영향을 미친데 대한 설명.
118 Letter from Holmes to Pollock (Aug 30, 1929).
119 Holmes, Natural Law, p. 40

나 사람이 믿기를 원할 때 그러한 노출은 아무것도 아니다."[120] 홈즈는 사상의 죽음을 환영할지도 모른다. 하지만 신뢰 형성의 심리학에 대한 이해를 한다고 하더라도, 사람은 사상의 자유시장이 자신이 찾던 죽음의 신(Grim Reaper)으로 여길 수 있는 것인지에 대해서 의문을 가질 것이다.

3. 다윈주의적 변용과 적자생존

사상의 자유시장에서 대부분의 개인들이 자신들의 믿음에 대한 유효한 논박에 완강하게 영향을 받지 않고 남아 있을 때에도, 실질적으로 진화론은 언론의 활발한 자유는 왜 가치가 있을 수 있는지를 설명하는 것을 도울 수 있을 것이다. 진화를 추동하는 엔진이 개인 피조물의 특성에서의 변화가 아니라, 인구 형성에서 시간에 따른 변화이기 때문이다. 자연적 선택은 가장 적응력이 있는 특질을 가진 피조물이 지배를 하게 하고, 또 가장 적응력이 낮은 특질을 가진 피조물이 인구 내에서 소멸하게 한다. 개인이 진화한다고 말하는 것은 의미가 없다. 각 세대들이 서로를 계승하는 것처럼 진화는 개인들이 인구를 평균적으로 구성하는 데 있어서 변화이다.

다윈적 진화는 비연속적이다. 왜냐하면 새로운 출발은 새로운 개인들 체제가 형성될 때 각 세대에서 이루어지기 때문이다. 진화가 그럼에도 불구하고 전체적으로 점진적으로 나타나는 것은 그것이 인구적이며, 인구 구성원 가운데 성적으로 재생산에 의존하기 때문이다. 이를 사상의 영역에 적용하면, 이러한 선택과정은 보다 더 적응력이 있는 믿음을 갖는 공동체에 새로운 진입자들이 시간이 지나면서 인구의 보다 큰 비율을 구성하게 한다. 보다 적합한 사상을 갖고 있는 새로운 도래인은 세대 간의 전환과

---

120 Letter from Holmes to Pollock (Aug 30, 1914).

이민 때문에 도착한다. 비록 어느 한 개인도 전혀 새로운 사상을 수용하지 않거나 또는 낡은 사상을 포기하지 않을지라도, 다른 사상을 가진 새로운 사람들의 유입으로 인구가 변화하는 데 따라 공동체 내 믿음의 유형도 변화한다.

이러한 역동성이 일어나려면 새로운 사람들이 믿음의 기존 형태를 단순히 복제하지 않는 것이 본질적이다. 다원주의 용어로 필요한 것은 변용이다. 그것을 제공하기 위해 새로운 사람들은 독립적인 판단을 하고 이전의 믿음 형태를 생산한 그들과는 다른 경험에 입각해 끌어내는 의견을 형성할 역량을 가져야 한다. 이곳이 언론의 자유가 있는 곳이다. 자유로운 사고를 좌절시키고 벌을 주는 정치적 체제는 사상의 영역에서 변용의 우연성, 즉 새로운 사상의 생산과 이전의 인기가 없는 사상을 포용하는 데 있어서 변용을 줄인다.

규제를 받지 않는 사상의 자유시장은 순간의 균형을 결정하는 것에 의해서가 아니라 진입 장벽을 낮추는 것을 유지하는 것에 의해 자유로운 사고를 조장한다. 진입 장벽은 강제적인 제재뿐 아니라 일치를 향한 사회적 지적으로 동료의 압력의 형태를 띤다. 자유로운 시장에서 사상의 순전한 확산은 그러한 장벽들을 약화시키게 하는 방식으로 인식을 복잡하게 한다. 부가적으로 시장의 은유는 이해의 역동적이고 또 만성적으로 불완전한 특성 그리고 지적 경쟁과 혁신의 가치에 대한 언명을 만든다. 그러한 헌법 체제에 의한 언명은 반대의견과 정통성에 대한 요구를 불신하는 것을 도울 수 있으며, 그러한 방식으로 새로운 사람들에게 많은 요구되는 지지를 해줄 수 있다. 새로운 사람들의 이단의 인식은 대부분 비록 충성스럽지는 않다 하더라도 불법성의 비난이 가미된 강한 저항을 유발할 것이다.

지적 진화에 관한 이러한 인구학적 설명은 자신들에게 제기된 문제에 대해 개인들은 자신들의 마음을 결코 바꾸지 않는다고 상정한다. 그것은 물론 과장이다. 홈즈는 사람들의 비판방식에 거의 영향을 받지 않았지만 천천히 받은 것으로 보인다. 그러나 홈즈는 그러한 저항이 대부분의 사람들에게 절대적이라는 입장을 유지하지는 않았다. 행동하거나 질문을 심화시키는 지침으로서 사상이 작동을 멈추면, 사상은 자신들의 사업이 좌절을 겪게 되는 개인에 의해 포기되는 경향이다. 그 과정은 시간이 걸리며, 대부분의 믿는 사람들은 비효율성을 쉽게 허용하지 않는다. 추상성에서 이성적 또는 경험적 논박보다 더한 것이 요구된다. 일상적으로 압력이 인내할 수 없는 정도로 되기 전까지 압력은 점차적으로 형성된다. 그러나 마음의 변화는 있다고 하더라도 극히 드물지만 다루기 힘든 열성분자들에게만 일어난다. 홈즈를 실용주의자로 부르는 것이 정확한지 여부를 떠나 이 문제에 대해서는 논의가 활발하게 이루어지고 있다.

홈즈는 Abrams사건의 소수의견을 쓰던 1919년에 자유론을 다시 읽었다. 밀이 자유론에서 주장한 것 가운데 하나는 인간이 자신들의 마음을 바꾸는 특별한 문제이다. 밀은 홈즈보다 이성적 설득의 힘을 더 많이 믿고 있었다. 그러나 밀은 자유론에서 진리가 허위에 대해 갖고 있는 장점들 가운데 하나는 궁극적으로 조건이 진리를 받아들이기 위해 익을 때까지 또 다른 시대에 진리가 지속적으로 재발견될 수 있다는 것에 주목하지 않았다. 믿음을 형성하는 과정에서 일부 맥락이 얼마나 많은 역할을 하는지에 대한 밀의 인식을 표시하는 것을 보다 더 심화시키며, 밀은 믿기 어렵게도 근대 서구의 사상에서 모든 위대한 전진은 바로 3개의 짧은 기간에 일어났다고 주장한다. 논리와 경험의 각자 역할에 대해 밀은 자유론에서 다음과 같이 말했다:

"모든 언어와 논저들은 현재 모습에 대해 또 인생 안에서 어떻게 처신할 것인지 인생에 관한 일반적 관찰로 가득하다. 일반적으로 고통스러운 종류의 경험이 관찰을 그들에게 실제로 만들 경우, 모두 다 알고, 모두 다

반복하고, 또는 묵인하며 듣는 관찰이며, 관찰은 뻔한 말소리로 받아들여지고, 그러나 관찰에 대해 사람들은 먼저 그 의미를 배운다."[121]

홈즈가 자유론을 다시 읽은 것은 이런 점에서 홈즈와 실용주의자 사이의 연결을 확립하는 노력에 신빙성을 더해 준다. 밀을 실용주의자로 명명하는 것은 부정확할 것이며, 또 그를 실용주의자의 원형으로 여기는 것도 논쟁적이다. 그러나 인간이 사상을 진행시키는 방법상 홈즈에게 잘 알려진 책에서 명확히 기술된 밀의 경험과 맥락의 중요성에 대한 인식은 홈즈가 사상의 자유시장을 구체화하지 않은 보다 상세한 암시이다. 사상의 자유시장 내에서 행위자들은 곧바로 자신들의 마음을 바꾼다. 그는 사상이 작동할 때 사상이 번창하고, 사상이 작동하지 않을 때 사상이 시든다는 실용주의 교리를 수용한다.

듀이(John Dewey)의 저술에 대한 명백하고 과도한 존경은, 홈즈가 자세히 설명하지 않았지만, 듀이가 정당한 믿음에 대한 실용주의적 개념을 지지하며 말해야 하는 것 때문에 매우 가능성이 있다. 홈즈는 듀이의 지식론을 집대성한 걸작 '경험과 자연(Experience and Nature)'에 대해 다음과 같이 말했다:

"듀이의 저술이 믿을 수 없을 정도로 잘못 기술됐지만, 여러 번 읽고 읽은 뒤 내가 불평등한 것으로 보는 우주의 내부에 친밀성을 느끼게 한다. 그래서 나는 그가 표현을 분명하게 하지는 못했지만 여러분에게 그것이 어떻다는 것을 열성적으로 말하고자 한다."[122]

---

121 J. S. Mill, On Liberty, David Bromwich · George Kateb, eds, 2003, pp. 97–98.
122 Letter from Holmes to Pollock (May 15, 1931).

홈즈의 사상에서 다원주의와 실용주의 계보는 적어도 Abrams사건의 소수의견을 발표할 때와 그 이후 그가 언론의 자유를 고도로 평가하는 방법을 설명하는 데 도움을 준다. 반면에 그는 믿음과 희망이 그들의 기초가 임의적이라는 점에서 선험적 근거를 갖는다는 것을 견지한다. 인간은 그들을 즐기고 느끼지 않을 수 없다. 그리고 믿음과 희망의 목적이 있다고 한다.[123] 사람들이 자신들의 믿음을 신중하게 받아들이지 않는다면, 믿음의 형태상 인구학적으로 추동된 변화나 작동되지 않고 있는 사상의 포기가 일어날 것이다. 믿음의 형성과 보유에 대한 인과관계적 태도는 일치, 즉 최소의 저항의 길을 부른다. 부적절하게 이해되면 수정헌법 제1조 그 자체는 그러한 역기능적 일치에 기여할 수 있다.

언론의 자유에 의해 확신의 안락함을 박탈당하고 지적 권위를 집중화한다면, 인간은 자신들의 믿음을 가볍게 받아들이도록 유혹을 받게 된다. 시장의 은유는 이러한 유혹에 대해 해결책을 제공한다. 그것은 즉 믿음을 중대하고, 심지어 자기규율적이며, 또 최고의 사회적 우월성을 가지며, 언제나 가변적이며, 추정적이며, 잠정적인 것으로 다루는 강력한 형상이다.

홈즈가 상술한 바와 같이 사상의 시장은 지적 만족과 기발한 발상에 대한 것이 아니다. 그것은 불확실성과 변화의 어려운 조건 아래 실질적인 결과를 가지는 중요한 선택에 대한 것이다. 사상의 자유로운 거래에 의해 인간이 도달하는 진리는 "그 근거 위에서 인간의 기대를 안전하게 수행할 수 있는 유일한 근거이다"는 것을 기억해야 한다.[124] 믿음의 영역에서 일치, 권위의 존중, 정체, 소극성은 바로 불행하거나 현명하지 않은 것이 아니라 위험한 것이다.

---

123 Holmes, Natural Law, p. 41.
124 Abrams v. United States, 250 U.S. 616, 630 (1919). 소수의견.

4. 과학적 철학주의

홈즈가 사상의 자유시장 이론을 구축하는 데 원용한 기본적 방향은 과학적 철학주의이다. 사상의 자유시장에서 여러 발언과 주장들을 점검하는 데 주의가 필요하기 때문이다. 1919년 2월 철학자 코언(Morris Cohen)은 홈즈에게 보낸 편지에서 진리에 관련된 관점에 대해 볼테르(Voltaire)가 홈즈에게 중대한 영향을 미쳤는지를 질문했다.[125] 홈즈는 다음과 같이 답변했다:

"그것은 볼테르가 아니라 세상을 바라보는 과학적 방법의 영향이며, 그것은 변화를 이룩하며, 나는 이 변화에 대해 언급했다. '종의 기원(The Origin of Species)'은 내가 대학 재학 중에 출판 되었다. 스펜서(Herbert Spencer)는 이 우주를 우리의 주머니 안으로 집어넣으려는 자신의 의도를 공표했다. 나는 확실히 어느 것도 읽지 않았다. 그러나 내가 말한 바와 같이 세상을 바라보는 방법은 그러한 기운이 감돈다."[126]

비록 홈즈가 체계적으로 과학적 지식을 추구하지는 않았다고 하더라도, 그는 과학적 방법과 사회에서 과학의 역할에 대해 관심을 갖고 있었다. 그는 1870년대에 형이상학클럽(Metaphysical Club)이라고 부르는 토론 집단에 참가했다. 그 집단의 지도자는 현대판 소크라테스(Socrates)인 라이트(Chauncey Wright)인데, 그는 저술을 거의 남기지 않고 공적인 평판도 얻지 못했다. 하지만 정신의 강함과 덕의를 갖고 대화 상대들에게 지속적으로 도전했다. 라이트는 수학과 생물학, 물리학 교육을 받은 현직 과학

---

125 Letter from Morris Cohen to Holmes (Feb 3 or 4, 1919).
126 Letter from Holmes to Morris Cohen (Feb 5, 1919).

자이며 과학철학자이다. 과학자로서 단련이 되고 철학자가 된 제임스(William James)와 퍼스(Charles Sanders Peirce)도 정규적으로 참여하면서 형이상학클럽은 동시대의 유능한 사색가들과 함께 홈즈에게 과학의 본질과 의미를 토론할 기회를 제공했다. 제임스와 퍼스는 물론 훗날 실용주의 철학을 발전시키고, 실용주의 철학은 진리는 과학적 방법으로부터 도출한다는 진리관에 입각하고 있다.

홈즈는 그의 일생을 통해 과학에 흥미를 유지했다. 그의 유일한 저서인 '보통법(The Common Law)'을 제외하고, 그의 가장 야망적인 출판은 1899년 하버드 로스쿨 법학지에 수록된 '과학에 있어서의 법과 법에 있어서의 과학(Law in Science and Science in Law)'이라는 논문이다.[127] 1902년 노스웨스턴대학 로스쿨에서 열린 봉헌식 연설에서 홈즈는 다음과 같이 말한다:

"만약에 대학이 모든 학생들에게 과학적 관점에서 교육할 기회를 줄 수 있다면, 거기에 투자된 것보다 더 많은 것을 갖게 된다고 생각한다. 나는 모든 사상의 학과에서 과학적 전제들을 일반적으로 받아들이는 것으로써 그 어느 것도 이보다 더 번영을 확실하게 해줄 것은 없다고 믿는다."[128]

그는 만년의 20여 년 동안 과학철학의 학문적 과정을 세운 사람 가운데 한 사람인 코언과 정기적으로 서신을 주고받았다. 젊은 시절 홈즈는 밀의 저술을 연구했으며, 특별히 '논리학의 체계(A System of Logic)'라는 과학적 방법론의 영향력 있는 해석을 연구했다.[129] 이 책은 영국 경험주의 철학 전통

---

127 Oliver Wendell Holmes, Jr., Law in Science and Science in Law, 12 Harv. L. Rev., 1899, p. 443.
128 Address of Chief Justice Holmes. Richard A. Posner, ed, The Essential Holmes, 1992, pp. 98-99.

의 정점으로 간주되며, 로크와 흄으로까지 거슬러 올라간다. 경험주의 철학의 주된 교리는 모든 명제들이 지속적으로 점검을 받는다는 것이다. 그리고 그 점검과정이 체계적인 관찰 또는 통제된 실험, 논리적 어원, 추정적 계산의 형태를 갖는지 여부를 떠나, 그것은 이전의 지식은 대체될 것이라는 가능성을 적어도 늘 견지해야 한다.

시간은 결국 많은 과학법칙들을 뒤집었다. 요컨대 설명이 우수하고 일관성이 있을지라도 또 현재 자료가 지지할지라도 우리는 오류일 수 있다. 이러한 지도적 원칙이 오류가능주의(fallibilism)로 불리고 있다. 밀과 홈즈는 그것을 열성적으로 믿었다.[130] Abrams사건의 소수의견을 내던 해인 1919년 초에 홈즈가 밀의 '자유론'을 다시 읽은 것은 주목할 만한 가치가 있으며, 그것은 언론의 자유를 위한 논쟁에서 오류가능주의의 전제에 중점적으로 의존한다.[131]

5. 지적 절대주의의 부정

오류가능주의에 입각해 홈즈는 진리의 본질에 대해 명쾌하게 언명을 내린다. 홈즈는 자신의 절친한 편지 상대인 폴록 경과 래스키와의 편지에서 진리의 개념을 토론했다. 진리에 대해 경멸적으로 말하는 대부분의 경우, 홈즈는 도덕적 또는 지적 절대주의를 포함시킨다.[132] 자연법상 진리가 다수결 투표로 결정된다는 가장 강한 국가이론을 체계화한 뒤, 그는 "확신이

---

129 Mark De Wolfe Howe, Justice Oliver Wendell Holmes: The Shaping Years 1841–1870, 1957, pp. 212–217. Patrick J. Kelley, Was Holmes a Pragmatist? Reflections on a New Twist to an Old Argument, 14 S.I.U. L. J. 1990, p. 427, pp. 436–437.

130 Letter from Holmes to Pollock (Aug 30, 1929).

131 Letter from Holmes to Laski (Feb 28, 1919).

132 Letters from Holmes to Laski (Feb 26, 1918, April 6, 1920, and Jan 11, 1929).

확실성의 점검기준은 아니다. 사실은 그렇지 않은 많은 것을 확신하고 있다"고 부연설명을 했다. 적응이나 재평가를 할 수 없는 사람과 철학에 대한 강한 분노를 유보했다. "당신이 그것을 알면, 박해는 쉽게 온다는 것을 알게 된다."[133]

홈즈의 저서 보통법의 활력적 사상은 법률의 외견상 절대주의 원칙은 역사적 맥락에서 이해해야 하며, 발전 유형에 대해 주의 깊게 연구하며, 현대 조건의 적응 가능성에 따라 평가해야 한다. 홈즈는 절대적 원칙의 개념을 일관성이 없는 것으로 바꾸는 진리의 점검을 거의 포괄하는 것으로 생각한다. 그는 절대주의 사고의 거부를 과학적 방법과 결합시킨다.

그러한 결합은 우리가 홈즈의 골칫거리를 풀도록 돕는다. "절대주의"는 명제의 어원, 힘, 범주, 지속성, 순수성, 특이성, 가능성, 근본성, 교정가능성 또는 독점권 등과 관계되는 여러 가지 자산에 대해 언급할 수 있다. 진리는 최상의 것에 대한 수요와 보편적 타당성의 기준을 찾는 데 절대적이라는 것을 입증하려고 노력하는 홈즈의 정체성을 회상해 보자. 일부는 도덕적 현실주의, 도덕적 상대주의, 도덕적 특별주의 등 다양한 현대 토론 목록에 홈즈를 집어넣기 위해 이러한 공식화에 대한 유혹을 받을지도 모른다. 홈즈는 도덕적 상대주의자이지 도덕적 현실주의자가 아니다.[134]

홈즈의 오류가능주의에 대한 초점은 그가 격렬히 거부했던 절대주의가 비판과 증거, 경험, 변화하는 조건 그리고 변화하는 체감적 필요의 견지에서 진행 중인 평가와 수정의 수요를 넘어서서 어느 것이 특정 사상과 행동들을 제자리에 있게 하는가를 나타내는 것이다. 정체성과 확신은 개념적으로 도를 넘는 것 또는 형이상학적 허세보다 더 그를 괴롭힌다.

---

133 Letter from Holmes to Pollock (Aug 30, 1929).
134 David Luban, Justice Holmes and the Metaphysics of Judicial Restraint, 44 Duke L. J., 1994, p. 449, pp. 461–488. Holmes의 가치이론.

지적 경직성에 대한 이러한 혐오감은 분명히 홈즈의 사상에 중심적인 사람을 제외한 모든 현명한 사람들로 하여금 도덕적 현실주의, 상대주의, 특수주의에 대한 차이를 초월하게 한다. 실제로 그러한 것은 우주의 신비와 관련해 찾기 힘든 암시를 생각하기를 좋아하는 홈즈의 광범위한 호기심이다. 여기에 그가 법률의 길에 대해 결론을 내리는 방법이 있다:

"법률의 보다 외지고 보다 일반적인 측면들은 법률에 보편적 이익을 주는 것이다. 당신이 당신의 소명에 위대한 명수가 되는 것일 뿐 아니라 당신의 주제를 우주와 연결시키고 또 무한대의 반향과 그것의 불가해한 과정에 대한 일별, 보편적 법률의 암시를 파악하는 것도 보편적 이익을 통한 것이다."

이 구절은 상궤를 벗어난 것이 아니다. 하버드대학교 40주년 동창회에서 행한 연설에서 홈즈는 다음과 같이 말했다:

"인생은 협상과 전쟁의 함성이다. 그러나 그 바로 한가운데에는 전체적으로 뜻을 전하는 신비한 영적 분위기가 일어난다. 그것은 따분한 것들을 낭만적으로 변화시킨다. 그것은 우리에게 유일한 그러나 전적으로 적절한 중요성이 상상이 안 가는 전체의 부분들로서 회상시켜 준다. 그것은 심지어 우리가 자기중심적이라고 생각하는 반면에 우리들 자신 밖에서 끝까지 살고 있다고 제시한다."[135]

그 밖의 다른 곳에서 홈즈는 절대주의 사고 형태가 관찰을 방해하고 명상을 위축시킬 뿐 아니라, 행동도 손상시키는 방법에 대해 주목했다. 왜냐

---

135 Holmes, The Class of '61. The Essential Holmes, pp. 94–95.

하면 그는 최상에 대한 절대주의자 수요를 궁극적인 각성과 마비, 여가 그리고 그로부터 흐르는 절망과 연관을 지었다:

"중요성과 의식, 이상들이 유한성의 징표들보다 더한다고 사람이 믿는 이유를 찾지 못하면, 그것은 프랑스 회의론에 친숙한 것들을 정당화하지 않는다. 받침대에 올라서서 세계가 폐허로 변하는 것을 불손하고 경멸적인 태도로 볼 것을 주장한다. 그것을 거부하기 위해 우주가 우리에게 공급하는 에너지를 우리가 거부해야 하고 또 하늘에 대고 우리의 주먹을 휘둘러야 하는지가 관건이다. 그것은 나에게는 어리석은 일이다."

홈즈에게는 우리 모두가 직면하는 도전은 편안한 착각을 포기해야 하는 것이며, 인간에 대한 이해의 한계를 인정해야 하며, 그리고 에너지와 경이로움, 헌신 그리고 투쟁에서 즐거움을 갖고 최대한 인생을 살아야 한다. 일상적인 개입의 의무와 품격은 홈즈의 상상력을 자극하는 주제이다:

"우리는 살아나가기 위해 수단들에 의해 지나치게 많이 점령당하고 있다는 말을 들을 때, 문명의 주요한 가치는 바로 문명이 삶의 수단을 더욱더 복잡하게 하며, 군중이 의식주를 해결하고 주거 이전의 자유를 갖기 위해 단순한 것 대신에 크고 조합된 지적 노력과 통제되지 않은 노력을 요구한다고 대답한다. 왜냐하면 보다 많은 복잡하고 지적인 노력들이 보다 충만하고 풍부한 인생을 의미하기 때문이다. 그들은 보다 많은 삶을 의미한다. 인생은 그 자체로 목적이며, 인생이 살 가치가 있는가에 대한 유일한 문제는 당신이 삶을 충분히 갖고 있는지 여부이다."[136]

---

136 Letter from Holmes to Wu (March 26, 1925).

홈즈는 실제로 기질과 자기수련에 의해 회의적이다. 그러나 그는 냉소적이거나 염세적 또는 자유로운 불가지론자가 아니다. 과학적 방법론에 통합적인 작용상 회의론은 냉소적 철학의 회의론과 닮은 점이 거의 없다. 그 차이는 홈즈의 사상을 일반적으로 이해하고 또 자유로운 언론에 대한 견해를 특별히 이해하려고 노력하는 데 있어서 본질적이다. 그는 사상을 그것이 자기 자신의 것이든 또는 다른 사람들의 사상이든 사소하게 취급하지 않았다. 반대로, 그는 강한 의견을 형성하고 방어하는 것은 바로 자기 봉사적 선호는 아니지만 삶 그 자체의 덩어리이다. 그는 자유가 그렇게 다른 것보다 더 명령조로 지지를 요구하는 헌법원칙을 실행하는 것으로 간주했다.[137]

수요와 공급의 법칙이 진실한 것처럼 염세주의의 지시문이 홈즈의 시장 은유를 설명할 수 있는 것은 아니다. 결론적으로 자신의 총명함과 웅변에도 불구하고 홈즈는 단순히 체계적 사상가는 아니지만, 적절한 경구 또는 관통하는 논평을 생산하는 데 두드러진 사상가였다. 적어도 Abrams 사건 소수의견에 즈음하여 그는 일관된 주장을 명확히 하는 데 실패했다고 결론을 내릴 수 있다. 그러나 부적절한 설명보다 조금 더 멀리 보고, 그의 의견으로부터 보다 많은 것을 모을 수 있는지 여부를 살펴야 한다.

6. 실용주의적 접근

진리의 실용주의적 개념에 따라 언론이 믿음의 진화과정에서 할 수 있는 건설적이고 긴급한 역할은 홈즈의 시장 은유를 비판으로 보호하는 것이다. 사상의 자유로운 거래의 가치는 발견되는 객관적 지속적 진리가 있

---

137 United States v. Schwimmer, 279 US 644, 653 (1928). Holmes, J, 소수의견.

다는 추정에 의존하지 않는다.[138] 그것은 개인적 믿음이 믿는 사람의 사회적 지위, 심리적 경향과 수요, 우연한 경험과 이념적 유산으로부터 독립적이라는 주장에 의존하지 않는다. 그러한 추정들은 제대로 된 근거를 가지는 이성적 믿음의 균형에 대해 잘 수정된 시장 은유에서 함축적일 수 있다. 추정들은 시장의 경쟁에 대한 홈즈의 다원주의적 실행에 함축적인 것은 아니다.

시장은 신속하게 움직이고, 진화는 영원히 받아들인다. 듀이를 비롯한 많은 실용주의자들은 근본적인 방법으로 또 지체함이 없이 다양한 사회제도와 관행들을 다시 만들려고 하는 개혁가들이다.[139] 그들은 다윈에 의해 영감을 얻었지만, 생물학적 또는 지질학적 진화와 결합하는 변화의 속도는 그들에게 영감을 주는 것이 아니다. 사상의 자유시장의 가치가 그것의 적응력이 있는 믿음의 진화에 기여하는 데 있다고 한다면, 그들의 믿음은 어느 속도로 진화를 할 것인지가 관건이다. 정치적 또는 도덕적 권위를 전복하려는 것으로 다수의 지배계급이 인식하는 언론의 법적 면역이 변화의 적절한 비율을 창출하는지도 모른다. 홈즈는 자유로운 언론과 사회변화 사이의 관계에 대해 어떻게 생각하는지 의문이다.

홈즈의 중심적 의식 가운데 하나는 사회에서 지배적인 힘은 자신의 길을 가질 자격이 있다는 것이다. 그는 정치제도가 다수로 하여금 자신의 임의적 선호, 즉 우리가 좋아해야 하는 그러한 세상을 실행할 수 있게 한다는 주장을 받아들인다. 매디슨(Madison)과 토크빌(Tocqueville), 밀의 정치적 사상을 알려주는 다수의 독재에 대해 관심을 표현하지 않았다. 특질

---

138 비교 C. E. Baker, Human Liberty and Freedom of Speech, Oxford University Press, 1989, pp. 12–14. Stanley Ingber, The Marketplace of Ideas: A Legitimizing Myth, 1984 Duke L. J. 1, 1984, p. 15. 이하 The Marketplace of Ideas로 인용.

139 James T. Kloppenberg, Uncertain Victory: Social Democracy and Progressivism in European and American Thought 1870–1920, 1986, pp. 349–394. Robert B. Westbrook, John Dewey and American Democracy, 1991.

상 홈즈는 다수의 지배 주제에 절대주의자는 아니다. 그는 소수자의 권리의 역할을 인정한다. 그러나 그는 많은 지도적 정치사상가들이 갖고 있는 것처럼 다수를 두려워하는 게 아니다. 메난드(Louis Menand)는 홈즈의 사상의 이러한 측면을 잘 묘사하고 있다:

"홈즈의 시민의 자유 의견에 대한 열쇠는 모든 그의 법학에 대한 열쇠이다. 그것은 홈즈가 오로지 총체적 사회 세력면에서 생각한다는 것이다. 그는 개인을 위한 관심이 없다. 지배적인 정치적 또는 경제적 경향에 희생자가 되는 개인들의 상황은, 그러한 경향들이 정당하게 시행되는 법률상 예시될 경우 그에게 냉소적 만족감을 준다. 그것은 그로 하여금 전쟁터 승리에 있어서 군인의 죽음에 유사한 것으로 받아들이게 하며, 같은 이유로 앞서 가는 집단을 위해 누군가는 불가피하게 도중에 실패해야 한다는 것을 정당화한다."[140]

동시대의 많은 특권층과 달리, 그러나 홈즈는 지배적인 세력이 자신들의 지배력을 유지하기 위해 어떤 도덕적 주장을 하는 것으로 믿지 않았다. 그는 변화가 불가피하고 또 견딜 만하다고 생각했다. 그는 정당한 변화이론, 즉 그렇게 해 온 홈즈의 바로 그 본성에 반대해 온 것이지만, 헌법적 해석에 대한 그의 접근법은 이론이 아닐지라도 변화에 대한 태도에 의존한다.

헌법적 해석에 대한 홈즈의 일반적 접근은 정당한 판단을 존중하는 것이다. 그는 진보적 시대의 입법에 대해 회의적이고 때로는 경멸적이었으며, 그러한 입법은 그가 재직 시 연방대법원에 제소를 받기도 했다. 그러나 그는 그러한 입법을 위헌이라고 판결하는 것을 혐오했다.[141] 공동체에

---

140 Louis Menand, The Metaphysical Club: A Story of Ideas in America, 2001, pp. 65–66.

서 지배적인 세력이 진보적 개혁의 유행성 질병에 의해 유감스럽게도 휘둘릴 경우, 그는 그러한 선호는 승리하도록 허용돼야 한다고 믿었다. 자유방임주의 자본주의의 과거 지배적 세력들은 홈즈의 견해에서는 진보주의의 긴급한 세력의 봉기에 반대해 자신들의 권한을 무한히 보존할 자격이 주어지지 않는다. 지배세력은 나타났다 사라진다. 시간이 많은 투쟁적 믿음들을 전복하고 있다.[142]

언론의 자유에 대한 논쟁들은 세력의 주장을 존중하는 사람들에 대해 흥미 있는 질문을 제기한다.[143] 한편으로 특별히 현존하는 사회적 정치적 질서에 도전하는 언론을 제한하는 입법은 공동체에서 자기 마음대로 지배적인 세력의 또 다른 예로 간주될 수 있다. 이러한 관점에서 정치적 우위의 하나의 특권은 논쟁의 조건들을 통제하는 권한이다. 다른 한편으로 사람은 적어도 민주주의에서 지배적인 세력들이 자신들의 권한에 공개적으로 도전하는 데 맞서서 지배력을 유지할 수 있다면, 지배적인 세력들은 승리할 자격이 있다고 주장할 수 있다. 정치체제들은 세력의 우위를 반영해야 하지만, 새로운 세력들은 등장해서 궁극적으로 우위를 차지할 약간의 기회를 가져야 한다.

여기서 홈즈의 사상에 홈즈의 사고방식과는 전적으로 다른 절차적 정당성의 개념을 부과하려고 시도하는 죄를 범할지도 모른다. 그는 다원주의자이며, 변화를 믿고, 또 사회를 세력 면에서 본다. 그러나 정치적 쟁점들에 대해 정당성으로 그렇게 도덕적으로 기미가 있는 인식면에서 생각하기를 단순히 좋아하는 것은 아니다. 여전히 법관이 사건들을 결정해야

---

141 Lochner v New York, 198 US 45, 75 (1905). Holmes, Jr., 소수의견. Coppage v Kansas, 236 US 1, 26 (1915). Holmes, Jr., 소수의견. Adair v United States, 208 US 161, 190 (1908). Holmes, Jr., 소수의견.

142 Abrams v United States, 250 US 616, 630 (1919). Holmes, Jr., 소수의견.

143 Frederick Schauer, The Role of the People in First Amendment Theory, 74 Cal. L, Rev., 1986, p. 761.

하며, 그리고 정당성의 견해에 대해 어떤 점에서는 수정하지 않고 그렇게 하는 것은 불가능하다.

어떤 경우에는 홈즈가 맨 처음 입법자들이 선호하는 정책을 실행할 광범위한 권한을 입법자들에게 주어야 한다는 점에서 자유로운 언론사건들이 경제적 규제사건들과 헌법적으로 유사하다고 생각한다고 믿는 이유가 있다. 적어도 Abrams사건의 경우 또 논쟁적으로 8개월 먼저,[144] 홈즈는 공동체의 지배적인 세력들이 자신들의 권한에 대한 도전들이 청문돼야 하는지를 결정할 광범위한 권한을 가지고 있지 않다는 견해로 옮겨간 것처럼 보인다.

진화이론에 대해 내적인 전제나 미터법이 없다. 진화이론은 얼마나 많이 지배적인 세력들이 속도를 늦추거나 또는 불가피한 변화의 방향을 바꾸는 것에 의해 자신들의 지배력을 확장하기 위해 법률 자원들을 동원할 자격이 있는지를 결정할 이러한 근본문제에 대한 답을 결정할 수 있다. 반대의견을 체계적으로 또 헌법적 제한 없이 억누르는 체제에서조차 초기의 대체 세력들은 여전히 지하에서 작동할 수 있고, 또 여전히 익명의 저항으로부터 폭력혁명에 대한 평화로운 시민불복종에 이르기까지 변화를 초래할 수단을 갖는다. 혁명과정을 발효시키는 데 그것이 충분한지가 문제이다. 결정하기 위해서는 사람은 변용과 적용, 자연도태를 이해하는

---

144 Schenck v United States, 249 US 47 (1919). Frohwerk in United States, 249 US 204 (1919). Debs v United States, 249 US 211 (1919). Holmes가 전원일치 법정의견을 쓴 이 판결들은 여러 사회주의자들의 반전 논쟁을 유죄로 선고한 것을 인용하는 결정들이다. 이 반전 논쟁은 분명히 오늘날 수정헌법 제1조 보호를 받을 자격이 있을 것이다. 그럼에도 불구하고 명백하고 현존하는 위험의 원칙을 도입하는 것으로 또 국가가 전시 중일지라도 그 원칙을 보류하는 것을 각하함으로써 Holmes는 정치적 비판의 가치를 평가하는 것으로 이해될 수 있다. 수정헌법 제1조 보호가 사상의 선천적인 경향의 문제가 아니라 근접성과 정도의 문제를 남긴다고 주장함으로써 Holmes는 이론상 적어도 이전에 수정헌법 제1조 해석을 지배했던 '나쁜 경향의 원칙(bad tendency test)' 보다 논쟁적인 연설자를 보다 더 보호하는 접근법을 시행했다. 또 전쟁 반대자를 널리 기소하는 정당성으로서 많은 구역에서 촉구되는 접근법을 시행했다.

것 이상을 필요로 한다. 그래서 사람은 정치 또는 헌법이론, 또는 역사에 대한 이해를 필요로 한다.

7. 선동죄에 대한 홈즈의 판단

(1) 선동죄 처벌법의 위헌 논쟁

앞서 인용한 Abrams사건에서 홈즈의 소수의견을 다시 보자 :

"나는 전적으로 수정헌법 제1조가 선동적 명예훼손에 대한 보통법을 강제로 적용하게 한다는 정부 주장과 의견을 달리한다. 역사는 정부의 인식에 대해 반대하는 것처럼 보인다. 나는 미국이 오랜 역사를 통해 미국이 부과한 벌금을 되돌려줌으로써 1798년의 선동죄 처벌법에 대해 후회한다고 생각한다."[145]

나라를 세우는 건국 초기에 정치적 정통성을 강제하기 위해 국가의 잘못된 운명의 노력에 대한 이러한 언급은 그것이 받을 만한 주목을 충분히 받지 못했다. 이 구절은 바로 표준문안의 수사는 아니다. 그것은 홈즈의 주장에 대해 통합적이다. 1918년의 간첩법(The Espionage Act of 1918)은 이 사건 피고인들이 위반혐의로 기소된 연방법으로서 실질적으로 선동죄 처벌법이다. 그것은 정부의 전쟁 수행을 물질적으로 방해하는 것과 함께 이념적 불충을 금지하고 있다.[146]

Abrams사건 항소심에서 정부 법률가들은 이렇게 특징을 규정짓는 것

---

145 250 US 616, 630 (1919). Holmes, Jr., 소수의견.

을 회피하지 않고 오히려 그것을 수용했다. 스튜어트(Robert Stewart) 법무부장관 보좌관이 작성한 설명서는 수정헌법 제1조가 선동적 명예훼손의 옛 범죄를 무효화하는 것을 의미하지 않는다는 입장을 유지했다. 선동죄를 처벌하는 권한은 심지어 세기의 신질서(novus ordo seclorum) 시대에도 주권의 특권을 유지했다. 선동적 명예훼손죄를 처벌하는 정당한 목적은 정부의 평판을 보호하고, 그것에 의해 정치적 안정과 17세기와 18세기의 깨지기 쉬운 조건을 유지하기 위해 적대적 비판을 통제하고자 한 것이다. 1918년의 간첩법처럼 현대사회에 동등한 것은 전시에 정치적 안정을 유지하기 위해 필요하다는 점에서, 이 같은 견지에서 헌법적으로 문제가 있는 것은 아니다.

1919년 초 유명한 시민운동가 변호사인 로(Gilbert Roe)는 Debs사건 변론에서 스튜어트로부터 자극을 받아 도발적인 주장을 하게 된다.[147] 그 변론에서 수정헌법 제1조의 바로 그 목적은 역사적으로 선동적 명예훼손으로 처벌을 받은 종류의 근본적인 정치적 비판을 보호하는 것이라고 주장한다. 그러한 주장을 유지하기 위해 로는 매디슨의 버지니아 보고서를 자신의 입장에서 설명한다. 보고서는 수정헌법 제1조의 주요 입안자가 1798년 선동죄처벌법에 고전적으로 도전하는 것이다. 매디슨의 관점에서는 혁명적 유산은 말할 것도 없이 제한된 정부와 권력분립, 국민주권 개념에 근거한 미국 공화국의 독특한 천재성은 선동적 명예훼손의 정치적 인식을 포함해 많은 영국적 정치적 인식을 적용할 수 없게 하는 정치적

---

146 Abrams v. United States, 250 US 616, 617 (1919). Abrams사건 피고들은 1918년 간첩법을 위반한 4개 죄목으로 유죄판결을 받았다. 이들 가운데 2개는 선동죄면에서 명백히 혐의가 없다: (1) 미국 정부형태에 대해 불충하고 악의적이고 폭력적인 언어를 공표하는 것 (2) 공표된 언어가 미국 정부 형태를 모욕과 조소, 경멸, 오만불손으로 고의적으로 이끈다는 것. 연방대법원은 다른 2개의 죄목, 즉 저항을 고무하는 것과 생산을 감축시키는 언어 때문이라며 유죄선고를 인용했다. Id. 다수는 홀로 서 있는 처음 2개의 죄목에 대한 선고가 수정헌법 제1조를 침해했는지에 관한 쟁점에 도달하지는 않았다.
147 법정 조언자로서 Gilbert E. Roe의 의견서. Debs v United States, 249 US 211 (1919).

반대와 책임성, 견제와 균형의 원동력이다.

연방대법원이 Debs사건 결정을 내릴 때, 로는 홈즈를 설득해서 수정헌법 제1조에 매디슨학파의 인식을 채택하도록 했지만 실패했다. 사실상 홈즈는 Debs의 유죄를 인정하는 다수의견을 작성했다.[148] 그러나 8개월 뒤 Abrams사건 소수의견에서 홈즈는 미국적 맥락에서 언론의 자유가 그 밖의 무엇을 의미하든지 간에 그것은 선동적 사상을 확산시키는 것으로 정부의 권한을 침해했다고 반대자들이 처벌을 받을 수 없다는 것을 의미한다고 자신의 결론을 분명하게 진술한 것을 적합한 것으로 보았다.

Abrams사건에서 그의 수사도 매디슨학파와 고리를 갖고 있다. 우리는 궁극적으로 죽음 투성이가 되는 것을 혐오하고 믿는다는 의견의 표현을 견제하려는 시도들에 반대하며 주의를 기울여야 한다. 정치적 진화가 약속된 체제에서 지배적인 세력들이 반대자들을 억누르거나 약화시키는 법률의 권한을 사용할 것인지를 결정하는 데 있어서, 홈즈는 국가의 역사의 우선적 객관적 교훈의 하나에 또 국가의 역사가 낳은 정당한 정치적 반대의 개념에 의지했다.

(2) 정치변화의 역동성에 대한 이해

이러한 움직임의 중요성을 평가하기 위해 홈즈 시대에 그것은 얼마나 논쟁거리였는지를 깨달아야 한다. 언론의 자유와 같은 헌법적 원칙이 정치체제의 근본적인 변화를 일으키기 위해 무력이나 폭력의 사용을 주창하는 사람들에게도 적용될 수 있다고 반대자의 가치를 인정하는 많은 사람들은 인식한다. 이러한 관점에서, 헌법은 투표에서 궁극적인 성공을 지향하는 규정된 방법에 따른 평화적인 시위에 의해서만 변화를 위해 제공

---

148 Debs v. United States, 249 US 211 (1919).

된다. 그러한 규칙에 의해 움직이려고 하지 않는 급진주의자들은 그들이 대체하려고 하는 바로 그 자유의 장점을 주장하는 것이 허용돼서는 안 된다. 이러한 입장은 반동분자의 배타적인 보존이 아니다. 핸드(Learned Hand)조차 법률 침해를 명백히 주장하는 데 대해 선을 그었다 :

"법률을 반포한 모든 사회는 법률이 바뀔 때까지 법률은 준수돼야 한다는 것을 의미한다. 법률이 바뀔 수 있는 수단을 내려놓는 사회는 그러한 수단을 배타적인 것으로 만든다. 만약에 그렇다면, 신의 이름으로 불법적인 것을 행하게 하는 선동은 그 스스로 합법적이지 않을 것이다."[149]

홈즈는 반대로 헌법이 정치적 변화를 발효시키는 배타적 수단과 관련해 절대적인 절차적 진리를 어느 장소에 고정시키는 것으로 이해돼야 하는 것으로 믿지는 않았다. Abrams사건에서 그는 총파업을 요구하는 무정부주의자의 언론을 보호하는 데 찬성했으며, 그러한 전술이 법률에 의해 금지된 것인지를 결코 고려하지 않았다. 6년 뒤 Gitlow사건에서,[150] 홈즈는 소수의견으로 혁명적 대중행동을 명백히 주장하는 것은 사건의 특별한 상황에서는 수정헌법 제1조의 보호를 받을 자격이 있다고 주장했다. 그 경우, 그는 핸드가 앞뒤가 안 맞게 고려한 바로 그러한 입장을 채택하면서 정치적 변화의 역동성을 다원주의적으로 보다 명확히 이해하게 됐다.

핸드의 견해는 Patten사건의 위대한 그의 의견에서 충분히 연구된 바 있으며,[151] 민주주의 이론에 따라 법률 위반을 선동하는 것은 원칙의 문제로서 언론자유의 영역 밖에 놓여 있다는 것이다. 그 맥락이 언론에 노출

---

149 Letter from Learned Hand to Elliot Richardson (Feb 29, 1952).
150 Gitlow v. New York, 268 US 652 (1925). Holmes, Jr., 소수의견.
151 Masses Publishing Co. v Patten, 235 F. 535 (SDNY 1917), rev'd 246 F. 24 (2d. Cir. 1917).

된 사람들에 의한 불법적인 행동의 긴급한 위험을 나타내는 것인지 여부와 관계없다. 핸드는 법률 위반을 선동하는 것은 민주주의 사회가 내려놓는 배타적 수단이 아니며, 민주주의 사회가 법률을 바꿀 수 있다고 생각했기 때문에 그러한 견해를 가졌다. 법률을 위반하도록 조언하는 것 외에 뜻이 없는 단어들은 어느 해석의 입장으로도 민주주의 국가에서 정부의 최종적 원천(final source of government)인 여론의 일부가 될 수 없다.

반면에 선동적 기분을 유발할 경향성이 드러날 수 있는 정치적 선동은 실제로 직접적인 법률 위반에 미치지 못하는 한 정부의 최종적인 원천인 그 여론의 일부이며, 민주주의 사회의 법률들이 바뀔 수 있는 적절한 수단 가운데 하나로 그러한 보호를 받을 만하다. 따라서 핸드는 로가 작성한 매디슨주의적 설명서에 의해 영향을 받아,[152] 선동적 명예훼손죄의 정당성을 거부했다. 그 판단 자체는 언론의 자유에 대한 사상의 역사상 중요한 순간이다. 그 판단에도 불구하고 핸드는 법률 위반을 선동하는 것은 금지될 수 있다고 믿었다. 그는 그러한 선동의 처벌이 선동적 명예훼손의 거부에 의해 방해받는 것으로 생각하지는 않았다.

홈즈는 이 마지막 점에 관해 핸드를 따르는 것을 거부했다. 홈즈는 선동적 명예훼손죄가 수정헌법 제1조와 양립할 수 없다고 하는 데 대해서는 자신의 친구와 의견을 함께했지만, 법률 위반 선동을 자신의 긴급한 위험기준의 보호로부터 배제할 이유를 찾지 못했다. 또 개연성이 있거나 의도된 영향들이 긴급하지 않는 한 법률 위반의 명백하고 열정적인 주창

---

152 Masses Publishing Co. v. Patten사건에서 Gilbert Roe는 잡지사 기록 변호사였다. 244 Fed 535, 537 (1917). 그가 항소법원에서 Hand 연방대법관에게 제출한 서류의 행방을 찾을 수 없었다. 언론금지의 불법성에 대한 자신의 Masses사건 의견에서 Hand가 언급하는 견지에서 그 것이 선동적 분위기를 조장할 수 있다는 이유로, 그 사건을 주장하는 데 있어 Hand Roe 연방 대법관이 Madison의 Virginia Report를 대체로 똑같이 언급하기에 앞서 법정 조언자 의견에서 그는 20개 월 뒤 한 방식으로 그가 Debs사건에서 자료를 제출하는 것은 가능하다. 그러한 생각 은 사실로부터 지지를 얻는다. 그가 Hand 연방대법관 법정에서 Masses사건을 하려고 하기 얼 마 전에 하원 법사위원회에서 간첩법에 반대하는 증언을 했다.

을 정치적 변화를 가져올 수단으로부터 배제할 이유를 찾지 못했다. 홈즈는 Gitlow사건에서 실용주의적 반향을 갖고 기억에 남을 만한 의견을 냈다:

"모든 사상은 선동이다. 일부 다른 믿음이 그 사상을 능가하거나 또는 일부 열정의 실패가 사상의 출현시 행동을 질식시키지 않는다면, 그 사상은 믿음을 위해 스스로를 제공하고, 또 믿게 되면 그것은 그에 따라 행해진다. 의견의 표현과 좁은 의미에서 선동 사이의 유일한 차이는 그 결과에 대한 연설자의 열정이다. 웅변이 이성에 대한 불을 붙일 것이다."¹⁵³

정치적 권위의 원천과 한계와 관련해 핸드와의 차이를 강조하기 위한 것인 양 홈즈는 다음과 같이 부가했다:

"결국 프롤레타리아 독재에 표현된 믿음들이 공동체의 지배세력에 의해 수용될 운명이라면, 자유로운 언론의 유일한 의미는 그 믿음들에게 기회가 주어져야 하고 또 자신의 길을 가게 해야 한다는 것이다."

핸드는 선동적 명예훼손의 거부는 수용 가능한 정치 목적의 정통성 등을 집행하는 국가의 권한을 거부하는 것을 수반하는 것으로 이해했다. 그는 언론의 자유가 대안적 관점 중립성의 강한 원칙을 함축하는 것으로 해석한 최초의 법관이었다.¹⁵⁴ 그렇게 하는 데 있어서, 그는 현대 수정헌법 제1조의 원칙의 초석이 될 사상을 기대했다.

홈즈는 더 나아갔다. 목적의 정통성을 거부하는 데 부가해서 선동적

---

153 268 US at 673.
154 Letter from Learned Hand to Zechariah Chafee, Jr. (Jan 8, 1920).

명예훼손의 거부가 수단의 정통성의 거부를 수반하는 것으로 받아들였다. 그 정통성이 특별히 민주주의적 숙고를 정치적 변화의 배타적 수단으로 확립하는 것으로 받아들였다. 두 법관은 물론 그것의 폭력이나 위협이 역사를 통해 다른 체제에서뿐 아니라 헌법적 민주주의 체제에서도 유익하고 범죄적인 정치적 변화를 초래하는 데 큰 역할을 한 것을 알고 있다. 그들은 스스로 폭력에 개입한 반대자들을 처벌하는 데 거리낌이 없었다.

(3) 정치적 적응과 변형의 강제 문제

그들 사이의 차이는 늙은 군인이자 다원주의자임을 자랑하는 홈즈는 폭력혁명을 주창하는 언론을 포함해 반대하는 언론의 가치 있는 기능 가운데 하나는 정치적 적응과 변형을 강제하는 불만과 열망, 동원을 유발하는 언론의 능력이라고 생각하는 점이다. 그러한 에너지들은 공손한 청원과 이성적 설득뿐 아니라 집단행동을 위한 선동과 충원, 조직에 의해서도 구체화하고 유지된다. 언론의 자유가 할 수 있는 가장 정력적인 기여는 사람들이 자신들의 사상을 추구하도록 사상이 정치적 충성과 동의, 복종, 폭력과 관련해 말하자면 생각할 수 없는 것을 생각하도록 이끄는 곳이면 어디든지 사람을 자유롭게 단순히 두는 것이다. 성공할 수 없는 정치공동체가 아마 필적할 만한 행동의 자유를 인정한다는 것은 이러한 견해에서는 이단의 정치적 사상을 확산시키는 폭넓은 자유를 일관되게 하지 않거나 제대로 기능을 하지 않게 한다. 또 그 정치적 사상은 변화를 초래하는 적절한 수단에 대한 사상을 포함한다.

이 점에 대해서 홈즈를 이해하려면, 누구든 홈즈가 선보다 정의에 대한 현대적 절차적 자유주의적 관심으로부터 멀리 떨어져 있는가를 이해해야 한다. 그리고 따라서 공정성과 중립성, 효율성 기준들에 따라 평가받도록 하기 위해 사상의 자유시장을 체계적 절차로 돌리려고 하는 것이 얼마나 잘못된 것인지를 이해해야 한다.[155] 홈즈는 반대 언론이 할 수도 있는 참여를 위한 결정이나 기회의 질이 아니라 반대 언론이 발산하거나 발산하는 데 실패하는 에너지 면에서 지속적으로 반대 언론에 대해 말한다.

이러한 다원주의적 실용주의적 면에서 이해가 된다면, 그러한 언론은 주로 정치적 투쟁의 문화를 포함하는 것에 의해 자신의 유효성을 이룬다. 이러한 것은 법적 보호에 의해 부분적으로 가능해진 반대 사상의 가시성이 소수 쪽에 있는 사람들을 강화할 때 변화의 희망을 지켜내기 위해, 조소를 받거나 이용당하거나 또는 무시당할 때 싸워 물리치고, 또 저항운동 시 동료들을 찾기 위해 발생한다. 실질적으로 도리를 벗어나 정치적 인식 아래에 있는 것처럼, 선동적 언론이 헌법적으로 제재를 받는 정당성 때문에, 상승 국면에서 현재대로 견해를 갖는 사람이 그것을 보다 어렵게 발견할 때, 그것은 발생할 수 있다.

활용되는 접근법들의 순전한 다원성은 모든 행위자들이 시간이 많은 투쟁적 믿음들을 전복하고 있다는 것과 다른 사람들이 가난한 영혼들이 그 밖의 것들에 대해 동등하게 독단적일 수 있는 것처럼 스스로 독단적인 선호가 독특한 경험으로부터 자라나고 있다는 것을 깨닫도록 강제할 때 그것은 발생할 수 있다.

자유로운 언론에 의해 촉진된 문화적 지적 정치적 전투는 홈즈의 견해에서는 엉망이고, 예측불가능하며, 자주 심술궂고 그리고 순화하는 것이 불가능하다. 경쟁적으로 진화하는 세계에서 인간이 번성하는 것이 그에 대한 모든 것이다. Abrams사건의 소수의견 전에 홈즈가 핸드에게 보낸 편지는 홈즈가 규칙대로 행동하기를 거부하는 반대자의 언론 중에서 가

---

155 이러한 실수를 하는 것으로 실패하는 시장 은유에 대한 성향이 다른 흥미 있는 비판. Stanley Fish, Fraught with Death: Skepticism, Progressivism, and the First Amendment, 64 U. Colo. L. Rev., 1993, pp. 1061-1073.

치를 보도록 이끄는 삶의 견해를 가장 잘 설명하고 있다 :

"당신은 오래전 보스턴 커먼웰스(Commonwealth) 거리에 있는 개리슨
(Garrison)[156] 조각상 앞에서 내가 나의 아내로부터 시작한 교훈담을 반복
하도록 유도하고 있다. 나는 도덕면에서 확실히 그러나 여전히 자신의 길
을 가는 것으로 표현했다고 말하고자 한다. 내가 공적인 사람이라면, 나
는 그 어느 것도 내가 차라리 그가 자신의 뜻대로 하지 않는 것보다 바로
사회구조가 소멸하도록 애쓰는 것에 의해 사회생활의 근본적인 조건을
깨뜨리는 그러한 사람을 존경하도록 유도해서는 안 된다고 말해야 한다.
내가 개리슨의 아들이라면, 모든 위대한 변혁은 사회구조를 위협하는 것
처럼 보지 않는 바보라고 답변해야 한다. 그러나 사회는 쇠퇴하지 않는다
고 답변해야 한다. 왜냐하면 인간은 사회적 동물이고, 매번 만화경처럼
새로운 유형으로 떨어지기 때문이다. 내가 철학자라면, 나는 당신이 미래
를 잘라내는 면도기의 양날, 즉 보수와 진보라고 보지 않는 두 바보라고
말해야 한다. 그러나 나는 철학자의 머리 뒤에서 빈정대는 사람인 양, 나
는 인간의 운명은 싸우는 것이라고 보지 않는 모든 사람 가운데 가장 바
보, 당신이라고 결론을 내려야 한다. 따라서 한 측면에서 또는 다른 측면
에서 인정받기 위해서, 적이 당신만큼 좋은 사람이라는 것을 아는 품격을
부가적으로 갖는다면, 그만큼 더 좋을 것이며, 그러나 당신이 할 수 있다
면 그를 죽여야 한다."[157]

그 사건 이후 즉각 연방대법원에 의해 홈즈가 당신처럼 좋은 사람인 정

---

156 William Lloyd Garrison(1805~1879)은 미국의 노예제도 폐지론자이다. 1833년 미국 노예제도
반대 협의회를 설립하고 인도적이고 이상주의적인 입장에서 노예제도의 폐지를 주장하였다.
기관지 '해방자'를 창간하였다.
157 Letter from Oliver Wendell Holmes to Learned Hand (June 24, 1918).

치적 적을 죽이기 위해 어떤 법적 도구들이 유용해야 하는지를 결정하도록 요구를 받았을 때, 미래를 절단하기 위해 적이 규제된 절차들을 지키는지 여부에 대해 홈즈는 비중을 주지 않았다.

(4) 급진적 문화적 의미의 해석

선동적 명예훼손의 거부에 대한 홈즈의 보다 급진적이고 보다 문화적인 의미의 해석은 보다 덜 절차적인 의미의 해석보다 선호되는 이유가 중요하다. 시장 은유는 몇 가지 이유를 제시한다. 시장은 권한의 분산이 중요하다. 생산자나 기획자보다 소비자의 선택이 궁극적으로 경제적 자원의 배정을 결정한다는 점에서 주권적이다. 그 밖의 어느 곳에 권한을 부여하는 것은 생산적인 적응과 혁신을 좌절시키며, 비효율적인 부패의 기회와 특권을 낭비적으로 영속화하는 위험을 무릅쓰게 된다.

공무원에게 목적이나 수단 등과 같은 이념적 정통성을 집행하는 법적 권한을 부정하는 정치적 주권 개념은 상대적으로 분산된 권한의 특징으로 규정된다. 공무원들에 대한 그러한 제한에 따라, 정치적 주제들에게 지배적인 체제의 사업들과 때로는 존재 그 자체를 손상시키는 잠재력을 갖는 준비와 관행들을 생각하고 주창할 권한이 주어진다. 그러한 권한의 배정에 잠재하는 에너지는 정치적 경직화와 남용의 특정 위험을 줄인다.

1798년 선동죄 처벌법의 합헌성에 도전하는 자신의 버지니아 보고서에서, 정부가 아니라 인민이 절대적 주권을 갖는다는 전제로부터 매디슨은 공무원들에 대한 증오를 부추김으로써 공무원의 권한을 손상시킬 정도로 공무원을 선동적으로 비판하는 표현의 권리를 위해 투쟁했다.[158] 그러한

---

158 James Madison, Report on the Alien and sedition Acts 1800, Jack N. Rakove, ed. James Madison Writings, Library of America, 1999, p. 645.

주권적 개별적 시민은 자신의 권한이 특별한 체제를 창출하거나 대체하며,[159] 시장에서 주권적 소비자로 유추될 수 있다. 아래로부터의 압력은 적응을 자극하고, 정치적 경제적 두 영역에서 부패를 담는 것을 돕는다.

매디슨은 버지니아 보고서에서 현재 체제를 건설하는 데로 이끈 여러 해 동안 모든 선동적 언론이 성공적으로 검열을 받았는가, 또 오늘날 허약한 연방의 질병 아래 미국이 약화되지 않을 수 있는지에 주목했다. 그들은 외국의 멍에 아래 신음하며 비참한 식민지가 되지 않을 수 있는가에 대해 고민했다. 홈즈가 가담하고 브랜다이스 연방대법관이 전체 체제를 전복하는 것을 주창하는 수정헌법 제1조 권리에 대한 주장을 발전시키는 데 있어서 국가의 혁명적 유산을 언급한 의견은 다음과 같다. "혁명으로 미국의 독립을 쟁취한 사람들은 겁쟁이가 아니었다. 그들은 정치적 변화를 두려워하지 않았다."

평등주의자는 설득하기 위해 또는 선동하기 위해 또는 집단적 압력을 조직하기 위해 동등한 기회의 수정헌법 제1조의 이상을 지지하는 시장의 은유에서 발견하는 정도로 이러한 논리로 달리도록 유혹을 받을지 모른다. 대부분의 시장에서 전체로서 소비자가 즐기는 주권은 개인의 동등한 가치의 그러한 원칙을 함축하는지에 대해 의문이다. 시장은 극빈자의 달러로도 왕자의 달러만큼 산다는 점에서 평등주의적이다. 시장이 가능한 것으로 만드는 노동의 분업은 기회를 확산시킬 수 있다.[160] 그러나 그 시장에서 불평등주의자는 불평등하게 분배되는 부와 경제적 상식을 크게 촉진한다. 아마 경제적 협력은 비록 여전히 문제를 일으키지만 정치적 평등의 개념을 위해 은유를 지지하는 보다 강한 원천일 것이다.

---

159 Whitney v. California, 274 US 357, 377 (1927). Brandeis 동의의견.
160 자주 간과되는 Adam Smith의 평등주의 차원에 대한 정교한 해석. Samuel Fleischaker, On Adam Smith's Wealth of Nations 72-80 (2004).

어느 경우, 우리는 자신의 Abrams사건에서 시장의 경쟁을 도입할 경우 홈즈가 마음속에서 그러한 평등주의적 함축성을 갖지 않고 있다는 것을 확신할 수 있다. 그는 한때 불명예스럽게도 평등한 보호주장을 헌법적 주장에 보통 마지막으로 의존하는 것으로 일축했다.[161] 연방대법관으로 재직하는 동안 동등한 보호조항을 실질적으로 효과가 없는 것으로 다룬다. 소비자 역할이 관련되는 한 시장에 대해 홈즈가 좋아한 것은 구매력이 소비자들 가운데 분배되는 방식이 아니지만, 그러나 차라리 소비자들이 집단적 힘으로써 행동하는 그 권력이다. 집단적 힘은 생산자를 유도해서 적응하고 혁신하도록 채택하게 하는 것이다. 적절한 유추는 결합에서 주권적 정치적 주제들이 정부에 대한 불만과 비협조, 저항의 위협을 통해 공직과 심지어 전적인 체제를 잡는 데 있어서 시간이 흘러감에 따라 책임을 지며 분투할 수 있다는 힘에 대한 것이다.

정치권력의 중재자로서 세력의 역할에 대한 이러한 초점은 시장 은유에 의존하는 것에 의해 함축된 언론의 자유가 의미 있는 설득과 참여를 위한 사회적 전제조건들이 작용하는 체제에 국한되지 않는다는 것을 뜻한다. 따라서 도시회합이나 철학토론회도 원형질적인 자유로운 언론 상황으로 보아서는 안 된다는 것이다. 이러한 관점에서 수정헌법 제1조는 우선 정치적 권한의 부여에 관한 것이며, 보다 더 폭넓게는 정치적 책임과 적용을 강화하는 문화적 조건에 관한 것이다. 상대적으로 개방적 정신을 소유한 사람들이 숙고하는 것은 그러한 문제에서 역할을 하지만, 더한 것은 이성적 탐구와 토론에 대한 배타적 관심보다 자유로운 언론의 이러한 이해에 의해 수반되는 것이다.

같은 성향의 사람들 사이의 연대를 주로 촉진하는 데 있어서 또는 개인과 집단들이 현저한 정체성을 드러내도록 돕는 데 있어서 중요한 소통의

---

161 Buck v. Bell, 274 US 200, 208 (1927).

경험은 좁은 의미에서 설득이 그러한 경험들이 그것에 대한 것은 아닐지라도, 수정헌법 제1조의 중요성을 갖는 것으로 자격을 줄 수 있다. 시장 은유가 일부 그러한 행동들에 대한 수정헌법 제1조의 관심을 확장하는 것을 함축하는 것은 언론의 자유의 원칙의 적절한 범위와 관련해 모든 종류의 어려운 문제들을 풀지 않은 채 두고 있다. 그럼에도 불구하고 도시회합이나 철학토론회와 닮지 않은 많은 소통노력들의 보호를 포함하는 수정헌법 제1조의 이해가 홈즈의 시장 은유를 강조하는 자유로운 언론의 관점으로부터 결별을 대표하는 것은 아니라는 것을 깨닫는 것이 중요하다.

수정헌법 제1조가 사심이 없는 탐구와 숙고에 대한 것인 것처럼 수정헌법 제1조는 이념적으로 헌신적이며 권력에 굶주린 행동가 사이에 정치투쟁에 대한 것처럼 된다. 이는 역시 홈즈가 Abrams사건에서 깊게 연구한 명백하고 현존하는 위험(clear and present danger)의 원칙의 이유를 제시한다. 공동체의 지배적인 세력들은 권력 면에서 자신들을 동결하지 않고, 그들이 이익을 보는 것처럼 자신들의 이익을 보호할 자격이 주어진다. 따라서 언론의 확산 맥락의 견지에서 지배세력의 중요한 이익을 위협하는 것으로 정의가 내려진 직접적이고 즉각적으로 유형적인 해를 끼치게 될 것 같은 경우 언론은 제한될 수 있다. 그러한 해는 의회가 방지할 권리가 있는 실질적인 악이다.[162]

그러한 것들과 관련해 모든 선제적 규제권한을 인정하지 않는 것은 지배적인 세력들에게 자신들의 이익을 보호하는 권한을 부정하는 일이다. 그러나 있다고 한다면 시간이 흐름에 따라서만 해를 끼칠 것으로 보이는 언론은 규제를 받을 수 없다. 왜냐하면 새롭게 등장하는 지배적인 세력과 함께 기존의 지배적인 세력을 교체하는 정당하게 진행 중인 절차는 그러한 긴급하지 않은 또 비물질적인 해는 일어나도록 허용돼야 하는 것으로

---

162 Schenck v. United States, 249 US 47, 52 (1919).

요구하기 때문이다. 정치적 진화는 자연의 세계에서 진화처럼 해를 근거로 한다. 과거에 지배적인 일부 집단들은 생존을 위한 투쟁에서 패하고, 필연적으로 큰 해를 입는다. 그 진화과정을 중절시키는 것은 상층세력의 특권의 하나는 아니다.

　명백하고 현존하는 위험의 원칙을 이렇게 이해하는 것은 시간 구조가 긴급한 경우를 제외하고 보다 많은 언론이 일상적으로 잠재적 범법자에 이르고 잠재적 범법자를 설득할 것이라는 설득력 없는 추정에 의존하지 않는다는 것을 주목하기를 바란다. 그렇지 않으면 잠재적 범법자는 연설자의 말에 의해서 행동하도록 촉구를 받을 것이다. 홈즈의 입장은 때로는 그러한 가능성이 희박한 해들과 살아야 한다는 것이다. 그러한 해들은 적응하는 정치적 변화로부터 불가분적인 것일 수 있다. 선동적 명예훼손의 거부에 의해 입증된 근본적 정치적 반대의 정당화는 Abrams사건 소수의 견에서 홈즈가 일찍이 명시적으로 언급한 명백하고 현존하는 위험의 원칙에 통합적인 원칙을 설명하는 데 성공할 것이다.[163]

　연설자는 자신들이 공언한 신조 때문에 처벌을 받을 수 없다. 그것은 그를 둘러싸고 정치공동체가 현재 조직된 이상과 상징, 절차에 대한 믿음의 부족 때문이며, 그들의 언론과 저술들이 공동체의 특별한 노력에 대해 취하는 물질적 위험 때문이 아니다. 명백하고 현존하는 위험의 원칙은 수정헌법 제1조의 심장에서 선동적 명예훼손을 거부하는 것으로부터 유래하는 유일한 또는 필연적으로 최상의 원칙적 기준이 아니다. 그러나 그것은 왜 선동적 명예훼손죄가 명백하고 현존하는 위험의 원칙을 위한 최상의 정당성을 제공하는 수정헌법 제1조와 일치할 수 없는가를 홈즈가 이해하는 것이다.

---

163 250 US at 629.

IV. 고전적 사상의 자유시장 이론의 형성

1. 허위의 극복과 진리의 탐구

고전적 사상의 자유시장 이론은 진리가 허위와 경쟁을 통해 발견된다는 것을 전제로 하며, 권위주의적으로 강제된 진리는 오류의 위험성으로 인해 도전을 받는다는 것을 강조한다. 밀은 따라서 억압은 진리를 찾으려는 시장의 능력을 방해한다고 주장한다. 첫째, 검열을 받은 의견이 진리를 포함한다면 그것의 침묵은 우리가 그러한 진리를 발견하는 기회를 감소시킬 것이다. 둘째, 대립하는 의견들이 각자 일부 진리를 포함하고 있다면 그들 사이의 충돌은 각자가 전체적인 진실을 향해 기여하는 것을 발견하는 유일한 방법이다. 최종적으로 검열된 견해가 전적으로 오류이고 지지를 받는 의견이 전적으로 진리일지라도, 사람들이 인정되는 견해를 신조와 편견과 다른 중요한 것으로 지지할 경우 인정되는 의견에 도전하는 것은 허용돼야 한다. 사람들이 그렇게 하지 않는다면 그것의 의미는 상실되거나 위축될 것이다. 밀은 경쟁하는 견해 가운데 충돌을 불필요한 것으로 여기는 사람들은 자신들의 의견의 무오류성을 잘못 추정한다고 믿는다. 모든 토론을 침묵하게 하는 것은 무오류성의 추정이다.

홈즈 연방대법관도 무오류성 추정의 위험에 주목한다. 그는 Abrams사건의 소수의견에서 다음과 같이 밝혔다:

"의견의 표현에 대한 박해는 나에게는 전적으로 논리적이다. 당신이 당신의 전제나 당신의 권한에 의문이 없고 진심으로 어떤 결과를 원한다면, 당신은 법률상 당신의 바람을 표현하고 모든 반대를 제거한다. 언론에 의해 반대를 허용하는 것은 당신이 언론을 무력한 것으로 생각하는 것을 나타내는 것처럼 보인다. 사람이 원을 사각으로 만들려고 한다고 또 당신은 진정으로 그 결과를 좋아하지 않는다고 하고 또는 당신이 당신의 권한이나 전제들을 의심한다고 말할 때처럼 그렇다. 그러나 시대가 많은 논쟁적인 믿음들을 전복해 오고 있다고 사람들이 깨달을 때, 그들은 자신들의 행동의 바로 그 기초를 믿는 것보다 더 믿게 된다. 그 기초는 바라는 궁극의 선은 사상의 자유로운 거래(free trade in ideas)에 의해 보다 더 잘 도달된다는 것이다. 또 진리를 판단하는 최선의 기준은 시장의 경쟁에서 진리 자신을 수용하게 하는 사고의 힘(the power of the thought)이라는 것이다. 그리고 진리는 그에 의거해 인간의 바람을 안전하게 수행할 수 있는 유일한 근거라는 것이다."[164]

비록 홈즈가 이러한 의견을 소수의견으로 밝혔지만, 그 후 연방대법원은 수정헌법 제1조에 따라 그릇된 사상과 같은 것은 없다고 판시하면서 그의 입장의 핵심을 수용했다.[165]

시장 모형은 공식적으로 제재를 받는 진리의 이러한 위험을 피한다.[166] 고전적 자유언론 이론은 실질적으로 그릇된 원칙이 유통되는 것을 허용하는 위험을 방어하는 것이다. 그러나 시장 모형은 잠정적 거짓의 표현을 허용함으로써 그릇된 원칙이 확산되는 정반대의 위험을 허용한다. 시민이 만약에 오류로부터 진리를 분별해야 한다면 세련되고 복잡하지만 합리적인 결정을 내릴 수 있어야 한다. 전체적으로 현재와 역사적 경향들은 인간 정신의 합리성 면에서 시장 모형의 믿음을 입증하지 못하고 있다.

---

164 250 U.S. at 630. Holmes, Jr., 소수의견.

165 Gertz v. Robert Welch, Inc., 418 U.S. 323, 339–340 (1974). 어떤 의견이 치명적일지라도 우리는 그 것의 교정을 위해 법관과 배심원의 양심에 의존하는 것이 아니라 다른 사상들의 경쟁에 의존한다.

166 American Communications Ass'n v. Douds, 339 U.S. 382, 442–43 (1950). Jackson 일부 동의 일부 소수의견. 이것은 정치적 국가가 진리와 허위를 결정하기 위해서는 특별히 적합하지 않은 기구라는 것을 다르게 말하는 것이다.

그러나 이 믿음은 대부분의 현대 자유언론 이론의 기초 토대로 유지되고 있다.

홈즈의 시장 모습은 이성을 통한 객관적 진리의 승리를 반드시 강조하는 것은 아니다. 시장은 진리에 접근하는 방법으로 간주될 수 있다. 그 진리는 불완전성에도 불구하고 정부가 진리를 결정하는 어느 방법에 대해서도 우월적이다. 이와 약간 다른 시장 견해는 객관적 진리가 존재하는지 여부를 문제 삼지 않는다고 상정한다. 시장에서 수용되는 그러한 견해들은 진리로 정의가 내려진다. 반면에 거부되는 견해들은 오류로 정의가 내려진다. 이것이 진리의 생존이론(the survival theory of truth)이다. 이러한 방식으로 보면, 시장은 합리적이라기보다는 평등주의적이다. 개인들은 진리나 오류를 결정할 권리를 갖고 있다. 그들이 그렇게 하도록 자격이 반드시 주어져서가 아니라 공적 쟁점들은 보통 선거권에 의해 결정돼야 한다는 미국의 기초적 합의로부터의 연역이기 때문이다.[167]

홈즈와 브랜다이스 연방대법관의 첫째 함축적인 가정은 그들의 은유가 논리적으로 방어가능하다는 것이다. 또 법관이 정체성을 규정할 수 있는 것처럼 법관만이 그러한 정부 규제를 철폐함으로써 언론 경쟁을 완성시킨다면, 언론 과정과 자유롭고 규제가 없고 경쟁적인 재화와 용역시장 사이에 충분히 닮은 중대한 점이 있다는 것이다. 밀턴이 외양상 물질주의가 아니라 자본주의 이전의 감정을 신고전주의 경제학 용어로 치장을 하도록 허용한다면, 이것은 밀턴의 주장과 비슷하다.[168]

신고전주의 경제학에 대해 홈즈는 경험보다 많은 열정을 보여 주었다. 그것이 불경스럽고 무신론적인 지역이 될 때, 밀턴은 그러나 시장의 힘과

---

167 A. Meiklejohn, Free Speech and its Relation to Self-government, 1948, p. 27. 이하 Free Speech로 인용.

168 John Milton, Areopagitica.

같은 것들을 믿기를 꺼려했다. 검열관들이 관능의 만족과 신성한 섭리를 거부하는 것을 관용하는 반면에 밀턴은 아테네의 검열관들이 불경스럽고 무신론적인 자료들을 금지하는 것을 칭찬했다. 마치 베드로 성인이 언론의 열쇠를 검열관에게 넘겨준 것처럼, 밀턴은 교황이 1515년 모든 저술을 검열하기 위해 이단 문제를 넘어서는 것을 비난했다. 이것이 사적이고 자발적인 행위이기 때문에, 바울 성인의 추종자들은 마법의 에베소서를 태울 수 있었다. 밀턴의 관용은 천주교 제도와 공개적인 미신에까지 확장되는 것은 아니다. 마치 법관들이 노골적인 포르노를 통제하기 위해 시장을 신뢰하지 않는 것과 같다.[169] 예를 들면 R.A.V.사건에서 반영된 인종차별주의 같은 특정 사안에서 수많은 실패들이 사상의 자유시장에서 발견될 수 있다. 이러한 실패들은 사상의 자유시장의 은유의 적절성에 대해 의문을 제기하고, 그들은 정의(justice)가 혐오하는 정부 규제의 일부를 정당화하는 데 사용될 수 있다.

2. 자치와 민주주의의 실현

고전적 시장이론은 진리의 탐구를 자유로운 언론의 최고 목표로 인정한다. 그러나 미국에서 헌법 이론은 자유로운 언론을 민주주의 이론의 당연한 귀결로 본다. 예를 들면 마이클존 교수는 언론의 자유를 공적 쟁점이 보통 선거권에 의해 결정돼야 한다는 미국인의 동의의 결과물로서 생각하고 있다. 자치하는 개인들이 의지할 수 있는 진리만이 그들 스스로가 공적 토론과 결정을 교환하는 과정에서 고안해 낸다고 하는 것이다.[170]

---

169 Miller v. California, 413 U.S. 15, 29 (1973), Roth v. United States, 354 U.S. 476, 484–485 (1957). 외설은 사상의 자유시장에 기여하지 않기 때문에 보호를 받지 못한다.

마이클존은 공적 쟁점의 공적 토론은 그러한 쟁점들과 관련된 정보와 의견의 확산과 함께 정부 공무원에 의해 침해받지 않는 자유를 갖는다고 한다. 정부 공무원들이 국민을 통치한다고 해도 깊은 의미에서는 국민이 그들을 통치한다. 국민의 통치에 대해 정부 공무원들은 권한이 없다. 그들의 통치에 대해 우리는 주권을 갖고 있다.[171]

연방대법원은 판시에서 공적 업무와 관련된 언론은 개인의 자기표현보다 중요하며, 그것은 자치의 본질이라고 했다.[172] 자유로운 언론과 자치 사이의 관계에 관한 문헌은 두 가지 접근법을 드러내고 있다. 첫째, 사회적 가치 접근법은 정보를 제공받은 시민(informed citizenry)의 사회적 가치를 강조한다. 둘째, 개인적 접근법은 모든 시민에게 개방된 의사결정 과정의 중요성을 강조한다. 사회적 가치 접근법의 지지자들은 만약에 시민이 포함된 쟁점과 활용 가능한 선택들 그리고 영향을 받는 이익이나 가치들을 충분히 알게 되면 최선의 결정은 민주주의 사회에서만 도달할 수 있다고 주장한다.

사회적 가치 접근법의 지지자인 마이클존은 자유인이 투표할 때 진리를 몇 사람 또는 몇몇 학자 또는 행정공무원 또는 의원들만이 아는 것은 충분하지 않다고 한다. 투표자들 모두가 정보를 가져야 한다.[173] 결론적으로 마이클존은 어떠한 의견, 의심, 믿음 또는 반대신념 그리고 어느 관련된 정보도 시민으로부터 격리되어서는 안 될 것이라고 주장한다. 억제받지 않는 토론을 조장하겠다는 중대한 국가적 약속이 존재한다.[174] 왜냐하

---

170 A. Meiklejohn, Political Freedom, p. 73. Meiklejohn은 자치체제에서 시장을 통한 진리를 점검하는 그러한 과정은 순전히 최상의 점검은 아니라고 주장하지만 다른 방법이 없다.

171 연방대법원이 채택한 수정헌법 제1조 이론은 Meiklejohn의 견해를 따르는 것으로 보인다. New York Times Co. v. Sullivan, 376 U.S. 254, 273 (1964). 주권자로서 인민이 행동할 능력이 수정헌법 제1조의 중심적 의미(central meaning of the First Amendment)로서 받아들여지고 있다.

172 Red Lion Broadcasting Co. v. FCC, 395 U.S. 367, 390 (1969).

173 A. Meiklejohn, Political Freedom, p. 75.

면 그것이 공공복지(the welfare of the public)에 본질적이기 때문이다.[175]

마이클존과 다른 학자들이 제안하는 것처럼 민주적 통치(democratic governance)가 투표자들의 지혜에 의존한다면, 공적 결정과 관련된 모든 증거는 진리나 오류의 기초 위에서 국가가 사전선별(preselection)에 전혀 개입하지 않고 공동체에 대해 활용 가능해야만 한다.[176] 스캔런(Thomas Scanlon)은 자유언론 이론의 이 측면을 발전시키고, 그것을 제한된 권한의 원칙이라고 부른다. 내용에 기초한 제한은 공중에게 사회와 정치권에 대해 불완전하고 아마 부정확한 인식의 여지를 둔다. 따라서 이러한 제한들은 진리의 탐색을 손상할 수 있으며, 시민이 중대한 결정을 내리는 과정을 왜곡할 수 있다. 마이클존은 그것은 공동체의 사고과정의 절단이며, 수정헌법 제1조는 그와 반대로 지향하는 것이라고 주장한다. 자유로운 언론이 정부 공무원들에 의한 개입으로부터 공동체의 사고과정(thinking process)을 보호하려고 한다면, 공동체가 시장을 통해 진실되거나 또는 우월적인 지위 그리고 오류이고 비우월적인 토론으로부터 불법사항들을 결정할 때, 논쟁적으로 반대가 없어야 한다. 이러한 체제 속에서 주권자로서 공중은 가장 지혜롭게 운위되는 것을 선택해 왔다.

사회적 가치 접근법은 팸플릿 집필 체제와 도시 회합(town meeting)이 자유로운 표현의 전형이던 문화 속에서 발전했다. 결론적으로 누구나 발언하기를 바라는 사람은 모두 시장에 접근하고, 거기서 그들의 믿음이 공개적으로 확산될 수 있다. 올바른 결론이 권위적인 선택을 통해서보다는 여러 사람들의 혀로부터 나와 모여질 수 있다. 더글러스 연방대법관의

---

174 New York Times Co. v. Sullivan, 376 U.S. at 270.

175 Associated Press v. United States, 326 U.S. 1, 20 (1945).

176 Thomas Scanlon, Rawls' Theory of Justice, 121 U. PA. I. Rev., 1973, pp. 1020, 1041–1044. Scanlon의 정의는 Kant의 개인주권의 관념을 느슨하게 따른다. Jefferson은 이것을 불가양의 권리(unceded portions of right) 중의 하나로 언급했다. Letter from Thomas Jefferson to Noah Webster (Dec. 4, 1790).

의견을 살펴보자 : [177]

"사상이 받아들여지기 위해서 시장에서 경쟁을 벌일 때, 충분하고 자유로운 토론이 오류를 드러내고 그들은 소수 지지자들을 얻는다. 우리가 미워하는 사상에 대해서도 충분하고 자유롭게 토론하는 것은 우리의 편견과 선입견들을 점검하도록 고무한다. 충분하고 자유로운 토론은 사회가 침체되고 모든 문명을 파괴하는 스트레스와 긴장으로부터 대비하지 못하는 것으로부터 지켜주고 보호한다. 충분하고 자유로운 토론은 실제로 우리 신조의 제1조이다."

이러한 접근법으로부터 사상을 위한 자유시장 체제가 정부 개입이 없을 때 존재한다는 가정이 발달한 것이다. 따라서 사회적 가치 접근법 지지자들은 오로지 정부가 사상들로부터 격리될 경우에만 충분하고 자유로운 토론(full and free discussion)의 자율적인 힘이 미국의 천재성에 진실하고, 값싸고 허위인 것을 아우르지 않게 하는 사상을 촉진시킬 것이라고 믿는다.

자유로운 언론과 자치 사이의 관계에 대한 문헌 가운데 두 번째 접근법은 전체 시민에게 개방된 의사결정 과정의 중요성을 강조한다.[178] 이 개인적 접근법의 지지자들은 각자의 사상은 동등한 고유의 가치를 가지고, 따라서 각 시민은 정부의 의사결정에 참여할 동등한 권리를 갖는다고 주장한다. 따라서 정부는 모든 관점에 대해 '동등하게 들려질 기회(an equal opportunity)'를 제공해야 한다. 이 접근법은 잭슨식 민주주의 모형(Jacksonian model of

---

[177] United States v. Associated Press, 52 F. Supp. 362, 372 (S.D.N.Y. 1943). L. Hand, aff'd, 326 U.S. 1 (1945). 이러한 접근법의 대표적 판시는 Douglas 연방대법관의 소수의견 Dennis v. United States, 341 U.S. 494 (1951).

[178] T. Emerson, The System of Freedom of Expression, 1970, pp. 6-7. 이하 Freedom of Expression으로 인용.

democracy)에 아주 유사하다. 미국에서는 모든 시민이 동료이고 또 동등하게 고귀하다. 영국 문화에서는 동료는 선발된 귀족의 구성원이며, 보통사람과 구분된다. 미국 헌법과 언어는 일부 개인들이 다른 사람들보다 더 고유한 가치를 가지고 있다는 생각을 거부하고 있다.[179]

개인적 접근법 지지자들은 전문가들만이 사회정책의 특별 영역을 결정하는 데 적합하다는 엘리트주의자의 주장을 거부하며, 또 따라서 통신에 대한 엘리트들의 통제를 부정한다. 이러한 평등주의적 주장은 정치적 정책이나 정치적 원칙의 관심에 근거한다. 정치적 정책의 정당성은 본질적으로 결과주의자이다. 대중적 결정은 엘리트주의자의 결정보다 더 선호를 받는다. 왜냐하면 그러한 결정들이 보다 더 좋은 결과를 낳고, 나쁜 결과를 줄이기 때문이다.

마이클존은 유명한 결과주의자이다. 반대로 스캔런은 평등주의가 정치적 정책보다 차라리 정치적 원칙에 기초하고 있다고 믿는 사람들 가운데 대표이다. 스캔런은 언론의 자유가 보다 나은 결정을 유도하기 때문에 언론의 자유를 방어하지는 않는다. 대신에 만약 정치 원칙이 합법적으로 시민에게 충성과 복종을 명해야 한다면 합법적으로 그는 정부는 평등한 개인 가치가 있는 정치 원칙을 인정해야만 한다고 주장한다. 여전히 시민이 스스로를 평등하고, 자율적이며, 합리적인 대리인으로 간주하기는 하지만 합법적이기 위해서 정부는 시민에게 정부 권위를 인정할 것을 허용해야 한다.

웰링턴(Dean Harry Wellington)은 세속적이며 민주적인 사회에서는 성숙하고 합법적으로 권한이 있는 개인이 자신의 도덕적 견해를 위해 다른 사람들에게 책임을 넘기는 것이 요구될 수 있는 합법적인 방법이 없다고 주장하면서, 개인의 자율성과 정부의 합법성 사이의 이러한 관계를 발전

---

179 U.S. CONST. art. I, §9, cl. 8.

시켰다.[180] 웰링턴의 견해에 따르면 자율적인 사람은 맹목적적으로 다른 사람들의 판단을 받아들일 수 없다. 그는 다른 사람의 판단에 의지할지 모르지만, 그는 의견이 정확해야 한다는 믿음을 위한 독립적인 이유를 줄 수 있어야 한다. 따라서 웰링턴과 스캔런에 따르면 합법적인 정부는 이러한 개인의 자율성을 존중해야 한다.

합법적인 정부는 정부 정책 결정에 참여하고 영향을 미치는 각 개인의 권리를 인정해야 한다. 이러한 방식으로 도달하는 결정이 최고여서가 아니라 그렇게 유도한 결정이 복종을 받을 만하기 때문이다. 의무는 존경 관계에서만 존재한다. 법적 의무를 정당화하기 위해서 공동체는 개인을 평등하게 합리적으로 그리고 자율적 도덕적 존재로 존중해야 한다. 공동체가 합법적으로 개인이 집단적 결정 즉 법적 지배를 존중하도록 기대하려면, 공동체는 공동체 구성원의 존엄과 평등성을 존중해야 한다. 마이클존과 스캔런, 웰링턴 모두가 민주적 과정에서 사상의 자유시장의 필수적인 역할을 받아들인다 해도, 그들은 다른 접근법으로부터 그들의 입장에 접근한다. 마이클존의 관심은 궁극적으로 이루어진 결정들은 사회를 이롭게 해야 한다는 것이다. 스캔런과 웰링턴은 이러한 결정들이 이르게 되는 과정은 대중적으로 합법적으로 수용돼야 한다고 주장한다. 주장되는 사상의 자유시장의 기능은 개인의 자율성 특별대우와 관련이 없다.

두 번째 추정은 사상의 자유시장이 민주주의 과정의 효율적인 기능에 본질적이라는 것이다. 이 추정은 밀턴과 Whitney사건의 연방대법관들의 동의의견, 뒷날 할란(Harlan) 연방대법관,[181] 브렌난 연방대법관에 의해 명확히 정리된다.[182] 아레오파지티카에서 밀턴의 가장 강한 주장은 국가는

---

180 Wellington, On Freedom of Expression, 88 Yale L. J., 1979, p. 1135.
181 Cohen v. California, 403 U.S. 15, 24 (1971). Harlan의 판시. Lee C. Bollinger, The Tolerant Society: Freedom of Speech and Extremist Speech in America, 1986, pp. 240–241.

나의 지배자이지 비판가가 아니다. 허가자가 저자에 대해 실수를 하는 것처럼 지배자들은 허가자를 선택하는 데 실수를 할 것이다. 농담조로 그는 그 무엇으로부터 들릴지라도 이성의 목소리에 대한 의회의 복종을 칭찬하고, 불만이 자유롭게 청취되고, 깊게 고려되고, 빠르게 개혁될 때, 시민의 자유의 최대 경계는 획득된다고 강조한다. 인본주의자로서 밀턴은 기독교인이며, 마키아벨리와 매우 다른 시민의 선의 발전을 강조한다.

영국은 종교개혁의 1기를 선언하고, 국교회 신자들에 의한 압제 때문에 영국은 당시 가장 퇴보한 학자들로 꽉 차 있다. 그러나 논쟁거리와 새로운 발명의 가장 공고하고 숭고한 점들을 통해, 영국은 부패의 오래되고 주름살이 있는 표면을 벗겨 버릴 수 있고, 스스로 각성하는 고귀하고 막강한 국민이 될 수 있다. 이러한 종류의 진보적인 민족주의는 수정헌법 제1조의 보다 덜 비판적인 찬사 속에서 발견된다. 혹독한 공적 조사로 이탈리아와 스페인이 더 나아지고, 더 정직해지고, 더 현명해지고, 더 순수해지는 것은 아니다. 밀턴은 교회와 영국 연방이 위험한 장난으로 국가를 오염시킬 수 있는 것과 같은 그러한 출판에 대해 경계를 강화하도록 허용하고 있다. 그러나 의견의 표현을 해치는 여전히 보다 큰 위험에 대해 경고를 한다. 밀턴은 지식이 선과 정당한 권력에 대해 모든 문을 열어젖히고 있다고 믿는다. 아레오파지티카는 세속적인 삶의 모든 영역에 대해 종교적인 해방의 사상을 확대하는 최초의 근본적인 탄원이다.

할란 연방대법관은 "자유로운 표현의 헌법적 권리는 공적 토론의 영역으로부터 정부의 제한을 제거하기 위해 설계되고 의도된 것이며, 그러한 사실은 그러한 자유의 사용이 궁극적으로 보다 유능한 시민과 보다 완벽한 정중함을 창출할 것이라는 희망을 갖고 또 그 어떤 다른 접근법도 미국의 정치체제가 의존하는 개인의 품위와 선택의 전제로 행동하지 않을

---

182 Richmond Newspapers, Inc. v. Virginia, 448 U.S. 555, 587-588 (1980). Brennan 동의의견.

것이라는 믿음을 갖고 견해들이 우리들 각자의 손으로 목소리를 내야 하는 것에 대한 결정을 내리게 할 것이다"라고 주장한다. 역사적으로 언론활동은 독재로부터 민주주의로 이동하고 또 시민의 적대감과 소외감을 줄이는 데 있어서 통합적이고 중요한 요소이다. 자유로운 언론과 정치적 의사결정 사이의 실질적인 관계는 정보단위를 정신적 기계(mental machine)에 환류시키는 것보다 일반적인 능력을 발전시키는 것과 미묘하게 관련이 있다.

브렌난 연방대법관은 "수정헌법 제1조는 자치의 공화주의적 체제를 확보하고 강화하는 데 해야 할 구조적 역할을 갖고 있다. 이러한 구조적 역할 속에서 함축성은 공적 쟁점들에 대한 논쟁은 금지돼서는 안 되고 활발해야 하며 또 널리 공개적이어야 한다는 원칙일 뿐 아니라 다른 시민의 행동과 가치 있는 공적 논쟁이 반드시 제대로 알려져야(be informed) 한다는 선행조건의 추정이기도 하다. 구조적 모형은 생존하기 위해 수정헌법 제1조를 민주주의에 필수적인 소통의 그 과정에 연결시키고 또 따라서 소통 그 자체를 위해서 뿐 아니라 의미 있는 소통의 불가피한 조건들을 위해서도 배려를 수반한다"라고 강조한다.

정부는 제대로 된 정보에 입각한 결정을 내림으로써 정보를 제대로 전달받는 유권자에게 봉사하며, 관련된 정보는 사상의 자유시장을 통해 중개되고 조정된다. 이것은 정치적 사상이 공정한 과정의 기준을 통과하는 것으로 정당성을 확보하는 장소이며, 그 정당성은 순전한 정치적 책무를 인정하는 기초가 된다. 효율적인 민주주의 과정보다 더 중요한 것은 미국 헌법 아래에 있을 수 없다. 마이클존은 이러한 추정을 정치적 언론범주의 절대주의적 보호의 중심부분 즉 개인적 권리보다 체제적 자유의 부분으로 삼았다.[183] 사상을 두려워하는 것은 자치를 위해 적합하지 않은 것이다. 그것이 연방주의자 제51호 보고서와 같은[184] 종류의 18세기 민주주의에 해당되기 때문에, 문제는 이러한 추정이 접근하는 과정이나 체제를 거의 인식할 수 없다는 것이다. 그러한 민주주의 내에서는 적극적인 공중의 참여와 언론의 투입과 산출 가운데 상대적 평등, 이익단체와 정치적 행동위원회, 매체의 효과적인 어구 그리고 과정의 공정성에 대한 참여 공중의 냉소주의의 지나친 영향으로부터의 자유가 있다.

3. 언론체제의 자유성과 다양성

자유로운 언론의 유일한 기능이 자치를 심화시키는 것으로 믿는 헌법학자들은 민주주의에서 자유로운 언론에 대한 제한을 정당화시킨다. 자유로운 언론이 진리의 탐구를 심화시키는 것으로 믿는 학자들은 그러한 제한들을 정당화시키지 않는다. 어떤 의미에서는 언론의 자유를 민주주의와 연계시키는 학자들은 진리의 탐색에 초점을 맞추는 학자들보다 더 표현의 자유를 폭넓게 인정한다. 자치 접근법을 지지하는 학자들은 진리가 없거나 있더라도 입증할 수 없다고 인정한다. 이들 지지자들을 위해 시장에서의 논쟁은 선호와 적합성, 실용성과 관련이 있는 것만을 필요로 하며, 궁극적인 진리의 발견과 관련이 있을 것을 필요로 하지 않는다.

자유로운 언론이 순전히 민주주의와 관련이 있다고 한다면, 그것은 오로지 민주적 의사결정과 관련된 소통에만 적용된다. 보호를 받는 공적 언론과 보호받지 않는 사적 언론 사이의 구분은 여기서 정당화될 것이다. 민주적 정치질서 속에서 시민의 심사숙고하는 역할 위에 세워진 권리는 모든 형태의 표현에 적용될 필요가 없다. 예술적 장점에 대한 토론 또는 개인 생활의 최선의 방식, 어느 가게의 파이의 질에 대한 토론은 보호

---

183 Alexander Meiklejohn, Free Speech, pp. 22–27.
184 Federalist No. 51, 매디슨(James Madison)이 작성한 문서로 3부간의 견제와 균형의 원칙을 강조.

받을 자격이 있는 것은 아니다. 실제로 마이클존 교수는 수정헌법 제1조를 정부의 개입에 대한 절대적 제한으로 보았다. 그러나 이 절대적 규정이 민주주의 정부에 관련된 언론만을 보호한다고 생각했다. 이러한 접근법으로부터 수정헌법 제1조의 관심은 오로지 정치적 진리(political truth)의 발견과 확산으로만 연결된다.[185]

연방대법원의 몇몇 결정과[186] 다른 학자들의 의견은 언론의 두 갈래 견해를 받아들이는 것처럼 보인다. 그러나 연방대법원은 그러한 견해에 언질을 주는 것을 조심스럽게 회피하고 있다. Abood사건에서 연방대법원은 다음과 같이 인정했다:[187]

"수정헌법 제1조의 중심 목적은 정부 업무에 대해 자유로운 토론을 보호하는 것이라는 것은 의심의 여지없이 진실하다. 그러나 철학적 사회적 예술적 경제적 문학적 또는 윤리적 문제, 즉 수없는 목록을 들어도 그에 대한 표현은 수정헌법 제1조의 충분한 보호를 받을 자격이 없다고 우리들 사건은 결코 제시하지 않는다."

성에 지나치게 관심이 많고 명백히 공격적인 묘사 또는 성적인 행위의 기술이 비록 문학적으로 예술적으로 정치적으로 또는 과학적으로 중요한 가치를 가졌다고 하더라도 수정헌법 제1조의 보호를 받을 가치가 없는 것은 아니라고 판결한다.

---

185 Whitney v. California, 274 U.S. 357, 375 (1927). Brandeis 동의 의견.

186 Wolston v. Reader's Digest Ass'n, 443 U.S. 157, 166 n.8, 166–67 (1979). 공적인 논쟁이 없었기 때문에 원고는 공적인 집중조명에 끼어들지 않았고, 소비에트 간첩사건을 조사하는 대배심 앞에서 원고가 증언하지 않은 것은 그를 공적 인물로 만들지는 않았다. Hutchinson v. Proxmire, 443 U.S. 111, 134–135 (1979). 수정헌법 제1조는 공적 쟁점에 관한 논쟁을 보호하기 위해 고안됐다. 명예훼손 주장을 통해 원고가 공적 인물이 됐기 때문에 공적 쟁점이 아니다.

187 Abood v. Detroit Board of Education, 431 U.S. 209 (1977).

그럼에도 연방대법원은 특정한 언명이 수정헌법 제1조의 보호 범위를 넘어서는 것인지 판단하기 위해 자유로운 언론을 위한 자치의 정당성에 기초해 다른 구별을 하고 있다. 예를 들면 연방대법원이 역사적으로 믿음의 진리 또는 오류가 법적으로 중요하지 않다고 간주하더라도,[188] 연방대법원은 수정헌법 제1조가 의견의 보호를 정당화하는 민주적인 원칙들은 사실의 진술로까지 확대되는 것은 아니라고 판시했다. 철학자들은 사실이 의견과 구별될 수 있는지를 오랫동안 토론해 오고 있다. 법원의 의견에서 선언된 사실들은 객관적으로 결정된 것이 아니며 차라리 주관적 판단과 추론의 결과라는 주장도 있다. 법원은 그러나 사실은 백문이불여일견이라는 기초에 입각해 의견과 구분될 수 있다고 믿는 것으로 보인다.

밀의 오류의 가치에 대한 권고에도 불구하고 연방대법원은 모든 사상, 그러나 사실을 정확히 진술하는 사상만이 자치를 확충한다고 결론을 내렸다. 이 견해에 따르면 사실을 잘못 진술하는 것은 헌법적 가치(constitutional value)가 없다. 따라서 자신들의 정보의 정확성을 확신하지 못하는 사람들의 언론을 냉각시키고 이에 따라 진리가 너무 자주 억압을 받는다고 연방대법원이 믿을 때 연방대법원은 허위정보를 유포시킨 사람을 보호한다.[189] 결국 수정헌법 제1조가 민주주의 과정에 대해 자유로운 언론의 가치 위에 기초한 것으로 간주될 경우, 그 때 보호를 받는 언론의 영역은 각급 법원들이 이 연관성에 적절한 것으로 결정하는 소통만을 포함한다.

논평자들은 자유로운 표현이 각급 법원들과 학자들로부터 받아온 우월적 대우를 정당화하는 시장이론에 기초하는 것이 아니라고 설명한다. 예를 들면 에머슨 교수는 수정헌법 제1조가 개인의 자기실현과 충분히 지적

---

188 Gertz v. Robert Welch, Inc., 418 U.S. 323, 339 (1974). 수정헌법 제1조에 따르면 오류의 사상과 같은 것은 없다. NAACP v. Button, 371 U.S. 415, 445 (1963). United States v. Ballard, 322 U.S. 78, 86 (1944).
189 Ocala Star-Banner Co. v. Damron, 401 U.S. 295, 301 (1971).

발전을 위한 서구의 열망을 구체화하는 것으로 주장했다.[190] 그의 이론은 개인이 자유롭게 말할 수 있다면 개인은 사상을 발전시킬 수 있고 또 자기 자신의 개념을 단언할 수 있다는 것으로 구성된다. 그것은 국가의 최종 목적은 인간으로 하여금 자신의 능력을 자유롭게 발전시키는 것이라는 연방대법관 브랜다이스의 판시에 반영됐다.[191] 이것은 그러나 언론을 다른 인간의 행동과 구별한다. 주식시장 거래, 강 항구의 수로 안내인으로서 자신의 직업을 수행하는 것, 바텐더로서 일하는 것, 성적 행동에 끼어드는 것, 테니스를 하는 것, 가격을 조작하는 것에 의해 또는 다른 수천 번의 시도 속에서 개인은 자신의 능력을 발전시키게 된다. 언어에 의해 전달하듯이 개인은 자신이 운전하는 차량의 종류에 의해 또는 자신이 입는 옷에 의해 자신의 견해를 전달할 수 있다.

결과적으로 에머슨은 통신이 아니라 사상이 개인적 품성의 모든 표현의 근원이라고 주장하는 것에 의해 행동으로부터 사상과 소통을 공격에 견딜 수 있게 구분할 수 있는 것은 아니다.[192] 실제로 행태는 어느 언어적 통신보다 개인의 성격을 보다 더 충분히 그리고 정확하게 전달할 수 있다. 즉 그림은 천 개의 단어와 같은 가치가 있다. 표현은 그러나 모든 행태를 포함할 만큼 광범위하게 정의되는 것은 아니다. 행동의 무제한적인 자유를 포함하고 정당화하기 위한 것이 아니라 수정헌법 제1조의 이유가 합법적으로 좁혀질 수 없다면, 표현을 특별히 보호하는 것을 지지하는 주장은 단순히 설득력이 없다. 시장이론은 엄밀하게 그러한 엄격한 이유를 제공한다. 수정헌법 제1조의 자치기능은 따라서 시장이론의 유용한 부산물이며, 그러한 수정을 독립적으로 정당화하는 것은 아니다.

---

190 T. Emerson, Toward of a General Theory of the First Amendment, 1966, pp. 4-7. 이하 First Amendment로 인용.
191 Whitney v. California, 274 U.S. 357, 375 (1927). Brandeis 동의의견.
192 T. Emerson, Freedom of Expression, p. 9.

시장이 개인들의 사상과 행동들을 조정하는 것 외에 분산된 사회에서 개인은 각자 고립돼 있다. 인간은 약간의 무질서보다 불확실성과 복잡성 이상을 즐기는 심각한 이성적 고독자로 보여진다. 우리는 열광적으로 그날의 쟁점을 토론하면서, 우리의 품위와 자율성, 관용을 열심히 입증하려고 할 것이다. 이러한 추정은 아레오파지티카에서 작용하는 것으로 보이며, 공동체 비판에 취약하며, 자주 관찰되는 비관용 그리고 고요함과 동조행동을 통해 개인적 안전을 추구하는 것과 현저하게 조화를 이루지 못한다.

아레오파지티카에서는 독자들에게 선택이 주어지지 않는다면, 독자들은 악으로부터 선을 구별하는 것을 배울 수 없을 것이라고 한다. 선과 악이 매우 똑같이 비슷하기 때문에 학습과정은 필수적이다. 신이 인간 신체의 보편적인 식습관을 확대할 경우 절제의 규칙들을 유보하면서, 신은 역시 우리의 정신을 식습관과 식사에 재량의 여지를 남겨두었다. 절제의 규칙들은 비절제를 정부가 규제하는 것을 허용하기 위해 나타날 것이며 또 여기저기서 정신을 살찌우는 것은 개인과 신 사이의 문제로 다루어지고 있다. 그러나 사회는 전적으로 스스로를 알 수 없다. 인간도 전적으로 자신을 알 수 없기 때문에, 사회가 정신병원처럼 살게 하는 것이 아닌 지식에 대한 접근은 집단적인 삶의 연구를 통한 것이다. 이제 집단적인 삶의 복잡성과 미묘함, 광대함은 매우 몹시 우리들 가운데 가장 현명한 사람의 힘과는 균형이 잡혀 있지 않다. 그 힘은 모든 인간의 선한 의지의 시행착오의 자유로운 교환만이 충족시킬 것이다.

4. 이성의 힘에 대한 시장의 추정

앞에서 살펴본 바와 같이 시장의 은유는 각 시장에 참여하는 사람들의 특성을 강조한다. 게다가 시장에서 궁극적인 선이 승리할 것이라는 보장이 있기 전에, 이러한 개인들은 이성적인 평가 과정을 통해 공정하고 동등하게 모든 사상을 고려해야 하는 것은 분명하다. 이러한 과정의 존재는 여러 함축적인 가정들을 기초로 한다.

첫째, 진리가 시장에서 활발한 토론을 통해 오류를 물리치기로 되어 있다면, 진리는 실체를 발견하고 인식할 수 있어야만 한다. 진리가 확인할 수 있는 것이 아니거나 입증할 수 없다면, 시장에서의 진리의 승리는 증명할 수 없는 공리일 뿐이다. 그러한 사례에서 시장이 진리는 아닐지라도 어느 정도 최선의 결과를 생산한다면 또는 시장이 적어도 잠정적인 결과들 가운데 선택을 위한 우월한 방법을 원용한다면 사상의 자유시장에 대한 지속된 의지는 정당화될 수 있다. 그러나 진리를 발견할 수 있기 위해서는 진리는 주관적이고 선택된 개념보다는 객관적이어야만 한다. 진리는 사상에서 발생한다. 사상은 진실해지고, 행사들에 의해 진실해진다.

요컨대 사회경제적 위치, 경험, 심리적 경향, 사회적 역할들이 개별적인 진리의 개념에 영향을 미쳐서는 안 된다. 그러한 요소들이 청자의 진리에 대한 인식에 영향을 준다면, 이러한 접근법들에서 개인의 다른 경험에 의해 야기되는 불가피한 차이는 단순한 토론을 통해 그렇지 않다고 불일치 결정을 내린다. 그리고 만약에 이성적인 담론과 발견의 가능성이 진리에 대한 견고하고 양립할 수 없는 인식에 의해 부정된다면, 시장에 의해 발견된 지배적인 진리는 오로지 이성의 승리(triumph of reason)보다 권력의 승리(triumph of power)로부터 유래할 수 있다.

이성의 힘에 대한 시장 모형의 강조점의 두 번째 필수적인 추정은 개인이 형식을 분리할 수 있다는 것이다. 그 형식 속에 경쟁하는 입장이 그들의 실체로부터 드러나게 된다. 사상의 포장이 개인적 취향에 대해 기쁘게 하거나 공격적일지라도 개인은 사상의 포장에 의해 영향을 받아서는 안 된다. 그렇지 않으면 시장은 최선의 실체를 갖는 사상보다 가장 매력적으로 포장된 사상을 선호하게 될 것이다. 목표들을 달성하는 시장은 그 덕분이기 때문에 이들 두 가지 추정들이 유지돼야 한다. 실제 시장에서의 경험은 이러한 낙관적인 추정들을 확인하는 데 실패한다는 것을 보여 준다.

밀턴은 모든 사람을 위해 뭔가를 제공함으로써 시장의 은유의 지속적인 인기를 당연한 것으로 여기는 추정에 가장 흥미를 갖고 또 열성적으로 주장한다. 그것은 오로지 분란을 일으키는 사람이며, 통합을 저해하는 사람으로서 진리의 본체의 조각들을 조합하는 것을 막을 것이다. 밀턴은 자유롭고 공개적인 조우에서보다 더 좋지 않은 상황으로 진리가 던져질 것으로 생각하는가라고 질문한다. 진리에 대한 논박은 최선의 그리고 가장 확실한 억압이라고 말한다. 홈즈처럼 밀턴의 진리는 결코 안정되거나 정의를 내릴 수 없다. 진리는 지속적으로 비상상황이다. 밀턴이 진리의 기준으로서 정통성과 권위를, 특별히 성경의 권위를 주장할 경우 그는 오늘날의 많은 관례들과 결별한다. 밀턴의 주장 가운데 일부에서 신은 가망 없어 보이는 상황을 해결하기 위해 동원되는 원형의 힘으로 기능한다. 그릇된 선생들이 유혹하는 데 가장 바쁠 때 신은 그 때 자신만의 일에 대해 희유한 능력을 가진 사람을 일으켜 세운다.

유명한 예를 들어 보면 좋은 책을 파괴하는 사람은 이성 그 자체를 죽이고, 신의 형상을 죽인다. 좋은 책의 질에 대해 주목하자. 종교재판신문 때까지, 다른 탄생처럼 책이 세상 속으로 언제나 자유롭게 허용된다. 그러나 그것이 괴물임을 증명한다면, 괴물은 그러나 책이 바로 태워지고 또는 바다로 가라앉았다고 부정한다. 그러한 소실과 침몰은 시장거래로 취급되는 것으로 여겨질 수 있다. 그러나 후속의 제한에 대한 정당성으로서 이러한 사전억제금지(prior restraint)의 부재는 많은 현대 독자들의 신경을 거슬리게 할 것이다. 밀턴의 진리는 정화를 통해 발견된다. 우리를 정화하는 것은 시행이며 그것에 의한 것은 그 반대이다. 정화를 위해 모든 것들이 순수하다. 의지와 의식이 더럽혀져서는 안 된다면 지식은 더럽힐 수 없다. 다른 말로 하면 R.A.V.사건에서 관용되는 증오언론(hate speech)은 보다 많은 인종차별주의자를 생산하지 않을 것이며 현존하는 인종차별주의자를 악화시키지 않을 것이다. 악의 지식 없이 어떠한 지혜가 거기서 선택될 수 있는가? 또 어떠한 금욕이 거기서 금해질 수 있는가? 신중하고 판단력이 있는 독자에 대한 견본책은 여러 측면에서 발견하고, 논박하고, 실증하는 데 기여한다.

회의론자와 실용주의자, 이상주의자들은 비슷하게 중화된다. 왜냐하면 급진적 객관주의는 급진적 상대주의와 공존하기 때문이다. 전자는 진리는 존재하고 시장에서 활발한 토론을 통해 발견된다는 주의이며, 후자는 한참 뒤 최대의 표현이 주어진다는 주의이다. Gertz사건에서 그릇된 사상과 같은 것은 없다고 판시됐다.[193] 홈즈 연방대법관은 사회적 진화론자나 애덤 스미스처럼 사상의 시장의 보이지 않는 손이 진리를 승리로 안내하는 것처럼 경쟁은 위험한 사상을 교정하고 투쟁적인 신념을 전복할 것이라고 판시한다. 만약에 이것이 실제로 그와 같다면, 우리는 R.A.V.사건에 반영된 인종차별주의처럼 그릇된 사상이 시간이 지남에 따라 영향력을 잃을 것으로 실증적으로 기대할 것이다.

그 대신 그러한 사상의 영향력 가운데 밀물과 썰물의 흐름을 보며, 그것은 주기적으로 정치적 사회경제적 사건들에 대해 반응하며 나타난다. 밀턴처럼 우리의 신념은 이기심과 사회화에 의해 조건이 지워지는 것처럼 보인다. 오류는 이러한 진실을 탐구하는 데 또는 우리가 가장 확신하는 믿음을 찾는 데 도움을 줄 것 같지 않다. 바늘은 두 조각의 건초 속보다 건초 더미 속에서 찾기가 더 어렵다. 그릇된 사상이 지적인 체육관에서 정신은 경험을 통해 강화될 수 있다는 체육관을 제공한다는 인식은 오류에 대한 우리의 반응을 부당하게 낙관적인 평가를 반영한다.

규제를 통해 중요한 진리를 잃는다는 두려움은 적절하지만 거의 방향

---

193 Gertz v. Robert Welch, Inc., 418 U.S. 323, 339 (1974).

을 결정하는 것은 아니다. 진리는 인종차별적 모욕으로부터 출현할 것 같지는 않고, 그러한 모욕은 정보를 제공하거나 확신을 시켜 주는 경향이 있는 것은 아니다. 그러한 모욕은 대화를 부르지 않고, 또 응답으로 아무런 발언을 하지 않는 것이 상처를 치료할 수 있는 것은 아니다. 홈즈는 사상의 자유로운 시장이 진리를 발견하는 최선의 길이며, 만약에 도울 수 없는 개인들만 있다면 또 발견할 자유로운 토론을 위한 진정한 진리가 없다면 그 길은 아무런 의미가 없다. 이 부분은 도덕에 대한 홈즈의 강하지만 집중적인 개인적 견해이다. 실제로 진리가 허위를 물리친다면, 그것은 입증 가능해야 하며, 객관적이고, 사회경제적 지위나 경험, 심리적 경향, 사회적 역할 또는 사상이 묶여지는 방법에 의해 영향을 받지 않아야 한다. 밀처럼 우리는 믿음이 부족한 시대에 살지만 회의론에 공포를 느끼고 산다. 시간의 흐름에 따라 다윈의 적자생존의 법칙에 종속돼야 하고, 발전하는 진리는 의견의 일치이다. 다수가 점성술을 믿게 된다고 할지라도 통제시장보다 자유로운 시장이 더 나은 결과를 유발한다.

V. 사상의 자유시장의 기능

1. 지배계층 사이의 미세조정

사상의 자유시장이 고전적으로 규정된 기능을 수행하는지 여부는 시장이 사회의 근본적인 믿음과 관행들에 대한 비판을 공정하게 고려하는지 여부에 달려 있다. 시장이 우리 사회의 고도의 기술과 부의 불평등한 분배, 입장, 통신기술 안에서 기능하고 있지만 시장은 현상유지적 관점으로 강하게 기울고 있다. 수정헌법 제1조의 사회적 기능과 그것의 시장 모습에 대한 고려는 시장 모형의 지속적인 사용과 대중적 수용을 설명하기 위한 것이다.

고전적 수정헌법 제1조의 주요한 교리 중 하나는 개별 시민이 정부의 의사결정에 참여할 권리를 갖는다는 것이다. 이 교리에 따라 정부의 명령은 민주적 과정에 의해 합법화한다. 민주적 과정이 적절하게 기능을 하면, 그 주제는 시민이 복종하는 입법을 하는데 역할을 한다는 것을 보장한다. 이러한 자치 견해가 안고 있는 어려움은 공적 쟁점을 포함해 실질적인 의사결정에서 시민의 역할이 매우 약화돼 있다는 것이다. 사상의 자유시장이 전체 투표에 의해 공적 쟁점을 결정해야 한다는 것을 보장한다고 마이클존은 결론을 내린다.[194]

그러나 그러한 쟁점들은 실제로 인민을 대표하고자 하는 사람들에 의해 결정된다. 도시 회합의 유추는 단순히 공동체 의사결정 과정의 적절한 묘사는 아니다. 그 유추는 민주주의에 대해 언론의 자유의 관계를 분석하기 위해 매우 자주 의존하고 있다. 그래도 개별시민이 직접적으로 공적 결정을 하거나 집행하는 일은 드물다.

여론은 전체적으로 개방체제에서 대안들 가운데 하나를 선택하는 개인들의 독립적인 생각의 혼합물은 아니다. 그 대신, 개인의 의견은 개인의 사회화, 내용 전달자의 위상과 방식에 의해 영향을 받는다. 여론은 따라서 주입식 교육과 사회화의 산물이기도 하다. 옳고 그름, 진리와 허위는 실질적으로 이러한 판단이 우리 사회의 중요한 이익에 영향을 미치는 곳이면 어디에서나 교육을 받은 제도적 심리상태에 의해 미리 정해진다.

우리 사회 내에서 우리가 인식하는 쟁점에 대한 의견의 불일치는 실질적이다. 여러 쟁점들은 공동체를 여러 측면에서 열렬한 지지자들로 나눈

---

194 A. Meiklejohn, Political Freedom, p. 27.

다. 이러한 갈등의 대부분은 그러나 우월성을 다투는 기득권층 집단들 가운데에서 정통 가치들을 선별하는 것에 대해 논쟁을 벌이는 경향이다. 그들의 결정은 어느 기본적 재평가 또는 사회적 믿음과 관습들에 대한 비평보다 사회적 미세조정(Fine-Tuning)을 포함한다. 비록 확립된 집단들의 입장들이 전체적으로 적절한 것은 아닐지라도, 이익을 두고 대립적이라고 하기보다 더 공통의 이익을 공유하고 있다. 따라서 거의 모든 토론은 이해하고 언제나 존중받는 한계 내에서 이루어진다.

이러한 접근법으로부터 Pico사건은 보다 충분히 이해된다.[195] 브렌난 연방대법관의 다수의견을 회상해 보자. 다수의견은 공립학교 도서관에서 일정한 책들을 제거하는 학교위원회의 결정을 위헌으로 선고했다. 다수의견은 책을 제거하는 것과 단순히 책을 획득하지 못하도록 하는 것과 구분을 강조했다.

브렌난 연방대법관은 당해 사건은 책의 획득을 포함하지 않는다고 강조했다. 피상고인은 학생들이 읽고자 하는 책들을 학교 도서관 서가에 비치하도록 학교위원회가 강제하는 것을 이행하지 않았다. 이 사건에서 도전받는 유일한 행동은 학교 도서관들로부터 책을 제거한 것이다. 책들은 원래 학교 당국에 의해 그곳에 비치되고 또는 학교 당국으로부터 반대를 받지 않았다.

그러나 추방과 배제 사이의 구분은 고전적 시장이론에 따라 무관한 것이어야 한다. 사용된 방법과 관계없이, 영향을 받은 책들에 담겨진 접근법들은 도서관 이용자들에게 부정된다. 포함된 책들은 상업 서점 등 다른 장소에서 활용 가능할 것으로 보이기 때문에 이러한 주장은 매우 강하다. 보다 덜 객관적인 접근법에 대한 접근권보다 의도적으로 배제된 책들에 담겨진 접근법에 대한 접근권이 보다 어렵게 된다는 것이다. 학교위원회

---

195 Board of Education v. Pico, 457 U.S. 853 (1982).

와 지방 교육전문가 양자가 책들의 객관적 내용 때문에 우선적으로 이 책들을 구매하지 않기로 합의할 경우, 연방대법원이 수정헌법 제1조 위반사항을 발견하지 못할 것은 분명한 것으로 보인다.[196]

Pico사건과 비슷한 이전 사건에서 미국 2차 순회항소법원은 권한 있는 사람이나 기구가 도서관 장서가 무엇인지에 대해 결정해야 한다고 결론을 내렸다. 어느 부류의 학자가 어느 종류의 책을 결정하더라도 다른 사람이나 집단이 반대하는 것은 당연하다는 것은 예측가능하다. 잇따르는 책 불태우기와 함성과 마녀사냥(witch hunting), 학문의 자유의 침해는 거의 교내 투쟁을 수정헌법 제1조의 헌법적 비율로까지 상승시키지 못한다. 만약에 그렇게 한다면, 학교 내부 업무로 사법부의 지속적인 침투가 이루어질 것이다.

Pico사건 원고들이 학생들이지만, 학생에 대한 주입식 교육의 적절성과 내용, 영향력은 쟁점은 아니다. 연방대법원의 쟁점은 학교위원회가 특별한 주입식 교육 과정을 통제할 것인지 또는 학생들이 어떤 책을 읽어야 하는지 결정하는 것을 교육전문가에게 맡겨야 할지 여부이다. 본질적으로 이 쟁점은 사회화 과정의 통제에 대한 두 지배계층 집단 사이의 논쟁을 대표한다.

이들 두 집단은 아마 책을 선정하는 데 절대다수로 합의할 것이다. 드물게 합의하지 못하는 경우 약간의 미세조정을 요구한다. 기득권층 집단들 가운데 그들이 학교위원회와 교육전문가인지,[197] 거대정부와 거대매체인지 또는 민주당원과 공화당원인지 그렇게 미세조정을 하도록 허용하고

---

196 Presidents Council, District 25 v. Community School Bd. No. 25, 457 F.2d 289, 291–92 (2d Cir.), cert. denied, 409 U.S. 998 (1972).

197 Perry Educ. Assn. v. Perry Local Educators' Assn., 103 S. Ct. 948, 951 (1983). 학교위원회는 교원노조에게만 학교간 우편체제와 교사의 우편함에 대한 접근권을 제공하는데 지배적인 교원 노조와 합의할 것이다.

있다. 실제로 시장은 보다 미묘하게 미세조정을 할 것이다. 그리고 학교 위원회와 지배적인 교원노조 사이에만 토론을 고무할 것이다.

이 모든 기득권층 집단들은 지배적 문화와 일치하는 공동체 대안들의 의제를 함축적으로 받아들이고 있다. 이 공동체 의제는 선호하는 또 선호하지 않는 양자를 포함하는 지배적 문화에 의해 가능한 것으로 받아들여지는 대안결정들의 우주이다. 기득권층 집단들이 어느 대안이 선호할 만한 것인지 하는 문제를 토론할지도 모른다.

그러나 평가를 받은 대안들은 모두 공통으로 유지하는 의제로부터 철회될 것이다. 공동체의 대안의제는 따라서 경험적으로 관찰 가능한 현상을 설명한다. 그 현상은 대안들 가운데 대부분은 아니고 일부는 공동체의 의사결정에서 결코 고려되지 않는 것이다. 그 체제는 제한된 개인의 집단으로부터 제한된 범위의 사상만을 노출하는 것을 따라서 시장 접근권 개혁은 시장이 채택할 수 있는 견해의 다양성에 거의 영향력이 없을 것이다. 시장 접근권 개혁은 공동체 의제가 망라하지 않는 접근법을 주장하는 집단을 도울 것 같지는 않다. 그러한 개혁은 약간 확대된 주류와 함께 새로운 중도주의만을 생산할 것이다.

정치적 다원론자들은 맹렬히 지배적 문화의 개념과 대안들의 상호 관련적 공동체 의제를 공격한다. 그들은 사회에서 공동의식의 존재를 거부한다. 달(Robert Dahl) 교수의 저작은 실증적이다. '누가 통치하는가' 의 새로운 하늘에서 정치권력 배분의 탐구는 특별히 적절한 것이다.[198] 달은 다수의 중요한 정치적 결정과 그 결정에 참여하는 사람들을 확정하고, 의사결정 과정에서 그러한 참여자들의 행태를 연구하며, 여러 참여자들이 뒤따르는 산출 결과로서 초래하는 장점과 단점을 분석했다. 달은 유일한 사회적 또는 경제적 집단만이 의사결정 과정으로부터 통제를 받거나 규칙

---

[198] R. Dahl, Who Governs? Democracy and Power in an American City, 1961.

적으로 이익을 받는 것은 아니라는 것을 발견했다. 따라서 그는 새로운 하늘에서 권력은 지속적으로 쟁점지향적인 결사체를 이동해 나가는 것에 유지된다고 결론을 내린다.

'누가 통치하는가'에서 실증된 바와 같이, 다원주의 이론은 공동체 결정들이 결과에 영향을 미치려고 그들의 자원들을 동원하기 위해 잠재적으로 영향을 받는 모든 집단들을 강제하려고 매우 중요하게 갈등을 대표한다는 가정 위에 형성되고 있다. 중요한 이익들이 잠정적으로 위협을 받는다고 기득권층 집단들이 인식하지 않으면, 그 집단들은 달 교수가 연구한 역동적 정치적 행태로 참여할 것 같지 않다는 것을 인식하는 데 그 이론은 실패한다. 달 교수는 지배계층의 핵심 이익이 위협을 받지 않는다는 지배계층의 믿음 때문에 지배계층이 위협적인 것으로 인식할 갈등과 상대적으로 무관심으로 남을 수 있는 갈등 사이를 구분하는 데 실패했다.

이러한 입장들이 어떤 중요한 공동 전제들을 함께 나누고 받아들인다 해도, 달과 다원론자들은 다른 이익집단들이 그들의 입장에 대해 공적 토론에서 충돌할 수 있는지를 고려하는 데 실패한다. 전제들을 이처럼 공통으로 수용하는 것은 기득권층 집단들이 공적 경쟁을 벌일 한도를 설정한다. 그리고 그것은 다원론자들이 관찰하는 이러한 한계 내에서 일어나는 전쟁뿐이다.

다원주의는 집단이 현대사회에서 잠재적 힘으로서 개인을 대체하는 정도를 인식한다. 다원주의는 따라서 각 개인의 사상은 동등한 본질적 가치를 가지고, 다른 견해들을 가장 넓게 표현하는 것은 사회의 이익을 극대화한다는 잭슨식 민주주의 모형(Jacksonian model of democracy)을 순수한 수사로 간주한다. 수정헌법 제1조 시장이론은 역시 잭슨식 민주주의의 이러한 가정을 주장한다.

그러나 다원주의는 집단 기반을 지속적으로 개방적이고 유동적이며 이동하는 것으로 간주한다. 한때 이 이론은 미국 사회를 정확히 설명하는 이론이 됐다. 일단 다원론자들이 집단 기반을 묘사하면, 그러나 그 그림은 얼어붙는 경향이다. 그 후 사회 또는 경제적 집단화 과정의 유형에서 변화가 발생할 때, 다원주의 이론가들은 그 변화를 인정하지 않았다. 왜냐하면 그러한 새로운 집단화는 수용된 그림으로부터 일탈하기 때문이다. 사회에 대한 다원주의자들의 견해는 그러한 형성 과정에서 그들에 대한 현존하는 집단들을 선호하는 경향이다.

다원론에 대한 비평에서 관찰한 바와 같이, 공적 영역에서는 합법적인 이익과 절대적으로 도리를 벗어난 것 사이에 매우 예민한 구분이 있다. 한 집단이나 이익이 수용가능성 구조 내에 있다고 하면, 그것이 찾고자 하는 것의 수단을 확실하게 확보할 수 있다. 반면에 어떤 이익이 수용 가능한 범위 밖에 떨어지면, 그것의 지지자들이 괴짜로, 극단주의자로 또는 외국 대리인으로서 취급될지라도 그것은 주목을 받지 못한다.

시장은 수용 가능성의 구조 안에서 접근법들의 차이를 푸는 데 유용하다. 그러나 그것은 전체적으로 정치적인 기구를 괴롭히는 이 경계 밖에서 잠재적 죄악에 대해 맹목적적이다. 결국 사회의 근본적인 믿음과 관행들의 평가에 도전하고 그를 돕는 완전한 사회 개혁을 고려하기 위해 시장은 의존할 수 없다.

다원론자들과 다른 사람들의 이상주의에도 불구하고 자유로운 언론은 진리를 발견하고 또는 정보를 제공받는 시민의 창설을 위해서도 우선 유용하지 않다고 비판을 받고 있다. 언론으로부터 배운 교육이 하는 만큼 개인의 경험은 지식을 제공한다. 개인으로 하여금 자신들의 접근법들을 변화하도록 허용하거나 강요하면서, 개인의 선택과 사회적 변화는 따라서 새로운 수요와 요구 그리고 경험의 발전에 대한 것보다 자유로운 표현에 덜 의존한다. 경험의 다양성보다 표현의 다양성에 초점을 맞추는 것은 독립변수보다 종속변수에 초점을 맞추는 것이다.

그러나 시장 모형의 지배와 수정헌법 제1조의 전통적인 이론은 자유로운 표현에 대한 미국의 강조를 과시한다. 이 초점이 분명히 그것의 현상 유지적인 것 때문에 기득권층 규범에 덜 위협적이다. 요컨대 미국에서는 오늘날 자유로운 언론은 기득권층 이익들이 그들의 사소한 차이를 개선하고 또 공통적으로 유지하는 진리의 전제들을 촉진하는 도구이다. 그것은 사회를 바꾸는 도구는 아니라는 것이다.

2. 국가 지배계층에 대한 우월성의 부여

심지어 시장의 미세조정이 기득권층 집단들 가운데 갈등을 해결하는 데 불충분한 상황들도 있다. 그러한 일들은 국가 권력 지배계층의 접근법과 지방 권력 지배계층의 접근법 사이의 갈등이 존재하는 경우 일어난다. 지역성은 시민권 논쟁 사건처럼 여러 사례들에서 국가 전체 지역을 포함한다. 국가와 지방 공동체를 위한 공동체의 대안 의제가 충돌하지 않으면, 수정헌법 제1조가 결정적인 역할을 할 수 있다. 왜냐하면 그러한 차이들을 최종적으로 해결하기 위한 토론장은 연방법원들이기 때문이다.[199] 연방법원들은 곧바로 연방정부 공무원들의 조치보다 주와 지방 공무원들의 조치를 더 기각한다. 전국적으로 지지를 받는 접근법들에 대해 조정기관들이 내린 결정들에 최종성을 보장함으로써 수정헌법 제1조는 따라서 지방의 기득권층 집단 입장보다 국가이익을 우선시하고 거부권을 부여한다.[200]

수정헌법 제1조에 따른 시민권운동의 보호와 예술의 보호는 반대자의

---

199 28 U.S.C. §§ 1331–1332 (1976). 연방지방법원을 위한 연방문제와 복수 주관 관할: 28 U.S.C. § 1254 (1976). 연방항소법원 결정에 대한 연방대법원의 심사: Martin v. Hunter's Lessee, 14 U.S. (1 Wheat.) 304 (1816). 주 대법원의 최종 결정의 헌법적 타당성을 심사하는 연방대법원 권한.

200 이것은 Miami Herald Publishing Co. v. Tornillo, 418 U.S. 241, 258 (1974)에서 주의 응답 법률을 번복하는 연방대법원의 판결에 반영되고 있다. 반면에 Red Lion Broadcasting Co. v. FCC, 395 U.S. 367, 375 (1969)에서 연방대법원은 FCC의 공정성 원칙의 응답 요구를 지지했다.

보호로 간주되는 것이 아니며 또는 집단들과 접근법들을 따돌림 하는 것은 아니다. 수정헌법 제1조에 따른 시민권운동의 보호사건은 경찰의 해산 명령에 불복하고 평화롭고 질서 있게 행진한 시민권 운동가들에게 질서 방해죄로 선고한 것을 파기한 것을[201] 비롯해 공립도서관에서 연좌시위를 한 데 대해 평화위반죄를 선고한 것을 파기한 사건,[202] 시민권 운동가들이 평화를 어지럽히고 공중 통행을 방해한 죄를 선고받은 것을 여러 가지 헌법적 근거에 입각해 파기한 사건,[203] 그리고 187명이 시민권운동을 위한 행진 도중에 평화를 파괴한 데 대해 유죄를 선고받은 것을 파기한 사건[204] 등이 대표적이다.

예술의 보호와 관련된 사건은 연방정부가 지방 공동체의 미적 접근법들을 명시적으로 존중함에도 불구하고, 지방에서 예술을 거부하는 처분이 전국적으로 인정받는 예술과 갈등을 일으킬 경우 연방대법원은 지방의 반응이 수정헌법 제1조의 원칙들을 위배했다고 판시한 사건이 대표적이다.[205] 또 그것이 공동체 기준 아래 명백히 공격적이었다고 지방 법관이 결정했음에도 Carnal Knowledge 필름은 보호받을 언론이라고 판시한 사건과[206] Chattanooga에서 시립극장을 운영하는 지방위원회에 문화적 발전과 건전한 오락을 위한 사용만을 요구하는 정책에 따라 뮤지컬 Hair 를 공연하기 위한 극장 사용 허가를 거부하는 권리를 부인한 사건도[207] 대표적이다. 그러나 외견상 일탈하는 지방 지배계층에 대해 국가적 가치의 부과로 간주될 수 있다.

---

201 Gregory v. Chicago, 394 U.S. 111, 111–113 (1969).

202 Brown v. Louisiana, 383 U.S. 131, 136–137, 142–143 (1966). 다수의견.

203 Cox v. Louisiana, 379 U.S. 536, 538, 552, 558 (1965).

204 Edwards v. South Carolina, 372 U.S. 229, 230, 236–238 (1963).

205 Miller v. California, 413 U.S. 15, 30–34 (1973).

206 Jenkens v. Georgia, 418 U.S. 153, 161 (1974).

207 Southeastern Promotions, Ltd. v. Conrad, 420 U.S. 546, 549 n.4, 560–561 (1975).

3. 체제의 정당성과 자율성의 작동

(1) 체제의 정당성

사상의 자유시장이 중대하게 기득권 집단과 가치들을 선호한다는 사실 외에도, 불이익을 보는 집단과 견해들의 대표자들이 스스로를 시장으로 부터 체계적으로 배제된 것으로 생각하지 않는 한 그 결과로 생긴 사회체 제는 정당하다. 현상유지를 향해 편견이 있는 시장을 위하는 데 대중적인 의견의 일치는 기득권 집단들이 의식적인 감각으로 그러한 의견의 일치 를 조작한다는 것을 필수적으로 지적하는 것은 아니다. 기득권 집단들은 자신들에게 이익이 되지 않는 대안들의 공동체 의제를 바꾸려는 시도에 반대하며 행동할 것으로 짐작된다.

그러나 그러한 시도가 일어나는 한, 사람들이 일반적으로 시장의 결과 를 적절한 파생으로 인식하는 한, 기득권 집단이 체제를 받아들이는 것이 다른 집단에 의한 수용보다 더 의식적이라고 가정할 이유가 없다. 수정헌 법 제1조의 중요성이 충분히 이해될 수 있기 전에, 우선 수정헌법 제1조 의 신화적 기능을 인정해야 하고, 대부분의 법원과 논평자들은 신화의 인 식을 현실로 유지하기 위해 받아들이는 실질적 조치를 해야 한다.

비록 표현의 자유를 언급할 때 사람들이 늘 자신을 표현하기를 바라는 사람들의 개별적 권리에 대해 초점을 맞추고 있을지라도, 수정헌법 제1조 이론은 늘 청자의 이익을 강조한다.[208] 사상을 보내고 소통하는 권리는 자 신의 청중에 영향을 미치고 대면하는 원리로 거의 대부분 보여지고 있 다.[209] 브렌난 연방대법관은 자유로운 언론의 본질을 소통의 수령자보다

---

208 Thomas Scanlon, Freedom of Expression and Categories of Expression, 40 U. PITT. L. Rev., 1979, pp. 528–529.

는 발신자의 이익으로 성격을 규정하려고 시도한다. 그는 사상을 받는 권리는 사상을 송신하려는 송신자의 수정헌법 제1조로부터 불가피하게 유래한다는 것에 주목했다. 보다 중요한 것은 사상을 받을 권리는 수령자 자신의 언론과 출판, 정치적 자유의 의미 있는 행사에 대해 필수적이다.

상당수 학자들은 언론의 자유를 위한 공공시설의 정당성이 충분한지에 대해 의문을 제기하고 있다. 일부 학자는 인간 정신을 자유롭게 하는 것을 자유로운 언론의 주요한 사회적 가치로 보는 개성의 이론과 자유적 접근법을 제안했다.[210] 이 자유이론은 브랜다이스 연방대법관의 동의 의견으로부터 연역할 수 있다. 미국의 독립을 쟁취한 이들은 국가의 최종 목표는 인간을 자유롭게 해서 인간이 자신의 능력을 발전시키게 하는 것이라고 믿었다. 그들은 자유를 목표이자 수단으로 평가했다. 그들은 자유가 행복의 비밀이며, 용기가 자유의 비밀이라고 믿었다. 그러나 사건의 사실들과 이 아름다운 관념으로 유도되는 결정의 결과들이 주어진다 해도 사람은 이론의 적절성에 대해 회의적이다. 개인을 평등하고 이성적이고 자율적 도덕적 존재로 존중하도록 국가를 강제하는 것에 의해 수정헌법 제1조가 합법적 정부의 필요한 전제조건을 보장한다고 여전히 다른 학자들은 주장한다.

베이커(C. Edwin Baker) 교수는 언론을 보호하기 위한 강제와 이성의 양 개념은 개인의 도덕적 대리인의 통합성과 자율성이 존중돼야 한다는 윤리적 요구로부터 유래한다고 주장한다. 강제적 행동들은 전형적으로 다른 사람과의 상호작용에서 사람은 개인으로서 다른 사람의 자율성과 통합성을 존중해야 한다는 윤리 원칙을 무시한다. 다른 사람에게 영향을 미치려고 할 때, 사람은 그 개인의 의지나 다른 사람의 정신과정의 통합성

---

209 Board of Educ. v. Pico, 457 U.S. 853, 867 (1982).
210 Whitney v. California, 274 U.S. 357, 375 (1927).

을 무시해서는 안 된다는 주장이다.

베이커 교수의 입장과는 반대로 수정헌법 제1조는 개인의 자율성의 출현만을 보호한다. 반면에 수정헌법 제1조는 정부와 사적 권력 엘리트가 이러한 집단들의 믿음을 지지하며 시민을 사회화하고 주입식 교육을 하는 것을 허용한다.

(2) 자율성의 신화

수정헌법 제1조의 자유와 자율성 이론 양자는 어려움이 가중된다. 인간 정신의 해방으로서 언론은 다른 인간의 행위보다 더 중심적인 것은 아니다. 실제로 자신의 이익과 수요, 경험들이 감각 자료를 세분하고 범주화하도록 유도하는 것에 개인의 접근법이 의존한다면, 넓은 범위의 행동 가능성을 따르는 능력은 표현의 자유 홀로인 상태보다 인간 정신의 해방을 위해 훨씬 더 중요하다. 그러나 표현의 자유만이 보호를 받고 있다. 표현을 위한 이러한 특별한 지위를 설명하면서, 그것은 행동보다 표현이 다른 사회 목표들에 대해 덜 해를 끼치는 것으로 보통 여겨지기 때문이라는 것을 에머슨은 인정한다. 표현은 일반적으로 덜 즉각적인 결과를 가져오고, 그것의 영향 면에서 더 치유가 가능하다.[211] 에머슨이 언론과 행동 사이의 가장 중요한 차이를 규명했다고 하더라도, 그는 그 차이의 중요성을 놓쳤다. 어떤 사람의 경험이 우선 형성되고 통제될 때, 그 사람의 언론이 거의 위험하지 않기 때문에 표현이 허용된다. 개인에게 감각의 자율성만이 주어지기 때문에 기득권층 가치들은 위협을 받지 않는다. 반면에 통치체제에 대한 이러한 자율성의 잠재적 영향력이 최소화한다.

개인적 자율성과 정부의 정당성 사이 관계를 강조하는 자유와 자율성

---

211 Thomas Emerson, Freedom of Expression, p. 9.

이론 분야는 역시 흠이 있다. 역설적으로 시장의 전제조건의 오류를 인정하는 학자들은 그러한 개인을 전제로 하는 자유와 자율성 이론을 지속적으로 포용하려고 한다.[212] 개인의 자율성은 정부 또는 사적인 기득권층 집단들에 의해 주입식 교육을 하는 것을 통해 성향을 그들에게 뿌리를 내리게 하지 않고 개인들이 자신들을 지령하고 대안들 가운데 선택하는 것을 전제로 할 것이다. 그 전제조건은 개인들이 독립적이며, 경쟁하는 시장 대안들 가운데 편견이 없는 선택을 하는 이성적 존재라는 점이다.

필수적으로 현대의 복잡한 사회와 관련이 있는 사회화와 주입식 교육의 기제는 그러나 개인의 자기지령의 지속적인 출현을 허용하는 데 매우 미묘하다. 중립적이고 객관적이고 공정한 사상의 자유시장의 형상은 사회에서 보다 공고한 결속을 촉진한다. 사람들이 의사결정 과정에 참여하고 있거나 참여할 수 있었던 것으로 느끼는 경우 사람들은 보다 더 쉽게 반대의 결정을 받아들이기 때문이다. 시민은 이러한 결정들을 지배적인 사회 세력에 의해 부과되는 것으로 보다 합법적인 것으로 인식한다.

수정헌법 제1조의 신화는 따라서 강제적으로 현존하는 사회 권력구조를 전복하려는 시도로부터 사회변혁 노력을 대중적 합의를 이룰 수 있는 시도로 돌려놓았다. 한 정부의 시민과 장관들이 체제를 자유로운 표현을 보호하는 것으로 보면, 그들이 세력의 방책을 논리의 방책으로 바꾸는 데 만족하는 것은 당연하다.[213] 논리는 그러나 주어진 가치 체제 내에서 일관성을 보장할 뿐이다. 결론적으로 대안적인 가치체제를 옹호하는 비논리적 입장으로 비난하기 위한 수단으로써 논리를 사용하는 것은 미묘하게 흐리는 행위이다.

---

212 C. Edwin Baker, Scope of the First Amendment Freedom of Speech, 25 UCLA L. Rev., 1978, pp. 965–966.

213 Dennis v. United States, 341 U.S. 494, 501 (1951). 연방대법원장 Vinson은 저항권을 인정하지 않음.

(3) 신화의 유지

개인의 자율성과 사상의 자유시장의 중립성의 신화를 공적으로 수용하는 것은 정당성과 권위의 분위기를 정부에게 준다. 그러나 이 신화와 체제가 실질적으로 기능하는 것 사이에 명백한 차이가 존재한다. 관찰자는 신화체제와 작용 코드를 구분해야 한다. 신화체제는 사회의 모든 전제와 규칙, 금지를 표현하는 것이다. 작용 코드는 언제, 누구에 의해서 그리고 일이 어떤지 또 행해질 수 있는지 가동자 즉 지배계층을 말하는 것이다. 이러한 차이는 필수적으로 지배계층의 고의적인 구성이 아니라 차라리 사회적 복합성의 불가피한 부산물이다. 공중이 이러한 차이들을 충분히 알게 되면, 의사결정 과정의 정당성이 위협을 받게 될 것이다. 따라서 신화를 보호하는 것이 지속적인 사회의 안정에 중요하다. 신화의 유지는 소통을 바라는 모두에게 채널들이 공개돼야 하고 또 주입식 교육이나 사회화 과정을 통해 개인의 접근법에 대한 체계적인 조작이 없어야 할 것을 요구한다. 수정헌법 제1조는 양자의 인식을 확대한다.

수정헌법 제1조는 공적 영역에서 각 개인에게 최고의 기회를 보호한다. 케이블 텔레비전의 공적 접근권 방송국에 출현할지라도, 전단지를 인쇄하고 배포하는 것 또는 길모퉁이에서 연설을 하고 비평을 하는 것은 자신의 감정과 믿음을 소통시키기 위해 허용된다. 이것이 수정헌법 제1조의 순기능을 구성한다. 쟁점은 어느 누군가가 돌보고 또는 심지어 들어주는 것이 아니라 소통기회가 연설자를 진정시키기 위해 존재한다는 것이다.[214] 표현의 자유체제가 다른 관점을 소통하거나 연구의 다른 목적을 추구하는 능력에 있어서 평등성을 제공한다는 것은 말할 수 없다.

대중매체에 대한 동등한 접근권이나 공적 기금의 지원을 동등하게 받을

---

214 Thomas Emerson, Colonial Intentions, pp. 737–747.

권리는 현재 존재하지 않는다. 비록 그 길이 외로운 길이더라도 진리가 어디로 안내하든지 간에 이 영역에서 확보하는 것은 진리를 추구할 개인의 권리이다. 많은 사람들이 이러한 토론장들을 거리 토론장으로서 골칫거리 또는 방해, 또는 공적 접근권 방송국으로서 기인과 괴짜들에 의해 지배되는 것으로 인식할지라도, 그들의 활용 가능성은 비주류 의견 접근권을 보다 영향력이 있는 토론장들에게 부여하는 압력을 줄일 것이다. 이것은 공적 접근권 방송국의 인기와 그러한 방송국을 지지하며 공정성 원칙의 폐지를 주장하는 제안들을 설명할 수 있다. 반대자들이 실제로 현시류에 의해 끌려가지만 흐름에 강하게 반대하고 서 있다는 것을 반대자들은 주장할 것이다.[215]

기득권층 집단과 지배적인 가치의 접근법들이 미묘하게 남아 있고, 일정한 방식으로 믿거나 행동하도록 조작되거나 강제된다는 것을 개인이 느끼지 못하는 한, 체제는 그 편견들에도 불구하고 체제의 정당성을 유지한다. 공중은 조작을 당하는 것으로 보이는 데 대해 매우 민감하다. 정부가 자유로운 시장의 신화를 유지하기를 바란다면, 정부는 대외적으로 다른 전달내용들에 대해 특정 전달내용을 선호할 수 없다. 따라서 정부가 전달되는 내용에 근거해 언론을 제한하는 것을 연방대법원이 허용하지 않고 있는 것은 놀라운 일이 아니다.[216]

강한 이념적 비행기로부터 덜 열정적인 절차의 수준으로 가치 갈등을 재조명하는 것에 의해 신화를 유지하는 것을 법적 절차가 돕고 있다. 뛰어난 솜씨로 주장되는 입장들 사이의 이념적 차이는 잊혀지고 있다. 정부

---

215 Gertz v. Robert Welch, Inc., 418 U.S. 323, 344 n.9 (1974) 사건에서, 연방대법원은 통신 채널들은 명예훼손에 있어서 자조(self-help)의 역할을 마지못해 인정하면서 잠재적 청중에게 정보나 통찰력을 주기보다 연설자의 정서를 소통시키는 데 개방적이어야 한다고 판시했다.

216 First Nat'l Bank v. Bellotti, 435 U.S. 765, 791 n.31 (1978). Linmark Assoc., Inc. v. Township of Willingboro, 431 U.S. 85, 94 (1977). cf. United States v. O'Brien, 381 U.S. 367, 377 (1968). 정부의 규제 이익은 표현의 자유의 억제와 관련이 없어야 한다.

결정 아래에 놓여져 있는 이념적 기초나 의미는 그것의 중요성을 잃고 있다. 초점의 이동은 체제의 본질적인 편견들을 감시한다. 반면에 그것은 도전자들에게 현상유지에 대한 그들의 갈등을 푸는 것과 그들의 입장을 공식적으로 지지하는 것 양자를 얻는 길이 열려 있다는 인상을 준다. 전단지를 배분할 권리를 얻은 의견 발표자는 어느 누가 읽었는지 또는 자신의 믿음을 알아차렸는지 정당성을 입증하는 것을 느껴야 한다. 개별적 도전자가 성공을 느끼기 때문에 따라서 갈등은 비이념적 수준에 대해 다시 초점을 맞추게 된다.[217]

예를 들면 Pico사건에서 브렌난 연방대법관은 자신의 관심을 강조했다. 도서관에서 책을 제거하는 데 사용된 절차는 학교 체제에서 도서관 결정을 내리려고 사용된 과거 절차와 결별을 했다. 원고들이 논쟁적인 자료들을 심사하기 위한 확립되고 규칙적이고 외적으로 편견이 없는 절차들을 원용했다고 만약에 기록이 드러낸다면, 이것은 매우 다른 사례가 될 것이다. 그러나 재판부에 제출된 실제 기록은 전혀 정반대이다. 절차와의 일치가 대우의 지속성을 보장하고 순간적인 기분의 영향력을 제한할 수 있을지라도, 책을 읽고자 하는 학생들은 그것을 제거하는 데 사용된 절차와 상관없이 동등하게 좌절을 받게 된다. 특별절차가 사용되면 그 박탈은 순전히 더 극적이며 공공연하다. 결과적으로 공동체는 학교위원회가 학생들을 조종하는 것이라고 인식하게 될 것으로 보인다. 반면에 자신이 우선적으로 예외를 갖는 정책이나 이념은 지속된다.

Pico사건은 수정헌법 제1조의 이 기능을 분명히 보여 준다. 별도의 동의의견에서 블랙먼(Blackmun) 연방대법관은 버거(Burger) 연방대법원장의 주장에 맞서려고 했다. 그 주장은 우선 누군가가 바라는 책을 얻지 않으려는 결정보다 책을 제거하려는 결정에서 공식적인 압력이 더 크다는 것

217 Board of Educ. v. Pico, 457 U.S. 853 (1982).

이다.[218] 블랙먼 연방대법관이 고백한 모범적인 공평무사함으로 책을 제거하는 것과 책을 얻지 못하는 것 사이에 이론적 차이가 있다는 몇 가지 의문을 안고 있다. 제2항소법원의 뉴먼(Newman) 법관이 하급심의 결정에 대한 자신의 동의의견을 낸 바와 같이, 두 행동 사이에는 심오하고 실질적인 차이가 있다. 획득하지 않기로 하는 것보다 제거는 허용할 수 없는 정치적 동기가 존재할 것이라고 주장한다. 가장 분명히 제한되는 자원으로서 어떤 책이 획득되어서는 안 되는 많은 이유가 있다. 그러나 어떤 책을 얻었다고 하더라도 도서관을 채우기보다 제거되어야만 하는 정당한 이유들은 거의 없다.

쟁점은 따라서 접근권이나 표현 또는 심지어 실질적인 정부 통제 등이 아니다. 그 대신 정부 조작과 주입식 교육의 출현이다.[219] 만약에 쟁점이 공적으로 가시적인 것이라면, 학교위원회가 어떤 책을 획득하는 것을 거부하겠다고 공표하는 것은 책을 제거하기 위해 동등하게 공적으로 결정을 내리는 만큼 어느 모로 보나 공적으로 주의를 끌 것이라고 렌퀴스트(Rehnquist) 연방대법관은 소수의견에서 응답했다. 비록 그가 옳을지 몰라도 렌퀴스트는 현실의 중요한 측면을 소홀히 했다. 학교가 우선 어떤 책을 구매해야 한다는 일상적인 결정을 내릴 필요가 있다고 하더라도, 주어진 책을 구매하지 않기로 한 결정을 공개할 필요는 없을 것이다. 이미 구입한 책을 제거하는 결정은 공적 주의를 끌게 되면 공적인 설명을 얻기에는 매우 예외적일 것이다. 더욱이 학교위원회의 한 위원이 독자적으로 주어진 책을 구매하지 않기로 한 결정에 대해 공개적으로 토론한다고 전제할지라도, 연방대법원은 O'Brien사건에서 했던 것처럼, 그 어떠한 것이 기관의 결정에 대해 공무원이 발언을 하도록 하고 또 그렇게 결정하게 했어도

---

218 Pico, 457 U.S. at 892. Burger 소수의견.
219 Pico, 457 U.S. at 916–917.

재판부가 추측을 피할 만큼 그 정도는 충분하다고 선고할 것으로 보인다.

브렌난 연방대법관은 결과적으로 궁극적인 문제는 학교에서 책을 제거하는 것의 근간을 이루는 의도이지 시장에서 그것을 제거하는 것의 영향이 아니라고 결론을 내릴 수 있다.[220] 원고들이 학교 도서관에서 책을 제거한 것이 피고들을 부정했든지 간에 수정헌법 제1조 권리는 원고들의 행동뒤에 있는 동기에 의존한다. 원고들이 자신들의 제거 결정에 의해 동의하지 않는 사상에 피고들이 접근하는 것을 부정하는 의도를 갖고 있다고 한다면, 또 이러한 의도가 원고들의 결정에 중요한 요소가 된다면, 원고들은 헌법을 위반하며 자신들의 재량권을 행사한 것이다.

인정하건대, 교육 공무원은 나쁜 동기와 좋은 동기 양자를 위해 책을 제거할지도 모른다. 그러나 헌법이 정보를 받을 권리를 부여한다면, 그것을 거부하는 이유는 문제가 돼서는 안 된다.[221] Pico사건에서 연방대법원의 관심은 시장과 정부 통제, 주입식 교육의 실제라기보다는 그러한 것의 출현을 회피하는 것이다. 개인의 자율성 신화를 유지하기 위해 수정헌법 제1조의 수사를 기득권 집단들이 사용할 수 있는 정도는 증가하고 있다. 현대 복지국가에서 부를 배정하기 위해 정부가 결정하는 방법은 사람들의 실질적인 행동에 크게 영향을 미칠 수 있다. 점차적으로 사회화하면서 개인의 선택과 자율성의 출현이 여전히 보장되는 반면에 교육과 연구, 예술에 대한 정부 지원에 더욱더 의존하고, 개인생활에 대한 정부의 통제기회는 현저하게 증대될 것이다. 국가는 아무것도 금지하지 않고, 공익을 위해 정부 보조금을 배분하는 것을 규제한다. 체제를 정당화하는 신화를

---

220 Pico, 457 U.S. at 870-871.

221 Pico, 457 U.S. at 917. Rehnquist 소수의견. Pico 사건에서 순수하지 않은 동기에 의해 오염된 정부의 의사결정 과정에 대한 관심은 사실과 법률적 차별사이의 구분을 확립하는 동등한 보호 결정을 회상하게 한다. Arlington Heights v. Metropolitan Hous. Corp., 429 U.S. 252, 265 (1977). 차별하려는 의도는 법률적 차별의 본질적 요소이다. Washington v. Davis, 426 U.S. 229, 240 (1976). 차별적 의도의 증명은 동등한 보호의 침해를 보여 주는 것이다.

온전하게 유지하는 데 필수적인 외형을 유지하면서, 그러한 지원 아래 잠정적으로 수정헌법 제1조 원칙과 일치해서 더욱더 많은 침해가 개인의 자율성에 가해질 것이다.

여기서 표현된 관심은 법률가들과 학자들이 직면하는 위헌적 조건들의 관심과 동등하지는 않다. 위헌적 조건들의 원칙은 수정헌법 제1조 권리의 포기는 공공영역에서 재화와 용역의 배분에 부속될 수 없는 것이다. 그러나 그 원칙은 복지국가와 포기 계약으로부터 기득권을 단순히 보호한다. 일부 중요한 특권을 교환하는 사건에 국한된다. 그러한 사건은 국가가 개인으로부터 개인이 유지하고 또 여전히 다른 사람들이 유지하는 자유의 수단을 취한다고 추정하는 것이다. 따라서 다른 사람들과 함께 식량권을 지급받는 가난한 사람이 대통령을 비판했다고 해서 더 이상 정부 보조를 거부당해서는 안 될 것이다. 법적인 기득권은 헌법상 권리의 포기에 따라 조건으로 규정될 것이다. 원칙상 아무것도 건국 2백주년 기념 기간에 애국적인 글과 찬양성 소설과 희곡, 시를 짓는 것을 지원하는 예산을 정부가 배정하는 것을 금지하지 않는다. 반면에 국가를 비판하거나 외국 정부를 지원하는 기금을 동등하게 만들 수는 없다. 그러나 그러한 정부의 촉진행위는 분명히 시장을 왜곡시키고 개인에게 영향을 주고 지령할 것이다.

(4) 환멸의 제거

수정헌법 제1조 표현의 자유가 사회적 투쟁을 줄이기 위해 기능을 한다는 생각은 새로운 것이 아니다. 브랜다이스 연방대법관은 Whitney사건에서 이 개념을 다음과 같이 명확히 했다. 즉 미국의 독립을 쟁취한 선조들은 위반에 대한 징벌의 공포를 통해서만이 질서를 확보할 수 없으며, 사고와 희망과 상상력을 손상시키는 것은 위험한 일이며, 공포가 압제를 낳으며, 압제가 증오를 낳으며, 증오가 정부의 안정을 위협하며, 안전한 길은 일어난 불만과 제안된 구제책을 자유롭게 토론하는 기회에 놓여 있고, 죄악의 자문에 대한 적절한 구제책은 좋은 자문이라고 했다.[222]

보통 논평자들은 환멸의 제거를 수정헌법 제1조의 제2차적 기능으로 제시한다. 그 기능은 진리의 탐구, 자치, 개인의 발전과 자율성과 같은 특징에 종속적이다. 1960년대에 신좌파(New Left) 대변인은 이러한 기능을 수정헌법 제1조의 주요 목적으로 간주했다. 그 체제는 의미 없는 것이며, 반대의 관심을 돌리고 사람들을 그들이 참여하는 목소리를 갖고 있는 것으로 믿는 쪽으로 속이기 위해 고안된 것이라고 결론을 내렸다.

앞에서 살핀 바와 같이 이러한 주장들은 사실적 근거가 없는 것이 아니다. 수정헌법 제1조는 논쟁의 격화를 조장하기보다는 사회적 긴장을 완화하고 전환시키기 위해 기능을 할 것이며, 개인의 다양성을 고무한다. 그러나 이러한 효과는 기득권층 집단들의 음모로부터 야기된다고 신좌파는 추정한다. 정직하지 못하고 조작적인 지배계층의 생각으로서 그들의 체제에 대한 견해는 몹시 단순한 것으로 보인다. 지배계층은 체제로부터 이익을 얻기 위해 의식적으로 체제를 창조하고 부과할 필요가 없다. 기득권층 집단들과 지배적 가치 접근법들을 향한 편견 또는 왜곡은 대신에 고도의 기술사회에서는 불가피할지도 모른다. 이 사회에서 자원들과 기술 숙련도는 불평등하게 배분된다.[223]

지배적인 사회적 접근법들은 음모에 의해 구축되는 게 아니라 생태체계(ecological setting)를 형성하는 인구밀도와 노동의 분화 등 사회적 경제적 외부요인에 의해 형성될 수 있다. 민족주의와 같은 생태체계는 역사와 문화발전의 개념들을 포함한다. 민족주의와는 달리 그러나 생태체계는

---

222 274 U.S. 357, 375 (1927). Brandeis 동의의견.
223 Cf. Robert F. Nagel, How Useful is Judicial Review in Free Speech Cases? 69 Cornell L. Rev., 1984, P. 302. 사법절차가 시장 모형의 목표들을 달성하는 데 적합하지 않다고 주장.

민족적 정체성의 개별적 인식을 필수적으로 포함하는 것은 아니다. 대신에 그것은 사람들이 민족과 함께 그러한 정체성을 느끼게 하는 요인들을 고려한다. 생태체계와 조화를 이루며 성과를 이루는 그러한 집단들은 그 체제 안에서 스스로를 발견하는 체제의 소극적인 수혜자들 뿐일 것이다. 그럼에도 불구하고 지배계층이 사상의 자유시장의 신화 그리고 사회화와 주입식 교육의 현실 사이의 차이에 책임감을 느끼는 것은 사회에 대해 도움이 될 것이다. 이러한 불안은 다른 사람에게 영향을 미치는 지배계층의 의사결정 과정의 정당성 그리고 참여하는 그들의 자격에 대한 의문을 지배계층에게 야기한다. 그들은 역시 지혜와 정의, 권위 그리고 그들의 결정의 필요성에 대해 의문을 제기한다.

VI. 사상의 변화의 정당화

홈즈의 Abrams사건 소수의견 발표 10년 전 '철학에 대한 다윈의 영향(The Influence of Darwin on Philosophy)' 이라는 제목의 강연에서 듀이는 다음과 같이 역설했다:

"2천 년 동안 자연과 지식 철학에서 지배한 개념은 정신의 친한 가구가 된 개념이 고정된 최종적인 것의 우월성의 추정에 의존한다는 것이다. 개념은 변화와 기원을 결함과 비현실의 징후로 다루는 것에 의존한다. 절대적으로 영속하는 신성한 방주를 획득하는 데 있어서, 창조하고 소멸하는 것만큼 형태의 고정성과 완전성으로 간주되는 형태를 다루는 데 있어서 '종의 기원(Origin of Species)'은 결국 지식의 논리 그리고 도덕과 정치,

종교를 다루는 것을 바꾸게 되는 사고방식을 소개하고 있다."[224]

진화론과 근본적인 정치적 반대의 정당화, 철학적 절대성의 포기 모두가 공통으로 갖고 있는 것은 변화에 대한 강조이다. 그러한 강조는 역시 자유로운 시장에 의해 공유되고 있다. 그것은 언론의 자유의 간명한 정당성에서 홈즈의 현상이 왜 보통 추정되는 것보다 더 일관성이 있고, 지적으로 덜 이동하는 것인지를 믿는 것이다.

정치적 견고성을 두려워하고 지속적인 적응에 전념하는 헌법적인 체제는 언론의 자유에 고도의 우월성을 부여하는 이유가 있고 또 그 자유를 자유로운 시장의 역동성에 대한 언급으로 해석하는 이유가 있다. 이 점과 관련해 주목을 끄는 시장의 특징은 효과적인 지배와 과학적 탐구, 자연도 태에서 현저하게 나타나는 것들이다. 새로운 사상과 능력에 대한 개방성, 보다 나은 지식에 대한 갈망, 변화하는 조건들에 대한 반응성, 혁신과 선제성에 대한 격려, 경직성과 지연, 주의의 부족 또는 검사의 실패, 그들의 한계와 단점이 무엇이든지 간에 자유로운 시장은 타성에 반대하는 강한 세력이다. 그러한 것이 자유로운 언론이다.

기본적으로 Abrams사건의 소수의견에 대한 이러한 이해는 아주 논쟁적이고 인식론적 도덕적 전제들이 아니라 정당한 반대에 대한 정치적 원칙을 역사적으로 수용하는 것에 의존하는 언론의 자유의 정당성을 홈즈의 덕으로 돌리는 것이다. 그렇게 해석하면 홈즈의 이론은 자주 주장되는 것보다 더 온건하고, 더 설득력이 있고, 더 헌법적으로 계통적이다. 그 이론은 인간의 이성 또는 자기교정적 사회적 역동성과 관련해 영웅적 추정에 의존하는 것이 아니다. 그것은 사상의 자유로운 거래에 대한 자신의 견해를, 정치

---

[224] John Dewey, The Influence of Darwin on Philosophy, Popular Science Monthly (July 1909), reprinted in The Influence of Darwin on Philosophy and Other Essays 1 (1997).

적 사회적 논쟁 영역에서 시장 실패를 교정하기 위해 설계된, 규제적 개입을 위한 헌장으로 돌리려는 이상주의자에 대해 지지를 보내는 것이 아니다.

홈즈가 인식을 이해하는 것처럼, 사상의 자유시장은 설득 기회를 정당하게 분배하려는 전망을 제공하는 것은 아니다. 그것은 대중적 숙고를 통한 지혜의 전망을 제공하는 것이 아니며, 또 이익이 있는 모든 시민을 위한 의미 있는 정치적 참여의 전망을 제공하는 것이 아니다. 사상의 자유시장이 제공하는 것은 개념적이고 수사적인, 권위와 변화에 대한, 그에 근거해 검열적인 사고방식이 많이 요구되는 비자유적인 태도에 대한 평형추이다. 그것은 경제와 마찬가지로 시민의 적응에서 문제가 되는 일정한 성격의 특성을 명예롭게 한다. 그 특성은 호기심이 많은 것과, 오류를 받아들이고 경험으로부터 배우는 능력, 창의력, 실험에 대한 의지, 회복력 등이다. 그것은 존중을 평가절하하고, 확신을 불신하고, 그 과정에서 성과기준에 대해 책임이 있는 현직자의 권한의 다양한 형태를 유지한다. 그것은 대화 또는 변증법과 관련이 없는 반대와 저항의 태도를 보호하기 위해 수정헌법 제1조를 해석하는 이유를 제공한다. 이러한 점들에서 홈즈의 시선을 사로잡는 은유는 사회적 또는 지적 질서의 기제로서 보다 문화적 언명으로서 보다 잘 기능을 하고 있다. 그렇게 생각되는 것처럼 그것은 가치 있는 과업을 수행한다.

미국은 언론자유를 통해 영국 식민지로부터 벗어나 독립을 쟁취하고 오늘날 전 세계에서 언론자유가 가장 발달한 나라로 선망의 대상이 되고 있다. 수정헌법 제1조에 언론자유 원칙을 천명하고 이에 따라 개인의 자기실현(Individual self-fulfillment), 진리에의 도달(Attainment of Truth), 정책결정에의 참여(Participation in Decision-making), 안정과 변화 사이의 균형(Balance between Stability and Change) 등 크게 4개의 기본가치를 실현할 수 있는 것으로 보고 있다. 자유로운 언론은 특권적인 활동, 사회 메카니즘, 문화적 세력으로서 이들 가치를 실현하는 기능을 담당한다. 수정헌법 제1조의 핵심적 은유, 즉 사상의 자유시장을 전통적으로 이해하는 것은 진리탐구와 자치가치 그리고 사회적 기제로서 자유로운 언론의 기능에 초점을 지나치게 많이 맞춘다는 지적을 받고 있다.

이에 따라 세 가지 초점에서 도전을 받고 있다. 첫째, 자유로운 언론을 고도로 보호하는 것은 확신하지 못하는 주장에 대해 지나치게 많이 의존함으로써 사상의 자유시장이 약화되고 있다는 주장이다. 즉 상쇄적인 보다 많은 언론을 유발하는 도발적인 언론현상이 집단적 숙고 과정을 어떻게 겪는지가 문제가 된다. 둘째, 사상면에서 잘 기능을 하는 이상적 시장을 갖는 언론자유의 정체성은 주의를 분산시키며 위험한 규제적 제안을 유발한다는 것이다. 이에 대해서는 그러한 이상을 실현하는 수단으로서 통신권력을 재배분하려고 시도하게 될 것이다. 셋째, 자유로운 언론을 집단적인 이해와 정치적 정당성을 유발하기 위해 고안된 국민투표 기제로 본다는 점이다. 그 결과 그것이 권한의 남용의 통제와 채택적인 성향의 특성을 촉진하는 데 기여하는 문화적 세력으로서 봉사하는 방법을 평가하는 데 실패한다는 비판을 받는다.

여기서는 Abrams사건에서[225] 홈즈 연방대법관의 소수의견, 즉 사상의 자유시장 이론에 끌리는 특징에 대해 제기되는 법적 의견이 수정헌법 제1조의 이해의 씨앗을 내포하고 있다는 것을 입증한다. 그 법적 의견은 자기교정과 지식의 극대화, 판단의 적정화, 동의를 유발하는 그리고 참여를 가능하게 하는 사회적 기제의 타당하지 않는 견해보다 더 견제하는 것과 그리고 문화에 더 관련이 있다. 홈즈의 은유의 표면 아래를 보려는 이러한 과업은 사상의 자유시장 이론이 자유로운 언론의 가치와 기능과 관련된 생각의 약속된 선을 제시하는 것처럼 자신의 지위와 수사법의 권위를 불어넣으려고 설계된 것과 일치하지 않는다.

---

225 250 US 616, 624 (1919).

제4장

사상의 자유시장의 평가와 개혁

Ⅰ. 사상의 자유시장 은유에 대한 도전

미국 헌법학자들은 수정헌법 제1조가 중립적인 사상의 자유시장을 창조할 것이라고 예언해 왔다. 시장 모형의 지지자들은 시장이 진리를 발견하고 정부에 대중의 효율적인 참여를 강화하는 미국 사회의 노력을 본질적인 것으로 보고 있다. 일부 학자는 이 모형의 이론적 기초는 현대사회에서는 불가능한 합리적 의사결정의 가정에 기초를 두고 있다고 주장한다. 현실적으로 시장은 견고한 권력구조와 이데올로기를 지지하며 심각하게 왜곡되고 있다는 게 핵심이다. 이러한 시장의 결함을 개혁하고 교정하려는 노력들을 살펴보고자 한다. 이 같은 비판적 입장에서는 오로지 우리가 행동의 자유 이론을 탐구할 경우에만 시장이 주어진 기능을 수행한다고 결론을 내린다. 오늘날 존재하는 바대로 시장은 엘리트 사이의 차이를 단순히 미세조정을 하는 것으로 본다. 반면에 개인의 자율성 신화를 유지하며 변화를 위한 압력을 완화함으로써 현상유지를 강하게 고집하고 지배체제를 정당화하게 된다.

여기서 브리츠키(Paul H. Brietzke)가 민주주의 사회에서 자유로운 언론을 주제로 1994년 11월 미국 탬파에서 열린 아레오파지티카 350주년 기념

회의에 참석해 사상의 자유시장이 도전을 받는 과정과 그 이유에 대해 강연한 것을 살펴볼 필요가 있다.[226] 브리츠키는 이 논의를 1944년 아레오파지티카 300주년을 맞아 런던에서 열린 P. E. N. 심포지엄과 자세히 비교했다. 여기서 만족에 관한 포스터(E. M. Forster) 회장의 관찰과 미래를 위해 정신을 맑게 할 의무를 채택하게 된다.[227] 그러나 P. E. N. 심포지엄의 많은 참석자들이 관심을 가진 제2차 세계대전은 이 논의의 관심사항은 아니다. 그들의 세계는 더 이상 관심사항이 아니며, 밀턴 또는 홈즈의 세상 이상의 것이 관심사항이다. 각 세대는 자신의 세대만의 관심을 반영하기 위해 가치 있는 아레오파지티카를 다시 발명해야 한다. 아레오파지티카 사상을 둘러싼 현재의 부적절한 추정들도 그 사상의 실질적인 재공식화를 필요로 한다는 주장이다.

학자들과 법관들은 수정헌법 제1조 언론과 출판의 자유를 설명하고 정당화하기 위해 사상의 자유시장의 개념을 사용해 오고 있다. 언론과 출판의 자유는 합쳐서 표현의 자유로 언급되고 있다. 사상의 경쟁과 활발한 토론의 고전적 모습은 앞서 본 바와 같이 영국 철학자 밀턴과 밀로까지 거슬러 올라간다. 미국에서는 연방대법관 홈즈가 Abrams사건에서[228] 소수의견으로 미국 법학계에 이 개념을 처음으로 소개했다. 아레오파지티카 이론은 1919년 Abrams사건에서 홈즈와 브랜다이스 연방대법관의 소수의견을 통해 미국의 수정헌법 제1조 법학의 중요이론이 된다. Whitney 사건에서 홈즈와 브랜다이스 연방대법관의 동의의견과 함께,[229] 시장에 대한 이 Abrams사건의 사상의 은유는 수정헌법 제1조에 대한 사법적

---

226 Paul H. Brietzke, How and Why the Marketplace of Ideas Fails, Valparaiso U. L. Rev. 31(3), 1997, pp. 951-969.
227 E. M. Forster, Presidential Address, Freedom of Expression: A Symposium, Herman Ould ed., 1970, pp. 9-10.
228 Abrams v. United States, 250 U.S. 616 630 (1919). Holmes 소수의견.
229 Whitney v. California, 274 U.S. 357, 375 (1927).

행동주의를 반영한다. 그들의 노력이 계승된다는 것은 그들의 은유를 끌어내는 후속의 사법적 자발성에 의해 입증되고 있다.[230]

은유는 논리상 주장의 가장 약한 형태이다. 그러나 법률상 우리가 갖고 있는 최상의 형태이다. 따라서 그들의 사상의 자유시장 은유가 그것의 일관성을 위해 함축적인 믿기 어려운 추정에 의존한다는 것은 도전을 받는 요인이 된다. 자유로운 언론분석의 일관된 구조는 매우 많은 믿기 어려운 것에 근거해 논쟁적으로 구축될 수 없다는 게 핵심적 비판이다. 이러한 믿기 어려운 많은 부분은 홈즈나 밀턴에게 분명한 것이 아니다. 그러나 그것은 이제 은유의 수사적 아름다움을 손상시키는 데 기여한다. 예를 들면 로렌스(Charles Lawrence)는 다음과 같이 타당하게 주장한다:

"미국의 사상의 자유시장은 주요한 유용한 것 가운데 하나로서 백인종이 아닌 다른 인종의 인종적 열등성 사상을 갖고 구축됐다. 그리고 시장이 열린 이후로 인종차별주의는 거래상 가장 능동적인 품목으로 남아 있다."[231]

지배집단이 인종주의의 신뢰성을 결정하게 된다는 것이다. 또 결과는 다르지만 수정헌법 제1조의 시장이론으로써 역설적으로 소수자로부터 반론할 수 있는 기회를 빼앗는다는 비판도 있다. 그러나 고통받는 소수에 대한 강력한 대화 법학은 수정헌법 제1조 원칙의 비판에 대한 균형추로서 기능을 한다.

---

230 Board of Educ., Island Trees Union Free Sch. Dist. v. Pico, 457 U.S. 853, 866–867 (1982). Widmar v. Vincent, 454 U.S. 263, 267 n.5 (1981). Beauharnais v. Illinois, 343 U.S. 250, 285 (1952). Douglas 소수의견. 건국의 아버지들이 구체화한 사상의 자유거래 개념은 변화를 겪고 있다.

231 Charles R. Lawrence, If He Hollers, Let Him Go: Regulating Racist Speech on Campus, Duke L. J., 1990, pp. 431–468. Richard Delgado, Campus Antiracism Rules: Constitutional Narratives in Collision, 85 Nw. U. L. Rev., 1991, pp. 343, 385–386.

인종주의 논쟁을 불러일으킨 R.A.V.사건은 사상의 자유시장 은유가 직면하는 최고의 중대한 도전 가운데 하나이다.[232] R.A.V.사건에서 당사자인 미성년자는 아프리카 출신 흑인 가정의 잔디 위에서 목제 십자가를 불태우고, 편견유발 형사조례에 따라 기소를 당했다. 연방대법원은 이 조례가 자유로운 언론권에 대한 위헌적인 침해로 인정된다고 판결했다. 4명의 연방대법관들은 그 조례가 광범위해서 무효라고 본다. 다른 5명의 연방대법관들은 조례가 언론 내용을 규제하는 것으로 보이기 때문에 조례가 표면상 무효라고 선고했다. R.A.V. 사건 피소인은 조례가 무효로 선고된 것과 달리 내용 중립적인(content-neutral) 형법에 따라 유죄선고를 받았다.

진리의 최선의 기준은 사상이 시장의 경쟁에서 스스로를 받아들이게 하는 사상의 힘이다. 이 이론의 활발한 토론 과정은 정부의 개입에 의해 금지만 되지 않는다면, 진리의 발견 또는 적어도 최선의 관점 또는 사회적 문제에 대한 해법들을 찾아내게 할 것이라는 생각을 전제로 하고 있다. 홈즈의 견해에 의하면 그러한 진화가 어디로 진전되든지 간에 이 사상의 자유시장의 적절한 기능은 궁극적으로 사회의 적절한 진화를 보장한다.[233] 결국 무산계급 독재 속에서 표현된 믿음들이 받아들여진다면, 자유로운 언론의 의미는 그러한 믿음들에 기회가 주어져야 하고 자신들의 길을 가게 해야 한다는 것이다.

시장 원칙은 그러나 미국 법학에 뿌리를 내리자 새로운 환경에서 자양분을 취하며 새로운 싹을 자라게 했다. 진리와 지식을 찾는 장점에 부가해서 시장은 정부에 대중이 효율적으로 참여하는 데 본질적인 것으로 인식하게 됐다.[234] 민주주의가 효율적으로 작동하기 위해서는, 민주주의의 작

---

232 R.A.V. v. City of St. Paul, 505 U.S. 377 (1992).

233 Gitlow v. New York, 268 U.S. 652, 673 (1925). Holmes 소수의견.

234 New York Times Co. v. Sullivan, 376 U.S. 254, 269–272 (1964). Thornhill v. Alabama, 310 U.S. 88, 102 (1940).

동을 통제하는 시민이 지적이어야 하고 정보를 제공받을 수 있어야 한다. 이러한 이론에 따라 시장에서 촉진되는 사상의 공적인 교환의 질은 민주주의 정부의 질을 진전시킨다. 미국은 건국 이래 민주주의 정부를 중요하게 여기기 때문에, 사상의 자유시장의 이러한 시각은 언론과 출판의 자유가 미국 헌법 제도 내에서 우월적 지위(preferred position)를 갖게 한다.[235]

진리를 추구하고 정보를 제공받는 시민을 촉진하는 시장에 대한 이러한 초점은 수정헌법 제1조를 향한 사법적 학문적 태도에 대해 특이한 영향을 갖고 있다. 법원은 항상 헌법상 권리를 그 권리를 행사하는 개인에게 주어지는 보호 때문에 정당화되는 '개인적 권리'로 분명히 하고 있다. 수정헌법 제1조의 시장 모형을 적용하는 재판부는 사회에 대한 총체적인 이익 때문에 자유로운 표현을 정당화한다. 개별 연설자가 특별한 이익을 받기 때문에 그런 것은 아니다. 밀은 "어떤 의견이 소유자 외에 가치가 없는 개인적 소유라고 한다면, 그 의견을 즐기는 데 방해를 받는 것이 단순히 개인적 피해가 된다면, 그것은 그 피해가 몇 사람에게만 또는 많은 사람에게 가해질지 상당한 차이를 가져올 것이다. 그러나 어떤 의견을 표현하는 것을 침묵하는 특별한 죄악은 인간을, 현존하는 세대뿐 아니라 후손들 그리고 그 의견을 가진 사람보다 더 그 의견과 다른 사람들을 강도질하는 것이다"라고 한다. 연설자보다 청자에게[236] 관심을 두는 재판부는 자유로운 표현을 도구적 가치, 즉 독자적 가치보다 다른 목표를 향한 수단으로 격하시킨다. 일단 자유로운 표현이 도구적 가치로만 간주되면, 그러나 사회가 전체로서 표현을 규제하는 체제로부터 전체적인 이익을 얻는다면 정부로 하여금 언론의 규제를 허용하는 것이 보다 쉽다.

---

235 Murdock v. Pennsylvania, 319 U.S. 105, 115 (1943). Saia v. New York, 334 U.S. 558, 562 (1947).

236 Red Lion Broadcasting Co. v. FCC, 395 U.S. 367, 390 (1969). 중요한 사회적 정치적 미적 도덕적인 다른 사상과 경험에 대해 적절한 접근권을 받는 것이 공중의 권리이다.

시장 모형을 비판하는 학자들은 모형 그 자체는 시장에 대한 정부의 중대한 규제를 필요로 한다고 주장한다. 사상의 자유시장의 형상화는 자유방임주의 경제학(laissez-faire economics)에 뿌리를 두고 있다. 비록 자유방임주의 경제학 이론이 바람직한 경제 조건들은 자유로운 시장체제에 의해 가장 잘 촉진된다고 주장할지라도, 오늘날의 경제학자들은 정부 규제가 실제 세계 조건에 의해 야기된 경제시장에서의 실패를 고치기 위해 필요하다고 폭넓게 인정하고 있다. 비슷하게 현실세계 조건들은 역시 사상의 자유시장의 효율적인 작동을 방해한다. 세련되고 비싼 통신기술, 매체의 독점 통제, 소외받고 가난한 집단이 겪는 접근권의 제한, 행태 조작 기술, 선전에 대한 비이성적 반응 그리고 객관적 진리의 부존재 논쟁 모두가 시장의 이상형과 갈등을 일으킨다. 요컨대 시장 모형의 비판자들은 자유방임주의 경제학 비판자들이 한 바와 같이 국가의 개입은 통신시장의 실패를 교정하는 데 필수적이라고 결론을 내린다.[237]

II. 사상의 자유시장의 평가와 균형성

1. 보이지 않는 손의 균형성

"진리의 최선의 점검은 시장의 경쟁에서 스스로를 받아들이게 하는 사상의 힘이다." 홈즈의 이러한 언명은 사상에서 자유로운 거래를 위한 요청과 함께 사상은 소비자 재화와 용역이 평가받는 것처럼 평가받아야 한

---

237 J. Barron, Freedom of the Press For Whom? pp. 319-328.

다는 추정 위에 서 있다. 홈즈는 수정헌법 제1조에 대해서 이 같은 해석을 기초로 제시한다. 즉 정치적 또는 지적 권위에 의해서가 아니라 관련 공동체를 포괄하는 모든 개인의 지속적인 평가를 측정하고 통합하는 개방 지향적인 과정에 의해서 평가받아야 한다는 것이다.

여기서 중요한 개념은 균형성(equilibrium), 즉 주어진 어떤 순간에서의 평가의 균형이다. 자유로운 언론의 장점은 사상과 관련된 개인의 선택을 유발하는 데 있어서 언론의 역할이며 또 그러한 선택들의 공적 인식이다. 이들은 순간의 균형성을 부가한다. 또 사적 소유의 기능이 앞서서 사회적 바람의 균형성을 예측해야 한다고 홈즈는 주장한다. 그러나 공동체에서 세력의 실질적인 균형에 대해 응답하는 것, 즉 지배적인 세력의 희망에 일치하는 것을 제외하고, 우수성을 어떻게 가장 근접하게 평가할 수 있느냐가 관건이다.

홈즈는 경제학에 흥미를 갖고 있었다. '법의 길(The Path of the Law)'에서 홈즈는 19세기 시대에 맞게 "법률의 이성적 연구를 위해 흑체 활자공이 현재 중요한 사람일 수 있다. 그러나 미래에 중요한 역할을 할 사람은 통계인과 경제에 능통한 사람일 것이다"라고[238] 주장한다. 그는 생전 처음으로 전문경제학자, 희소성과 보상의 감소를 통계적으로 현명하게 처리한 맬서스(T. R. Malthus)의 이론을 언급하는 서신을 곳곳에 보냈다. 홈즈는 래스키(Harold Laski)에게 자신은 독실한 맬서스학파라고 말했다.[239] 래스키에 대한 다른 편지에서 홈즈는 폴록(Fred Pollock)이 성 오스틴(Jane Austen)을 말하면, 자신은 성 맬서스를 말해야 한다고 밝혔다.[240] 래스키가 스미스를 위대한 작가이자 동시대 최상의 관찰자로 서술한 데 대해,

238 Oliver Wendell Holmes, Jr., The Path of the Law, 10 Harv. L. Rev., 1897, pp. 457, 469.
239 Letter from Holmes to Harold J. Laski (Sept 16, 1924).
240 Letter from Holmes to Laski (June 14, 1927).

홈즈는 모든 경제학 저술 가운데 그의 저서와 같이 뛰어난 것을 알지를 못한다고 기록했다.[241] "나는 스미스의 국부론에 대해서는 당신과 의견을 함께한다. 마르크스가 맬서스를 권위주의자로 지칭할 때 나는 당황했다." 이에 앞서 홈즈는 래스키에게 불평을 했다. "나는 사회주의를 상당 부분 읽기는 했지만, 말하며 침을 흘릴 정도는 아니라고 생각한다." 래스키에 대한 후속 편지에서 홈즈는 자본주의 세계관을 선호하며 더욱더 자세히 설명을 했다:

"다른 측면에 대해 당신이 그들을 설명할 때, 원한을 품고 악인으로부터 유래하는 것으로 자본주의의 독재를 서술하는 데 대해 동의하지 않는다. 자본의 소위 독재의 대부분이 국민의 압력에 의해 창조되는 경제적으로 불가피한 일을 표현하는 것으로 생각한다. 그러한 압력에 대해 자본주의는 책임이 없으며, 공산주의는 치유책을 제공하지 못하고 있다. 내가 실제로 그렇게 하지는 않지만 자본주의나 공산주의 각자를 칭찬하거나 비난한다면, 나는 공산주의자들을 생각할 때 의식적으로 또 자발적으로 그들의 폭정을 생각해야 한다고 본다. 다른 한편으로 그것은 대부분 비의식적이며 자동적인 상황의 결과이다. 내 생각으로는 공산주의가 파괴하려는 계급이 공산주의가 칭찬하는 계급보다 더 가치가 있으며, 보다 더 훨씬 더 많이 기여한다."

이러한 점을 바탕으로 홈즈는 일반적 세계관과 자유방임주의 경제학자들의 특별한 관찰과 친밀하거나 그에 대해 동정적이라고 분석할 수 있다.[242] 스미스와 맬서스, 리카르도(David Ricardo) 그리고 그들의 지지자들

---

241 Letter from Holmes to Laski (Sept. 16, 1924).
242 Thomas C. Grey, Holmes and Legal Pragmatism, 41 Stan. L. Rev., 1989, pp. 787–788.

은 시장의 선과 한계에 대해 많은 사상과 많은 이견을 갖고 있다. 여기서 홈즈가 언론의 자유의 이해를 형성하는 과정에서 어떤 것에 입각해 유도하는 것인지가 중요하다.

예를 들면 홈즈가 자유로운 언론의 방어를 인식상 보이지 않는 손이 지속적으로 정보와 비판적, 수사적 교정을 유발한다는 추정에 의지하는 것으로 이해해야 하는지가 관건이다. 그 교정은 복지를 극대화하는 국가에서 역동적 균형성을 유지하는 것이다. 이러한 주장을 홈즈의 시장이론의 토대라고 여기는 사람들은 현대 대중문화 사회에서 사상이 발생하고 확산되며 타당성을 갖는 과정이 사회를 구성하는 개인의 믿음을 측정하고 공정하게 계산하는지를 묻게 된다.

2. 시장체제의 효과성

신념을 체계화하는 수단으로서 시장체제의 효험에 의문을 제기하는 하나의 이유는 경제학자들이 잘 인식하는 바와 같이 시장 실패 개념으로부터 유래한다.[243] 모형을 제외하고 시장은 불완전하다. 정보에 대한 다른 접근권은 시장을 왜곡한다. 집단행동이 시장을 왜곡할 수 있다. 비용을 지불하지 않고 다른 사람들의 거래로부터 이익을 얻는 위치에 있는 무임승차자도 왜곡할 수 있다. 행동에 의해 유발된 사회적 비용의 전체적 증대가 행동에 참가하는 사람들에 반대해서 실질적으로 관찰되거나 측정되고 또는 평가될 수 없는 경우, 외부성의 다른 유형은 효율성을 손상한다.

---

[243] Alvin I. Goldman · James C. Cox, Speech, Truth, and the Free Market for Ideas, 2 Legal Theory, 1996, pp. 1, 19–26. Albert Breton · Ronald Wintrobe, Freedom of Speech vs. Efficient Regulation in Markets for Ideas, 17 J. Econ. Behav. & Org., 1992, p. 217.

이러한 무능력은 부적절하게 정의된 재산권으로부터 유래할 수 있다.

재화와 용역 시장이 그렇게 왜곡되는 경향이라고 한다면, 사상의 자유 시장은 경제학자들의 이상과는 특별히 다른 것처럼 보일 것이다.[244] 사상을 공중에게 유포하려고 하는 개인과 집단들은 대중매체 채널에 대한 많은 이질적인 접근권을 즐긴다. 제품과 용역시장에 진실인 것보다 더한 정도로, 어떤 사상들은 다른 사상들보다 더 쉽게 묶여지는 사실이 그런 것처럼, 문화적 친밀감과 심리적 경향들은 사상을 사고파는 방법을 왜곡한다. 명백성과 포괄성과 같은 그러한 인간들의 능력상 차이는 역시 시장 실패에 기여한다. 지성적이고 언변이 좋은 고등교육을 받은 사람이 선호하는 사상들은 시장에서 분명하고 특별한 장점을 갖는다. 대부분의 언론 체제에서 청중은 무임승차자들의 진정한 모임으로 공정하게 묘사될 수 있었다. 샤우어(Frederick Schauer)가 입증한 바와 같이 언론이 유발하는 비용은 발언자에 의해 거의 부담되지 않는다.[245]

이러한 차이들과 외부성을 교정하거나 중화하기 위해 설계된 규제체제를 상상할 수 있다. 일부 개혁가들은 홈즈의 시장 은유에서 소통의 기회를 재분배하기 위해 시도될 정부의 다양한 개입의 정당성을 발견하고 있다. 그러한 개혁에 대한 반대론자들은 언론 영역에서 정부의 개입은 통신의 영향력 배분이 관련되는 한 이상적인 자유시장보다 훨씬 더 우리를 억압할 것이라고 주장하고 있다.

홈즈의 유명한 언론의 형상으로부터 유래하는 시장 실패 또는 성공 개념이 수정헌법 제1조와 관련성을 갖는 것으로 생각되기에 앞서, 사상은 소비재로 적절하게 취급될 수 없다. 또 토론과 설득이 경쟁적 교환에 비유

---

244 R. H. Coase, The Market for Goods and the Market for Ideas, 64 Am. Econ. Rev.: Papers & Proc., 1974, p. 384. 경제적 분석면에서 사상을 위한 시장은 재화를 위한 시장보다 더 큰 외부성 때문에 규제를 더 필요로 할 것이라는 주장.

245 Frederick Schauer, Uncoupling Free Speech, 92 Colum. L. Rev., 1992, p. 1321.

될 수 없다는 근본적 반대에 맞서야 한다. 우리가 첫 번째 수준을 넘어서서 은유를 추구한다면 이러한 반대의 힘을 평가해야 한다.

재화와 용역시장은 가격과 여러 수준의 산품을 창출한다. 사상의 시장은 개인적인 믿음의 집합과 어떤 의미에서는 관찰과 논쟁의 생산을 창출한다. 생산과 소비 자원 양자의 희소성은 재화와 용역시장을 추동하는 현상이다. 이러한 목적을 위해 정보는 사상보다 재화로 보다 잘 취급된다. 이러한 종류의 희소성은 어떤 사상을 믿을 수 있고 전달할 수 있는지를 제한한다. 거의 무한한 우주로부터 어떤 소수의 사상이 사람의 유한한 집중을 지배할 것인지 또 수많은 생각 가운데 어느 것을 사람이 확산시키려고 시도할 것인지는 결정해야 한다. 그럼에도 사상의 생산과 소비는 대부분의 재화와 용역 생산자와 소비자가 직면하는 선택보다, 덜 냉혹하고 덜 범주적이고 덜 분리적인, 그리고 더 질적으로 뛰어나고 더 다양하고 더 지속적이며 더 가역적이며 더 미묘한 어감을 주며 더 확산적이며 더 전체론적인 선택들에 의해 특징이 규정된다.

이러한 차이의 한 가지 이유는 심지어 많은 이방인 가운데서도 사상을 전달하는 과정이 협력과 호혜, 주로 상징적이라고 한다면 발신자와 수신자 사이의 집단화, 즉 상호 지속적인 정체성 확립이다 이러한 것들은 상품시장에서 경쟁적인 거래현상에 고유한 것은 아니다. 상품시장의 효율성은 별도의 비인격적인 거래를 집행하는 그들의 능력이다. 게다가 생산의 우월성이 재화와 용역과 관련해 확립될 경우에 발생하는 바와 같이, 사상의 생산은 생산자에게 유용한 자원을 감소시키지 않는다. 사상의 생산은 더욱더 많이 미래의 생산을 용이하게 하는 부가적 지적 자원을 창출한다. 비슷하게 한 소비자가 사상을 살 경우, 다른 소비자들에게도 유용한 그 사상의 공급은 그로 인해 사라지는 것은 아니다. 이러한 점들과 관련해 희소성 현상은 사상이 사회적으로 질서를 이루는 방법, 즉 관습적으로 경쟁관계인 재화와 용역의 할당과 분배를 결정하지 않는다.

3. 가격기능의 존재성

미시경제 분석의 중요한 요소인 대체효과는 재화와 용역시장에서 하는 것처럼 사상의 영역에서는 작동하지 않는다. 전적으로 소구력이 있는 것은 아니지만 거의 소구력이 있는 사상들이 낮은 가격으로 유용하게 될 경우, 소구력이 있는 사상들이 덜 동의를 받는 게 아니다. 소비의 대상이 사상일 경우, 가격 개념 자체가 문제이다. 갈등을 빚는 사상을 믿는 기회와 달리 사상을 소비하기 위해 사람이 포기해야만 하는 것이 무슨 의미인지가 관건이다. 믿음을 형성하는 것은 때로는 어떤 사람의 평판에 대한 그리고 아마 개인의 정체성 의미에 대한 비용을 수반한다. 이러한 면에서 가격에는 정확히 미치지 못하는 그러한 대안적 믿음은 소비자를 위한 보다 나은 협상에 이르게 할 것이다.

그러나 유용한 대안들이 이렇게 이상한 방식으로 믿음을 형성하는 과정에서 때로는 구체화하면, 사상의 총체적 수요에 대한 그러한 행동의 영향은 진리를 탐구하는 사회적 과업에서 효율적인 산출에 기여하는 그러한 것은 아니다. 믿음이 표현기능에 의해 정체성을 형성하고 사람 사이를 연결하게 하는 그러한 믿음의 표현기능에 우선적으로 가치가 있는 것으로 간주되면, 의식적으로 진지하지 않은 것은 아닐지라도 덜 비용이 드는 대안적 믿음을 포함하는 선택은 적어도 인식적으로 불협화음을 수반한다. 보다 덜 비용이 드는 대안을 믿는 것을 선택하는 것이 가능하다고 추정하면서, 그 불협화음은 그렇게 선택한 믿음의 표현의 가치에 의문을 제기하게 할 것이다. 사상만이 아니라 많은 교환들은 표현의 목적에 기여하며, 그러한 이유로 시장규범에 의해 지배를 받아서는 안 된다는 주장이다.

만약에 다른 한편으로 믿음의 도구적 가치, 즉 미래의 사고와 행동에 믿음이 미치는 기여가 강조될 수 있다면, 지적 회피와 부정의 행동은 인식적 헌신 또는 인식적 자원을 유발하지 않을 것처럼 보인다. 사건들이 늘 변화하는 과정에서 그들이 직면하게 될 선택의 경우, 그러한 행위자는 자신들의 개인적 유용성 기능에 봉사하기 위해 그러한 인식적 헌신 또는 인식적 자원을 필요로 할 것이다. 이러한 지적 대체 현상으로부터 나오는 어떠한 집단적 믿음의 유형이라도, 재화와 용역 영역에서 유용한 대체정보가 생산자와 소비자에게 선택정보를 제공할 경우, 그 결과에 유사한 사회적으로 기능적 균형이 고려될 수 없다.

이 은유는 게다가 다른 측면에서 가격 개념에 대해서는 기반이 무너진다. 재화나 용역시장에서는 당시 시장가격이 있다. 시장 참여자들은 스스로 위험을 무릅쓰고 그러한 가격을 무시한다. 그러한 것이 있다면, 시장가격에 대해 사람은 현재 믿음에 대한 의견의 일치를 유추할 수 있을 것이다. 경제요인들이 시장가격에 반응해야 하는 방식과 같은 것으로 사상의 시장 참여자들이 최근의 합의에 응답해야 한다고 우리가 말할 수 있는지는 의문이다. 물론 정규적으로 사상을 파려는 사람이 어느 잠재적 구매자에게 접근하고 또 어떤 종류의 소구력을 갖고서 해야 할지를 결정하는 데 믿음의 우월적인 기초선을 고려하기를 원하는 것은 진실이다. 게다가 전통적인 재화와 용역과 관련해 소비결정을 하는 것처럼, 관성은 아마 믿음의 형성과 보유에서 큰 역할을 할 것이다. 실제로 이 점과 관련해 홈즈의 유명한 경구를 떠올릴 수 있다. "재산과 우정, 진리는 시대에 따라 공통의 뿌리를 갖고 있다."[246] 그럼에도 현재 합의된 내용을 거부하는 사상은 시중 가격보다 훨씬 더 높게 가격이 매겨졌기 때문에 선반에서 시들해지는 물질적인 재화를 위해 복제된 것과는 다른 방식으로 소비된다. 그러한 사상은 미래의 지적 문화적 정치적 성장의 씨앗이 될 수 있다. 그러한 사상은 역시 너무 기이해서 또는 너무 말을 안 하거나 너무 고립돼서 반체제 사상가가 틈새시장을 구성할 수 있도록 현재 가치를 제공할 수 있다.

---

246 Oliver Wendell Holmes, Jr., *Natural Law*, p. 40.

은유는 초점을 가격체제로부터 소비자 선택의 과정으로 바꾸는 것에 의해 구제될 수는 없다. 상품 또는 용역시장에서, 소비자들은 오랫동안 좁은 의미에서 이기적인 것으로 기대된다. 개인적 선호의 총량을 극대화하는 결정은 사람들이 원하는 것에 따라서 생산품의 당위성과 생산되어야 할 것을 최선으로 활용하는 수단을 제공한다. 이 점과 관련해 상품이나 용역시장 개념에 대해 규범적 차원이 있다.

사상의 시장에서 소비자 선택이 경제시장에서 똑같은 정도로 이기적이어야 한다는 것을 규범적 문제로 주장하는 데 대해서는 회의적이다. 청자와 독자가 단순히 오로지 사적 용도만을 포함하는 것으로 좁게 생각되는 자신들의 개인적 수요만을 최상으로 충족시키는 사상을 단순히 찾기를 원하지 않는다. 그들이 하나 또는 다른 방식으로 보다 폭넓은 의미에서 가치가 있는 사상을 찾기를 기대한다.

믿는 것을 결정하는 데 사상의 소비자들은 다른 사람들의 바람과 수요, 의견, 경험들을 고려해야 하고 또 고려한다. 또 사상의 소비자들이 스스로 바라는 것과 다른 것을 믿기를 기대한다. 사상의 사회적 가치는 즉각적인 생산자와 소비자 외에 어느 정도 그들의 생산과 소비가 개인들을 위한 이익을 창출하는 방식에 놓여 있다. 그러한 적극적인 외부성이 클수록 덜 단명하고 덜 지역적이고, 따라서 다른 사람에게 적용할 수 없는 점에서 개인적이며, 사상의 즉각적인 소비자에 의해 이루어지는 선택들이다.

4. 사회적 가치의 비소비적 원천

재화와 용역을 소비하는 결정은 역시 변함없이 이기적이고 근시안적이다. 가끔 재화와 용역 소비자들은 자신들의 선택을 부분적으로 집중되는 이타주의에 동기를 부여 받아 또는 일반화된 사회적 책임으로 소비한다.

그러나 그 현상은 사상의 소비자들이 결정할 경우 일어나는 것과 실제로 유사하지 않고 심지어 마지못해 믿는 것과도 유사하지 않다. 근본적인 차이는 경제적 소비가 너무 이기적이지 않을 때, 재량적 선택 현상이 믿음을 형성하는 과정에서 복제되지 않을 정도로 지배한다는 것이다. 비록 마음으로부터 독립적인 진리로서 그러한 것들이 그곳에 없다고 주장할지라도, 어떤 사상의 진리의 측정이 진리를 채택하는 것의 실질적 영향이라고 믿는다고 할지라도, 현실은 더 이상 줄일 수 없이 접근법의 기능이라고 생각할지라도, 순진한 믿음을 유지하는 경험은 개인의 정체성의 질과 가장 특별한 소비자 구매에 의해서만이 다가설 수 있는 헌신을 수반한다. 홈즈는 자신의 믿음의 특징을 "can't helps(어쩔 수 없이)"로 규정짓는다:[247]

"진리에 의해 내가 뜻하는 모든 것은 내가 생각할 수밖에 없는 것이다. 내가 어떠한 것이 진리라고 말할 때, 나는 오로지 내가 그것을 믿을 수밖에 없다는 것만을 또 다르게 생각하는 이유를 믿을 수밖에 없다는 것만을 의미한다. 그러나 나는 할 수밖에 없다(can't helps)는 장대한 can't helps라는 믿음의 근거를 갖고 있지 않다. 나는 따라서 나의 지적 한계의 체제를 진리로 정의를 내린다. 내가 걸고 있는 것이 내가 고려하는 세상의 다수를 압도적으로 하지 않을 수 없는 것이자 하지 않을 수 없는 것에 대한 암묵적인 언급이다."

또 보통법 발전의 추동적인 사상의 특징을 "felt necessities(필요를 느끼다)"로 규정지으며,[248] 간명하게 정리했다.

---

247 Letter from Holmes to Sir Frederick Pollock (Oct 27, 1901). Letter from Holmes to Laski (Jan 11, 1929).
248 Holmes, The Common Law, p. 5.

생산기능이 고려될 때, 보다 문제가 되는 것은 사상을 경제적 자원에 비유하는 것이다. 크게 보면 사상은 수요에 응해서 창출되는 것이 아니다. 우리는 그렇게 되기를 바라는 것은 아니다. 우리는 행위에 대한 비판적인 용어, 즉 영합이라는 용어를 갖고 있다. 다시 한 번 정보는 다르다는 것에 주목하자. 사상을 생산하는 것에 대한 표현상의 대가는 아무도 확신시키지 않는 사상의 저자에 의해 그 경험을 사회적으로 가치가 있는 소비의 형태로 만든다. 게다가 자주 팔리지 않는 사상들은 자주 사회적 기능을 정밀하게 수행한다. 왜냐하면 그 사상들은 그들이 놓여 있던 시장에서 구입하지 않은 사람들에 의해 생산적으로 포장지로, 부분적 진리로, 선택적으로 찾을 수 있는 부분적 진리로서, 조건이 변화하는 데 따라 미래사용을 위해 유용한 선택으로서 사용될 수 있기 때문이다.[249] 물론 경제적 재화와 용역이 소비 외에 목적을 위해 생산하거나 사용하는 사람들에 대해 가치를 생산하는 방식상 유추가 있다. 몇몇 기업들은 자기표현의 정신으로 재화와 용역을 제공한다. 대부분의 구매자들은 자신들이 구입하지 않기로 결정한 상품의 가능성과 위험을 배우며 소비선호를 결정한다.

그러나 여기서 정도의 차이를 말해 보자. 사회적 가치의 비소비적 원천은 경제적 생산에 대해 진지함과 통합성, 발화자의 개인적 정체성 그리고 다양한, 발산적인, 지연된 사상의 사용이 실질적으로 그러한 가치의 주요 부분을 구성하는 방식처럼 통합적이지 않다. 이러한 비교들은 사상의 시장에서의 사회적 가치의 원천은, 공급과 수요의 상호작용과 관련된 고전주의와 신고전주의 경제학의 통찰력 위에 그림으로써, 사람이 설득력 있게 자유로운 언론의 철학을 발전시킬 수 없는 전통적 경제시장에서의 그러한 것들과 매우 다르다는 것을 보여 준다. 어느 면에서 홈즈는 이것을

---

249 John Stuart Mill, On Liberty, pp. 97-98, 103-117. Mill은 사상의 가치의 이러한 원천들 각자를 강조.

인정했다. 그들의 광범위하고 지적으로 풍부한 서신에서, 폴록은 마샬 (Alfred Marshall)을 이해하기 위해 홈즈에게 반복적으로 접근하려고 했다. 마샬은 경제학에서 신고전주의 운동의 원로이자 한계분석의 함축성을 산출해 냄으로써 균형감의 개념을 미시경제이론의 중심에 세워 놓은 학자이다. 홈즈는 마샬이 일반적 균형이론을 발전시킨 과정을 설명하며 이렇게 얘기한다 :

"경제학 저자들이 사회학적으로 된 경우를 제외하고 내가 그렇게 자양분을 취한 적은 없다. 나는 스미스로부터 많은 기쁨을 얻은 것을 기억한다. 왜냐하면 그는 저서에서 인생에 대한 전반적인 관점을 주고 있기 때문이다. 그래서 마샬 당신의 저술을 읽는 데 사죄를 청한다."[250]

Ⅲ. 사상의 자유시장의 흠과 현상유지의 편향

1. 사상의 자유시장 현실의 흠

자유경제시장은 논쟁적으로 재화와 용역을 평가하고 유용성을 최대화하는 방식으로 자원을 배분한다. 시장의 경쟁적인 본질이 제거된다면 또는 시장의 합리성이 사회화나 선동에 의해 손상을 입는다면, 시장은 적절하게 특별한 재화나 용역을 평가하기 위해 더 이상 보장될 수 없다. 실제로 바로 그러한 현실세계의 조건들이 적절하게 재화와 용역을 배분하는

---

250 Letter from Holmes to Pollock (July 28, 1911).

것으로부터 자주 자유로운 경쟁적 경제시장을 차단한다. 경제시장을 왜곡하고 조작하는 사적 경제력 때문에 정부가 시장에 적극적으로 개입하게 한다. 독점금지, 최저임금, 근로 최대시간제, 공정대부법, 과대광고 또는 사기성 광고 금지, 비양심적인 소비자계약, 농산물 가격지지 등이 자유방임주의 체제에 대한 개입 사례들이다. 미국 시민 가운데 가장 보수적인 사람들도 원칙적으로 이러한 개입들을 분명하게 받아들이고 있다.

이러한 쟁점들에 대한 논쟁은 그 대신 경제시장에 대한 정부 개입을 양적인 것과 정도 그리고 범위에 초점을 맞춰 왔다. 자유방임주의 경제이론이 위상면에서 위축됐다고 하더라도, 그것의 사망을 환영하는 사람들은 자유방임주의적 통신시장의 상징들을 보유하려고 한다.[251] 수정헌법 제1조의 비판론자들은 사상의 자유시장은 왜곡되고 조작되고 있다고 주장한다. 자유로운 표현에 대한 사적인 제한의 발전과 함께, 사상이 자신의 장점에 따라 경쟁한다는 자유시장의 사상은 완전경쟁의 경제이론처럼 현재에는 비현실적인 것이 되고 있다.

수정헌법 제1조의 본질인 합리주의 철학이 태어난 세계는 사라지고 있으며, 합리주의라고 하는 것은 이제 낭만이다. 사상의 자유시장은 경제시장처럼 결함이 있다. 발전된 법 원칙과 사회화 과정의 불가피한 영향들 때문에, 견고한 권력구조 또는 이데올로기를 지지하는 대중매체의 기술과 자원과 사상의 불균등한 배분은 현재 시장 안에서 수용될 가능성이 높다. 역으로 그러한 구조 또는 이데올로기를 위협하는 그러한 사상들은 대부분 시장에서 무시된다. 여기서 살피는 법 원칙과 시장현실은 각 시장모형의 전제들이 서로 영향을 미치며, 현상을 유지하는 것을 실증한다.

---

251 Thomas Emerson, The Affirmative Side of the First Amendment, 15 GA. L. Rev., 1981, pp. 795-796. Stanley Ingber, The Interface of Myth and Practice in Law, 34 VAND. L. Rev., 1981, pp. 309-310, 325-331.

사상의 자유시장 추정들은 필수적으로 논쟁을 유발한다. 왜냐하면 가장 중요한 범주인 정치적 언론이 전적으로 사상의 자유시장에 의존하고,[252] 따라서 타당하지 않은 추정에 의존하기 때문이다. 이 시장이 상정한 바대로 존재하지 않고 기능하지 않는다면 정치적 언론 이론은 타당하지 않게 되기 때문이다. 관련 정보가 생성되고 소비되고 또 그러면서 민주주의 의사결정에 동화되는 믿음에는 근거가 없다. 언론분석의 이분법적 구조에 따른 기준 동의는 선량하고 보호받는 정치적 언론을 또는 다른 맥락에서는 문학과 예술 또는 과학적 언론을, 보호를 받지 않거나 덜 보호를 받는 언론의 미리 선정되고 예외적인 범주를 갖고 서로 반대편에 자리 잡게 한다.

사물을 분류하도록 촉구하는 것이 모든 사상에 내재한다. 반면에 언론 쟁점들을 범주화하는 것은 Chaplinsky사건[253] 이후 학문적이고 법적으로 발전하고 있다. Chaplinsky재판부는 특정 종류의 언론은 개인과 사회에 끼치는 손해 때문에 보호를 받지 않는다고 인정했다. 그리고 경쟁이 곧 언론의 유해성 범주 안에서 구분하는 일관성 있는 설득적인 기준을 발전시키게 될 것이라고 본다. 특별한 사건들에 대해 임시적으로 반응하는 것처럼, 이러한 범주들은 서서히 나타난다. 법적 사고의 관성과 전통은 범주의 내용들이 범주 자체보다 더 빠르게 변화하도록 한다. 이들은 언론 이론상 패러다임의 이동이라고 부를 수 있는 조건들이다.

고립적인 요인들은 법적 분석이 가능하도록 어느 정도 조직화해야 한다. 또 범주는 생각에 대해 친근한 이정표를 제공한다. 그러나 범주화에

---

252 R.A.V. v. City of St. Paul, 505 U.S. 377, 421-436 (1992). Stevens 동의의견. 공무원에 대한 언론이나 공적 관심사항 문제는 다른 주제에 대한 언론보다 더 큰 보호를 받는다. 왜냐하면 규제는 정부가 효율적으로 특정사상이나 관점을 시장으로부터 몰아넣을 것이라고 떠들어대기 때문이다. 또 정부는 사상의 자유시장에서 중립적으로 남아야만 하기 때문이다. R.A.V.가 충분한 공적 관심을 불어넣기 위해 십자가를 태우는 것이 이 같은 이유로 헌법적 보호를 받을 장점이 있는가가 문제이다.

253 Chaplinsky v. New Hampshire, 315 U.S. 568 (1942).

의한 법학은 너무 쉽게 단순한 구획을 나누는 것, 즉 명백하고 열성적인 사고의 대체물로서 구조를 수용하는 것이 된다. 사고가 좁은 범주 일상적으로 동시에 두 개의 범주로 밀려들어갈 경우 동시에 세 개 또는 그 이상의 요인들을 고려하는 것이 오로지 불완전하게 그리고 어렵게 다루어지기 때문에, 일부 또는 상당한 정도의 창의성을 상실하게 된다. 사실들은 예를 들면 투쟁적인 단어 원칙 또는 정치적 언어 각자 접근법으로부터 도달된다. 접근법은 보다 많은 적절한, 현실적 가능성 예를 들면 인종차별 언론을 미연에 방지하는 것이다. 또 그 가능성은 밝은 선 범주 사이에 회색 영역에서 숨어 있다. 그릇된 이분법 또는 헷갈림은 이진법적 논리 하에 상호배제의 이 과정으로부터 자주 파생된다. 그리고 논리적 결론은 그것의 모든 것, 예를 들면 절대주의의 자유로운 언론을 고려하거나 또는 아무것도 아닌 것을 감아낼 수 없다.

보호를 받지 못하는 언론들은 법관에 의해 정치적 언론으로 인정받지 못하게 될 것이다. 으레 형사상 공모나 질서 있는 계약을 형성하는 언론, 공식적인 비밀을 확산시키는 언론, 특정인을 중상하거나 명예훼손 행위를 하는 언론, 외설적인 언론, 적대적인 작업장을 만드는 언론, 상표를 침해하거나 또는 다른 사람의 말을 표절하는 언론, 즉각적으로 해로운 영향력을 일으키거나 관객이 밀린 극장에서 '불이야!' 라고 외치는 것과 같은 언론, 사로잡힌 청중이나 공중파 방송을 향한 언론, 투쟁적 단어원칙을 구성하는 언론, 법관이나 교사, 군 장교, 또는 다른 권력기관의 인물을 폄하하는 언론, 소비자를 속이는 언론, 가격을 고정시키곤 하는 단어, 범죄위협을 하고 '손들어! 그 돈 이리 내놔!' 같은 단어들, 선서 또는 신문과정에서 행한 믿을 수 없거나 적절치 못한 언어 등이 이 목록에 들 것이다. 덜 보호를 받거나 또는 낮은 가치의 언론의 범주들은 상업적 언론과 성적으로 노골적인 자료들을 포함한다. 자유로운 언론의 헌법적 보호는 비강제적인 비폭력적인 실질적으로 가치 있는 행동에 대한 정부 제한을 막는 것이다.

언론이 명백하고 현존하는 위험을 내포하지 않는 한 보호를 받게 될 것이다. 이러한 위험은 실제로 중대한 것이어야 한다. 미국 법은 민주주의의 중요한 점에서 정치적 또는 사회적 안정에 대해 중대한 위협으로 판단하는 수많은 언론과 행위를 한계적 불편(marginal inconveniences)으로 다룬다. 우리들과 그들의 사고과정이 확실하게 매우 정밀한 것은 아니다. 우리는 언제 언론을 억제할까 단순히 생각하는 중이다. 그러나 우리는 역시 언제 억제하지 않기로 결정할까를 생각하는 중이다. Abrams사건에서 소수의견은 직접성을 명백하고 현존하는 위험의 원칙에 포함시킨다. 그러나 그것은 모호성에 의해 타당성에 손상을 입고 냉소적으로 해석된다.

R.A.V.사건에서 스티븐스(Stevens) 연방대법관은 연방대법원의 역사가 보호받지 못하는 언론의 범주를 좁히고 있다고 설명하고 있다.[254] 이렇게 좁게 해석하는 것의 영향 가운데 하나는 정치적 언론이며, 정치적 언론은 폭발적으로 팽창하고 있다. 만약에 R.A.V.사건에서처럼 발언자가 최소의 타당성을 갖고서 박해가 선호하지 않는 사상을 주창한 것으로부터 비롯된다고 주장할 수 있다면, 어떠한 것이라도 이제 보호를 받는 정치적 언론이 될 것이다. 판례들이 용감한 사법적 태도를 선언하는 반면에, 사실일 것 같지 않은 최악의 사건 극본에 실체를 쏟아부음으로써 법적 분석을 자주 왜곡하는 위험한 경계를 두려워하는 바람에 분석은 제대로 이루어지지 않고 있다. 법률상 논쟁의 기준으로서 미끄러운 경사지는 문제가 되고 있는 사실에 대해 특별히 경사지가 미끄럽다는 입증을 포함해야 한다. 실수에 대한 한계를 남겨놓는 것은 자유로운 언론의 범위를 원칙적으로 묘사하는 것을 탐색하는 것이 포기된다는 것을 의미해야만 하는 것은 아니다. 집단들을 모독하는 언명들은 공적 관심사항에 대한 의견이나 사상을 전달한다.

---

254 R.A.V., 505 U.S. at 428.

이러한 공포의 극단적인 형태는 자유로운 언론이 불가분하다고 할지라도, 근본주의자들이 수정헌법 제1조로부터 먼저 한 걸음이라도 띠게 되는 것은 불가피하게 정치적 권위주의에 대한 길로 가게 된다는 것이다. 사상 경찰은 우리의 정치적 합의를 방해할 것이다.[255] 단순하게 무례를 범하는 것은 검열과 역설적인 차별 또는 정치적 교정행위를 부과하는 데 대한 변명으로 작용할 것이다.[256] 내용 규제는 필수적으로 견해의 규제를 유발하게 된다. 이것은 훨씬 더 좋지 않은 상황이다.[257] 특별한 정부에게 억제권을 부여하는 것은 필수적으로 보다 일반적인 억제권을 부여하는 것이 된다. 정책의 검증은 신속하게 수정헌법 제1조의 원칙을 약화시키고, 사회는 진리를 잃게 될 것이다. 많은 사람들이 어떠한 것이라도 말하는 것을 두려워하게 되는 결과를 빚게 되어, 담론에서 사회적으로 가치가 있는 실험들은 포기가 될 것이다.[258]

폭넓은 정치적 언론 범주를 갖는 것의, 또 매우 큰 이분법을 채택하는 것의 주된 이점은 이러한 전술이 잘못된 범주화의 위험을 최소화한다는 것이다. 보호를 받지 못하고 비정치적인 범주들의 많은 것은 엄격하게 되고, 법관들은 언론을 보호하는 데 최선을 다하게 될 것이다. 이러한 전술은 그 자신의 위험을 R.A.V.사건에서 보이는 그리고 보호받지 못하고 비정치적인 언론의 범주의 일부를 약간 확대하는 것은 법원이 최소화할 것이다.

---

255 Toni M. Massaro, Equality and Freedom of Expression: The Hate Speech Dilemma, WM. & MARY L. Rev., 1991, pp. 211-224. Robert W. McGee, Hate Speech, Free Speech and the University, 24 AKRON L. Rev., 1990, pp. 363-364.

256 Anti-Defamation League v. FCC, 403 F.2d 169, 174 (D.C. Cir. 1968). 집단 명예훼손은 통상적으로 소송가능한 것이 아니다; 그러나 가증스럽다. 이러한 종류의 언론은 정치적 사회적 논평 영역에 접근한다.

257 R.A.V. v. City of St. Paul, 505 U.S. 377, 430 (1992). Stevens 동의의견.

258 Beauharnais v. Illinois, 343 U.S. 250, 273 (1950). Black 소수의견. 거대 집단에 다르게 영향을 미칠 수 있는 법률 시행의 찬반에 대해 논쟁. 어느 집단에 대해 비판적 견해를 말하는 것은 지금 매우 위험하다.

2. 이성의 추정의 문제

시장 모형의 객관적 진리에 대한 가정이 타당해 보이지 않고 또 진리와 이해가 실질적으로 전제 조건적 선택이라고 일단 사람이 깨닫게 될 때, 사람은 시장이론의 지속성을 이해하기 위해 시장 모형의 다른 가정을 재평가하도록 촉구받는다. 이러한 가정들 가운데 가장 중요한 것은 사람이 전달내용의 실체와 그 형태와 초점에 의해 야기된 왜곡 사이를 이성적으로 구분할 수 있다는 것이다. 그러나 공중이 전달내용의 형태를 내용의 실체로부터 분리하는 능력을 갖고 있다고 보는 것은 받아들이기 어렵다. 그럼에도 일부 법적 원칙은 그 전달내용이 드러나는 형태를 통제하는 것을 통해 소통에 대한 비이성적 반응들을 제한하려고 한다.[259]

(1) 형태의 문제

Chaplinsky사건에서[260] 연방대법원은 명백히 모욕적인 태도로 뭉쳐진 사상에 대해 수정헌법 제1조의 보호를 부인했다. 이 사건은 여호와의 증인이 시 보안관을 모리배이자 극우주의자라고 비난하면서 보도 위에서 투쟁을 벌인 일을 다룬다. 여호와의 증인의 유죄를 인용하면서 머피(Murphy) 연방대법관은 만장일치의 판결문에서 이렇게 판시했다. 개념이 잘 정의되고 엄격하게 제한된 언론의 특정한 계층이 있으며, 그 언론에 대한 기소와 처벌은 헌법적 문제를 제기하지 않는 것으로 생각된다고 했다. 이들은 선정성, 외설, 신성모독, 명예훼손, 모욕 그리고 투쟁적 단어들을 포함하며, 말하는 순간 바로 상처를 주고 즉각적으로 평화를 파괴하

---

259 Stanley Ingber, The Marketplace of Ideas, p. 31.
260 315 U.S. 568 (1942).

는 경향이다. Chaplinsky사건에서 주 법원은 주 법률이 대면적 단어들을 금지한 것으로 해석했다. 그 단어들은 단순히 듣는 사람에 의해서 평화 파기의 원인이 될 것으로 보이는 것이다. 여기서 듣는 사람은 보안관이기 때문에, 분명히 법원은 주 법률을 집행하는 공무원은 평화의 파기를 통해 그러한 언론에 대해 응답을 삼가는 것이 엄정하게 요구된다고 주장할 수 있다.

Chaplinsky가 보호받는 언론과 보호받지 않는 언론 사이를 구별하려고 시도한 이래 수십 년 동안 실질적인 수정헌법 제1조 문제들이 선정성과 명예훼손성 범주 아래에서 제기됐다. 투쟁적 단어의 범주는 대조적으로 지속적으로 헌법 범위를 넘어서 남아 있다.[261] 일련의 학자들은 투쟁적 단어의 규제가 자유로운 언론과 일치한다고 말한다. 왜냐하면 그러한 말들이 인지적 성찰보다는 자동적인 반응을 야기하기 때문이다. 결론적으로 시장으로부터 그러한 언론을 제거하면 이들 학자들에 따르면 단지 생각 없고 비이성적인 반응들을 제거할 뿐이다. 잃을 헌법적 가치가 거의 없고, 공적 질서는 유지되는 것이다.

연방대법원의 도발적인 연설자와 적대적인 청자 원칙(provocative speaker/hostile audience doctrine)은 투쟁적인 단어 원칙과 밀접하게 관련이 있다. Feiner사건에서[262] 연방대법원은 인종적으로 혼합된 군중에 대한 연설을 중단하라는 경찰의 명령을 무시한 연단사용자가 질서를 어지럽히고 죄를 저지른 것으로 판시했다. 연방대법원은 국가가 연설자 자신뿐 아니라 지지자들에 대한 관중들의 폭력을 유발할 가능성이 있는 도발적인 연설자를 진압할 권한을 갖는 것으로 인정했다. 연설자는 자신이

---

261 Lewis v. City of New Orleans, 415 U.S. 130, 133 (1974). Gooding v. Wilson, 405 U.S. 518, 522 (1972).
262 Feiner v. New York, 340 U.S. 315 (1951).

대해서 흑인이 맞서는 데 헌신하고 있다며 선동을 했다. 그는 흑인이 손을 잡고 일어서서 평등권을 위해 싸울 것을 촉구했다. Feiner는 대통령을 부랑자로, Syracuse 시장을 샴페인을 홀짝거리는 부랑자로, 그리고 미국 군대를 나치 게슈타포로 묘사했다. 2명의 경찰관이 80여 명의 군중과 대치했다. 경찰이 연설자를 멈추기 위해 행동하지 않는다면, 적어도 한 명이 폭동을 일으키겠다고 위협했다. 폭동의 위협이 연설자에 반대하는 관중으로부터 제기되었어도 빈슨(Vinson) 연방대법원장은 연설자가 논쟁의 경계나 설득을 넘어서서 또 폭동의 유도에 착수할 때, 경찰은 평화의 파기를 방지하기 위해 권한이 없어서는 안 된다고 주장했다. 또다시 진압을 하는 것은 연설이 이성적인 담론을 고무하지 않고 설득의 경계를 넘어섰기 때문이라고 설명했다.

시장의 합리성을 보호하는 면과 관련해 연방대법원이 투쟁적인 단어와 도발적인 연설자와 적대적인 청자의 원칙을 설명하는 시도에도 불구하고, 이러한 원칙들은 연방대법원의 시장 모형의 다른 표현과 일치하지 않는다. 예를 들면 1949년 초 연방대법원은 Terminiello사건에서[263] 자유로운 언론의 기능은 논쟁을 유발하는 것이라고 판시했다. 언론이 불안의 조건을 유도하고, 현재 상태대로 조건의 불만족을 창출하고 또는 심지어 사람을 자극해서 화를 나게 할 때 자유로운 언론은 실제로 자신의 고도의 목적들을 수행한다. 언론은 자주 도발적이고 도전적이다. 언론은 편견과 선입견과 충돌하고, 언론이 사상을 수용하기 위해 압력을 가하는 만큼 심각한 불안정적인 효과를 갖는다. 그 대안은 입법자들이나 법원들 또는 지배적인 정치적 또는 공동체 집단들에 의해 사상의 표준화로 이끌게 된다.

그러나 반대편을 화나게 자극하는 보호받는 도발적인 말로부터 억압적인 투쟁적인 단어들을 구분하는 것은 어렵다. 사회적으로 가치가 있는

---

[263] Terminiello v. Chicago, 337 U.S. 1 (1949).

소수 의견은 종종 비관습적인 술어로 표현되며, 자주 담론의 정중한 기준들을 위반한다. 그 구분은 때로는 저급한 수준의 연설자로부터 저급한 양식의 연설을 금지하는 것처럼 보인다. 시민권 운동 등 이 같은 계층 중심의 분석은 확립된 규범과 상당한 지지자들에 대한 편견을 고착화할 것이다.

그러나 형태에 대한 초점은 보호받지 못하는 언론으로부터 보호받는 언론을 분리하려는 Chaplinsky의 시도에서 불가피하게 비롯된 것이다. Chaplinsky는 소통의 본질은 형태를 혼란스럽게 하는 정부의 간섭 배제를 유지시킬 수 있는 것이라고 제시했다. 그러한 형태에 있어서 소통은 공중의 숙고를 위해 제시된다.[264] 많은 비평가들은 언론의 내용과 형태는 어느 정도 분리가능하다는 가정을 거부했다. 그러나 시장 모형은 이것을 바로 가정으로 한다. 그것은 사람이 전달내용의 실체에 초점을 맞추기 위해, 또 전체 내용에 있어서 감정적이고 비이성적인 호소를 거부하기 위해 이성을 사용할 수 있다는 것을 추정한다. 사회과학적 증거는 설득의 비이성적 요소를 확립하고 강조했고, 따라서 이 같은 시장의 가정에 심각하게 도전한다.

베이커(C. Edwin Baker) 교수가 인정한 바와 같이 감정적 호소는 이성적이든 비이성적이든 고도로 힘이 있다. 잠재적 억압, 공포 또는 바람은 전달내용에 대한 사람의 동화에 영향을 미친다. 가장 분명한 것은 자극과 반응체제와 선택적인 주의, 보유과정이 이해나 접근법에 영향을 미친다. 이러한 과정들은 인식상 불협화음 현상과 짝을 이루어 자신들이 지각한 이익을 증대시키는 그러한 접근법들과 일치하지 않는 전달내용으로부터 개인을

---

264 Chaplinsky, 315 U.S. at 571-572. 몇몇 언사는 사상의 표출의 본질적 부분이 아니다. 이는 FCC v. Pacifica Found., 438 U.S. 726 (1978) 사건에서 연방대법원의 의견 뒤에 있는 기본적 가정이다. FCC는 품위가 있는 것은 아니지만 외설적인 언어를 사용하는 라디오 방송을 규제할 수 있다. 연방대법원은 중요한 통신의 내용보다 차라리 품위가 없는 언어가 회피돼야 한다는 요구는 형태에 대해 1차적 효과를 갖는다고 주장했다. 있다고 하더라도 덜 공격적인 언어를 사용하는 것에 의해 표현될 수 없다는 생각은 거의 없다.

보호한다. 시장의 성과는 따라서 어느 이성적인 과정보다 전달내용의 전체적 포장과 청자들의 심리적 성향에 의해 결정된다. 요컨대 공중의 이성에 대한 시장 모형의 의존은 최선의 경우에도 잘못된 것으로 본다.

다른 학자들도 시장 모형의 이성에 대한 의존을 회의적으로 여긴다. 그들은 그러나 시장 모형의 궁극적인 지혜보다는 시장 모형의 공정성이 시장 모형의 지속적인 수용을 정당화한다고 강조한다. 수정헌법 제1조가 정당성을 입증하는 사회적 이익은 정치과정의 성공적인 가동이다. 따라서 국가는 그것이 현명하든 또는 진리 위에 서 있든 그렇지 않든 최대 다수의 희망에 일치하는 행동 과정을 더 잘 채택할 것이다. 공정성의 정당화는 그럼에도 불구하고 기득권층 집단이 시장을 지배하기 때문에 실패한다. 이들 집단은 정보 확산을 위한 시장의 가장 효율적인 기제에 대한 보다 큰 접근성을 갖는다. 또한 그들의 이익에 위협적인 새로운 사상과 접근법들로 귀결되는 행동을 축소하는 권한을 법적으로 갖는다.

(2) 접근권과 방식의 문제

수정헌법 제1조는 공적 토론의 주된 형태가 손으로 인쇄한 작은 책자와 손으로 조판한 신문, 도시회합,[265] 공원인 시대로부터 발전했다. 마이클존의 민주주의 개념은 행정관이나 입법자가 아니라 모든 유권자들이 공공문제들을 이해하는 데 충분하게 가능한 참여의 기회가 주어져야 한다는 것을 요구한다. 그렇게 공공문제들을 이해하고 자치사회의 시민은 협상해야 한다.

마이클존의 이상형은 대의적 민주주의(representative democracy)보다 도시회합과 같은 것으로서 참여적 민주주의(participatory democracy)에

---

[265] A. Meiklejohn, Political Freedom, p. 24.

보다 더 가깝다. 대체적으로 공평한 가운데 큰 소리로 주목과 승인을 받으려고 경쟁을 했다. 이 같은 비교적 공평한 접근권 때문에, 자유로운 언론과 자유로운 출판에 대한 가장 강력한 위협은 정부 검열 또는 압력으로부터 온다.[266] 수정헌법 제1조는 표현의 전달내용, 사상, 주된 문제 때문에 정부는 표현을 제한할 권한이 없다는 것을 의미하는 것이다. 악에 대항하는 선량한 조언에 대한 브랜다이스 연방대법관의 판시는 공평한 접근권의 지속적인 존재와 그에 상응하는 수정헌법 제1조의 제한된 역할을 전제로 한다.[267] 역사적으로 이러한 가정은 정확하다. 그러나 오늘날 이것은 방어하기 어려운 것이다.

방대한 정보와 전문지식을 보유하는 정부 권한의 확대와 관료제의 형성은 개별 시민보다 정부를 시장에 가장 침투력 있게 참가하는 자로 만든다. 시장 내에서 숙고를 위해 활용 가능한 대부분의 정보와 견해는 정부 자신으로부터 유래한다. 사회적 통제의 증가하는 미묘한 수단의 도움을 받아, 시장의 대안적 견해를 압도하거나 차단하는 정부 권한은[268] 합의적 정부의 이론적 기초를 위협한다.

이론적으로 그러나 두 가지 방법들은 제한받지 않는 견해를 공중에게 전달하기 위해 존재한다. 그것은 접근권을 갖는 사람들을 위한 대중매체와 그러한 매체에 대한 접근권을 갖지 못하는 사람들을 위한 공적 토론장(public forum)과 같은 것이다.[269] 여기서는 지배적인 사회 집단보다 이러한 체제의 어느 것이 효율적으로 접근법을 전달하는지를 점검한다.

---

266 Police Dep't v. Mosley, 408 U.S. 92, 95 (1972).

267 Whitney v. California, 274 U.S. 357, 375 (1927). Brandeis 동의의견.

268 Houchins v. KQED, Inc., 438 U.S. 1, 9 (1978). 교도소 교도관에게 교도소 특정시설에 대한 접근권을 언론에 대해 부여하도록 명령하는 하급심의 금지명령을 파기. 그러한 판결은 정부의 선택이나 해석에 의해 왜곡되지 않은 정보나 이해를 쉽게 얻으려는 시도들을 좌절시킬 수 있다.

269 Harry Kalven, Jr. 교수는 처음으로 공적 토론장(public forum)의 개념을 발전시켰다. Kalven, The Concept of the Public Forum: Cox v. Louisiana, 1965 Sup. CT. Rev. 1. 이후 많은 저술들이 발표됨.

① 대중매체

어느 누구도 피케팅과 소책자가 신문과 방송처럼 효율적인 소통수단이라고 심각하게 주장하는 사람은 없을 것이다.[270] 490명의 유명한 교육자, 노동지도자, 은행가, 사업가, 의원, 공무원 그리고 성직자들이 미국에서 가장 강력한 기관으로 텔레비전을 꼽았다. 백악관은 두 번째, 세 번째는 연방대법원이다. 대중매체에 대한 접근권은 자신의 견해를 넓게 확산시키기를 바라는 사람에게는 중요하다. 그럼에도 독점적 관행, 경제와 자원의 불평등 분배는 새로운 벤처들에게 대중매체 사업에 진입하는 것을 어렵게 한다. 경제적으로 유리한 상태로 진입하는 것을 제한하는 것은 오늘날 도시회합과 소책자 시대에 들을 수 있는 소리를 진압하는 것과 같다.[271] 연방대법원은 이 같은 시장의 제한적인 모습을 인정했다. 출판으로의 진입이 상대적으로 비싸지 않을 때 그것은 소수 의견자에게 활용 가능한 것이지만, 오늘날에는 어려울 것이다. 같은 경제적 요인들은 사상의 자유시장으로의 진입을 하게 했으며, 거대도시의 신문이 사라지게 하는 요인이 됐다. 그 사상의 자유시장은 출판물에 의해서는 거의 불가능한 것이다.

매체는 결국 제안에 있어서 큰 힘을 행사하고, 또 연결된 사상을 형성한다. 두 매체의 청자의 형태상 차이 때문에 텔레비전은 출판매체가 하는 것보다 사상을 형성하는 데 이 힘을 더 크게 발휘했다. 첫째, 자주 신문을 읽는 사람은 그렇지 않는 사람보다 더 교육을 받는 사람이 되는 경향이다. 이것은 책과 적절히 세련된 정기간행물의 보호자뿐 아니라 그림과 일반적인 흥밋거리의 잡지 독자들에게도 진실이다. 그러나 교육을 덜 받은 사람들은 텔레비전 뉴스를 보는 경향이다. 둘째, 텔레비전 시청자들은 한 매체를 다른 매체에 의해 보완하려고 하는 경향이 아니다. 일반적으로

---

270 Who Runs America? A National Survey, U.S. NEWS & WORLD REP., Apr. 22, 1974, at 30.
271 Miami Herald Publishing Co. v. Tornillo, 418 U.S. 241 (1974).

신문 독자들은 신문을 보는 데 보다 많은 시간을 투입하고, 그들은 또 잡지와 책을 읽는 데 보다 많은 시간을 투입한다. 텔레비전 시청자들은 그러나 텔레비전을 더 많이 보는 만큼 다른 매체를 사용하는 경향이 덜하다.

차라리 말하고자 하는 개인보다 매체 소유자들과 관리자들은 따라서 어느 사람과 사실, 사상들이 공중에게 다가가야 하는지를 결정해야 한다.[272] 1969년 당시 애그뉴(Spiro Agnew) 부통령은 미국 국민은 커다란 공공정보 수단의 독점화와 보다 더 적어지는 소수의 손에 의해 여론에 대한 보다 많은 권력이 집중되는 경향을 알아야 한다고 밝혔다. 역설적으로 애그뉴 부통령의 보수적 정치동지들에게 주어진 것처럼, 신좌파는 특별히 대중매체의 확립된 통제를 통해 표현의 자유는 현상유지를 선호한다고 주장했다.

따라서 그러한 사실들과 사상들 그리고 매체 접근권을 가장 얻을 것 같은 접근법 또 결국 큰 규모의 공적 노출은 매체를 소유하고 관리하는 개인과 집단들의 자신의 이익에, 청중들의 보호가 광고를 위한 경제적 정치적 기초를 제공하는 많은 청중들에, 그리고 조직들의 상업적 지불이 직접적으로 매체를 위해 기금을 제공하는 경제조직들에 호소하는 것이다. 예를 들면 최대의 청중 속에서 공공연하게 외적 상업적 이익을 추구하는 텔레비전은 몇몇 사람들에게 불쾌한 사상들을 막도록, 또 아무에게도 적대적이지 않는 단조로운 프로그램을 방송하도록 불가피하게 압력을 받는다. 다른 내용 제한처럼 텔레비전 영업전략은 시장을 왜곡하고, 공중에게 불완전하고 아마 부정확한 사회적 정치적 세계의 인식을 갖게 할 것이다. 명예훼손 소송에 대한 매체의 공포는 역시 평범함을 고무하며 내용 제한을 야기한다.[273] 주류의 쟁점(mainstream issues)으로부터 멀리 방황하는 기자들은 따라서 명예훼손 소송의 위협을 가장 예민하게 느낀다.

---

272 N.Y. Times, Nov. 21, 1969, at 22, col. 2–3.
273 Gertz v. Robert Welch, Inc., 418 U.S. 323, 347 (1974).

왜냐하면 이 모든 조직들은 기득권층의 가치들과 전통적인 접근법들을 껴안는 경향이기 때문이다.[274] 대중매체의 상업세계에서는 이설 또는 논쟁적인 것을 지지하는 것 또는 심지어 다른 사람들이 지지하도록 하는 것은 좋지 않은 사업으로 여기는 경향이다. 매체 소유자와 광고주, 청중 대중 모두가 현상유지를 지지하기 때문이다. 매체 편집인들도 FCC의 동등한 시간 요구(equal time requirements)를 야기하는 논쟁적 입장을 피한다. 따라서 매체 관리자들은 관습적 지혜와 기득권층의 권력구조에 가장 도전하는 그러한 사상들을 자주 확산시키지는 않을 것이다. 매체를 통제하는 충분한 힘을 갖고 있는 집단들은 오로지 공동체 가치에 일치시키는 것에 의해서만이 공동체에서 그러한 지위를 얻을 것이다. 매체는 따라서 근본적인 믿음과 사회관행을 비판하는 것을 지지하고 명확히 할 것 같지 않다. 미국 생활과 정치에는 위대한 관용과 동등하게 큰 비관용이 이상하게 혼합되어 있다. 전자는 기득권층 집단이며, 후자는 일탈한 개인일 수 있다. 매체 접근권을 부여하는 것은 따라서 현상유지적인 편견들로 가득하다.

정부가 언론 개입에 의해 보호하는 것은 따라서 과거처럼 말할 것이 있는 사람이 효율적으로 청중에게 접근하는 것을 보호하지 않는다. 사적 이익은 정부가 할 수 있는 것처럼 수정헌법 제1조에 의해 보호되는 사상의 자유로운 교환을 위축시킬 수 있다.[275] 요컨대 수정헌법 제1조가 정부와 시장 사이에 벽을 세웠다고 할지라도, 대중매체의 순전한 존재는 현존하는 권력구조에 대한 도전에 활용 가능한 토론장들을 제한한다. 그러한 대중매체는 기득권층 가치들과 전통적인 접근법들을 위해 기여한 이익에

---

274 Columbia Broadcasting Sys. v. Democratic Nat'l Comm., 412 U.S. 94, 187 (1973). Brennan 소수의견.

275 Associated Press v. United States, 326 U.S. 1, 20 (1945). 정부 개입으로부터의 언론의 자유는 사적 이익에 의한 그러한 자유의 억압을 인정하는 것은 아니다. cf. Marsh v. Alabama, 326 U.S. 501, 509 (1946). 국가는 수정헌법 제1조와 제14조에 따라 기업이 시민의 기본적인 자유를 제한하기 위해 시민 공동체를 통치하는 것을 허용할 수 없다고 한 판결.

의해 대체적으로 통제를 받는다.

게다가 소비하는 공중에 대한 매체의 실질적인 영향력은 역시 전통적인 인식에 도전하기 보다는 차라리 강화해 준다. 비록 매체가 중대하게 사람의 태도들과 행동을 바꾸고 형성할 수 있을지라도, 사회과학연구는 대체적으로 이러한 신화를 추방한다. 출판과 방송매체가 기득권층 접근법들을 재강화할 때 그러한 연구는 출판과 방송매체가 가장 효율적이라는 것을 드러낸다. 오로지 선택적인 인식을 통해서 방어하기 위해 청자들이 대립적인 기존의 신념을 갖고 있지 않을 때에만 그들은 효율적으로 새로운 여론을 창출한다. 성공하기 위해서는 그러나 현상유지 비판이 사람의 기존의 믿음들을 변경해야 한다. 이러한 노력을 위해서는 대중매체의 사용이 가장 비효율적이다. 대중매체는 자주 사람이 기존 믿음들을 바꾸도록 설득하는 데 실패한다. 따라서 불평등한 접근권 문제가 제거될지라도 현상 유지 편견이 대중매체의 편향된 영향력에 의해 촉진될 것이다. 정부 통신이 시장을 지배하고 대중매체가 효율적으로 반대견해들을 확산시킬 수 없고 확산할 수 없을 것이기 때문에, 기득권층 현상유지 접근법에 대한 도전자들은 공적 토론장에 의존하게 된다.

② 공적 토론장

20세기 이래 법원들은 회합과 행진, 시위 그리고 유세를 위해 거리와 공원, 공개된 장소 등 공적 토론장을 사용하는 공중의 권리를 인정해 왔다.[276] 공적 소통을 위한 이러한 대안적 토론장들은 반대하거나 또는 낮은 지위의 개인과 집단들이 심지어는 대중매체에 접근할 수 없을 때에도 자신들의 견해를 확산시킬 수 있게 한다. 공중의 대규모 시위는 예를 들면

---

[276] Hague v. CIO, 307 U.S. 496, 515–516 (1939). 이춘구, 공적 토론장의 확대에 관한 법적 고찰, 305–349쪽.

행인과 참가자들 양자에게 세력의 모습을 전달하고, 그 운동에 대한 집단의 약속을 다시 강화한다. 또 참가자들이 자신들의 의견에 대해 언론의 관심을 끌게 하고, 대중매체를 통제하는 엘리트의 권력을 회피하는 것처럼 보인다. 특히 공적 시위는 신문이나 방송이 행하는 것보다 청자에 대해 다른 영향력을 갖는다. 대중시위가 실제로 이러한 결과를 달성하는지 여부는 논쟁의 여지를 안고 있다. 대면 접촉에서 청자의 경험은 청자가 소극적으로 관점에 대해 읽거나 들을 때보다 더 부과적이다. 상호교환이 보다 더 신축적이며, 보다 많은 감각들이 개입되고, 또 청중의 반응이 소극적이거나 적극적이든 보다 더 소리가 날 것 같다. 공적 집회는 다른 어떤 형태의 통신에 의해 얻어진 것보다 역동적 성질을 갖는다.[277]

연방대법원은 그러나 지속적으로 공적 토론장을 사용할 권리를 절대적이라기보다 상대적인 것으로 보았다. 그 권리는 공공의 안녕과 편의를 위해 그리고 평화와 좋은 질서와 조화를 이루며 행사되어야만 한다. 효율적으로 사상을 확산시키는 것뿐만이 아니라 대중집회는 자주 공동체에 대해 불안한 영향력을 갖는다. 공간의 사용에 대해서 그리고 시위자들과 접촉을 피하기 위한 비동조자들의 권리에 대해 갈등이 일어난다.

지지를 환기시키거나 증대시키기 위해 기획된 대면접촉에 의해 야기된 감정적 환류는 역시 적대주의를 형성해서 폭력으로 이끌기도 한다. 공적 시위는 많은 사람들, 대면 관계에서 각자 반대하는 적대적인 힘들, 격한 감정, 예측할 수 없는 결과들을 내포한다. 거리 회합들, 시위들, 다른 공적 집회들은 중산층의 정중한 규범에 의해 늘 이루어지는 것은 아니다. 그것들은 거칠고 도전적이고 격동적일 수 있다. 연방대법원은 소음을 야기하는 선전 트럭의 사용, 제한된 공간을 통제하는 대규모 시위 또는 교통 흐름을 방해하는 행진 등과 같은 행위들은 규제를 받아야 한다고 지속적으

---

277 Thomas Emerson, Freedom of Expression, p. 286.

로 판결하고 있다.

연방대법원에 따르면 그러나 통신에 부속적인 행위만이, 즉 언론에 가외적인 것은 규제를 받을 수 있다. 통신 자체의 내용은 규제의 대상이 될수 없다. 골드버그(Goldberg) 연방대법관은 Cox사건의 다수의견을 기술하면서,[278] 수정헌법 제1조와 제14조가 순수한 연설에 의해 사상을 전달하는 사람들이 향유하는 것처럼, 이 조항들이 거리와 고속도로에서 순찰과 행진 또는 피케팅에 의해 사상을 전달하려고 하는 사람들에게 같은 종류의 자유를 누린다는 인식을 감정적으로 거부했다. 또 그들이 좋으면 언제나, 어떻게든지, 어디서든지 시위나 견해를 선전하고자 하는 사람들은 그렇게 할 헌법적 권리를 갖는다는 전제를 거부했다.[279]

일반적으로 국가는 공적 토론장에서 언론에 대한 합리적인 시간 또는 장소, 방식에 대해 제한할 수 있다.[280] 모든 장소가 공적 토론장은 아니다. 어느 장소가 효율적인 통신을 위해 얼마나 편하고 상징적으로 중요하고 필요할지라도, 그 장소가 사적으로 소유되고 공적 논쟁과 토론을 위한 것이 아닌 다른 목적을 위해 사용된다면 그것은 공적 토론장이 아니다. 그러나 공무원들은 언론의 내용과 관계없이 이러한 규제들을 실행해야 한다.[281] 그러한 제한들이 내용적으로 중립적이라고 주장되기 때문에 연방대법원은 그러한 제한들을 정당화했다. 그러나 그들은 그렇지 않다.

---

[278] Cox v. Louisiana, 379 U.S. 536 (1965).

[279] Adderley v. Florida, 385 U.S. 39,48 (1966).

[280] Hudgens v. NLRB, 424 U.S. 507, 519–520 (1976). 그 장소를 공적으로 소유하지만 공적 토론을 위해 지정된 것이 아닌 경우: Greer v. Spock, 424 U.S. 828, 838 (1976). Adderley v. Florida, 385 U.S. 39, 47, (1966). 토론을 위해 지정된 반면에 통신의 방법에 제한을 둔 경우: United States Postal Serv. v. Greenburgh Civic Ass'ns, 453 U.S. 114, 128–129 (1981). 우체통에 대한 접근권은 연방우편을 통해 전달되는 통신에 제한될 수 있음. Grayned v. Rockford, 408 U.S. 104, 118–121 (1972). 공립학교 운동장. Brown v. Louisiana, 383 U.S. 131, 142–143 (1966). 공립도서관 분관.

[281] United States v. Grace, 103 S. Ct. 1703, 1707 (1983). Perry Educ. Assn. v. Perry Local Educators' Assn., 103 S. Ct. 948, 955 (1983).

연방대법원이 충분히 보호를 받는 순수한 언론과 언론에 가외적인 것, 즉 합리적 규제를 받아야 하는 것 사이에 구별하는 것은 전달되는 사상의 유형과 발언자의 본질, 견해들이 전달될 수 있는 강도들에 중대하게 영향을 미친다. 예를 들면 반대자들과 경제적으로 빈곤한 사람들이 현상유지를 지원하는 사람들보다 더 중하게 자신들의 견해를 공적으로 표현하기 위한 가두시위에 의존하기 때문에, 비록 내용이 중립적일지라도 그러한 시위의 규제는 현상유지에 도전하는 견해들에 대한 공중의 접근권을 제한한다. 따라서 공적 토론장에 대한 규제는 반대자들이 자신들의 비판을 전달하기 위해 사용하는 기초적 방법을 제한함으로써 기득권층의 견해를 지지하는 시장에 대한 편견을 확대시킨다. 예를 들면 거주지역에서 소음 때문에, 또는 상업지역에서 방해 때문에 선전트럭의 사용을 제한하는 것은 이들 지역에서 살고 일하는 사람들은 반대자들의 전달내용을 결코 듣지 않을 것이라는 것을 의미한다.

　　Heffron사건은[282] 확립되지 않는 집단들에 대한 시간과 장소, 방식의 제한의 이질적인 영향의 사례가 된다. Heffron사건에서 연방대법원은 장터 내에서 할당된 부스에 대한 인쇄물의 분배와 판매, 미네소타 주에서 기부금에 대한 국가의 제한을 공정한 것으로 지지했다. 이 사건에서 품평회 후원업체는 선착순 원칙에 따라 모든 신청자들에게 공간을 임대해 주었으며, 품평회 후원업체는 전시장의 규모와 위치에 근거해서 임대료를 부과했다. 임대료의 적절성은 연방대법원 법정에서 다루어지지 않았다. 그러나 그러한 임대료는 가난한 집단들을 품평회장 위치상 덜 붐비는 곳에 배치하고 물리적 차별로 이어지게 할 수 있다. 이 규정은 평등하게 비영리, 종교, 자선 그리고 상업적 기업에 적용됐다. 연방대법원은 그 규정이 군중을 질서 있게 이동시키기 위한 수단으로서 정당한 것으로 판시했다.

---

282 Heffron v. International Soe'y for Krishna Consciousness, 452 U.S. 640, 648 (1981).

이 규정이 외형적으로 내용이 중립적일지라도 그것은 품평회 방문자들이 전시장에 접근함으로써 적극적으로 찾는 사람들에 대한 사상의 확산을 효율적으로 제한한다. 품평회 방문자들은 그러나 지배적이고 견고한 집단들로부터 보다 더 정보를 찾을 것으로 보인다. 방문자들이 그 집단들에 대해 잘 알고 또 동일시한다.[283] 그러한 집단들은 방문자들의 접근법에 도전하기보다 차라리 확실히 하려고 하는 경향이다. 결론적으로 품평회장에서 사상의 자유시장은 반대되는 견해의 영향력을 줄이고 지배적인 현상유지적인 접근법의 시장의 힘을 증가시키기 위해서 구조화가 된다.

더글러스 연방대법관의 조언과 규범으로부터 일탈하는 집단과 견해에 대한 미네소타 규제의 반비례적인 영향력에도 불구하고, Heffron 재판부는 품평회장으로의 이동을 막기 위해 주가 다른 덜 제한적인 수단을 고려하는 것을 강제하기를 거부했다. 제한적인 수단은 무질서나 장애를 일으키는 행위에 벌칙을 가하거나, 판촉원 숫자를 줄이거나, 위치 또는 여러 집단의 대표들의 이동에 대해 엄격히 제한을 가하는 등의 행위들이다. 재판부는 점검을 하지 않은 채 제안된 대안들이 덜 효율적이라는 가정을 기꺼이 받아들이려고 했다. 부가적으로 재판부는 어떤 통신이 주 규제 아래에서 덜 효율적인지에 대해 관심이 없다. 외견상 재판부는 Krishna와 다른 그런 집단들의 통신 이익보다 합법적인 주의 이익을 보다 높은 우월성이 있는 것으로 간주했다.

그럼에도 연방대법원은 동등한 접근법 원칙은 공적 토론장에서 시장의 편견을 제거한다고 판시했다.[284] 전단지 배포, 피케팅, 시위 등 추가적 언론(speech-plus)을 포함한 통신 채널들에 대한 전적인 금지가 명백하게 내용

---

283 연방대법원은 개인들이 적극적으로 그들이 이미 갖고 있는 문제에 대한 견해들을 찾을 것 같지 않다고 함축적으로 인정했다. Tinker v. Des Moines Indep. Community School Dist., 393 U.S. 503, 513 (1969). 그 권리가 자선의 정부가 별난 사람을 위한 안전한 피난처를 제공하는 어느 영역에서만 행사될 수 있다고 하면 표현의 자유는 진실로 존재하지 않을 것이다.

특정적인 영향을 가져도, 판례법은 그러한 전적인 금지가 유효할지 또는 헌법이 시장에 최소한의 접근권을 강제하는지가 모호하다.

동등한 접근권 이론은 법원들로 하여금 공동체가 특별한 장소를 공중의 대화에 제공하도록 강요하는 것을 요구하지 않고, 모든 참석자들의 위험과 비용을 추산할 것을 요구하지 않는다. 최소 접근권 이론은 그러한 사법조치를 요구한다. 동등한 접근권은 허용될 시간과 장소, 공적 대화의 방식 등 단순히 공동체의 결정들을 받아들인다. 또 그러한 결정들을 공명정대하게 대중적 집단과 견해들뿐 아니라 비대중적 집단과 견해들에 대해서도 적용한다. 모호성과 광폭성에 초점을 맞춘 많은 공적 토론장 결정들은 동등한 접근법 이론을 제안한다. 이러한 결정들은 접근권이 부족한 문제보다 접근권을 배분하는 데 정부의 재량과 사전검열에 집중한다. 일단 공적 토론장이 한 견해나 또는 주제에 개방되면, 반대 견해들이나 대안 주제들도 공적 토론장을 상응해서 사용하도록 동등한 접근권이 주어져야 한다. 많은 학자들이 동등한 접근권은 정치적으로 강력한 집단의 이익과 소수집단과 또는 반대집단들의 이익을 결합하고, 따라서 개입으로부터 모든 견해들을 중대하게 보호할 것이라고 주장했다.

수정헌법 제1조의 공언된 목적과 중요성이 주어진다 해도, 동등한 접근권에 대한 연방대법원의 초점은 주요 관심 문제이다. 연방대법원이 동등한 접근권 원칙을 강조한다면 연방대법원은 몇몇 사람으로부터 제한을 풀기보다는 정부가 모든 연설자들에게 특별한 토론장 사용을 전적으로 금지함으로써 접근권을 동등하게 하도록 유도할 것이다.[285] 토론장이 기득권층 견해의 확산에 본질적이지 않고 그러한 견해들을 위한 대안적 통신

---

284 Carey v. Brown, 447 U.S. 455,470–71 (1980). Hynes v. Mayor of Oradell, 425 U.S. 610, 620 (1976); Lovell v. City of Griffin, 303 U.S. 444, 451–452 (1938).

285 Palmer v. Thompson , 403 U.S. 217, 226 (1971). 인종차별폐지 명령이 동등한 보호 원칙을 위배하지 않는 것으로 판결한 뒤 공립수영장의 폐쇄 사건을 다룬 판결.

의 비용증가가 지나치게 무겁다면, 실제로 특별한 공적 토론장에 대한 전적인 금지는 상상할 수 있는 것이다. 다른 통신 채널들을 쉽게 향유할 수 없거나 얻을 수 없는 반대자들에게 행해진 손해에 의해서 그러한 견해의 지지자들 마음속에서는 그러한 금지가 가능한 것이다.

결론적으로 동등한 접근권 원칙이 피상적으로 공적 토론장에서 시장의 편견으로부터 소수 반대자를 보호할지라도, 이 원칙은 공중에 대한 소수 반대자의 접근권을 제한할 수 있고 기득권층 제도를 위해 시장의 편견을 촉진할 수 있다. 따라서 시장의 편견을 방지하기보다 공적 토론장에 대한 동등한 접근권은 왜곡되고 조작된 시장의 모습을 추방할 따름이다. 위에 제시한 바와 같이, 그러나 정부 규제는 사상의 자유시장에 대한 의미 있는 접근권을 갖는 사람들이 전통적 가치를 지지하는 것을 확실히 하기 위해서 특별한 견해들에 대해 외적으로 차별하는 것을 필요로 하지 않는다. 결국, 자치와 진리의 발견, 개인의 발전을 유지하기 위해서 연방대법원이 동등한 접근권 원칙에 대해 의존하는 것은 잘못된 것으로 보게 된다.

③ 상징적 행위

출판과 전자매체에 대한 접근권이 부족한 개인들이나 집단들은 매체행사를 무대 위에 올림으로써 매체의 주목을 끌려고 시도할 것이다. 큰 집단이 대규모 시위를 하면 그 집단은 매체와 접근할 수 있을 것이다. 불행히도 단순히 견해를 나누고자 하는 많은 개인들은 대규모 시위를 조직할 수 없다. 많은 사람들이 이미 연설자의 의견을 공유할 경우에만, 연설자는 대중 시위를 통해 자신의 견해에 대한 지지를 확산할 수 있다. 시장에 대한 우선적이고 중요한 접근권 없이는 그러한 절차를 얻기 어렵다.

대중 시위를 유도할 만큼 대중적이지 않은 접근법을 갖고 있는 개인들은 상징적인 행동들을 통해서 매체의 이목을 여전히 얻을 수 있다. 예를 들면 베트남전쟁 기간 중 많은 젊은 청년들이 연방법을 위반하면서 징집영장을 불태우는 등 정부의 전쟁 노력과 징집영장에 대해 반대의사를 표현했다. 그들은 자신들의 행동이 매체에 대한 접근권 부족을 보상받는 게 필요하다고 주장했다. 이 젊은이들은 따라서 자신들의 행동들이 수정헌법 제1조에 의해[286] 보호를 받는 통신이라고 주장했다.[287]

연방대법원이 O'Brien사건에서 이 문제에 봉착했을 때, 워렌(Warren) 연방대법관은 그 행동에 참가한 사람들이 언제나 그에 의해서 사상을 표현하고자 할 때에는 외견상 무한히 다양한 행동이 언론이라고 이름표가 붙여질 수 있다는 견해를 거부했다. 대신에 워렌은 하나의 행위 과정에서 언론과 비언론 요소들이 연결돼 있을 때, 충분히 중요한 정부 이익이 비언론 요소를 규제하는 데 있어서 수정헌법 제1조의 자유에 대한 잠정적인 제한들을 정당화시킨다고 주장했다. 연방대법원은 당시 징집영장소각행위처벌법을 지지하고, 그 법이 선택적 군 복무 체제의 목표와 목적들을 촉진한다고 판시했다.

상징적 행동의 O'Brien 재판부 분석에 따르면, 정부가 소통의 요소를 직접적으로 억누르지 않는 한 정부는 그러한 표현의 모든 다른 측면을 금지하거나 통제할 것이다.[288] O'Brien사건에서 연방대법원은 정부가 상징

---

286 United States v. Kiger, 297 F. Supp. 339 (S.D.N.Y. 1969), aff'd, 421 F.2d 1396 (2d Cir.), 이 송명령 거부, 398 U.S. 904 (1970). Peter Kiger는 예를 들면 자신의 징집영장을 불태우고 법원에 대해 수정헌법 제1조의 보호를 요청했다. Kiger는 자신의 행위가 오로지 범죄행위이기 때문에 뉴스 가치가 있다고 주장했다. Kiger는 텔레비전 뉴스 가치는 잠재적인 극적인 영향력에 의해 결정된다고 주장했다. Kiger사건에서 WCBS-TV는 징집영장을 태운 것에 대해 그에게 공중파에 즉각적인 접근권을 주었다. CBS가 사회적 또는 정치적 의견을 위해 광고를 판매하는 것을 거부했기 때문에, 그렇지 않으면 접근권은 활용 가능한 것이 아니다.

287 United States v. O'Brien, 391 U.S. 367, 376 (1968). 연방대법원과 일부 법원은 때로는 보호받는 언론과 보호받지 못하는 행동 사이에 선을 그으려고 했다.

288 O'Brien, 391 U.S. at 377. 정부 이익이 행동의 통신 내용과 관련이 있다면, O'Brien 사건이 아니라 Brandenburg v. Ohio, 395 U.S. 444 (1969) 사건은 통제적 결정이다. Tinker v. Des Moines Indep. Community School Dist., 393 U.S. 503, 510, 511 (1969). 학교 당국은 정치적 또는 논쟁적 의미를 갖는 다른 상징물을 착용하는 것을 허용하는 반면에 학생들이 베트남전쟁 반대를 상징하는 검은 완장을 차는 것을 금지하지 않을 수 있다.

적인 언어를 규제하는 것이 정당한지 여부를 결정하는 4개의 기준을 정립했다. 그 규제가 정부의 헌법 권한 내에 있는 것인지, 정부의 중요하거나 실질적인 이익을 증대하는지, 정부 이익이 자유로운 표현의 억제와 관련이 없는 것인지, 주장된 수정헌법 제1조 자유에 대한 부수적 제한이 그러한 이익의 확장에 본질적인 것보다 크지 않은지 등이다. 그러나 항의하는 개인이 금지된 상징적 행동 외에 다른 의미 있는 통신수단을 갖고 있지 않는다면, 정부가 외형적으로 중립을 지키는 것이 지속되는 동안 그 개인의 견해는 효율적으로 침묵하게 될 것이다. 결론적으로 상징적 행동을 둘러싼 법적 원칙은 언론 외의 부가적인 것을 지지하는 법적 원칙처럼 안정과 변화 사이 경쟁에서 거의 중립적이지 않다. 게다가 이러한 원칙들이 대중매체와 공적 토론장의 규제에 대한 반대자들의 제한된 접근권과 짝을 이룰 때, 수정헌법 제1조는 그러한 비대중적인 입장을 지지하는 것에 대해 공적인 목소리를 제공하지 않는다는 것은 분명해진다.

④ 반대와 비인습적 행위

기득권층 집단들의 지배적 견해들은 헌법 체제상 주어진 보호를 거의 필요로 하지 않는다. 선거제도는 이러한 지배적 견해의 표현과 자주 동떨어져 있거나 표현을 방해하는 거의 모든 사람이 공직을 얻지 못하거나 유지할 수 없게 한다. 불이익을 보는 국외자들은 역시 자유로운 표현의 한계를 전형적으로 증언하는 사람들이다. 그들은 조직과 통신의 전통적 방법들을 통해서 정치적 영향력을 얻는 데 필요한 권력이나 지위가 모자란다. 수정헌법 제1조의 보호는 그러한 국외자들에게 가장 치명적이다. 법원들은 그러한 약한 집단과 약한 비평가들을 보호하기 위해 법률을 형성하고 사용하는 것을 확실히 결정하지 않았다. 그들은 여론에 대해 자신들의 안전판으로서 부나 권력에 의존할 수 없다.

그러나 미국의 자유로운 표현 체제에 변칙이 존재한다. 수정헌법 제1조를 둘러싼 수사가 모든 표현을 보호한다고 할지라도,[289] 미국 법률은 최상의 경우에도 표현의 기회를 창출하는 데 본질적으로 무관심하다.[290] 마르쿠제는 지배수단으로 기술을 사용하는 사회에서 경제적 정치적 힘의 집중과 정부와 언론 등의 통합으로, 유효한 반대가 자유롭게 여론 형성에 또 정보와 통신에 나타날 수 있는 곳에서 효율적인 반대가 봉쇄된다고 주장했다. 독점적인 매체의 지배에 따라 사고방식이 형성된다. 매체 그 자체는 경제적 정치적 힘의 단순한 도구이다. 그들이 사회의 중대한 이익에 영향을 미치는 곳이면 어디서든지, 그에 대해서 옳고 그른 것 그리고 진실이고 허위인 것이 미리 정의가 내려진다. 누구든 자신의 견해를 확산시킬 효율적인 수단을 갖고 있지 않다면, 대중적이지 않은 연설자에게 자신의 표현에 대해 형법상 처벌을 받지 않을 것이라고 말하는 것은 거의 가치가 없다. 의미 있게 행사될 수 없는 권리는 결국 전혀 권리가 아니다.[291] 이러한 접근법은 다른 법률 영역에서 연방대법원에 의해 수용됐다.

예를 들면 연방대법원은 모든 계층의 시민이 조력을 받을 권리를 실행하는 것을 보장해 주고자 한다.[292] 수정헌법 제6조는 가난한 중범죄 피고인에게 유력한 법적 조력을 해줄 것을 국가에 대해 요구한다. 할란 연방대법관은 결정의 이러한 성격은 헌법에 공평하게 하는 철학의 의미를 부여

---

289 Roth v. United States, 354 U.S. 476, 485 (1957). 외설은 연방대법원에 의해 수정헌법 제1조 권역 바깥에 있는 것으로 인식되고 있다.

290 Marcuse, Repressive Tolerance, in R. Wolff, B. Moore, & H. Marcuse, A Critique of Pure Tolerance, 1965, p. 95.

291 이러한 접근법은 다른 법률 영역에서 연방대법원에 의해 수용됐다. 예를 들면, 연방대법원은 모든 계층의 시민이 조언할 그들의 권리를 실행하는 것을 보장해 주고자 한다. Gideon v. Wainwright, 372 U.S. 335, 344-345 (1963). 수정헌법 제6조는 가난한 중범죄 피고인에게 유력한 법적 조력을 해줄 것을 국가에 대해 요구한다. Harlan 연방대법관은 결정의 이러한 성격은 헌법에 공평하게 하는 철학의 의미를 부여하는 경향이라고 경고했다. 그것은 정부와 사회 사이의 적절한 관계의 기초적 개념의 많은 것에서 이질적인 것이다. Douglas v. California, 372 U.S. 353, 362 (1963). 이러한 종류의 평형작업을 두려워하는 사회에서는 가난한 사람들의 권리가 최상의 경우 이론적일 것이다.

292 Gideon v. Wainwright, 372 U.S. 335, 344-345 (1963).

하는 경향이라고 경고했다. 그것은 정부와 사회 사이의 적절한 관계의 기초적 개념의 많은 것에서 이질적인 것이다.[293] 이러한 종류의 평형작업을 두려워하는 사회에서는 가난한 사람들의 권리가 최상의 경우 이론에 그칠 것이다. 우리들의 시장은 현상유지에 가장 도전적인 그러한 투입을 심각하게 제한하기 때문에,[294] 결과적인 산출은 기득권층 견해들을 지지하기 위해 비슷하게 왜곡된다. 대중 시위와 선전트럭 등을 통해 매체를 우회하고 시장에 들어가려는 어느 시도도 추가적 언론과 상징적 행동의 규제를 통해 늘어나는 정부통제에 직면하게 된다.

공중에 대한 소수 반대자들의 접근권은 법적 원칙과 대중매체의 사적인 통제 양자를 통해 효율적으로 제한되기 때문에, 반대집단은 공중에게 알리기 위해서 비관습적인 수단과 조건들을 자주 사용해야 한다. 반대집단은 사회의 근본적인 믿음과 관습에 의문을 제기하고자 한다. 시장에서 자신들의 불만을 알리기 위해 분열적이며 심지어 폭력적인 행동에 호소해야만 한다. 그러한 것이 미국에서 1773년 보스턴 차 사건과 1960년대 흑인혁명처럼 모든 주요한 사회적 정치적 운동의 역사가 되고 있다. 연대적인 분열적 행동에 영향을 받지 않고 남아 있을지라도 시장이 이성적으로 남아 있다면 공중은 반대자들의 전달내용을 평가해야 한다.

위에 설명한 바와 같이 전달내용의 실체로부터 전달내용의 전체를 분리하는 공중의 능력은 최상의 경우에도 의심스럽다. 반대자들의 비전통적인 개성과 통신방법 그리고 용어들 때문에 공중은 전달내용에 대해 정밀하게 초점을 맞추는 것보다 반대자들의 전달내용의 전체적인 내용에 보다 더 초점을 맞추는 경향이다. 실제로 비전통적이고 분열적 표현들에 의해 야기된 공적 적대감과 우려는 의도된 전달내용을 이해하거나 인식

---

293 Douglas v. California, 372 U.S. 353, 362 (1963).
294 Z. Chafee, Jr., Free Speech, p. 559.

하는 데 청중이 갖고 있는 어려움을 가중시킨다.

이와는 대조적으로 정통적인 입장들은 일반적으로 책임 있는 구조에서 존경받는 책임 있는 개인들로부터 전해지고, 그것에 의해 공중에 대한 그들의 책임을 증대시킨다. 공중에 의한 수용을 얻기 위해, 반대자는 따라서 반대자의 전달내용의 전체적인 내용에 대한 부정적 반응뿐 아니라 공중이 비전통적 접근법에 반대하는 사회체제 양자를 극복해야 한다. 시장은 따라서 현상유지적인 견해들에게 공적인 노출과 수용을 위해 보다 큰 기회를 누리도록 편향돼 있다. 공중이 이 시장에서 반대 견해들에게 이성적인 평가를 거의 줄 것 같지는 않다.[295]

3. 진리의 발견 가능성과 개방사회 추정의 문제

(1) 법 원칙의 현상유지 지향성

① 명백하고 현존하는 위험

수정헌법 제1조의 두 가지 유명한 원칙을 간단히 살펴보면, 진리를 찾으려는 개방사회의 시장의 형상화에 대한 의존과 현상유지에 대한 믿음을 지지하는 대조적인 경향을 이해하게 된다. 명백하고 현존하는 위험 기준은[296] 원하는 대로 생각하는 자유와 생각하는 대로 말하는 자유는 정치적 진리를 발견하고 확산하는 데 없어서는 안 될 수단이라는 시장 원칙 속

---

295 Stanley Ingber, The Marketplace of Ideas, p. 17.

296 Schenck v. United States, 249 U.S. 47, 52 (1919). 연방대법관 Holmes의 판결문에 따르면 언론이 "명백하고 현존하는 위험"을 야기한다면 그 언론은 헌법적으로 보호를 받지 않는다. 위험은 언론이 실질적인 악을 초래하는 것이며, 그 악은 의회가 방지할 권한을 갖고 있다. Douglas M. Fraleigh?Joseph S. Tuman, Freedom of Expression in the Marketplace of Ideas, SAGE Publications, Inc., 2011, pp. 56-57.

에 굳게 뿌리를 내리고 있다.[297] 이 기준에 따라 정부는 순전히 전달되는 사상의 내재적 위험을 근거로 언론을 규제할 수 없다. 관련된 청중이 합리적으로 전달내용을 고려하는 것을 언론이 방해하는 상황 속에서 전달될 때에는 정부는 언론을 정당하게 억누르고 제한하고 또는 금지할 수 있다.

그러한 비상 상황 속에서 시장을 설정하는 것은 잘못 기능하는 것이다. 왜냐하면 반대하는 연설자들은 공정하고 적절하게 그들의 사상을 나타낼 수 없고, 또 공중은 그들에게 공정하고 지적인 경청기회를 줄 수 없기 때문이다. 브랜다이스 연방대법관이 지적한 바와 같이, 그 위험은 비합리적인 공포에 근거한 압제를 방지하기 위해 명백해야 한다. 또 토론을 통해 허위와 오류를 드러낼 시간이 있는 경우 적용되는 구제가 보다 많은 언론을 허용하고 강제적 침묵이 아니기 때문에 위험은 현존해야 한다.

명백하고 현존하는 위험 기준은 시장의 불완전성이 때로는 다른 사람에게 영향을 미칠 때 수용할 수 없는 수준의 장점을 연설자에게 주는 것을 상정하고 있다. 연설자의 관점에 반대하는 정보는 순간적으로 모든 시장 참여자들에게 전달될 수는 없기 때문에 실제 시장은 실질적으로 이론적 시장과 결별한다. 따라서 비상상황은 수정헌법 제1조의 적용으로부터 면제된다. 충분한 시간이 지속되는 시장의 숙의 과정을 위해 남아 있는 한, 그리고 불법 행동이 임박한 것이 아닌 한 어떠한 비상상황도 존재하는 것이 아니고 모든 언론이 보호를 받아야 한다.

그러나 자유로운 언론의 목표는 순전히 시민에게 무력하게 진리를 찾는 과정에 참여하는 것을 즐기게 하는 것만은 아니다. 그 대신 시민은 정밀하게 선택과 행동에 영향을 미치기 위해 자유로운 언론을 통해 진리를 찾는다. 믿음을 갖고 있는 사람들이 그에 따라 행동할 가능성이 있기 때문에 믿음이 일차적으로 중요하다는 것을 인정하면서, 홈즈는 모든 사상

---

297 Whitney v. California, 274 U.S. 357, 375 (1927) Brandeis 동의의견.

이 선동이라는 것을 인정했다.[298] 역설적으로 홈즈의 명백하고 현존하는 위험의 공식은 그러한 언론이 행동을 하도록 선동할 경우 정부 공무원에게 표현을 정밀하게 금지하도록 허용한다.[299] 국가가 표현을 차단하는 것이 본질적으로 효율적이라고 여겨질 때 수정헌법 제1조는 국가가 표현을 차단하도록 허용한다는 해석은 추상적이거나 해롭지 않은 통신을 망라하며 수정헌법 제1조의 보호를 제한한다.[300]

마이클존은 홈즈와 브랜다이스 연방대법관의 기준은 단순히 학문적이고 무해한 토론에 참여하는 자유만을 보호하게 된다는 위험이 있다고 관찰했다. 즉 언론이 효과가 없거나 또는 대수롭지 않는 한, 언론은 명백하고 현존하는 위험 기준에 따라 헌법적으로 보호를 받는다. 각 사례에서 그 기준은 기득권층의 제도적 편견을 유발한다.

명백하고 현존하는 위험의 원칙에 특별한 다른 요인들은 이 같은 편견을 강조한다. 이 원칙은 임시적이며 모호하다. 연설자들은 자신들이 숙고 끝에 행한 연설들이 헌법적 보호의 한도를 넘어서는지에 대해 경고를 받지 않는다. 그 원칙은 전체적으로 맥락적이며, 연설자에 대해서나 표현의 영향력을 예측해야 하는 공적 검열관에 대해 지침을 거의 주지 않는다.[301] 연설자 입장에서는 이 같은 통고가 없으면 지속적으로 더 불확실해지며, 따라서 위험하고 반대하는 연설자를 위축시킬지도 모른다. 그 연설자는

---

298 Gitlow v. New York, 268 U.S. 652, 673 (1925) Holmes, J., 소수의견. 사상은 믿음을 위해 자신을 제공하며, 만약에 믿어진다면 그것은 행동에 착수된다. 다른 믿음이 그 믿음을 능가하지 않는다면 또는 에너지의 실패가 믿음이 태어나자마자 그 움직임을 질식시키지 않는다면 그렇다.

299 Abrams사건에서 Holmes 연방대법관은 자신이 조사한 증거자료들이 익명의 사람들이 만든 팸플릿으로서 어리석고 너무 보잘 것이 없어서 법적 리트머스 시험지 색깔(color of legal litmus paper)을 바꿀 수 없는 것이라고 판시했다. 250 U.S. at 628, 629.

300 A. Meiklejohn, Free Speech, p. 44.

301 Towne v. Eisner, 245 U.S. 418, 425 (1918). 역설적으로 다른 맥락에서 Holmes 자신은 맥락에 대한 언어의 의존을 깨달았다. "단어는 투명하고 변하지 않는 수정이 아니며, 그것은 살아 있는 사상의 피부이며 그것이 사용되는 상황과 시간에 따라 색깔과 내용에 있어서 매우 크게 변화할 수 있다."

따라서 개인적 법적 위험을 최소화하기를 바란다.[302] 그러한 사람은 그러한 전달내용을 고의적으로 회피함으로써 스스로 검열을 할 것이다. 그는 전달내용을 공적 수용가능성에 근접하는 것으로 인식한다. 차례로 공무원은 표현이 언제 명백히 위험하고, 또 충분하고 공정한 반론 청문 시간이 충분히 주어지지 않았는지를 결정해야 한다. 그러한 반론은 악을 물리치기 위해 좋은 자문을 허용할 것이다.[303]

검열관의 평가는 두 개의 결정을 포함한다. 첫째, 검열관은 발언이 선인지 악인지를 이데올로기적으로 평가해야 한다. 왜냐하면 그 발언이 선이라면, 응답을 위해 충분한 시간이 주어지지 않는 것은 적절하지 않기 때문이다.[304] 그러나 시장 모형에 따르면 시장만이 정확하게 악으로부터 선을 분리할 수 있다. 따라서 발언이 시장으로부터 배제를 보장하기에 충분히 악인지를 결정하는 어떠한 기준도 존재할 수 없다. 둘째, 검열관은 발언의 악의 심각성을 계산해야 한다. 왜냐하면 시장은 보다 심각한 악에 대해 보다 큰 반응의 시간을 요하기 때문이다. 이러한 요구는 검열관이 충분히 교육을 받지 못한 공중을 방황하게 하는 악한 조언과 적절히 정보를 제공받은 공중에게 그 정당성을 단순이 확신하게 하는 선한 조언 사이에 지침 없이 구별하는 것을 강요한다. 명백하고 현존하는 위험의 원칙에 따라 탄력적으로, 급진적 정치 원칙을 선포하는 연설자들은 보호를 거의 받지 못하거나 보호를 기대하지 못할 수 있다. 왜냐하면 그들은 항상

---

302 Frederick Schauer, Fear, Risk and the First Amendment: Unraveling the "Chilling Effect," 58 B. U. L. Rev., 1978, p. 685.

303 Dennis v. United States, 341 U.S. 494, 510 (1951). 각 사건에 있어서 법원은 비개연성에 의해 무시되는 악의 무게가 그러한 위험을 피하기 위해 필요한 자유로운 언론의 침해를 정당화하는 것인지를 물어야 한다.

304 Terminiello v. Chicago, 337 U.S. 1, 4 (1949). 그러한 사건들에서 법원들은 여러 사람들이 참여하는 논쟁 속에서 자유로운 언론의 역할에 대해 언급할 가능성이 있다. 그 논쟁은 불안의 여건을 조성하고, 공중이 화가 나도록 선동할 수 있다. 그러한 용어가 사용되면, 반응을 허용하는 냉각시간(cooling off time)의 부족은 고려되지 않는다.

국가에 위협적이며, 따라서 최대 죄악을 저지르게 될 것이기 때문이다. 기득권층의 제도적 편견이 또다시 분명하다.

명백하고 현존하는 위험의 원칙은 역시 토론을 무제한적으로 연장하는 것을 고무한다. 브랜다이스 연방대법관에 따르면, 토론이 지속성을 유지하는 한 표현은 금지되지 않는다.[305] 따라서 진리를 찾는 과정만이 전적으로 보호를 받는다. 한때 발견된 진리들에 근거를 둔 결정들과 행동들이 보호를 받는 것은 아니다. 브랜다이스의 사상의 자유시장에 대한 접근법은 따라서 토론의 연장을 고무하고, 이 때문에 사회가 일반적으로 수용하는 진리에 반하는 행동들로 이끄는 토론의 지연을 유도한다. 그러나 진리의 발견이 선택과 행동의 근거로 사용될 수 없는 진리의 발견이라는 점에 있어서는 거의 가치가 없다.

그 원칙이 초래하고 또 강화하는 실체적인 행동들보다 차라리 시장의 절차적 측면에 브랜다이스가 초점을 맞추는 것은 현상유지 접근법에 도전하는 사상들을 시행하는 것을 지연시킨다. 사회문제에 대한 최선의 해법들과 관련된 논쟁은 적절한 시장과정들에 대한 논쟁으로 전환된다. 예를 들면, 징병제가 복귀되어야 하는지에 초점을 맞추는 것보다는, 토론은 징병제 반대집단들이 사업지구에서 대중 집회를 갖도록 허용되어야 하는지에 집중하는 게 나을 것이다. 그러한 절차적 관심들은 주의를 실체적 쟁점으로부터 분산시키고, 따라서 현상유지가 보다 더 쉽게 보존된다.

실체적 갈등을 절차적 논쟁으로 변형시키는 이러한 과정을 통해, 현상유지에 대한 도전자들은 그들의 공공연한 위협이 진정되는 동안 절차적 승리에 의해 위안을 받을 것이다. 이러한 초점의 이동은 사회에서 수용되

---

[305] Whitney v. California, 274 U.S. 357, 373, 377 (1927). Brandeis 동의의견. 언론이 중요한 실체적인 악의 명백하고 절박한 위험을 유발하지 않거나 유발하기로 의도되지 않는다면, 유효한 제한에 본질적인 필요성이 존재하지 않는다는 것이 정착되고 있다..

는 가치들을 재고해야 하는 트라우마로부터 사회를 보호하게 한다. 반면에 동시에 그것은 반대하는 개인과 그의 지지자들에게 그들이 그들의 입장에 대한 대중적 지지를 얻을 공정한 기회를 갖는다는 것을 믿도록 허용한다.[306] 결정이 아직 이루어지지 않고 행동이 아직 취해지지 않고 논쟁이 여전히 진행되는 동안만 표현의 자유가 오로지 보장된다면, 그때 기득권층의 규범에 대한 위협은 거의 없다.

정부 공무원이 언론이 무시될 것으로 추정하기 때문에 정부 공무원이 정밀하게 언론이 시장에 들어가도록 허용할 경우, 명백하고 현존하는 위험의 원칙에 대한 기득권층의 편견은 역시 분명하다. 예를 들면, 미국 나치당(American Nazi Party)이 일리노이 주 스코키(Skokie) 시내를 통과하는 행진을 하기 위해 투쟁할 때,[307] 그 도시의 유대 공동체가 반유대주의와 대량학살 주장이 왜 시장에서 성공하도록 기회를 줘야 하는지 의문을 제기했다.[308] 그러나 많은 매체들은 행진을 막으려는 스코키의 시도가 나치당에게 맥락 상 국가적으로 언론의 관심을 받게 함으로써 나치당을 도왔다고 주장했다. 그 맥락상 정당은 약자로서 동정을 얻을 것 같다. 스코키 주민이 나치당이 행진을 하도록 허용할 경우, 언론은 거의 알지 못하며, 보다 소수가 돌보고, 여전히 보다 소수가 비판적으로 당의 견해들을 평가할 것이라고 주장한다.[309] 따라서 나치당의 성공의 위험은 무시될 수 있다. 왜냐하면 나치당의 입장은 공적으로 무시되기 때문이다. 논쟁적으로 공중은 이전에 나치당의 견해들을 고려하고, 그 견해들을 거부했다. 일단

---

306 Stanley Ingber, Procedure, Ceremony and Rhetoric: The Minimization of Ideological Conflict in Deviance Control, 56 B. U. L. Rev. 1976, pp. 266-273. 실체적 주장을 절차적 분쟁으로 바꿈으로써 기득권층의 규범들이 보호되는 것에 대한 상론.

307 National Socialist Party of Am. v. Village of Skokie, 434 U.S. 1327 (Stevens, Circuit Justice, 1977). National Socialist Party of Am. v. Village of Skokie, 432 U.S. 43 (1977) 전원일치.

308 Gitlow v. New York, 268 U.S. 652, 673 (1925) Holmes, J., 소수의견. Holmes 연방대법관은 모든 견해들 심지어 우리가 혐오하는 견해도 시장에서 성공할 기회를 줄 필요가 있다고 한다.

그 사상이 건전하게 거절된다면 Skokie사건은 따라서 한 사상이 시장에서 얼마나 많이 관용될 수 있는가에 대한 논쟁으로 보여질 수 있다.

그러나 시장이 시장의 무능을 주장할 위험성도 있다. 시장은 한 세대가 미래세대를 위한 쟁점들을 결정할 것을 허용하고 있다. 스코키와 같은 사건에서 당시 시장은 사회규범들의 재고를 강화하기 위해 기능을 하지 않았다. 나치의 표현은 정밀하게 허용된다. 왜냐하면 시장이 그것을 통제할 수 없어서 거부할 것으로 공무원들이 기대하기 때문이다. 나치의 발언은 즉석에서 거부되어야 한다. 그러나 확실히 이러한 태도는 진리를 탐구하려는 시장들과 모순된다. 대조적으로 정부 공무원들이 나치당의 행진을 결정과 행동에 영향을 미치기 위해 심각하게 위협적인 것으로 인식할 경우, 그들은 당연히 그 행진을 금지할 것이다.

엄밀하게 그러한 사례들에서 표현이 기득권층의 권력구조와 규범들을 전복하려고 위협할 경우, 법원들은 시장의 모형과 명백하고 현존하는 위험의 원칙을 포기하고 통신을 금지했다. 연방대법원은 홈즈, 브랜다이스의 명백하고 현존하는 위험의 원칙 채택 이후로 그 원칙을 개정하고 다시 해석했다.[310] 그러한 옹호가 즉각적인 무법적인 행동을 유도하거나 야기하고 또 그러한 행동을 유도하거나 야기할 가능성이 있는 것을 제외하고 국가는 힘의 사용 또는 법률의 침해의 옹호를 금지하지 않을 수 있다.

연방대법원은 특별히 명백하고 현존하는 위험이라는 용어를 법원의 명령을 기각하기 위해 사용했다. 법원의 명령은 기자들이 해로운 것으로 주장되는 사전심리 자료를 공표하는 것을 제한하는 것이다. 사전심리를 공

---

309 Editorial, Nazis, Skokie, and the A. CL. U., N.Y. Times, Jan. 1, 1978, §IV, at 10, col. 1. 나치당이 Skokie를 선택했다. 왜냐하면 뒤이어 일어나는 반대들이 그들의 소수운동에 공공성을 부여한다는 것을 나치당은 알았기 때문이다. Wilson, Nazi Freedom of Speech Challenged, L.A. Times, Oct. 16, 1977, §I, at 6, col. 1. 지난 4월 공무원이 우리들로 하여금 행진하도록 할 경우, 이들 모든 것은 지나가고 잊혀질 것이다.

310 Brandenburg v. Ohio, 395 U.S. 444,447 (1969).

개하는 것이 악이라는 가능성은 사전억제 금지(prior restraint)를 허용하기 위해 충분한 정도의 확실성을 갖는 것으로 보여지지 않았다. 연방대법원의 외설에 대한 규제는 이러한 경향을 전형으로 한다.

② 외설

삶의 진실한 또는 최선의 방식을 찾는 것으로 주장되는 사회에서 모든 관련된 사상들은 적절한 고려를 받을 만하다. 사회적 중요성을 조금이라도 보완하는 모든 사상들은 충분히 보호를 받는다.[311] 연방대법원은 그러나 1957년 Roth사건 결정에서 외설(Obscenity)을 사회적 주목을 받을 만한 것으로 보지 않았다. 왜냐하면 연방대법원은 외설을 전적으로 사회적 중요성을 보충하지 않는 것으로 간주했기 때문이다. 결과적으로 Roth사건에 따라 정부는 내용 차별에 개입하지 않았다. 정부가 외설적 자료를 금지할지라도 외설이 헌법 보호 밖에 있기 때문이다.[312]

그러나 사회적 가치를 보충하는 기준은 본질적으로 문제이다. 누구에게 통신이 보충적이어야 하는가가 문제이다.[313] 확실히 외설 자료는 그것을 얻으려고 자발적으로 돈을 지불하는 사람에게 사회적 가치를 갖는다. 문학이 한 가지 생활방식을 주장하고 또 문학이 그러한 삶의 방식에 이미 익숙해진 사람들을 단순히 즐겁게 하지 않는다면, 문학은 사상의 자유시장 내에서 사회적 가치를 갖고 있다고 주장하는 것에 의해서만 연방대법원은 이러한 동의어의 반복을 무시할 수 있다. 외설적 자료들을 상업적으

---

311 Roth v. United States, 354 U.S. 476, 484 (1957).

312 결론적으로 Paris Adult Theatre I v. Slaton, 413 U.S. 49 (1973) 사건에서 Brennan 연방대법관은 정확히 했다. 그는 전적으로 사회적 가치가 없는 것의 기준을 신중한 문자적 예술적 정치적 또는 과학적 가치가 결여된 것을 요구하는 것으로 대체하는 것은(Miller v. California, 413 U.S. 15, 24 (1973)) Roth, Paris Adult Theatre I, 413 U.S. at 96의 분석적 기초와 일치하지 않는다고 판시했다.

313 Ginzburg v. United States, 383 U.S. 463, 489–90 (1966). Douglas 소수의견.

로 이용하는 것과 본질적으로 정치적 사상의 자유로운 교환을 동일시하는 것은 수정헌법 제1조의 큰 개념을 손상시킨다고 연방대법원은 믿는다.[314]

Paris Adult Theatre 사건에서 연방대법원의 의견은 이 구별법상 흠을 드러낸다.[315] 이 사건에서 동의하는 성인들에게만 자료가 노출될지라도 연방대법원은 자료는 외설이 될 수 있다고 선고했다. 이러한 금지를 통해 국가가 보호하는 이익은 삶의 질과 상업 분위기, 그리고 가능하다면 공중의 안전 그 자체를 포함한다. 국가는 따라서 외설물을 공적으로 전시하거나 외설물 영업이 공공 환경을 오염시키는 것에 의해 전체로서 공동체를 훼손하는 경향이라는 도덕적으로 중립적인 판단권을 갖는다. 연방대법원은 외설물에 대해 접근권을 부여하는 것은 생활의 다른 부분에 대해 영향을 미치는 것이라고 열렬히 강조했다.

따라서 연방대법원이 정치적 사회적 변화를 가져오는 언론의 역할 때문에 언론은 정밀하게 보호된다고 자주 판시하더라도,[316] 연방대법원은 이 사건에서 외설물을 보호하는 것을 대부분 거부했다. 왜냐하면 그러한 물건들이 연방대법원이 반대하는 사회를 위해 기여하기 때문이다. 그러나 외설사건들은 상류계층의 경향을 해치는 변화를 초래하는 것을 허용하지 않을지도 모른다. 율리시스(Ulysses)로부터 허슬러(Hustler)에 이르는

---

314 Miller v. California, 413 U.S. 15, 24 (1973).

315 Paris Adult Theatre I v. Slaton, 413 U.S. 49, 58, 68-69 (1973).

316 Roth v. United States, 354 U.S. 476, 484 (1957). 그러나 외설사건들은 상류계층의 경향을 해치는 변화를 초래하는 것을 허용하지 않을지도 모른다. Ulysses로부터 Hustler에 이르는 여정이 문학으로부터 외설물로, 단어로부터 외형으로의 움직임보다 더한 것을 포함하는 것으로 사려 깊게 관찰되고 있다. 이 사건은 교육받은 소수자의 선점으로부터 다수의 근로계층의 일상적인 환상으로의 전이를 포함한다. 한때 외설은 비싼 가죽 장정본으로 신사들에게만 유용한 것으로 제한됐다. Lady Chalierly's Lover 출판사에 대한 신문에서 검사는 이 책을 하인에게 읽을 수 있도록 하겠냐고 질문을 한 적이 있다. Hustler는 하인의 복수를 다룬다. Neville, Has the First Amendment Met Its Match?, N.Y. Times, Mar. 6, 1977, §6, pt. I (Magazine), at 18, col. 2.

여정이 문학으로부터 외설물로, 단어로부터 외형으로의 움직임보다 더한 것을 포함하는 것으로 사려 깊게 관찰되고 있다. 이 사건은 교육받은 소수자의 선점으로부터 다수의 근로계층의 일상적인 환상으로의 전이를 포함한다. 한때 외설은 비싼 가죽 장정본으로 신사들에게만 유용한 것으로 제한됐다. 출판사에 대한 신문에서 검사는 이 책을 하인에게 읽을 수 있도록 하겠냐고 질문을 한 적이 있다. 허슬러는 하인의 복수를 다룬다.

연방대법원이 외설에 대한 정부 규제를 보호하는 것은 국민을 위해 선이라는 증명할 수 없는 전제들을 단순히 근거로 하고 있다.[317] 연방대법원은 그러한 것들을 선한 자료로 간주하는 일상적인 가정들과 비교함으로써 그러한 증명되지 않은 가정들에 대한 의지를 정당화한다. 법원은 사회가 믿음에 의해서만이 좋은 문학과 다른 예술의 질을 높이는 것으로 받아들이기 때문에 국가는 외설이 타락시키고 품위를 떨어뜨린다는 상응하는 가정을 수용한다고 판단한다. 그러나 법원의 비교가 잘못됐다. 왜냐하면 국가가 읽거나 보고 또는 그러한 작품들에 대해 듣도록 성인들을 강요하지 않고 또 강요할 수 없기 때문이다. 어떤 사회적 변화가 받아들일 수 없는 것인지 또 고려돼서는 안 되는지를 공적으로 결정하는 것은 진리 그 자체에 공적 결정인 것처럼 진리를 공개적으로 탐색하는 것과 현저하게 대조를 이룬다.

스코키 행진은 그렇지 않지만 포르노는 헌법적 보호를 넘어서는 것이다. 엄밀하게는 재판관들이 포르노는 나치의 수사보다 공동체 견해에 보다 더 영향을 미칠 것으로 믿기 때문이다. 실제로 스코키에서 행진을 희망하는 사람들의 견해는 반유대적 견해 때문이라기보다 행진하는 사람들 스스로 나치즘을 고백하고 그 모든 것을 상징화하기 때문에 보다 더 명백히 수용할 수 없을지 모른다.

317 Paris Adult Theatre I, 413 U.S. at 62–63.

현재 외설법은 대안적 견해들을 깨닫는 것은 본질적으로 해로울 수 없다는 시장 전제와 양립하지 않는 것처럼 보인다. 포르노는 그러나 상당수는 알고 싶어 하지 않는 우리 자신에 대한 것을 우리가 깨닫도록 위협한다. 포르노는 성적 충동과 사회 관습 사이의 불편한 화해를 폭발시키겠다고 또 은밀하게 성적 자료를 갖고 있는 사회적 망을 파괴하겠다고 위협한다. 그것에 도전하는 생각과 인상을 배제하는 것으로 그 웹을 보존하기 위한 바람은 정신의 개방성에 대한 헌법적 약속과 똑바로 펼 수 없다고 주장하기 위해 억압의 경종을 울릴 필요가 없다.

명백하고 현존하는 위험과 외설 기준 양자는 진리를 찾으려는 개방사회의 시장 모습에 뿌리를 두고 있을지라도, 양자는 표현이 기득권층의 가치들을 위협하는 점에 대해서 표현을 금지하는 것을 허용한다. 그러한 법 원칙들을 망라하는 사회는 진리를 탐구하는 데 개방적 정신(open-minded)이라고 주장할 수 없다. 다음에 이러한 압제적 원칙들이 편견을 갖는 체제에 의해 생산된 것인지 또는 시장 자체가 본질적으로 결함이 있는 것인지를 살펴본다.

(2) 사회화로서 진리 교육

객관적 진리의 존재의 가정이 고전적 시장이론에 매우 중요할지라도, 거의 어느 누구도 오늘날 객관적 진리를 믿지는 않는다. 진리는 객관적이지 않다. 플라톤 방식은 더 이상 신뢰를 갖고 구해지는 것은 아니다. 현대적인 것은 플라톤 방식을 믿지 않으려고 하는 것처럼 보인다. 가치원(value source)으로서 그들의 결핍은 그들의 내용이나 정확성이 점검될 수 없다는 것이다. 부가적으로 보편성 위에 가치체계를 세우려고 시도하는 사람들은 진퇴양난의 함정에 빠진다. 주장되는 보편적 목적들이 너무 적고 추상적이어서 특정 갈등을 결정하는 데 도움이 안 되거나 또는 그 목적들이 너무 많고 구체적이어서 진실로 보편적일 수 없다.

역사가들은 예를 들면 처음에 찾고자 하는 역사자료의 유형을 결정하고, 또 그들이 찾는 자료의 적절성을 결정한다. 따라서 역사는 어떤 객관적 역사적 진실보다는 역사가들이 선택한 인식 위에 형성된다. 미국 고등학교 교과서 가운데 혁명전쟁의 요구 기술 부분은 상대인 영국 식민지와의 전쟁 토론과만 비교된다. 두 문화권이 같은 사건을 이해하는 데 중대한 차이를 보여 준다. 학문적 과학적 또는 전문가 훈련에서 진리를 추구하는 것도 같은 방식으로 말할 수 있다. 이론의 진리는 개인의 만족도를 판단하는 데 대한 현상을 설명하는 능력에 의존하고 또 개인에 대한 심미적 호소에 의존한다. 오늘날의 진리는 결과적으로 내일의 미신이 될지도 모른다.

시장이 진리를 또는 심지어 최선의 해법을 드러낸다는 것은 무엇이 진실하거나 또는 최선인지에 대해 훨씬 더 착각하게 한다. 시장이 실제로 진리를 드러낸다면, 다양성과 갈등은 아마 증가하기보다 줄어들 것이다. 그러나 국민의 인식이 다양한 이익과 경험에 기초를 두고 있기 때문에, 그들의 인식들은 사회적으로 균질화하지는 않을 것이다. 요컨대 국민이 다른 경험을 갖고 있는 한 어느 사회가 무엇이 진리인가에 대해 동의할 수 있는 것을 보장하는 게 거의 없으며, 또 다양성과 갈등이 지속할 것 같다.

국민은 자신의 신념에 반하면 읽거나 들으려고 하지 않는다. 국민은 자신이 속한 단체들의 비판에 대해서도 늘 개방적인 것은 아니다. 사상과 의견, 입장이 개인 자신의 이익과 충돌하거나 그러한 것들이 개인이 빠져 있는 편견들과 다른 경우 역으로 사람은 오류로서 사상과 의견, 입장을 거부하기 어렵다. 결국 국민의 접근법이 동일하지 않다면, 국민은 시장을 최선의 결과로 유도하는 것으로 인식할 것이다. 그 특별한 개인적 견해에 있어서 선호되어야 하는 사람들을 시장이 오로지 선호할 경우 그럴 것이다. 요컨대 개인의 선입견적 접근법이 본질적으로 이질적이라면, 그때 시장경쟁의 적절한 산출에 대한 국민의 결정은 실제로 알려진 경쟁에 앞서서 이루어진다. 결과적으로 어느 접근법이 승리해야 하는가를 결정하는 유일한 길로 알려진 그 시장과정은 시장 참여자들의 기존 접근법을 단순히 반영한다. 실제로 시장과정은 거의 변하지 않는다.

시장에서의 갈등은 따라서 무엇이 진리이고 또는 최선인지에 대한 결론적인 합의로 이끌 것 같지는 않다. 차라리 시장은 문화 집단들이 수요와 이익, 경험을 갖고서 자신들의 진리 또는 최선에 대한 다른 감각들을 방어하거나 확립하기 위해 싸우는 토론장으로써 봉사한다. 한 집단의 입장을 공식적으로 채택하고 지지하는 것은 시장에서의 성공에 기인해서 주장되는 것으로, 법적 체계를 통해 그 집단의 하부 문화의 발달을 순전히 고양한다. 그것은 그 집단의 접근법을 보편적으로 수용하는 것을 대표하는 것은 아니다.

따라서 자유로운 언론을 진리의 발견에 대해 또는 선택적으로 정보를 제공받는 것을 고무하는 것에 대해 독특하게 본질적인 것으로 다루는 것은 어렵다. 언론이 하는 것보다 경험이 인생의 긴급 사태에 대처하기 위해 요구되는 정보를 보다 더 잘 제공할 것 같다. 단순한 표현에 의해 보강되기 보다는 차라리 사회적 변화는 새로운 이익과 수요, 경험의 성장에 의존한다. 현상유지 조건들이 도전받을 수 있는 새로운 접근법들을 얻기 위해 그러한 새로운 이익과 수요, 경험은 감각적 자료들을 다르게 보는 데 사용된다. 그러한 성장은 새로운 경험과 이익 그리고 결과적으로 진리를 인식하는 데 분리적 인식을 기르는 정부와 사회체제를 요구한다. 그 체제가 대조적인 접근법을 갖는 인간의 자기실현(self-fulfillment)에 대해 적합한 다른 환경을 창조하는 것을 도울 경우에만 그러한 체제에서 표현은 중요해질 것이다.

오늘날 미국에서는 그러나 대부분의 행동과 경험, 삶의 방식의 선택은 정부의 영향과 제한에 전적으로 지배를 받는다. 연방정부나 지방정부는 사회가 변화에 개방적이도록 하기 위해 필요한 경험의 다양성을 고무하는 책무를 지는 것은 아니다. 반면에 양 정부 차원에서 적절한 접근법의 발전을 통제함으로써 의견의 일치와 합의를 촉진한다. 경제적 정치적 교육적 사회적 조건에 대한 정부의 권한 그리고 자료 수집과 확산 상 우월적 지위를 통해, 미국 정부는 적극적으로 시민의 사회화에 참여하고 있다. 경쟁하는 사상들 가운데 자유롭게 선택하는 독립적 시민의 시장 모습과 반대로, 정부는 공중이 특정 견해들을 지지하거나 지지하지 않도록 강하게 고무하고 있다.

사회는 구성원의 초기 인생 동안 그 구성원에 대해 절대적인 권한을 갖는다. 사회는 구성원이 살면서 이성적으로 행동하도록 하는데 있어서 유아기와 미성년기에 전적으로 영향력을 발휘한다. 생존하는 세대는 훈련과 다가오는 세대의 전적인 환경을 조종하는 달인이다. 교육체제는 따라서 후에 규범적 판단을 형성하기 위해 가치체계를 엄밀하게 주입시킨다. 그러나 이러한 사회적 주입은 사람에게 정부와 사회 결정에 적극적으로 참여하기 위해 필요한 준거의 틀(the frame of reference)을 주기 위해 필수적이다. 중요한 규범적 구조가 없다면, 사람은 감각기관의 자극을 수동적으로 받는 존재에 불과할 것이다. 그것은 어느 사례에서도 너무 단순해서 기만적이고 조작적인 교육자들에 의해 통제받는 존재로서 이러한 사회화 과정을 볼 수 없을 것이다.

사회화 과정을 통해 정부는 개인이 다른 것보다 중요한 접근법들을 수용하게 하는 성향을 갖게 한다. 정부는 현존하는 이익과 압도적인 견해, 현재의 태도를 보호하는 경향이 있는 사상들을 주입한다.[318] 요컨대 정부는 공중이 현상을 유지하는 시장 내에서 그러한 사상들을 선택하도록

---

[318] Thomas Emerson, Freedom of Expression, p. 289. cf. Robert D. Kamenshine, The First Amendment's Implied Political Establishment Clause, 67 CALIF. L. Rev., 1979. p. 1104. 수정헌법 제1조는 시민에게 주입식 교육을 하려는 정부의 권한을 경감시키기 위해 정치적 제도에 대한 금지를 포함하는 것으로 해석되어야 한다고 주장.

강하게 고무한다. 공공교육체제는 의무교육과 연결돼 정부의 사회화와 주입식 교육을 위한 효율적인 체제 가운데 하나이다.

　Brown사건으로 거슬러 올라가면,[319] 연방대법원은 국가가 지원해 주는 교육은 어린이의 사회화에 주요한 힘이라고 인정했다. 학자들이 주목한 바와 같이 공립학교는 국가의 주입교육을 위한 강한 토론장을 제공한다. 첫째, 청중의 참석을 강제하며, 청자들은 선생들이 자신들에게 말하는 내용을 비판적으로 평가하기에 필요한 독립적인 지식이나 또는 심리적으로 세련됨을 아직 갖지 못하고 있다.[320] Schempp사건에서 연방대법원은 공립학교에서 기도하는 사람의 암송을 요구하는 주 법률과 관행들을 위헌이라고 판결했다. Barnette사건에서 연방대법원은 학생들이 그렇게 할 것을 원치 않는다고 하더라도 학생들에게 미국 국기에 충성을 맹세할 것을 요구하는 학교 관행을 위헌이라고 판결했다. 그러나 연방대법원은 학교는 학생들에게 스스로 벗어나도록 허용해야 한다는 것만을 요구했다.

　둘째, 공립학교들은 가치가 떨어지는 광고보다는 고도화된 가치 있는 교육으로서 자신들의 교육내용을 일괄적으로 처리한다.[321] 교육적 소통이 역시 선전하기 위해 의도될 수 있다고 주장하는 것은 정부의 선량한 민주적 형태와 나쁜 공산주의 체제와 대조를 이루는 과정을 요구하는 몇몇 주의 입법에서 가장 명백하다. Florida 주에서 예를 들면 강사들은 지구상 다른 어떤 경제체제보다 높은 임금과 높은 삶의 기준, 보다 큰 개인적 자유와 사회적 자유를 창출하는 것으로 미국 경제를 강조해야 한다. 반면에 공산주의의 위험과 공산주의와 싸우는 길, 공산주의의 죄악, 공산주의의

---

319 Brown v. Board of Education, 347 U.S. 483 (1954).
320 Abington School Dist. v. Schempp, 374 U.S. 203, 224–225 (1963). West Virginia State Bd. of Educ. v. Barnette, 319 U.S. 624, 641 (1943). 두 사건의 비교를 통해 통찰을 얻을 수 있음.
321 FLA. STAT. § 233.064(4) (1981). FLA. STAT. § 233.064(5) (1981).

오류, 공산주의의 잘못된 원칙들에 초점을 맞춰야 한다.

셋째, 어린이들은 성인 교사의 권위와 방대한 지식에 의해 감명을 받는 경향이다. 학교 선생님 한 분이 사실에 대해 잘못 얘기한 것을 15살 된 아들이 적극적으로 방어할 것이라고 생각한다. 넷째, 교사들은 그날 교과를 적절하게 배운 학생과 그렇지 않은 학생들에 대해 보상하기도 하고 벌을 주기도 한다.

미국 교육기관에서 일어나는 주입식 교육에 대해 덜 싫증이 난다는 견해는 학교 체제에서 선택의 필요성을 강조한다. Pico사건에서[322] 렌퀴스트(Rehnquist) 연방대법관은 소수의견으로 필수적으로 초등학교와 중등학교 교육은 적절한 것과 적절하지 않은 것 그리고 합당한 것과 합당하지 않은 것을 분리해야 한다고 강조했다. 이 사건은 수정헌법 제1조의 한계를 중학교와 고등학교 도서관에서 책들을 제거하는 지역 교육청의 재량에 부과했다. 학생들에게 제공하지 않는 정보가 무엇인지를 결정하는 것은 적절한 자료를 정리하는 것처럼 중요하다. 책을 정선하는 과정은 근본적으로 공공교육에서 헌법적으로 요구하는 절충주의와 일치하지 않는다.

Pico사건에서 브렌난 연방대법관이 다수의견에서 교육청이 도서관 책을 제거하는 권한을 제한하면서, 교육기관의 주입식 교육의 역할을 곧바로 인정했다. 재판부는 지역 교육청은 공동체의 가치를 전하기 위해 그러한 방식으로 교과 과정을 확립하고 적용하도록 허용돼야 한다는 데 대해 그리고 사회적 도덕적 또는 정치적 권위와 전통적 가치들을 존중하는 것을 촉진하는 데 있어서 정당하고 실체적인 공동체 이익이 있다고 하는 데 대해 전적으로 일치한다. 비록 연방대법원이 우선 책을 제거하는 것과 책을 얻는 것을 구분할지라도, 책 속에 담긴 접근법들을 잃는 것은 시장 모형에 따라 학교가 책을 제거하거나 또는 선제적으로 책을 거절하는지

---

322 Board of Education v. Pico, 457 U.S. 853, 904 (1982). Rehnquist 소수의견.

여부를 침해하는 것과 같다. 확실히 연방대법원은 흑인 또는 공화당 접근법으로 저술된 책들을 구입하지 않기로 한 교육청의 결정을 고려할 것이다. 미국 정부에 유대교의 침투를 제시하는 책을 구입하는 것을 거부하는 것은 사법적 비난을 사지 않을 것이다. 그 차이는 분명히 한 접근법의 문화적 수용 그리고 다른 접근법의 거부인 것처럼 보인다.

요컨대 공립학교는 그러한 선택적인 노출을 통해 어린이들의 태도를 형성하고, 그것에 의해 어린이들이 성인처럼 어떤 확립된 접근법을 수용하게 한다.[323] 어린이 부모가 공립교육 체제를 부인하고 대안에 대해 재정적 지원을 할 수 있다면, 선택해서 자신의 아이를 사립학교에 다니게 할 수 있다. 이러한 헌법적 특권의 실행은 그러나 비용이 많이 들 뿐 아니라 많은 부모의 능력을 넘어서는 것이다. 경제 현실은 의무교육과 연결되어 잘 살지 못하고 또 따라서 기득권층의 가치에 대해 반할 이유가 거의 없는 사람들을 강제해서 그들의 자녀를 기득권층의 가치들을 촉진하는 교육기관에 남도록 할 것이다.

따라서 교육적 주입 과정이 드러낸 바와 같이 사회화 체제는 미묘하게 사람들이 형식적인 검열의 징후 없이 유행적 사고 경향을 비유행적인 것으로부터 분리하도록 영향을 미칠 수 있다. 외적으로는 표현이 금지될 필요가 없다. 사회화 과정은 그것이 효율적으로 시민의 대중적 의식 속으로 침투하는 것을 방지하기 때문에 그것이 어떻게 도전하든 간에 그것은 현존 질서에 적합하다.[324] 미국은 모든 이념 국가 가운데 가장 이념적인 국가의 하나이다. 심각하고 광범위한 공적 논쟁이 없는 것은 사상들이 성공적으로 미국 국가 생활에 엮여 드는 것을 증명한다. 수정헌법 제1조가 보호하는 가치를 지지하는 데 책임을 지는 사법부 법관들은 특정한 접근법에

---

323 Pierce v. Society of Sisters, 268 U.S. 510, 534–535 (1925).
324 Richard N. Goodwin, The Shape of American Politics, Commentary, June 1967, pp. 25, 32.

대해 일반 공중을 유도하는 같은 사회화 과정과 주입식 교육으로부터 영향을 받지 않는다. 법원들의 구성원들은 결국 우리 모두처럼 자신들의 문화의 생물인 것이다. 사법부의 이러한 불가피한 사회화가 주어진다면, 시장의 이상은 비현실적인 게 되며 체제를 정당화하는 신화(legitimizing myth)로서만 기능하게 된다. 그 체제는 발전을 주장하는 개방적인 정신의 평가보다 미리 선정된 제한된 범위의 사상의 발표를 고무한다. 수용가능한 규범의 범위를 벗어나는 언론은 놀라지 않을 정도로 자주 사법적 판단에 의해 축소되고 있다.[325] 법관들도 다른 시민처럼 자신들만의 의견과 지나치게 모순되지 않는 그러한 의견들만을 심각하게 듣고 취하는 경향이다.[326]

4. 자기실현을 예측하는 것으로서 시장의 문제

사상의 자유시장은 현실이기보다는 관념세계의 신화이다.[327] 시장이 사회적 비판과 변화에 개방적이라는 신화는 지배집단이 지지하는 규범과 가치에 위험한 것으로 인식되는 행동을 위법으로 인정하는 정당성을 법원에 제공했다. 독재정부에 저항할 권리가 있다고 하는 주장에 대해

---

325 연방대법원이 논쟁적 언론을 수정헌법 제1조와 일치하지 않는 것으로 제한하는 법률에 따라 유죄를 선고한 판결들. Dennis v. United States, 341 U.S. 494, 516 (1951). Debs v. United States, 249 U.S. 211, 215 (1919). New York v. Ferber, 458 U.S. 747, 774 (1982). 아동 포르노를 불법화한 주 법률을 지지한 판결.

326 Stanley v. Georgia, 394 U.S. 557, 568 (1969) 사건과 Paris Adult Theatre I v. Slaton, 413 U.S. 49, 67 (1973) 두 사건은 예의바른 사회와 일반대중 사이의 구분과 충돌한다. 전자는 가정에서 외설적 필름을 전시하는 것을 보호하는 판결인 데 비해 후자는 외설적 필름의 공적 전시를 금지하는 판결이다. 공공영화관에서 동일한 필름을 전시한 것을 기소한 것에 반해 사적으로 소유하는 영사기 상에 사적으로 생산한 영화를 상영하는 것을 막는 것은 경제적 문화적 차별의 기미가 있다. FCC v. Pacifica Found., 438 U.S. 726, 776-777 (1978). Brennan 소수의견. 다양한 발언 양식에 대한 수용성에 입각해 연방대법관의 사회경제적 배경의 영향력에 대한 자세한 논의.

327 Dennis v. United States, 341 U.S. 494, 501 (1951).

이론적 장점이 있다고 하는 것은 현존하는 권력구조가 평화롭고 질서 있는 변화를 위해 제공하는 곳에서는 효력이 없다. 대체로 시장으로 유입되는 통신은 정치적 경제적 사회적 관점을 반영한다. 많은 장래 연설자들은 시장에 매우 제한된 접근권만을 얻으며, 접근법의 다양성은 대체로 존재하지 않는다. 현실에서 시장은 모형이 제안하는 자유방임형의 자유시장은 거의 아니다. 몇몇 비평가들은 시장 모형의 지속적인 생존능력을 설명하면서 자기실현을 예측하는 것으로서 시장이 기능한다는 것을 주목했다.

앞서 언급한 결점들에도 불구하고 전통적 가치와 관습적 지혜를 받아들이는 사람들에게 시장은 성공적으로 기능을 수행하는 것처럼 보인다. 기득권층의 접근법들을 지지하는 지배집단이 상대적으로 시장에 대한 온전한 접근법을 갖고 있다. 또 공중은 대체로 채택한 자신들의 견해를 발견하기 때문에, 그들은 반대자들과 달리 시장의 결과가 사회화나 접근권 또는 전체적 결합에 의해 미리 결정되거나 강하게 영향을 받는 것으로 인식하지 않는다. 지배집단이 최고로 생각하는 접근법들이 전적으로 채택될 가능성이 있기 때문에, 지배적인 믿음에 고착하는 사람들에게 시장은 최상의 결과에 도달할 것으로 보인다. 따라서 시장 모형은 지배집단에게 그것의 접근법의 지배가 정당화하는, 스스로 신봉하는 믿음을 위한 기초를 제공한다. 시장 모형의 이 부산물은 이론의 심각하고 명백한 오작동에도 불구하고 차례로 시장이론의 지속성을 설명한다.

시장에 대한 제한된 접근권만을 경험한 반대자들은 물론 시장 과정을 최선의 접근법에 도달하는 것으로 보지 않는다. 시장이론은 몇몇 반대자마음속에서는 오로지 이데올로기적 구상이다. 그 구상은 시위를 반대하고, 엘리트보다 시장이 시장의 운명을 통제한다는 것을 믿도록 대중을 속이기 위해 고안된 것이다. 그러한 반대자들은 보다 강하고 보다 공격적인 표현이나 행동이 이러한 시장의 실패를 극복하기 위해 필요한 것으로 본다. 결국 지배적 견해를 간직한 사람들이나 반대자들도 시장 결과의 견지에서 자신들의 견해를 바꾸도록 하는 압력을 느낄 필요가 있다.

　비록 몇몇 반대자들이 시장이 불가피하게 편견이 있고 따라서 거부돼야 한다고 믿는다 할지라도, 그러한 자유로운 표현을 믿는 다른 사람들은 시장의 형상을 지지하기 위해 개인적으로 지속성을 유지한다. 이 후자 집단은 모두에 대한 동등한 접근권을 보장하기 위해 시장 모형의 개혁 필요성을 강조한다. 개혁을 위한 그러한 위기는 그러나 반대자들이 말한 것들로 국한되는 것은 아니다.

IV. 사상의 자유시장의 실패

1. 언론의 상업화와 경제적 분석의 한계

　사상의 자유시장과 수정헌법 제1조, 표현의 자유에 대한 광범위하고 절대주의적인 정치적 언론의 옹호는 옳다. 자유로운 언론의 불가량의 가치를 입증할 필요 없이 소수의 반대자가 다수의 전제로부터 보호를 받는다.[328] 언론의 유해성이 실제로 보다 많은 언론에 의해 치유될 수 있을 경우, 이것은 분명히 중요한 보호이다. 그러나 그것은 보다 소수의 언론의 유해성의 부가적인 영향을 갖는다는 면에서 비용면의 효율적인 보호를

---

[328] R.A.V., 505 U.S. at 427. Stevens 동의의견. 중요한 예술작업의 일부인 포르노와 행동문제에 대한 다큐멘터리 또는 의학적인 또는 정신병적인 교육도구들이 헌법적인 보호의 자격이 주어질 수 있기 때문에 범주화의 오류의 위험성을 토론.

추구하는 것을 미연에 방지해서는 안 된다. 그러한 보호의 본질은 정치적 언론과 사상의 자유시장의 결합을 지속적으로 비판하는 것에 의해 제시되고 있다.

비판가들은 이러한 결합이 정부의 악과 아레오파지티카에서처럼 인간의 선함을 과장하기 위해, 언론의 위험과 유해성을 평가절하하기 위해, 이로움을 과대평가하기 위해, 그리고 선으로 악한 언론을 대적하기 위한 시도들의 물리적 심리적 위험을 그리고 사소함을 평가절하하기 위해 그럴 듯하게 주장하고 있다. 잉버는 사상의 자유시장은 거의 변하지 않고 정보를 제대로 전달받는 선택과 관련이 거의 없다고 결론을 내린다. 차라리 이러한 결합은 다른 것보다 일부 접근법들에 대한 순응 속으로 시민을 사회화하는 데 기여한다. 사상의 자유시장은 경제시장처럼 흠이 있다. 그리고 견고한 권력구조 또는 이념을 지지하는 사상은 수용 가능성이 가장 많다.[329]

사회는 옥스퍼드 노동조합과 같은 토론클럽이 아니며, 도시회합도 아니며 또는 일부 진리를 찾아내는 데 흥미를 가진 과학자 집단도 아니다. 생산자들은 이윤을 내기 위해 자주 말을 하며, 그들은 통상적으로 표면상 소비자들과 매우 다른 사람들이다. 소비자들은 전달내용을 자주 잘못 이해하거나 무시하며, 자주 자신들의 반응을 전달하기 위한 경쟁력이 있는 채널이 부족하며, 또 크게 말함으로써 자신을 바보로 만들지 않을까 두려워한다. 적극적인 참여로부터 차단된 것을 느끼면서, 많은 사람들은 관점을 검열하는 과점적 전국방송에 의해 통제되는 텔레비전 앞에서 저녁에 수동적으로 남아 있다.

---

329 Board of Educ. v. Pico, 457 U.S. 853 (1982)사건 토론. 정부가 도서관으로부터 책을 제거하는 능력은 제한된다. 그러나 정부는 예를 들면 보다 광범위한 책을 획득하는 것에 의해 경험의 다양성과 변화에 대한 개방성을 강화하기 위해 요구받는 것은 아니다.

많은 주제들 또는 접근법들은 반체제 신문이나 공적 접근권 텔레비전 채널처럼 무시되거나 파편화된 시장 대용으로 격하되고 있다. 왜냐하면 그들은 괴로움을 주거나 또는 즐거움을 주지 않는, 그리고 따라서 이익을 못내는 것으로 간주되고 있다. 효율적인 정치적 언론의 대부분은 실제로 상업적 언론이다. 그것은 연방대법원이 정치적 언론의 분석을 도입해도 보다 적은 가치의 보호를 받을 것이다.

시장의 관행들과 도구적 행동의 패러다임 사례들은 상대적으로 오로지 상품 목적들만을 유발한다. 의인론적으로 말하면, 구매가 만족시킬 수 없을 욕망의 지속적인 증가 그리고 우리가 원하는 세상이 되는 것을 둘러싼 것보다 이러한 목적을 둘러싼 인간 형상의 형성, 즉 이윤이 요구하는 바 대로 경쟁적인 시장은 상업적 언론을 세상을 창조하는 쪽으로 가도록 지시한다.

매체는 대부분 청중의 태도들을 보강하고, 광고주들은 비슷하게 현상 유지를 전복하려고 하지 않는다. 시장 대행물들은 주된 시장이 기능을 하지 않는 곳에서 출현하고, 또 시장 대행물들이 가치가 있는 시장에 진입하려는 데 대해 장벽을 만들려고 할 경우 시장 대행물들은 행동들을 분리한다. 소비자들은 재화와 용역에 대해 하는 것처럼 사상에 대해서도 자유와 자율성, 번영과 선제성이 있는지 점검을 한다.

사상의 자유시장의 그리고 마찬가지로 다른 시장의 깊은 경제적 합리성의 추정은 현실세계에서는 유지될 수 없다. 상업적 동기들이 지배하는 것으로 적절히 생각되지 않는 곳에서 사회적 쟁점들에 대한 경제적 분석은 넓게 비판을 받는다. 그러나 분석들이 이러한 비판을 고려하는 것으로 수정될 경우 분석들은 유용할 수 있다. 일부 학자들의 법률과 경제학은 역설적으로 낡은 마르크스주의 좌파에 동의한다. 핵심에 대해 염세주의적이고 냉소적인 사회의 절망적인 견지에서는 언론은 단순히 권력의 부수현상이다. 그것은 이타주의, 습관, 심한 편견, 공황, 천재성, 행운 또는 그것의 부족 그리고 동료 집단으로부터 받는 사회적 압력, 제도 그리고 우리를 사회적 동물로 귀속시키는 문화와 같은 우리를 인간으로 만드는 많은 요인들을 무시한다.

인간성이 부재하고 사회성이 없고 또 자주 차별주의자인 경제인 또는 언론인은 뉴욕증권거래소에서 오랫동안의 독자적인 거래 중 하나인 것처럼 인생을 경험한 것으로 보인다. 지식이 인간의 흥미와 수요 그리고 경험이 거대하게 팽창하고 있는 감각적인 자료들을 나누고 범주화하는 데로 그들을 이끄는 방법에 대해 의존하고 있는 이후, 진리는 객관적일 수 없다.

일부 철학자들은 자유로운 언론을 강조하는 합리주의에 회의적이다. 선과 악에 대한 인식은 가변적이며, 그들 가운데 중립적이고 역사적 방법을 선택하는 것, 즉 자유로운 언론을 일부를 위해 더욱더 강제적으로 만드는 접근법은 없다. 언론에 대한 제한은 우리들이 인정하는 비합리성을 깊게 할 것이며, 해로운 결론의 가능성을 증대할 것이다.

2. 자유방임시장의 비현실성

이성은 전달내용의 매력적인 형태를 전달내용의 실체로부터 분리하는 능력을 추정한다. 그리고 이성은 토론보다는 고요함이나 폭력에 의지할 것을 명할지도 모른다. 추정되는 사상의 자유시장에서 정치적 언론으로부터의 실질적인 소득은 언론이론에 의해 설계된 이성적 소득과 상당히 다르다.

신고전주의 또는 Chicago학파의 경제학은 실질적으로 다음과 같은 질문으로 사상의 자유시장에 접근한다. 자유로운 언론이 당신에게 얼마나 가치가 있으며, 그것을 위해 얼마나 지불할 용의가 있는가라고 묻는다.

가난한 사람들이 자신들의 언론을 보호하기 위해 자유로운 언론이 들이
는 만큼 화폐와 시간, 교육 또는 다른 희소한 자원들을 지불할 수 없게 된
이후, 이것은 정보교환에 대한 접근권과 일반적으로 홈즈의 추정에서의
정치적 접근권을 보장하는 데 대해 도움이 되지 않는 접근법이다. 실제로
이것은 언론과 다른 영역에서 그들을 가난하게 만드는 것이며, 또 사상의
시장을 자유에 대한 매우 오래된 은유 그리고 평등면에서 매우 부족한 것
으로 평가한다. 전자는 지불하고자 하는 자발성에 기초한 것이며, 후자는
많은 사람들이 지불할 능력이 없는 것이다.

예를 들면, 가난한 사람들은 가장 효율적인 정보시장에 참여할 수 없게
된다. 뉴욕증권거래소는 신속한 반응을 통해 그에 대해서 정치적 정책들
이 채택될 수 있는 대규모 영향력을 발휘한다. 뉴욕증권거래소는 활발한
토론에 중대한 제약이다. 몇몇 잠정적으로 가치가 있는 정책들이 언급되
지 않은 이후 뉴욕증권거래소가 어떻게 반응할까를 두려워하기 때문이
다. 심지어 언변이 좋은 학자들도 조심하는 것을 배운다. 역시 증오언론
의 목표물이 가난한 정도로까지, 그들이 수단을 갖는 다른 사람들의 온정
주의에 의존하지 않는 한 그들은 증오에 대처하고 또 증오를 교정하거나
또는 관용에 보답하는 시장의 수단을 가지지 못하게 될 것이다.[330]

사상의 자유시장 은유는 따라서 집단들 또는 매우 다른 유용성 기능,
즉 필요와 수요 등을 갖는 소통들 사이에서 때로는 사상에 대한 협상으로
부터 비롯되는 불확정성, 즉 생명권에 대한 선택 성향의 복점(duopoly)과
같은 것을 설명할 수 없다. 현재 상태로 지불할 능력에 근거해 다른 정치
적 협상은 모두 매우 확정적이다. 가난한 사람들은 작은 돈을 위해 중대

---

330 T. Alexander Aleinikoff, The Constitution in Context. The Continuing Significance of
Racism, 63 U. COLO. L. Rev., 1992, pp. 327-339. 경제영역에서 차별은 시장경제에 기초해 알
려진 대로 개인의 복지 극대화를 위해 동등한 기회에 봉헌된 정치체제에서 특별히 터무니없다.

한 이익에 자주 굴복하는 반면에, 부자들은 가난한 사람들이 제공할 수 있는 가격에 심지어 한계이점에 거의 굴복하지 않는다. R.A.V.사건에서처럼 증오언론이 소수로부터 소수자들이 효율적으로 협상하는 데 필요한 심리적 통합을 빼앗는다면, 이것은 특별히 그럴 가능성이 있다. 요컨대 현존하는 접근권 기회의 분배가 공정하거나 또는 각 집단이 세계를 가장 잘 이해하는 것에 기여하는 데 따라서 할당된다고 아무도 심각하게 주장하지 않았다.

시장체제는 시장이 만족시키는 수요를 창출한다. 또 이것이 개인적 개성의 충분한 발전을 반영하거나 또는 허용할 것이라고 기대할 이유가 없다. 부를 극대화하는 담론은 예를 들면 미국 흑인 또는 히스패닉 인종이 시장에서 교환하기 위해 무엇인가를 가지고 있는지, 또는 그들이 자발적으로 협상하기 위해 필요한 부를 획득하는 기회를 체계적으로 박탈당하고 있는지 여부의 쟁점을 무시할 수 있다. 의견충돌의 표면에서는 오로지 사상의 시장이 최적의 협상타결이 이르게 되는 그러한 여러 사람들 또는 집단들 가운데 영향력을 배분하면 사상의 시장이 최선의 이해를 낳는다.

이런 상황에서 많은 사람들 스스로가 광범위한 제도, 즉 대부분의 법관들을 확실히 포함하는 집단의 일부라고 느끼지 않는 많은 사람들은 언론과정이 불공정하다고 믿는다. 그들에게 자유로운 언론의 합법적인 기능은 Whitney사건에서 브랜다이스 연방대법관의 동의의견에서 풍부하게 찾을 수 있지만 구체화하는 데 실패한다. 기득권층의 견해를 가지는 지배적인 집단들은 사상의 시장이 잘 작동되는 것으로 간주하는 반면에, 소수의 반대측은 통제의 환상을 주는 것에 의해 반대를 확산시키는 이념으로 이 시장을 간주한다. 사상의 시장의 지혜보다 공정성이 사상의 지속적인 수용을 정당화한다는 주장도 제기된다.

사상의 자유시장이 존재한다고 말할 수 있다고 하더라도, 사상의 자유시장은 시장의 실패를 통해 무너지고 만다. 불행히도 시장 실패 이론은 잘 발달되지 않고, 연속적인 정책 권고안들보다 못하게 구성된다. 시장 실패는 논쟁적으로 다음 사항을 포함한다. 즉 공공재화, 모든 사람에게 속하고 아무도 그에 대해 지불을 하려고 원하지 않는 것의 문제, 그들의 거래에 있어서 사적 당사자에 의해 고려되지 않는 외부성과 사회적 비용과 편익, 구획화, 진입장벽 그리고 시장에서의 경쟁의 부족. 시장 실패는 문자 그대로 개념 정의, 시장이 하지 않는 것을 시장이 하도록 원하는 것의 문제이다.

요약하면 현실세계의 조건들은 완벽한 자유방임적 경제시장이 사회적으로 바람직한 결과를 달성하는 것을 막는다. 그 경제시장은 재화를 최적으로 배정하고 생산하는 것을 촉진하는 사회적 수단으로서 찬사를 받았다. 전반적인 영향은 언론이 일부를 위해서는 자유로운 공적 재화이지만 다른 사람들을 위해서는 공적 재화가 아니라는 것이다. 그 공적 재화는 자주 그리고 역설적으로 그에 대해 최상으로 지불할 수 있는 것이다.

3. 정부 언론·법원 결정 등에 의한 시장의 실패

시장 실패의 영향은 자주 정부의 개입을 하찮은 것으로 여기게 한다. 오늘날이 홈즈나 밀턴의 시대가 아니라면, 자유롭거나 자연적인 사상의 시장은 없다. 왜냐하면 조직화되지 않고 또 아마 조직화할 수 없는 연설자들이 부유한 회사와 조직화된 이익집단들과 경쟁할 수 없기 때문이다. 이들 회사와 집단들은 세련된 홍보도구들과 통신기술에 대한 접근권을 갖고 있다.

이윤이 창출되지 않을 수 있거나 이익이 어느 정도 위협을 받지 않는다면, 부유하고 권한이 있는 집단들은 거의 사상의 시장에 참여하지 않는다. 그러한 집단들이 참여하기로 할 경우, 그들은 정치과정을 통해 이윤을 증대시키거나 또는 경제적 지대를 얻기 위해 때로는 성공적으로 구획을 나누고 또는 진입장벽을 설치함으로써 경쟁적 사상에 대한 정보시장을 폐쇄하는 데 성공한다.

경제적 지대는 공급이 잠정적으로 또는 영원히 고정된 시장에서의 수익비율과 경쟁적인 시장에서의 수익비율의 차이이다. 하나의 사상의 시장이 존재한다고 하면, 그것은 아마 대학교 교정에서 작동될 것이다. 그러나 전국 대학교들은 최근에 보다 많은 언론이 주어진다 해도 치료를 거의 못하거나 아무것도 못하는 시장 실패의 많은 증거를 제공하고 있다.

왜곡된 정보를 받거나 잘못 정보를 제공받는 공중과 시장 실패 그 자체는 정치인들에게 일치하지 않는 신호를 보낸다. 그리고 이것은 특별한 이익단체가 정보와 영향력을 조작함으로써 자주 정치를 지배하도록 돕는다. 범죄와 건강보호법안들에 대한 논쟁의 수준과 분위기를 살펴보도록 하자.

언론에 대한 시장 실패의 정밀한 본질과 중요성에 대한 합의가 거의 없는 반면에, 시장 실패 접근법은 언론에서 개인적 이익이 보이지 않는 손(invisible hand)에 의해 자동적으로 공익으로 변형이 되는지와 관련해 타당하지 않은 추정에 대한 것보다 관련 쟁점에 대해 초점을 맞추도록 한다. 신고전주의나 Chicago경제학파는 규제를 위한 정당성만으로 시장 실패를 인정한다. 정부가 시장을 폐쇄하지는 않겠지만, 수정헌법 제1조의 알 권리를 실현하는 데에는 정부가 시장의 결함을 시정하고 우연한 결과들을 규제할 것을 제안하는 판례들을 인용할 수 있다.[331]

정치인들의 전제와 영향력을 의심하면서 일부 언론 규제가 정치인들이

---

331 Red Lion Broadcasting Co. v. FCC, 395 U.S. 367 (1969). 확실히 연방대법원은 많은 사람들의 언론권은 다른 사람들의 적절한 접근권을 고양시키기 위해 희생돼야 한다는 인식을 일상적으로 거부했다. Beauharnais v. Illinois, 343 U.S. 250, 285 (1952).

특별히 언론으로부터 산출을 얻고자 하는 것으로부터 유래하는 것은 분명하다. 그러나 시장 실패 접근법은 이것이 홈즈가 당연한 것으로 추정했던 언론 규제를 설명하는 유일한 것이라고는 하지 않는다. 적어도 이러한 정치적 언론 범주는 잘 조정되어야 한다. 보호받지 않는 언론 범주들을 창조하도록 동기화하는 핵심정책들에 대해 어느 정도 지나치게 포괄적이지 않고 또 덜 침해적이어야 한다. 연방대법원은 사상의 시장에 대한 접근권을 평등화하기 위한 여러 시도를 통해 통신의 사적 공적 채널들을 활짝 개방해야 한다. 이러한 조치로 시장 실패를 개선하고, 언론에서 자유와 평등 사이에 보다 나은 균형을 실제로 보다 역동적인 긴장을 이룰 것이다. 그러한 노력들은 확실히 기회의 광범위한 평등, 즉 전통적인 언론학자들이 두려워하는 언론 산출의 정부적인 결정에 이르는 것은 아닐 것이다.[332]

예를 들면 매서운 인종차별주의자 언론은 사상의 시장에서 불공평한 거래 관행으로 또는 그릇되고 오도하는 광고로 취급될 수 있다. 그러한 독점금지 유형의 규제는 현존하는 수정헌법 제1조의 해석에 따른 정부 지원의 오점을 여전히 간직하는 R.A.V.사건의 사상과 같이 그릇된 사상을 영속적으로 드러내 보이는 경쟁 속에서 실패를 개선하기 위해 고안된 것이다. 그러나 사상의 자유시장이 증오를 걸러내는 데 지지를 받을 수 없으면, 그 경우 검열이 그렇게 할 것이라고 믿을 이유가 없다는 반론도 있다. 이 같은 헌법적인 줄타기에 대해 주의를 기울일 필요가 분명히 있다.

코스의 정리에 따른 분석은[333] 매서운 인종차별주의 언론의 규제를 또 다르게 정당화하며 또 R.A.V.사건은 잘못 결정됐다고 주장한다. 거래비

---

332 Dennis, 341 U.S. 494. Feiner, 340 U.S. 315. 두 사건을 통해 연방대법원은 수정헌법 제1조로 규제권리를 정착시켰다. 그것은 조짐이 나쁘고 경고적인 경향이다.

333 R. H. Coase, The Problem of Social Cost, 3 J. L. & ECON., 1960, p. 1.

용 전무(zero transaction costs)라는 Coase학파의 이상적 세계에서는, 적절한 양의 뇌물 지불에 대해 발언자가 자신의 헌법적으로 보호되는 인종차별적 언론을 포기할 것이라고 기대할 것이다. 이것은 결국 부를 극대화하는 것으로서 해야 될 일이다.

그러나 우리가 아는 바와 같이, 그러한 뇌물은 현실세계에서는 지불되지도 받아들여지지도 않을 것이다. 깊게 공격을 받은 개인은 너무 가난해서 기꺼이 뇌물을 지불할 수 없을 것이다. 그리고 공격받은 국민을 조직하는 집단의 거래비용은 그중에서도 그 집단 내에서 무임 승차자들 때문에 너무 높을 것이다. 공격받은 국민은 인종차별주의자들과 협상해야 하고, 또 뇌물비용을 나눠야 한다. 뇌물을 주려고 하는 개인이나 집단은 절차를 진행하는 데 비합리적이거나 꺼려한다.

왜냐하면 훗날 인종차별주의적 언론에 대해 발언자가 되돌아가는 것을 막을 헌법적 수단이 있다고 하더라도 거의 없기 때문이다. 발언자는 뇌물을 받지 않을 수 있다. 왜냐하면 그는 경제적으로 비합리적이고 인종차별주의를 진심으로 믿는 사람이며, 뇌물에 영향을 받지 않기 때문이다. 또 협조를 거부하는 사람으로서 그는 자신에 대해 언론의 이익 이상으로 뇌물을 갈취하려고 하기 때문이다. 그리고 그는 높은 거래비용과 자신만의 비이성 또는 협조를 거부하는 사람으로서 행동하려는 시도 때문에 접촉하고 뇌물을 받을 수 없는 외부 사람들을 위해 발언하기 때문이다.

무임 승차자와 협조를 거부하는 문제들을 포함해 높은 거래비용, 비이성, 시장 실패가 없었더라면, 이러한 기초 위에서 적어도 인종차별주의 언론의 맹렬한 형태에 대한 법적 금지는 정당화된다. 왜냐하면 그것은 Coase정리에 따라 당사자들이 자발적으로 도달할 협상에 가깝기 때문이다. 시장 실패는 외부성과 인종차별주의자의 언론으로부터 미래의 자제를 강제할 수 없는 법적 실패를 포함한다. 이러한 분석에 입각하면, R.A.V.는 잘못 결정된 것처럼 보인다. 왜냐하면 그 사건은 맹렬한 인종차별주의 언론을 규제하기보다 보호하기 때문이다.

니노(Carlos Santiago Nino)는 미국과 같은 헌법적 자유주의는 개인적 자율성을 보호하는 데 기여한다는 인식의 철학적 접근법을 제공한다. 공무원들의 행위, 예를 들면 증오언론을 검열하려는 시도들은 공식적인 검열의 생략이 하는 것보다 이러한 자율성에 더 큰 위험으로 폭넓게 간주되고 있다. 예를 들면 증오언론으로부터 나오는 모욕을 다루는 데 실패하는 위험이다.

니노는 롤스(John Rawls)의 다름의 원칙(difference principle)[334]에 유사한 기준을 제시함으로써, 행동과 생략 사이의 이러한 용이한 법률가의 구분을 다룬다. 이 억제가 자율성이 위축되는 사람들보다 덜 자율적인 사람들의 자율성을 증가시키게 된다면, 사람은 일부 자율성을 억제할 수 있을 것이다.[335] 다른 말로 하면, 보다 넓은 사회에서 증오와 차별에 의해 덜 자율적으로 변화된 사람들에게 도움이 되게 하기 위해 맹렬하게 인종차별주의 언론을 말하려고 하는 사람들의 자율성을 우리는 억제할 수 있다. 그러한 자율성의 극대화는 사상의 자유시장의 은유의 주요한 목표이다.

니노의 기준은 또 다른 자유주의 격언, 즉 칸트(Kant)의 정언명령의 제2의 공식을 시행하는 것을 도울 것이다. 자율성의 가치는 자유주의의 도덕적 담론에 반영되고, 권위나 강제보다 이성에 기초한 의견의 일치를 통해 협력을 이룩한다. 칸트가 인간을 수단으로서가 아니라 목적으로서 대하라고 하는 것은 비착취의 자유주의 법전이다.

---

334 John Rawls, Political Liberalism, Columbia University Press, 1993, pp. 6-7. 공직과 지위에 부가된 사회적 경제적 불평등은 그러한 불평등의 수준이 무엇이든 간에 그들은 사회의 가장 어려운 계층의 최대 이익을 위해 조정된다.

335 Carlos Santiago Nino, The Constitution of Deliberative Democracy, 1996, p. 61. 평등과 사회 정의를 주장하는 비용으로 소극적이고 형식적인 자유를 보호하기 위한 자유주의에 따르는 경향.

V. 사상의 자유시장의 개혁

1. 시장의 확충을 위한 개혁

사상의 자유시장의 흠을 치유하기 위한 여러 개혁 방안들이 논의되고 있다. 시장이 공중에게 제공하는 접근법상 불균형을 시정하기 위해, 또 반대하고 혜택을 받지 못하고 조직화하지 못한 집단 또는 이익들의 효율적인 옹호를 돕기 위해, 배런(Jerome Barron) 교수는 수정헌법 제1조상 접근권을 주장했다.[336] 배런 교수는 전달내용의 비대중성 또는 연설자의 가난 때문에 실행 가능한 토론장이 존재하지 않는다면, 말할 권리의 가치는 의문이라고 했다. 이 주장은 마이클존이 주장한 것을 연상시킨다. 즉 수정헌법 제1조의 문면에 의해 의회는 언론의 자유에 대한 모든 행동으로부터 금지되는 것은 아니다. 그러한 자유를 침해하는 입법이 금지되지만 자유를 확대하거나 풍부하게 하는 것은 금지되지 않는다.[337]

따라서 수정헌법 제1조의 뜻이 분명해진다. 시장에 대한 정부 개입은 수용할 수 없는 정부 통제와 매체검열로 이어질 것이다. 그러나 정부가 매체를 규제하는 것을 거부하는 것은 매체가 정치적 경제적 영향력을 갖고서 주요 통신채널의 사적인 통제를 유지하는 것을 허용할지도 모른다. 어느 결론이라도 수정헌법 제1조의 시장 모형에 의해 가시화된 자유로운 표현을 침해한다. 정부의 사전검열의 위험에도 불구하고, 그러나 연방대법원은 시장개혁 제안의 실현을 고무하고 때로는 승인하고 있다.[338]

---

336 J. Barron, Access to the Press, p. 1678.
337 A. Meiklejohn, Political Freedom, 1960, p. 19. 연방대법원은 그러나 사상의 흐름을 풍부하게 하기 위해 표면상 고안된 몇몇 법률을 파기했다. First Nat'l Bank v. Belotti, 435 U.S. 765, 790-792 & n.30 (1977). Buckley v. Valeo, 424 U.S. 1, 48-49 (1975).

다양한 접근권을 창출함으로써 개혁론자들은 반대하는 개인이나 집단들에게 대규모 청중과 효율적으로 소통하는 기회를 주기를 희망한다. 개혁론자들은 연설자들의 자본화, 통신과 마케팅 기술, 인식도, 대중적 수용성, 조직적 기술, 지속적인 약속, 지명도, 힘든 일, 카리스마, 행운 그리고 모든 다른 요인들 속의 격차를 극복하기 위해 이러한 접근권들에 의존한다. 그 요인들은 전통적으로 연설자 자신과 소통하는 데 있어서 연설자의 효율성을 결정한다. 그러나 그러한 의존은 근거 없는 것으로 보인다. 실제로, 이러한 개혁은 그들 자신의 중대한 문제를 야기한다.

모든 개혁 제안들은 적절한 또는 동등한 접근권을 보장하기 위해 시도된다.[339] 독점금지법을 활발하게 적용할 경우 대중매체의 독점 통제를 해체하게 될 것이라고 일부 개혁론자들이 주장한다. 적절한 접근권은 모든 사람에게 목소리가 주어져야 한다는 것을 또는 모든 접근법들에게 동등한 시간이 주어져야 한다는 것을 의미하지 않는다. 사회의 구성원들이 이성적으로 각 관점의 진리와 가치를 평가하도록 허용하기 위해 모든 견해들은 공중에 대한 충분한 접근권을 받는다는 것만을 요구한다.[340] 결국 적절하고 공정하거나 합리적인 접근권이 부여된 경우, 보다 충분한 접근권은 요구되지 않는다.[341]

시장을 성공적으로 교정하려는 적절한 접근권 개혁 제안들을 위해서, 공중은 전달내용의 실체로부터 전달내용의 형태와 방식을 분리해야 한다.

---

338 Red Lion Broadcasting Co. v. FCC, 395 U.S. 367, 390 (1975). 그것은 방송사들의 권리가 아니고 시청자의 권리이며 최고의 권리이다. CBS, Inc. v. FCC, 453 U.S. 367, 394-395 (1981). 이와 대조적 판결, Columbia Broadcasting Sys. v. Democratic Nat'l Comm., 412 U.S. 94, 126-130 (1973).

339 연방대법원은 이 같은 개혁방법을 Associated Press v. United States, 326 U.S. 1, 20 (1945)사건에서 제시했다.

340 Columbia Broadcasting Sys. v. Democratic Nat'l Comm., 412 U.S. 94, 122 (1973).

341 Buckley v. Valeo, 424 U.S. 1, 39-51 (1976). 연설자의 접근법이 이미 다른 사람에 의해 시장에서 표현됐다고 할지라도 연설자의 제한을 허용하지 않음.

공중이 전달내용의 전체적인 맥락과 관계없이 일부를 합리적으로 평가할 수 없다면, 적절한 접근권은 실제보다는 사상의 자유시장에서 발판을 얻기 위해 오로지 기회의 표피만을 제공하는 것이다. 불행히도 공중이 이러한 필요한 구분을 하는 것은 최상의 경우에도 회의적이다.

적절한 접근권 개혁 제안들은 역시 접근권이 적절한지 여부를 결정하는 객관적 기준을 요구한다. 그 기준은 비록 불가능한 것은 아니지만 개발하기 어려운 것이다.[342] 예를 들면 마이클존은 수정헌법 제1조에 따라 본질적인 것은 모두가 말을 해야 하는 것이 아니라, 말할 가치가 있는 것은 말해져야 한다는 것이다. 마이클존은 그러나 어느 언론이 말할 가치가 있다고 결정하는 방법을 특정하지 않았다. 접근법이 적절한 접근권을 받는지 여부를 알기 위해, 의사결정자는 청중의 접근성과 사회화 이익, 경험들뿐 아니라 경쟁하는 접근법들의 구조와 형태, 내용도 고려해야 한다. 이러한 고려들은 자신들을 표준화된 판단들에 쉽게 내주는 것이 아니다. 따라서 의사결정자들은 늘 자신들만의 주관적 판단에 의존해야만 한다. 이것은 물론 다른 종류의 시장 실패를 유발한다.

정부 공무원들은 적절한 접근권을 평가할 때 특별히 자의적 판단을 할 가능성이 있다. 결정이 행정기관의 책임이라고 하면, 그 원칙이 사전검열을 위해 사용되고 궁극적으로 노출되는 견해의 수와 범위, 다양성을 제한하는 위험이 항상 있다. 물론 사법적 감독이 그러한 사전검열을 예방하기 위해 활용 가능하지만, 사법체계는 그 자체로 정부의 사전검열에 대한 허울이 될 수 있다. 많은 수정헌법 제1조 학자들은 당연히 정부행동을 제한하는 분명치 않은 경계로부터 일어나는 재량에 대해 관심을 표명했다. 적절치 못한 접근권 때문에 또는 공중이 연설자 주장의 장점을 거부하기 때문에 연설자는 시장에서 자신의 생각에 대한 지지를 얻지 못할 수 있다.

---

[342] A. Meiklejohn, Political Freedom, 1960, p. 26.

결국 접근권이 적절한지 여부를 정부가 결정할 수 있기 전에, 먼저 정부는 함축적으로 시장에서의 토론의 적절한 결과를 결정해야 한다.[343] 역사적 경험은 무엇이 적절한지 또는 공정한 정치적 토론인지를 결정하는 정부 공무원의 능력에 대한 마음속으로부터의 회의감이 크다. 정부 공무원이 진실이거나 최상으로 믿는 접근법을 시민이 거부할 경우, 공무원은 공적 거부를 부적절한 시장 접근법에서 기인하는 것으로 설명하는 것이 좋을 것이다. 반면에 정부 공무원과 뜻이 다른 반대 집단이 적절치 못한 접근권 때문에 자신의 견해가 시장에서 성공하지 못했다고 주장하면, 정부 공무원은 접근권이 적절하고 또 반대견해는 그 집단의 청중을 설득하는 데 실패했다고 주장할 가능성이 있다.[344] 만약에 기득권층의 신조를 물리치는 기회가 인기가 없는 사상에 대해 주어져야 한다는 것을 수정헌법 제1조가 요구하면, 정부 공무원은 접근권의 적절성을 결정하도록 허용돼서는 안 된다. 요컨대 적절한 접근권 제안들은 거의 불가피하게 현상유지적인 시장의 편견을 촉진한다.

동등한 접근권 개혁 제안들은 사상의 자유시장에 대한 모든 견해들 또는 모든 개인의 동등한 접근권을 보호하기 위해 시도된다. 모든 견해들에 대한 동등한 접근권을 주장하는 개혁론자들은[345] 시장이 진실한 또는 최상의 결과를 생산할 수 있을 것으로 믿는다. 마이클존이 수정헌법 제1조의 목표들을 상징화하기 위해 도시회합의 모습을 활용하는 것은 모든 견해에 대한 동등한 접근권을 구체화하는 것으로 보인다. 그러나 전체적인 전달내용을 그것의 실체로부터 분리할 수 있다는 가정을 거부한다.

---

343 Gertz v. Robert Welch, Inc., 418 U.S. 323, 346 (1974). 명예훼손 출판물이 일반적이고 공적인 관심의 쟁점을 접근하고 또 접근하지 않는 임시적 기초를 결정하는 능력이나 판단의 적절성을 거부.

344 United States v. O'Brien, 391 U.S. 367, 388 (1968). 그러한 정부 태도는 O'Brien의 입장과 연방대법관 Harlan의 동의 의견사이의 불일치를 정밀하게 설명한다.

345 A. Meiklejohn, Political Freedom, 1960, p. 26.

요컨대 모든 견해들에 대한 접근권을 동등하게 하는 것에 의해 개혁론자들은 잘 포장된 것의 장점들을 중성화하려고 하며 자주 전달내용을 제공한다. 진실이거나 최상의 결과의 존재에 대한 순진한 믿음에 근거하는 것에 부가해, 이러한 개혁 접근은 역시 그것이 현실적으로 동화할 수 있는 것보다 더 많은 정보를 갖고 있는 공중을 드러내는 위험을 형성한다. 즉 모든 접근법들에 대해 성공의 기회를 보장하기보다, 견해에 대한 동등한 접근권은 공중으로 하여금 시장을 소음만 가득한 곳으로 인식시키며, 그것에 의해 공중이 이미 갖고 있는 의견들을 재평가하려는 공중의 의지를 꺾는다.

　모든 개인을 위한 동등한 접근권을 옹호하는 개혁론자들은 객관적 진리의 존재와 이성의 지배, 전달내용의 형태와 실체 사이를 구분하는 공중의 능력 등 고전적 시장 모형의 기저를 이루는 모든 가정들을 거부한다. 이들 개혁론자들은 시장이 최상의 결과를 산출하기 때문이 아니라 모든 인민이 공중의 의사결정에 동등하게 참여하는 것을 허용하는 것에 의해 차라리 시장이 정부의 민주주의 체제를 지속시키는 것을 돕기 때문에 시장을 지속적으로 지지하는 것을 정당화한다. 개인의 접근을 위한 동등한 접근권을 평준화하는 효과는 미국 사회의 자본주의 기초와 조화를 이루지 못하는 것으로 보인다.

　견해에 초점을 맞출 뿐 아니라 개인에 초점을 맞추는 동등한 접근권의 양자 형태는 부가적인 문제를 안고 있다. 양자는 동등화돼야 하는 것을 모호하게 정의한다. 예를 들면 소수가 냉담하게 지지하는 견해가 다수가 열렬히 지지하는 접근법과 동등하게 접근권을 받아야 하는 것인지가 문제이다. 만약에 그렇다면 희소한 자원이 사소한 사상에 낭비될 수 있으며, 시장은 지지자들을 위해 경쟁하는 입장의 힘과 가능하다면 가치를 부정확하게 반영할 것이다. 결국 마이클존은 수정헌법 제1조는 말할 가치가 있는 언론(speech worth saying)만을 보호한다고 주장했다. 게다가 그러한 동등한 접근권을 보호하는 것은 공적 보조와 낭비적 제한들을 복잡하고 확장적으로 평준화하는 체제 없이 실질적으로 불가능하다. 정부 공무원이 그러한 체제를 설계하고 적절히 운영할 수 있을지라도, 동등한 접근권을 위한 기회가 동등한 영향력을 위한 기회를 창출하는 보호 장치는 없다.[346]

동등한 접근권과 관계없이, 공중이 세뇌를 당하거나 사회화되는 가치들은 여전히 승리를 하며, 지명도와 영향력, 비법을 가지고 있는 연설자들은 그것을 갖지 못한 사람들보다 더 설득력이 있을 것이다. 동등한 접근권이 여전히 다른 개인들 또는 견해들에 영향을 미치는 기회의 다양성을 허용하기 때문에, 영향을 미치는 동등한 기회는 적극적인 행동을 통해서만 얻어질 수 있다. 최소한의 대중적 또는 최소한의 능력이 있는 연설자들에게 시장에 대한 가장 많은 접근권을 주는 것과 같은 행동을 통해서 얻어질 수 있다.

이것은 시장개혁의 딜레마를 노출시킨다. 앞서 시장의 결과는 지배적 가치를 선호하기 때문에 편향될 것이라고 주장한 바 있다. 왜냐하면 공무원과 확립된 이익집단의 지도자들과 같은 지명도가 있는 개인들이 그들이 소통을 할 때 특별한 영향력을 발휘하기 때문이다. 이러한 불균형을 시정하는 것은 지명도가 부족한 사람들을 위한 시장에 보다 더 크게 접근할 권리를 요구하는 것이다. 역설적으로 그러한 체제는 공익을 위해 행동할 책임이 없는 사람들에게 가장 큰 접근권 기회를 준다.

여론 지도자들과 개인 전문가의 발전은 낙망적이다. 공중이 지혜와 경험이 없는 것으로 여기는 그러한 개인들은 그러한 자질을 보유한 사람들보다 더 큰 접근권을 받게 된다. 따라서 지명도가 높은 전달자를 지지하는 현저한 편견을 극복하는 것은 오히려 불행한 결과를 낳을 것이다. 그것은 실제로 말하는 것이 그리 중요하지 않은 사람들과 대체로 우리가 맞설

---

346 Buckley v. Valeo, 424 U.S. 1, 56–57 (1976). 연방대법원이 이러한 관심을 표명.

것을 요구한다. 동등한 접근권 개혁 제안들은 따라서 시장의 편견을 시정하는 데 불충분한 것으로 증명이 되거나 그들이 시정하는 것과 동등한 문제를 야기한다. 부가적으로 모든 시장개혁 제안들은 정부가 시장에 개입하는, 받아들일 수 없는 위기를 초래한다.

2. 국가 개입의 위험성

시장개혁 제안들이 대중매체와 보조금 배정, 비용제한의 집행에 대한 정부 감독의 필요성을 야기하기 때문에, 그러한 제안들은 시장에서 정부의 중대한 개입을 유발할 것이다. 이러한 개혁 제안들의 성공은 복잡하고 확장적인 정부 규제를 요구할 것이다. 동등한 접근권의 원칙이 신중하게 채택된다고 하더라도, 예를 들면 그 가능한 결과는 수단들을 재분배하는 복합체가 될 것이다. 그것은 아주 적절하게 보이는 현재의 복지 프로그램들을 만들 것이다. 정부에 대한 헌법적 제한들은 일부 제한된 영역에서 정부의 자의적 개입으로부터 공중의 자유를 보장한다. 그러한 영역은 경제적인 것보다 정치적인 것이 지배적이다. 수정헌법 제1조는 일차적으로 정부가 금지하고, 괴롭히고 또는 언론이나 다른 형태의 통신을 방해하는 것을 방지하는 소극적 힘으로 작용하고 있다.[347] 시장에 대한 접근권을 할당하는 적극적인 정부의 행동을 정당화하기 위해, 개혁론자들이 수정헌법 제1조의 전통적 역할을 정부 권한에 대한 금지가 아니라 제한으로 바꾸도록 법원들이 허용한다면, 사법부는 자신도 모르게 시장개혁으로 가장하는 대규모 사전검열 체제를 창출하는 것이다.

매체 접근권을 결정하는 권한을 정부에 부여하는 것은 실제로 적어도 세 가지 위험을 초래한다. 첫째, 매체가 방송한 견해를 반대하는 사람들을 위한 접근권을 제공하는 비용을 매체가 감당하도록 매체에 정부가 요구한다면, 매체 관리자들은 단순히 논쟁적 쟁점들(controversial issues)을 방송하는 것을 선택하려고 하지 않을지도 모른다. 예를 들면 FCC의 공정성 원칙을 야기하게 될 것이라고 주장하면서 텔레비전 네트워크는 비상업적 광고의 구매에 대한 요구를 거부했다. 쟁점들과 관련된 광고들은 재화나 용역의 판매를 촉진하는 것과 직접적으로 관련된 것이 아니다. 둘째, 그러한 과정은 접근권을 보장하도록 임명된 바로 그 정부 관료들에 의한 매체조작을 유도할 것이다.[348] 셋째, 정부 개입은 접근권 규제로부터 정부 통제의 보다 이중적 형태로 상승할 것이다. 예를 들면 접근권 결정에서 정부 행정관에게 재량권을 주는 것은 매체를 강제해서 공식적 입장과 일치하도록 행정적 기제를 사용하는 위험을 부른다.

그러한 정부 감독은 따라서 정부 비판과 반대자로서 매체의 역할을 위축시킬 수 있다. 그러므로 반대자의 목소리를 보호하기보다 접근권 개혁들이 잠재적인 반대매체와 직면해야 하는 것으로부터 정부를 보호하는 게 당연하다. 그럼에도 불구하고 매체사업을 벌이는 회사들과 정부는 일치

---

347 Thomas I. Emerson, First Amendment, pp. 23–24. Thomas Emerson 교수는 정부의 검열체제의 가능한 파문을 정리하는 것을 시도했다.

(1) 표현의 자유에 대한 제한의 필요성을 과대평가하는 지속적인 경향이 있다.

(2) 표현의 자유에 대한 제한의 행정상 유발된 힘들은 극단주의들에 대한 수단의 적용을 집행하는 경향이다.

(3) 명확하고 정밀한 제한의 틀을 형성하는 데 어려움은 풀리지 않았다.

(4) 제한행정은 결과적으로 집행장치의 창설로 이어진다. 집행장치는 자유로운 사회에 가장 불쾌한 관행들을 구체화한다.

(5) 실제로 제한조치들은 법률의 이론적 목적과 전혀 다른 목적들을 이룩하기 위해 적용된다.

(6) 제한들에 적용 가능한 사회적 성과는 최소로 증명됐다.

(7) 반면에 사회적 손실은 막중하다. 제한의 영향은 범법자들만이 아니라 단순히 집행을 받는 많은 사람들에 의해 그리고 자유에 부과된 경계를 정확히 판단할 수 없는 무수한 사람들 또 위험을 감내하는 것을 두려워하는 사람들에 의해 느껴진다.

348 Minow, Foreword to S. Simmons, The Fairness Doctrine and the Media, 1978, p. XI. Newton Minow FCC 전 의장도 방송에서 비판을 받은 수십여 명의 개인들이 공정성 원칙에 따라 응답할 시간을 요구하는 것으로 방송국들을 괴롭힐 수 있고 괴롭히고 있다는 것을 인정했다. "불가피하게 방송국들은 그러한 치명적 프로그램들을 회피하려고 시도한다."

하지 않는 것보다 보다 많은 공통의 합의 영역을 가질 수 있다.

선행 연구들이 밝힌 바와 같이 시장개혁 제안들은 시장의 현상유지적인 편견을 지속적으로 갖게 하거나 또는 새롭고 잠재적으로 위험한 문제를 야기한다. FCC의 공정성 원칙(fairness doctrine)과 연방선거운동법 (Federal Election Campaign Acts, FECA) 등 시장개혁을 위한 정부의 두 가지 시도를 점검해 보면[349] 경험이 이러한 결론을 확인시켜 주는 것을 알 수 있다.

(1) 공정성 원칙

1940년대 이래 FCC는 공정성 의무를 라디오와 텔레비전 방송사들에게 부과하고 있다. 방송사들은 필요하다면 무료로,[350] 공적으로 중요한 논쟁적 쟁점을 방송하는데,[351] 그리고 그러한 쟁점들과 관련된 대조적 견해들을 방송하는 데 시간을 제공해야 한다. 방송시간의 적지 않은 부분을 방송권역에서 중요한 것으로 생각되는 공적 쟁점을 다루는 데 할당해야 한다. 상업적 후원이 활용 가능하지 않다면 면허소유자가 개인적으로 그러한 방송을 감내하기로 선택을 했든 하지 않았든 각 방송국은 이 비용을 부담해야 한다. 논쟁적 공적 쟁점에 대해 당파적 접근법을 방송한 면허자는 그것이 비록 반드시 같은 프로그램에 방송하는 것이 아니고 또 본 방송의 시간 또는 시간대에 동등한 비율을 반드시 반영하는 것은 아닐지라도 다른 견해를 공정하게 방송해야 한다.

---

349 Columbia Broadcasting Sys. v. Democratic Nat'l Comm., 412 U.S. 94, 127 (1973). Houchins v. KQED, Inc., 438 U.S. 1, 9 (1978).

350 Cullman Broadcasting Co., 40 F.C.C. 576, 577 (1963).

351 The Handling of Public Issues Under the Fairness Doctrine and the Public Interest Standards of the Communications Act, 48 F.C.C.2d, pp. 7-9, (1974). 이하 Fairness Report 로 인용.

같은 시장 안의 다른 방송사들이 반대견해를 방송할지라도, 또는 그러한 견해들이 같은 시장 안에서 사람들에게 쉽게 접근할 수 있는 신문, 잡지 등 다른 뉴스와 여론의 원천에서 이미 방송이 됐을지라도 이 의무는 경감되지 않는다. 게다가 이들 쟁점에 대한 방송에서 개인적으로 공격을 받은 사람은 응답할 시간을 부여받고, 공격에 대한 응답을 방송할 수 있다.[352] 전자매체가 다른 사람들에게 자신들의 통신 채널을 개방하지 않으려고 한다고 주장되기 때문에 공정성 원칙이 발달했다. 공정성 규제는 소수의 개인이나 집단들이 비판적 매체를 통제할 경우, 그들은 사상의 경쟁을 억압하고 진리의 등장을 차단할 것이라고 가정한다

공정성 원칙은 수정헌법 제1조 안에서 프로그램 내용을 통제하려는 방송사들의 권리와 다양한 접근법에 대한 청취자들의 접근권 필요 사이의 긴장을 축약적으로 나타낸다. Red Lion사건에서,[353] 연방대법원은 FCC의 응답시간 요구를 지지했다.[354] 연방대법원은 "시장의 독점이 정부 자체에 의한 것이거나 또는 사적 면허에 의한 것이든 간에 그러한 시장의 독점을 묵인하기보다는 진리가 궁극적으로 승리할 것이라는 금지되지 않은 사상의 자유시장을 유지하는 것이 수정헌법 제1조의 목적이다. 여기서 중요한 사회적 정치적 미적 도덕적 그리고 다른 사상과 경험에 대한 적절한 접근권을 받는 것은 공중의 권리이다"라고 판시했다. 그리고 방송사들의

---

352 인신공격 절차 또는 정치후보자에 대한 논평 조항. 8 F.C.C.2d 721, 723-724 (1967).
353 Red Lion Broadcasting Co. v. FCC, 395 U.S. 367 (1969). 피고 방송국이 방송한 기독교 십자군 연속기획 도중에, Billy James Hargis 목사는 작가 Fred J. Cook을 공격했다. Hargis는 Cook의 책 '극우주의자—Goldwater' 를 얘기하면서 뉴욕시 공무원에 대해 잘못 비난했기 때문에 신문사가 Cook을 해고했다고 주장했다. 또 Cook이 이어서 좌익의 가장 중상 모략적 출판사 가운데 하나인 The Nation을 위해 일했다고 주장했다. Cook은 무료로 응답시간을 요구했으며, 방송국의 거부를 근거로 FCC에 공식 민원을 제기했다.
354 CBS, Inc. v. FCC, 453 U.S. 367, 397 (1981)사건에서 연방대법원은 연방선거 후보자들에게 방송매체에 대한 합리적인 접근권을 부여하는 법률을 합헌이라고 판결했다. 47 U.S.C. § 312(a)(7) (1976). Burger 연방대법원장은 다수 의견을 작성하면서 "그것은 방송사들의 권리가 아니며, 시청자들의 권리이자 최고"라고 결론을 되풀이했다.

수정헌법 제1조의 권리들을 침해하기보다 공정성 원칙이 공중에게 정보를 제공하는 수정헌법 제1조의 목표를 촉진한다고 확인했다.

연방대법원은 그러나 공적 지상파 면허 이유에 따라 방송 매체에 대한 Red Lion 의견을 제한하려고 한다.[355] 활용 가능한 텔레비전과 라디오 주파수가 자신들의 전달내용을 방송하기를 바라는 모든 사람의 욕구를 충족시킬 수 없기 때문에, 정부가 주파수 사용에 면허를 부여하는 것은 공중파 혼선이 방송체제를 심하게 손상시키는 것을 방지하기 위해 정당화된다.[356] 수정헌법 제1조가 정부로 하여금 주파수를 다른 사람들에게 배분하기 위해, 그리고 대리인 또는 수탁자로서 의무를 갖고 행동하기 위해 면허자에게 요구하는 것을 금지하는 것은 수정헌법 제1조에는 아무것도 없다. 그 의무는 공동체의 대표적인 또 그렇지 않으면 필수적으로 공중파로부터 금지될 그들의 견해와 목소리를 방송하는 것이다. 정부 규제를 실질적으로 정당화시키는 이 같은 근거 위에, 연방대법원은 공정성 원칙의 프로그램 내용 규제를 지지했다. Red Lion의 논리는 그러나 흠을 안고 있다. 비록 정부 규제에 대한 임계수요가 있을지라도 공정성 원칙보다 덜 침투적인 기술들이 주파수 혼선 문제를 풀 수 있다.

결과적으로 정부는 이제 충분히 개입하게 되고, 그렇지 않으면 접근권을 누릴 수 없는 집단들에게 통신 채널들을 개방하는 데 대한 책임을 주장하게 된다. 많은 주들이 불공평한 접근권 분배의 비슷한 주장에 응하면서, 신문들이 스스로 발행한 명예훼손적 진술을 철회하거나 명예가 훼손된 개인에 의한 응답을 공표할 것을 요구하는 법률들을 시행했다.[357] 1972년

---

355 실제로 연방대법원은 후속 사건에서 Red Lion 사건은 그러한 제한된 적용가능성만을 갖는다고 지적했다. First Nat'l Bank v. Belotti, 435 U.S. 765, 791 n.30 (1978).

356 Red Lion, 395 U.S. at 389.

357 연방대법원은 이들 법률을 Miami Herald Publishing Co. v. Tornillo, 418 U.S. 241, 258 (1974) 사건에서 위헌으로 판결했다.

토닐로(Tornillo)는 Florida 하원 의원 후보였다. Miami Herald는 두 차례에 걸쳐 후보에 대해 비판적인 논평을 실었다. 그에 대한 반응으로 토닐로는 신문에 대해서 자신의 응답을 말 그대로 실을 것을 요구했다. Herald는 거부했다. 토닐로는 Florida 응답권법에 따라 소를 제기했다.

만약에 어느 신문이 칼럼에서 선거 후보 지명 또는 선거를 위해 개인적 특성을 공격하거나 자신의 공식적인 기록을 공격하면 그러한 신문은 그러한 후보의 요청에 대해 즉각적으로 응답을 무료로 공표해야 한다. 문제에 응답이 이루어지는 것보다 더 많은 공간을 차지한다면 후보는 거기서 눈에 잘 띄는 곳에서 그리고 그러한 응답을 요구하는 문제와 같은 형태로 응답을 할 수 있다. 매체시장으로의 진입 제한은 제한된 주파수로 방송사들에게 준 것과 같은 소통 통제권을 신문에 대해 준 것이라고 토닐로는 주장했다. 경제 환경이 미국 신문사들을 거대한 사업으로 바꾸고, 미국 국민에게 정보를 제공하며 여론을 형성하게 하는 힘을 소수의 손에 맡기게 한다고 토닐로는 강조했다.

결국 응답권 법조항은 FCC의 공정성 원칙의 응답규정에 대치되는 것이며, 동등하게 합헌으로 유지돼야 한다는 주장이다. 연방대법원은 토닐로의 주장을 기각했다. 연방대법원은 무료로 응답할 공간을 주는 권리의 경제적 여파로 언론이 위축될 것을 두려워했다. 연방대법관들은 플로리다법이 편집자들의 기능을 침해할 것이라는 데 역시 관심을 가졌다.

Tornillo와 Red Lion 사이의 외형적 모순을 살펴봐야 한다.[358] 자원의 희소성이 규제의 기초라고 한다면, 사건 자체의 맥락과 오늘날 상응하는 매체 형태의 맥락에 있어서 두 사건 사이의 어떠한 구별도 정당하지 않은 것으로 보인다. Miami Herald는 Red Lion 방송면허를 받은 방송사보다 중요한 경쟁에 훨씬 덜 종속적이다. 신문 수가 줄어들고 신문을 성공적으

---

358 이춘구, 미국 Red Lion사건과 Syracuse사건에 대한 연구, 383-416쪽.

로 경영하는 데 드는 비용이 증가하면서 많은 지역 공동체에 신문사 수가 방송국 수보다 적다.

연방대법원이 출판매체를 보호하는 반면에 FCC의 보호 하에 방송사들이 엄밀하게 규제를 받도록 왜 허용했는지에 대해 고찰하면서, 적어도 세 가지 요소의 장점을 토론해야 한다. 첫째, 출판매체는 전자매체가 상대적으로 역사가 짧고 항상 정부통제를 받기 때문에 극복해야 할 자유의 전통이 없으며, 따라서 불법적인 정부 행동의 모습이 보다 적다. 수정헌법 제1조의 관심이 오로지 매체에 대한 불법적인 개입을 금지하는 정부 외형을 유지하는 것이라면, Red Lion과 Tornillo사건의 차이는 의미가 있다.

둘째, 전자매체의 면허체제와 달리 출판매체는 무한한 주파수, 즉 출판언론을 갖고 있다. 따라서 정부의 임계 비준수요가 없다. 신문을 시작하는 막대한 비용이 금지효과를 가짐으로써 방송 주파수의 희소성과 유사한 방식으로 접근권을 제한하고 따라서 국가의 개입을 정당화한다는 주장은 성공적이지 못하다. 우리의 현존하는 자본주의적 가치배분 체제는 따라서 보존되고 있다. 비록 출판이 경제적으로 희소한 자원일지라도, 출판은 일반적으로 부자에게 활용 가능한 것이다. 부자는 그러나 과학적으로 희소한 자원, 즉 전자매체를 다룰 때 확실히 접근하는 것은 아니다. 전자매체는 필연적으로 비시장 과정을 통해 배분된다. 따라서 방송매체의 과학이 실질적인 중요성을 갖기 때문에, 후자 체제에서 시장개혁은 출판매체 사건처럼 자본주의 원칙과 명백하게 일치하지 않는 것은 아니다.

이 두 가지는 전자매체로부터 출판을 구분하는 근거를 제시하고 정부 개입의 외형에 접근한다. 그러나 공개적 접근의 시장 모형 가정은 정부와 비정부 정보원으로부터 차이 사이에서 구분하지 않는다. 그것은 어느 누구로부터도 한계를 관용할 수 있는 것은 아니다. 만약에 시장개혁론자들이 통신의 엘리트주의적 통제를 막으려고 의도한다면, 출판매체를 전자매체로부터 구분하는 것은 방어할 수 없는 것이다.

Red Lion과 Tornillo사건 사이의 세 번째 잠정적인 차이는 어느 정도 다른 질서에 관한 것이다. 개인행동의 일정한 유형은 일정한 발언을 포함해 아주 열정적인 공동체의 반응을 창조할 수 있다. 그러한 영역을 다루면서 연방 법원들은 Tornillo사건처럼 외딴 지역 공동체를 대표하는 국가기관에 의해 이루어진 것보다 국가공동체를 대표하는 FCC와 같은 행정기관에 의해 이루어진 결정들로 보다 더 편안하다. 주의 개혁 제안들이 아니라 연방의 개혁 제안들을 사법부가 수용하는 것은 국가 엘리트들의 견해와 일치하는 않는 지역적으로 지배적인 집단들로부터의 도전에도 불구하고 정통성의 창조면에서 국가의 지배를 보호할 것이다. 시장에 대한 정부의 편견을 인식하는 것을 막는 것은 수정헌법 제1조의 진실한 기능이라는 것을 제안하는 것뿐 아니라 이 점에 대해서도 아래에서 보다 충분히 논의될 것이다.

공정성 원칙은 수많은 문제를 제기한다. 방송사들이 공정한지를 누가 결정하는지, 공적으로 중요한 어떤 논쟁적 쟁점을 방송사는 자신의 편성에 포함시켜야 하는지 등의 문제이다. 쟁점에 대한 대조적 견해들 사이에 합리적 균형은 무엇인지, 집단들이 공중파 상에서 자신들의 견해를 밝힐 기회가 어떻게 보장돼야 하는지, 공적 쟁점의 편성을 균형적으로 하기 위한 정부 개입이 방송사의 편성내용 결정을 부적절하게 금지하는 것인지, 그리고 정부 개입 그 자체는 방지하기로 돼 있는 시장의 왜곡을 유발하는지 등이다. 공정성 원칙이 적용될 수 있기 전에 쟁점은 논쟁적이고 공적으로 중요한 것이어야 한다는 요구는 사소한 것 또는 오로지 한계적인 공적 관심의 문제로 희소하고 비싼 자원들은 낭비되지 않는다는 것을 보장하기 위해 이해할 수 있는 시도이다.[359]

이러한 요구는 불가피하게 정부 공무원이나 법관들이 공적 관심의 가치가 있는 쟁점들의 의제를 결정하게 된다. 공중이 알 권리를 가진 것인지를 정부 공무원들이 논쟁하는 각본은 최상의 경우에도 헌법적으로 문제를 야기한다. 공정성 원칙은 특별한 쟁점의 방송이 낭비적인지, 공적 호기심의 자극인지 또는 공중이 정당하게 흥미를 갖는 것에 대한 정보를 전달하는 것인지 반복적인 임시 평가를 불가피하게 요한다. 정부 공무원에 의한 그러한 결정들은 수정헌법 제1조 시장이론의 핵심과 갈등을 일으킨다.

쟁점의 중요성에 대한 순수한 주관적 평가의 잠재적 위험과 자의성을 최소화하기 위해, FCC는 어느 쟁점이 중요하고 논쟁적인지 결정하기 위한 상당수 객관적 기준을 부가했다.[360] 공적으로 중요한 것은 적어도 부분적으로 매체의 보도정도와 쟁점이 정부 공무원과 다른 공동체 지도자로부터 받는 주목의 정도에 의해 결정된다. 논쟁성은 쟁점이 주어진 공동체에서 활발하게 논쟁이 벌어질 것인지 여부 뿐 아니라 이러한 요인들의 고려를 요구한다. 부가적으로 공정성 규정은 여론의 주요한 관점과 그들이 방송돼야 한다는 것만을 요구한다. 공정성 규정은 또 그 주제에 관한 모든 의견들이 방송돼야 한다는 것을 요구하는 것은 아니다.[361] 결론적으로 작은 소수의 견해들이 공정성 원칙으로부터 어떠한 도움도 받지 못하는 것은 당연하다.

수정헌법 제1조와 공정성 원칙 사이에 분명히 긴장이 있다. 전자는 공동체가 침묵을 지키기를 바라는 언론을 보호하기 위해 고안된 것이며,[362]

---

359 희소한 매체자원을 낭비하지 않으려는 이러한 관심은 정확하게 근거가 된다. 연방대법원은 그 근거 위에서 Columbia Broadcasting Sys. v. Democratic Nat'l Comm., 412 U.S. 94, 125 (1973) 사건에서 제한받지 않는 접근권은 공익에 최상으로 기여하는 것은 아니라고 결론을 내렸다.

360 Fairness Report, pp. 13-14.

361 Primer on Ascertainment of Community Problems by Broadcast Applicants, 27 F.C.C.2d 650 (1971).

362 초기에는 FCC조차 면허를 받은 방송사들이 대중적일 것 같지 않은 관점을 무시할 것을 요구했다. 이것은 1974년 공정성 보고에서 규정된 기준과 분명하게 일치하지 않는다. Fairness Report, pp. 11-12.

후자는 공동체의 실질적 요소 가운데 논쟁에 달려 있는 것이다. 사상은 이미 대중적이어서 어느 정도 공정성 원칙의 적용의 장점을 누리기 때문에, 공정성 원칙은 정부의 도움을 정부의 개입이 최소한으로 중요할 때에만 엄밀하게 견해들에 대해 제공한다. 공동체의 대부분이 홀로 반대하는 사람의 사상을 조소한다면, 토론도 없고 따라서 공정성 요구도 없다. 사상의 거부가 관점의 충분한 표현을 위한 불충분한 접근권으로부터 또는 매력이 없는 비매체 전체로부터 기인하는 것이라면, 공정성 원칙은 사상의 접근권을 부인할 것이다. 왜냐하면 그것은 배아 단계를 넘어서서 발전하기 위해 초기에 충분한 접근권을 갖지 못했기 때문이다.

이러한 순환성 문제들은 폄하돼서는 안 된다. 실제로 공정성 원칙은 중요한 공동체 지도자들의 견해에 대한 보다 확대된 접근권을 부여한다. 그 견해는 이미 시장에서 활발하게 논의된 것이다. 이것은 공동체 지도자들이 매체를 다루기 힘든 사람들과 둔감하거나 인정 없는 공동체 지도자들에 대해 유지하고 있는 시장의 장점을 순전히 혼합한다.

이러한 이론적 어려움에 덧붙여, 공정성 원칙을 집행하기 위해 창설된 규제 장치들은 남용의 위험성을 안고 있다. 닉슨(Nixon) 대통령 시절, 행정부 공무원들은 행정부에 대한 매체들의 비판을 줄이기 위해 FCC를 활용하고,[363] 또 가장 공격적인 것으로 간주되는 매체 구성원들을 처벌하려고 시도했다.[364] 이러한 절차적 남용이 닉슨 워터게이트 시기에 국한된 것은 아니다. 1963년 민주당 전국위원회(Democratic National Committee, DNC)는 당파적 정치 목적을 위해 진화하는 응답권을 사용했다는 증거를 프렌들리(Fred W. Friendly) 교수가 공개했다.[365]

---

363 Washington Post, Dec. 3, 1973, § A, at 24, col. 5. N.Y. Times, May 16, 1974, at 1, col. 3.

364 N.Y. Times, Nov. 1, 1973, at 34, col. 3. New York Times는 Jeb Stuart Magruder 백악관 보좌관보가 H.R. Haldeman 수석보좌관에게 보낸 메모를 공표했다. 그 내용은 편견을 입증하기 위해 FCC가 네트워크 일부에 대한 공식적인 모니터링 체제를 개시했다고 보고하는 것이다.

골드워터(Barry Goldwater) 상원 의원과 연대해서 보수주의적 입장을 선호하는 방송을 금지하기 위해 공정성 원칙이 사용될 수 있다는 것을 민주당은 발견했다. 프렌들리 교수에 따르면, DNC는 그러한 방송을 모니터하기 위해 비당파적 위원회를 구성하고 자금을 지원했다. 무료로 응답시간을 요구하는 것에 의해 DNC는 우익 프로그램을 방송하는 방송국들을 반복 공격하고자 했다. DNC는 따라서 균형 잡힌 방송을 얻을 뿐 아니라 반민주당적 방송을 금지하는 것도 희망하고 있다.[366] 정부의 이러한 남용에 대한 공정성 원칙의 잠재력이 정부의 개입을 통해 불이익을 보는 집단들이 얻는 한계 이익이 무엇이든 가치가 있는지에 대해 회의하지 않을 수 없다.

사상의 자유시장에 대한 공정성 원칙의 영향력은 실제로 비생산적이라는 비판을 받는다. 공정성 요구는 경제적 비용과 제도적 불안정성의 결과로 특징이 없고 비논쟁적인 편성을 고무할 것이다. 공정성 원칙은 언론인들이 중요한 사회적 쟁점들의 담론에 참여하는 것을 억제하고, 논쟁적 쟁점들에 접근할 자신들의 책임을 회피할 것이라고 공정성 원칙의 많은 비평가들이 주장한다. 따라서 방송사들은 논쟁적 쟁점들의 방송을 최소화함으로써 그들의 편성에 대한 공정성 원칙의 영향력을 최소화할 수 있다. 방송사들은 논쟁적 쟁점 모두를 회피할 것이다. 왜냐하면 균형적으로 보도할 경우 드는 요금이나 불균형적으로 편성했다고 해서 민원을 제기한 것을 방어하는 데 드는 비용을 두려워하기 때문이다.

1979년을 예로 들면 5,000건 이상의 그러한 민원이 FCC에 제기됐다. 오로지 일부만 민원만이 수용됐으나, 그러한 수용은 매체를 통제하는 정부 권력을 과시하는 것이다. 이러한 힘의 존재만으로도 상당수 방송사들

---

365 Friendly, What's Fair on the Air?, N.Y. Times, Mar. 30, 1975, §6 (magazine), at 12.
366 N.Y. Times, Apr. 27, 1975, §6, pt. 1 (Magazine), at 70, col. 4 (서신란). 공정성 원칙의 이러한 남용은 분명히 사전검열체제에 대한 Emerson 교수의 결론과 비슷하다.

을 냉각시키고 다른 방송사들은 자기검열을 실시하고 있다. FCC에 의해 방송사들이 유지할 기준들의 불명확성과 민원에 대한 막대한 비용과 혼란이 주어진다면,[367] 방송사 보수주의는 놀랍게도 아무것도 채택해서는 안 된다. 공적 토론에서 다양성을 고무하기보다 공정한 시장은 대신 바보스러운 중도주의(centrism)에 의해 지배를 받을 것이다. 이 보수주의 경향은 크게 비판을 받았다. 방송사 보수주의는 공정성 원칙에 따른 의무에 대한 FCC의 진술들에 의해 훨씬 더 고무되고 있다.

공정성 원칙은 따라서 공중에게 발표를 거의 할 수 없는 개인들과 집단들, 관점들에 대한 시장 접근권을 보장해 주는 것은 아니다. 실제로 공정성 원칙은 전통적 입장과 비전통적 견해들 사이 접근권 격차를 고양시켜 왔다. 공정성 원칙은 공정성 원칙의 이론적 목적과 일치하지 않는 목표들을 이루기 위해 적용되어 왔다.[368] 연방 공직후보자들에게 방송매체에 대한 합리적 접근권을 부여하는 연방 입법을 연방대법원이 인용한 것은 그 자체로 남용을 유발할 것이다. 스티븐스 연방대법관은 소수의견에서 후보자들의 접근권 요구에 대한 FCC의 주장은 허용할 수 없는 위험을 유발한다는 두려움을 표시했다. 그 두려움은 면허를 받은 방송사가 후보자에게 접근권 시간을 주는 것을 거부하는 위원회의 평가는 편견이 있을 수 있거나 또는 후보자의 신청 요구로 유지되는 공직의 성격에 의해 편견이 있는 것처럼 보여질 수 있다는 것이다. 시장의 흠과 편견들을 시정하는 대신 공정성 원칙은 그 문제들을 어렵게 했다는 주장이 설득력 있게 이루어져 왔다. 방송계는 공정성 원칙이 동등한 시간규정과 접근권 기준과

---

367 예를 들면 방송국이 이긴 사건인데도 Sherwyn H. Heckt는 연 480시간과 20,000$의 비용을 들였다.(40 F.C.C.2d 1150 (1973)). First Amendment Clarification Act of 1977: Hearings on S.22 Before the Subcomm. on Communications of the Senate Comm. on Commerce, Science, & Transportation, 95th Cong., 2d Sess. 62 (1978).
368 CBS, Inc. v. FCC, 453 U.S. 367, 397(1981).

함께 폐지된다면 방송은 보다 다양하고 정보 제공적으로 편성하는 것은 명약관화하다고 주장한다.

(2) 연방선거운동법

연방선거운동법(Federal Election Campaign Acts, FECA)들은 공정성 원칙처럼 고민거리다.[369] 1976년 연방대법원은 Buckley사건에서 FECA 주요 규정들에 대한 합헌성 문제에 봉착하게 됐다.[370] FECA와 관련해 의회는 연방 선거운동 기간에 유리한 입장에 서게 되는 개인이나 집단들의 영향을 제한함으로써 시장을 개혁하려고 시도했다. FECA는 관점과 개인들을 위한 동등한 접근권을 강화하는 것처럼 보인다. 반면에 공정성 원칙은 다양한 관점들을 위한 적절한 노출을 보장한다.

FECA는 복잡한 기부와 지출 한계,[371] 요구사항의 보고와 공개, 평등성 목표를 강화하기 위한 선거운동의 공적 보조로 결합하고 있다. 기부와 지출 한계는 물가상승에 따라 인상되는 경향이다. 여기서는 이론 분석상 Buckley 사건 전후 규정만을 설명한다. Buckley 재판부는 이런 일련의 입법 가운데 일부만이 수정헌법 제1조와 일치하는 것으로 판시했다. 연방대법관

---

369 연방선거 규제: Presidential Election Campaign Fund Act, Pub. L. No. 92-178, 85 Stat. 562 (1971); Federal Election Campaign Act of 1971, Pub. L. No. 92-225, 86 Stat. 3.
두 법률의 수정, Federal Campaign Act Amendments of 1974, Pub. L. No. 93-443, 88 Stat. 1263, Federal Election Campaign Act Amendments of 1976, Pub. L. No. 94-283, 90 Stat. 475. Federal Election Campaign Act Amendments of 1979, Pub. L. No. 96-187, 93 Stat. 1339). Buckley v. Valeo, 424 U.S. 1 (1975).

370 Buckley v. Valeo, 424 U.S. 1 (1976).

371 FECA Amendments of 1974, § 101, 88 Stat. 1263, 1263 (대체 FECA Amendments of 1976, § 112(2), 90 Stat. 475, 486 (수정법률 2 U.S.C. § 441a (1982)). 기부와 지출 한계는 공히 재정적으로 후원을 받는 후보가 시장에서 순전히 다른 후보보다 더 많이 지출하는 것으로 다른 후보를 이기는 것을 막기 위한 시도이다. 그 법은 특정후보에게 개인적 기부는 1,000$, 정치위원회 기부는 5,000$ 그리고 해마다 개인기부는 연간 25,000$을 넘어설 수 없는 한계를 부과했다. FECA Amendments of 1974, § 101(a), 88 Stat. 1263, 1263.

전원 일치로 연방대법원은 FECA의 기부제한들을 규모가 큰 재정적 기부로부터 오는 부패의 현실과 가능성에 대한 제한으로 보고 이를 지지했다.[372] 부가해서 연방대법원은 연방공직에 입후보한 사람들을 평가하는데 있어서 투표자를 돕기 위해 정치운동 자금이 나오는 곳에 관해 유권자에게 정보를 제공하는 수단으로서 보고와 공개규정들을 지지했다.

연방대법원은 역시 부패와 부패의 가능성을 차단하는 수단으로서 그리고 선거법의 기부제한을 위반하는 행위들을 찾기 위해 필요한 자료를 모으는 본질적인 수단으로서 정당한 요구라고 판단했다. 그러나 연방대법원은 지출제한을 위헌으로 판결했다. 왜냐하면 그러한 제한들은 시장에서 표현의 양을 제한하고, 따라서 논의될 쟁점의 수, 탐구의 깊이, 도달하는 청중의 규모를 제한하기 때문이다.

지출 제한 없이 그러나 FECA는 시장개혁을 이룰 수 없다. 재산이 많은 후보자들과 재정적으로 능력이 있는 지지자들은 여전히 자신들의 전달내용을 시장에 넘치게 할 수 있다. 또 그것에 의해 돈이 적은 상대 후보들의 입장을 공정하게 인식시키는 것을 차단할 수 있다. 연방대법원은 개인과 집단의 선거운동 기부 제한을 지지했다. 후보자의 선거를 지지하는 광고를 후원하기를 바라는 개인이나 집단들은 종종 자신들의 돈을 후보자의 공식적인 선거운동위원회와 다른 조직들을 통해 지원하거나 또는 자신들을 광고하는 그러한 것을 위해 시간이나 공간을 구매하고 있다. 실제로 Buckley 재판부는 명시적으로 선거 결과에 영향을 미치기 위해 개인과 집단들의 상대적인 능력을 평등화하려는 의회의 목표를 불법으로 기각했다. 연방대법원은 그러나 대통령 선거운동에서 공적인 기금 모금을 정당

---

372 Buckley v. Valeo, 424 U.S. 1, 26, 66-67 (1975). 선거법 규정들은 선거운동조직들에게 정기적으로 100$가 넘는 모든 개인의 기부, 규모와 관계없이 모든 정치적 위원회의 기부를 연방선거위원회에 보고할 것을 요구했다. FECA of 1971, § 304, 86 Stat. 3, 15 (수정 2 U.S.C. § 434 (1982)) (1979년부터 100$가 200$로 상향 조정됨. FECA Amendments of 1979, § 104, 93 Stat. 1339, 1351).

화하는 FECA규정들을 지지했다.

　재판부는 대통령 후보자들 가운데 선거운동 비용 지출을 형평화하는 것을 언론을 침해하거나 제한하거나 검열하는 기제로 간주하지 않았다. 그러나 자치하는 인민에 대해 중요한 선거과정, 목표에 공적 토론과 참여를 확대하려고 공적인 돈을 사용하기 위한 시도로 간주했다. 보조금 규정들은 그러나 모든 후보자들을 동등하게 취급하지 않는다. 직전 대통령 선거에서 투표수의 25% 이상을 확보한 정당으로 규정되는 주요 정당들은 후보지명과 관련돼 발생한 지출을 위해 200만$의 기금을 확보할 자격이 있다. 또 정당의 대통령 후보의 선거운동을 위해 2,000만$의 보조금을 받을 자격이 있다.[373]

　직전 대통령 선거에서 투표수의 5% 내지 25% 사이에 득표한 소수정당들은[374] 만약에 자신들의 득표비율을 증대시키면 부가적으로 선거 이후 지출가능성에 따라 직전 선거에서 득표비율에 따라 당 대회 비용 상환과 선거운동 보조금을 받을 자격이 있다.[375] 다른 정당이나 후보자들은 당해 선거에서 5% 이상의 득표를 한 경우에만 선거 이후 지원을 받을 자격이 있다.[376] Buckley 재판부는 그러한 보조금 체제는 자신들의 이익을 해칠 것이라는 확립되지 않은 집단 대표들의 주장을 추측에 근거한 것으로 무시했다. 재판부는 그러한 해로운 것들이 공적 자금을 사용해서 군소후보

---

373 Presidential Election Campaign Fund Act, §§ 9002–9008, 85 Stat. 562, 563–69, 수정 FECA Amendments of 1974, §§ 404–406, 88 Stat. 1263, 1291–96 (현재 수정 26 U.S.C. §§ 9002–9008) (200만$은 300만$로 인상됨. FECA Amendments of 1979, § 202, 93 Stat. 1339, 1368 (수정 26 U.S.C. § 9008(b)(1) (Supp. V 1981)), 이들 규정은 물가상승률에 따라 지출비용을 조정.)

374 Presidential Election Campaign Fund Act, § 9002(7), 85 Stat. 562, 563 (수정 26 U.S.C. § 9002(7) (1976)).

375 Presidential Election Campaign Fund Act, § 9004(a)(2)(A), 85 Stat. 562, 565, amended by FECA Amendments of 1974, §§ 404(b)(1), 406(a), 88 Stat. 1263, 1291, 1294 (수정 26 U.S.C. §§ 9004(a)(2)(A), 9008(b)(2) (1976)).

376 Presidential Election Campaign Fund Act, § 9004(a)(3), 85 Stat. 562, 566 (수정 26 U.S.C. § 9004(a)(3) (1976)).

들을 강화하고, 분파적 정당체제를 만들고, 제한받지 않는 파벌주의를 촉진하는 것을 막으려는 의회의 의도를 넘어서는 데 충분하지 않은 것으로 생각했다.

공적인 선거운동 재정 수단들은 힘이 없는 집단들이나 개인들에게 정치적 표현의 효율적인 수단에 대한 고양된 접근권을 주는 데 거의 또는 아무것도 하지 않는다. 현행 선거와 직전 선거에서 5% 미만을 득표한 정당은 보상을 받지 못한다.[377] 예비선거를 위한 기금은 당 대회를 여는 정당들이나 예비선거에 참여하는 후보자들에게만 유용하다.[378] 그러한 규제들은 소수 정당과 무소속 후보들에게 중대한 불이익을 주게 된다.[379] 그들은 자신들의 견해를 공표하는 데 가장 도움을 필요로 할 것이다. 실제로 이미 자금이 더 풍부한 경쟁자들에게 활용 가능한 기금을 증대시킴으로써 보조금 체제는 소수 정당이 5%를 득표하는 기회를 감소시킬지도 모른다. 이런 구조에서 공적으로 재정이 지원되는 선거는 압도되는 사람들을 돕기보다는 강자를 더 강하게 만들 것이다. FECA에 따라 공적 재정은 공화당과 민주당을 영원히 우월적 지위에 오르게 하는 것처럼 보인다.

이렇게 보면 공적 선거운동 재정수단들은 기득권층 정당들을 위한 공적 보조금이라고 볼 수밖에 없다. 정치적 설득에 관계없이 모든 후보자들에게 텔레비전과 라디오에 대한 합리적인 접근권이 보장되어 있기 때문

---

377 정당이 직전 선거에서 5% 미만의 득표에 그쳤다고 하더라도 이후 선거에서 5% 이상 득표할 경우 기금을 받을 수 있다. Presidential Election Campaign Fund Act, § 9004(a)(3), 85 Stat. 562, 566 (수정 26 U.S.C. § 9004(a)(3) (1976)). 소수 정당이나 무소속 후보가 선거 후 공적 기금을 받을 가능성은 그러나 소수 견해를 가진 사람들에 대한 단점을 완화시키지 못한다. 후보자들은 선거 전에 기금을 필요로 한다. 5% 득표를 확보할 수 있는 후보자들은 선거 전에 기금이 주어진다고 해도 그러한 기금들이 주는 추가적인 자원 없이도 매우 잘 5% 임계점에 도달하는 것은 아니다. 그러한 후보자들은 선거 전에 대출을 받을 수 있다고 하는 제안은 지나치게 낙관적일 수 있다.
378 FECA Amendments of 1974, §§ 406(a), 408(c), 88 Stat. 1263, 1299 (수정 26 U.S.C. §§ 9008, 9033 (1976)).
379 Buckley, 424 U.S. at 251. Burger 일부 동의 일부 소수. Burger 연방대법원장은 소수 정당과 무소속 후보자들의 불이익을 인정했다.

에 이러한 어려움이 강조되고 있다. FCC는 합리적인 접근권을 고의적으로 또는 반복적으로 허용하지 못할 경우 또는 고의적으로 또는 반복적으로 연방 선거직에 합법적으로 입후보한 사람에 의해 상당한 방송시간을 합법적으로 구매하지 못하게 할 경우 방송국 면허를 취소할 수 있다.[380]

이러한 권리를 창출하는 연방입법은 표면상 모든 견해에 중립적인 것으로 나타난다. 그러나 충분한 기금을 갖고 있는 연방 후보자들은 빈약하게 기금이 제공되는 사람들보다 실제로 막대하게 큰 접근권을 받을 것이다. 왜냐하면 방송사는 무료로 접근권을 요구하는 것을 모두 지속적으로 거부할 수 있다. 이러한 불균형은 오로지 특정 견해를 위해 시장을 왜곡한다. 왜냐하면 재정지원을 잘 받는 후보자들은 전체적인 정치적 스펙트럼을 대표하지 못할 것으로 보이기 때문이다. 게다가 입법 방향이 후보자 중심적이기 때문에 자신들의 견해를 대표하는 후보자가 부족하지만 후보자나 자신의 견해에 대해 반대로 말하기를 바라는 집단들은 접근권 보호를 갖지 못한다. 주요 정당들의 공적 기금화는 따라서 지배적인 집단과 정통 견해들을 위해 이미 존재하는 시장의 편견을 확대한다.

의회와 연방대법원 양자는 당연히 시장개혁에 관심을 갖고 있다. 언론을 가치 없게 하고 또는 그래서 모든 집단의 언론에 보조하고 그 결과는 사소한 것, 요령부득, 반복적인 것의 소음이 될 것이다. 또 비기능적 수준의 소음과 자원 낭비를 유발한다. 분파적인 정당과 제한받지 않는 분파주의에 대한 인위적인 인센티브를 피하기 위해 Buckley 재판부는 공적 부조금을 차별적으로 배분할 필요를 인정했다. 그러나 이러한 관심은 공적 쟁점에 대한 토론은 금지되지 않고 활발하고 크게 개방적이어야 한다는 원칙에 대한 수정헌법 제1조의 심오한 국가적 약속과 조화를 이루는 것은 어렵다.[381] 소수 정당들은 공적 토론에 다양성과 복합성을 부가하고, 또

---

380 CBS, Inc. v. FCC, 453 U.S. 367, 394-397 (1981). 47 U.S.C. § 312(a)(7)를 합헌으로 지지.

주요 정당들이 솔직하게 쟁점들에 접근하도록 강제한다.[382] 그렇지 않으면 그 쟁점들은 회피하도록 유혹을 받을 것이다.

그러나 이것이 비록 꼭 사실은 아니지만 시장이론은 정부 적대감을 뉴스 결사체에게,[383] 또는 공적 토론에서 다양성을 금지한다. 주요 정당들이 공적 토론에서 다양성을 창출한다고 하더라도 역사는 그러한 정당들이 성공하려면 무정형적이며 여러 종으로 이루어지고 이설적일 필요가 있다는 것을 보여 주고 있다. 선거지지를 유지하고 확대하기 위해 주요 정당들은 공정성 원칙의 맥락에서 논의된 것과 매우 비슷하게 구별하지 않는 중도주의를 주장한다. 주요 정당들의 근본적 입장이 대립적이라기보다 서로 공통점을 많이 갖고 있다는 것은 놀랄 일이 아니다. 공정성 원칙과 FECA 양자는 분석상 시장에서 이미 잘 대표되는 그러한 접근법과 관점들만을 지지한다.

3. 미래 개혁 가능성

사상의 자유시장의 현상 유지적 편견을 최소화하려는 개혁의 시도들은 진실한 일탈적 사상을 갖는 사람들에게 거의 도움이 되지 않는다. 최상의

---

381 New York Times Co. v. Sullivan, 376 U.S. 254, 270 (1964).

382 Illinois State Bd. of Elections v. Socialist Workers Party, 440 U.S. 173, 185-186 (1979).

383 Talley v. California, 362 U.S. 60 (1960). 1960년 연방대법원은 광고전단을 준비하고 분배하고 후원한 사람의 이름과 주소를 담지 않은 광고전단을 금지하는 조례를 무효라고 판결했다. 연방대법원은 언론과 결사의 자유의 잠재적 냉각이 사기와 허위광고 또는 명예훼손에 책임 있는 사람들을 확인하기 위해 이러한 수단들을 사용하는 데 있어서 국가의 이익을 지나치게 평가하고 있다고 보았다. 이러한 냉각은 인기가 없는 견해나 조직의 지지자로서 개인에게 자신을 확인할 것을 요구함으로써 야기된다. 그러나 연방대법원은 Buckley v. Valeo, 424 U.S. 1, 26, 60-84 에서 그러한 냉각효과를 가질 것 같은 보고와 공개 요구를 지지했다. 따라서 이러한 시장 개혁 수단은 반대 입장에 대한 공적 노출과 인식을 감소시킬 것이다.

경우, 이러한 개혁들은 시장의 주류적 견해를 가볍게 확대할 뿐이지만 규제하는 정부와 완벽한 시장에 대한 그들의 의존은 민주주의 사회에서 소통에 대한 정부 통제라는 중대한 쟁점을 제기하고 대단히 위험하다. 정부 개입과 잠재적 남용의 위험은 너무 커서 자유방임주의 체제가 그것의 모든 한계에도 불구하고 어느 면에서는 선호할 수 있는 것으로 나타난다. 예를 들면 반대자들의 표현권을 오랫동안 옹호하고 방어해 온 에머슨 교수는 표현의 자유체제는 정의상 자유방임주의 체제이며, 다양한 참여자들의 경제적 능력의 차이를 관용해야 한다고 결론을 내렸다. 경제적 요인에 근거한 모든 차이들을 제거하려는 어느 시도도 표현의 자유체제를 파괴하게 될 규모로 정부 규제와 정부 지배를 포함할 것이라고 주장한다.[384]

매체 대표자들과 상당수 학자들은 케이블 텔레비전 체제의 기술이 공정성 원칙을 위한 주파수 희소성 이유를 낡은 것으로 바꾼다고 주장했다. 이러한 비평들은 케이블 방송사들이 한 채널을 언제나 선착순으로 무료로 활용가능한 비상업적 공적 접근권 채널로 배정해야 한다는 요구에 대한 정부 규제의 제한을 제안한다.[385]

연설자가 크고 다양한 청중을 원한다면 그러나 그는 특정 공적 접근권 채널들이 논쟁적 쟁점에 대해 경쟁하는 견해들을 방송하는 토론장으로서 비효율적임을 발견하게 될 것이다. 상업채널에서 설립되고 전문적으로 구성된 방송물들과 경쟁하는 공적 접근권 채널상에서 소박한 시도들은 씁쓸하면서 달콤하고 재미있는 것이 있다. 청중의 주목을 끌기를 희망하며 전달내용을 공적 접근권 방송국에서 광고방송하는 비용은 전달내용의

---

384 Columbia Broadcasting Sys. v. Democratic Nat'l Comm., 412 U.S. 94, 125 (1973). 자유로운 언론의 자유방임주의체제의 위험은 보다 높은 가치를 유지하기 위해 받아들여진 계산된 위험이다.

385 Cable Television Report & Order, 36 F.C.C.2d 143, 190 (1972). 1972년 2월 12일 FCC는 시장에서 상위 100위 안에 드는 케이블 방송사는 그러한 공적 접근권 방송국을 제공할 것을 요구하고 있다.

생산비용을 자주 초과할 것이다.

결국 공적 접근권 채널의 청중은 대체적으로 개인적으로 연설자를 알고, 따라서 이미 연설자의 견해를 알고 이에 충실하며, 호기심으로 또는 비정규적인 괴짜 프로그램보다 더 재미있는 것을 찾으려고 채널을 돌리는 사람들로 구성된다. 공적 접근권 프로그램 편성을 보노라면 타임스퀘어에서 저녁 시간을 보내는 것과 같다. 그것은 신나기도 하고 좌절시키기도 하며 놀랍고 지루하며 무엇보다 그저 놀라운 것이다. 시장 접근권을 별난 사람을 위한 피난처로 자선의 정부가 제공하는 영역으로 제한하는 것은[386] 브랜다이스와 홈즈 연방대법관이 극찬했던 표현의 자유로부터 상당한 거리가 있다. 공적 접근권 방송국 제안과 같은 인상적이지 못한 시장개혁 수단들의 지속적인 대중성을 이해하려면, 사상의 자유시장에 대한 다른 접근법이 탐구되어야 한다. 특히 선거제도와 정당제도의 개혁도 함께 논의되어야 할 것이다.[387]

VI. 사상의 자유시장 은유와 회의의 교차성

밀턴의 세계는 1980년대 후반 미국 텔레비전 방송국에서 음악을 중심으로 방송된 웨인의 세계(Wayne's World)는 아니다. 전체적으로 지금 우리

---

386 Tinker v. Des Moines Indep. Community School Dist., 393 U.S. 503, 513 (1969). 만약에 그 권리가 자선의 정부가 괴짜들을 위한 피난처로 제공하는 영역에서만 작동될 수 있다면, 표현의 자유는 진실로 존재하지 않는다.

387 Erik Asard · W. Lance Bennett, Democracy and the Marketplace of Ideas: Communication and Government in Sweden and the United States, Cambridge University Press, 1997, pp. 186-193.

는 보다 더 교육을 받았으며, 덜 종교적이거나 또는 적어도 덜 경건하며, 보다 더 민주적이며 그리고 부와 권력의 분배에 있어서 어느 정도 보다 더 평등적이다. 조직적인 기술적인 변화들은 밀턴이 자신의 최악의 공포를 가라앉히려고 한 반면에 결코 숙고하지 않았다는 데 많은 관심을 일으킨다. 예를 들면, 좋은 책은 문명으로부터 지워질 것 같지 않다. 좋은 책은 이제 많은 사람들이 읽어야 할 것으로 여겨진다.

그러나 더 좋은 밀턴을 추구하려고 하면서 우리는 일을 꼬이게 만든다. 우리는 관용과 다양성의 씨를 뿌리기 위해 사회적 토양을 쟁기질 하도록 설계된 문화적 헌법적 도구들이 대신에 편견이 심한 사람에 의해 도검으로 빚어지고 또 역사적으로 경시를 받는 소수의 연약한 희망과 권리를 손상시키고 침해하게 하는 경우 보고 또 박수갈채를 보내야 하는지가 문제이다. 자유로운 언론의 요새 모형(fortress model)의 편의주의의 간단한 연산에 따라, 결국 법적 문제는 나쁜 언론의 보호를 선한 언론의 보다 큰 보호로 교환하는 수요의 간단한 문제로 내려오는 것처럼 보인다. 그에 대한 답은 R.A.V.사건을 결정한 연방대법원으로서는 긍정적이다. 그러나 미국의 수정헌법 제1조 법학상 결과물이 오랫동안 거의 안정적이지 못하다.

이러한 법학은 미국인의 집단적 깊은 믿음을 형성하고 있다. 그것은 어느 시대에도 적어도 5명 이상의 연방대법관이 믿는 것을 미국인도 믿는 것이다. 미국인과 법관들은 지속적으로 미국의 언론 이론으로부터 지적으로 그리고 정치적으로 더 나은 어떤 것을 갈망한다. 미국인은 모든 언론 규제는 불가피하게 미국 국민의 의지를 좌절시킨다는 미국의 역사적 공포를 잃어가고 있을지도 모른다. 법률의 상징적 그리고 교육적 기능은 미국이 할 수 있고 해야 하는 그러한 종류의 사회를 건설하는 것을 돕기 위해 이제 보다 역동적으로 사용될 수 있다.

법적 규제, 정치적 선택의 바로 그 목적은 어떠한 가치를 우리가 창조하기를 바라는가 또 어떠한 가치를 깎아 내려야 하는가를 자주 고려하는 것이다. 그것은 우리가 어떠한 유형의 인간이 되기를 바라는가를 고려하는 것이다. 이러한 자기 규정적 대화를 구체화하는 데 있어서 시장의 무능력은 공적 또는 정치적 영역을 본질적인 것으로 만든다. 재공식화가 없으면, 사상의 자유시장의 은유는 법적 상상의 실패를 축하하는 데 봉사하게 된다. 아마 미국이 보다 더 잘할 수 있고 잘해야 하는 것은 강한 기대이다. 이것이 미래를 위해 미국인의 정신을 보다 더 깨끗하게 하는 데 아레오파지티카가 주로 기여하는 것이다. 영국 교회의 공적인 밀턴이 세속적인 인본주의의 주인공이 되지만 미국은 밀턴 이후 300년 넘게 더 경험을 하면서도 아직 인본주의의 원칙을 적용하기 위해 모험을 하지 못하고 있다. 아레오파지티카를 원래 낳게 한 많은 소책자 위에 먼지가 쌓여 있다. 그러나 새로운 독재가 아레오파지티카에 생명을 다시 불어넣는다. 그러나 이에 대해 밀턴은 사상의 자유의 주창자가 돼야 할 우리의 기준에 부응하지 못했다는 반론도 있다.

미국의 복잡한 사회에서는 발달된 통신기술과 자원, 숙련된 기술의 불평등한 배분에 의해 영향을 받아 시장의 불가피한 편견은 견고한 권력 구조나 이데올로기를 지원한다. 대부분의 개혁 제안들은 시장이 이론적 잠재역량에 도달하는데 거의 도움을 주지 못한다. 그 대신 그러한 제안들은 시장의 현상유지 편견을 지속시키거나 정부 개입과 규제를 수용 불가능 수준으로 만든다. 이러한 개혁체제는 쉽게 정부 검열이나 대중적 주입식 교육의 형식적 체제로 퇴조할 수 있다.

사상의 자유시장에 대한 이러한 평론은 표현의 보호만이 새로운 사상과 인식, 가치들이 발전할 수 있는 환경을 보장해주는 것은 아니라는 놀랍지 않은 결과로 이끈다. 접근법의 다양성은 우선 그에 상응하는 사회적 경험과 기회들의 다양성을 요구한다. 결론적으로 언론의 자유를 둘러싼 수사에도 불구하고 언론의 자유는 그 홀로 다양하고 상호작용적인 사상의 자유시장을 보장할 수는 없다.

다양한 접근법과 가치들의 발전에 개방적인 사회적 정치적 체제를 설계하고자 한다면, 공동체의 대안의제 밖의 사상이 처음에 그 안에 어떻게 수용되는지를 우선 이해해야 한다. 생태체계 안에서 변화가 필수적으로 순서대로 접근법들을 바꾸는 새로운 이익과 수요를 창출한다는 것은 의문의 여지가 없다. 대공황 때처럼 드물기는 하지만 변화가 신속하게 온다. 대공황이 초래한 혹독함과 널리 확산된 혼란은 가난은 반드시 가난한 사람들의 잘못은 아니라는 인식을 낳게 한 것이다. 대중적 의견의 일치는 자유방임주의 경제학의 전통적 가치들로부터 멀리 떨어져 있어서 그러한 가치들에 근거한 정책결정들은 평판을 잃어가고 있다. 그러한 갑작스러운 변화는 그러나 드물다. 늘 생태계 변화는 상당한 시간이 걸린다. 예를 들면 증가된 인구와 육체노동에 대한 감소된 수요는 낙태와 동성애, 여성의 해방을 보다 더 크게 수용하게 할 것이다. 접근법들은 매우 천천히 변해서 새로운 사상들은 일반적으로 현상유지적인 측면으로서 공동체 의제 속으로 흡수된다.

생태 변화에 부가해서 새로운 접근법과 가치들은 새로운 이익과 경험들의 발전을 고무하거나 적어도 허용하는 사회에서 육성될 것이다. 결론적으로 시장의 현상유지적 편견은 단순히 언론의 자유를 지지하는 것보다 차라리 보다 큰 행동의 자유를 보장하는 것에 의해 아마 중립적이 될 것이다. 그러한 자유의 보장은 다른 역할과 관계를 제공하는 생활방식 가운데 사람이 선택하도록 허용하는 것이다. 미국 법학은 밀의 자유이론의 잘못된 다리에 초점을 맞추고 있다. 사상과 토론의 자유에 대한 밀의 이론을 단순히 수용하는 것 대신에, 개인에 대한 제한된 사회의 권위에 대한 밀의 견해, 즉 행동의 자유이론을 미국 법원은 강조해야 한다:

"다른 사람의 행동의 자유에 개입하는 데 있어서 개인적이든 집단적이든 인간에게 보장된 유일한 목표는 자기보호(self-protection)이다. 자신의 의지에 반해, 그러한 목적을 위해 문명공동체 구성원에 대해 권력이 정당하게 작용될 수 있다고 하는 것은 다른 사람에 대한 해를 방지하는 것이다. 물리적이든 도덕적이든 간에 그 자신만의 선은 충분히 보장되는 것은 아니다. 사람은 행위를 하거나 인내하도록 정당하게 강제될 수 없다. 왜냐하면 다른 사람의 의견에 따라 행하는 것이 현명하거나 심지어 옳을 수 있기 때문이다."[388]

밀은 그러나 지배자와 동료시민은 행동규칙으로서 자신들의 의견과 경향성을 다른 사람들에게 부과하는 경향이라고 인식했다. 밀은 이러한 부과는 결코 권력을 부정하는 것이 아닌 것에 의해 거의 제한을 받지 않는다고 생각했다. 각급 법원들은 수정헌법 제1조의 집회와 자유로운 행사권리는 밀의 권력의 부정에 영향을 미치는 것으로 해석할 수 있다. 법원들은 사회화와 주입식 교육의 고유한 형태를 이루는 다양한 공동 집단화의 발달에 따라 정부의 개입을 방지하기 위해 이 조항들을 해석할 수 있다. 그러한 새로운 집단화는 차례로 시장의 확립된 집단들의 통제력을 차단하거나 줄일 것이다. 이 조항들을 둘러싸고 발달하는 법적 원칙은 새로운 집단들이 이러한 잠재력을 실현하는 것을 방지한다.

법원들은 언론을 전달하고 사상을 확산시키는 단순한 수단으로서 집회를 일반적으로 간주한다. 결론적으로 연방대법원은 집회의 권리에 오로지 보조적 중요성을 갖는 것으로 보고 있으며, 그들을 언론에 가외적인 것으로 규제에 대해 종속시킨다.[389] 게다가 연방대법원은 논쟁적인 집회의 권리 내에 결사의 자유를 두고, 결사의 자유를 독특하고 독립적인 권리로 결코 인정하지 않고 있다. 대신에 연방대법원은 결사의 자유를 집단

388 J. Mill, On Liberty, pp. 8–9.
389 Thomas Emerson, Freedom of Expression, pp. 292–298.

속의 개인이 행사하는 것으로서 전통적인 수정헌법 제1조의 언론과 청원의 권리를 보호하는 속기 문구와 마찬가지로 다루고 있다.[390]

연방대법원에 대해서, 결사의 자유는 결사의 참여자가 언론의 자유에 의해 독립적으로 보호를 받는 목적을 달성하려고 시도할 때에만 의미가 있다.[391] 따라서, 사람들은 특정 행동을 주창하기 위해 결사체를 만들 수 있지만 그러나 주창되는 사상을 실행하기 위해 행동을 취하려고 결사체를 만들 수 없을 것이다. 심리학은 그러나 믿음과 일치하지 않는 행동을 요구하는 것은 개인의 내적인 긴장을 유발하는 것으로 오랫동안 인식하고 있다. 그러한 긴장은 믿음을 강제된 행동과 일치시키기 위해 믿음 체제를 바꿈으로써 종종 해소된다. 이러한 인지적 부조화 이론은 행동과 믿음 사이의 불가분의 관계를 인식한다. 그들을 분리하려는 연방대법원의 시도는 앞에서 논의한 개인의 자율성 신화와 일치한다. 중요한 것은 집회와 결사의 권리는 표현을 초월해야 하고, 공동의 목표를 추구하고 이룩하려고 연결하기 위해 개인의 권리를 보호해야 한다. 언론의 자유와 사상의 자유시장만으로 다원적 사회를 보장하지 않는다.

헌법은 그러나 비현실적으로 많은 구성요소로 이루어진 문서기록으로 발전했다. 예를 들면 제한적인 해석은 다양한 삶의 방법을 강화하는 자유권 실천조항들의 잠재성을 방해한다. 1879년 초 연방대법원은 주의 금지

---

390 Bates v. City of Little Rock, 361 U.S. 516, 522–523 (1960). 사상을 발전시키고 민원을 방송하는 것을 위한 결사의 자유는 수정헌법 제14조의 적법절차 조항에 의해 보호된다는 것은 이제 논쟁거리가 아니다. NAACP v. Alabama ex rel. Patterson, 357 U.S. 449, 460–461 (1958). 공적 관점과 사적 관점 양자 특히 논쟁적 관점을 효율적으로 주창하는 것은 집단 결사에 의해 확실하게 고양된다. 연방대법원이 언론과 결사의 자유 사이의 밀접한 연관성에 대해 언급함으로써 훨씬 더 많이 인식하는 바와 같다.

391 오로지 자유로운 언론 목적을 확장하려고 하는 단체행동에 대해 결사의 자유를 제한하려는 사법적 노력의 사례. Runyon v. McCrary, 427 U.S. 160, 175–176, (1976). 부모들이 인종차별을 주창하는 사립교육기관을 세울 수는 있지만, 시민권법을 위반하지 않고 자신들의 사상을 실현하는 허가행위를 받을 수 없다. Civil Rights Act, 42 U.S.C § 1981 (1976).

조치가 형식적으로 믿음을 금지하지 않는 한 자유권 행사 조항은 종교적 의미와 무관한 행동을 주가 금지하는 것을 허용하는 것으로 해석했다.[392] 의회는 단순한 의견에 대한 모든 입법권을 가지고 있지 않지만, 사회적 의무를 위반하거나 선량한 질서를 전복하는 행동들에 대처하기 위해 자유 상태로 놓여져 있다. 연방대법원의 해석에 따라 신앙의 자유는 절대적이다. 그러나 자기가 믿는 바에 따라 행동할 자유는 정부의 규제를 받는다.[393]

그러나 사람이 다른 사람의 종교나 윤리적 믿음에 따라 행동할 수 없다면, 이러한 믿음은 거의 중요하지 않다.[394] 앞서 주장된 바와 같이 근본적인 종교적 신앙은 만약에 사람이 국가에 의해 신앙과 달리 행동하도록 요구를 받는다면 유지하기가 매우 어렵다. 신앙의 변경은 영원한 저주의 부담보다 정신세계에서 보다 쉬워질 것이다. 비록 미국 사회가 종교의 자유에 대한 몇 가지 한계를 요구할지라도, 법원과 논평자들은 보다 심각하게 종교적 행위가 정부의 권한으로부터 차단되어야 하는 정도에 대해 의문을 제기해야 한다.[395]

과거 원칙의 발전들에도 불구하고 결사와 결사를 자유롭게 행사할 권리에 대한 자유로운 접근을 발전시키는 것에 의해 연방대법원은 여러 집단들을 위한 헌법적 피난항을 발전시킬 수 있을 것이라고 생각한다. 사법부와 학자들은 거의 무기력한 표현의 자유의 중요성을 되풀이 하는 것보다 행동의 자유 영역을 발전시키는 데 주력해야 한다. 그러한 행동의 자유는 사상의 자유시장에 필수적인 다양한 접근법들이 실제로 사상의 자유시장

---

392 Reynolds v. United States, 98 U.S. 145, 168 (1879). 몰몬 교도에 대한 일부다처제를 금지하는 연방법률의 적용을 지지. 몰몬교는 몰몬 교도에게 일부다처제를 실행할 것을 요구한다.

393 Cantwell v. Connecticut, 310 U.S. 296, 303–304 (1940).

394 Murdock v. Pennsylvania, 319 U.S. 105 (1943). 종교 유인물을 배분하는 것은 면허세에 종속되지 않는 보호받는 권리임.

395 Wisconsin v. Yoder, 406 U.S. 205 (1972).

의 신화에 접근하는 것을 허용할 것이다.

비록 연방대법원이 행동의 자유를 발전시키는 데 초점을 맞춰야 한다고 할지라도, 연방대법원은 그렇게 하는 데 주의를 기울여야 한다. 무기력한 사상의 자유시장을 창출한 같은 요인들은 행동의 자유 아래 생활방식을 선택할 개인의 권리 행사에 영향을 미칠 것이다. 사회의 주입식 교육과 사회화 과정이 개인의 접근법들과 가치들을 형성하게 한다면, 무엇이 역할과 관계에 있어서 집단에게 단순히 외양의 차이라기보다 실질적 차이를 야기하거나 그에 참여하도록 사람을 동기화시킬까에 대해 의문이 제기된다. 게다가 기득권층의 능력을 비트는 반란의 자극이 개인에게 반대집단을 창설하거나 그에 가입하도록 고무한다면, 다양성의 관용이 그러한 자극을 줄이고 보다 큰 일치로 이끌 것이다. 이것은 그러나 기득권층 집단들이 자신들의 지배를 정당화하기 위해 사용할 수 있는 편리한 주장이며, 그것은 따라서 무시되어야 한다. 아마 개인의 자율성 신화는 우리가 쟁취할 수 있는 최상의 신화이다. 그것은 세련된 통신기술과 자원의 불공평한 분배와 함께 고도로 복잡한 사회에 주어진 것이다.

그럼에도 불구하고 우리는 중립적인 사상의 자유시장의 신화를 뚫어야 한다. 또 객관적 진리와 이성의 힘 등 시장 모형의 전제의 흠을 드러내야 한다. 배타적으로 표현에 초점을 맞춘 자유의 체제는 지배적인 문화를 반영하는 공동체의 대안 의제 안에서 오로지 점진적 변화만을 보강한다. 지배적 문화를 선호하는 사람들이 점진적인 변화만을 허용하는 바람직한 체제를 찾을지라도, 그러한 체제는 자주 선포되는 진실을 찾는 민주적 정부, 개인의 자유와 존엄의 목표들과 일치하지 않는다. 국가적 접근법의 지배를 강화하는 것 외에 시장은 확립된 집단사이에서 미세조정만을 고무한다. 시장이 비판과 변화에 자양을 주는 것보다 더 훨씬 많게 표현의 자유체제는 개인의 자율성의 출현을 보호함으로써 정당성의 분위기를 정부체제에 부가한다. 개인의 각성은 통신의 개방적이고 효율적인 채널과 개인의 자기결정을 보장하는 체제 양자의 허울을 보존하는 것에 의해 쇠퇴하게 된다.

비록 수정헌법 제1조와 사상의 자유시장의 기능에 해결의 빛을 비추고자 한다고 해도, 그러한 분석의 비용은 인식돼야만 한다. 인간이 깨우치는 기간에는 적어도 부분적으로는 믿음에 근거한 법률 등과 같은 제도들에 정당성을 부여하는 신비주의를 약화시킬 수 있다. 그러나 회의주의는 때때로 건강한 접근법이다. 핸드(Learned Hand) 연방대법관처럼 급진적인 법관은 깊게 생각했다 :

"헌법과 법률, 법원에 그렇게 많은 희망을 걸지 않은 것은 아닌지 회의가 든다. 이들은 잘못된 희망이다. 자신을 믿어라. 이것은 잘못된 희망이다. 자유는 인간의 가슴에 놓여 있다. 자유가 가슴에서 죽으면, 헌법도 법률도 법원도 자유를 구할 수 없다. 헌법도 법률도 법원도 자유를 돕기 위해 많은 것을 할 수 없다. 자유가 거기에 놓여 있을지라도, 자유를 구하기 위해 자유는 헌법도 법률도 법원도 필요로 하지 않는다."[396]

핸드가 주장한 바와 같이 미국은 수정헌법 제1조 언론의 자유에 대해 너무 많은 것을 기대하고 있다. 이 때문에 인간의 가슴을 자유롭게 하고, 따라서 단지 언론의 자유만을 말하지 않고 개방사회에서 살 수 있기 위해서 거의 아무것도 하지 못한다는 비판을 받고 있다.

---

[396] Learned Hand, The Spirit of Liberty, Papers and Addresses of Learned Hand, I. Dilliard ed., 1960, pp. 189–190.

제5장

사상의 자유시장에 대한 제도론

I. 사상의 자유시장의 제도론적 접근

사상의 자유시장의 이해를 돕고 제도 전체적인 관점에서 체계성을 강화하려는 시도가 제도론적 접근론에서 시도되고 있다. 이 접근론은 시장이라고 하는 면에서 시장제도론적 측면에 중점을 두는 이론과 수정헌법제1조의 문맥과 종교조직, 결사, 매체, 대학, 학교, 도서관 등 개별제도의 언론의 자유라는 면에 중점을 두는 이론으로 대별할 수 있다. 여기서는 언론의 자유, 표현의 자유 보호라는 목표를 달성하기 위한 제도론적 접근법들을 살펴본다.

제도론적 접근 역시 홈즈의 이론에서 시작한다. Abrams사건의 소수의견에서 밝힌 단 한 구절로,[397] 홈즈 연방대법관은(브랜다이스 연방대법관 소수의견 동조) 자유로운 언론의 목적을 매우 강하게 개념화함으로써 수정헌법 제1조 원칙만 아니라 자유로운 언론의 대중적이고 학문적인 이해를 혁명적으로 이끌었다.[398] Abrams사건이 선고된 1919년부터 수정헌법 제1

---

[397] Abrams v. United States, 250 U.S. 616 (1919).
[398] Frederick Schauer, Towards an Institutional First Amendment, 89 Minn. L. Rev., 2005, pp. 1256, 1278.

조가 실질적으로 시행됐다고 보는 게 통설이다. 홈즈가 원용한 은유는 사상의 자유시장이다. 홈즈는 다음과 같이 판시했다:

"시간이 많은 다툼이 있는 믿음들을 전복한다는 것을 깨달을 때, 그들이 자신들의 행위의 기초를 믿는 것보다 그들은 믿음의 전복을 더욱더 믿게 될 것이다. 행위의 기초는 바람직한 궁극적인 선은 사상의 자유로운 거래에 의해 잘 도달된다는 것이며, 진리를 점검하는 최선의 기준은 시장의 경쟁 속에서 자신을 받아들이게 하는 사상의 힘이며, 또 진리는 이에 따라 자신들의 바람을 안전하게 수행할 수 있는 유일한 근거라는 것이다. 그것은 어느 정도 연방대법원의 이론이다."[399]

자유로운 언론은 홈즈의 이론적 틀 내에서 헌법적 보호를 엄밀하게 받을 가치가 있다.[400] 재화와 용역의 자유로운 흐름처럼 그것은 좋은 사상이 번성하고 나쁜 사상은 실패하는 경쟁적인 환경을 만들기 때문이다. 수정헌법 제1조의 근거는 어떤 사상이 시장 경쟁에 종속되는 경우에만 그 사상이 허위인지 여부가 수용이나 거부를 통해 발견될 수 있다는 것이다. 이 이론은 수정헌법 제1조 자체의 포괄성에 비례해 광범위한 표현의 자유에 정당성을 제공한다.[401] 이 소수의견은 처음으로 표현의 자유이론을 수정헌법 제1조 용어에 접목시킨 것이다. 전무후무하게 어느 연방대법관도 홈즈처럼 법원과 법률가, 공중이 전체 헌법 영역을 이해하는 방식을 그렇게 바꾸게 하는 은유를 생각해 내지 못했다.[402]

---

399 Abrams, 250 U.S. at 630. Holmes 소수의견.
400 Joseph Blocher, Institutions in the Marketplace of Ideas, 57 Duke L. J., 2008, p. 824.
401 미국 수정헌법 제1조 ("Congress shall make no law ... abridging the Freedom of Speech.").
402 Stanley Ingber, The Marketplace of Ideas, p. 2. 사상의 자유시장과 수정헌법 제1조의 연방대법원 사건을 목록으로 정리. 이후에도 Virginia v. Hicks, 539 U.S. 113, 119 (2003), Nat'l Endowment for the Arts v. Finley, 524 U.S. 569, 587 (1998) 사건 등이 잇따르고 있음.

마이클존은 사상의 자유시장을 통한 진리의 확립이 최상의 기준은 아니라고 주장하지만 대안이 없다고 인정한다. 예를 들면 수정헌법 제1조가 사상의 자유시장은 진리가 궁극적으로 허위를 이기는 것을 허용한다는 사상의 자유시장을 강화하는 언론법학, 즉 자주 반복되는 은유가 실질적으로 규범화되고 있다. 그 은유의 영향력은 서술적이며 규범적이고, 미국에서 자유로운 언론을 설명하고 정당화하는 중심이다.

사상의 자유시장이라는 구절은 실질적으로 홈즈의 것은 아니다. 지금도 거래가 불완전하게 이루어진다고 할지라도, 사상의 자유시장은 홈즈가 창안한 것으로 믿음을 주고 있다. 그러나 연방대법원이 이 구절을 사용한 것은 뒷날 브렌난의 판시들에서 나온다:

"사상을 수용하고자 하는 사람들이 사상을 자유롭게 받아들이고 고려할 수 없다면 사상의 유포는 아무 것도 이룰 수 없다. 그것은 오로지 판매자만 있고 구매자는 없는 척박한 사상의 자유시장(marketplace of ideas)이 될 것이다."[403]

"나는 이전에 고안된 가장 효율적인 사상의 자유시장으로부터 모든 우리 시민을 실질적으로 절대적으로 배제하는 것을 정당화할 수 있는 방송사들의 최우선시 되는 수정헌법 제1조 이익이 단순히 없다는 결론만을 내릴 수 있다."[404]

수정헌법 제1조가 Abrams사건 이후 홈즈의 자유방임주의 시장을 성실하게 표방하는 반면에 경제이론은 그렇게 하지 않았다. 홈즈의 은유는

---

403 Lamont v. Postmaster Gen., 381 U.S. 301, 308 (1965). Brennan 동의의견.
404 CBS v. Democratic Nat'l Comm., 412 U.S. 94, 199 (1973). Brennan, Marshall, 소수의견 가담.

시장을 개인들이 가격 없이 자신들의 상호이익을 위해 경쟁을 벌이는 원자적 장소로 묘사한다. 연단에서 외롭게 말하는 연설자와 사상의 자유시장에서 구매자의 묘사를 포함하는 자주 개인적인 수사에도 불구하고, 수정헌법 제1조법은 규칙적으로 개인과 국가 사이 어딘가에 서 있는 언론활동에 포함된 조직을 고려해야 한다. 수정헌법 제1조는 역시 원자적인 사상의 자유시장만이 아니라 개인적인 권리에 대한 지지와 사회적 제도에 대한 깊은 불신과 연계되게 된다. 이러한 단순한 시장에 대한 견해는 경제학자들 눈밖에 벗어났다. 경제학자들은 사상의 자유시장 은유에 대한 비판들을 오래전부터 깨닫고 있었다. 즉 시장은 불완전하고 자주 오작동을 하는 기제이며, 교환비용이 장비에 대해 마찰을 가중한다는 것이다.

경제학자들이 거래비용이라고 부르는 이 마찰은 좋은 사상이나 제품을 발견하고 평가하며 획득하기 위해 필요한 시간과 지출을 포함한다. 그리고 홈즈의 은유가 그러한 것들을 설명하지 못한다고 하더라도, 이러한 비용들은 경제시장 내에 존재하는 것처럼 확실히 사상의 자유시장 내에 존재한다. 그러나 홈즈 지지자들이 했던 것처럼 이상화된 신고전주의 시장관을 방어하기 보다는 차라리 경제학자들은 새로운 모형, 즉 거래비용을 제시하며 설명한다. 코스(Ronald Coase)[405]를 비롯해 노스(Douglass North),[406] 윌리엄슨(Oliver Williamson)[407] 등 많은 경제학자들은 바로 개인이 아니라 시장경제를 가동하게 하는 제도에 대해 보다 충분히 이해를 하게 한다. 새로운 제도경제학은 경제분석에 거래비용을 명시적으로 도입한 코스의 논문 '기업의 본질(The Nature of the Firm, 1937)'에서 시작되었다. 노스는 제도가 장기적 경제성과에 기여하는 방법을 분석하고, 제도적

---

405 Ronald Coase, The New Institutional Economics, 88 Am. Econ. Rev., 1998, p. 72.
406 Douglass C. North, Institutions, Institutional Change and Economic Performance, 1990, p. 3.
407 Oliver E. Williamson, The New Institutional Economics: Taking Stock, Looking Ahead, 38 J. Econ. Lit., 2000, pp. 595–601.

분석을 경제학과 경제역사에 통합하는 틀을 제공한다. 윌리엄슨은 '새로운 제도경제학(New Institutional Economics, NIE)'의 발전을 논하고, 효율성의 대안 공식으로서 교정가능성 기준을 제안한다. 효율성의 대안 공식에 따라 조직의 잔존 방식이 효율적인 것으로 추정된다.

이익과 접근의 다양성에도 불구하고 이들 경제학자는 새로운 제도경제학의 깃발 아래 모인다. NIE는 경제발전을 분석하는 데 선호하는 틀이 되고 있다.[408] 다양한 사회과학을 통틀어 가장 많은 통용성을 가질 것으로 보이는 이론적 접근은 제도주의이다. NIE 분석은 시장에 대한 홉즈학파적인 시각, 즉 이상적인 시장에서 자신들의 유용성을 최대화하려는 개인의 시도뿐 아니라 거래비용이 시장을 오작동하게 하는 법과 그러한 거래비용을 극복하기 위한 개인의 시도를 돕거나 방해하는 법을 이해하는 데도 초점을 맞추고 있다. 경험적 사회과학적 증거에 의해 보강을 받고, NIE 학자들은 많은 제도들이 교환비용을 낮추고, 그러한 제도들이 미래 규제자로부터 복종을 받을 자격이 있다고 설득력 있게 주장한다.

수정헌법 제1조 학문은 제도경제학에 대해 언급하지 않으면서도 헌법상 제도적 맥락에서 이론을 펼치며 장점을 발휘하고 있다. 수정헌법 제1조 학자들 가운데 가장 유명한 학자는 샤우어(Frederick Schauer)이며, 그는 제도적 차별화가 진전되는 만큼 수정헌법 제1조 원칙은 제도들 사이에 구분하는 능력을 발전시켜야 한다고 했다. 그들은 언론을 고양하는 사회적 제도에 잘 조율되는 제도적 수정헌법 제1조 이론의 윤곽을 그리기 시작했다.

샤우어의 접근법에 따라 법원들은 수정헌법 제1조의 보호를 제도에 일치시켜야 하고 또 논쟁적으로 일치시키고 있다. 수정헌법 제1조의 제도들은 그러한 제도들이 중요한 수정헌법 제1조 가치에 봉사하는 정도에 의존

---

[408] Philip M. Nichols, A Legal Theory of Emerging Economies, 39 Va. J. Int'l L., 1999, pp. 229, 239.

한다. 따라서 수정헌법 제1조의 근본적인 가치들을 발달하게 하는 제도들은 언론행위에 포함하며 구성원으로부터 얼마간의 복종을 받을 자격이 있다. 예를 들면 학교와 기관의 언론은 교도소나 군대에 비교해 보다 많은 언론 보호를 받을 수 있다.

그러나 사상의 자유시장 이론이 제도에 대한 이해가 부족하듯이 제도적 수정헌법 제1조 이론도 시장에 대한 이해가 부족하다. 제도적 접근은 자유로운 언론에서 바로 개인이 아니라 제도의 역할에 대한 미묘한 접근으로부터 설득력을 얻고 있다. 제도적 접근은 제도에 대해 충분히 이해하게 하지만 한 세기 가까이 자유로운 언론을 이끌어온 시장의 은유를 제대로 설명하지는 못한다. 결과적으로 제도적 수정헌법 제1조 이론은 대부분 지배적인 수정헌법 제1조이론과 틀을 다르게 구축한다.

수정헌법 제1조의 제도적 시장적 개념들은 자유로운 언론의 실행과 목적을 성스럽게 묘사하는 규범적인 개념을 제공한다. 그것은 홈즈의 원칙을 바꾸는 은유를 부활시키고 또 동시에 시장의 보다 풍부한 견해를 포함하며, 시장이 움직이도록 한다. 여기에서는 두 이론을 통합적으로 살핀다. 제도주의 학자들이 접근법 상 각기 다르다고 하더라도 그리고 제도주의 학자들 모두가 제도의 자율성을 위한 사건에 압력을 가하는 것이 아니라고 하더라도, 그들은 단체와 조직이 갖고 있는 각기 다른 특징들에 대해 재판부가 거의 주의를 기울이지 않고 있다는데 대해 일반적으로 동의한다. 우리가 제도주의를 평가해야 한다면, 우리는 제도를 제도주의와 마찬가지로 평가해야 한다. 제도들이 개인의 자기발전과 자기표현을 위해 의미하는 것 때문이다.[409] 제도에 자율성을 불어넣어 주는 법적 체제는 개인의 자유를 최선으로 촉진한다고 본다.

수정헌법 제1조의 지위를 불어넣어 주는 여러 기관들을 탐구함으로써

---

409 Paul Horwitz, First Amendment Institutions, Harvard University Press, 2013, p. 270.

제도주의의의 구조적 차원이 분명해질 수 있다. 예를 들면 공적 담론을 위한 훈련장과 사상이 시작하는 장소로서 기능하기 위해 대학들은 이러한 유형의 결정을 내리기 위한 공간을 가져야 한다. 그러한 접근법은 교회의 자율성 없이 종교의 효율적인 자유가 있을 수 없으며, 매체의 자율성 없이 언론의 효율적인 자유가 있을 수 없고, 대학과 도서관, 결사처럼 조직을 위한 자율성 없이 언론의 자유가 없을 것이라는 것을 보여 주려고 한다. 이 이론의 대표적 학자인 호르위츠는 폭넓은 헌법구조이론으로 수정헌법 제1조의 제도주의를 제시한다. 헌법구조이론의 초점은 침입적인 사법적 감시를 하지 않고도 제도가 표현을 촉진하는 것만큼 정치적 정부의 권한을 제한하는 것을 강조한다.

수정헌법의 제도주의는 언론의 창출자로서 그리고 개인의 소통과 반응, 사회화를 위한 영역으로서 제도의 본질에 대해 보다 더 주의를 기울이게 한다. 제도주의의 중심적 전제는 대학과 신문, 교회 등 법적 주체들의 독특한 역할과 특징들을 인식함으로써 재판부는 헌법 원칙의 보다 논리적인 체제를 발전시킬 수 있다는 것이다. 이 학파는 수정헌법학을 위한 제도주의 판례를 발전시키고 있다. 더 나아가 제도들이 부분들의 총합보다 더 큰 역할을 한다고 주장한다. 요점은 개인의 발전은 수많은 공적 사적 제도들에게 자율성의 분배를 인정함으로써 가장 잘 촉진된다는 것이다. 주권이 연방정부와 주 그리고 시민으로 나뉘는 것만으로 충분하지 않다. 인민이 자신들의 능력을 발전시키고, 의미를 구축하고, 자유를 구가하기 위해 사용하는 비정치적 제도들은 역시 정부의 개입으로부터 격리돼야 한다고 본다. 새로운 접근법은 수정헌법 제1조 제도들에 대한 광범위한 사법적 존중, 그 제도들이 실질적으로 자신들의 권리 내에서 주권영역이라는 인식 그리고 재판부들이 설정한 원칙에 종사하는 의존자로서가 아니라 수정헌법 제1조 원칙을 형성하는 동반자로서 제도들을 대우하는 의지를 포함하게 될 것이다.

우리는 이 이론을 구조적 제도주의 면에서 생각할 수 있다.[410] 즉 그 안에서 정치적 정부 외의 다양한 제도들이 수정헌법 제1조가 의미하는 것에 대한 자신들의 미래를 발전시키는 헌법질서의 개념이다. 명백성 때문에 제도적 다원주의(institutional pluralism)라는 용어보다 구조적 제도주의(structural institutionalism)라는 용어가 선호되고 있다.[411] 호르위츠를 포함해 법률가와 논평가들은 어떤 문제를 다루는 데 대해 다른 접근법을 수용하는 것을 지칭하기 위해 다원주의라는 단어를 쓰기도 한다. 여기에서는 구조적 제도주의가 정치과학의 구조주의와 제도주의 같은 용어와 관련이 없다. 구조적 제도주의 개념은 다양한 접근법의 수용에 대해 덜 초점을 맞추고, 정부와 시민, 제도 사이의 권력분립에 대해 보다 더 초점을 맞춘다.

구조적 제도주의의 제도 내에서 수정헌법 제1조의 우선적 역할은 자율성이 존재하는 그러한 단체들의 정체성을 밝히는 일이다. 모든 가능한 조직 또는 심지어 중요한 조직도 자율성의 영역을 수정헌법 제1조와 함께 수행한다고 주장하기는 어려울 것이다. 그러한 접근법은 법적 승인을 넘어서서 정부의 주권적 권력을 줄이게 될 것이다. 그러나 자유로운 표현의 하부구조를 구성하는 대학과 교회, 매체 그리고 다른 법적 주체 등 수정헌법 제1조의 제도들은 사회에서 특별한 지위를 갖는다.[412] 이들 조직은 공적 담론의 형성과 확산 과정에서 중심적 역할을 수행한다. 그러한 제도들의 자율성을 승인하고 존중하는 것에 의해, 주장을 진전시키며, 재판부들은 담론과 자기실현, 보다 풍부한 사회적 환경을 촉진할 수 있다. 그들

410 Christian Legal Soc'y Chapter of the Univ. of Cal., Hastings Coll. of the Law v. Martinez, 130 S. Ct., 2010, pp. 2971, 3016. Alito, J., 소수의견. 비슷한 의미로 다원주의 개념을 적용. Peter A. Hall & Rosemary C.R. Taylor, Political Science and the Three New Institutionalisms, 44 Pol. Stud., 1996, p. 936.
411 Randy J. Kozel, INSTITUTIONAL AUTONOMY AND CONSTITUTIONAL STRUCTURE, 112 Mich. L. Rev., 2014, p. 959.
412 Jack M. Balkin, The Future of Free Expression in a Digital Age, 36 Pepp. L. Rev., 2009, pp. 427, 432.

은 역시 정부 영역을 적절하고 제한된 영역으로 한정시킬 수 있다.

수정헌법 제1조에 대한 구조적 접근을 주장하는 학자들은 구조적 기관들을 수정헌법 제1조 제도주의의 큰 주제로 연계시키려고 한다.[413] 예를 들면 교회의 자율성은 연방주의, 권력분립, 견제와 균형과 같은 구조적 원칙이다. 구조적 원칙의 작동은 자기결정적인 종교 공동체가 구조적 역할을 가능하게 한다. 수정헌법 제1조 제도의 가치는 이러한 지위를 체계적으로 그리고 심층적으로 발전시키는 데서 유래한다. 다양한 제도의 분석을 통해, 정부가 사회적 존재의 보다 광범위한 하부구조에 있어서 단순한 버팀목이라는 데까지 주장을 진전시킨다. 그렇게 하는 데 있어서 헌법적 이상으로서 구조적 제도주의의 초상을 제공한다. 수정헌법 제1조 원칙의 설계 내에서 제도들이 신중하게 하는 데 대한 일부 저항은 수정헌법 제1조가 도덕적 기반에서 개인적 권리로 존재한다는 그릇된 믿음 위에 서게 할 수 있다.

그러나 그것은 제도주의 운동의 종착지가 될 수 없다. 만약에 제도주의가 정당한 헌법이론이라면, 그것은 인식할 수 있는 헌법 법원(法源)으로부터 유래해야 한다. 다른 면에서 철저성에도 불구하고, 일부 학자는 헌법적 토대 문제에 대해 상당히 주목하지 않는다. 헌법적 토대 문제는 궁극적으로 구조적 제도주의의 범위에 대해 정의를 내리고, 헌법질서의 전망으로서 타당성을 결정하게 되는 것들이다.

우선 제도적 전환을 헌법원칙을 위한 규정으로 설명하는 것부터 살펴보자. 사실적 맥락에 대한 사법적 반응의 증가와 제도들이 합법적으로

---

413 Richard W. Garnett, Religious Liberty, Church Autonomy, and the Structure of Freedom, in Christianity and Human Rights, pp. 267, 276 (John Witte Jr. & Frank S. Alexander eds., 2010). 이하 Religious Liberty로 인용. Frederick Schauer, Towards an Institutional First Amendment, 89 Minn. L. Rev., 2005, pp. 1256, 1268-1269. 이하 Institutional First Amendment로 인용.

보유하는 상당한 정도의 자율성을 인정하는 것의 두 가지에 대해 별도로 초점을 맞춘다. 다음으로 제도주의를 방어하는 것은 헌법구조에 대한 광범위한 이론을 가장 잘 이해하는 방법이라는 점을 살필 것이다. 구조적 제도주의로 부르는 이 이론은 공공기관의 정통성 영역을 제한하는 관련 주제에 포함된 것으로서 다수의 다른 제도들을 설명한다.

전술한 바와 같이 구조적 제도주의의 표지는 다양한 제도 내에서 다른 방식으로 스스로를 드러낸다. 또 이론의 헌법적 토대를 탐구함으로써 보다 폭넓은 헌법 쟁점의 해석을 구조적 제도주의에 통합한다. 여기에서는 수정헌법 제1조 제도주의에 대한 규범적 평가를 제공하는 것은 아니며, 제도주의자의 입장에 대한 구조적 함축성을 정의하고, 그 입장의 타당성을 평가하는데 있어서 헌법이론의 역할을 명시하려고 한다. 이러한 단계들은 구조적 제도주의의 장점을 평가하는 필요한 설명으로 본다.

II. 사상의 자유시장과 새로운 제도경제학

1. 제도적 관점의 사상의 자유시장

여기에서는 사상의 자유시장의 권한과 영향력, 사상의 자유시장이 의존하는 시장에 대한 이해 등 홈즈의 개념을 재정리한다. 또 홈즈가 도입한 이래 대부분 새로운 제도경제학의 덕분으로 시장의 경제적 이해가 어떻게 진화했는지를 살펴본다. 홈즈의 사상의 자유시장 은유의 도입이 소수의견으로 등장했지만 그것은 연방대법원의 결정처럼 수정헌법 제1조에 대한 대중적이고 학문적인 사고에 주요한 영향을 미쳤다. 실제로 미국

법과 사회를 형성하는 데 있어서 홈즈의 소수의견의 중요성을 과대평가하는 것은 거의 불가능하다.[414]

학자들과 논평자들은 은유를 이상화된 신고전주의적 자유 시장의 완전 경쟁을 도입한 것으로 일반적으로 개념을 정립한다. 나쁜 사상이 두려움의 대상이 돼서는 안 되는 것처럼 나쁜 제품이나 용역들도 두려움의 대상이 돼서는 안 된다. 모든 것이 자유롭게 유용하다면, 나쁜 사상들은 보다 나은 경쟁자들에게 단순히 지게 될 것이다. 사상의 다원주의는 중앙관리경제보다 더 나은 결과를 유발한다. 또 자유로운 시장을 전통적으로 보호하는 것은 공리주의나 도구주의이다. 사상에서 자유로운 시장을 전통적으로 보호하는 것은 주로 공리주의이다.

밀턴의 아레오파지티카는 홈즈의 Abrams사건의 소수의견에 대해[415] 지적 선구자이다. 밀턴은 문체면에서 홈즈보다 더 문학적으로 "진리와 허위가 싸우도록 하게 하자. 진리가 자유롭고 공개적인 조우에서 보다 더 좋지 않은 상황으로 떨어지겠는가?"라고 한다. 밀은 자유론에서 "그러나 시대가 확실하지 않는 것처럼 개인도 확실하지 않는 것은 본질적으로 명백하다. 시대에 종속되는 많은 의견을 갖는 각 시대는 허위뿐 아니라 당찮은 것도 생각한다. 그리고 한때 일반적이었던 많은 것이 현재에 의해 거부되는 것처럼 이제 일반적인 많은 의견들은 미래 시대들에 의해 거부될 것이라는 것은 확실하다"고 말한다.

제퍼슨도 "진리를 혼자 있게 하면 진리는 위대해서 승리할 것이다. 인간의 간섭에 의해 진리의 자연적 무기와 자유로운 논쟁과 토론이 무장해제를 당하지 않는다면, 진리는 실수에 대해 적절하게 그리고 충분히 적대

---

414 Note, The Impermeable Life: Unsolicited Communications in the Marketplace of Ideas, 118 Harv. L. Rev., 2005, p. 1314.
415 Zechariah Chafee, Jr., Free Speech, p. 509. 공개토론을 위해 검열을 반대한 지도적 인물로 Holmes를 Mill과 Milton과 같은 집단으로 분류.

적이며, 갈등으로부터 두려워할 것이 없다. 실수를 반박하는 것이 자유롭게 허용되면 실수들은 위험을 중단시킬 것이다"라고 비슷한 정서를 표현한다.[416] 홈즈와 밀턴의 견해에 따르면, 진리는 자유롭고 경쟁적인 사상의 교환으로부터 출현해야 한다.[417] 시장에 대해 보다 더 미묘한 것을 추구하는 다른 학자들은 실현돼야 하는 가치는 진리의 가능한 도달에 있는 것이 아니라, 진리 그 자체를 찾는 존재가치에 있다고 주장한다.

1919년 시장의 은유가 처음으로 도입되자마자 시장의 은유는 연방대법원의 수정헌법 제1조의 법학을 지배하게 됐다. 홈즈의 Abrams사건의 소수의견에 동조한 브랜다이스 연방대법관은 1927년 경미한 다른 시각으로부터 시장의 은유를 다시 논의하고 다시 보증하게 됐다. Whitney사건의 동의의견에서,[418] 브랜다이스는 생각하고 싶은 대로 생각하는 자유와 생각하는 대로 말하는 자유는 정치적 진리의 발견과 확산에 대해 없어서는 안 될 수단이라고 판시했다. 또 나쁜 사상이나 허위 사건에서 적용되는 구제는 보다 많은 언론이며 강요된 침묵은 아니라고 판시했다. 오로지 비상사태만이 억제를 정당화할 수 있다고 했다. 브랜다이스의 수정헌법 제1조의 개념은 단순한 진리보다 자치 또는 자기실현, 시민의 선을 추구하는 것에 의존하는 것으로 설명되고 있다.

그러나 진리 또는 선이라는 면에서 정당화되든 그렇지 않든 간에, 시장은 홈즈와 브랜다이스 두 사람을 위해 은유를 활력화하고 있는 중이다. Abrams사건이 다수의견, 동의의견[419] 그리고 소수의견[420] 등으로 다양하게 결정된 1919년 이후 연방대법관들은 반복적으로 홈즈의 근본 사상으

---

416 Thomas Jefferson, A Bill for Establishing Religious Freedom, pp. 545–546.

417 William P. Marshall, In Defense of the Search for Truth as a First Amendment Justification, 30 Ga. L. Rev. 1, 1995, p. 1.

418 Whitney v. California, 274 U.S. 357 (1927).

419 McConnell v. FEC, 540 U.S. 93, 265 (2003). Thomas 일부 동의의견 일부 소수의견. Red Lion Broad. Co. v. FCC, 395 U.S. 367, 390 (1969) 변형인용.

로 되돌아오고 있다. 즉 "어떤 의견이 치명적일지라도 우리는 그것을 바로 잡기 위해 법관들과 배심원들의 양심에 의존할 것이 아니라 다른 사상들과의 경쟁에 의존한다"는 것이다.[421] 동의의견에서는 "수정헌법 제1조의 진정한 목적은 사상의 자유시장 안에서 진리가 궁극적으로 이기는 금지되지 않는 사상의 자유시장을 보존하는 것이다"는 점이 강조된다. 또 소수의견에서는 "사상이 시장에서 선택되도록 하기 위해 경쟁을 벌일 경우, 충분하고 자유로운 토론은 허위를 드러내고 또 그런 사상들은 지지를 얻지 못한다. 충분하고 자유로운 토론은 실제로 우리들의 신념의 제1조이다"라고 한다.

사상의 자유시장 은유의 영향력에도 불구하고 그것은 경제시장처럼 역시 약점과 규범적 어려움을 안고 있다고 설명되고 있다. 그러한 것의 대부분은 금지되지 않고 가치가 없고 완전히 유효한 자유시장의 이상적인 견해의 단점에서 유래한다. 비록 시장의 이러한 이상적인 개념이 그 이후 오랫동안 분석적 도구로서 유용할지라도, 1919년에는 동요를 일으키고 경제학자들은 신고전주의 견해가 정확히 서술하는 것과는 거리가 있다고 인식했다.

코스 교수의 '기업의 본질'은 거래비용 개념을 도입하고, 따라서 신고전주의 모형에 놓여 있는 가정의 흠을 드러낸 것으로 평판을 받고 있다.[422] 코스 교수의 판단에 따르면, 신고전주의 접근은 "현실세계에서 일어나는 것을 무시하는 견해이다. 그러나 그것은 신고전주의 경제학자들이 익숙한 접근이다. 그리고 이들 경제학자들은 불편 없이 그들의 세계에

420 Dennis v. United States, 341 U.S. 494, 584 (1951). Douglas 소수의견. Gitlow v. New York, 268 U.S. 652, 673 (1925). Holmes 소수의견. 신념이 행해진다고 믿어지고 다른 신념들이 그 신념을 능가하지 못하고 또는 에너지의 실패가 탄생 순간부터 운동을 질식시키지 않는다면, 사상은 스스로 신념을 위해 제공한다고 주장.
421 Gertz v. Robert Welch, Inc., 418 U.S. 323, 339–340 (1974).
422 Ronald H. Coase, The Nature of the Firm, 4 Economica, 1937, p. 386.

서 살고 있다."[423] 따라서 그것은 사상의 자유시장 개념과 관련이 있다.

브리츠키(Paul Brietzke)가 설명한 바와 같이, 양 모형은 우리를 인간으로 만드는 많은 요인을 무시한다. 그 요인은 애타주의, 습관, 심한 편견, 공황, 천재성, 행운 또는 불운 그리고 순전한 압력과 제도, 우리를 사회적 동물로 바꿔 주는 문화 등을 포함한다. 그것이 뉴욕증권거래소에서 고립적인 거래와 유사한 기나긴 연속선상에 있는 것처럼, 비인간적이고 비사회적이고 자주 성차별주의자적인 경제인 또는 언론인은 삶의 풍파를 겪는 것으로 추정된다.[424]

브리츠키 교수와 사상의 자유시장 은유 비판론자들은 현실세계 시장에서의 실패와 사상의 자유시장에서의 실패를 나란히 비교한다. 현실세계 시장에서 실패는 시장에 국가개입을 정당화하기 위해 사용되는 반면에, 사상의 자유시장에서 실패는 일반적으로 이론을 비판하고 자유로운 언론의 일부 정당성은 그 대신 추구되어야 한다고 주장하기 위해 사용된다. 경제학자들은 이러한 불평등 대우를 혼란스럽게 주목하고 있다. 가장 자주 지적되는 실패는 자원의 불평등과 통신권력과 능력면에서 불균형에서 야기되는 것이다.[425] 연방대법원은 선거운동 비용제한과 관련해 자원의 격차는 정치적 사상의 자유시장을 위협할 수 있을 것이라고 반복적으로 지적했다. 이들 비판론자들은 사상의 자유시장은 권력자들이 표현하는 사상의 장점이나 진리보다는 권력이 있는 연설자들의 입장을 반영하고 정당화하는 경향이라고 주장한다.

---

423 Ronald H. Coase, The New Institutional Economics, p. 72.

424 Paul H. Brietzke, How and Why the Marketplace of Ideas Fails, pp. 962–963.

425 Austin v. Mich. Chamber of Commerce, 494 U.S. 652, 659–660 (1990). 정부는 기업들이 정치시장에서 불공정한 이익을 얻기 위해 자신들의 자원들을 사용하는 것을 금지하는 데 강제적인 이익을 갖는다고 판시. Catherine A. MacKinnon, Only Words 77–78 (1993). 수정헌법 제1조 원칙이 명목적으로 사상의 자유시장을 보호할 경우, 수정헌법 제1조 원칙은 연설자의 힘에 있어서 불균형 때문에 자유롭고 평등한 언론을 보호하지 못한다고 주장.

사상의 표현이 정부 조치를 통해 평등하게 될지라도, 사상의 자유시장의 효율성은 여전히 추리하는 참가자들의 능력에 의해 엄격히 제한될 것이다. 이 입장에서는 언론을 위한 뉴딜정책을 주장하기도 한다. 역시 언론에 대한 정부의 보다 큰 개입을 제시하기 위해 시장의 실패 주장을 원용하고, 언론은 덜 생산된 공공재라고 주장한다. 그러한 공공재가 있다고 한다면 그것은 정부가 보조해야 하는 공공재이다. 인간이 완전하게 추리할지라도 인간의 선호가 너무 불안해서 단 하나만의 진리의 추구를 허용할 수 없는 한 시장은 여전히 홈즈가 구상한 대로 기능하지 않을 것이다. 참여자들이 선한 사상이 무엇인지에 대해 의견이 다르거나 그들이 사상을 볼 때 선한 사상을 규정할 수 없는 한, 그러한 불완전한 사상의 자유시장에서의 경쟁은 이상적인 결과를 낳지 않을 것이라고 비판론자들은 주장한다.

사기나 독점 때문에 시장이 실패할 때 또 그러할 때에만 현실세계의 시장규제가 바람직하다고 경제학자들이 주장하는 것처럼, 예를 들면 사상의 자유시장 이론 지지자들은 언론의 규제는 사상의 자유시장에서 시장의 실패가 있을 때에만 허용가능하다고 주장할 수 있다.[426] 정부가 시장을 폐쇄하지 않는 반면에, 정부는 시장의 결함을 교정하는 방향으로 가고 또 시장 실패의 부수적인 결과들을 규제할 수 있다. 경제시장처럼 그러한 실패들은 상황이 공개적인 경쟁을 불가능한 것으로 할 때 일어난다.

일반적으로 시장 실패라는 수사를 피하더라도 연방대법관이 Whitney 사건에서 언급한 비상상황과 같은 특정한 언론과 관련된 시장 실패의 가능성에 연방대법원은 오랫동안 초점을 맞추고 있다. 쉬운 예는 Schenck 사건에서 판시된 명백하고 현존하는 위험의 원칙이며, 이것은 홈즈 연방

---

426 Cent. Hudson Gas & Elec. Corp. v. Pub. Serv. Comm'n, 447 U.S. 557, 592–594 (1980). Rehnquist 소수의견.

대법관의 두뇌의 소산이자 1919년에 태어난 것이다.[427] Schenck사건 기준은 의회가 예방할 권리를 갖는 실체적인 악을 유발하는 명백하고 현존하는 위험을 유발하는 언론에 대해 헌법적 보호를 부정한다.

50년 뒤 Brandenburg사건은 그 원칙을 보다 세련되게 규정했다.[428] 이 사건에서 그 언론이 즉각적으로 중대한 폭동을 일으키려고 의도하지 않거나 그럴 가능성이 없다고 하면, 재판부는 수정헌법 제1조는 심지어 체제전복적인 언론일지라도 보호한다고 판결했다. Schenck사건에서 기술된 명백하고 현존하는 위험한 상황처럼, Brandenburg사건에서 숙고된 폭동의 장면은 시장 실패 유형을 대표한다. 증오나 도발을 유발하는 언론이 화가 나고 잠정적으로 폭동의 우려가 있는 청자 집단에게 전달될 때, 고요함 또는 평화를 위한 탄원처럼 현실적으로 승리할 선한 사상으로 볼 여지가 거의 없다. 비록 도발적인 언론이 진리이고 폭동이 정당화된다고 할지라도, 그것은 그것의 장점 때문이 아니라 진정한 경쟁과 부딪치지 않기 때문에 승리할 것이다. 그러한 비상상황에서, 통신의 일상적인 비용 예를 들면 다른 전달내용을 고려하기 위해 필요한 비용과 시간 등은 즉각적인 폭동의 위협 때문에 금지적인 것이 된다. 이러한 것이 시장 실패를 가능하게 하고 또 그러한 실패의 비용을 가중시킨다.

다른 자유로운 언론의 예외들도 역시 사상의 자유시장에서 실패로 설명될 수 있다. FEC사건의 다수의견에서,[429] 브렌난 연방대법관은 Abrams사건을 인용하고 시장의 은유는 캠페인 활동 영역에서 헌법 규제를 인도

---

427 Schenk v. United States, 249 U.S. 47, 52 (1919).

428 Brandenburg v. Ohio, 395 U.S. 447 (1969). 전원일치 합의.

429 FEC v. Mass. Citizens for Life, Inc., 479 U.S. 238, 259 (1986). 연방선거운동법이 비영리집단에게 적용될 경우 위험하다고 선고. 영리회사와 달리 부분적으로 비영리집단이 자본을 축적하기 위해서가 아니라 정치적 사상을 확산시키기 위해 형성되기 때문이다. 비영리집단이 활용 가능한 자원들은 경제시장에서 비영리집단의 성공의 기능이 아니라 정치적 시장에서 비영리집단의 인기이다.

하고 있다고 판시했다. 정치적인 자유로운 거래 개념을 도입하면서 브렌난은 정치적 행위에 대한 기업의 직접적인 지출은 경제시장에서 집적된 자원들이 정치시장에서 불공정한 이점을 제공하기 위해 사용될 것이라고 주목했다. 물론 의회가 헌법적으로 공정한 거래에 접근할 수 있는 엄밀한 정도는 뜨거운 쟁점으로 남아 있으며, 그 쟁점의 궁극적인 해결은 분명하지 않다.[430]

투쟁적 단어 원칙과[431] 증오 발언도 역시 시장 실패의 범주로 분류된다. 그들은 보다 많은 언론에 의해 치유될 수 없는 손해를 논쟁적으로 야기한다.[432] 증오 발언이 그 발언의 대상이 된 사람의 영향력을 잃게 하기 때문에 반증오 발언과 반투쟁적 발언은 다툴 기회가 없다. 연방대법원은 특정한 종류의 발언이 그 발언을 진전시킬 수 없을 것으로 추정하고 사상의 자유시장의 다른 예외를 인정했다. Miller사건에서,[433] 예를 들면 연방대법원은 정치사상의 교환을 외설물의 상업적 이용과 비교하는 것은 수정헌법 제1조의 큰 개념을 손상시키는 것이라고 선언했다. 수정헌법 제1조 이론의 함축성은 사회적 중요성은 재고하지 않고 전적으로 외설을 거부하는 것이다. 이 사건판결은 투쟁적 단어들이 아무런 보호를 받지 못한다는 같은 이유로 외설에 대해 수정헌법 제1조의 보호를 부정했다. 그러한 잡담은 사상의 발표의 본질적 부분이 아니며, 그로부터 유래하는 어떠한 장점

---

430 FEC v. Wisconsin Right to Life, Inc., 127 S. Ct. 2652 (2007) 사건에서 연방대법원의 다수의견은 2002년의 양당 선거운동개혁법(BCRA)은 위헌적으로 특정쟁점의 광고를 금지했다고 의견이 일치됐으나, 왜 그런지에 대해서는 의견이 엇갈린다. Roberts에 Alito 동조. 선거운동 광고가 표현주창이나 그에 기능적으로 동등한 것이 아니기 때문에, BCRA는 위헌으로 적용된다고 판시. Scalia, Kennedy & Thomas 동조. BCRA의 관련된 부분에 대한 도전을 심사하는 기준은 위헌적이며 분명하지 않고, 또 따라서 그 법률은 집행돼서는 안 된다고 판시.

431 Chaplinsky v. New Hampshire, 315 U.S. 568, 572 (1942).

432 Gertz v. Robert Welch, Inc., 418 U.S. 323, 344 n.9 (1974). 반박 기회는 명예를 훼손하는 해를 무효로 하기에는 충분하지 않다.

433 Miller v. California, 413 U.S. 15(1973).

도 사회적 가치가 적다.[434] 연방대법원은 따라서 외설은 시장에 설 공간이 없으며, 질서와 도덕 등 사회제도에 의해 규제될 것이라고 판시했다.

시장 실패 비판론자들의 영향력에도 불구하고 또 Schenck, Brandenburg, Miller사건 등에서 선언된 예외에도 불구하고, 연방대법원은 언론에 대한 제한이 아니라 일반적으로 언론 제한을 정당화하는 것으로서 사상의 자유시장 은유를 지속적으로 도입하고 있다. 따라서 시장 실패의 수사가 현실세계 시장에서 정부 개입을 정당화하기 위해 원용된다고 할지라도, 수정헌법 제1조 원칙이나 이론에 비슷한 영향력을 갖는 것은 아니다. 이러한 다른 대우는 사상의 자유시장 은유만큼 오래된 것이다. 많은 비판론자들이 지적한 바와 같이 홈즈 자신은 자유방임주의 경제시장의 독실한 방어자는 아니다.[435] 또 연방대법원은 두 개의 시장을 다르게 다룸으로써 홈즈의 지도를 따르고 있다. 더글러스 연방대법관이 Beauharnais사건에서 이 점을 다음과 같이 명확히 했다.[436] "자유로운 언론과 자유로운 출판, 종교의 자유로운 신행은 서로 분리되고 격리되고 있다. 그들은 정치권력 위에 또 그 너머에 있다. 그들은 공장과 빈민가, 아파트, 기름 생산 등의 규제 방식에 종속되는 것은 아니다."

사상의 자유시장의 이상적 신고전적 견해가 현실세계 시장에 다가올 때, 재판부들은 경제학자들보다 또는 재판부 자신들보다 훨씬 더 완고하게 그 견해를 고수한다. 코스, 디렉터(Aaron Director) 등 다른 경제학자들이 지적한 바와 같이, 사상의 자유시장은 양자의 시장 실패 인정에도 불구하고 경제시장보다 국가 규제로부터 훨씬 더 자유롭다. 불평등한 대우

---

434 Miller, 413 U.S. at 20-21 (Chaplinksy, 315 U.S. at 571-72 인용); Roth, 354 U.S. at 485 (동일하게 인용).
435 Abrams v. United States, 250 U.S. 616, 630 (1919). Holmes 소수의견. Lochner v. New York, 198 U.S. 45, 75 (1905). Holmes 소수의견.
436 Beauharnais v. Illinois, 343 U.S. 250 (1952).

로 좌절되고 있지만, 코스와 디렉터는 사상의 시장을 칭송하고 상품의 시장을 평가 절하하는 경향이라고 지식인들을 비판한다. 사상을 위한 시장의 우월성을 지지하는 자들은 필수적으로 장려에 의존해야 하고, 또 헌법상 자신을 부정하는 법령의 취약한 지지에 의존해야 한다는 것이다.

이러한 불평등은 말로는 방어하기 어려운 것이라고 코스는 주장한다. 특별히 왜냐하면 사상의 자유시장이 대부분의 사람, 그리 중요하지 않은 사람에게 중요하지 않은 것은 상품시장이 중요하지 않은 것과 같기 때문이다. 또 사상의 자유시장은 정부 규제로부터 자유를 받을 자격이 더 이상 필요한 것은 아니기 때문이다. 많은 사람들을 위해 사상을 위한 시장은 재화를 위한 시장보다 중요하다고 추정할 이유가 없다고 한다. 그러나 만약에 사상을 위한 시장이 보다 중요하다고 할지라도, 두 시장이 다르게 취급돼야 한다는 것은 아니라고 설명한다. Chicago경제학파의 지도자인 디렉터는 같은 주장을 했으나 그리 영향력을 발휘하지는 못했다.

이상적 신고전주의 시장에 대한 비판론자들은 따라서 수정헌법 제1조 원칙보다 경제학에 대해 매우 다른 영향력을 갖고 있다. 수정헌법 제1조와 관련된 한, 잉버의 주장처럼 정당화하는 신화(legitimizing myth)로서 사상의 자유시장의 해체는 아직 개선된 경제적 은유를 낳지는 않았다. 학자들과 재판부들은 신고전주의 시각에서 사상의 자유시장을 지속적으로 보고 있으며, 유일한 대안이 민주주의에 대한 언론의 가치에 근거한 수정헌법 제1조 이론을 채택한 것으로 본다.[437]

수정헌법 제1조는 자치의 공화적 체제를 확보하고 강화하는 데 구조적으로 역할을 한다. 구조적 모형은 민주주의가 생존하기 위해 필요한 소통과정에 수정헌법 제1조를 연결한다. 그리고 따라서 소통 자체뿐 아니라 의미 있는 소통의 불가피한 조건을 위한 배려를 얻으려고 노력한다. 또한

---

437 Richmond Newspapers, Inc. v. Virginia, 448 U.S. 555, 587–588 (1980). Brennan 동의의견.

자기실현에 대한 언론의 본질적 가치를 채택할 것인지, 다른 비경체적 가치를 채택할 것인지 그것의 장점을 논의하고 있다. 가장 두드러진 새로운 제도경제학을 포함해 그 모형을 보다 미묘한 감각을 지닌 경쟁이론들로 대체하는 것에 의해 경제학자들은 신고전주의 경제모형의 해체에 응답하고 있다.

2. 제도주의의 비맥락성과 자율성

(1) 제도주의의 비맥락성

우선 수정헌법 제1조의 제도주의는 재판부가 헌법원칙을 정하는 데 제도적 특징을 보다 더 크고 보다 더 명백하게 설명해야 한다고 주장한다. 또 재판부는 특별한 방식으로 제도적 특징들에 반응해야 한다고 본다. 자유로운 언론법학의 대중적 은유는 외롭게 유인물을 나눠 주는 사람이다.[438] 그는 탐탁스럽지 않게 여기는 사상을 검열하기를 선호하는 정부 면전에서 정치개혁을 선동한다. 수정헌법 제1조는, 엘리(John Hart Ely)의 표현대로, 권력층이 자기 잇속만 차리는 동기로부터 연설자를 보호하기 위해 연설자를 감싼다.[439] 그러나 현대 담론의 실제는 보다 더 풍부한 이상의 필요, 즉 제도적 행위자들의 역할을 설명하려고 한다. 사상의 자유시장을 망라하는 많은 언론은 신문과 대학, 결사 등에서 유래한다.[440] 우리가 자유로운 표현의 역동성과 함축성을 충분히 이해하려면, 제도적 행위

---

438 Branzburg v. Hayes, 408 U.S. 665, 704 (1972).
439 John Hart Ely, Democracy and Distrust: A Theory of Judicial Review, 1980, p. 136 n. 인용.
440 Abrams v. United States, 250 U.S. 616, 630 (1919). Holmes, J., 소수의견.

자들은 외롭게 유인물을 나눠 주는 사람들을 따라 자신들의 자리를 차지해야 한다. 수정헌법 제1조 행위의 중요한 실제 세계 측면을 구성하는 많은 언론과 행동들이 제도를 통해 이루어진다는 간단한 사실을 심각하게 받아들여야 한다고 제도주의자는 주장한다.[441]

표현활동의 넘쳐나는 이상을 풍부하게 하는 것은 수정헌법 제1조 제도주의자들의 공통의 목표이다. 제도주의자 학자들이 접근법에서 다양하고, 모두 호로위츠가 한 것처럼 제도적 자율성 사건에 압력을 가한 것은 아닐지라도, 그들은 재판부들이 집단과 조직의 명백한 특징에 대해 거의 주목하지 않는다는데 대해 일반적으로 분석을 같이 한다. 제도주의 운동의 개척자 가운데 한 사람인 샤우어(Frederick Schauer)는 수정헌법 제1조 원칙이 정보와 탐구 그리고 소통적인 영역을 인정하기 위해 다시 규정돼야 한다고 주장한다. 그러한 영역의 일부 명백한 특질은 특별한 수정헌법 제1조의 대우를 보증한다.[442]

가넷(Richard Garnett)은 이와 비슷하게 종교조직의 제도주의 견해,[443] 또 차이가 있지만 결사에 대한 상당한 접근을 방어한다.[444] 즉 개인이 공식적 강제로부터 자유이고자 하는 것처럼 그것이 종교적 관습 또는 전문성에 이르게 되면, 종교적 제도들은 구성원 개인들을 통치하고 또 정부 등의 공식적 개입 없이 적절한 권한을 행사할 자격이 주어진다고 한다. 특히 결사의 행동으로부터 결사 자체의 구조적 역할로 초점의 이동을 강조한다.

블로처(Joseph Blocher)와 이나주(John Inazu) 등은 이와 비슷하게 이론을 펴고 있다. 블로처는 사상의 자유시장의 순기능을 촉진하기 위해 제도

---

441 Horwitz, op. cit., p. 8.
442 Schauer, Institutional First Amendment, p. 1278.
443 Garnett, Religious Liberty, p. 269.
444 Richard W. Garnett, The Story of Henry Adams's Soul: Education and the Expression of Associations, 85 Minn. L. Rev., 2001, pp. 1841, 1854.

의 역할을 강조한다.[445] 왜냐하면 그 정도로 언론제도들이 사상의 자유시장을 개선하기 때문에 언론제도는 입법자에 의해 존중을 받을 자격이 있다. 이나주는 자유로운 집회와 단체의 자율성에 대한 원칙의 대우에 도전한다.[446] 그는 우리가 지적으로 정직한 헌법 구조 내에서 단체의 자율성을 위한 보호의 근거를 두는 데 실패했으며, 그 대신 인위적인 구별과 점검되지 않은 전제들에 의존하고 있다고 말한다. 이들과 그리고 다른 학자들의 사려 깊은 작업은 많은 의미 있는 통찰력을 제공하며, 수정헌법 제1조 제도의 목적 가운데 하나는 통합 헌법이론에 따라 그들을 함께 끌어당기는 것이다.

제도주의자는 역시 제도주의가 바로 잡고자 하는 주요 문제들에 대해 정의를 내리는 데 실질적으로 주의를 기울인다. 첫째 함정이 비맥락성이며, 이것은 세계를 법적 개념과 사실적 맥락에 대한 적절한 주목을 하지 않는 범주로 나누는 것을 의미한다. 예를 들면 하버드대학이 미시건대학보다 더 월마트적이라고 결론을 내리기 위해 공적인 행동과 사적인 행동 사이를 구분할 때, 우리는 비맥락적으로 행동한다. 다른 시민에게 하는 것보다 다르지 않게 언론보호가 언론구성원들에게 적용돼야 할 때 그리고 얼마나 많은 사실적 복잡성이 모호해지는가를 인정하지 않고 제한된 공적 토론장처럼 추상적인 이름표를 붙일 때, 우리는 비슷한 실수를 한다.

비맥락성의 위험은 그것이 재판부로 하여금 분쟁을 해결하는 데 도덕적으로 관련된 자세한 사항을 무시할 수 있게 한다는 점이다. 공적인 것과 사적인 것의 구분에 지나치게 초점을 맞추는 재판부들은 공립대학조차 자기규제적인 자율적 사업이라는 사실을 간과할 것이다. 자율적 사업

---

445 Joseph Blocher, op. cit., pp. 821, 829.

446 John D. Inazu, Liberty's Refuge: The Forgotten Freedom of Assembly, Yale University Press, 2012, p. 150.

이 지식창조에 기여하게 된다면, 자율적 사업은 교수들을 고용하고 해고하는 재량을 필요로 한다. 비록 비교할 수 있는 특권이 언론인이 아닌 사람에게 유용하지 않을지라도, 재판부는 취재원들을 강제적으로 공개하지 않는 데 대해 매체 구성원들이 강한 헌법적 특권을 정당화하는 취재과정에서 취재원들이 중대한 역할을 한다는 사실을 비슷하게 간과한다. 그리고 그렇게 하는 것이 차별금지법에 저촉되는지 여부에 관계없이 또는 그러한 배제가 결사체가 공중에게 널리 알린 명백히 규정된 내용에 통합적인 것으로 여겨지는지 여부에 관계없이, 언론이 형성되고 정체성이 형성되는 장소처럼, 재판부는 결사가 원하지 않는 구성원을 배제할 권리를 가져야 한다는 사실을 간과할 것이다.

비맥락성은 단순히 그 자체로 문제일 뿐 아니라 원칙의 불일치의 근거가 되기도 한다. 때로는 비맥락적으로 작동하기 위한 법적 체제의 최선의 노력에도 불구하고, 제도의 독특한 특징들이 너무 강제적이어서 무시하기 어렵게 된다. 억누를 수 없는 특수성이 추상적인 법적 범주화에 대한 동화되는 믿음에 반대해 존재한다면, 무엇인가는 주어야 한다. 그 무엇은 법학의 일관성이라고 제도주의자는 주장한다. 재판부는 그 범주들이 현실세계를 따르지 않기 때문에 엄밀하게 문제가 되는 것으로 그러한 범주를 인정하는 대신 미리 정의를 내린 왜곡된 법적 범주에 의해 사실에 집중적인 그리고 맥락에 예민한 특수성에 반응한다.

수정헌법 제1조 원칙이 제도주의가 주장한 것처럼 제도적 불가지론에 의해 고통을 받는지 여부는 논쟁의 여지가 있다. 노동언론,[447] 학생 언론,[448] 강제적 언론,[449] 상업적 언론,[450] 등에 대한 논쟁을 풀기 위해 미국

---

447 Garcetti v. Ceballos, 547 U.S. 410 (2006); Connick v. Myers, 461 U.S. 138 (1983); Pickering v. Bd. of Educ., 391 U.S. 563 (1968).

448 Morse v. Frederick, 551 U.S. 393 (2007); Bethel Sch. Dist. No. 403 v. Fraser, 478 U.S. 675 (1986); Tinker v. Des Moines Indep. Cmty. Sch. Dist., 393 U.S. 503 (1969).

연방대법원은 맥락에 특정적인 구조를 발전시켜 오고 있다. 비록 이 구조들이 자신들의 약점을 지니고 있다고 하더라도, 그 약점이 다른 법원에 대해 반대되는 것으로 비맥락적인 데서 오는 것인지는 분명하지 않다.

　제도주의는 많은 상황에서 미국 연방대법원이 독특한 제도적 특징에 대해 중요성을 부여하지 않는다는 것을 입증한다. 중요한 실증적 판례들을 제공하며, 그 판례들 가운데 추상적 범주에 대한 믿음은 제도적 특수성으로 직결하고 있다. 제도적 특수성은 제도적 불가지론과 제도적 반응의 혼합물로 된다. National Endowment for the Arts v. Finley사건에 대한 논의는 특별히 환기시킬 만하다. 이 사건에서 미국 연방대법원은 예술기금프로그램의 기준이 일반적인 품위기준과 다양한 믿음에 대한 존중 그리고 미국 공중의 가치를 포함하는 예술기금 프로그램을 지지했다.[451] 연방대법원에 유용한 범주적 원칙의 도구들은 그 프로그램이 수정헌법 제1조를 위반한 것으로 결론을 강제하는 경향이다. 예술기금 결정의 비정상적인 맥락을 적용하는 것에 의해서만 연방대법원은 그것의 기존의 제도적인 불가지론적 원칙의 분명한 함축성을 회피할 수 있다. 비슷한 교훈이 연방대법원의 매체에 대한 대우로부터 유래하며, 매체의 개성은 한때 책임을 거부하고 방종적이었다. 이러한 사례들을 통해 제도주의는 재판부들이 늘 지지를 해야만 하는 것으로 느끼는 비맥락성을 흡수할 수 있는 것은 아니라고 입증한다.

　다른 제도주의자들처럼 호르위츠는 현실세계의 특징과 영향들 속에서 비맥락성을 극복하고 수정헌법 제1조 원칙에 대해 새로운 방향을 주려고

449　PruneYard Shopping Ctr. v. Robins, 447 U.S. 74 (1980); Wooley v. Maynard, 430 U.S. 705 (1977).

450　44 Liquormart, Inc. v. Rhode Island, 517 U.S. 484 (1996); Cent. Hudson Gas & Elec. Corp. v. Pub. Serv. Comm'n, 447 U.S. 557 (1980).

451　524 U.S. 569, 572 (1998). 20 U.S.C. §954(d)(1) 인용.

한다. 그는 모든 추상적 법적 범주들을 부인하는 것은 아니다. 그는 홈즈 연방대법관의 유명한 평화로운 정의로 정리한 일종의 초맥락성을 방어하는 것은 아니다.[452] 수정헌법 제1조 제도주의의 장점은, 헌법사건 결정에 대한 그러한 현실의 적절성에 대한 투명성의 증가와 함께 특정 제도들을 특징짓는 독특한 사실적 현실에 대한 보다 예민한 것의, 중간 부분에 있다. 목표는 헌법과 우리가 실제로 경험하는 것으로서 공적 담론 사이의 밀접한 연계를 강조하는 것이다.

(2) 제도주의의 자율성

제도주의자들의 제도적 전환은 표현의 자유이론으로 시작하는 게 아니라 유사성 이론, 즉 선례이론으로 시작한다는 판단이다. 그들이 주장하는 비맥락성은 일부는 제도에 명백하게 속하고 또 다른 일부는 제도에 명백하게 속하지 않는다는 직감을 믿지 않도록 한다. 수정헌법 제1조 제도주의를 유사성 이론으로 이해함으로써 어떤 선례가 새로운 논쟁에 적절한지를 결정할 수 있을 것이다. 예를 들면 정부의 개입 여부를 떠나 사립대학은 공립대학처럼 취급하는 게 적절하다. 이 두 기관 사이의 실질적 기능적 유사성은 너무 두드러지기 때문에 무시할 수 없다. 많은 상황들 가운데 그것이 국가의 조치인지 또는 사적 조치인지에 대해 생각하는 것보다 우리가 다루는 제도가 어느 제도인지에 대해 생각하는 것이 보다 유용하다. 역으로 정부 재산을 사용하는 것을 포함하는 사건들은 제한된 공적 토론장 원칙의 기계적 확장을 통해서 공립대학에서 학생집단들의 권리에 대한 정의를 내릴 수 없다. 추상적인 법적 범주를 부과하는 것은 중요한

---

452 Horwitz, op. cit., p. 42. O. W. Holmes, The Path of the Law, 10 Harv. L. Rev., 1987, pp. 457, 474-475.

구조적 어감을 모호하게 하기 때문이다.[453]

그러나 두 기관들이 유사한지 여부를 점검하는 것은 수정헌법 제1조 목적을 위해 두 기관들이 어떻게 취급돼야 하는지를 결정하지는 않는다.[454] 수정헌법 제1조에 대한 제도주의자의 접근은 반드시 제도적 자율성의 특별한 형태를 주장하는 것은 아니며, 그것은 단지 제도적 체제에 대한 주의를 요구하는 것이라고 설명한다. 표현을 열렬히 보호하는 연방대법원은 제도적 차이를 받아들이기만 하면 비맥락성의 위험을 피할 수 있다. 그래서 연방대법원의 일부 재판부는 표현의 자유를 합리적 규제에 자주 굴복하는 것으로 간주한다. 그 재판부가 제도적 특성을 인정하고 제도와 유사한 것으로 확실히 취급하기만 한다면, 맥락적 반응의 요구는 충족될 것이다. 이것이 보다 큰 언론의 보호로 또는 보다 적은 언론의 보호로 귀결되는지 여부는 핵심을 벗어나는 것이다.

제도주의자들은 따라서 제도적 전환에 대해 두 번째 단계를 제시한다. 제도적 특징들에 대한 주목을 끄는 데 만족하기보다 특별한 유형의 사법적 응답을 촉구한다. 수정헌법 제1조 제도의 특징에 대한 정의를 인정하는 것은 충분하지 않다. 재판부들은 역시 그러한 제도들이 자율성을 갖는 것으로 취급해야 한다. 제도들은 기관들의 영역 특정적인 특징과 전문성이 사법적 승인을 보장하는 기관보다 더한다. 기관들은 일부 기능적 한계 내에서 대체적으로 자신들을 규제하도록 자격을 가진 자족적 단체들이다. 그들은 헌법적 의미를 형성하는 데 있어서 종사자라기보다 동반자로서 자기 고유의 주권 영역을 가진 것으로 인정돼야 한다. 그 기관이 대학이나 교회, 도서관 또는 결사이더라도, 제도는 정부의 수단으로서 밀접한

---

453 Christian Legal Soc'y Chapter of the Univ. of Cal., Hastings Coll. of the Law v. Martinez, 130 S. Ct. 2971 (2010).

454 Richard Schragger & Micah Schwartzman, Against Religious Institutionalism, 99 Va. L. Rev., 2013, pp. 917, 923.

관련이 있다.

자율성은 매우 강력한 단어이며, 수정헌법 제1조 제도들이 자율성 영역을 누리는 것은 수정헌법 제1조 제도가 무엇인지 정의를 내리기 위한 작동가능한 범주를 확립하는 것을 중대하게 한다. 수정헌법 제1조 제도들의 현저한 특징 가운데 하나는 공적 담론의 형성과 전파에 있어서 제도들의 중심적 역할이다.

제도주의자 입장에서 보면 이것은 견해의 교환을 위한 토론장 또는 견해의 확산을 위한 수송체가 되는 것보다 더한 의미를 내포한다. 수정헌법 제1조 제도는 역시 공동문화에 있어서 시민과 참여로서 우리 생활에 근본적이며 본질적이어야 한다. 따라서 예를 들면 기업체들이 확실하게 공적 담론에 관련성이 있다고 하더라도, 제도주의자는 기업체들의 제도적 지위를 부정한다. 왜냐하면 기업체들이 공적 담론의 하부구조에 대해 근본적이지 않기 때문이다. 수정헌법 제1조 제도들은 역시 그들의 자기 규제적 성질 때문에 다른 기관들과 다르다. 자기 규제적 성질은 정부 규제와 다른 억제적 원천을 제공한다. 내부적 전문적 규범과 관행, 전통은 내부 관통적인 정부의 감시의 필요 없이 공적 담론의 보다 광범위한 목적들을 제공할 수 있다. 이러한 특징들이 미국 문화와 사회에서 역할을 하는 다른 다양한 조직으로부터 수정헌법 제1조 제도를 분리한다.

3. 새로운 제도경제학적 접근법

(1) 시장의 거래비용과 제도

시장 은유를 바탕으로 언론의 자유와 표현의 자유를 연구하는 입장에서는 본질적으로 신고전주의 경제학에 근거를 두고 있다. 홈즈의 시장 은유는 개인 발언자가 재화와 용역, 즉 사상을 경쟁적 환경에서 거래하고, 그 환경에서 선한 사상이 나쁜 사상을 굴복하도록 되어 있다. 그러나 1930년대 이후 경제학자들은 시장에 대한 깊은 이해를 통해 점차적으로 신고전주의 견해를 포기했다. 노벨상 수상자인 코스와 노스(Douglass North), 윌리엄슨(Oliver Williamson) 등이 대표학자이며, 이들은 새로운 제도경제학이라는 용어를 창시했다.

● 윌리엄슨(Oliver Williamson)

이 입장에 따르면 개인들이 비용 지출 없이 완전하게 자기 이익을 추구하는 것과는 거리를 두고, 시장은 상호작용을 규제하고 거래비용을 낮추는 제도들로 채워진다. 많은 이러한 제도들은 정부가 규제를 통해 하는 것보다 더 많이 시장을 개선한다고 설득력 있게 주장한다. 또 그러한 제도들과 그들의 내부 규정은 따라서 정부로부터 실질적 보호를 받아야 한다.

신고전주의 견해에 따르면 시장에서 자기이익 중심적인(self-interested) 개인들은 비용이 들지 않는 연속거래를 통해 전적으로 행복을 극대화하기 위해 일을 한다. 이것은 많은 경제학도들에게 친근한 경제 견해이다. 그러나 코스 교수의 직설적인 평가에 따르면, 신고전주의 경제는 지구상은 아니지만 경제학자들의 마음속에 살아 있다. 코스 교수의 핵심 통찰력은 경제적 기계 · 장비들이 마찰로부터 자유롭지 않다는 것을 깨닫는 것이다. 그 통찰력은 신고전주의 모형의 실질적 적용가능성을 파괴하고, NIE의 성장을 자극하는 것이다.

사람들이 거래할 때에는 언제나 교환되는 재화나 용역의 가격을 지출해야 할뿐 아니라 첫째 재화를 발견하고 또 그것의 가치를 평가하는 등의 가격을 지불해야 한다. 이 과정은 시간과 에너지, 화폐 등의 비용이 든다.

경제학자들은 이러한 비용을 거래비용(transaction costs)이라고 한다. 이것은 자원측정 또는 불만, 권리 이해와 활용, 거래 협상과 집행 등의 비용이다. 코스는 정확히 주장되는 것은 아니지만 NIE의 원천성을 인정했다. 코스는 거래비용을 탐색과 정보, 협상, 집행 등 4개의 범주로 나눴다. 신고전주의 모형의 완전한 정보와 비용이 들지 않는 교환의 전제들과 대조적으로, 코스는 이러한 비용들이 시장을 왜곡하는 것을 인식했다. 신고전주의 모형의 수학적 예측은 대부분 현실세계의 시장에 적용 가능한 것은 아니다. 시장의 작은 실패로부터 모든 거래비용이 발생한다는 것으로 그는 깨달았다.

그러나 거래비용이 시장의 실패를 낳는다고 단순히 지적하기보다, 사상의 자유시장 은유에 대한 비판론자들이 본질적으로 했던 것처럼, NIE 학자들은 그러한 비용들을 새로운 경제 모형으로 통합하는 부가적 조치를 취한다. 그렇게 하면서 그들은 이론적 신고전주의 경제학을 경험적 사회과학의 통찰력과 연계했다. 노벨상 수락연설에서 노스 교수는 NIE의 일반적 구조를 다음과 같이 묘사했다. "분석적 틀은 신고전주의 이론의 모방이다. 이론이 간직하는 것은 희소성의 근본가정이며 또 이런 이유로 미시경제이론의 경쟁과 분석적 도구이다. 이론이 수정하는 것은 이성의 가정이다. 이론이 부가하는 것은 시간의 차원이다."[455] NIE는 따라서 적어도 열망으로서 그리고 경쟁의 발동기로서 시장 은유를 유지하며, 시장이 기능하는 것의 보다 현실적인 견해를 통합한다. 윌리엄슨 교수가 제시한 바와 같이, NIE 학도들은 전지전능과 자비심, 영의 거래비용, 전적인 신용 등을 해소하는 가상적 이상을 피하고 그 대신 실현가능한 체계적 대안을 다룬다. 그러나 모든 대안은 흠을 안고 있다.

---

[455] Douglass C. North, Economic Performance Through Time, 84 Am. Econ. Rev., 1994, p. 359. 1993년 North의 노벨상 수락연설. 이하 North, Nobel Prize Lecture로 인용.

거래비용이 신고전주의 이론의 단점을 강조하는 것처럼, 그들은 역시 제도의 존재와 기능을 설명한다. 제도의 존재와 기능은 NIE 이론의 주인공이다. 코스는 교환에 있어서 제도의 본질적 역할을 지적하며 새로운 제도적 접근의 필요성을 다음과 같이 요약한다. "제도적 장치가 생산을 유발하는 것과 거래비용에 영향을 주기 때문에 그 안에서 거래가 이루어지는 제도적 장치를 특정하지 않고 교환과정을 토론하는 것은 경제학자들에게 거의 의미가 없다." 노스는 방정식을 단순화한다. "거래에 비용이 들면, 제도가 문제가 된다. 또 거래가 비용적이다." 그는 제도의 의미를 다음과 같이 규정한다. "제도는 인간이 고안한 제한이며, 그 제한은 인간의 상호작용을 구조화한다. 제도는 규정, 법률, 헌법 등 형식적 제한과 행동규범, 관습, 자율적 행동규칙 등 비형식적 제한 그리고 그들의 집행적 특징들로 구성된다."

제도는 법률뿐 아니라 사회규범, 풍습, 사적인 다른 행동규칙들도 포함한다. 이러한 제도들이 국가 규제 단독으로 경제기능을 지시하는 것보다 함께 훨씬 더 강하게 경제기능을 지시한다. 코스에 따르면, "거래비용은 법체제와 정치체제, 사회체제, 교육체제, 문화 등 나라의 제도에 의존한다. 실질적으로 그것은 경제성과를 지배하는 제도이며, 또 이것은 새로운 제도경제학의 중요성을 부각시키는 것이다."

사적 행동을 지배하는 것에 부가해, 제도는 자주 거래비용을 극복하도록 도와준다. 제도의 내부적 규정들은 이러한 기능 내에서 돕는다. 강하게 유지되는 공정거래의 규범은 예를 들면 공식적인 계약과 집행기제의 수요를 줄이는 것으로 거래비용을 줄인다. 어느 사회에서 신용수준이 높을 때, 거래는 보다 저렴하게 이루어진다. 왜냐하면 정보와 협상비용이 낮기 때문이다. 거래하는 개인들은 거래당사자들의 배경을 조사하는 데 많은 시간과 화폐를 쓸 필요가 없게 된다. 이와 비슷하게 엘릭슨(Robert Ellickson)이 '법 없는 질서(Order Without Law)'에서 강조한 것처럼, 사회규범들은

일반적으로 집행하기가 형식적인 법적 제재보다 쉽고 저렴하다.[456]

NIE 이론에 대한 일반적인 지지에도 불구하고, NIE 이론은 우선 제도로서 여기는 것에 대해 아직 확고한 결론에 이르지 못했다. 거래비용의 정의가 전적으로 분명하지 않다고 하는 것에 주목해야 한다. NIE운동의 아버지인 윌리엄슨은 제도와 권고에 대해 아직 잘 모르고 있다고, 또 통합이론을 기다리며 다원주의를 받아들여야 한다고 고백하는 글을 공개했다. 비록 엄밀한 정의가 내려지지 않고 있지만, 제도는 NIE이론가들을 위한 예술용어이다. 그것은 제도로 보통 언급되는 많은 법적 주체들을 배제한다. NIE 틀 내에 브루킹스연구소(Brookings Institution)나 스미소니언연구소(Smithsonian Institution)와 같은 법적 주체는 실질적으로 제도가 아니며, 차라리 두뇌집단과 박물관의 보다 넓은 제도적 범주의 대표적 조직이다. 노스는 따라서 다음과 같이 조직의 정의를 내린다.

"조직은 특정한 목표들을 달성하기 위한 공동의 목적에 의해 함께 단결한 개인들의 집단들로 이루어진다. 조직은 정치기구(정당, 상원, 도시위원회, 규제기구), 경제기구(노동조합, 협동조합, 농장, 가족농장), 사회기구(교회, 클럽, 경기단체), 교육기구(학교, 대학, 직업훈련기관)를 포함한다."[457]

조금 단순히 하면, 제도들이 게임의 규칙이라면, 조직들과 기업들은 선수들이다. 따라서 제도인 학계와 조직인 듀크대학 사이에는 차이가 존재한다. 둘 사이의 관계는 가깝고, 또 상호의존성 위에 세워져 있다. 조직은 제도적 행렬에 의해 제공된 기회를 점령하고 반영한다. 제도적 행렬이 생산적 활동으로 보상한다면, 조직과 회사는 생산적 활동에 참여하기 위해 존재하게 될 것이다. 제도들은 규칙들을 정하고 조직들은 따른다. 여기서는 수정헌법 제1조 분석을 위해 규칙들을 적용한다.

---

456 Robert C. Ellickson, Order Without Law, 1991, p. 282.
457 North, Nobel Prize Lecture, p. 361.

(2) 선한 제도와 나쁜 제도의 분리

신고전주의 분석에 대한 서술적인 장점에 덧붙여, NIE는 역시 규범적인 요소를 갖고 있다. 즉 NIE 이론은 제도가 정부보다 나은 시장규제자들이라고, 또 국가 중심적인 개혁들은 사적 제도와 그들의 규범을 따른다고 NIE 이론 신봉자들은 주장한다.

NIE 학자들 스스로는 제도들이 거래비용을 줄이기 위한 목적으로 존재하는지, 제도들이 충족시킬 무언가 다른 수요의 부산물로서 제도들이 단순히 그렇게 하는지에 대해 나뉘고 있다. 윌리엄슨 교수는 NIE가 여전히 제도 형성에 대해 제대로 설명하지 못하지만, 몇몇 제도의 진화는 자발적일 것이라고 주장한다. 노스 교수 역시 제도는 필수적이지 않으며 또는 사회적으로 효율적이기 위해 항상 창조되고 있다고 주장한다. 차라리 그들은 적어도 형식적인 규정들은 새로운 규정들을 제정하기 위한 협상력을 갖는 사람들의 이익에 봉사하기 위해 제정됐다. 노스도 그러나 수단과 집행비용은 사회적 정치적 경제적 제도의 원천이라고 주장했다. 엘릭슨 교수는 어떤 제도들은 거래비용을 낮추기 위해 진화하고 있을 것이라고 설명한다.[458] 엘릭슨 교수는 덜 엄격한 모형을 제시하고, 그 모형 속에서 새로운 규범이 규범을 위한 시장의 작동으로부터 발생한다고 말한다. 그 모형은 사회 청중의 구성원들이 이기심 없이 공리주의적 산출을 선호하고, 또 그 산출이 제공하는 총체적 보수를 구성원들이 성공적으로 조정할 수 있는 것을 포함하는 수많은 단순한 전제들을 통합한다고 덧붙인다.

제도의 역할이 설계에 의해서 또는 우연한 보조효과로 존재하든지간에 경제성장을 촉진하는 데 있어서 제도의 역할은 경제발전 이론가들의 보증을 받았으며, 특별히 재산법을 연구한 학자들의 보증을 받았다. 이들

---

458 Robert Ellickson, The Market for Social Norms, 3 Am. L & Econ. Rev. 1, 2001, p. 43.

이론가들의 지도원칙은 경제발전을 가능하게 하기 위해 구조변화는 국가 주도적 개혁과 함께 제도가 효율적으로 통합하고 뿌리를 내리게 하는 데, 또 거래비용을 낮추는 제도를 설계하는 데 초점을 맞춰야 한다. 윌리엄슨의 틀 내에서 이것은 뿌리를 내리는 제도들에 대해 법적 제도를 단순히 부과하려는 것보다 뿌리를 내리는 제도들과 상호작용을 잘하는 법적 제도를 만드는 것을 의미한다. 이러한 경제적 통찰력을 따르면서, 일부 법학자들은 형식적인 법적 규칙보다 사회규범에 대한 의존이 광범위하게 확산되고, 일반적으로 효율적이라고 주장한다. 법 영역에서 가장 잘 알려진 저작은 엘릭슨의 '법 없는 질서'이며, 이것은 캘리포니아 주 샤스타 카운티에서 목장 주인들 사이에 일어난 분쟁 해결을 연대순으로 기록한다. 이것은 형식적인 법적 규정들과 소송보다 사회규범과 제재를 선호하는 것을 자세히 다루고 있다. 다른 중대한 저작은 파푸아뉴기니에서 쿠터(Robert Cooter)의 관습토지법원의 분석과 북아프리카에서 게르츠(Clifford Geertz)의 시장거리 연구를 포함하고 있다.[459]

이 학자들은 법적 개혁을 외인성 변화로 간주하고, 효율성이 기존 제도로 대체되기보다는 보존되거나 조정돼야 한다는 것을 요구하는 정도를 분석한다. 재산면에서 예를 들면 이것은 특별한 주의와 관습적인 지역권과 같은 기존 재산권 규범들에 대한 존중, 형식적인 상호등록이나 새로운 토지법원과 같은 하향식 법적 변화를 시행하기보다 분쟁의 해결책을 줘야 하는 것을 의미할 수 있다. 이론에 따라 효율적인 관습과 규범들이, 즉 제도들이 제자리에 위치할 경우 그들은 법규범에 엄격히 반대하는 것으로서 존중할 자격이 주어진다. NIE를 포괄하는 발전이론의 목표는 현대 법체제의 일부가 되기 위해서는 일반적으로 이러한 제도들을 위한 방법

---

459 Clifford Geertz, The Bazaar Economy: Information and Search in Peasant Marketing, 68 Am. Econ. Rev., 1978, p. 28. 법적 규칙과 사회적 규범 사이의 관계를 탐색하는 작업.

들을 개념화해야 한다. 그 방법들 가운데 많은 것은 관습이다. 이들 이론가들은 경제적 개혁들이 기존에 정착된 제도에 맞춰지지 않으면, 통상 법적 재산권의 확립과 그것들을 거래하는 자유로운 시장 등 재산권 행사가 가능한 많은 경제적 개혁들이 실패하는 경향이라고 주장한다. 1992년 노벨상 수락연설에서 코스 교수는 엄밀하게 얘기했다:

"주류경제학 본체에 제도적 요인들을 포함하는 가치는 동유럽에서 최근의 사태들로 분명해졌다. 이들 과거 공산주의 국가들은 시장경제로의 이동을 권고받고, 국가 지도자들은 그렇게 하기를 바란다. 그러나 적절한 제도가 없으며 중요한 시장경제가 가능하지 않을 것이다."[460]

노스 교수도 노벨상 수상 연설에서 다음과 같이 적절하게 정리했다:

"신고전주의 이론은 발전을 유도할 정책을 분석하고 처방하는 데 적절한 도구가 아니다. 이 이론은 시장의 가동에 관심을 두고 있지, 시장이 발전하는 데 대해서는 관심을 두고 있지 않는다."[461]

민주주의 학자들이 언론과 다양한 문화와 같은 언론보호적인 제도의 필요성을 강조하는 것처럼, 이러한 경제발전의 수사는 민주주의를 발전시키는 데 있어서 자유로운 언론의 토론에 유사체를 갖는다. 이러한 제도들이 없을 때 자유로운 언론의 헌법적 보호는 활기찬 사상의 자유시장을 창설하지 않을 것 같다.

그러나 제도들이 NIE에서 일반적으로 영웅이라고 할지라도, 그들 모두

---

460 R. H. Coase, The Institutional Structure of Production, 82, Am. Econ. Rev., 1992, p. 714.
461 North, Nobel Prize Lecture, p. 359.

가 기대에 부응하는 것이 아니며, 일부는 시장을 개선하기보다 시장을 금지하는 것이기도 하다. NIE를 가장 열렬하게 추종하는 사람들도 부패제도에 대한 추종 또는 노예제도와 같이 소수를 억압하기 위해 이룩된 제도들을 지지하지 않는다. NIE 이론가들은 비효율적인 체제를 유지하기 위한 자기이익적인 엘리트들에 의해 일부 제도들이 통제되는 것을 인정한다. 다른 학자들은 집단규범들이 법적 변화와 기술적 변화 속도에 맞출 수 없으며 또 국가 행위가 그러한 견고한 비효율적인 관습들 사례에서 정당화되는 것을 강조한다.

존중받을 자격이 있는 제도들, 즉 국가가 변화보다 적응하도록 해야 하는 제도들은 재화와 용역의 자유로운 흐름에 기여하는 것들이다. 일부 제도는 다른 제도보다 신축적이다. 우리는 바람직스럽지 못할 결과의 위험을 최소화하는 제도를 선택해야 한다. 나쁜 제도들로부터 좋은 제도들을 분리하는 것은 자세히 살피는 보석상의 눈, 즉 경제학자들이 담당한 전통적 역할뿐 아니라 우선 제도들을 발견하고 묘사하는 검찰의 능력도 요구하는 어려운 과제이다. 법률과 사회사상은 사회과학에 의한 연구에 순응하게 하는 방식으로 법률의 재개념화를 의미한다. 그렇게 하기 위해 우리는 법률을 사회제도로, 상호작용을 하는 행태로, 의례적이고 상징적인 것으로, 이익집단정치의 반사로, 행태 모방의 형태로 또는 사회과학적 분석에 법률이 순응하게 하는 다른 방식으로 법률을 생각해야 한다.

제도적 법률과 경제학 접근은 여러 방식으로 법률과 경제학, 법률과 사회 규율을 연결시킬 것이다. 코스 교수의 연구는 거래비용은 법률과 경제학 접근을 법적 권리와 경제조직에 대해 적용하는 데 중심적이라는 것을 확립했다. NIE의 신성한 시장견해와 사회제도를 따라가는 데 있어서, 제도를 규정하고 제도 내부의 작업을 설명하는 투지 있고 세밀하게 하는 직업, 즉 후자의 과업은 일반적으로 사회과학자에 의해 달성되고 있다. 여기서 사회과학자들은 인류학자, 정치과학자, 그리고 경제법학자들을 포함한다. 윌리엄슨은 자신들의 일을 적절하고, 느리며, 분자로 되고, 최종 확정적인 것으로 묘사한다.[462] 그럼에도 그는 NIE가 실증적인 성공 얘기라고 선언하는 데 주저함이 없다. 아래에서는 그러한 성공이 사상의 자유시장의 대중적 학문적 이해를 부활했는지 또 어떻게 부활했는지 살펴본다.

III. 사상의 자유시장의 제도이론 연구

1. 제도적 수정헌법 제1조 이론

여기에서는 수정헌법 제1조의 새로운 이론, 즉 NIE에 대해 자세히 살펴본다. NIE는 홈즈 연방대법관의 시장의 은유와 제도경제학의 교훈을 통합한다. 이 이론은 수정헌법 제1조 이론과 법학을 거의 1세기 동안 이끌어온 시장 은유를 통해 특별한 언론기관을 특별히 대우하는 것을 정당화한다. NIE는 특별기관들은 입법자들로부터 존경을 받을 만하다고 주장한다. 왜냐하면 그 정도로 그들은 사상의 자유시장을 발전시키기 때문이다. NIE 접근을 샤우어 교수가 주장한 것으로부터 분리하는 그 원칙은 선한 언론기관을 나쁜 언론기관으로부터 분리하는 시장 은유를 사용하는 것이다. 여기서 샤우어 교수의 제도적 수정헌법 제1조 이론을 서술하고, NIE의 통찰력과 양자 통합을 시도한다. 또 NIE의 교훈을 그리며, 시장을 고양하는 언론기관을 규정하고 고무하는 방법을 살핀다.

---

462 Oliver E. Williamson, The New Institutional Economics: Taking Stock, Looking Ahead, 38 J. Econ. Lit. 2000, p. 607.

비록 시장의 은유가 자유로운 언론의 정당성을 인정한다고 할지라도, 그것은 아직 제도에 대한 이해를 충분히 통합해야 한다.[463] 일부 학자들은 시장 은유를 둘러싸고 그것을 아고라(agora, 광장)라고 부른다. 아고라는 실제로 시장이나 공적 광장을 뜻한다. 고대 그리스와 로마에서는 재화와 사상을 교환하기 위해 아고라와 같은 공적 장소에서 만났다. 약간의 역사적 음영이 시장의 제도적 이해와 관련해 아고라 은유를 불러온다. 아테네 유적지를 방문한 사람은 누구라도 증명하는 것처럼, 아고라 자체가 개인에 의해서만 채워지는 게 아니고 사원과 스토아 철학자, 조합에 의해서도 채워지기 때문이다. 아고라의 은유를 수용하는 학자들은 그것의 하부구조를 주목해야 한다. 그럼에도 샤우어는 수정헌법 제1조를 제도적으로 기술하고 정의를 내리는 탐구작업을 시작했다. 급속히 자라는 근로집단은 NIE처럼 시장에서 제도의 활동을 설명하는 수정헌법 제1조 이론의 기초를 제공할 것이다.

샤우어 교수의 개념에서 수정헌법 제1조 원칙은 언론 제도에 맞춰져 있고, 제도가 수정헌법 제1조의 목적을 잘 정당화시키는 데 따라 제도에 대해 자유로운 언론 보호를 해 준다.[464] 수정헌법 제1조의 제도적 이해는 특정 제도가 보호를 위해 가장 이해가 잘 된다는 가치들에 봉사하는 특별한 역할을 한다는 원칙 주위로 구조화가 됐다. 샤우어 교수는 자신의 이론을 다음과 같이 정리한다.

상당수 현존하는 사회제도가 일반적으로, 비록 각자가 특별한 것은 아닐지라도, 수정헌법 제1조가 특별히 중요하다고 생각하는 기능을 담당하고 또는 특별히 위험한 것으로서 수정헌법 제1조가 인정하는 위험을 수행

---

463 David Cole, Agon at Agora: Creative Misreadings in the First Amendment Tradition, 95 Yale L. J., 1986, pp. 857–894.

464 Frederick Schauer, Is There a Right to Academic Freedom?, 77 U. Colo. L. Rev., 2006, pp. 907–925.

할 수 있는지를 제시하고자 한다. 이런 정도로 재구성한 수정헌법 제1조 이론은 보다 의식적으로 유행처럼 규칙적으로 이러한 제도들을 다룰 수 있다. 이것은 포괄적으로 역할을 하는 그러나 보다 깊은 수정헌법 제1조 가치의 배경을 거짓으로 표시하는 것이 아니다. 제도적 수정헌법 제1조 이론은 따라서 수정헌법 제1조의 가치를 직접적으로 적용하는 것으로부터, 질문을 쟁점에 대해 그리고 쟁점이 된 그 행위가 이러한 제도들의 행위인지 또는 아닌지를 숙고하는 결정을 향한 행동으로 옮길 것이다.

제도적 수정헌법 제1조 이론은 따라서 법원과 학자들에게 우선 현존하는 사회제도를 규정할 것을 요구한다. 이 사회제도들은 수정헌법 제1조의 특별한 가치, 즉 학교와 언론이 질적으로 보장하는 것을 발전시키거나 위협한다. 이 사회제도들은 또 제도적 특징과 기능들이 중요한 수정헌법 제1조 가치를 지목한다고 이해를 하며 그러한 제도들의 경계와 행위에 대해 특별히 주목한다. 샤우어는 이러한 제도중심적인 법학이 우선 자유로운 언론의 강한 보호와 조화를 이루지 못한다는 것을 인정한다.[465] 제도중심적 법학은 발언자가 받아야 할 보호 수준을 결정하는 데 법원이 발언자의 확인과 발언 내용을 고려할 것을 요구할 것이기 때문이다. 그럼에도 제도적 연마를 부정하는 것은 역시 고도의 왜곡 효과를 가질 수 있다고 그는 설득력 있게 주장한다.

연방대법원이 제도적 언론의 경계를 그리려고 하지 않는 것이, 일반적으로 언론의 자유와 출판의 자유에 대해 훨씬 더 수축된 견해를 갖고 있는 많은 나라에 존재하는 것보다 특별히 접근권과 획득한 정보를 비밀리에 유보할 권리 등 보다 적은 언론의 권리들을 창출할 때 문제의 조짐이 있다. 생생한 청자들에게 개별적 발언을 다루는 것과 같은 방식으로 해를

---

465 Frederick Schauer, Principles, Institutions, and the First Amendment, 112 Harv. L. Rev., 1998, pp. 84–86.

끼치게 될 자세한 설명을 우리가 대량적으로 배포하지 않을 수 없을 때 우리는 다른 문제, 즉 너무 적은 것보다 너무 많은 보호에 직면한다.

제도적 수정헌법 제1조 학문이 서술적인지 단순히 규범적인지 하는 문제는 논쟁의 문제이다. 샤우어 자신은 그 학문이 꼭 해야 할 정도는 아니지만 이론이 서술적인 정확성을 가질 것이라고 주장했다.[466] 수정헌법 제1조의 실질적인 경계에 대한 가장 논리적인 설명은 수정헌법 제1조에 놓여 있는 이론보다 수정헌법 제1조가 존재하고 발전해 온 정치적 사회적 문화적 역사적 심리적 그리고 경제적 환경으로부터 더 가능할 것이다. 그는 Forbes사건[467]과 Finley사건[468]을 사례로 든다. 이들 사건에서 연방대법원은 제도특정적인 사상에 명백히 의존했다. 따라서 제도특정적인 사상들은 연방대법원이 정부 자신의 사업 내에서 일어나는 자유로운 언론의 쟁점들을 다루는 데 대해 작동가능한 접근에 보다 더 가까이 다가서게 한다.

체머린스키(Erwin Chemerinsky)와 모스(Scott Moss)는 연방대법원이 실질적으로 학교와 교도소 등 특정제도들을 지나치게 존중한다고 주장하며 또 이들 제도는 언론을 조장하기보다 질식하게 한다고 주장한다.[469] 미국 헌법이 제공하는 보호는 그 보호가 가장 많이 요구되는 곳에서는 거의 적용되지 않는다. 미국 역사를 통해 연방대법원은 교도소와 군대, 학교, 이민국(INS)과 같은 정부제도를 강하게 존중하는 태도를 취하고 있다. 이러한 제도 내 개인들은 있다고 하더라도 자신들의 가장 기본적인 시민의 자유도 보호를 받지 못하고 있다.

---

466 Frederick Schauer, The Boundaries of the First Amendment: A Preliminary Exploration of Constitutional Salience, 117 Harv. L. Rev., 2004, pp. 1765–1787.

467 Ark. Educ. Television Comm'n v. Forbes, 523 U.S. 666 (1998).

468 Nat'l Endowment for the Arts v. Finley, 524 U.S. 569 (1998).

469 Erwin Chemerinsky, The Constitution in Authoritarian Institutions, 32 Suffolk U. L. Rev., 1990, p. 441.

수정헌법 제1조 원칙이 주권자로서 국가 행위에 반대해 표현의 자유를 확장하기 위해 발전한 반면에, 연방대법원의 의견은 공적 고용과 학교, 군대로서 제도적 맥락 내에서 규제적인 표현 활동일 경우 법원들은 정부의 의사결정권자들의 판단을 존중해야 한다는 것을 보여 주고 있다. 제도적 맥락으로 언론권을 순전히 나누는 것에 의해 법원들은 학교와 작업장, 교도소들의 독특함을 제대로 인정하지 않지만 실질적으로 과대하게 판결하고 있다.

샤우어는 훗날 연구에서 연방대법원이 제도적 접근을 일반적으로 피하고 있다고 밝힌다. 그는 미국의 자유로운 언론 원칙은 제도 가운데 결코 안락하고 특징적인 것이 아니라고 주목한다. 또 때때로 예외들이 분명히 발견되고, 샤우어는 그들 가운데 군대에 방송과 언론을 포함시키는 반면에[470] 수정헌법 제1조 이론이 발언자 사이 또는 발언자들 가운데 또는 통신제도들 사이 또는 통신제도들 가운데 선을 긋는 데 망설이는 것으로 결론을 내리는 것이 허용가능한 일반화로 보인다고 덧붙인다.

서술적 문제로 그것의 정확성이 무엇이든지, 제도적 수정헌법 제1조 이론은 법원들이 일정한 제도적 맥락에서 언론, 즉 보다 중요한 언론중재에 따라야 한다고 규범적 인식을 지지한다. 법원들은 예를 들면 언론을 제한하려는 정부에 의한 시도들과 기자들의 언론과 견해를 염려해야 한다. 왜냐하면 언론은 그 제도의 목적과 행위가 수정헌법 제1조의 목적과 일치하는 인식 가능한 제도이기 때문이다. 반면에 회사의 공시서와 같은 제도언론의 형태는 같은 존중을 받을 자격이 없다. 왜냐하면 그 공시서는 수정

---

470 Greer v. Spock, 424 U.S. 828, 838 (1976). 군 기지에서 정치적 문건을 배분하는 데 대해 수정헌법 제1조 권리를 부인. Parker v. Levy, 417 U.S. 733, 743 (1974). 군대 구성원들이 수정헌법 제1조가 부여하는 보호로부터 배제되지는 않지만, 군대 공동체와 군사적 사명의 다른 특성은 그러한 보호를 다르게 적용하는 것을 요구한다. Red Lion Broad. Co. v. FCC, 395 U.S. 367, 386 (1969) 방송이 수정헌법 제1조 이익에 의해 영향을 받는 매체임이 분명하지만, 뉴 미디어의 특징상 차이로 인해 뉴 미디어에 적용되는 수정헌법 제1조 기준상 차이를 정당화한다.

헌법 제1조가 보호하는 제도의 종류를 포함하지 않기 때문이다. 제도적 접근은 적어도 안보소송 영역에 적용될 경우 보다 큰 언론 규제를 허용하는 중대한 원칙의 근거를 제공하는 것처럼 보인다.

다음 절에서 수정헌법 제1조의 분석을 위한 여러 가지 의미가 있고 유익한 제도의 개념을 제안해 본다. 그 하나는 자유로운 언론, 즉 사상의 자유시장의 잘 인정된 목적에 대한 제도를 연결하며, 제도들이 그러한 목적을 위해 수행하는 방법들에 기초해 제도에 수정헌법 제1조의 보호를 부여한다.

2. 구조적 제도주의와 헌법이론

수정헌법 제1조 제도주의는 가장 도전적 형태로 정부 권한에 대한 평형추로서 비정치적 제도들의 배치를 추구하는 것이다. 이것은 정부통제를 넘어서는 제도적 자율성을 인정하는 영역을 반드시 요구한다. 헌법구조는 정치적 정부와 수정헌법 제1조 제도 사이의 권력의 균형을 바꾸려는 방향으로 형성될 것이다.

수정헌법 제1조 제도들의 헌법적 지위를 재개념화하려는 것은 큰 부담이 된다. 그 부담은 연방대법원 자체의 결정 조건 내에서 형성된 연방대법원의 결정에 대한 비판보다 클 것이다. 다음 형태를 취하는 연방대법원의 결정에 대한 비판은 일상적이다. 즉 우리가 연방대법원이 특정 유형의 분쟁을 해결하는 것과 관련되어 있다고 설명하는 이론과 정책을 일반적으로 받아들인다 해도, 연방대법원의 결정은 연방대법원이 주장하거나 의도한 방식대로 그러한 이론을 지지하지 않거나 그러한 정책을 발전시키지 않는다.

이러한 유형의 주장이 일반적인 이유 가운데 하나는 그 주장이 논평자가 근본적 규범적 철학적 약속들의 규정과 방어를 우회하도록 허용하는 것이다. 말하자면 근원주의와 살아 있는 헌법주의 사이에서 결정하지 않았다고 하더라도, 주어진 사건에서 연방대법원의 결론이 그 주장의 전제로부터 따르는 것인지에 대해 주장을 구축할 수 있다. 그 주장이 인용하거나 함축하는 주요 이론들 위에 기초해 관련돼야 하는 요인들을 연방대법원이 무시하는지 평가할 수 있다.

호르위츠가 수정헌법 제1조 제도주의 가장 취약한 형태라고 부르는 것은 이러한 근본 공식을 따른다.[471] 이러한 접근법에 따라 현행 원칙이 그 제도들에 어떻게 적용돼야 하는지를 고려하는 데 있어서 재판부는 수정헌법 제1조 제도들의 사실적 주장에 대해 존중의 실체적인 정도를 통합하게 될 것이다. 연방대법원의 접근법과 관련돼 제기된 문제는 맥락적 사실과 제도의 행위자들의 독특한 성격에 대해 충분히 주목하지 않는다는 것이다. 그러한 단점은 연방대법원이 성취하려고 설정해 놓은 것을 성취하는 것을 방해하며, 표현의 자유와 경쟁적 관심 사이의 적절한 균형을 깨는 것이다. 해법은 연방대법원의 이론적 기초작업의 많은 부분을 온전하게 두는 것이며, 그러나 제도적 특징들에 대해 보다 더 크게 주목하며 그러한 작업을 고양하는 것이다.

수정헌법 제1조 제도주의 적어도 호르위츠가 주장하는 강력한 설명은 개별적인 연방대법원 판례들에 대한 비판을 넘어선다고 본다. 그 이론은 제도의 행위자들의 권한을 재할당하는 헌법질서의 대안적 전망을 제시한다. 그러한 이론은 특별한 결정 또는 일련의 결정들에 대해 도전하는 것보다 유지하기 위해 더 많은 것을 요구한다.

그러나 호르위츠는 제도주의의 헌법적 기초에 대해 상대적으로 거의

---

471 Paul Horwitz, Churches as First Amendment Institutions: Of Sovereignty and Spheres, 44 Harv. C.R.-C.L. L. Rev., 2009, pp. 79, 88.

설명하지 않는다. 그 설명은 정당성 스스로가 헌법적 주장들을 대표하는 것으로 호르위츠가 제도주의의 실용적 정당성을 이해한다는 것일지도 모른다. 실용적인 것에 의해, 그 견해는 헌법이 목적과 결과들에 대한 기초적 초점을 유지하는 반면에 의미의 많은 원천을 환기하는 방법론을 사용하는 것으로 해석해야 한다는 것을 의미한다.[472] 실용주의는 전체적으로 구조적 제도주의를 방어하기 위해 원용될 것이다. 또 그것은 수정헌법 제1조 제도의 개별적 범주의 자율성에 대한 독립적인 탐구로 이끌게 될 것이다. 기능적 실질적 고려에 대한 각 방식은 토론을 유발시킬 것이다.

구조적 제도주의의 실용적 방어는 정부의 행위자들은 건전한 정책의 문제로 수정헌법 제1조 제도에 대해 실질적 권한을 위임해야 한다는 주장과 같은 것은 아니다. 후자의 접근법은 정부의 변경권을 넘어서는 헌법의 기초원칙으로서 제도의 자율성 견해와 충돌하게 될 것이다.[473] 비국가기관이 자신의 고유 업무를 통제하기 위해 유보할 수 있는 공간은 그 자체로 국가 행위의 산물이라는 주장을 비판한다. 그 대신 그 주장은 헌법을 실용적으로 해석하는 것은 정치적 정부 외에 자율성 영역에 대한 인정을 요구해야 한다는 것이다. 그것은 정부의 수단들이 그러한 영역들을 좋은 것으로 또는 나쁜 것으로 인식하는 것과는 관계없다.

수정헌법 제1조 제도는 이러한 유형의 실용적 해석에 민감하다. 제도주의자들은 제도주의의 결점들에 대해서도 잘 인식하고 있다. 그들은 편익이 비용을 능가한다고 결론을 내리는 것처럼 보인다. 역사와 전통은 표현의 자유의 하부구조 내에서 어느 제도가 중요한 역할을 하는지 정체성을 확립하는 것을 돕는다. 반면에 제도의 자율성에 대한 정당성의 핵심은 실용적이며 기능적으로 간주될 수 있다. 그 핵심은 제도의 자율성을 보호하

---

472 Stephen Breyer, Making Our Democracy Work, 2010, p. 74.
473 Michael W. McConnell, Non-State Governance, 2010 Utah L. Rev. 7, 2010, p. 7.

는 영역으로부터 흘러나오는 순수효과에 기초하고 있다.

그러나 제도주의가 실용적 이론인지 여부는 전적으로 분명하지는 않다. 그리고 실용주의가 분명하다고 하더라도 불확실성은 제도주의의 범위와 관련해 남아 있다. 특별히 헌법해석의 일반이론으로서 실용주의에 회의적인 사람들은 무엇에 대해 회의적인지 또 구조적 제도주의는 그들에게 설명할 것이 있는 것인지가 관건이다. 학문이 다양한 방법론을 선호하는 법관들과 헌법 변호사들에게 호소하려고 이론적 능력에 의존하는 것처럼, 그 문제는 수정헌법 제1조 제도주의의 궁극적 성공을 위해 중요한 문제이다. 여기서 헌법해석의 선도적 이론을 통해 구조적 제도주의를 어떻게 볼 것인지 살펴본다.

(1) 수정헌법 제1조 본문의 구조적 의미

구조적 제도주의가 제기한 최초의 쟁점은 그것이 수정헌법 제1조 본문과 양립할 수 있는지 여부이다. 이러한 양립성을 점검하는 하나의 방안은 조문별로 접근하는 방법을 취하는 것이다. 종교제도의 자율성은 '자유로운 행사 또는 제도조항'으로, 매체의 자율성은 '언론조항'으로 그리고 결사의 자율성은 '결사조항'으로 거슬러 올라갈 수 있다. 대학, 도서관과 같은 조직들은 '발언조항'을 통해 지식의 개발과 확산으로 포함하며 그들의 자율성을 인정할 수 있다. 그 대신 구조적 제도주의는 전체적으로 간주하는 수정헌법 제1조 조항으로부터 나올 수 있다. 그 사상은 함께 고려할 때 수정헌법 제1조의 다양한 자유를 열거하는 것은 수정헌법 제1조 제도를 거쳐서 자율성의 기초를 확립한다.

개별 조문 또는 총체적인 접근에 따라 조문주의자들은 구조적 제도주의를 방어한다. 수정헌법 제1조의 민낯의 조항이 그 자체로 제도의 자율성을 위한 분명한 기초를 제공한다. 조문을 보완하기 위해, 제도의 자율성의 특별한 영역을 보호하기 위해 수정헌법 제1조의 조문을 해석하는 역사적 기초가 있는지를 물으며, 누구든 그 역사에 의존할 수 있을 것이다. 수정헌법 제1조의 조문은 또 헌법 형성의 수단에 의해 보완돼야 한다. 헌법의 언어적 의미가 확정적이지 못할 경우, 형성의 원칙들은 공허함을 채우는 도구로서 기능한다.[474] 해석은 언어적 의미를 구분한다. 그러나 조문이 모호할 경우 해석 결과는 조문의 의미상 내용은 모호하다.

수정헌법 제1조의 제도주의자의 이해는 그러한 원칙을 회상하게 한다. 다른 방식보다 구조적 제도주의를 지지하며 우리가 언어의 불확정성을 왜 풀어야 하는가를 설명하기 위해 우리는 여전히 규범적 이론을 필요로 할 것이다. 형성 이론은 궁극적으로 규범이론이다. 그러나 그러한 이론이 유용하다고 추정하면서, 구조적 제도주의는 수정헌법 제1조의 공정한 일반적 언어에도 불구하고 이론적으로 조문 중심의 또는 원전주의자의 해석방식과 일치할 수 있다.

헌법에 열거된 헌법적 자유를 보호하기 위해 실행하는 또는 예방 원칙으로서 구조적 제도주의가 방어된다면 그것은 상당 부분 진실할 것이다. 그러한 접근법은 예를 들면 교회의 자율성 없이는 효율적인 종교의 자유가 있을 수 없다는 것을 제시할 것이다. 또한 매체의 자율성 없이는 언론의 효율적인 자유도 있을 수 없으며, 대학과 도서관, 결사 등과 같은 조직을 위한 자율성 없이는 효율적인 언론의 자유도 있을 수 없다는 것을 제시할 것이다. 전제조건은 구조적 제도주의가 수정헌법 제1조 조문의 명령을 가장 잘 실행하는 수단이라는 것이다.[475]

수정헌법 제1조가 진공상태에서 존재하지 않는다는 것을 누구든 명심

---

474 Lawrence B. Solum, The Interpretation-Construction Distinction, 27 Const. Comment., 2010, pp. 95, 106.

475 헌법시행에 대한 일반론. Richard H. Fallon, Jr., Foreword: Implementing the Constitution, 111 Harv. L. Rev., 1997, p. 54.

해야 한다. 구조적 제도주의는 미국 사회 내에서 보다 폭넓은 권력의 분립에 대한 영향력을 행사한다. 이러한 영향력은 헌법질서의 다른 측면들을 함축할 수 있다. 한 예를 들면, 구조적 제도주의가 헌법에 열거되지 않은 권리의 보장을 규정한 수정헌법 제9조, 연방에 위임하지 않은 권력은 각 주와 국민에게 있다고 규정한 제10조와 같은 조항들과 상호작용을 할 수 있는 방법을 묻는 것은 가치가 있다. 학자들이 그 역할에 대해 논쟁을 지속하고 있을지라도, 양 조항은 헌법에 따라 권리와 의무의 배분을 정하는 데 있어 역할을 한다.[476]

수정헌법 제9조에 의해 헌법 조문에서 확인된 것처럼, 그것이 주권자인 개인으로서 인민 그리고 개인이 자신의 기존 권리를 보유하는 바로서 인민이라고 한다면, 그 경우 인민이 동의해 온 쟁점에 직면하게 된다. 수정헌법 제9조가 지방자치단체에 대해 인민이 보유한 권리를 유지하는 연방주의자 규정으로 여겨지고 받아들여지는 것을 가리키는 증거의 실체가 있다. 그것은 역시 수정헌법 제1조 법학에 있어서 제도적 전환이 개인에게 부여된 권리들을 폄하할 것인지를 고려할 만한 가치가 있다.

확실히 하건대, 제도주의는 제도적 전환이 개인의 자유를 위축시키는 것이 아니라 개인의 자유를 고양하는 데 초점이 맞춰져 있다는 것을 강조한다. 여기서 설명하는 어느 것도 개별 발화자나 신도들의 열렬한 보호를 위축시키려고 의도하는 것은 아니다. 그러나 예를 들면 언론의 엄중한 제한을 받는 공립대학 학생 또는 교수 등 개인과 제도 사이의 특별한 언쟁의 맥락 속에서, 긴장 속에 있는 제도의 자율성과 개인의 이익을 인식하지 않는 것은 어렵다.

---

476 Randy E. Barnett, Restoring the Lost Constitution, 2013, p. 366. Kurt T. Lash, The Inescapable Federalism of the Ninth Amendment, 93 Iowa L. Rev., 2008, pp. 801, 805.

(2) 보통법 헌법주의

구조적 헌법주의를 잠재적으로 정당화하는 것은 보통법적 접근법으로 헌법을 해석하는 데서도 유래한다. 보통법 헌법주의의 관점에서 보면, 조문과 구조를 고려하는 것은 관련성이 있다. 그러나 중심적 문제는 어느 누구나 구조적 제도주의를 보다 건전한 법학적 접근법을 향해 현존하는 판례법이 이동하는 것으로 서술할 수 있는지 여부이다.[477] 선례와 전통, 도덕적으로 바람직한 결과는 이론을 정당화하는 힘이 될 것이다.

일부가 원래 의미처럼 요소들의 우월성을 거부하는 것과 같이, 일부 헌법주의 법률가들은 보통법 헌법주의(Common Law Constitutionalism)를 해석의 규범이론으로서 거부한다. 그러나 보통법 헌법주의를 해석 접근법으로서 받아들이는 사람에게, 구조적 제도주의의 유효성은 재판부들이 이미 실행하고 있는 것으로부터 점진적 변화를 촉진하는 데 있어서 역할을 포함하는 요인들에 의존할 것이다. 보통법 헌법주의자에게는 현존하는 선례들은 법을 형성하는 데 있어서 규범적 판단들의 역할에 대해 정의를 내리거나 역할을 제한하는 데 기여한다.[478] 도덕적 정당성을 가장 강제하는 드문 상황 속에서 짧은 틈새가 적절하다.[479] 과거에 지나간 일이 아주 잘못됐다고 확신한다면 예리하고 급진적인 변화는 정당화할 수 있다. 상황이 그렇지 않다고 하면, 보통법 헌법주의는 선례, 즉 조건면에서 모순에 의해 제한을 받지 않을 것이다.

보통법 헌법주의로 구조적 제도주의의 지속성을 평가하기 위해, 우리

---

477 보통법 헌법주의에 대한 주요 논문. David A. Strauss, Common Law Constitutional Interpretation, 63 U. Chi. L. Rev., 1996, p. 877.

478 David A. Strauss, Originalism, Precedent, and Candor, 22 Const. Comment., 2005, pp. 299, 300.

479 David A. Strauss, The Common Law Genius of the Warren Court, 49 Wm. & Mary L. Rev., 2007, pp. 845, 859.

는 현행 법학을 배경으로 구조적 제도주의를 보아야 한다. 여기에 증거가 혼재한다. 한편으로 제도주의자는 현행법을 무수한 방식 가운데 제도주의자의 이상으로부터 유래하는 것으로 설명한다. 일부 사건에서 재판부들은 문제가 돼야 하는 맥락적 제도적 차이들에 대해 무감각하다. 다른 사건에서 재판부는 맥락상 차이에 예민하다. 그러나 재판부들은 자신들의 결정을 비맥락적 틀 속으로 넣지 않을 수 없는 것을 느낀다.

반면에 제도적 전환은 수정헌법 제1조 원칙에서 전체적인 단장이 아니라 부분적 변화를 나타낸다고 제도주의자는 설명한다. 문제는 그러한 변화가 실질적으로 얼마만큼 부분적인가 하는 것이다. 일부 제도와 관련해서 제도적 자율성을 인정하는 것은 현존하는 판례법의 점진적 확장으로 정당화될 수 있다. 정부의 종교제도에 대한 취급은 잠재적 사례이며, 교회를 자신의 방식대로 인도할 사람을 선택하는 교회의 자유를 반영하는 것으로서 부분적으로 장관의 면제에 대해 연방대법원이 최근에 유효성을 인정한 바 있다.[480]

결사의 취급은 이에 보다 가까운 결정이다. 연방대법원은 Boy Scouts of America v. Dale사건에서 분명히 결사의 자유를 보호한다.[481] 연방대법원은 단순히 존재하는 것만으로도 자신들의 표현의 규범에 대해 상반되는 개인들을 배제하기 위해, 민간조직을 위한 그러한 실질적 공간을 제공한다.

이로써 연방대법원은 수정헌법 제1조를 개인적 행태와 특징에 대한 사회규범의 민간 규정을 위한 강력한 도구로 전환시킨다. 그러나 보이 스카우트 조직의 의사표현을 분석하는 데 대한 초점은 결사의 자율성에 대한 제도주의자가 주장한 접근법과 갈등을 일으킨다. 구조적 제도주의가 함

---

480 Hosanna-Tabor Evangelical Lutheran Church & Sch. v. EEOC, 132 S. Ct. 694, 710 (2012).
481 Boy Scouts of America v. Dale 530 U.S. 640 (2000).

축하는 다른 원칙의 혁신들은 현행법에 대해 점진적 변화로 서술될 수 있는지, 그렇지 않다면 변화들이 방향의 냉혹한 변화를 보장하는 도덕 또는 정치의 견지로부터 그렇게 필수적인지가 관건이다. 이러한 문제들 가운데 하나는 구조적 제도주의가 보통법 헌법주의에서 기초를 발견하기 위해 긍정적으로 답변돼야 한다.

여기서 입법 연혁상 근본적 문제를 제기할 수 있을 것이다. 종교제도는 헌법 이전에 존재하고, 중세시대에는 중세사회 전체를 지배하는 우월적 권한을 행사한 바 있다. 단지 헌법 이후에는 종교가 헌법 체제에서 인정되고, 제도적 자율성을 주장할 수 있게 된 점이 다르다. 물론 중세시대의 종교제도를 현재 사회에 그대로 적용할 수는 없을 것이다. 이를 통해서 구조적 제도주의를 조금 더 폭넓게 생각할 수 있을 것이다. 즉 국가와 종교제도간의 관계 설정이다. 자유민주주의가 지배하는 현대 사회에서는 국가체제 내에서 종교제도를 인정하고, 한편으로 국가권력을 제한하며 그 자율성을 실행할 수 있을 것이다. 이는 대학과 도서관, 매체 등으로도 시대별 흐름에 맞춰 유추할 수 있을 것으로 본다.

(3) 수정헌법 제1조 가치로부터의 주장

수정헌법 제1조 판례법은 어느 정도 활력 있는 가치들의 본향이다. 정부에 대한 불신,[482] 개인의 표현,[483] 민주적 자치[484] 그리고 금지되지 않은 사상의 자유시장을 통한 진리의 추구[485] 등이 그것이다. 구조적 제도주의

---

482 Citizens United v. FEC, 558 U.S. 310, 340 (2010). 정부 권력의 불신을 전제로, 수정헌법 제1조는 특정 주제나 관점을 냉대하는 것을 반대한다.

483 First Nat'l Bank of Bos. v. Bellotti, 435 U.S. 765, 777 n.12 (1978). 개인의 자기표현 이익은 개방적이고 정보를 제공받은 토론과 별도로 수정헌법 제1조의 관심사항이다.

484 Garrison v. Louisiana, 379 U.S. 64, 74-75 (1964). 공적 업무와 관련된 언론은 자기표현보다 더 중요한 것이다. 그것은 자치의 본질적 요소이다.

는 이러한 가치들의 맹아이다. 결국 구조적 제도주의는 정부의 정통성을 부과하는 데 대한 방어벽으로서 그리고 자유의 실행 영역으로서 어떤 조직을 상상한다. 우리는 역시 사상의 자유시장을 풍부하게 하는 것으로서 이론을 그리고 공공의 지식을 축적하는 데 기여하는 것으로서 제도주의의 대학과 매체에 대한 논의로부터 명백히 나타나는 점을 방어할 수 있다.

수정헌법 제1조가 이러한 종류의 가치를 고양하는 것을 열망하는 것으로 간주되는 정도에서, 구조적 제도주의의 바람직한 모습은 그러한 표현의 자유를 진전시키는 능력에 의존한다.[486] 그러나 역시 보다 깊은 일련의 문제가 있다. 무엇이 우선적으로 추구할 가치가 있는 특별한 수정헌법 제1조의 가치로 만드는지, 헌법 조문에서 또는 본래 의미에서 가치는 함축적이어야 하는지가 문제이다.

또 가치는 가치의 정당성을 사법적 선례의 계통으로부터 끌어오는지, 가치는 실용적으로 바람직한 결과를 이루기 위해 체험적인지가 관건이 된다. 가치가 강조되는 수정헌법 제1조 가치들과 연계되어 있다고 할지라도, 구조적 제도주의의 타당성은 헌법 재결의 적절한 목적들과 관련해 여전히 이러한 근본적인 쟁점들에 의존한다.

---

485 Virginia v. Hicks, 539 U.S. 113, 119 (2003).
486 Bhagwat는 제도주의자의 용어로 자신의 주장의 틀을 형성하지 않았지만, Bhagwat는 최근 결사의 자유를 민주적 자치에 연결시킴으로써 결사의 자유를 방어한다. Ashutosh Bhagwat, Associational Speech, 120 Yale LJ., 2011, pp. 978, 993. 단체행동은 중요한 자치의 본질적 측면이었고, 본질적 측면이다.

3. 새로운 제도적 수정헌법 제1조 이론

(1) 제도적 수정헌법 제1조 이론에 대한 경제적 접근

사상의 자유시장은 제도의 경제적 이해를 따라잡지 못하고, 제도적 수정헌법 제1조 이론은 사상의 자유시장을 포함하지 않는 것처럼 보인다. 결과적으로 사상의 자유시장의 공통적인 개념은 시장의 비현실적인 견해에 의존한다. 잉버는 "시장에서의 갈등들은 진리인 것 또는 최상의 것에 대한 결론적인 합의로 이끌 것 같지는 않다. 차라리 시장은 다른 수요와 이익, 경험을 가진 문화집단들이 진리인 것 또는 최상인 것에 대한 자신들의 이질적인 감각들을 방어하거나 확립하기 위해 싸우는 토론장으로서 봉사한다.

자유로운 언론을 형성하는 사회적 접근법이 스스로 생태체제의 산물이 되는 방법을 서술하고, 생태체제는 역사와 문화발전의 개념들을 포함한다"고 주장한다. 또 제도적 수정헌법 제1조 이론은 제도에 대해 특별한 대우와 그 이유가 제공돼야 하는 중요한 이론이 결여되고 있다.[487] 그것은 경계를 획정하는 것으로서 역사나 전통을 사용하는 것에 의해 어느 제도가 자율성을 부여받을 자격이 있는지를 풀려고 노력하는 것을 유도하는 것이다. 그러나 이것은 공적 토론장 영역에서처럼 이러한 목적에는 부적절한 것이다. 여기서 새로운 제도적 수정헌법 제1조 이론을 제안하는 문제를 풀려고 시도한다. 수정헌법 제1조는 은유를 활력화하는 것으로 사상의 자유시장을 채택하고 있다. 그러나 거래비용을 줄이고 시장을 고무하는 것으로서 제도 가운데 NIE이해를 포함한다.

---

[487] Lee C. Bollinger, Public Institutions of Culture and the First Amendment: The New Frontier, 63 U. Cin. L. Rev., 1995, pp. 1103~1117.

수정헌법 제1조의 새로운 제도적 설명은 경제학자들이 경제적 시장을 촉진하는 제도를 따르는 것과 같은 이유로 법관들이 사상의 자유시장을 촉진하는 제도를 따라야 한다고 주장한다. 새로운 제도경제학처럼 새로운 제도적 수정헌법 제1조 이론은 제도들이 시장을 발전시키는 것들에 의해 제도들을 평가한다. 이것은 Abrams사건 이후 법원과 학자들이 개인의 발언 행위를 묻는 현안 문제이다. 제도적 이해에 덧붙여 새로운 제도적 수정헌법 제1조 이론은 샤유어 교수의 서술적이고 규범적인 힘을 사로잡고, 그 힘을 친밀한 활력적인 원칙에 접목시킨다.

　　새로운 제도경제학 학자들은 제도를 사회적 구조로 보며, 그 구조는 다른 것들 가운데 거래비용을 줄이며 효율적인 시장에 기여한다. NIE 이론은 따라서 경제학자들이 시장에서 개인의 선호에 주목한다는 것뿐 아니라 주어진 시장을 형성하는 제도를 이해한다는 것도 요구한다. 그러한 제도들이 시장 조장적이고 NIE 이론가들이 그렇게 믿을 때, 법적 개혁론자들은 제도들을 경외감을 갖고 취급해야 한다. 다른 말로 하면 강한 제도들이 국가 지향적인 법적 개혁보다 시장을 위해 보다 나을 것이다. 시장 조장자로서 언론제도의 역할은 자유로운 언론의 사상의 자유시장 견해와 샤우어 등이 발전시킨 제도적 수정헌법 제1조 견해 사이에 필요한 연결을 제공한다. 수정헌법 제1조를 포용하는 것이 진리 탐구의 촉진자로서 사상의 자유시장의 가치를 촉진하기 때문에, 수정헌법 제1조를 포용하는 것이 가능할지라도, 샤우어는 명시적으로 그렇게 하지 않았다. NIE 틀 내에서 제도들이 재화와 용역의 흐름을 용이하게 하는 것에 의해 시장을 개선하는 것처럼, 바로 언론 제도들도 사상의 흐름을 용이하게 하는 것에 의해 사상의 자유시장을 개선한다.

　　그러나 물론 이것은 제도적 수레를 거래비용이라는 말 앞으로 미는 것이다. NIE가 제도에 대해 특별한 대우를 해 주는 이유는 결국 제도들이 거래비용을 최소화하는 데 있어서 중요한 역할을 하기 때문이다. 현실

경제 속의 제도와 사상의 자유시장 속의 제도가 존재하는 것은 당연하며, 현실적으로 양자를 나란히 둘 수 있는지가 관건이다. 사상의 자유시장에서 거래비용을 개념화하는 게 가능할 것인지도 문제이다. 또 언론제도가 경제제도가 하는 것과 같은 방식으로 거래비용을 줄이는지도 문제이다. NIE로서는 다행히도 이 세 가지 질문에 대한 답은 가능하다는 것이다.

첫째, 제도의 개념은 유용한 비교를 가능하게 할 만큼 충분히 유사하다. NIE 이론에서 제도들은 사회적으로 창설된 구조물이다. 그 구조물은 사회규범의 배경을 제공하는 것에 의한 시장 참여와 형식적인 법률이 없는 경우에도 거래를 지배하는 합의 사이에 상호작용을 중재한다. 새로운 제도적 수정헌법 제1조 이론 속에서 제도들은 정부에 의한 형식적인 언론규제가 없는 경우에도 통신을 중재하는 선존하는 사회구조이다. 두 개념은 거의 동일하다. 대부분 실제로 언론제도들은 경제제도와 똑같이 동등한 것은 아니지만, 경제제도 안에 있는 하부 범주이다. 대부분의 언론제도들은 공적 언론 또는 교육 관습과 전통을 지배하는 사회규범처럼 뿌리를 내린 제도이며, 그들 가운데 많은 것은 정보교환 비용을 낮춘다. 정보원(sources)의 비밀을 보호하는 언론규범은 예를 들면 시장에서 사상의 흐름과 질을 개선시킬 것이다. 공립학교와 국가보호를 받거나 국가지원을 받는 언론과 같은 다른 언론제도들은 국가중심적인 변화에 보다 더 감수성이 크다.

제도의 정의가 NIE와 새로운 제도적 수정헌법 제1조 이론 사이에 일치하는 것처럼, 그만큼 거래비용의 개념도 양자 사이를 쉽게 오간다. 사상의 교환은 사상의 자유시장을 매력적이고 효율적으로 설명하는 은유를 하게 하는 경쟁을 창조하는 것이다. 그 은유는 선한 사상이 약한 사상을 이긴다는 것이다. 그러나 사상의 교환은 재화와 용역의 교환처럼 전적으로 가치가 없는 것은 아니다. 실제로 많은 기초적 거래비용, 예를 들면 정보의 탐색과 이해와 연결된 거래비용은 재화 시장에서 보다 사상의 자유시장에서 더 중요하다. 효율적으로 비용은 정보 교환에만 관련된 거래비용이다.

코스 교수의 탐색과 협상, 측정, 집행 등 거래비용의 네 가지 거래비용 범주로 돌아가면 수평적으로 비교할 수 있을 것이다. 예를 들면 선한 사상의 탐색은 좋은 재화와 용역을 탐색하는 것처럼 비용이 들 수 있다. 양자의 탐색은 개인에게 가장 좋은 재화나 사상을 찾기 위해 시간과 에너지를 지출할 것을 요구한다. 때로는 이러한 탐색 비용은 쉽게 정량화할 수 있다. 개인으로 하여금 사상의 자유시장에서 진리를 발견하게 하는 교과서나 학교 장학금 비용과 같이 소비자 보고에 사용된 화폐는 탐색 비용이다. 다른 탐색 비용은 측정하는 데 보다 상당하고 어려울 수 있다. 예를 들면 사상을 발견하거나 평가하는 데 어려움은 탐색 비용의 한 유형이다. 그것은 침투력이 있고, 자신들의 자원과 인식능력에 의존하는 개인에게 불균형적으로 떨어지는 것이다.

실제로 윌리엄슨 교수는 제한된 인식능력의 사상, 즉 제한된 이성에 대해 NIE 안에서 거의 만장일치가 있다고 보고한다.[488] 제한된 교육과 정부와 엘리트들의 시장에 대한 영향력 등 그러한 제한적 능력은 개인으로 하여금 사상의 선량한 구매자가 되게 하는 것을 어렵게 한다. 브렌난 연방대법관이 인정한 바와 같이, 그것은 오로지 매도자만 있고 매수자가 없는 척박한 사상의 자유시장이 될 것이다.[489] 그러한 비용들은 현실세계 시장과 사상의 자유시장 안에서 나타나는 거래비용만은 아니다. 협상과 측정 비용은 보다 나은 해법을 토론하고 그 해법에 도달하는 데 사용된 시간과 비용으로 유용하게 개념화할 수 있다. 선의의 경쟁적 개념을 갖고 있는 연설자들은 자신들의 유리한 입장을 각자에게 확신시킬 때를 협상하고, 그들은 그러한 입장들의 상대적 힘을 비교할 때를 측정한다. 탐색 비용처

---

488 Williamson, The New Institutional Economics, p. 600.
489 Lamont v. Postmaster Gen., 381 U.S. 301, 308 (1965). Brennan 동의의견.

럼 사상의 질을 측정하는 것은 인식 자원, 즉 시장 참여자 각자가 동등하게 지불할 수 있는 것이 아닌 매우 현실적인 비용을 요구하는 작용이다.

현실세계의 시장체제에 사상의 자유시장 은유를 도입하는 단순한 예는 거래비용의 개념이 동일한 힘으로 적용되는 방법, 즉 재화나 용역의 교환에 대한 실증을 도울 것이다. 구매자는 두 가지 비슷한 재화를 고려하고 있다. 그 재화는 비교 가능하지만 가격에는 차이가 있다. 그리고 꾸러미 각자는 몇 가지 불만사항이 있으며, 그들 가운데 일부는 다른 것보다 확인하기 어렵다. 두 재화 사이의 결정과 어떤 불만이 믿을 만한 것인지 결정하는 것이 정보와 현실세계 비용을 부과하는 행위이다. 분별력이 있는 구매자는 자신의 유용성을 극대화시킬 재화를 선택하기를 바라면서 재화의 품질검사보고서를 참고하며, 친구나 점원에게 물어보거나 재화의 성분이나 불만사항 등을 잠시 동안 비교하기도 한다. 이러한 행위들은 구매자에게 현실적인 비용을 대변한다. 그들은 마찰이 없는 것으로 여겨지는 경제 기제의 장비 가운데 있는 모래이다. 이러한 정보 비용이 옳은 재화를 선택하는 것으로부터 얻는 유용성을 초과한다면, 구매자는 불완전한 정보에 입각해 단순히 행동하고, 자신을 최대로 행복하게 할 재화를 선정하지 못할 것이다.

구매자가 잘못된 재화에 쏟은 시간과 화폐는 현실적인 비용이며, 기회비용이기도 하다. 구매자가 즉각적으로 그리고 비용을 들이지 않고 자신이 원하는 재화를 안다면, 실제로 가게에 전혀 갈 필요가 없게 되면, 신고전주의 모형의 비용이 들지 않고 완전한 시장거래가 현실생활에서 이루어질 것이다. 그러나 구매자가 자신이 찾는 재화를 발견하지 못하거나, 재화의 불만사항을 살피지 못하고 또 효용을 극대화할 재화를 선택하지 못한다면, 거래비용은 효율적인 결과를 얻지 못하게 할 것이다. 비용이 떨어지는 데 의존하면서, 가장 좋은 재화는 홈즈의 시장의 진리처럼 최고 정상으로 올라가지 못할 것이다.

구매자의 비용이 드는 난문제가 현실세계 경제시장에서 거래비용의 결과로 개념화될 수 있다는 모든 같은 이유 때문에, 그것은 사상의 자유시장에서 존재하는 거래비용을 역시 실증한다. 재화의 전반적인 불만은 언론의 한 형태이며, 홈즈가 다른 것들과 경쟁하는 것으로 상상한 사상이다. 상업언론은 상업적 거래를 제안하는 것에 불과하다는 판례가 있다.[490] 그러나 상업적 언론이 수정헌법 제1조 보호를 충분히 받아야 한다는 주장도 있다.[491] 여기서 관련되는 점은 헌법적으로 보호되는지 여부를 떠나 제품에 대한 불만을 분석하는 것은 정신적 또 때로는 실질 자원의 비용지출을 요구한다는 것이다. 구매자가 그 사상을 소비하려고 할 때 구매자는 실제 비용을 지불한다. 왜냐하면 사상의 진리를 평가하기 위해 구매자는 먼저 지인 또는 가게 점원에게 재화의 관련된 장점에 대해 말하거나 구매자가 받는 정보의 신뢰성을 평가해야 하기 때문이다. 구매자의 상황이 보여 주는 바와 같이, 사상 사이의 경쟁은 비록 비용이 있다고 하더라도 거의 없으며, 따라서 불완전하다.

(2) 새로운 제도적 수정헌법 제1조 이론에서 제도의 역할

제도와 거래비용 양자의 개념들이 NIE와 새로운 제도적 수정헌법 제1조 이론 양자 사이에서 잘 통용되기 때문에, 최종 문제는 언론제도들이 그들의 경제 사촌들처럼 실질적으로 거래비용을 낮출지 여부이다. 이 이론이 내포하고 있는 함축성은 거래비용이 오르는 데 맞춰 제도가 영향력

---

490 Va. State Bd. of Pharmacy v. Va. Citizens Consumer Council, Inc., 425 U.S. 748, 762 (1976). Pittsburgh Press Co. v. Pittsburgh Comm'n on Human Relations, 413 U.S. 376, 385 (1973) 인용.

491 Alex Kozinski & Stuart Banner, Who's Afraid of Commercial Speech?, 76 Va. L. Rev., 1990, pp. 627−628.

과 유용성 면에서 성장한다는 것이다. 그러한 비용이 높아지면 높아질수록 거래의 중재자로서 또 전반적인 효율성에 대한 기여자로서 제도는 보다 더 중요해질 수 있다. 진리라면, 이러한 태도는 사상의 자유시장에서 거래비용을 줄여 온 일정한 발전, 즉 진입 장벽이 낮고 또 청자보다 화자에게 그리 크지 않은 인터넷과 교육이 일반적으로 정보교환비용을 줄인다는 사실의 덕을 보는 가십과 미신과 같은 다른 제도의 중요성을 감쇄한다고 제안할 것이다.

결국 제도가 경제 또는 법적 개혁자로부터 존중의 자격을 받는 기능이다. 그리고 하나의 중요한 자격을 갖고 이러한 최종적이고 중대한 문제에 대한 답은 역시 긍정적인 것으로 보인다. 답은 근본적으로 현실세계에서 제도가 기능하는 것에 대해 풍부하게 이해하는 것을 요구하는 경험적 답이다. 현실세계 경제학과 수정헌법 제1조 경제학 양자에서 제도적 접근은 현실세계 현상과 제도에 대한 깊은 이해, 사상의 자유시장 이론가들이 발전시키지 못한 이해를 요구한다.[492]

상당한 자유언론 이론과 담화 이론은 존경할 만한 인식론의 낙관주의에 의해 표시가 된다. 그러나 인식론적 낙관주의가 잘 정착됐는지 여부는 최종 분석상 경험의 문제이다. 그에 대해서는 현대 사회과학 연구의 자원들이 답을 찾는 데 도움을 줄 것이다. 통신의 거래비용을 줄이는 데 언론제도의 역할에 대해 일반적인 관찰을 한다. 아래에서 학교와 대학 등 특별한 제도의 역할을 상세히 살피도록 하자. 여기서도 거래비용을 낮추는 것과 수정헌법 제1조 원칙이 그러한 역할들을 조정하는 문제에 초점을 맞춘다.

앞서 설명한 바와 같이 NIE 틀 내에서 제도들은 적어도 부분적으로 거

---

492 Frederick Schauer, Discourse and Its Discont jents, 72 Notre Dame L. Rev., 1997, pp. 1309–1333.

래비용을 낮추기 위해 존재한다. 또 경제학자들은 제도들이 그렇게 하는 법을 설명하기 위해 자료를 축적하고 있다. 수정헌법 제1조 학자들은 정보교환의 거래비용을 중재하는 데 있어서 언론제도 역할의 비교이론으로 아직까지 응답하지 않았다. 실제로 사상의 자유시장의 토론마저 일반적으로 거래비용으로서 통신의 어려움을 규정하지는 않는다. 그럼에도 NIE의 상대처럼 일부 언론제도들은 정보교환의 거래비용을 낮추고, 따라서 입법자들로부터 존중을 받을 자격이 있다.

대학과 언론은 아마 가장 쉬운 사례들이며, 사상의 자유시장에서 독특하고 잘 인정된 역할이 주어져 있다. 대학은 사상과 정보를 널리 유용하게 하고 보다 쉽게 접근 가능하게 하는 것에 의해 정보 탐색 비용을 낮춘다. 그들은 학생들과 교수들에게 새로운 사상을 평가할 분석도구들을 제공하는 것으로 그들을 위한 탐색과 측정 비용을 낮춘다. 사상의 자유시장에서, 예리하고 비판적인 정신은 현실세계 시장에서 품질 좋은 재화와 용역을 위한 좋은 눈과 같다. 양자는 사상이나 재화의 소비자들을 위해 많은 선택 가운데 어느 것이 그들에게 가장 잘 맞는지를 결정하는 것을 보다 쉽게 하게 한다.

비슷하게 제도적 언론은 정보를 위한 청정한 집을 제공함으로써 사상의 자유시장을 개선한다. 이것은 역시 탐색 비용을 낮추고, 개별 사상 소비자들에 의한 소비나 거절을 사상이 쉽게 접근할 수 있게 한다. 미국 언론은 다른 제도에 대한 정보를 설명하고 배분하는 데 특별히 중요한 역할을 한다. 제도의 기능은 그렇지 않으면 보통시민이 추구하는 것이 불가능할 것이다. 정부에 대한 적극적이고 중요한 보고가 없으면, 시민이 정보를 제공받고 투표하는 것이 불가능하며, 시민이 선출하는 정치인들은 사상의 자유시장에서 승리를 거의 주장할 수 없을 것이다. 유권자들이 실질적으로 정보를 제공받은 상태에서 투표를 하는지 여부는 논쟁의 문제이다. 카플란(Bryan Caplan)은 이성적 소비자도 자주 비이성적 투표자로 변한다고 주장한다.[493] 유권자의 비이성적 태도는 엄밀하게 얘기하면 한때 우리가 인간 동기에 대해 내적으로 가능한 전제로 채택한 경제이론이 함축하는 것이다. 민주주의는 내장된 외향성을 갖고 있다. 유권자의 비이성적 태도의 대부분의 비용이 외향적이기 때문에 방종할 수밖에 없다.

분석을 깊게 하면 할수록 언론제도와 시장제도 사이의 평행선은 더욱더 분명해진다. 양자의 대본 상, 반복되는 선수들로 구성된 제도들은 통신을 고양하는 규범들을 갖는 경향이다. 시장 배우들처럼 반복되는 언론 선수들은 규범을 범하고 거짓말을 하고 약속을 깰 것 같지 않다. 왜냐하면 그들은 반복되는 상호작용들이 불가피할 것이라고 알기 때문이다. 대학과 같은 제도들은 이러한 관계들을 규제하고, 그러한 제도 내의 개인들이 사상을 보다 저렴하게 거래하도록 허용한다. 한 사례를 들어보면, 교수는 보다 효율적인 정보소통자일 것이다. 왜냐하면 교수 또는 교수가 소속된 제도는 정확한 정보를 전하는 평판을 갖고 있다. 유명한 교수로부터 들은 사람들은 세포생물학 또는 미국 대통령의 경제, 수정헌법 제1조에 대한 강의를 하고, 길거리에서 같은 강의를 외치는 사람이 하는 것보다 그들이 받는 정보를 이중으로 점검하는 의무감을 덜 느낀다. 그들이 받는 정보에 청자들이 보내는 신뢰는 그렇지 않으면 실질적 정보비용이 될 수 있는 것을 지불해야 했던 것으로부터 비용을 절감하게 한다. 게다가 거래비용이 좋은 사상을 발견하기 위해 노력하는 사람들에 의해 지불되지 않고, 정보를 확산시키려고 노력하는 사람들에 의해 지불된다는 것을 인정하는 것이 중요하다. 그리고 정보를 받는 비용이 높을지라도 정보를 전달하는 비용은 더 높을 수 있다. 집단을 형성하고 가입하는 것에 의해 개인은 통신비용을 지불할 수 있고, 보다 효율적으로 자신들의 사상을 시장으

---

[493] Bryan Caplan, The Myth of the Rational Voter: Why Democracies Choose Bad Policies, 2007, p. 3.

로 향하게 할 수 있다.[494] 공적 관점과 사적 관점 양자를 효율적으로 주창하는 것은 집단연합에 의해 다툴 여지가 없이 고양된다. 이러한 방식으로 제도들은 사상을 구매하는 비용뿐 아니라 사상을 판매하는 비용을 경감시킨다.

대학교와 학교와 같은 언론 제도들은 정보교환의 거래비용을 낮추는 것에 의해 사상의 자유시장을 개선할 수 있다. 신문들이 기자들로 하여금 인용과 조사를 통해 기사 지원을 요구할 때처럼 또는 학교들이 선생들로 하여금 특정 주제 문제들을 다루도록 요구할 때, 그렇게 하는 것은 때때로 학교들이 자신들만의 구성원의 언론을 규제할 것을 요구할 수 있다. 비록 때때로 언론인과 선생 등과 같은 개인 행위자의 언론을 제한한다고 할지라도, 이러한 내적 제한들은 제도 자체의 능력이 사상의 자유시장과 그 시장에 참여하려는 구성원들의 능력을 고양하도록 유지한다.[495] 자기정의(self-definition)에 개입하려는 교회의 능력에 대한 배려는 종교적 조직의 자율성을 강화하는 것은 자주 마찬가지로 개인의 종교적 자유를 확장시킨다는 사상을 반영한다.

실제로 연방대법원이 주목하기 시작함에 따라 개인적 권리가 특별한 제도적 육성의 형태를 통해 지속성을 유지할 것이다. 경제제도들의 자율규제 규범들이 때로는 재화와 용역시장에서 전반적인 효율성을 촉진하는 것처럼, 언론제도의 내적 규제가 때로는 진리를 발견하는 사상의 자유시장의 능력을 개선한다. 골드맨(Alvin Goldman)과 콕스(James Cox)는 언론이 전체적으로 규제를 받지 않고 또는 시장에 의해 규제를 받는 곳에서 의견의 영역들은 논쟁적으로 최대의 실수와 허위가 발견되어야만 하는

---

494 NAACP v. Alabama ex rel. Patterson, 357 U.S. 449, 460 (1958).

495 Corp. of the Presiding Bishop v. Amos, 483 U.S. 327, 342–344 (1987). Brennan 동의의견.

496 Alvin I. Goldman · James C. Cox, Speech, Truth, and the Free Market for Ideas, 2 Legal Theory, p. 9.

영역이라고 지적한다.[496] 이들은 소문과 가십, 너더분한 얘기, 미신이 넘치는 영역이다. 반대로 과학적이고 학자적인 언론을 위한 특정한 토론장들이 있다. 그러한 언론은 고도로 규제를 받고, 그럼에도 불구하고 그러한 것들은 사람들이 최대의 지식을 위해 취하는 것에 대해 책임이 있다.

그러나 다른 제도들은 사상의 전파에 그렇게 도움이 되지 않을지도 모른다.[497] 일부 제도는 다른 것보다 더 좋은 수정헌법 제1조이다. 우리가 활발한 수정헌법 제1조를 원한다면 우리는 왜 그것에 맹목적이어야 하는지 해답을 찾아야 한다. NIE 학자들이 연구한 경제제도처럼 모든 언론제도가 특별대우를 받지 않고 또는 그들은 그렇게 하지 않는다. 그리고 그 제도들이 앞서 설명한 바와 같이 그들의 규칙을 변덕스럽게 또는 시장을 손상하는 방식으로 적용할 때, 수정헌법 제1조에 따라 특별한 지위가 부여된 언론제도들조차 효율적으로 그러한 지위를 몰수할 수 있다.

결국 제도들에게 중요한 지위를 갖게 하는 것은 제도의 시장고양적인 성질이다. 어려운 문제는 좋은 제도를 나쁜 제도로부터 분리하는 방법이다. 시장이 재화 시장이든 사상의 시장이든 좋은 제도는 시장을 발전시키는 것이다. 그 문제는 자유로운 표현과 그것이 왜 가치가 있는가의 개념 없이 대답하는 것은 불가능하다. 새로운 제도적 수정헌법 제1조는 제도적 수정헌법 제1조를 은유와 연계하는 것으로 빠져 있는 조각들을 제공한다. 즉 사상의 자유시장이다. NIE 틀 내에서 제도들이 경제학자들로부터 존중을 받는 것처럼, 언론제도들이 그 시장에 봉사하는 정도로 제도들은 입법자로부터 존중을 받을 자격이 주어져야 한다. 1919년 이후 법원들은 개별적인 언론 규제를 묻고 있다.

---

497 Dale Carpenter, Response, The Value of Institutions and the Values of Free Speech, 89 Minn. L. Rev., 2005, p. 1407.

(3) 언론제도와 언론조직 사이의 중대한 차이

여기서는 사상의 자유시장을 발전시키는 언론제도에 주로 초점을 맞춘다. 작동하지 않는 제도들도 많다. 제도적 수정헌법 제1조 이론에 대한 중요한 비판은 주어진 사건에서 선호되는 제도가 실질적으로 중대한 자유로운 언론의 이익을 위해 기능하는지에 대해 침묵한다는 것이다. 그렇지 않으면 좋은 제도들이 사상의 자유시장을 발전시키지 않는 방식으로 자신들의 내부규칙을 적용할 경우 어떤 일이 발생할지가 문제이다. 교육제도가 사상의 자유시장과 관련되지 않았다는 이유로 언론을 제한할 때 교육제도가 존중을 받을지 의문이다. 사상의 자유시장과 관련이 있으면 교육제도는 법원으로부터 존중을 받을 자격이 있다.

다행히 새로운 제도적 수정헌법 제1조 이론은 NIE 이론으로부터 유래하면서 그 문제에 대한 답을 제공한다. 열쇠는 제도와 조직 사이에 놓여 있다. 노스 교수는 제도를 게임규칙으로 규정하며, 게임규칙은 규범과 관습을 포함한다. 조직은 게임에서 경기자로 규정한다. 조직이 언론 조장적인 제도적 규범에 맞추지 못할 때 문제는 일상적으로 발생한다.

일반적으로 개별 대학과 학교, 신문을 제도라고 명명하는 데도 불구하고, NIE와 새로운 제도적 수정헌법 제1조 이론에서는 제도가 아니다. 반면에 대학체제는 제도와 유사하며, 개별 단과대학과 종합대학은 조직과 유사하다. 확실히 그들은 보다 큰 제도적 구조와 특별히 밀접한 관계를 맺고 규범에 의해 지배를 받는다. 이것은 결국 제도처럼 조직에 대해 언론 관련 결정에 있어서 상당한 수준의 존중을 받을 자격을 부여한다. 제도는 광범위하게 확산되어 있어서 지배적인 개인의 변덕에 지배를 받지 않는다. 이러한 제도와 달리 조직은 장악당하기도 하고 조직을 통제하는 개인의 이익을 발전시키는 방법으로 제한적 언론을 종식시키기도 한다. 그러나 그것은 사상의 자유시장을 개선하지 않는다. 제도나 조직이 때로는 목적으로부터 일탈한다는 점에서 기업 부패에 일부 유사점이 있다. 제도나 조직은 목적을 위해 설립되고, 구성원들과 주주들은 그 목적을 지지한다. 또 제도나 조직은 대신에 소수의 지배 엘리트들의 이익을 추구한다.

제도규범을 조직들이 잘못 적용한 결과 언론을 지나치게 제한하는 경우가 자주 발생한다. 그러한 상황에서 제도규범을 존중하지 않는 것은 당연하다. 교정 내에서 기독교 연설자를 허용하지 않은 대학 사례를 들어보자. 그러한 결정들이 학문적 이유로 이루어지면 법원은 일반적으로 폭넓게 존중해 준다. 그러한 존중은 제도를 고양하는 사상의 자유시장으로서 대학의 독특한 결정에 의해 정당화할 수 있다. 자유로운 행동 또는 결사 쟁점을 제쳐두고,[498] 대학은 종교적 담론이 진리의 탐구에 기여하지 않는다고 주장함으로써 기독교 연설자를 배제하는 것을 정당화하려고 할 수 있다. 그 주장은 대학의 특별한 수정헌법 제1조의 취급을 정당화하는 시장 고무적 기능 속에서 기술될 수 있다.

그러나 더할 나위 없이 그것은 새로운 제도적 수정헌법 제1조 이론에 따라 실패해야 하고 또 실패할 것이다. 왜냐하면 그러한 연설자의 광범위한 배제는 표면적으로 시장을 발전시키기보다 시장을 제한할 것으로 보인다. 비록 대학이 주장하는 제도적 규범들의 해석을 존중한다고 하더라도, 법원은 사상의 자유시장에 대한 청원을 기껏해야 거짓으로 간주하게 될지도 모른다. 종교적 이유로 대학행정이 해고를 요구하는 부자 기부자에게 종속된다면, 같은 추론이 특정한 논쟁적 교수를 해고하는 데 적용 가능할 것이다. 다른 비학문적 이유들로 대학은 이스라엘의 군사정책을 찬성하거나 비판하는 연설자를 금지하게 될 것이다.

---

498 Rosenberger v. Rector and Visitors of the Univ. of Va., 515 U.S. 819, 845–846 (1995). 공립 대학은 신에 대한 믿음을 표현하는 특정 학생의 출연을 위한 기금조성을 거부할 수 없다는 것과 또 국교설립금지조항(Establishment Clause)을 따르는 대학의 수요는 그에 대한 위반을 치유하지 않는다는 자유로운 언론의 근거를 선고.

결정의 장점이 무엇이든 간에 그러한 결정은 효율적으로 사상의 자유시장을 제한할 것이며, 사상의 자유시장이 우선 특별한 수정헌법 제1조의 대우를 대학에 부여하는 바로 그 개념이라고 한다. 이것이 일어났을 때, 즉 그들의 특별한 대우를 정당화하는 규정을 집단들이 무시할 경우, 대학이 규범을 잘못 적용한 것을 법원이 존중할 이유가 없다. 조직이 조직의 제도적 규범을 잘못 적용하고 있는지를 결정하는 것은 물론 법원으로 하여금 그러한 규범의 내용과 적용을 조사할 것을 요구할 것이다. 그러나 그것은 어려운 과제가 아닌 것처럼 관점 차별에 대한 발언의 양에 대한 특별한 제한인지를 조사할 그들의 책임도 어려운 것이 아닐 것이다.

같은 문제가 NIE 학문에도 일어나고 또 같은 해법이 적용된다. 예를 들면 관습법은 재산관계에서 공통적으로 존중하도록 조정된 제도이다. 또 NIE 학자들은 관습질서가 형식법에 의해 방해를 받아서는 안 된다고 주장한다. 관습적 권위, 예를 들면 부족장들은 그들이 확립한 시장 촉진적인 규범의 준수를 중단시키는 경우, 또는 그러한 규범이 전체로서 시장을 발전시키기보다 특별한 사회집단, 특히 여성에게 불리하게 적용되는 경우 당연히 존중을 받을 수 없다.

조직과 제도 사이의 이러한 구별이 여기서 논하는 존중을 복잡하게 한다. 제도적 규범에 대한 존중은 설명하고 방어하는 데 충분히 용이하다. 그러나 제도적 규범에 대한 조직의 해석을 법원들이 어떻게 취급해야 하는지가 관건이다. 예를 들면 대학이 이스라엘 군대에 비판적이거나 칭찬하는 연설자를 금지하면, 또 학문적 근거를 바탕으로 대학이 그렇게 했다고 주장하면, 법원이 어떻게 응답해야 하는지가 중요하다. 그러한 학문적 결정들은 일반적으로 대학에 부응하는 특별한 제도적 수정헌법 제1조 이론의 취급을 받을 자격이 있다. 그러나 연설자들이 자신들을 배제하는 것이 시장촉진적인 학문적 결정에 입각한 것이 아니고, 공무원의 개인적 선호 또는 관점의 차별 등 비학문적 요소들에 입각한 것이라고 주장한다면 어떻게 될 것인지가 문제이다.

그러한 상황들은 제도적 규범들을 조직이 해석하는 것에 적용 가능한 심의기준에 대한 논쟁으로 비유될 수 있는 어려운 문제를 제시한다. 사례는 여기서 일반적으로 존중을 받을 수 있는 제도적 규범들과 중재조직에 의한 그러한 규범들의 해석을 포함한다. 전자는 학문적 결정이며, 일상적으로 사상의 자유시장을 발전시킨다. 후자는 학문적 원칙들이 일정한 연설자들의 출현을 금지하는 학교의 명시적 결정이다. 제도적 규범들 자신이 성문법에 대한 반대로서 존중받을 자격이 있는 것처럼 후자의 조직이 이러한 규범들을 해석하는 것이 법원의 해석에 대한 반대로서 존중될 자격이 있는지가 문제이다. 이에 대한 답은 오로지 긍정적이다.

기관 스스로의 규제에 대한 해석처럼,[499] 조직들이 살아 있는 제도적 규범들을 해석하는 것은 존중받을 자격이 주어져야 한다. 샤우어 교수는 조직과 제도 사이의 차이에 접근하지는 않지만, 그는 조직이 조직의 특별한 취급을 정당화 하는 제도적 규범들을 잘못 적용한다고 해도 조직은 존중받을 자격이 있다고 설명한다.[500] 그는 대체적으로 중요한 자유로운 언론기능에 봉사하는 공고하고 이미 존재하는 문화적 제도들의 규명에 관심이 있다. 그리고 그들의 제도적 자율성의 인식을 근거로 심지어 제도들이 그러한 목적에 봉사하지 않는 경우에도 자유로운 언론기능은 제도로서 헌법적으로 보호를 받는 자율성을 받아야 할 것이다. 존중의 엄밀한 수준은 제도들 또는 조직들 사이에 다양할 수 있으나, 어떤 경우에는 그 부담은 조직이 규범을 잘못 적용했다는 것을 입증하기 위해 규범에 도전하는 당사자에게 부과될 것이다.

---

499 Chevron U.S.A., Inc. v. Natural Res. Def. Council, Inc., 467 U.S. 837, 844–845, 865–866 (1984). 재판부들이 행정기관 자신의 규정을 행정기관이 합리적으로 해석하는 것을 존중해야 하는 상황을 서술.

500 Schauer, Towards an Institutional First Amendment, p. 1273.

(4) 언론 지배적인 제도적 규범

조직과 제도 사이의 구분은 새로운 제도적 수정헌법 제1조가 제기하는 복잡한 구획 확정만은 아니다. 제도로부터 조직을 구분하는 것은 확실히 어려운 과업이다. 그러나 그것은 공적인 것으로부터 사적인 것을 구분하는 것보다 단순하다.[501] 국가의 조치 요소를 갖고 있는 그러한 제도들만이 헌법 목적과 관련이 있으며, 그러한 목적은 수정헌법 제1조에 종속되는 것만이 주어진다. 그러나 언론제도들은 수정헌법 제1조 영역의 외곽을 표시하는 공적인 것과 사적인 것 사이의 구분을 존중하지 않는다.[502] 1차적 제도 수준은 규범과 관습, 풍습, 전통 등이 자리를 잡는 것으로 분류된다. 2차, 3차적인 것은 정부 관료제와 법원 중심적인 분쟁해결과 같은 제도수준으로 국가법의 산물이고, 따라서 국가행위 원칙 내에 부합한다. 공적·사적인 것의 구분은 제도의 스펙트럼으로까지 확장해서 대학과 대학교의 구조에 적용하는 것이 특별히 어렵다. 실제로 고등교육의 사적인, 공적인 제도들은 많은 특징들을 나눠 갖는다. 그들 사이를 구분하는 특징은 경직적으로 형식적이 되는 것을 위협한다.

대부분 사적인 제도에 새로운 제도적 수정헌법 제1조 이론이 초점을 맞추는 것은 대부분의 언론규제가 법 영역을 넘어서는 것이라는 것을 강조

---

501 재판부들은 공적·사적인 것을 구분하느라 갈등이 많다. Robins v. Pruneyard Shopping Ctr., 447 U.S. 74, 88 (1980). 고등학생들의 언론 또는 운동으로부터 차단하기 위해 쇼핑센터 주인이 수정헌법 제1조의 권리를 주장하는 데도 불구하고, 국가가 고등학생에게 사적인 쇼핑센터 부지 위에서 정치적 청원을 위한 서명을 구할 권리를 부여하는 것을 지지. Amalgamated Food Employees Local 590 v. Logan Valley Plaza, Inc., 391 U.S. 308, 313 (1968). 사적인 쇼핑센터에서 노동조합이 피케팅을 하는 것은 수정헌법 제1조의 보호를 받을 자격이 있다고 선고. Hudgens v. NLRB, 424 U.S. 507, 520–521 (1976). 사적으로 소요하고 있는 상가 내부에서 피케팅을 하려고 하는 근로자들에 대해 수정헌법 제1조의 보호를 거부. Lloyd Corp. v. Tanner, 407 U.S. 551, 570 (1972). 사적 쇼핑센터에서 정치적 전단을 배포하는 사적 당사자에 대해 수정헌법 제1조의 보호를 부여하는 것을 거부.

502 Oliver E. Williamson, The New Institutional Economics, pp. 596–597.

한다. 그렇게 함으로써 국가보다 제도가 언론의 일차적 규제자라는 사실을 강조함으로써 그 이론은 훨씬 더 중요한 기여를 한다. 비록 명백한 것은 아니지만 가장 강력한 것은 언론규제가 사회적 규범과 관습이며, 그들은 사회적 배척이나 제재의 위협에 의해 지원을 받는다. 특별히 학교를 통해 국가가 사회화에 영향을 미칠 수 있는 정도를 경시하지 않는다고 할지라도, 많은 학교 규범과 풍습들은 국가의 영역 밖이다. 대부분의 연설자들은 공적 토론장으로부터 제소나 배제를 두려워하지 않지만 친구들과 가족, 고용주, 동료 시민으로부터 승인과 추방을 두려워한다. 예를 들면 보다 인종차별적인 언론은 형식적인 법적 규칙보다 내부화한 사회규범에 의해 제지를 받는다. 이러한 언론 지배적인 제도적 규범들에 대해 주목하도록 하는 것에 의해, 새로운 제도적 수정헌법 제1조 이론은 자유로운 언론이 실제로 의미하는 보다 넓고 보다 정확한 그림을 그린다.

　홈즈의 이론은 정부 규제가 자유로운 사상의 시장에 대한 유일한 장애라고 주장한다. 그러나 새로운 제도적 수정헌법 제1조 이론은 경제시장에서처럼 정부에 의한 규제에 대한 대안은 제도에 의한 대안이라는 것을 보여준다.[503] 자유로운 표현에 대한 사적 제한의 발전에 따라, 사상이 자신의 장점에 대해 경쟁할 수 있는 자유로운 시장의 사상은 20세기에는 완정경쟁의 경제이론처럼 비현실적인 것으로 됐다고 한다. 수정헌법 제1조의 본질적으로 합리주의 철학이 태어난 세계는 사라지고, 합리주의라고 하는 것은 이제 낭만이라고 한다. 국가 조치 요구에 법률가적으로 사로잡히는 것은 사상의 자유시장의 매우 작은 부분만이 공적이라는 사실을 모호하게 한다.

　홈즈 이론의 함축성과는 반대로, 국가 규제의 부재가 자동적으로 완전한 사상의 자유시장을 창설하지는 않는 것은 그것이 완전한 마찰이 없는

503 Jerome A. Barron, Access to the Press—A New First Amendment Right, 80 Harv. L. Rev., 1967, pp. 1641–1678.

경제시장을 창설하지 않는 것과 같다. 국가 조치를 포함하는 시장의 작은 공적 공간의 부분에 제한된 수정헌법 제1조 이론은 헌법 영역을 충분히 설명하고, 그러나 이론은 사상의 자유시장을 서술하는 데로 가까이 다가서지 않는다. 그 시장은 대체로 사적이며, 그것은 사적으로 규제를 받는다. 사적 시장은 가정과 쇼핑센터, 술집, 작업장, 학교 등에 존재하며, 사적 규범과 규칙들에 의해 지배를 받는다. 시장의 이러한 영역이 대체로 헌법 영역을 넘어서지만, 그들은 자유로운 언론제도를 넘어서지 않고 실제로 자유로운 언론제도의 핵심부분이다. 새로운 제도적 수정헌법 제1조 이론이 하는 것처럼, 이것을 인정하는 이론은 사상의 자유시장의 보다 풍부한 그림을 그린다.

그러나 제도들이 그들 규범의 내용과 관련해 존중을 받을 자격이 있다고 하면 제도들은 그러한 규범들을 집행하는 데 책임이 있다고 주장할 수 있을 것이다. 이에 대해 대학은 자신의 고유한 언론조항을 규정할 수 있으나, 그 조항을 범한 사람을 추방하기 위해 국가 권력을 부를 수는 없다. 연대집단이 법원보다 대부분의 정보를 보다 효율적으로 획득하고 절차를 진행한다고 할지라도, 그들의 비법적인 제재는 때로는 법원의 법적 제재보다 덜 강력하다. 따라서 그러한 규범들이 국가가 제정한 대안들보다 더 효율적이라고 하더라도 사적인 제도들은 자신들만의 규범을 집행할 수 없을 것이다.

그러한 상황에서 법원의 개입은 효율적인 규범들을 유지하기 위해 필수적이다. 명목적으로 제도의 규범을 규정하고 그 규범을 적용하기 위해 법원에 가는 것을 꺼리는 것은 사적 계약을 강제하거나 두루 존재하는 사업 규범들을 결정하고 적용하기 위해 법원에 가는 것보다 힘든 것은 아니다. 제도의 규범 내용에 따르는 것은 그러한 규범들의 효율적인 발전에 의해 정당화된다. 그러나 일부 상황에서는 이러한 규범들을 집행하는 것은 다른 사적 합의를 국가 지원에 의해 집행하는 것처럼 국가에 의해 보다 쉽게 이룩될 수 있다.

사람들은 이것이 법원에 대해 너무 많은 것을 요구한다는 것을 반대할 것이다. 법원은 복잡한 제도적 현실보다 형식적 법적 원칙을 다루는 데 보다 더 익숙하다.[504] 이러한 소극적 경향의 대부분은 법원의 기능과 비교적 장점에 대한 견해로부터 유래한다. 법원이 제도적 생활의 변화하고 경험적인 기초를 헤아리는 능력이 거의 없다고 여겨지면, 정책보다 원칙의 기초 위에서 원칙의 선을 그으려는 강한 유혹이 있다. 샤우어 교수가 주장한 것처럼, 많은 법관들에게는 그러한 언론제도의 윤곽을 그리는 것은 차라리 부정한 기업처럼 보일 것이다. 그러나 샤우어를 비판하는 사람들은 선을 그으면서 가능한 어려움은 수정헌법 제1조에서 선을 긋는 다른 문제보다 더 어려운 것처럼 보이지는 않을 것이라는 점을 인정했다.

실제로 현대원칙은 법관들이 정부 언론과 상업 언론, 법적으로 제정된 다른 범주 사이에 어려운 아마 불가능한 선을 긋는 것을 요구한다. 아래에서 학교와 대학 등 특별히 중요한 수정헌법 제1조 기관들을 둘러싼 원칙을 기술하고, 새로운 제도적 수정헌법 제1조의 능력에 대해 살핀다. 또보다 일관된 상업적 언론 원칙(commercial speech doctrine)에 기여하는 방법에 대해 알아본다. 이 이론의 강점은 일관되고 규범적인 것뿐 아니라 그들이 이미 행한 것보다 더 많은 것을 법원에 요구한다는 것이다. 많은 사건들에서 공동체 규범에 따르는 것은 법원에 대해 그러한 규범들을 규정하는 것을 전혀 요구하지 않는다. 예를 들면 수정헌법 제1조 원칙은 이미 법원들이 매우 광범위한 방식으로 공동체 규범에 따를 것을 요구하고 있다. 공동체 규범은 그 자체 제도의 일종이다. 외설 사건은 연방대법원이 현대 공동체 기준을 적용하는 것으로 결정되어야 한다고 판시한 것처럼 가장 명백한 사례이다.[505]

---

504 Schauer, Towards an Institutional First Amendment, p. 1259.

그러나 법원들이 특별한 제도의 규범들을 정확하게 규정하고 적절하게 따를 수 있을지라도, 그러한 규범들을 따르거나 거부하는 것은 제도에 대한 또는 제도 사이의 권력의 균형에 대한 기대하지 않은 영향을 가질 수 있다. 제도가 구성원의 언론을 규제하는 권한을 부정하는 것은 예를 들면 제도의 응집력을 해치고, 심지어 사상의 자유시장에 기여하려는 제도의 능력을 제한할 수 있다. 아마 더 복잡한 것은 그러나 제도가 받는 수정헌법 제1조를 존중하는 수준이 사상의 자유시장에서 제도의 성공에 영향을 미칠 가능성이 있다는 것이다.

Kasky사건에서 상업적 언론에 대한 논쟁은 실증적인 사례를 제공한다.[506] 시민과 언론인들이 Nike가 해외공장에서 근로자들의 노동력을 착취한다고 비난을 시작할 때 카스키(Mark Kasky)도 반대운동을 시작했다. Nike는 신문사와 대학들에게 기사체 연속광고와 언론보도자료, 서한 등을 발표하면서 이에 대응했다.[507] 일반시민인 카스키는 Nike의 정보 제공이 지식이 부족하거나 허위와 오도하는 진술을 금지하는 캘리포니아법을 과실로 무시하는 내용을 담고 있다고 주장했다. 그는 또 Nike의 홍보캠페인이 자신을 충분히 보호하기 위한 언론이라고는 하지만 그것은 실질적으로 수정헌법 제1조의 충분한 보호를 받을 자격이 없는 상업적 언론이라고 덧붙였다.[508] 캘리포니아대법원은 이에 동조했다. 미국 연방대법원도 인용했다.[509] 그리고 후에 논쟁 끝에 파기환송을 하고, 2건의 소수의견과

505 Miller v. California, 413 U.S. 15, 37 (1973).

506 Kasky v. Nike, Inc., 45 P.3d 243, 247 (Cal. 2002), cert. granted, 537 U.S. 1099 (2003), cert. dismissed, 539 U.S. 654 (2003).

507 Thomas C. Goldstein, Nike v. Kasky and the Definition of "Commercial Speech," 2002–2003 Cato Sup. Ct. Rev. 63, 65, available at http://www.cato.org/pubs/scr/2003/commercial speech.pdf.

508 그의 주장에 대해서는 선례가 있다. Cent. Hudson Gas & Elec. Corp. v. Pub. Serv. Comm'n of N.Y., 447 U.S. 557, 563 n.5 (1980) (공적 쟁점에 대한 직접적인 논평과 상업적 거래의 맥락에서만 이루어진 공공정책에 대한 진술 사이의 차이를 확인).

수정헌법 제1조 학자들이 집단적으로 실망감을 표시했다. 비록 그것이 명백하게 어느 제도의 편애를 전제하지 않았다고 하더라도 카스키는 이정표를 세웠다.

상업적 제도가 수정헌법 제1조의 충분한 보호를 받을 자격이 없다고 하더라도, 그러한 보호를 받는 정치집단 또는 대학들과 같은 제도에 대항해서 상업적 제도들은 사상의 자유시장에서 경쟁적으로 불리한 위치에 있다. 또는 새로운 제도적 수정헌법 제1조는 사상의 자유시장 은유에 대한 모든 경제적 반대에 대한 완벽한 답은 아니다. 제도의 부가적인 사항들은 시장 은유가 현실세계 시장에서 권력을 쥐고 있는 사람들에게 특별히 매력적이라는 사실을 바꾸지 않는다. 왜냐하면 그들은 양 영역을 지배하는 경제적 사회적 정치적 심리적 문화적 자원들을 갖는 경향이 더 두드러지기 때문이다.

수정헌법 제1조의 대우를 받는 제도의 인식 자체는 그러한 결정을 내릴 권한을 갖고 있는 엘리트들의 선호에 의해 윤색될 것이다. 법원과 심지어 학자들에 의해 선호되는 제도는 전통적인 제도가 되는 경향이다. 게다가 쿠터(Robert Cooter)는 경제규범들이 오로지 효율적인 유인구조, 제도의 비구성원에게 부과된 외적 요인이 거의 없는 공개적 경쟁으로부터 유래될 경우에만 경제규범들이 존중받을 자격이 있다고 주장했다.[510]

그러나 샤우어 교수가 지적한 바와 같이, 헌법적으로 보호를 받는 많은 영역의 언론이 효율적으로 그러한 언론에 의해 해를 입은 사람들이 발언자에게 생기는 효용의 비용을 감내할 것을 요구하고 있다.[511] 비용은 치료를 위한 또는 혐오스러운 연설자를 피하기 위한 정신적 또는 실질적 비용

---

509 Nike, Inc. v. Kasky, 537 U.S. 1099 (2003).

510 Robert D. Cooter, Decentralized Law for a Complex Economy: The Structural Approach to Adjudicating the New Law Merchant, 144 U. Pa. L. Rev., 1996, p. 1695.

511 Frederick Schauer, Uncoupling Free Speech, pp. 1321-1324.

을 포함한다. 이러한 특별한 종류의 시장 실패, 즉 외적 요인과 시장에 대한 폐쇄적 접근 등은 현재 수정헌법 제1조 원칙에 의한 것보다 제도적으로 알고 있는 수정헌법 제1조에 의해 반드시 시정되는 것은 아니다.

최종적으로 새로운 제도적 수정헌법 제1조 이론에 따라 사상의 자유시장을 개선하기로 약속된 대학과 같은 제도들은 다른 제도가 하는 것보다 실질적으로 언론을 제한할 힘을 적게 갖는다.[512] 물론, 같은 것이 공적 토론장 원칙(public forum doctrine)에 대해서도 언급된 것이다. 왜냐하면 그것은 엄격히 정부가 언론을 위해 공개한 토론장에서 언론에 대한 정부의 권한을 제한하기 때문이다. 그들의 특별한 수정헌법 제1조의 지위는 요긴하기보다 더 부담이 될 수 있다. Schmid사건에서,[513] 뉴저지 대법원은 2명의 노동당 당원의 유죄선고를 파기했다. 그들은 대학당국으로부터 사전허가 없이 프린스턴 대학에서 정치선전물을 배포하다가 체포되었다. 이 사건에 대한 논평에서 레빈슨(Sanford Levinson)은 프린스턴은 자유민주주의 가치에 대한 대학의 약속 면에서 오로지 존경받을 만한 제도이기 때문에 그렇지 않은 이 사건에서 프린스턴은 본질적으로 패했다고 강조했다.[514] 그러한 결과들은 이론적으로 언론보호적인 제도의 보증을 불리하게 할 것이다.

그러나 그러한 사건들이 실제로 강조하는 것은 언론제도들이 언론을 규제하는 다른 제도보다 덜 권한을 갖고 있다는 것이 아니라, 언론제도들이 사상의 자유시장을 발전시키는 방법에 따라 언론에 대한 그들의 제한을 정당화해야만 한다는 것이다. 대학과 유치원에서 고등학교까지 학교(K-12schools)는 실질적으로 학교에서 언론을 제한하기 위한 폭넓은 재량

---

512 Widmar v. Vincent, 454 U.S. 263, 267-268 (1981).
513 State v. Schmid, 423 A.2d 615 (N.J. 1980).
514 Sanford Levinson, Freedom of Speech and the Right of Access to Private Property Under State Constitutional Law, in Developments in State Constitutional Law, 1985, pp. 51-59.

을 보유하고 있다. 그러나 학문분야가 사상의 자유시장을 고양하는 사명을 유지하며, 이러한 제한들은 궁극적으로 시장을 개선하게 될 학문적 판단으로 정당화되어야만 한다.

제도들을 발전시키는 제도나 조직에 의해 그러한 제도적 규칙들이 공정하게 적용될 경우 법원들은 시장을 고양하는 제도적 규칙들을 존중해야 하고 일반적으로 존중한다. 자신들만의 독립적인 분석에 근거해, 공공정책 결정자들이 주어진 사적 규범이 효율적이라고 생각하는 좋은 이유를 갖는다면, 그들은 사적 규범을 존중해야 한다. 정책 결정자들이 사적 규범이 비효율적이라고 생각할 좋은 이유를 갖는다면, 그들은 사적 규범을 존중해서는 안 된다. 좋은 언론과 나쁜 언론 제도와 조직들 사이의 차별화는 무리한 요구이다. 그 요구는 그러한 분류를 허용하는 자유로운 표현의 근본적인 이론을 요구하는 것이다. 이것은 제도적 자유로운 언론 분석을, 오랫동안 자유로운 언론법학을 인도해 온 사상의 자유시장 은유와 연결하는 것으로 새로운 제도적 수정헌법 제1조 이론이 제공하는 것이다.

결국 제도적 규범을 따르는 것은 법률가나 법원들에게 현상유지를 약속하는 것이 아니며, 또는 그들이 변화를 위해 압박하는 것을 방지하는 것은 아니다. 그것은 제도적 규범들에게 그렇게 하도록 다른 도구 일체를 단순히 제공한다. 가장 중요한 방법은 형식적인 법률이 아니라 제도적 규범에서 변화를 위해 노력하는 것이다. 보다 효율적인 그리고 영향력 있는 규범 면에서 우리가 속한 사적 공동체 내에서 기명 논평을 쓰고, 이웃과 회합에 참여하고, 자원봉사자 위원회 등에서 봉사하는 것과 같은 변호사들이 공동체 지도자가 되도록 과거 세대에서 도왔던 작용을 논쟁할 수 있다. 아래에서는 그러한 도구들이 자주 인정되는 특정 언론제도에 유용하게 적용될 수 있는 방법을 제시한다.

IV. 새로운 제도적 수정헌법 제1조 이론의 적용

1. 제도적 전환과 정부의 제한

제도적 자율성은 역으로 정부의 적절한 역할에 대해 정의를 내리기 위한 개념적 귀결이다. 수정헌법 제1조 제도들이 그 영역에서 최고인 영역은 정부가 없는 영역이다. 제도적 전환은 수정헌법 제1조 제도들에게 권한을 부여하는 방안만은 아니며, 그것은 정부를 제한하는 방안이기도 하다. 그것은 제도적 전환을 헌법구조의 압도적 이론으로서 확립하기 위해 표현의 자유 영역을 넘어서서 제도적 전환을 수행하는 이러한 제한적 기능이다. 구조적 제도주의를 통해 특별히 전망할 수 있을 것이다. 즉 헌법이 연방주의와 권력의 분립 등 유명한 구조적 원칙들을 구체화하는 것처럼, 헌법은 정부의 과도한 개입 위협으로부터 주요한 안전지대로서 수정헌법 제1조 제도들에게 자율성을 부여한다고 본다.

제도들은 인민들이 만나고 자신들의 가치를 공유하며 계발하고 합창에 목소리를 더해 자신들의 목소리를 키우는 장소이기도 하다.[515] 구조적 제도주의는 이러한 장점들을 촉진하는 수단이다. 제도주의자 견해에서 보면, 우리가 제도주의의 가치를 인정한다면 그만큼 제도의 가치를 인정해야 한다. 개인의 자기발전과 자기표현을 위해 제도들이 의미하는 것이기 때문에 그렇게 해야 한다. 국가의 기관을 위한 구조적 제도주의의 함축성은 동등하게 중요하다. 제도적 자율성은 필수적으로 정부의 권한을 제한

---

[515] Roberts v. U.S. Jaycees, 468 U.S. 609, 622 (1984). 말하고, 예배하며, 고충구제를 위해 정부에 청원할 개인의 자유는, 그러한 목적들을 향한 집단의 노력에 참여하는 상관관계가 있는 자유가 보호를 받지 못한다면, 국가의 개입으로부터 열렬하게 보호를 받을 수 없다.

한다. 연방정부와 주정부 양자의 견제수단으로서 양자 사이의 권한을 분배하는 만큼, 제도들에 자율성을 부여하는 것은 모든 유형의 정부에 대해 제한으로서 작용한다.[516]

사적 조직을 보호하기 위해 헌법 권리를 강행하는 것에 의해, 재판부들은 연방주의와 권력분립과 같은 구조적 규칙들을 강행할 때 그들이 수행하는 실질적으로 자주 같은 기능을 수행한다. 구조적 제도주의는 정치적 정부를 많은 주권 가운데 오직 하나로 재구성한다. 이 주제는 호르위츠의 제도주의 설명 속에 배어 있다. 종교조직을 위한 자율성은 국가의 본질과 한계를 강조한다.[517] 가족 단위는 국가에 대한 방어물로 작용한다. 결사의 가치는 대부분 국가에 대한 위협으로서 자신들의 지위로부터 파생한다. 의회들은 우리의 민주적 구조 안에서 국가의 영역에 도전하고 영역을 제한하기 위해 기능한다.

정부 권한을 영역화하는 것은 법관들에게, 즉 국가주권의 보호자에게까지 확대된다. 현행 법학은 너무 많은 것을 법관들 손에 넘기고 있다. 구조적 제도주의는 법관들이 헌법의 의미를 형성하면서 제도의 역할을 존중하도록 촉구하면서 이에 응하고 있다. 재판부의 역할은 간접적으로 추측하는 제도에 대한 자율적인 규범과 관행이 아니다. 그러한 문제들은 제도 자체의 영역 문제이다. 제도들이 자신들의 제도적 목적과 기능을 추구하는 한, 그리고 그들이 전문 규범과 최선의 관행을 준수하는 한, 제도들은 대체로 자신들을 규제할 자격을 갖는다.

이러한 제안들의 요점은 기관으로서 수정헌법 제1조 제도들을 주요하게 보호하기 위한 것이다. 제도주의자는 제도에 자율성을 불어넣는 법적

---

516 Roderick M. Hills, Jr., The Constitutional Rights of Private Governments, 78 N.Y.U. I. Rev., 2003, pp. 144, 146.
517 Horwitz, op. cit., p. 177.

체제는 개인의 자유를 최대로 보장하는 것이라고 주장한다. 바라는 결과는 주정부와 연방정부 사이에 권력분립을 촉진하는 것과 비슷하며, 연방주의처럼 제도주의도 개인의 자유를 확보하게 한다.[518] 미국 헌법의 창조성은 개인의 자유를 보호하기 위해 구조적 도구들을 활용하는 데 놓여 있다.

2. 학교 내 언론사건에 적용

아래에서는 NIE를 연방대법원의 수정헌법 제1조에 적용하는 것으로 NIE이론을 정확하게 서술하는지 점검한다. 그 주장은 가장 중요한 언론 기관 가운데 두 개인 학교와 대학을 포함한다. 연방대법원의 2007년 Morse사건 결정을 포함해[519] 연방대법원의 제도적 자유언론 법학에 대한 반대이론에도 불구하고 NIE는 서술적 분석적 도구로써 기능을 잘 수행한다. NIE는 충분히 풀지는 못하더라도, 이 이론은 현대 상업적 언론 원칙과 관련된 많은 문제를 설명하는 것을 돕는다.

먼저 연방대법원이 학교 내 언론사건에 새로운 제도적 수정헌법 제1조 이론을 적용한 사건을 살펴본다. 2007년 6월, 연방대법원은 Morse사건을 판결했는데, 이 사건은 연방대법원이 결정한 사건 가운데 네 번째로 주요한 사건이다.[520] 연방대법원은 '예수를 네 번 치다'라고 적힌 현수막

---

518 Bond v. United States, 131 S. Ct. 2355, 2364 (2011). 연방주의는 여러 기능 가운데 하나로 주정부나 연방정부 어느 일방이 모든 공적 생활에 대해 전적으로 관할권을 갖게 하는 것을 부정함으로써 개인의 자유를 확보한다; New York v. United States, 505 U.S. 144, 181 (1992) 국가주권은 그 자체로 목적이 아니며, 연방주의는 주권의 확산으로부터 유래하는 자유를 시민에게 확실히 보장하는 것이다. 인용 Coleman v. Thompson, 501 U.S. 722, 759 (1991) Blackmun, J., 소수의견; Steven G. Calabresi & Kevin H. Rhodes, The Structural Constitution: Unitary Executive, Plural Judiciary, 105 Harv. L. Rev., 1992, pp. 1153, 1155.

519 Morse v. Frederick, 127 S. Ct. 2618 (2007).

을 몰수하고 현수막을 스스로 내리기를 거부한 학생을 훈육한 고등학교 교장선생은 수정헌법 제1조를 위반하지 않은 것으로 판결했다.[521] 비록 그 판결이 제한적으로 보일지라도, Morse 판결 이유는 새로운 제도적 수정헌법 제1조의 서술적이고 예측적인 타당성을 확인해 준다.

언론제도의 내적 규범들을 따르는 것은 그러한 제도들 안에서 사상의 자유시장이 발전된 정도에 의존한다. 그것은 법률문제만은 아니며, 홈즈의 유명한 격언 가운데 다른 것을 적용하는 등 여러 방식으로 논리적이라기보다 경험의 문제이다.[522] 경험에 따르면 학교는 사상의 자유시장을 고양하고 또 학교는 그렇게 하기 위해 학생들의 언론을 종종 제한해야 하는 것을 보여 준다. 학교가 전해 주는 교육은 의심의 여지없이 사상의 자유시장에 참여하고 또 기여하는 학생들의 능력을 개선한다. 그러나 교육하기 위해서 학교는 학생들에게 특히 나이 어린 학생들에게 자주 규칙을 부과한다. 학생들은 여전히 완전한 사상의 구매자와 판매자가 되기 위한 과정에 있다. 실제로 학교의 내부규정의 중요성은 적어도 사상의 자유시장 은유가 원용되는 한 인정된다. 밀의 시장은 밀턴과 홈즈의 자유로운 언론의 시장개념과 비슷하지만 밀은 명백히 시장으로부터 어린이들을 배제했다: "이 원칙이 인간 능력의 성숙과정에서 인간에게만 적용한다는 의미라고

---

520 맨 처음 3건: Tinker v. Des Moines Independent Community School District, 393 U.S. 503 (1969), Bethel School District No. 403 v. Fraser, 478 U.S. 675 (1986), Hazelwood School District v. Kuhlmeier, 484 U.S. 260 (1988). West Virginia State Board of Education v. Barnette, 319 U.S. 624 (1943) 사건은 학교 교정에서 발생한 언론을 다루지만 학교언론이론에 정확하게 의존하는 것은 아니기 때문에 제외시킨다. 별로 관계없이 학교언론문제에 이르는 그러한 사건들도 제도적 견해를 지지하는 경향이라는 것을 주목한다. Flint v. Dennison, 488 F.3d 816, 820 (9th Cir. 2007). 선거운동 비용에 대한 학교선거 후보자의 자유로운 권리에도 불구하고, 주립대학은 지출에 대한 달러 한계를 부과할 수 있을 것이다. 왜냐하면 교육적 이익이 학생들의 자유로운 언론 이익을 능가하기 때문이다.

521 Morse, 127 S. Ct. at 2622.

522 Oliver Wendell Holmes, The Common Law, p. 1. 법률의 생명은 논리적이지 않다. 그것은 경험이다.

말하는 것은 아니다. 우리는 어린이들에 대해 또는 법률이 성인 남성이나 여성으로 정하는 연령 아래의 청소년에 대해 말하는 것은 아니다."

하펜(Bruce Hafen)은 시장 은유를 학생들이 시장에 참여하도록 준비하기 위해 통제하는 학교의 수요와 명백히 연결시키고 있다:

"공립학교에서 사상의 자유시장은 실질적 문제로 법관이 통제할 수 없으며, 학생들은 개인적 성숙의 문제로 그것을 통제할 수 없다. 따라서 교사들과 행정관이 그것을 통제할 재량이 없다면, 학교에서 또는 미래의 공적 광장에서 의미 있는 시장은 전혀 없다."[523]

물론 언론을 제한하는 학교 당국에 대한 지지는 보편적이지 않다. 성인들의 사상의 자유시장이 충분히 영향력을 발휘하는 고등학교가 실제로 공적 토론장이라고 많은 사람들이 결론을 내렸다. 학교의 학생 언론 규정을 존중하는 것은 따라서 학교의 목적을 대중적으로 그리고 학문적으로 잘 이해하는 것이다.

학생들의 언론에 대해 학교의 규제에 따르는 것은 따라서 학교의 목적을 대중적으로 또 학문적으로 잘 이해하는 것으로 받아들여진다. 이러한 문제에 대한 이해를 지속적으로 공유하고 새로운 제도적 수정헌법 제1조 이론을 옹호하면서, 연방대법원은 오랫동안 초중고를 특별한 언론제도로 취급해 오고 있다. Tinker사건으로부터[524] Morse사건에 이르기까지 연방대법원의 학교 언론 사건들은 학생들의 수정헌법 제1조 권리와 학생들이

---

523 Bruce C. Hafen, Developing Student Expression Through Institutional Authority: Public Schools As Mediating Structures, 48 Ohio St. L. J., 1987, p. 706.
524 Tinker v. Des Moines Indep. Sch. Dist., 393 U.S. 503 (1969).

사상의 자유시장에 참여하도록 준비해 줄 학교의 수요와의 균형을 잡아 주려는 연방대법원의 시도를 보여 주고 있다. 이러한 사건들은 Ginsberg사 건에서 스튜어트(Stewart) 연방대법관이 판시한 인식,[525] 즉 어린이는 개인 적 선택을 할 충분한 능력을 지니고 있지 않다는 것과 함께 연결된다. 이 것은 수정헌법 제1조 보호의 전제이다.

Tinker사건에서 연방대법원은 학생이나 선생이 학교 정문에서 언론 또 는 표현의 자유에 대한 헌법적 권리를 버리는 것은 아니라고 유명한 판결 을 내린다. 샤우어 교수는 이 구절을 수정헌법 제1조의 권리들이 실질적 으로 제도체제에 의해 변형되지 않는다는 일반적 전제를 확인한 것으로 이해한다.[526] 그러나 Tinker사건은 새로운 제도적 수정헌법 제1조와 일치 한다. 연방대법원의 결정은 학교에 대해 학교의 작용과 관련이 없는 오로 지 개인적인 의사소통을 제한하는 권한을 주는 것으로 이해될 수 있다. 또는 개인적인 의사소통이 실질적으로 수업을 방해하지 않고 또는 실질 적으로 무질서나 다른 사람의 권리에 대한 침해를 야기하지 않는다면 개 인적인 의사소통이라도 보호된다는 것을 선고한 것이라 할 수 있다.

그러나 각자의 이해는 학생들의 언론에 대한 학교의 권한은 교육과 사 상의 확산이라는 학교의 제도적 사명과 함께 존재한다는 인식의 정당성 을 옹호한다. 이것은 우선 학교의 독특한 수정헌법 제1조의 대우를 정당 화하는 것이다. 연방대법원은 학교에서 행동을 지시하고 통제하기 위해 근본적이고 헌법적인 안전장치와 일치하는, 반복적으로 국가와 학교 공 무원의 포괄적인 권한을 인정할 필요성을 반복적으로 강조했다.

게다가 학교 언론과 관련된 연방대법원의 이후 사건들은 모두 학생 언론 에 대한 제한을 지지하며, 제도에 대한 늘어나는 인식을 보여 주고 있다.

---

525 Ginsberg v. New York, 390 U.S. 629 (1968).
526 Schauer, Towards an Institutional First Amendment, p. 1263.

Fraser사건은 한 학생이 고등학교 집회에서 성적으로 도발적인 발언을 한 이후 정학처분을 받은 사건을 다룬다.[527] 정학과 교실에서 또는 교내 집회에서 어떤 방식의 언론이 부적절한지를 결정할 학교의 권한을 지지하면서, 연방대법원은 비록 수정헌법 제1조가 공립학교에서 학생들에게 적용된다고 할지라도 학생들의 자유로운 언론권이 다른 체제들에서 성인들의 권리와 자동적으로 함께 존재하는 것은 아니라는 점을 분명히 했다. 특별히 Fraser는 학교의 근본적인 사명을 해치는 학생 언론을 관용할 필요가 없다고 판시했다. 그 결정은 따라서 학교의 제도적 수요에 맞춰져 있으며, 학교의 권한을 지지한다. 학교의 권한은 학교의 능력, 즉 제도적 기능, 교육을 방해하는 학생 언론에 제한을 부과하고, 따라서 사상의 자유 시장을 발전시키는 것이어야 한다.

2년 후 Hazelwood사건은[528] Tinker와 Fraser사건을 자세히 살피고 논점을 분명히 했다. 이 사건은 고등학교 교장선생이 학교 신문에서 논쟁적인 두 건의 기사를 삭제한 것을 다룬다. 교장선생은 그 기사를 쓴 학생들이 언론인 과정의 일정한 요구기준을 충족시키지 못한 점과 해당 기사들이 다른 학생들의 프라이버시와 작성자들의 법적 도덕적 윤리적 책임을 위협할 것이라는 점을 근거로 제시했다. 연방대법원은 임신 기사 또는 이혼 기사가 발행에 적합하지 않고 또 수정헌법 제1조 권리의 침해가 일어나지 않았다고 하는 교장선생의 결론이 비합리적인 것으로 거부할 수 없다고 판시했다.

연방대법원은 일종의 합리적 심사, 즉 심사기준 문제를 강조한 것을 학교의 교과과정 규범에만 적용한 것이다. 수정헌법 제1조는 학생들의 표현을 검열하기로 한 결정이 타당한 교육적 목적을 갖지 않을 때에만 학생

---

527 Bethel Sch. Dist. No. 403 v. Fraser, 478 U.S. 675 (1986).
528 Hazelwood Sch. Dist. v. Kuhlmeier, 484 U.S. 260 (1988).

언론을 보호한다. 기존 경제제도를 정부가 존중할 것을 주장하는 NIE 학자들처럼 목소리를 내며, 화이트(White) 연방대법관은 청년에 대한 교육은 우선적으로 부모와 선생, 국가와 지방학교 공무원들의 책임이지 연방법관의 책임은 아니라고 보았다.

Tinker사건은 수정헌법 제1조가 학교에 적용된다는 것을 확립했다. 그러나 Fraser와 Hazelwood사건은 언론이 학교 교육 제도적 목적을 방해할 경우 고등학교 교장은 학생 언론을 제한할 수 있다는 것을 명확히 했다.[529] 수용 가능한 언론 제한과 수용 가능하지 않은 언론 제한 사이의 구분은 학교 스스로가 합법적인 언론 이익을 가질 수 있는 주제들에 대한 선을 추적할 것이다. 따라서 마약과 성에 대한 언론 제한은 검열을 통과할 것이지만, 그러나 베트남전쟁에 대한 언론 제한은 검열을 통과하지 못할 것이다. 내용과 관점에 근거한 제한과 화자로서 제도의 역할 사이의 차이에 대해 고통스러운 쟁점을 야기한다. 이들 세 사건은 Hazelwood사건 재판부가 명백히 확인한 새로운 제도적 수정헌법 제1조의 결론을 지지한다. 그 결론은 법원뿐 아니라 학교도 수정헌법 제1조의 가치를 발전시키고 보호할 수 있다는 것이다.

Morse사건은 이러한 일반적 경향을 유지하며 학생 언론을 제한하는 학교의 권한을 지지한다. 반면에 명시적이지는 않지만 사상의 자유시장에서 학교의 특별한 역할이라는 명분 하에 그러한 제한들을 정당화한다. Morse사건에서 연방대법원은 불법적인 마약의 사용을 촉진하는 것처럼 보이는 언론을 제한하는 학교의 권한을 지지했다. 그러나 비범죄화를 옹호하거나 시장에 기여할 수 있는 다른 사상을 옹호하는 학생들의 자유로운 언론권을 보호했다.[530] 알리토(Alito) 연방대법관은 케네디(Kennedy)

---

529 Randall P. Bezanson, Institutional Speech, 80 Iowa L. Rev., 1995, p. 735. 오로지 유용한 제도적 언론만이 수정헌법 제1조의 보호를 받아야 한다고 주장.

연방대법관이 가세한 조정 동의의견에서 사상의 자유시장에 대해 언급함으로써 그것을 효율적으로 정당화하는 반면에, 사건의 제한적 지지를 명백히 했다:

"나는 이성적인 관찰자가 불법적인 마약의 사용을 옹호하는 것으로 해석하게 되는 언론을 공립학교가 제한할 수 있다는 것을 재판부 의견이 유지하는 것에 대한 이해를 바탕으로 또 정치적 또는 사회적 쟁점에 대해 논평한 것으로 해석될 수 있는 언론 제한에 대한 지지를 하지 않는다는 이해를 바탕으로 재판부 의견에 가담한다. 후자는 마약과의 전쟁의 지혜 또는 치료 목적을 위한 마리화나의 합법화의 지혜 등과 같은 쟁점에 대한 발언을 포함한다."

로버츠(Roberts) 연방대법원장의 다수의견은 비슷한 논조이며, 학교 환경의 특별한 특징을 강조하기 위해 Tinker, Fraser, Hazelwood, 기타 사건을 인용한다.

실제로 Morse사건에서 수정헌법 제1조 문제에 도달한 모든 의견은[531] 비록 그 역할이 허용하거나 요구하는 것에 대해 다른 결론을 도출한다고 할지라도 학교의 제도적 역할을 강조한다. 시장 은유에서 흥미로운 것은, 연방대법원 내에 그리고 로버츠 연방대법관 자신의 의견 내에서조차 프레데릭(Frederick)의 서명이 어떤 사상을 전달하려고 의도된 것인지에 대해 일부 논쟁이 있다는 점이다. 프레데릭은 그 단어들은 텔레비전 카메라를 유도하기 위해 의미가 없는 것이라고 주장했다. 또 프레데릭 현수막이 어떤 종류의 정치적 또는 종교적 내용을 전달했다고 주장하지는 않는다.

---

530 Morse v. Frederick, 127 S. Ct. 2618, 2636 (2007). Alito 동의의견.
531 Morse, 127 S. Ct. at 2638. Breyer 동의의견.

현수막 단어들에 대한 적어도 두 가지의 해석이 그 서명이 불법적인 마약 사용을 주창하는 것을 입증한다.

알리토(Alito) 연방대법관은 공립학교는 매우 중요하고 도움을 주는 제도이며, 학교 내에서 언론 제한은 학교 체제의 특별한 특징에 기초해야 하고 할 수 있다고 판시했다. 그는 학생들을 마약으로부터 안전하게 보호하는 학교의 책임이 바로 그러한 특징이라고 간주했다. 비록 다수의견이 학교 입장에 대해 보다 수사적 지원을 할지라도, 그것도 역시 학생의 안전에 대한 관심 위에 기초를 두고 있으며, 학교가 학생 언론의 공격성만을 근거로 학생 언론을 제한하도록 허용한 규칙을 보증하는 것이 거부된다. 결국 많은 정치적 종교적 언론이 누군가에게는 공격적인 것으로 인식될 수 있다.

토마스(Thomas) 연방대법관은 동의의견에서 Tinker와 그 후속사건은 파기돼야 한다는 자신의 믿음을 표현하고, 또 수정헌법 제1조는 단순히 학교에서 학생 언론에 적용되지 않는다는 믿음을 표현했다. 토마스 연방대법관은 강하게 제도적 존중을 주장하면서, 법원이 아니라 지역 학교위원회는 어떠한 교육적 이익이 정당한 것인지 또 어떠한 규칙이 합리적으로 그러한 이익에 관련된 것인지 결정해야 한다고 판시했다.[532] 요컨대 초기 공립학교에서는 교사들은 가르치고 학생들은 들었다. 교사들은 명령하고 학생들은 복종했다. 교사들은 설득하기 위해 사상의 힘에만 의존하지는 않았다. 그들은 질서를 유지하기 위해 규율에 의존했다. 교육이 민주주의보다 다른 맥락에서 일어나기 때문에 수정헌법 제1조는 학생들에게 또는 교사들에게 적용되어서는 안 된다는 주장이다.

---

532 Hazelwood Sch. Dist. v. Kuhlmeier, 484 U.S. 260, 273 (1988) 인용 Thomas만 이런 견해를 갖는 것은 아니다. Stanley Fish, Think Again—Clarence Thomas Is Right, N.Y. Times, July 8, 2007, http://fish.blogs.nytimes.com/2007/07/08/clarence-thomas-is-right.

스펙트럼의 다른 끝에서는 수터(Souter)와 긴스버그(Ginsburg) 연방대법관이 가세한 가운데 스티븐스(Stevens) 연방대법관은 연방대법원이 교장의 표면상 합리적 결정에 연방대법원이 따르는 정도에 맞춰, 연방대법원이 헌법적 책임을 포기하는 것에 반대했다. 비록 스티븐스 연방대법관이 학생 언론을 금지할 수 있는 것이라는 것을 인정하더라도, 만약에 학생 언론이 허용 가능한 규칙을 위반하거나 또는 분명히 불법적이고 학생에게 해로운 행위를 주창한다면, 그는 교장이 그러한 규칙을 해석한 것을 따르는 것을 명백히 거부했다. 제3의 당사자의 믿음은 합리적이거나 비합리적이든 어떤 전달내용이 금지할 만한 주장인지를 결코 정하지 않는다. 흥미롭게도 학생 언론을 통제하는 학구의 서면화된 규칙은 스티븐스 연방대법관의 평가에서는 비파괴적인 학생 언론에 매우 관용적이다. 학생들의 활동이 다른 사람들의 권리를 침해하지 않고 또 교육적 프로그램의 작용에 개입하지 않는다면, 학생들은 자신들의 헌법적으로 보호되는 권리, 즉 평화적으로 집회를 하고 또 사상과 의견을 사적으로 또는 공적으로 표현하는 권리를 행사하는 데 방해를 받지 않는다.

　　스티븐스 연방대법관의 소수의견은 Tinker, Fraser, Hazelwood사건에서 다수의견이 결정한 것을 강조만 한다. 학교는 학교의 제도적 사명들을 보호하기 위해 설계된 규칙들을 선정하고 적용하는 데 존중할 자격이 있다. 로버츠 연방대법관의 다수의견과 알리토 연방대법관의 통제적인 동의의견 등 연방대법원의 의견은 따라서 여기서 설명한 새로운 제도적 수정헌법 제1조 이론을 지지한다.

　　연방대법원이 부차적인 것이지만 일련의 사건에서 수정헌법 제1조 이론 안에서 제도로서 교육제도의 위치에 대해 조용히 고려하기 시작했다. Morse는, 자신들만의 시장촉진적인 내부 규범을 가지고 있는 독특한 언론제도로서 학교에 대한 연방대법원의 주목을 강조하면서 그 사건을 더욱 진전시켰다. 학생들의 말할 권리와 학생들을 가르치기 위해 때때로 그러한 언론을 제한할 필요 사이에 명백한 일부 긴장을 경감시키면서, 새로운 제도적 수정헌법 제1조 이론은 이러한 학교 언론의 취급을 서술하고 정당화한다.

　교육은 정의에 의해 제한을 부과하는 것을 포함하기 때문에, 어린이를 가르치고 교육환경을 유지하는 데 요구되는 권한의 정도는 수정헌법 제1조 전통의 반권위주의적인 것과 근본적으로 다르다. 새로운 제도적 수정헌법 제1조 이론이 수정헌법 제1조의 첫째 원칙들 가운데 가장 잘하는 것은 사상의 자유시장의 발전이다. 반면에 전형적인 수정헌법 제1조 모형이 접근하는 데 실패한 근본문제는 수정헌법 제1조의 가치와 목적에 대한 학교의 전반적인 기여를 최대화하기 위해 학교를 조직하고 가동하는 방법이다.

3. 대학의 언론

　제도주의자는 대학의 자율성을 맹렬하게 방어한다. 대학의 자율성은 고용과 승진, 해고 등 직원에 대한 결정들을 포함한다. 자율성은 매우 제한적인 언론규정에 반대하며 대학이 언론을 위한 금지가 전연 없는 환경에 의해 학생 복지를 가장 잘 충족하는지 여부를 결정하도록 권한을 부여한다. 자율성은 경쟁과 같은 논쟁적 기초에 근거해서도 학생의 입학 허가에서 재량을 준다. 공적 담론을 위한 훈련장과 사상이 시작하는 장소로서 기능하기 위해, 대학들은 사법부의 침입적인 감독 없이 이러한 유형의 결정을 하기 위한 공간을 가져야 한다.[533] 개념상 약점은 제도주의자의 주장이 사립대학과 공립대학 양자에 적용된다는 점이다. 아직 공립대학은

---

533 Horwitz, op. cit., p. 107.

정부 소속이다. 공립대학을 자율적 제도로 취급하는 것은 권한을 정부의 한 조직으로부터 다른 조직으로 바꾸는 것이다. 공립대학에 재량을 부여하는 것은 유용할 것이며, 즉 그것은 해로운 것이다. 그러나 권한이 정부 공무원의 손에 남아 있는 한, 구조적 제도주의는 할 역할이 없는 것처럼 보인다.

제도주의자는 공립대학을 다음과 같이 적절히 취급한다. 대학이 규제로부터 자유로울 권리를 주장하는 경우, 사법적 심사는 주지하는 바와 같이 문제가 되는 학교정책이 순전한 학문적 판단의 산물인지에 달려 있다. 대학이 자신의 학문적 판단을 할 경우, 대학은 자신의 사명을 형성할 자격이 주어진 자율적 제도로 취급될 것이다. 그러나 그러한 자율성은 대학의 학문적 자신으로만 확장된다. 따라서 대학이 자신의 학문적 사명의 추구를 멈추고, 정치적으로 반응하는 기구처럼 행동하기 시작하면 자율성은 사라진다. 학문적 사명의 우월성은 제도주의자가 사립대학과 공립대학을 비슷하게 취급할 수 있는 방법을 설명한다. 일단 정치가 한쪽으로 비켜선다면 공립이든 사립이든 모든 대학들은 학문적 본질과 공적 담론 과정에서 대학들이 수행하는 역할에 의해 개념이 정립된다.

확실히, 정치적 판단과 학문적 판단 사이에 선을 긋는 것은 때로는 어려울 것이다. 그러나 그러한 구분은 구조적 제도주의와 일치한다. 수정헌법 제1조 제도의 가치는 자유의 실행과 사상의 탐구를 촉진하는 데 있다. 정부의 일부로서 대학의 기술적 지위에도 불구하고, 대학이 정치적 의제를 추구하기보다 전문적 판단을 수행하는 한 공립대학은 이러한 목표들을 촉진할 수 있다. 이러한 효율적인 비정치화를 통해 공립대학은 국가를 견제하는 사업 속에 포함된다.

제도주의자가 공립초중학교 차원에서의 토론에 대해 대학을 취급하는 것을 병치함으로써 우리는 논점을 강조할 수 있다. 초중학교의 사회적 중요성을 인정하는 것에도 불구하고 제도주의자는 이들 학교를 자율성을 위한 경계선상의 판례만을 제시한다. 이러한 법적 주체들은 새로운 사상의 생산과 새로운 사상을 확산시키는 대학보다 덜 관심을 갖는다. 구조적 제도주의의 접근법과 다른 중대한 차이는 공립학교가 독특한 제도들보다 다른 정부 공무원들처럼 더욱더 닮을 수 있다는 점이다. 공립학교가 선출직 학교위원회처럼 공적 대표에 의한 공적 결정에 보다 중대하게 의존하기 때문이다.

선거정치의 보급은 정부기구로서 학교로부터 전문적 제도로서 학교의 분리를 예방한다. 즉 학교들은 분명하게 전문적 규범보다 정치적 규범을 따를 경우, 어떠한 자율성도 보장되지 않는다. 이와 대조적으로 학교들이 바로 대의적 제도로서가 아니라 전문적 제도로서 기능할 경우, 자율성의 전망은 나타나야 한다. 정치가 끝나는 데서 자율성은 시작된다. 그것이 구조적 제도주의가 작동하는 방법이다.

대학들이 명백히 언론제도임에도 연방대법원이 초중고등학교의 학생 언론에 대해 내부 규제에 따르는 것을 정당화하는 제도적 수요와 규범들은 대학에 동등한 영향력으로 적용되는 것은 아니다. 비록 학교와 대학들 양자가 사상의 자유시장을 발전시킨다고 할지라도, 그들은 다른 방식으로 그렇게 하고 또 다른 수준의 제도적 존중을 요구하고 존중을 받을 만하다. 새로운 제도적 수정헌법 제1조가 예측한 바와 똑같게, 법원들은 독특한 제도적 규범의 견지에서 다른 수준으로 대학들을 지지한다. 따라서 고등학교는 대학 교정에서는 헌법적 검열을 통과하지 못할 학생들 언론[534]과 교사들 언론에 제한을 부과할 수 있다. 물론 대학 체제에서 대학생의 언

---

[534] Hazelwood Sch. Dist. v. Kuhlmeier, 484 U.S. 260, 276 (1988). 그 기사가 다른 학생의 프라이버시를 침해하고 또 어린 학생에게 부적절한 주제를 다룬 것일 경우, 고등학교 신문으로부터 학생이 작성한 기사를 삭제하는 것을 허용. Bethel Sch. Dist. No. 403 v. Fraser, 478 U.S. 675, 685 (1986). 교내 집회에서 선정적이고 외설적인 연설을 하려는 데 대해 학생의 정학 처분을 내린 것을 지지.

론에 제공된 보호는 중학교에서 학생들에게 부여된 것보다 더 성숙한 시민의 언론권을 보호하는 데 이르게 된다. 현존하는 하급심 원칙은 실질적으로 보다 많은 제한들이 대학과 대학교 수준에서 가르치는 것보다 초등학교와 중학교에서 더 허용 가능하다고 지적한다.

샤우어 교수는 수정헌법 제1조의 제도적 설명은 국가의 단과대학과 종합대학에 특별한 공간을 인정한다. 대학들의 역사적 현재적 사명은 관습적 지혜에 도전하는 데 중심적 역할을 하는 것이다. 대부분의 미국 헌법주의자들은 역시 학자이기도 하지만 학문의 자유에 대해 헌법적 권리가 있다고 동의할 것이다. 또 수정헌법 제1조 속에, 그 주위에, 적어도 그 가까이에 그 권리가 존재한다고 동의할 것이다. 명백하게 대학들을 사상의 자유시장 은유에 연결시키면서, 브렌난 연방대법관은 Keyishian사건에서[535] 학급은 특별히 사상의 자유시장이라고 판시했다. 국가의 미래는 그러한 사상의 활발한 교환에 광범위하게 노출되는 것을 통해 숙련된 지도자들에게 달려 있다. 그러한 사상의 교환은 권위적인 선택보다 다양한 소리를 통해 진리를 발견한다.[536]

관습적 지혜에 도전하는 사람은 정확히 누구이며, 대학의 행정기구 또는 어느 것이 그 규칙을 제정하는지가 관건이다. 학생기구와 교수회, 제도로서 대학을 위한 특별한 역할을 주장하는 것은 법관들과 일반 공중은 말할 것도 없이 대부분의 수정헌법 제1조 학자들도 한가지로 한다. 그러한 특별한 대우의 정확한 윤곽은 사람이 제도를 분해할 경우 어려울 수 있고 또 논쟁적일 수 있다. 학생들이 대학 당국을 비판할 수 없다고 말하는 내부 규정을 대학이 통과시키면 어떤 일이 벌어지며, 그러한 상황에서

---

535 Keyishian v. Bd. of Regents, 385 U.S. 589 (1967).

536 United States v. Associated Press, 52 F. Supp. 362, 372 (S.D.N.Y. 1943), aff'd, 326 U.S. 1 (1945).

언론제도의 대표로서 대학당국 등 누가 수정헌법 제1조의 특별대우를 받을지도 문제이다. 그러한 연결이 검열관이 아니라 발언자에게 가는 상황이 될 수도 있다.[537] 수정헌법 제1조가 함축되는 경우, 연설자에게 연결되지 검열관에게 연결되지는 않는다. 이 연구에서 분석한 바와 같이 사상의 자유시장에 기여하는 것에 근거한 제도를 따르는 것은 제도가 생산하는 언론을 고려한다는 것을 의미하는 것이 아니라 제도들이 억압하는 언론을 의미하는 것이다.[538] 제도적 자율성은 학문적 자유이론의 통합요소로 여겨지고 있으며, 세계에서 지적으로 가장 자유로운 독일 제도를 만드는 데 있어서 중요한 역할을 했다.

이것은 매우 명쾌하게 보인다. 초중고등학교와 달리 대학들의 수정헌법 제1조 기능, 즉 사상의 자유시장의 효율성에 대한 대학들의 기여는 광범위한 내부 언론 규제를 요구하지도 않고 또는 정당화하지도 않는다. 어린 학생들을 효율적으로 교육하기 위해서 초중고등학교는 공통적으로 언론을 제한해야 한다. 이러한 긴장 그리고 긴장을 사회가 수용하는 것은 어린 학생들이 사상의 자유시장에 능동적으로 참여하기 위해 충분히 지식이 준비되지 않은 사실에 의해 정당화된다. 학교의 목적 자체는 학생들이 그러한 역할을 하도록 준비하는 것이다. 대학은 대조적으로 젊은 성인들로 구성된 학생기구가 있다. 대학생들은 미국 문화상 기대되는 것처럼 신뢰를 받아 사상에 도전하고 권위에 의문을 제기할 수 있다. 대학생들은 사상의 자유시장에 참여하기 위해 초중고등학교 학생들보다 더 지식면에서 더 준비가 잘 되어 있다. 결과적으로 대학생들의 언론에 대한 제한을 시장을 촉진하기 위해 완화되는 경향이다.

---

537 FEC v. Wis. Right to Life, Inc., 127 S. Ct. 2652, 2669 (2007).

538 Cf. Matthew W. Finkin, On "Institutional" Academic Freedom, 61 Tex. L. Rev. 817, 825 (1983).

그러나 이것은 대학들이 제도적 규범의 부과를 통해 학내 언론을 제한하는 권한을 갖지 않는다는 것을 의미하지는 않는다. 대학들이 초중고등학교들처럼 쉽게 훈육과 명령의 정당성에 의지할 수는 없다고 하더라도, 대학들은 언론을 제한하거나 가능하게 하는 대학들의 결정이 지식과 진리의 추구를 발전시키는 이익을 위한 것임을 주장할 자격이 있다. 대학들의 주장이 순수하다면, 그러한 주장들은 존중되어야 하며 또 일반적으로 존중되고 있다. 대학들이 불가피하게 해 온 것처럼 대학들의 제도적 이익이 개인 학생들 또는 교수들의 이익과 충돌한다고 할지라도 이것은 진리이다. 그렇게 하는 것이 그러한 제도들의 근로자들의 개인적인 권리를 제한한다고 하더라도, 개인적 학문을 학문의 기초적 직접적 장점으로 보는 학문의 자유의 견해와 학문적 제도에 권리를 부여하는 대조적 견해 사이에 갈등을 피할 길이 없다. 그러나 그러한 개인들이 자신들의 언론행위들이 학문적이고 따라서 사상의 자유시장에 기여한다고 주장할지라도, 개인들의 언론을 제한하는 대학들의 결정들은 마찬가지로 학문적 판단일 수 있다.

대학의 결정이 시장 촉진적인 것으로 정당화될 수 있는 정도까지 법원들은 그 결정을 존중하는 경향이다. 예를 들면 Ewing사건에서,[539] 연방대법원은 국가와 지방교육제도의 학문의 자유를 인용하면서, 학문적 이유로 미시건대학이 학생을 퇴학 처분한 것을 지지했다.[540] 스티븐스 연방대법관은 학문의 자유는 학생들과 교사들 사이에서 독립적이고 금지되지 않은 사상의 교환 위에서 뿐만 아니라 어느 정도 일치하지는 않지만 학문 그 자체의 의사결정 위에서 번성한다고 판시했다.[541] 책임 있는 개인이나 위원회가 실질적으로 전문적인 판단을 하지 않는다는 것을 증명하기 위해

---

539 Regents of the Univ. of Mich. v. Ewing, 474 U.S. 214 (1985).
540 Bd. of Curators of the Univ. of Mo. v. Horowitz, 435 U.S. 78, 88–90 (1978). 적법절차 사건에서 대학의 학문적 판단을 존중.
541 Ewing, 474 U.S. at 226 n.12.

그것이 수용되고 있는 학문적 규범들로부터 실질적인 일탈이 아니라고 한다면, 연방대법원은 교수들의 전문적 판단을 파기하는 것을 거부했다.

제도적 존중이 정보와 사상의 자유로운 흐름을 개선하고 제한하지 않는 언론규제가 된다면, 대학들은 따라서 제도적 존중을 받을 자격이 있다. 논쟁적 발언자들은 특정 시간과 장소에서만 예를 들면 사각에서만 또는 그들이 선택하는 교실이 아니라 강당에서 발언하도록 허용된다. 재판부의 사건들은 정부가 시간과 장소, 보호받는 언론의 방식에 대해 합리적인 제한을 가할 수 있는 공적 토론장에서조차 그 제한들이 규제를 받는 언론의 내용에 대한 언급 없이 정당화된다면, 제한들이 중대한 정부이익에 봉사하기 위해 엄격하게 맞춰진다는 것을 분명하게 한다.[542] 또 정보의 소통을 위해 공개적인 충분한 대안 채널들을 둔다는 것을 분명하게 한다. 합리적인 시간과 장소, 방식의 제한에 덧붙여, 그러한 규제는 미래의 발언자의 사상의 자유시장에 대한 기여가 학급 또는 도서관을 어지럽히는 것으로 야기되는 시장 전체 비용을 넘어서지 않을 것이라는 단순한 근거에 입각해 정당화할 수 있다.

미국 헌법의 별자리에 고정된 별이 있다고 한다면, 지위가 높거나 낮은 어느 공무원도 정치와 애국심, 종교 또는 다른 의견 문제에서 정통적이어야 한다는 것을 지정할 수 없고 또는 시민이 말로 고백하도록 강요할 수 없고 또는 그 안에서 자신의 신앙을 실행할 수 없다는 것이다.[543]

바꿔 말하면, 논쟁적인 발언자가 도서관 또는 교실 내에서 발언을 하는 것을 금지시키는 규정은 그 규정이 학생들의 학습 능력을 보호하기 때문

---

542 Ward v. Rock Against Racism, 491 U.S. 781, 791 (1989). Clark v. Cmty. for Creative Non-Violence, 468 U.S. 288, 293 (1984) 인용.

543 W. Va. Bd. of Educ. v. Barnette, 319 U.S. 624, 642 (1943). Rumsfeld v. Forum for Academic and Inst. Rights, 126 S. Ct. 1297, 1311–1313 (2006). 협회가 주장하는 대학의 수정헌법 제1조의 자유를 거부.

에 사상의 시장을 고양한다. 대학은 역시 언론을 취소할 대학의 결정은 그 자체로 언론 행위라고 주장할 수 있다. 왜냐하면 논쟁적인 강의는 불가피하게 대학의 허가를 초래할 것이기 때문이다. 연방대법원은 결국 말할 권리와 조용히 남아 있을 권리 사이에 헌법적으로 중대한 차이가 없다는 것을 인정했다.

대학들이 시장을 고양하지 않는 언론에 대해 내적 제한을 부과하면, 그러나 그들의 자유로운 언론에 대한 제도적 약속은 실질적으로 수정헌법 제1조에 따라 대학들의 권한을 제한하게 된다. Schmid사건에서 법원은 프린스턴대학이 의견과 사상의 광범위하고 지속적인 교환을 고무하기를 바라고, 또 학교 시설을 활용하는 것과 관련해 개방과 자유의 정책을 강화하기를 바라는 사실의 기초 위에서 결정하게 된다.[544] 슈미트(Schmid) 재판부는 따라서 언론에 제한을 부과하는 대학의 시도는 사상의 자유시장을 완전하게 하기 위해 의도된 학문적 결정으로 정당화될 수 없다고 결정했다.

쟁점이 순수하게 학문적 논쟁으로 틀이 형성되면 보다 어려운 문제가 발생한다. 기존 지혜와 반대로 학과장이 실망스럽게도, 젊은 문학교수가 바이런(Byron) 경이 영국 낭만주의 운동의 일부가 아니라고 믿고 또 문학 시간에 바이런 경의 작품을 가르치는 것을 거부하는 가상적 상황을 고려해 보자. 대학 행정당국의 지원을 받아 학과장은 낭만주의 문학 수업은 바이런을 가르칠 수 있는 유일한 수업이며 문학과 학생들은 학자로서 성공하기 위해 바이런을 배워야만 한다고 주장한다. 젊은 교수는 의견을 바꾸는 것을 거부하고, 결국 대학으로부터 징계를 받는다. 수정헌법 제1조를 원용하면서 그 교수는 처벌이 자유로운 언론권을 침해한다고 주장한다. 대학은 자신의 결정은 학생들이 사상의 자유시장에 참여하도록 준비하기

---

544 State v. Schmid, 423 A.2d 615, 631 (N.J. 1980).

위한 바람에 근거해 순수하게 학문적으로 내린 것이라고 응답했다.[545]

새로운 제도적 수정헌법 제1조 이론과 보조를 맞추면서 대학의 학문적 동기는 매우 중요해지며, 또 사건으로부터 이러한 가설을 차별화할 것이다. 이 사건에서 대학은 논쟁적인 교수가 나쁜 언론을 대표해 발언하는 것을 금지하는 것으로 나쁜 언론을 피하려고 했다. 그 사건은 새로운 제도적 수정헌법 제1조 이론에 대한 매력적이고 확신에 찬 법학논문을 읽은 법관에게 배정되었으며, 그 이론을 법관은 성실하게 적용하려고 했다. 이 법관은 교수를 징계하는 대학의 결정을 존중해야 하는지, 또는 해당 교수의 학문적 자유가 승리를 거두게 할 것인지 결정해야 한다. 양 측면은 결국 사상의 자유시장을 개선하는 것처럼 보이는 규범들을 원용하는 것이다.

새로운 제도적 수정헌법 제1조 이론에 따르면 대학이 결국 승리해야 한다. 사상의 자유시장을 발전시키고 개선하는 데 있어서 대학의 역할을 수행하기 위해, 대학은 학생들의 지도방법을 통제할 권한을 가져야 한다. 적어도 그러한 규범들이 우선 대학의 특별한 취급을 정당화하는 역할을 수행할 경우, 대학의 제도적 규범들은 법원으로부터 존중받을 자격이 있으며 일반적으로 존중받고 있다. 교과과정에 대한 결정들은 엄밀히 하면 대학이 사상의 자유시장의 이름으로 제정하는 것이 위임되는 일종의 제도적 규제이다. 대학의 정직한 학문적 결정과 교수의 학문적 결정 사이에서 선택해야 하는 법원은 제도적 규칙에 대해 조직이 내리는 해석에 따라야 하고 또 그럴 것으로 보인다.

대학은 공개적 담론의 활발한 전통과 사상의 경쟁에 대한 관용이 헌법

---

545 Ryan J. Foley, Letter Warned Barrett to Stop Seeking Publicity, Campus Watch, Aug. 3, 2006, http://www.campus-watch.org/article/id/2671. 사상의 자유로운 교환을 금지하기 위해 인기가 없는 사상의 비판으로부터의 정치적 압력을 허용할 수 없고, 그러나 처장이 역시 논쟁적 교수에게 교수는 대학을 위해 말해야 한다고 주장하지 않도록 주의를 기울여야 한다고 말했던 대학처장의 선언을 보고.

의 근본원리를 요청하는 노력들보다 앞서는 공동체이다. 언론을 고양하는 대학의 역할에 대한 그러한 찬가는 대학을 특별한 연설자로 묘사하고 대학들은 분명하게 그러한 역할을 한다. 그러나 제도적 자율성의 신축적인 측면은 언론의 규제자로서 대학의 역할을 존중하는 것이다.

대학들은 특별히 사상의 자유시장의 중요한 관리자로서 또 행위자로서 정당하게 취급되고 있다. 그러나 대학들이 사상의 자유시장을 개선할 것 같지 않은 방식으로 언론을 제한함으로써 이러한 활발한 전통과 반대로 행동할 경우, 법원들은 그들을 존중하지 않을 것이며 또는 존중하지 않아야 한다.

4. 종교조직의 언론

구조적 제도주의의 차원은 수정헌법 제1조 제도로 적용하는 다양한 기관들을 조사하면 분명해질 수 있다. 각 사례는 정치적으로 구성된 정부의 권한을 제한하는데 있어서 구조적 제도주의의 제안된 역할을 실증한다. 종교조직이 개인의 자유운동을 어떻게 진전시킬 수 있는지를 살펴본다. 시민의 영성과 신앙과의 관계는 자신의 정체성에 대해 중심적일 수 있으며, 근본적으로 자신의 외향적 행태와 내향적 자신의 개념을 형성해 나갈 수 있다. 내부 침투적인 규제는 종교조직이 신도들을 위한 충분하고 의미 있는 경험을 제공할 수 있는 범주를 축소하는 위험을 안고 있다.

구조적 제도주의는 종교문제에 정부가 개입하는 것을 제한한다. 원칙의 문제로서 이것은 재판부들이 교회 내 분쟁에 개입하는 것을 회피해야 한다는 것을 의미한다. 그것은 연방대법원이 최근에 고용차별금지법의 적용을 제한하는 장관의 예외 조치를 인용한 것은 전적으로 옳다는 것을 의미한다.[546] 제도주의자는 종교조직의 종사자 고용과 해고는 그러한 결정의 이유들이 무엇이든지 엄정하게 종교기관의 주권의 핵심 내에 남아있다고 주장한다. 종교제도들은 성적 학대 등 특정 상황에서는 정부 감독을 받는다. 제도가 자신의 구성원들을 학대할 때 구조적 제도주의는 국가개입과 일치한다. 그러나 재판부들의 일반적 접근은 종교기관을 유사주권(quasi-sovereign) 영역으로 존중해야만 한다.

종교적 자율성을 보호함으로써 구조적 제도주의는 개인들이 자신들만의 의미의 원천을 발견하려고 하는 것을 돕는다. 어떤 의미의 원천이라도 다 되는 것이 아니라 국가통제로부터 절연된 의미의 원천을 뜻한다. 종교제도들을 주권영역으로 보는 측면은 정부의 규제 권한의 한계를 인정하는 것이다. 종교적 자율성은 정부가 자신의 영토 내에서 다른 기관의 주권 행사가 있다는 것을 인정하도록 하는 것이다. 연방정부와 주정부 사이의 관계는 헌법적 질서의 오로지 한 측면이다. 종교적 제도들은 대화의 한 측면이어야 한다.

종교적 자율성과 관련해 이러한 정신 가운데 특별히 현저한 노력들이 존재하고 있다. 종교의 국교화를 거부하면서, 미국인들은 필연적으로 연방정부가 교회 지도자들을 선택하는 역할을 거부했다. 건국 초기 관행들과 정책들이 한 것처럼 수정헌법 제1조는 이 같은 거부를 확인한다.[547] 교회의 자율성 사건을 설명하는 가장 직설적인 방법은 자유로운 종교권 행사에 관한 것이지 국교 확립에 관한 것이 아니다. 국교 조항 설명에 대해서는 이제 보다 개방적이다. 왜냐하면 형식적으로 확립된 교회는 국가에 의해 통제된다는 것을 보다 잘 알기 때문이다.[548] 그러나 교회의 자율성 원칙을 위한 또는 그러한 원칙이 있다고 한다면 헌법에 있어서 내용과 조

---

546 Hosanna-Tabor Evangelical Lutheran Church & Sch. v. EEOC, 132 S. Ct. 694 (2012).

547 Thomas C. Berg et al., Religious Freedom, Church-State Separation, and the Ministerial Exception, 106 Nw. U. L. Rev. Colloquy, 2011, pp. 175, 181.

548 Douglas Laycock, Church Autonomy Revisited, 7 Geo. J.L. & Pub. Pol'y, 2009, pp. 253, 260.

문의 본 규정이 정확히 무엇인지는 분명하지 않고 정착되지 않았다.[549] 재판부와 학자들은 오랫동안 교회의 자율성 원칙의 헌법적 원천에 대해 의견을 달리하고 있다. 교회의 자율성 원칙은 종교문제에 대한 사법적 결정을 제한한다.[550]

5. 결사의 언론

비종교적 결사들은 구조적 제도주의의 영역 속에서 중요한 역할을 한다. 시민과 사회조직들은 출구를 통해 자신들의 의견을 발표하고 개별 구성원들에게 의견을 제공한다. 이러한 조직들은 역시 정체성 형성에 중심적인 사회적 관계를 촉진한다. 이 같은 묘사는 토크빌(Tocqueville)의 관찰에 의존하며, 이러한 시민 결사들이 개인을 강제해서 결사들에 가입하도록 할 수 없는 한 시민 결사들은 사회규범을 창조하는 면에서 국가들보다 더 낫다는 멕기니스(John McGinnis)의 주장을 떠올리게 한다.[551]

원칙의 문제로서 연방대법원은 수정헌법 제1조 결사의 보호를 결사들의 표현 기능에 묶어 두고 있다. 따라서 Boy Scouts of America v. Dale 사건에서 보다 중요한 의견들이 제시되었다. 이 사건은 동성애에 대한 보이 스카우트의 공식 견해를 해석하려고 경쟁하는 정의의 집단들의 노력을 연대기 순으로 기록한다.[552] 데일(Dale) 등 다수의견은 동성애자 지도자를 보이 스카우트 지도자로 포함하는 것은 공적 또는 사적 관점을 주창

549 Richard W. Garnett, The Freedom of the Church, 4 J. Cath. Soc. Thought, 2007, pp. 59, 76.
550 Michael A. Helfand, Fighting for the Debtor's Soul: Regulating Religious Commercial Conduct, 19 Geo. Mason L. Rev., 2011, pp. 157, 177.
551 John O. McGinnis, Reviving Tocqueville's America: The Rehnquist Court's Jurisprudence of Social Discovery, 90 Calif. L. Rev., 2002, pp. 485, 497.
552 530 U.S. 640, 650-53 (2000); Dale, 530 U.S. at 665-677 Stevens, J., 소수의견.

하는 보이 스카우트의 능력에 중대하게 영향을 미칠 것이라고 결론을 내렸다. 반면에 소수의견은 보이 스카우트가 동성애자 지도자를 금지한다고 주장하는 정책을 그 기관의 대외적 홍보에 연계시키지 못했다고 맞섰다.

제도주의자는 결사의 표현에 대한 연방대법원의 강조에도 불구하고 제도들은 구성원들이 공식적인 의사표현의 확산을 넘어서서 여러 방식으로 자유를 구가하도록 돕는다는 것을 상기시켜 준다. 관심사는 결사의 자율성과 관련된 것이어야 하며 결사의 표현과 관련된 것이어서는 안 된다고 그는 제안한다. 결사가 명백히 의사를 표현하는지 여부와는 관계없이, 적절한 문제는 단순히 그것이 결사인지 여부이다.

이러한 유형의 주장은 다른 제도들의 행위자들에 대한 정부의 권한을 위한 중요한 함축성을 갖는다. 종교제도들에 대한 것처럼 결사들의 가치는 정부의 정통성으로부터의 피난처로서 상당 부분 결사들의 지위로부터 나온다. 정부가 유혹을 받는 야망의 주도권 과정이 어떻게 되든지 간에 결사는 공구로서 역할을 한다. 결사의 구성원들이 결사 공동체에서 그들의 참여에 의해 어떤 의미를 구축하든지 간에, 정부가 그것을 변경할 수 없다는 것 또 그 때문에 그 의미는 가치가 있을 수 있다. 구조적 제도주의자로서 보면, 결사의 자율성은 그것이 결사의 행동과 표현을 보호하는 것처럼 바로 국가권력의 한계를 다투는 것에 대한 것이다.

6. 미디어의 언론

매체는 시민이 사회생활에서 매체로부터 정보를 제공받은 상황에서 토론과 결정, 행동에 참여하게 함으로써 공적 담론에서 하부구조적 역할을 수행한다. 매체의 전문주의와 자율적 규범과 연계된 그 역할은 제도주의자의 접근법에 따르면 매체의 취급을 수정헌법 제1조 제도로서 지지한다.

보다 어려운 쟁점은 매체의 자율성이 여기서 설명한 구조적 제도주의 이론에 적합한지 여부이다. 종교조직과 시민 결사들은 구성원들이 채권을 발행하고 그들의 견해와 신앙을 계발할 수 있는 체제를 제공한다. 매체 출구들은 이러한 구조물에 적합하지 않다. 언론인들은 분명히 자신들의 선택된 직업을 통해 자존감을 고양하더라도, 보도기관들은 교회와 결사들이 그들의 구성원들과 관련된 같은 방식으로 자신들의 근로자들과 관련되지 않는다.

그럼에도 매체 자율성은 구조적 제도주의 이론에 매우 적합하다. 매체 자율성은 단순히 다른 형태를 띤다. 언론은 구조적 파수견으로서 그리고 정부를 조직적으로 전문적으로 감시할 수 있는 원천으로 행동한다.[553] 이러한 현상은 정부 공무원들의 행동에 대한 언론의 보도를 통해 직접적으로 일어난다. 공중의 지식 축적에 매체가 기여하는 것은 선량한 공화적 시민을 발전시키는 것을 용이하게 할 때 보다 묘하게 발생한다. 시민은 그날의 쟁점에 대해 정보를 제공받는다. 참여적이고 지적인 시민보다 나은 정부에 대한 견제는 거의 없다.[554] 독립혁명 이후 주 정부들의 자기 잇속만 차리는 그리고 때로는 부패한 행동들은 인민주권의 특별한 압박을 부추겼다. 인민주권은 인민을 주권자로 보고 인민이 입법부를 포함해 정부 제도로부터 완전히 구별되는 것으로 간주한다.

정부에 대한 파수견과 시민의 참여를 촉진하는 기관으로서 보완적 역할을 이행하기 위해서는, 매체는 정부의 개입 없이 핵심적 제도적 기능을 수행하는 권한을 가져야 한다. 제도주의자 입장에서 그러한 권한은 언론인이 자신들의 취재원을 비밀로 유지할 헌법적 특권을 갖는 것을 명백히

---

553 Potter Stewart, "Or of the Press", 26 Hastings L.J., 1975, pp. 631, 634.
554 Kurt T. Lash, The Origins of the Privileges or Immunities Clause (pt. 1), 98 Geo. L.J., 2010, pp. 1241, 1249.

수반한다. 그것은 역시 비밀정보를 공개하는 것과 취재원에 대한 익명성을 보장하는 것과 같은 행동에 근거한 일반적으로 적용 가능한 법률로부터 매체의 면제를 포함한다. 제도적 전환 이후에, 모든 사람이 법률 아래 같은 책임을 진다는 것은 단연코 경우가 아니다. 매체는 독특하고 가치 있는 방식으로 공중의 수요에 기여한다. 그 방식은 특별한 법적 취급과 정부 규제로부터 가외의 절연을 정당화한다.

7. 도서관의 언론

도서관은 장서 중 논쟁적인 도서의 제거와 인터넷 여과장치의 설치[555] 등과 같은 쟁점에 대한 수정헌법 제1조 논쟁의 중심에 서 있다. 공립도서관들이 인터넷 여과 소프트웨어를 사용하는 것이 보호자의 수정헌법 제1조 권리들을 침해하지 않기 때문에, 관련 법조항은 도서관들로 하여금 헌법을 침해하도록 유도하지 않고 또 의회가 여력을 유효하게 행사하는 것이다. 그러한 분쟁이 발생하는 경우, 견해를 형성하고 교환하는 장으로서뿐 아니라 전문적 규범과 자율규제에 대한 의존으로서 도서관의 특별한 역할은 제도주의적 접근법에 따라 자율적 제도로서 도서관에 대한 대우를 정당화한다.

대학처럼 도서관의 지위도 많은 도서관들이 스스로 정부 제도라는 사실 때문에 복잡하다. 구조적 제도주의가 정부 권한의 제한된 영역을 강조한다면, 어떻게 하면 자율성이 정부 운영 조직의 목적 달성을 위해 기여할 것인지에 대해 살펴봐야 한다. 이에 대해 제도주의자는 또다시 정치의

---

[555] 인터넷 여과장치의 설치 쟁점에 대해서는 다음 사건을 참고. United States v. Am. Library Ass'n, 539 U.S. 194, 214 (2003) 다수의견.

영향을 구분하는 것이라고 설명한다.

최상의 경우, 도서관은 정부가 도서관을 무엇이라고 규정하는 것보다도 차라리 독립적이며 전문적 조직이다. 이와 비슷하게 도서관은 자신들의 관행이 정치적 통제로부터 절연되는 정도만 자율성을 누릴 만하다. 전문적 정치적 영향력의 개념을 분리함으로써 우선 정부 권력의 유지처럼 보이는 것은, 심지어 그러한 제도들이 공적으로 기금을 모금하더라도, 수정헌법 제1조 제도들에 대한 정부 통제의 제한을 강조하는 방식이 될 것이다.

8. 상업적 언론과 현실 시장에서 시장의 은유

논의의 초점이 사상의 자유시장과 제도경제학에 주어진다고 하더라도, 상업적 언론을 고려하는 것보다 결론을 내릴 더 좋은 공간은 없다. 이 영역에서 사상의 자유시장이 대부분 현실세계 시장과 명백히 겹치고 있다. 상업적 언론에 대한 현대적 제한기준을 확립한 Central Hudson사건의 소수의견에서[556] 렌퀴스트(Rehnquist) 연방대법관은 재화의 시장과 사상의 자유시장 사이에 원칙적인 구분이 없다고 판시했다. 여기서는 새로운 수정헌법 제1조 이론이 렌퀴스트 연방대법관의 견해를 지지하는 것으로 결론을 내린다. 또 한편으로 현실세계 시장과 사상의 자유시장 사이의 양자 관계를, 그리고 다른 한편으로 과거와 현재, 미래의 상업적 언론 원칙을 조망할 수 있다.

1976년의 Virginia State Board of Pharmacy v. Virginia Citizens Consumer Council사건[557] 이전에는 상업적 언론이 헌법적 보호를 받지

---

[556] Cent. Hudson Gas & Elec. Corp. v. Pub. Serv. Comm'n of N.Y., 447 U.S. 557 (1980).
[557] Va. State Bd. of Pharmacy v. Va. Citizens Consumer Council, 425 U.S. 748 (1976).

못하고 또 어느 정도 정부재량에 의해 규제를 받았다. 당면한 목적들에 대해 이러한 접근법을 가장 흥미롭게 비판한 사람은 코스(Ronald Coase)이다. 1970년대 2개의 논문에서 코스는 사상의 자유시장과 재화의 시장이 점유하고 있는 불평등한 지적 지위를 강조했다.[558] 공동체의 지적 생활을 조직하는 바람직한 방법으로서 자유로운 시장은 그것이 공동체의 경제생활을 조직하는 바람직한 방법으로 주창되기 오래전에 촉구되었다.

코스는 양자의 교차지점에 주목하면서 사람이 소비하는 재화와 용역에 대한 내용을 확산시키는 광고는 분명히 사상의 자유시장의 일부라고 주장했다. 지식인들은 일반적으로 자신의 영역을 차지하는 다른 점유자를 환영하지 않았다. 그는 당시 사건들을 논의하는 자신의 논문 중 하나에 대해 결론을 내렸다. 이 논문은 Virginia Citizens Consumer Council, Inc. v. State Board of Pharmacy사건으로[559] 불리는 버지니아 지방법원 사건과 예고를 분석하고 있다:

"이러한 결정들은 광고에 대한 수정헌법 제1조의 적용가능성의 외적 경계를 정하지 않고, 상업적 언론의 점차적인 확장 단계를 표시하는 것처럼 보일 것이다. 법원들은 상업적인 언론을 수정헌법 제1조의 보호영역으로 포함시킬 것이다."[560]

여기서 코스의 분석이 옳다는 판단이다. 그가 인용한 지방법원 사건은 연방대법원으로까지 이어졌다. 블랙먼(Blackmun) 연방대법관은 처음으로

---

558 Coase, Advertising and Free Speech, 6 J. Legal Stud. 1, 1977, pp. 1-2. Coase, The Market for Goods, p. 384.

559 Va. Citizens Consumer Council, Inc. v. State Bd. of Pharmacy 373 F. Supp. 683 (E.D. Va. 1974), aff'd, 425 U.S. 748 (1976).

560 Coase, Advertising and Free Speech, pp. 31-32.

분명히 상업적 언론이 수정헌법 제1조의 보호를 받을 자격이 있다고 판결했다:

"정보의 확산과 수집에 대한 정보의 영향을 두려워하며 논쟁이 되는 것은 국가가 전체적으로 합법적인 행동에 대해 명백히 믿을 만한 정보의 확산을 전적으로 억제할 수 있는지 여부이다. 다른 문제를 유보하면서 이에 대한 답은 부정적인 것으로 결론을 내린다."[561]

논문 부록에서 코스 교수는 버지니아 주 교육위원회가 자신의 견해를 확인했다고 말하고 다른 예고, 즉 지금까지 증명되지 않은 것을 제시했다.[562] 상업적 언론이 수정헌법 제1조에 의해 다루어지는 것이 결정됐기 때문에 상업적 언론의 적용 한계를 고려하는 것, 즉 불가피한 균형은 감각적인 방식으로 절차를 진행할 수 있다는 것이다. 그 절차에서 경제학자에 의한 광고의 영향 연구는 유용한 역할을 할 것이 기대되고 있다.

홈즈의 시장 은유를 회상하면서 블랙먼 연방대법관은 사회는 역시 상업적 정보의 자유로운 흐름에 강한 흥미를 가질 수 있다고 판시했다.[563] 그는 단지 상업적 거래만을 제안하는 언론은 전적으로 보호를 받지 않아야 하는 정부의 행정에 대한 자유로운 정서들의 확산에 있어서, 사상의 노출로부터 또 일반적으로 진리와 과학, 도덕, 예술로부터 그렇게 동떨어져 있는 것은 아니라고 판시했다.

그러나 블랙먼 연방대법관이 창설하지 않은 것은 또 상업적 언론 원칙이 여전히 부족한 것은 상업적 언론으로 여길 수 있는 것에 대한 포괄적

561 Va. State Bd. of Pharmacy v. Va. Citizens Consumer Council, 425 U.S. 748, 773 (1976).
562 Coase, Advertising and Free Speech, pp. 33–34.
563 Va. State Bd. of Pharmacy, 425 U.S. at 764.

정의이다. 명백한 경계를 그리는 것보다 연방대법원은 엄밀하고 포괄적인 정의를 내리지 않고 여러 서술과 지시, 권리포기 각서들에 의존하고 있다. 부분적으로 연방대법원이 유일한 확고한 정의를 내리는 데 머뭇거리는 것은 광고와 다른 형태의 상업적 언론을 실질적으로 인정하는 것이 점차적으로 어려워진다는 사실을 반영한다. 실제로 많은 현대 광고를 보는 사람들은 어떤 재화나 용역이 제공될 수 있는지, 또는 그들이 보고 있는 광고와 그것이 어떻게 관련되는지를 분간하는 데 어려운 시간을 가질 수 있다. 따라서 앞서 논의한 학교와 대학교 사례들은 합리적으로 직접적인 개념정의를 인정하는데 이와 다르게 상업적 언론에 대한 논의는 우선 상업적 활동을 규정하는 어려움으로 골치를 썩인다.

새로운 제도적 수정헌법 제1조 이론은 단순한 해법을 제공하지 않는다. 그러나 그것은 분명한 진단을 제공한다. 상업적 언론 원칙이 갖고 있는 첫째 문제는 제도적 정체성이 부족하다는 것이다. 상업적 언론은 엄밀하게 정의를 내리기가 어렵다. 왜냐하면 대학보다 상업적 발언자들은 규정하기 위해 준비된 제도를 훨씬 더 포함하지 않기 때문이다. 특히 사업이 제도인지가 문제이다. 대학이나 정부와 같은 비상업적인 발언자들의 무엇이, 누가 자주 상업적 행위에 개입하는지가 문제이다. 그러한 문제에 대한 답은 오로지 2단계, 그러나 동등하게 중요한 문제로 이끈다. 사업이 수정헌법 제1조의 보호를 받을 자격이 있는 언론제도의 일종인지, 즉 그것이 사상의 자유시장에서 사상의 자유로운 흐름을 발전시킬 것인지가 문제이다. 현대의 상업적 언론 원칙처럼 이들은 그에 대해 새로운 제도적 수정헌법 제1조 이론이 쉬운 답을 제공하지 못하는 어려운 문제들이다.

그럼에도 새로운 수정헌법 제1조 이론의 요소들은 쉽게 현재의 상업적 언론 원칙으로 통합될 수 있고, 또 범주 그 자체를 보다 정의를 잘 내리게 도와줄 것이다. 상업적 언론의 확고한 정의의 부족에도 불구하고 Central Hudson사건에서 연방대법원은 그것이 무엇이든 간에 상업적 언론에 일

종의 잠정적인 수준의 보호를 부여하는 네 개의 기준을 확립했다.[564]

Central Hudson사건의 기준 가운데 일부는 홈즈 학파의 시장 모형을 이미 반영하고, 쉽게 보다 큰 제도적 초점을 조정할 수 있다. 예를 들면 포함된 언론이 오류인지 또는 잘못 인도하는 것인지를 묻는 첫째 부분은 새로운 제도적 수정헌법 제1조 이론에 잘 맞는다.[565] 허위이거나 잘못 인도하는 언론은 사상의 자유시장에 기여하기 위해 거의 말할 수 없으며, 그러한 언론을 전하는 제도적 발언자나 조직의 발언자는 시장에 기여하지 않는다. 연방대법원은 모든 사상들 그러나 사실을 정확하게 진술하는 것만이 자치를 확대한다고 결론을 내렸다.[566] Central Hudson 그 자체는 정부는 공중에게 정보를 제공하기보다 공중을 속일 가능성이 있는 통신의 형태를 금지한 권한을 갖고 있다고 말한다.[567]

둘째와 셋째 부분은 주장되는 정부 이익이 실질적인 것인지 또 규제가 직접적으로 정부 이익을 발전시킬 수 있는지를 평가한다. 이러한 문제들은 제도적 접근 아래에 똑같이 남아 있게 될 것이다. 비슷하게 광범성을 측정하는 Central Hudson 기준의 넷째 부분은 논쟁 중인 제도의 경계에 대한 문제로 상대적으로 쉽게 변형될 수 있다. 이러한 이해에 따라 언론에 대한 광범위한 제한은 허용할 수 없이 제도적 경계를 가로지르는 것이 될 것이며, 나쁜 것뿐 아니라 좋은 제도의 언론을 제한할 것이다.

Central Hudson 기준의 이러한 수정들이 일관성 있는 상업적 언론 원칙의 탐구를 현저하게 발전시킬 수 있는지는 여기서 제공되는 것보다

---

564 Cent. Hudson Gas & Elec. Corp. v. Pub. Serv. Comm'n of N.Y., 447 U.S. 557, 566 (1980).

565 Vill. of Hoffman Estates v. Flipside, 455 U.S. 489, 496 (1982). 정부는 전적으로 불법적인 거래를 제안하는 상업적 언론을 금지할 수 있다고 판결. Friedman v. Rogers, 440 U.S. 1, 13-15 (1979). 이름을 오해하게 하는 데 따라 시력검사를 금지하는 법률을 지지.

566 Gertz v. Robert Welch, Inc. 418 U.S. 323, 340-341 (1974); Ocala-Star-Banner Co. v. Damron, 401 U.S. 295, 301 (1971). White 동의의견. Time, Inc. v. Hill, 385 U.S. 374, 405 n.2 (1967). Harlan 일부 동의의견, 일부 소수의견 인용.

567 Cent. Hudson, 447 U.S. at 563.

많은 분석을 요하는 문제이다. 연방대법원은 전혀 새로운 분석의 틀로의 이동을 고려할 수 있다는 신호를 보내고 있다. 연방대법원은 2003년에 여러 사건에서 이송명령을 발했다. Kasky사건은 상업적 언론의 정의와 그것의 지배기준 양자를 다시 점검하고 분명하게 하는 기회를 제공했다.[568] 수정헌법 제1조 학자들에게 실망스럽게도 연방대법원은 두 개의 소수의견에 대해 선견지명이 없이 부여한 것으로 이송명령을 기각했다.

몇 가지 복잡한 것 가운데 우선 한 가지 이유는, 수정헌법 제1조 문제가 어느 정도 다른 근거에 입각해 학문적 맥락보다 상업적 맥락에서 제기된다. 학교와 대학 사건들에서 주요 문제는 일반적으로 학문적 제도 또는 조직이 내적으로 개별 언론을 제한할 수 있는지 여부이다. 반면에 상업적 언론 사건에서 문제는 일반적으로 정부 또는 심지어 다른 제도가 상업적 제도 또는 조직의 언론을 규제할 수 있는지 문제이다.

연방대법원의 상업적 언론 원칙은 간헐적으로 진화해 오고 있다. 그러나 지배적인 Central Hudson 기준을 적용하는 것에 의해, 또 우선 점점 더 적게 언론을 상업적 언론으로 분류하는 것으로 상업적 언론에 대한 보호를 증대시키는 경향이다. 상업적 언론의 수축 범위와 그 안에서 언론 보호의 확장 이러한 두 경향을 새로운 제도적 수정헌법 제1조 이론의 틀 내로 맞추려고 하는 것이 가능하다. 그러한 틀에 관해 재개념화하기 위해, 연방대법원이 상업적 언론은 분명히 사상의 자유시장의 일부라는 코스 교수의 견해를 수용하게 될 것이라고 말할 수 있으며, 또 상업적 언론을 전달하는 제도와 조직은 특별한 수정헌법 제1조의 대우를 받을 자격이 있다고 말할 수 있다.

---

568 Nike v. Kasky, 539 U.S. 654, 655 (2003). 다수의견, Kennedy 소수의견, Breyer 소수의견.

V. 제도적 언론의 중첩성과 확장

Abrams사건 이후 자유로운 언론에 대해 행사된 모든 권력에도 불구하고 사상의 자유시장 은유는 경제이론 변화와 보조를 거의 맞추지 못하고 있다는 지적을 받는다. 사상의 자유시장 은유에 대한 비판들이 완전히 효율적인 경제시장의 신고전적 견해에 대한 비판을 반영하고 있다. 그래도 은유의 방어자들은 반대 경제학자들이 한 것처럼 그들을 중재하는 거래비용과 제도의 존재를 고려하는 시장 견해를 채택하는 것에 대해 반응하지는 않고 있다. 여기에서는 새로운 제도적 수정헌법 제1조 이론의 그러한 시도들을 기술했다. 본질적으로 이론이 사상의 자유시장을 수정헌법 제1조의 활력 있는 목적으로 추구한다면, 개인에 의해서 뿐만 아니라 제도에 의해서도 그것을 이룩할 수 있다고 주장한다.

주안점은 정체성을 밝힐 수 있는 헌법적 법원으로부터 나와야 하는 헌법구조이론으로 수정헌법 제1조 제도주의의 본질을 강조하는 이러한 생각들을 제기해 보는 것이다. 헌법 재결에 대한 다른 논쟁처럼, 제도주의에 대한 논쟁은 방법론적 선택을 추동하는 규범적 전제뿐 아니라 해석상 방법론의 고려에 의존할 것이다.[569] 현재 목적들을 위해 여기서 강조한 점은 논쟁을 해볼 만한 가치가 있다고 하는 것이다. 호르위츠 등 제도주의자는 구조적 제도주의의 잠재적 이론을 발전시켰다. 그것이 만약에 시행된다면, 그것은 미국 사회에서 정치적 권한과 비정치적 권한의 균형을 바꿀 것이다. 이 이론은 많은 쟁점들을 제기하지만, 어느 것도 이론의 헌법

---

[569] Randy J. Kozel, Settled Versus Right: Constitutional Method and the Path of Precedent, 91 Tex. L. Rev., 2013, pp. 1843, 1863-1875. 규범적 전제조건들을 강조하는 해석상 방법론과 사법적 선례의 취급 맥락상 헌법 재결 사이의 관계를 서술.

적 기초를 분명히 정리하는 것보다 더 중요한 것은 없다.

구조적 제도주의의 기초를 평가하는 데 있어서 최종 연구는 한 가지 또는 그 이상의 얼마나 많은 논쟁들이 제기되고 있는가이다. 그 이론이 전체 화합물로서 지지를 받거나 실패해야 한다는 것이다. 이러한 이해는 제도주의자의 주장의 정신과 일치하며, 그것은 여러 상호보완적 부분들을 갖춘 하나의 매우 중요한 주제로 볼 수 있다. 통합이론으로서 구조적 제도주의의 견해는 역시 그것에 폭넓은 범위를 준다. 그 범위는 제도적 자율성을 어느 특별한 수정헌법 제1조 제도보다 큰 개념으로 묘사한다. 제도주의자들은, 예를 들면 매체가 아니라 교회나 대학을 위한 자율성을 인정하는 것은 그럼에도 불구하고 부분적으로 승리를 대표할 것이라는 점에서, 어느 것에 대해서도 자율성을 선호하지 않을 수도 있다.

여전히 구조적 제도주의의 강한 표현은 통합적 제도주의이며, 그것은 다양한 기관들이 정부 영역을 제한하려고 합동으로 노력하는 것을 반영한다. 이러한 노력은 관련된 헌법적 계류사항들이 수정헌법 제1조 제도주의의 함축성과 정당성을 평가하는 데 있어서 가장 큰 이익이라고 보는 것이다. 수정헌법 제1조 학문에서 제도적 전환은 계속적으로 관심을 끌고 있으며, 제도주의자는 논쟁에 대한 뛰어난 길을 열어주고 있다. 그 자체만으로도 이 연구는 주목을 받을 만한 가치가 있다.

미국 사회에서 권력의 배분에 흥미를 가진 사람과 관련이 있는 것은 특별한 것으로서 현재진행형이다. 제도들에 대해 권한을 부여하고 정부를 제한하는 데 대한 체계적 접근과 이중적 강조를 통해 제도주의자는 헌법적 질서의 보다 깊은 구조 연구에 참여함으로써 표현의 자유를 넘어서는 수정헌법 제1조 제도주의의 잠재성을 보여 준다.

그러나 새로운 제도적 수정헌법 제1조 이론을 푸는 데 도움을 줄 수 있는 일부 내적 갈등, 즉 수정헌법 제1조의 원칙적인 범주 내에서 불협화음이 있다. 상업적 언론과 정부 언론, 학교 언론 등은 서로 중첩되는 것이 늘어나고 있으며, 고유한 본질적인 의미가 줄어들고 있다. 이러한 범주들을 원래 제기한 제도는 그들이 전통적으로 연결되고 또 원칙들이 접근하도록 유발한 역할에 스스로를 더 이상 제한하지 않는다. 예를 들면 학교와 정부 단위는 상업적 후원자와 함께 권리의 거래를 명명하게 되는 일이 증가하고 있다. 그러한 언론 활동들을 정의하는 방법과 수정헌법 제1조의 보호를 어느 수준까지 받아야 하는지가 문제이다. 그들은 상업적 언론과 정부 언론, 학교 언론 기타 전적으로 다른 언론인지가 문제이다. 어느 원칙이 그 결과를 정당화하는지도 문제이다.

새로운 제도적 수정헌법 제1조 이론은 다른 견해가 증가하기는 해도 적어도 1919년 이후 수정헌법 제1조를 활력화한 시장 은유의 빛을 내고 또 부분적으로 부활시키는 것으로 이러한 또 다른 문제들을 해결하는 것을 돕는다. 언론제도들 사이의 차별화가 쉬운 과업은 아니지만, 그것은 경계를 긋는 법원들이 현대의 범주화 접근에 따라 시도해야 하는 것보다 더 어렵고 또 보다 더 유용하다.

새로운 제도적 수정헌법 제1조 이론은 단순히 설명적인 것은 아니다. 그것은 예측적이고 규범적이다. 그와 마찬가지로 이론의 활력은 연방대법원의 주목을 요구하는 증가하는 언론제도의 수에 의해 점검될 것이다. 상업적 언론 문제의 어려움에 덧붙여 상업적 언론은 수정헌법 제1조 법률에서 중요한 문제가 되는 것은 당연하다. 예를 들면 저작권, 과학적 언론, 선거연설 등 연방대법원에 제기되는 많은 쟁점들은 제도적 접근으로부터 도움을 받을 것이다. 인터넷이 공적 토론을 위한 지배적 토론장으로서 원형적 언론제도로 오랫동안 인정된 전통적 언론을 대체하는 것처럼, 온라인 언론이 가장 흥미롭게 도전하고 있다.[570]

---

[570] Scott Gant, We're All Journalists Now: The Transformation of the Press and Reshaping of the Law in the Internet Age, Free Press, 2007, pp. 24-32.

이에 따라 새로운 제도적 수정헌법 제1조 이론은 다른 많은 자유로운 언론 이론과 달리 독특하고 인터넷의 정보교환을 고무하는 본질을 잘 이해하고 설명할 수 있을 것이다. 그리고 특별한 역할이 그에 대해 특별한 제도적 취급에 자격을 주는 이유를 제시한다.

미국인이 강한 수정헌법 제1조의 보호를 위해 저지선을 쳐놓은 공적 토론장에 들어가지 않고 생활해 갈 수 있다는 것이 점차적으로 가능해지고 그렇게 되는 것처럼, 언론의 사적 제도적 규제는 점차적으로 중요해질 것이다. 전통적으로 공적 공간의 사유화는 사상의 자유시장에 직접적인 위협이다. 인터넷을 비롯한 SNS는 전통적 공적 토론장을 확충하는 차원에서 접근이 시도되어야 할 것이다. 새로운 제도적 수정헌법 제1조 이론은 경제학자들이 수십 년 동안 해 온 것처럼 개인이 제도적 체제 하에서 창조하고 산다는 것을 인정한다.

결론적으로 이 이론은 정부와 개인, 조직들 사이에서 현존하는 관계에 대해 중대한 도전을 제기한다. 미국 연방헌법은 연방과 주, 행정부와 입법부, 사법부 그리고 상원과 하원 등 정부기관 사이의 권력을 분명하게 배분한다. 제도주의자가 옳다고 한다면, 또 다른 논리의 전개가 있을 수 있다. 즉 수정헌법 제1조가 우리의 이해를 돕는 측면이 있으며, 또 다른 한편으로 수정헌법 제1조의 영향은 표현의 자유의 보호를 훨씬 넘어서는 데까지 펼쳐진다. 수정헌법 제1조 제도주의의 구조적 차원이 보다 명백해질수록, 헌법이론 상 구조적 제도주의의 함축성을 보다 깊게 연구할 필요성이 급격히 증가할 것이다. 이러한 연구에 착수하는 것이 제도주의 연구에서 새로운 영역을 개척하게 할 것으로 본다.

- 제6장 -
사상의 자유시장의 가치

I. 사상의 자유시장 가치 연구의 필요성

2001년 9·11테러 이후 국제사회는 테러리즘과의 전쟁에 대비한다는 명분하에 개인정보를 무제한적으로 검열하고 검색함으로써 표현의 자유의 근본이 흔들리고 있다.[571] 우리는 남북분단이 극복되지 않은 상황에서 진영논리에 매몰되어 자칫 표현의 자유(freedom of the expression), 언론의 자유(freedom of the press)가 위협을 받게 되는 것 아닌가 하는 우려를 낳고 있다. 더욱이 정보통신기술의 발달에 따라 다매체 다채널 시대가 열리면서 표현을 위한 기회가 무한으로 확대되고 있다. 전통적인 신문, 방송뿐 아니라 인터넷과 SNS를 통한 즉시적인 표현이 이루어지고 서로 소통하는 시대가 되고 있다.

이런 가운데 미국 수정헌법 제1조에서 유래한 인류 보편의 가치가 제대로 실현될 수 있기도 하지만 심각한 도전에 직면하기도 한다. 표현과

---

[571] 전 미국 중앙정보국(CIA) 직원이자 미국 국가안보국(NSA)에서 근무한 에드워드 스노든(Edward Joseph Snowden)이 2013년 6월 NSA의 무차별적 개인정보 수집 등의 내용을 담은 기밀문서를 폭로하면서 전 세계에 큰 파문을 일으킴.

소통을 통한 자기실현과 진리에의 도달, 공동체의 건전한 의사결정, 더 나아가 안정과 변화 사이의 균형을 통한 공동체의 안전과 지속가능한 발전이라는 가치가 실현되기도 하고 침해를 받기도 한다.

여기서 인류가 지향해야 할 자유로운 세계 공동체를 구현하기 위해서는 기본이념과 근본가치로 돌아가야 한다. 미국 수정헌법 제1조에서 지향하고자 했던 가치들을 탐구함으로써 현 시대가 당면한 위기를 극복할 수 있을 것이다. 수정헌법 제1조는 표현의 자유와 언론의 자유의 출발점이다. 이 출발점은 또 모든 인권, 기본권의 출발점이기도 하다. 이에 따라 미국뿐 아니라 모든 자유민주주의(liberal democracy) 국가 헌법의 해석의 기본원리이다. 특히 입법과 행정의 기본지침으로서 입법의 한계를 정하기도 하지만 입법을 형성하게 하는 동력이기도 하다. 수정헌법 제1조의 보호가치들은 우리가 지향해야 할 바를 통찰하게 하면서도 법적으로는 종착점이자 목표가 되기도 한다. 더 나아가 사상의 자유시장을 확대하게 하는 언론활동의 기본교리이기도 하다.

이 장에서는 수정헌법 제1조의 보호가치, 즉 법익을 통해 사상의 자유시장을 확대하는 방안은 무엇인지를 찾고자 한다. 우리와 같이 자유민주주의의 경험이 일천한 나라일수록 더욱더 적극적인 연구가 필요하고, 사상의 자유시장을 확대해 나가야 한다는 생각이다. 물론 시장의 실패에 대한 경고가 나오면서 사상의 자유시장 확대 가능성을 비판하는 견해들도 있다. 궁극적으로 지향하는 바를 고려한다면 사상의 자유시장은 공동체의 활력을 되찾게 하고, 자유민주주의를 발전하게 하며, 지속가능한 번영(the sustainable prosperity)을 이끌어 낼 것이다. 수정헌법 제1조를 천착하는 것은 바로 이 같은 반대론과 비판론에 주목하면서 공적 토론장을 확대할 가능성을 모색하기 위한 것이다.

이에 따라 수정헌법 제1조가 제정된 배경을 통해 표현의 자유가 확립되는 과정을 살펴본다. 이와 함께 표현의 자유가 지향하는 가치를 네 가지로 분류한 에머슨의 이론을 원전에 충실하게 해석하고 여러 학자들의 견해를 통해 이를 검증해 본다. 수정헌법 제1조의 가치들은 서로 유기적으로 연계되어 있다. 이 부분을 깊게 연구하고 이들 가치의 체계를 세워 나가고자 한다. 전체적으로 표현의 자유에 관한 미국 법원의 판례들을 분석하고 표현의 자유가 가지는 가치체계를 형성해 나가고자 한다. 이 장에서는 관념적 세계인 사상의 자유시장을 현실세계로 구체화하고, 공적 토론장을 확대하며 언론의 책임성과 지속가능한 자유민주주의를 구축하는 방안을 찾는 데도 초점을 맞출 것이다.[572]

II. 수정헌법 제1조의 가치체계

1. 수정헌법 제1조의 유래

사상의 자유시장을 구체화한 수정헌법 제1조가 보장하는 표현의 자유는 자연권(natural right)으로 인정되고 앞으로도 존재할 원칙이다.[573] 표현의 자유에 대한 개인의 권리는 미국과 영국 역사상 3세기 동안 치열하게 투쟁한 깊은 뿌리를 갖고 있다. 지금 우리가 이해하고 있는 바대로 그 개념은 본질적으로 자유주의 헌법국가의 발전의 산물이다.[574] 그것은 르네

---

572 이춘구, 미국 수정헌법 제1조의 보호가치 고찰, 언론과 법 제13권 제1호, 한국언론법학회, 2014, p. 203.

573 Wayne Overbeck, Major Principles of Media Law, Harcourt Brace College Publishers, 1998, p. 31.

574 손태규, 왜 언론자유, 자유언론인가, 기파랑, 2012, 117쪽.

상스와 함께 시작된 거대한 지적 사회적 운동 총체의 일부이다. 르네상스는 서구사회를 봉건적이고 권위주의적 사회로부터 인간의 존엄과 이성, 개인의 자유에 의존하는 사회로 바꾸었다. 현대적 형태의 이론은 따라서 3세기 넘게 진화하고 있으며, 변화되는 상황에 적용되고 있고 다른 발전적 문제를 취급하는 것을 찾고 있다. 표현의 자유가 오늘날 우리에게 다가오는 것처럼, 이론을 최종적이고 복합적 형태로 다시 설명해야 한다.

수정헌법 제1조는 "의회는 종교의 설립과 관련된 법률 또는 종교의 자유로운 행위를 금지하는 법률을 제정해서는 안 되며, 언론과 출판의 자유 또는 인민이 평화롭게 집회하고 피해의 구제를 정부에 청원하는 권리를 침해하는 법률을 제정해서는 안 된다"고 규정하고 있다.[575] 미국 건국의 아버지(forefathers, framers)들이 1787년 연방헌법을 제정하고 4년 뒤인 1791년 12월 15일에 수정헌법 제1조를 다시 제정하게 된 것은 연방정부의 권한 남용에 의한 인권 위협 가능성이 제기됐기 때문이다. 미국 헌법 제정 당시에는 표현의 자유를 비롯한 기본적 인권보장을 당연한 것으로 여겼지만 실제 적용과정에서 문제가 발생할 것으로 본 것이다. 권력을 가진 자들이 천사이고, 그들의 권력이 위협보다는 보다 많은 기회를 대표했더라면 수정헌법 제1조는 필요가 없었을 것이다.[576]

수정헌법 제1조는 권리장전(Bill of Rights)의 일부로서 채택했는지 여부에 대해 논란이 일고 있다. 먼저 보통법상의 선동죄를 없애고 위법행위에 대한 선동이 없어도 정부를 비방한 행위에 대해 기소를 하고자 의도했던 사람들이 제정했다고 한다.[577] 그러나 이 같은 일은 미국에서 상상하기 어려

---

[575] Congress shall make no law respecting an establishment of religion, or prohibiting the free exercise thereof; or abridging the freedom of speech, or of the press; or the right of the people peaceably to assemble, and to petition the Government for a redress of grievances.

[576] Frederick Schauer, The Second-Best First Amendment, William and Mary Law Review Volume 31, 1989, p. 1.

운 것이다. 그래서 권리장전은 정치적 편의의 우연한 산물이라는 주장이
있다. 반면에 광범위한 발언과 언론의 자유에 관한 자유주의적 이론은 연
방주의자들이 시행한 '선동죄 처벌법(Sedition Act)'에 반대해서 제퍼슨주
의자들이 자신들을 방어하려고 할 때 비로소 미국에 등장하게 된 것이라
는 견해가 맞서고 있다.[578] 이 같이 표현의 자유를 규정한 것은 영국 법학
자 블랙스톤(William Blackstone)이 언론의 자유를 '출판에 대한 사전 억제
금지(absence of previous restraints upon publications)'로 정의를 내리고 '자
유와 무법(liberty and licentiousness)'을 구분한 것을 본받은 것이다.[579] 또
표현의 자유는 로크의 영향을 받아 자연권으로서 규정되고 있다.[580]

수정헌법 제1조가 제정된 이후 제1차 세계대전 때까지 표현의 자유에
대한 법적 보호는 실제 관행이나 판결을 통해 이루어지지 않고 있었다.
이 시기에 표현의 자유를 주장한 계층은 무정부주의자들이나 노예제도
폐지론자, 세계노동자동맹(Industrial Workers of the World : IWW), 여성운
동가 등이다. 프랑스와의 전쟁에 대비해 선동죄 처벌법이 제정되면서 표
현의 자유의 문제가 실질적으로 대두됐다. 제퍼슨 등 반대파가 비판적인
논설이나 행동을 했다는 이유로 정부가 이 법을 적용하면서 표현의 자유
논쟁이 일게 된 것이다. 그러나 제퍼슨이 집권한 이후에도 상황은 나아지
지 않았다. 1897년 공원에서 노예제도 폐지를 주장하는 설교를 하면서 표
현의 자유를 주장한 목사는 유죄판결을 받았다.[581] 이 기간 표현의 자유를
인정하지 않거나 제한한 판결들의 주된 요지는 이른바 해로운 경향(bad

---

577 Z. Chafee, Free Speech in the United States, Harvard University Press, 1941, p. 21
578 Leonard Levy, Legacy of Suppression: Freedom of Speech and Press in Early American
History, Cambridge · Mass. · Harvard University Press, 1960, p. vii.
579 William Blackstone, 4 Commentaries on the Laws of England (1765−1769), Lonang
Institute, 2005, pp. 151−152. T. Barton Carter · Marc A. Franklin · Jay B. Wright, p. 26. 재
인용.
580 T. Barton Carter · Marc A. Franklin · Jay B. Wright, op. cit., p. 31.
581 Davis v. Massachusetts, 167 U.S. 43 (1897).

tendency)이나 추정의사(constructive intent)를 근거로 하는 것들이다.[582]

이러한 헌법적 배경 속에서 정보통신기술의 급속한 발달에 따라 과거에 존재했던 것보다 많은 의사전달 수단이 미국에 등장하고 있다. 공적 연설과 출판 등 표현이 다양한 종류의 방송매체와 유선망, 캠코더와 개인 복사기와 같은 가정용 매체에 의해서도 보조를 받고 있다. 그러나 보다 많은 의사전달 수단이 등장한다고 해서 모든 미국인들이 매체에서 자유롭게 발언할 적절한 기회를 갖는 것은 아닐 것이다. 신문과 라디오, 텔레비전과 같은 전통적 매체들은 막대한 투자를 요하며, 소유자들이 내린 편집 선택에 대해 이들 전통적 매체는 복종하게 된다. 비디오카메라와 개인 컴퓨터, 인터넷, SNS 등과 같은 도구들도 널리 보급되고 있지만 아직도 일부 부자들에게 접근 기회가 더 확장돼 있는 실정이다.

미국이 자유로운 표현(free expression)을 가치 있게 평가한다면, 미국은 모든 사람이 그러한 자유를 실현할 수 있도록 기회를 증대시키려고 하는 시도들을 가치 있게 평가해야 한다. 여기서 자유로운 표현을 위한 기회를 확대하는 가치를, 그러한 기회를 확장하는 수단들 그리고 다가올 시대에 자유로운 표현을 확장시킬 가능성이 있는 전망들을 점검해야 한다.

2. 수정헌법 제1조 법리의 발달

표현의 자유를 보장하는 수정헌법 제1조가 종종 다르게 해석되는 것은 그것의 정확한 의미를 비춰 보려고 시도하는 수백 권의 책과 법원 판결에 의해 입증되고 있다. 자유로운 표현에 주어진 여러 의미들과 보호가치, 즉

---

582 조소영, 표현의 자유의 제한방법론에 관한 연구—미국의 연방대법원 판례를 중심으로, 연세대학교 대학원 박사논문, 2001, 11쪽.

보호법익, 각 접근법과 관련된 분석과 비판들을 통해 수정헌법 제1조 이론이 형성된다. 하나의 개념이 이 담론을 인도한다. 만약에 자유로운 표현이 소중하게 평가된다면, 자유로운 표현이 이루어지게 하는 최대의 기회를 고무시키기 위해 조치들이 취해져야만 한다는 것이다. 정부 등이 발언자들을 위한 선택을 축소하는 것으로 의심될 때에는 자유로운 표현의 출구를 증대시키는 정책들을 우호적으로 간주해야 한다. 이에 따라 수정헌법 제1조 이론은 사상의 자유시장 이론을 구체화하는 판결과 표현의 자유에 대한 정당성을 인정하는 판결 등에 의해 그 기초를 형성하게 됐다.

수정헌법 제1조가 표현의 자유를 적극적으로 실천해 나가고 사상의 자유시장 이론의 주요 근거가 되게 된 계기는 1919년 홈즈 연방대법관의 판시에서 비롯된다.[583] 그는 소수의견으로 다음과 같이 주장했다:

"그러나 시대가 많은 논쟁적인 믿음을 뒤집고 있다는 것을 깨달을 때, 보다 바람직한 궁극적인 선은 사상의 자유로운 거래(free trade in ideas)에 의해 도달된다는, 진리의 최선의 시험은 시장의 경쟁(the competition of the market)에서 진리를 받아들여지게 하는 사상의 힘(the power of the thought)이라는, 진리는 자신들의 바람을 안전하게 수행할 수 있는 유일한 근거라는 자신들의 행동의 근거를 믿는 것보다 그들은 더 잘 믿게 될 것이다."

이 판시는 사전억제 금지원칙(freedom from prior restraint)의 근거로 인용되고, 표현의 자유가 여러 견해들의 올바른 길을 열어 줄 당위적인 명령을 함축하고 있다.[584] 홈즈는 여기서 보듯이 사상의 자유시장이라고

---

583 Abrams v. U.S., 250 U.S. 616, 630 (1979).
584 이춘구, 사상의 자유시장 이론 전개의 법적 고찰, 국가법연구 제10집 1호, 한국국가법학회, 2014, 105쪽.

표현하지 않고 '사상의 자유로운 거래'라고 표현했다. 블라시(Vincent Blasi) 교수는 그 문구를 추적해 뉴볼드(David M. Newbold)가 1936년 뉴욕타임스 편집인에게 보낸 편지에서 처음 사용했다는 것을 밝혀냈다.[585]

미국 헌법 역사상 자유로운 표현의 정당성을 인정하는 연방대법원의 판결 가운데 가장 영향력이 있는 것은 Whitney사건에서 브랜다이스 연방대법관이 내린 판결이다.[586] 판시 내용을 충분히 살펴본다 :

"우리의 독립을 쟁취한 이들은 국가의 최종 목적이 인간을 자유롭게 해서 자신들의 능력을 발전시키고, 정부 안에서 심사숙고하는 힘이 자의적인 힘을 이겨야 한다고 믿었다. 그들은 자유를 목적이자 수단으로 평가했다. 그들은 자유가 행복의 비밀이며 용기가 자유의 비밀이라고 믿었다. 그들은 자신이 하고자 하는 대로 생각하고 말하는 자유는 정치적 진리(political truth)를 발견하고 확산시키는 데 없어서는 안 되며, 자유로운 발언과 집회 없이는 토론이 무용지물이며, 자유로운 발언과 집회로써 토론은 유해한 교리의 확산에 대해 정상적으로 적절한 보호를 하며, 자유에 대한 최대의 위협은 기력이 없는 인민이며, '공적 토론이 정치적 의무이며', 그리고 이것이 '미국 정부의 근본원칙(the fundamental principle of the American Government)'이어야 한다고 믿었다.

그들은 모든 인간의 제도들이 굴복하는 위험을 인정했다. 그러나 그들은 법률 위반에 대한 처벌의 공포만으로 질서가 확보될 수는 없다는 것을, 사상과 희망, 상상력을 좌절시키는 것은 위험하다는 것을, 공포는 압제를 낳는다는 것을, 증오가 안정된 정부를 위협한다는 것을, 안정된 길은 불만

---

585 Anthony Lewis, Freedom for the Thought That We Hate-A Biography of the First Amendment, 2007. 박지웅·이지은 옮김, 우리가 싫어하는 생각을 위한 자유-미국 수정헌법 제1조의 역사, 간장, 2010, 263쪽.

586 Whitney v. California, 274 U.S. 357, 375-377 (1927).

과 그 구제를 자유롭게 논의하는 기회에 놓여 있다는 것을, 사악한 자문에 대한 적합한 구제가 선한 것들임을 알고 있었다. 공적 토론을 통해 적용되는 것으로서 이성의 힘을 믿으면서, 그들은 법률에 의해 강제되는 침묵을 피했다. 힘으로 주장하는 것은 최악의 형태이다. 지배하는 다수의 전제가 종종 일어나는 것을 깨닫고, 그들은 자유로운 발언과 집회가 보장되도록 헌법을 수정했다."

　브랜다이스의 주장은 축자적으로 분석해 볼 만한 가치가 있다. 대략적으로 정리한다면 첫째, 국가의 최종목적은 인간을 자유롭게 하고 인간이 자기실현을 할 수 있게 하는 데 있다고 밝혔다. 둘째, 정치적 진리의 발견을 통해 공동체의 의사를 결정하며, 이 과정에서 사상의 자유시장이 기능을 하는 것으로 본다. 자유로운 발언과 집회로써 유해한 교리의 확산을 방지한다는 생각은 밀턴과 홈즈 등의 사상을 뒷받침하는 것으로 해석된다. 셋째, 공적 토론을 정치적 의무로 규정하고 자유로운 표현을 최대한 보장하는 게 미국 정부의 원칙이라고 천명했다. 공동체의 의사결정에 대한 참여가 구체적으로 표현되고 있다. 마지막으로 이성의 힘을 믿으면서 전제를 방지하며 공동체의 안정과 변화를 추구해야 한다고 제시했다. 이 같은 분석을 통해 표현의 자유의 가치가 법적 이익으로 구체화하는 과정을 겪고 있다.

　자유로운 표현을 구성하는 것을 보다 더 잘 이해하기 위해서는 자유로운 표현이 왜 가치가 있는지를 우선 규정하는 게 본질적이다. 자유로운 표현에 대한 그 무엇이 그것을 보호할 가치가 있게 하는가를 밝혀야 한다. 표현의 자유의 의미는 정치적 문화적 맥락에 기속된다.[587] 예를 들면 위 판결처럼 정치과정에 대한 기여로 인해 자유로운 표현이 소중하게 평가된다면, 이러한 목적에 기여하지 않는 언론의 규제는 필연적으로 문제가 된다. 체제가 정치적 표현을 보호하기 위해 확립되어 있다고 한다면,

역으로 본질적으로 정치적이고 적절하지 못하다고 해서 그 발언을 제한해서는 안 된다.

3. 에머슨의 4대 분석틀

사상의 자유시장에서 자유로운 표현의 가치들에 대한 흥미 있는 이론은 긍정적인 권리들이 수정헌법 제1조 아래 존재하는가, 또는 그것이 단지 정부의 개입을 금지하는가에 대한 문제이다.[588] 수정헌법 제1조를 지지하는 이론들은 다양한 토론장 속에 풍부하다. 우리는 기본적으로 미국의 판례법 전통에 따라 연방대법원의 판결들을 분석하며 이론을 형성해 나갈 수 있다. 자유언론과 헌법, 정치철학 교과서들과 마찬가지로 법학저널들 역시 통찰력을 제공한다. 수정헌법 제1조가 표현의 자유를 성문화하면서 보호하려는 가치, 즉 법익은 브랜다이스가 판시한 것처럼 정치적 진리의 발견과 확산이 주요한 것으로 받아들여졌다. 여기에 판례가 형성되고 표현의 자유 이론이 발전하면서 다양한 가치들이 제시됐다. 그러나 에머슨(Thomas Emerson)이 분류한 것에 대체적으로 포함되어 있다. 많은 연구자들은 수백의 자료들을 검토한 결과 에머슨의 네 개의 가치 분류에서 크게 벗어난 접근법은 거의 없다고 인정하고 있다.

에머슨은 수정헌법 제1조에 의해 본질적으로 보호받는 주요 가치를 4개로 범주화하고 있다.[589] 자유로운 표현체제를 유지하는 것이 ① 개인

---

587 J. Cohen & T. Gleason, Social Research in Communication and Law, Sage Publications, 1990, p. 54. Dom Caristi, Expanding Free Expression in the Marketplace-Broadcasting and Public Forum, New York: Quorum Books, 1992, p. 2. 재인용. 이하 Expanding Free Expression으로 표기.

588 T. Emerson, The Affirmative Side of the First Amendment, 15 Georgia L. Rev. 1981, p. 795.

589 T. Emerson, First Amendment, pp. 3-4.

의 자기실현을 보증하는 수단으로서, ② 진리에의 도달 수단으로서, ③ 정치적 의사결정을 포함해 사회적 의사결정을 내리는 데 있어서 사회 구성원의 참여를 확보하는 수단으로서, ④ 사회에서 안정과 변화 사이에서 균형을 유지하는 수단으로서 필수적인 것으로 본다.[590] 에머슨은 한계 문제나 다른 가치들과의 조화와 관련 없이 독립적이고 적극적인 측면에서 4대 가치들을 고려한다.

수정헌법 제1조 연구자들 사이에서는 이 4대 가치 가운데 제1 가치를 개인을 위한 것으로, 다른 3대 가치들은 사회를 위한 사회중심적(society-centered)적인 것으로 크게 분류하고 있다.[591] 자기실현은 개인이 법익 주체이다. 대규모 언론사는 자기실현을 주장할 근거가 거의 없고, 소규모 언론사는 개인 출판사나 편집자가 '또 다른 자아(alter ego)'를 내세우며 자기실현을 주장할 것이다. 그러나 '발언자(speaker)'를 언론이나 개인으로 나누는 것은 적절하지 않다. 여기서는 발언자보다 '청자(audience)'의 역할이 이들 가치를 정당화하는 것으로 분석된다. 직접적으로 보호법익이 영향을 미치는 것을 고려하면 이 분류가 법학 연구에서는 일면 타당한 것처럼 보인다. 그러나 개인을 위한 가치도 결국 사회를 위한 것에 기여하고, 사회를 위한 것도 개인을 위해 기여하고 있다. 이에 대해서는 자기실현과 진리에의 도달 가치를 개인적 가치의 보호로 보고, 다른 두 가지 가치를 사회적 가치로 보며, 언론의 기능을 강조하는 견해도 있다.[592]

에머슨은 자기실현 과정의 일부로서 자신을 표현하기 위한 인간 본성에 있어서 근본적 수요가 있다고 제시했다. 표현의 자유를 제한하는 것은 인간

---

590 D. Tucker, Law, Liberalism and Free Speech, Rowman & Littlefield Pub Inc., 1985, pp. 39-42. 이외에 편집의 자율성 등도 포함된다. 앞의 3개 항목은 동등한 표현의 기회의 보장의 가치. Dom Caristi, Expanding Free Expression, op. cit. p. 2. 재인용.
591 T. Barton Carter · Marc A. Franklin · Jay B. Wright, op. cit. p. 33.
592 Nancy C. Cornwell, Freedom of the Press-Rights and Liberties under the Law, ABC CLIO, 2004, p. 5.

의 필수적 본성을 부정하는 것이다. 에머슨은 자기실현을 위한 수요의 일부는 자신의 삶에 영향을 미치는 결정에 참여하는 권리 속에서 실현된다고 믿었다. 그러한 의사결정의 기초를 형성하는 정보를 제공하는 데 언론이 행하는 역할이 주어진다면, 개인의 자기실현 가치의 일부로서 언론보호의 중요성은 분명하다. 진리의 발견과 개인의 자기실현이라는 두 가지 가치는 표현을 보호하는 개인적 가치와 매우 밀접하게 연관되어있다. 그러나 언론자유를 보호하는 것은 그러한 개인주의적 가치들을 촉진시킨다.

에머슨의 다음 두 가지 가치는 표현을 보호하는 개인적 가치를 넘어서 확장되고 또 자유로운 표현의 체제와 연결된 보다 큰 사회적 가치들을 고려한다. 그는 표현을 보호하는 것은 사회가 시간이 지남에 따라 변화하는 만큼 사회를 위한 중요한 '안전밸브(safety valve)'를 제공한다고 제시한다. 사회는 일정한 차원에서 특정한 정도의 응집력을 요구한다. 그러나 사회는 역시 새로운 사상들을 채택하고 변화시켜야 한다. 사상의 자유로운 교환은 에머슨이 부르는 바와 같이 건강한 분할과 필요한 합의 사이에 진동하는 동안 세워진 긴장들을 드러내고 녹이는 데 필수적인 역할을 한다. 이러한 미묘한 균형은 시민사회가 부딪치는 쟁점과 관심사항들을 공개적으로 토론하는 것에 의해 촉진된다.

에머슨이 주장한 것처럼 사람들은 의사결정 과정에 한 부분을 차지하면 자신들에 반대되는 결정을 받아들일 준비가 보다 더 잘 돼 있다. 대부분의 공적 정보가 대중매체를 통해 확산될 때 그러한 형태의 언론에 접근하는 것이 본질적으로 증가한다. 예를 들면 2000년 전국 선거운동에서 주류 후보들처럼 대중매체와 대통령 후보 텔레비전 토론에 접근할 기회를 가졌더라면 네이더(Ralph Nader)와 같은 소수파 후보들이 여론조사에서 더 좋은 반응을 얻었을 것이라고 선거 후 지적됐다.

사상의 자유시장과 표현을 보호하는 에머슨의 가치는 '참여민주주의 (participatory democracy)'의 이상을 향한 눈으로 제시되고 있다. 비록 권리장전의 주창자들이 수정헌법 제1조로써 표현의 보호를 의도했든 의도하지 않았든 보호의 정도에 차이가 있다 하더라도, 학자들은 그 의도는 정부 검열로부터 정치적 표현을 보호하기 위한 것이라는 데 동의한다. 에머슨으로서는 이 참여의 권리는 정치적 표현을 넘어 멀리 움직이고, 전체 문화를 구축하는 데 참여하는 권리를 포함하며, 종교와 문학, 예술, 과학 그리고 모든 범주의 인간 학습과 지식을 포함한다. 이러한 가치들은 민주주의 사회에서 표현을 보호하기 위한 광범위한 정당성을 제공한다. 자유언론의 역할은 에머슨이 제시한 개인적 사회적 가치 양자를 촉진시키는 데 중심적이다.

고전적 자유주의자들에 의해 정체가 규명된 자유의 이점들, 즉 진리의 발견과 예술과 과학의 진보, 종교의 자유로운 행사의 유익한 도덕적 효과들이 사회적 가치들로 변형이 됐고, 자유 그 자체는 사회적 도구로 변형이 됐다.[593] 이러한 시각은 미국 연방대법원의 선도적인 자유로운 언론 판결들에 반영되고 있다. 이 판결들은 대부분 홈즈와 브랜다이스의 실용주의를 채택했다. 슈미트(Benno Schmidt)는 다음과 같이 관찰했다.[594] 홈즈와 브랜다이스는 대체로 사회적 가치의 실용적 이유로 발언을 보호하기 위해 연방대법원의 형제들을 설득하고자 했다. 사상의 자유시장은 그 결과이며, 표현의 자유의 수사에 있어서 지배적인 인상을 남겼다. 개인적 발언은 보호돼야 한다. 왜냐하면 개인적 발언이 다양성과 경쟁을 가져오고 따라서 진리의 집단적 탐구에 효율성을 가져오기 때문이다.

그러나 이 4대 가치들은 상호보완적이며, 체계적으로 상호작용을 하면서 자유민주주의와 개인과 공동체의 번영을 추구하는 데 기여하고 있다고

---

593 David Kelley · Roger Donway, Liberalism and Free Speech, Democracy and the Mass media, The Press Syndicate of the University of Cambridge, 1990, pp. 73–74.

594 Benno C. Schmidt, Jr., Freedom of the Press vs. Public Access, Praeger, 1976, p. 33.

할 것이다. 4대 가치 중 어느 가치가 중요한 것일까라는 질문은 터무니없는 것이다. 4대 가치는 복합적이다. 이들 가치가 유기체적으로 서로 보완적이며, 궁극적으로 완성을 향해 가는 과정이다. 어느 한 가지를 소홀히 한다면 다른 가치들이 위험에 처하게 된다. 민주주의를 지지하기 위해 정치적 메시지만 보호를 받는다면 안정된 사회를 만들기 위한 반대의 목소리는 보호를 받지 못하게 될 것이다. '수정헌법 제1조 센터'에 따르면 9·11테러 직후 미국 국민은 자유로운 표현의 권리를 상당히 낮은 수준으로 지지했다. 그러나 지지율이 점차 증가해 9·11 이전 수준으로 올라갔다.[595]

구체적으로 에머슨의 각각의 가치는 어떠한 특별한 형태의 표현이 어떠한 내용적 기준 위에 기초해 헌법적 보호를 받을 자격이 있는지 여부를 결정할 것을 요한다. 예를 들면 진리를 발견하는 것이 수정헌법 제1조에 의해 보호를 받는 근원적 가치라고 한다면, 진리를 진전시키려고 하지 않는 발언은 그러한 보호를 받을 만한 가치가 있는 게 아니다. 고의적 거짓말은 보호를 받아서는 안 된다. 발언자가 그러한 표현이 진리의 발견을 진전시키는 게 아니라는 것을 알기 때문이다. 진리에의 도달이 중요한 가치라고 해서 다른 가치들을 소홀히 할 수는 없다. 자기실현이 유일한 목적이라고 하면 광고는 보호를 받지 못할 것이다. 또 상품정보를 제공하는 진실된 광고가 헌법적 보호가치가 있다고 할지라도, 과장과 상징의 수단에 의해 상품구매를 촉진하는 광고는 상품에 대한 진리를 전달하지 않거나 또는 진리의 대의명분을 진전시키려고 시도하지 않는다.

물론 에머슨은 네 개의 가치 중 단 한 개만이 보호의 가치가 있다고 제시하지 않으며, 오히려 모든 가치가 집합적으로 표현의 장점을 보호할 이유가 있는 것으로 가득 채운다고 제시하고 있다. 불행히도 에머슨은 가치

---

595 Dom Caristi · William R. Davie, Communication Law—Practical Applications in the Digital Age, Pearson Education, Inc., 2012, pp. 33-34.

들의 계층을 세우지 않고, 그 대신 연방대법원과 다른 사람들에 의해 행해진 지속적인 균형을 위해 언제든지 자유로운 표현의 권리가 다른 권리들 또는 다른 자유로운 표현권들과 모순된다는 것을 인정했다.

명예훼손법을 둘러싼 최근의 법적 불확실성은 그 자체에 반대하는 자유로운 표현을 균형 잡게 하는 결과를 빚게 한다. 민주적 절차를 증진시키는 이익과 관련해서는 공적 인물에 대한 명예훼손적 언급들은 사적 개인들에 대한 것들보다 더 큰 보호를 받는다.[596] 이에 따라 공적 인물인지 사적 인물인지를 구분하는 것은 많은 명예훼손사건들의 가장 중요한 부분이 됐다.[597] 또 진리를 발견하는 것의 가치는 명예훼손법에 종속적이다. 진리가 지배적 가치이면, 일단 거짓이 드러나고 법률이 정정을 요구하는 것이 적절하다. 연방대법원은 이와는 반대로 그러한 요구를 위헌으로 본다.[598] 명예훼손법 사건에서 명예훼손 가해자가 사업을 할 수 없을 정도로 화폐적 손해를 산정하는 것은 합헌이다.[599]

에머슨의 4대 가치들은 상호 연관적 가치를 지지한다. 그 가치는 자유로운 표현을 최대한 증가시키는 것을 유용하게 한다. 자유언론이 좋다는 전제를 받아들이면, 에머슨의 각자의 가치는 보다 더 자유로운 언론이

---

596 New York Times v. Sullivan, 376 U.S. 254, 270 (1964). 공적 쟁점에 대한 논쟁은 아무런 제약을 받지 않고 활발하고 공개적이어야 한다. 또 정부 공무원에 대해 격렬하고 신랄하고 때로는 불쾌하게 예리한 공격을 포함하는 것은 당연하다. Gertz v. Welch, 418 U.S. 323 (1974). 사적 개인들은 공무원들과 공적 인물들보다 가해에 취약할 뿐 아니라 회복을 보다 더 받을 만하다.

597 Rosenblatt v. Baer, 383 U.S. 75 (1966); Curtis Publishing Co. v. Butts, 388 U.S. 130 (1967); Monitor Patriot Co. v. Roy, 401 U.S. 265 (1971).

598 CBS v. DNC, 412 U.S. 94, 124–125 (1973): 심지어 유료광고 형태일지라도 접근권이 법적으로 요구돼야 한다는 어떠한 요구도 거부했다. "편집은 편집자들을 위한 것이다…고도의 가치들을 보호하기 위해 계산된 위험들은 받아들인다." Miami Herald Publishing v. Tornillo, 418 U.S. 241 (1974): 대법원장 버거(Burger)는 편집의 자율성은 헌법적 보호가치가 있는 원칙으로 판시했다. 편집의 자율성이 어떠한 설명도 없이 유지된다는 '고도의 가치'를 언급함으로써 어떠한 논리적 분석도 적용될 수 없다. 이 제안은 다음의 질문을 요한다. 대부분의 매체를 위한 편집 결정이 아닐지라도, 헌법적 보호가치가 있는 것으로 어떤 광고를 수용하기 위해 왜 결정을 내려야 하는가?

599 Miami Herald Publishing v. Tornillo, 418 U.S. 241 (1974).

보다 더 좋다고 하는 생각을 지지한다. 자유로운 표현이 자기실현을 확실하게 해 주기 때문에 자유로운 표현이 보호된다면, 자기실현이 실현될 수 있다는 것을 확실히 하기 위해 가능한 한 많은 발언이 보호되어야 한다고 할 것이다. 이와 마찬가지로 자유언론이 민주주의 과정에 기여하기 때문에 자유언론의 가치가 인정된다면, 민주주의에 참여를 증대시키기 위해 보다 많은 발언이 보호되어야 한다. 이러한 논쟁이 모든 발언이 허용되어야 한다는 것을 주장하는 것은 아닐지라도, 기회의 증대가 진술된 가치들이 보다 더 큰 보호를 실현할 가능성을 증대시켜야 한다는 것을 주장하는 것은 논리적이다.

자유로운 표현을 위한 기회의 증대를 지지하는 사람들은 그 근거로서 매체 증가로 인한 다양성을 들며, 표현 기회의 증대는 관점의 다양성으로 귀결된다고 주장한다. 관점의 다양성은 결국 진리의 추구와 민주적 절차를 고무시킨다. 그러나 이것은 특별한 표현이 보호가치가 있는지를 결정하기 위한 내용 기준으로 귀결된다. 다양성이 실제로 자유로운 표현을 위한 기회 증대의 궁극적인 결과가 될지 몰라도, 그것은 반드시 따라야 하는 것은 아니다. 다양성이 자유로운 표현을 보호하는 것 뒤에 있는 가치라고 한다면, 반복적인 의사전달은 헌법적 보호를 받을 만한 가치가 없다. 이것은 분명히 대부분의 광고가 수정헌법 제1조의 보호를 받을 자격이 없다고 하는 것을 제시한다. 정치 연설가 자신이 또는 다른 사람들이 과거에 진술한 입장을 단순히 반복하는 것은 다양성을 증대시키지 않고, 또 그만큼 이 제도 하에 특별한 주목을 받을 가치가 있는 것은 아니다.

공적 토론장을 통한 발언 기회의 증대가 자유로운 표현 내에 내재하는 가치들에 확실히 부가된다고 해서 권리들이 여전히 갈등관계인 현실을 무시하는 것은 아니다. 발언 기회의 증대가 가치를 갖는다고 해도 프라이버시권과 공정한 재판 또는 심지어 평판을 제거하는 것은 아니다. 그 대신 그러한 주장은 수정헌법 제1조의 이론가들을 위한 우월성을 확립시켜 준다. 즉 언제나 가능하다면 표현 기회의 증대, 더 나아가 사상의 자유시장을 확대하는 공적 토론장이 반드시 확충되어야 할 것이다.

4. 수정헌법 제1조 이론의 함축적 가치

표현의 자유는 자치에 중점을 두면서 국가권력이 침해해서는 안 되는 절대적 가치(absoluteness)를 지닌 것으로 평가되기도 한다.[600] 수정헌법 제1조 이론은 이 같은 근본적 가정으로부터 검토되어야 한다. 수정헌법 제1조에서 보장하는 표현의 자유는 그 가치 위계에 있어서 다른 어떤 가치에 대해서도 비하될 수 없다. 표현의 자유가 사회의 유일·충분한 목적은 아닐지라도 그것은 인간 존엄성의 실현으로서 그 자체 하나의 선으로서 가치적 요소를 가지며, 인간사회에서 본질적 요소를 구성한다.[601]

표현의 자유는 공동체 구성원으로서 자신에게 주어진 역할을 수행하는 것을 보장한다. 여기서 개인의 지식에 접근하는 권리, 자신의 의견을 형성하는 권리, 자신의 희망과 판단을 전파할 수 있는 권리 등 자신이 속한 사회와 국가의 목적이나 형성에 참여하는 권리가 도출된다. 블랙스톤이 자유로운 표현을 제한할 수 있다고 보는 반면에 채피(Zechariah Chafee) 교수는 미국에서 현실의 대중적 의사가 무제한으로 공적인 일을 토론할 권리가 있다고 보충한다.[602]

그러나 현존하는 일부 접근법들은 수정헌법 제1조의 해석이론이지만

---

600 Stephen W. Gard, The Absoluteness of the First Amendment, HeinOnline 58 Neb. L. Rev., 1978-1979, p. 1053.

601 박용상, 앞의 책, 36쪽.

602 John E. Nowak · Ronald D. Rotunda, Constitutional Law, 2004. 이부하(역), 미국 헌법상 표현의 자유, 영남법학 11권 1호, 영남대법학연구소, 2005, 232쪽.

자유로운 표현의 가치문제를 경시하는 경향이다. 건국의 아버지들의 의도를 분석하는 이론이 대표적이다. 이 입장에서는 수정헌법 제1조의 의미를 적절하게 해석하는 것은 본래의 의도를 점검하는 것을 요한다고 주장한다. 이 주제에 대해서는 학문의 과잉현상을 빚고 있다. 연방대법원도 역시 판결 이유로 입안자들의 의도를 인용했다. "인민에 의해 요구되는 정치적 사회적 변화를 초래하는 것을 위한 사상의 제한받지 않는 교환을 확보하려고 발언과 언론에 주어진 보호가 형성되고 있다."[603] 입안자들의 의도 탐구를 논하는 데 있어서 어느 중요한 쟁점에 대해 법원이 명확하게 협약의 의도를 확립했다고 하는 단 하나의 사례도 없다. 인용되는 많은 노작들은 논쟁을 빚고 있으며, 이 논제에 대해 아무것도 추가하지 못한다. 만약에 의도가 명백하지 않다면, 그때에는 언론의 자유에 대한 헌법적 해석에 있어서 결정적 요소가 될 수 없을 것이다. 아마도 상당한 혼란과 모순이 본래의 의도를 결정하는 데 사용되어야 하는 저작들에 대한 불일치로부터 초래될 것이다. 수백 년 이전의 철학자들, 국가가 비준하는 협약들, 의회 의원들 또는 40여 년 이후 정치인들의 연설의 의도가 연구 대상이 될 것이다.

그럼에도 불구하고 수정헌법 제1조의 보호법익을 연구하기 위해 헌법 기초자들의 의도에만 의존하는 것은 불충분하다는 지적이 이어지고 있다. 헌법 기초자들의 의도를 측정하는 데 사용되는 도구가 부정확하고 다양한 해석 가능성이 있다. 특히 그들의 의도에만 의존하는 것은 수정헌법 제1조의 동태적 성질을 무시하고 헌법의 기능을 좁게 해석하는 것이다. 특히 수정헌법 제1조의 언어가 매우 모호하고, 역사는 이 모호성을 악화시키고 있다는 비판을 받고 있다.[604] 심지어 교리는 인간의 내부 이성에

---

603 Roth v. U.S., 354 U.S. 476, 484 (1957).

자리를 잡고 인간을 배신하기 때문에 그 복종자에게 끔찍한 독재자가 된다고 경고한다. 이 견해에 따르면 입법자들과 국민투표로 수정헌법 제1조의 의미가 정해질 것이다.

수정헌법 제1조 원칙의 복잡성으로 인하여 모든 상황에 적용 가능한 단일한 척도나 규율을 확립하는 것은 어렵다. 자유로운 표현권을 정의하는 데 사용된 일반 언어의 신축성은 "현실 뒤에서 불가피하게 뒤처지고 있는 원칙을 회피하기 위한" 증거이다.[605] 단일한 규율 대신 여러 규율들이 포함해야 하는 여러 차원들을 고려하는 게 적합할지도 모른다. 포괄적인 자유언론 이론을 발전시키려고 하는 하나의 시도로 헌법학자 트라이브 (Laurence Tribe)는 헌법적 이론을 형성하는 데 포함해야 하는 네 가지 차원을 제안했다.[606] 이들 가운데 두 번째는 그것이 구체화하는 가치에 대한 참고로 제공하는 자유언론 이론을 요구하는 데 있어서의 구조적 요소이다. 다른 3개 차원들은 전제와 방법론, 한계이다.

사회가 내부의 체제전복 세력과 해외의 강력한 적에 의해 위협을 받게 되면 언제나 표현의 자유는 손상될 것이다. 지난 3세기 동안 수정헌법 제1조의 자유는 전쟁이 임박할 때에는 반복적으로 위축됐다. 법사학자인 레비(Leonard Levy)는 수정헌법 제1조가 제정 당시에서부터 국가를 전복하려는 기도나 공격에 대해서까지 표현의 자유를 인정하는 것은 아니라고 말한다.[607]

그는 건국의 아버지들은 수정헌법 제1조에 공익과 관련된 모든 주제에

---

604 W. Mendelson, On the Meaning of the First Amendment: Absolutes in the Balance, California Law Review Volume 50, 1962, p. 821.

605 F. Schauer, The Role of the People in First Amendment Theory, 74, Cal. L. Rev., 1986, p. 761-784. 이하 The Role of the People로 표기.

606 Tribe, Toward a Metatheory of Free Speech, 10 S.W.U.L. Rev., 1978, pp. 237-239. Dom Caristi, Expanding Free Expression, op. cit. p. 4. 재인용.

607 Wayne Overbeck, op. cit. p 41.

대해 귀에 거슬리며, 좀먹고, 공격적인 토론에 참여할 권리를 부여하는 것으로 생각했다고 밝혔다. 채피도 표현의 자유는 진실을 발견하고 지식을 증진시키는 데 필수적이라고 주장하고, 진리의 탐구는 절대적으로 제한 없는 토론을 통해서 가능하다고 말했다. 또 수정헌법 제1조의 경계선은 공공의 안전과 진리탐구에 놓여 있다고 덧붙인다. 마이클존은 이에 대해 불법적인 행위로 기소되는 표현만이 처벌이 가능하다고 동의한다. 이런 관점에서 그는 수정헌법 제1조를 "입법부 판단으로, 질서와 안전의 이익이 그러한 행위를 바람직한 것으로 제시할 때에만 의회는 발언의 자유를 침해해야 한다"고 반대해석을 한다.[608]

언론이 책임지지 않을 권리를 가지지 못한다면, 언론의 자유는 있을 수 없다.[609] 언론계로서는 언론사의 독점적 행위뿐 아니라 언론인의 선정주의와 부정확한 보도, 오만 등은 정부에 의해 징벌적 반응을 받게 될 것이다. 언론이 언론의 자유를 유지하려고 한다면, 정부의 전반적인 분야의 권력 남용에 대한 감시를 강화해야 하고, 스스로 언론의 자유를 누리는 데 있어서 더욱더 책임 있게 해야 한다.

수정헌법 제1조를 해석하는 것은 언론법 연구에 핵심적이다. 수정헌법 제1조가 어떤 형태로 발전해 나갈 것인가는 법을 형성하고 대통령과 의원, 법관들을 선임하는 국민들 몫이다. 미국 여론조사 결과에 따르면 언어나 주제가 공격적인 미술가나 음악가 등의 자유로운 표현을 제한하자는 의견이 많다. 또 새로운 사상의 자유시장으로 자리를 잡아가고 있는 인터넷 등 SNS가 정부 통제를 받지 않으면서 공적 토론장으로서 제 기능을 하게 해야 한다. 정치적으로 바로잡기에 대한 현재의 압력은 언론과 대

---

608 Only when, in the judgment of the legislature, the interests of order and security render such action advisable shall Congress abridge the freedom of speech.

609 Deni Elliot, Responsible Journalism, Sage Publications, 1986, p. 81.

학에서 공격적인 단어나 사상을 표현하는 자유를 위축시키고 있다. 이런 점에서 더글러스 연방대법관이 "미국이 수정헌법 제1조를 통해 이룩한 표현의 자유는 앞으로 다가오는 영겁 동안에도 경외의 눈으로 바라볼 것이다"라고 말한 것은 시사하는 바가 크다.[610]

III. 에머슨의 4대 가치론 분석

1. 자기실현으로서 자유로운 표현

(1) 개인의 자기실현(Individual Self-fulfillment)[611]

에머슨에 따르면 표현의 자유에 대한 권리는 무엇보다도 순수히 개인 자격으로서 개인의 권리로 정당화된다. 그것은 인간의 적절한 목표는 인간으로서 자신의 성격과 잠재능력을 실현하는 것이라고 널리 받아들여지고 있는 서구 사상의 전제로부터 유래한다.

인간은 주로 인간의 정신의 특질에 의해 다른 동물과 구분되고 있다. 인간은 비록 본질적인 것은 아니지만 어느 정도 특유한 방법으로 생각하고 느끼는 힘을 갖고 있다. 인간은 추상적 용어로 생각하고, 언어를 사용하고, 자신의 생각과 감정을 전달하며, 문화를 건설하는 능력을 갖고 있다. 인간은 상상력과 통찰력, 감각력 등의 발전을 통해서 이 세상에서 자

---

610 Don R. Pember, Mass Media Law, Wm. C. Brown Publishers, 1984, p. 38.
611 T. Emerson, First Amendment, pp 4~7.

신의 의미와 자신의 위치를 파악하게 된다.

자기실현(self-realization)의 달성은 정신의 발달로부터 시작한다.[612] 그러나 의식의 본질상 의식적인 사고의 과정은 제한이 있을 수 없다. 개인은 의식이 어디로 이끄는지 또는 의식이 그것의 목적을 기대할 수 있는지 말할 수는 없다. 게다가 그것은 개인적으로 독특한 과정이다. 모든 인간은 자신의 동료들에 의해 영향을 받고, 살고 죽는다. 그러나 인간의 정신은 그 자신의 것이며, 정신의 작용은 필연적으로 개인의 독특한 업무이다.

이로부터 모든 인간은 자신의 인격 발달에 있어서 자기 신념과 의견을 형성할 권리를 갖는다. 그리고 역시 인간은 이 신념과 의견들을 표현할 권리를 갖는 것이 된다. 그렇지 않으면 그것들은 거의 의미가 없다. 표현이 사상의 발달, 정신적 탐구와 자기확인(affirmation of self)의 총체적인 부분이기 때문이다. 인간으로서 자신의 잠재성을 실현하는 힘은 이 점에서 시작하고, 인간의 전체적 본성이 방해받지 않으려면 적어도 여기까지, 즉 자신의 잠재성을 실현하는 힘까지 확장해야 한다.

에머슨은 따라서 신념과 의견, 표현을 억누르는 것은 '인간의 존엄에 대한 모욕(an affront to the dignity of man)'이며, 인간의 본질적인 성질을 부정하는 것이라고 설명한다. 밀턴이 출판 면허에 대해 논한 것은 표현에 대한 일정한 형태의 제한과 똑같다고 하는 것이다. 그것은 "자신에게 가해질 수 있는 자유롭고, 알고자 하는 정신에 대한 가장 큰 불만이며 모욕이다."

표현의 자유에 대한 권리는 두 번째로 사회 구성원으로서 그의 자격에 있어서 개인의 역할에 대한 기본적인 서구의 관념으로부터 유래한다. 인

---

612 에머슨은 self-fulfillment와 self-realization을 등가적으로 사용하고 있다. 학자에 따라서는 인간으로서의 존재가치를 완성해나가는 과정에 비중을 두고 후자를 선호하기도 한다. 또 자기실현에 대해서는 자아실현이라고도 번역되는데 전자는 사회적 존재로서, 후자는 철학적 존재로서의 의미가 강조된다.

간은 사회적 동물이며, 필연적으로 그리고 아마 자발적으로 그렇다. 인간은 동료들과 어울려 살며, 공동의 문화를 창조하는 데 참가하며, 사회의 필수적인 통제에 따르고 특별히 국가에 종속된다. 공동체 구성원으로 이 역할에 있어서 자신의 신념과 의견을 표현하는 인간의 권리는 두 가지 근본원칙들을 따르는 것이다. 첫째, 사회의 목표와 그것의 보다 형식적인 측면, 즉 국가의 목적은 개인의 복지를 촉진하는 것이다. 사회와 국가는 그 자체로 목적은 아니다. 그들은 개인에게 봉사하기 위해 존재한다. 둘째, 평등원칙은 인간은 자신에게 영향을 미치는 공동 결정에 참여하는 동등한 기회를 부여받았다는 주장으로 형성되었다.

이러한 개념들로부터 지식에 대한 개인의 접근권, 자신만의 견해를 형성하는 개인의 권리, 자신의 수요와 선호 및 판단을 전달하는 개인의 권리, 즉 사회와 국가의 목적과 성과를 형성하는 데 참여하는 개인의 권리가 나온다. 진리의 탐구 또는 진리의 표현을 차단하는 것은 따라서 전제적 명령을 하도록 사회와 국가를 고무하는 것이며, 다른 사람을 자의적으로 지배하도록 개인을 축소하는 것이다. 개인은 간단히 말하면 자신의 동료들과 협동할 의무를 부담하지만 그러나 그 책임은 자신을 표현하는 자유에 대한 권리를 동반한다.

에머슨은 이론의 두 가지 기본적 의미를 강조한다. 첫째는 그 권리의 어느 특별한 행사가 사회의 다른 목표들을 촉진하고 또는 늦추기 위해 생각될 수 있다는 것은 개인의 표현의 자유에 대한 권리의 일반적 수단이 아니라는 것이다. 이론은 표현의 자유가, 사회의 유일한 또는 충분한 목표가 아니지만, 그 자체로 선이거나 적어도 좋은 사회에서 본질적 요소라고 주장한다. 사회는 다른 또는 보다 포괄적인 목표들, 예를 들면 선, 정의, 평등 또는는 그 구성원의 잠재성을 최대로 실현하는 것을 성취하고자 할 것이다.

이러한 문제들은 표현의 자유 규정들을 받아들임으로써 필연적으로 풀려지는 것은 아니다. 그러나 일반적 제의로서 사회는 신념이나 개별 구성원의 의견을 억누름으로써 그러한 것들을 해결하려고 하지 않을 것이다. 이러한 다른 목표들을 이루기 위해 사회는 반대표현의 사용과 표현이 아닌 행위의 규제나 통제하는 등의 다른 방법들에 의존해야만 한다. 이에 따라 선이나 악, 정의나 불의, 평등 또는 불평등을 촉진하는 것이 판단된다는 근거 위에 개인의 표현을 통제하는 권리는 일반적으로 말하면 좋은 사회의 권한 내에 있다.

두 번째 의미는, 첫 번째의 당연한 결과적 의미에서, 이론이 한편으로는 신념과 의견, 사상의 전달 그리고 다른 한편으로 다른 형태의 행위 사이의 근본적인 구별에 기초하고 있다는 것이다. 간단히 하기 위해 이후에는 '표현(expression)'과 '행동(action)' 사이로 구분하고자 한다. 바로 관찰한 바대로, 바라는 목표들을 달성하기 위해 사회 또는 국가는 전적으로 다른 그리고 보다 광범위한 기초에 근거해 행동을 금지하거나 강제하는 권한을 부여받고 있다. 그러나 표현은 특별히 보호를 받는 지위를 차지하고 있다. 인간행위의 이 부문에서는 사회의 억압권이나 강제권은 최저한도이며, 대부분의 경우 존재하지 않는다.

에머슨은 표현을 특별한 영역으로 획정하는 것은 기본이론의 중요한 요소가 되고 있다며 근거를 제시한다. 첫째, 생각(thought)과 전달(communication)은 개인의 인격의 모든 표현의 근원이다. 수원에서 흐름을 차단하는 것은 전체 물줄기를 고갈시키는 것이다. 이런 관점에서 표현의 자유는 다른 모든 자유에 대해 본질적이다. 이에 따라 사회는 행동의 단계에 이를 때까지 억압권을 유보해야만 한다. 둘째, 표현은 행동보다 다른 사회목표에 대해 덜 해를 끼치는 것으로 여겨지고 있다. 표현은 일반적으로 즉각적인 결과를 덜 가져오고, 그것의 영향면에서 덜 돌이킬 수 없는 것이다. 셋째, 개인에 대한 사회와 국가의 힘은 매우 광범위하고, 이 힘을 제한하는 원리나 제도, 행정적 관행을 형성하는 것은 매우 어렵기 때문에, 표현과 행동 사이에 그러한 보호선(protective line)을 그리는 것에 의해서만이 권력과 자유 간의 안전한 균형(safe balance)을 유지할 수 있다.

(2) 인권 개념의 중심

표현의 자유는 표현 그 자체가 아주 중요한 목표이고 다른 목표들을 확보해 주는 주요한 수단이라는 점에서 인권개념의 중심에 바로 놓여 있다. 자유로운 표현의 인권 또는 자연권 관점의 채택은 사회의 선을 결정할 필요를 줄여 준다. 자유롭게 말하는 것이 '자연권'이라고 한다면,[613] 말하는 자유는 공익 내에 있는지 여부와는 관계없이 적절히 구성된 국가에 의해 보호되어야만 한다.[614] 이 접근법은 의무론적이다. 즉 말하는 것은 인간이 되기 위한 것 가운데 일부이며, 국가가 인간성의 표현에 제한을 가하는 것은 그릇된 것이다. 이 관점은 듀이(Dewy), 칸트(Kant) 그리고 스피노자(Spinoza)를 포함하는 다수의 철학자들로부터 유래한다. 자기실현 지지자들의 본질적인 장점은 개인의 자유나 특별한 자유를 즐기는 사람들이 증가하는 환경 속에서 사회개혁이나 변화를 주창한다는 것이다.

자유로운 표현의 모든 이론 가운데 가장 자유로운 것은 그것이 개인의 자기실현에 기여하기 때문에 자유로운 표현이 보호받을 가치가 있다고 하는 개념이다. 에머슨이 주장한 다른 가치들도 포괄하는 것으로 보는 입장에서는 self-fulfillment보다 sef-realization이라는 단어를 선호한다. 자기실현과 자율은 자유로운 의사표현을 통해서 개인의 자기실현이 가능해지며, 다른 한편으로 다른 사람과의 의사교환을 통해 사회발전에도

---

[613] A. Smith, The Public Interest and Telecommunications in 1 New Directions in Telecommunications Policy, P. Newberg ed., 1989, pp. 334-357. 스미스는 자연권을 "신선하고 국제적으로 인정된 공익에 대한 자유주의적 관점으로" 본다. D. Fisher, The Right to Communicate: A Status Report, 1982. 인권으로서 소통은 UNESCO에 의해 촉진되어 왔다.

[614] F. Schauer, The Role of the People, op. cit., p. 771.

공헌하게 한다는 것이다.

이 가치는 말하는 자와 듣는 자의 개인적인 표현의 고유한 가치를 강조한다. 브랜다이스 연방대법관은 앞서 본 바와 같이 Whitney사건에서 "우리의 독립을 쟁취한 자들은 국가의 궁극적인 목적이라 함은 각 개인들이 그들의 능력을 자유롭게 발달시키고 실현하는 것이라고 믿었다. 그들은 진정한 자유를 목적으로 그리고 수단으로 가치화하였다"라고 판시하면서 자기실현 이론을 중시했다.[615]

또 브랜다이스의 "국가의 최종 목적이 인간을 자유롭게 해서 자신들의 능력을 발전시키고"라는 판시와 에머슨의 "수증기를 발산(blowing off)"시킨다는 의미는 '안전밸브'로서 기능하면서 자기실현을 돕는 것으로 이해된다. 발언과 행위 사이의 선은 대단히 중요하다. 이 선이 없으면 이유들이 작동할 수 없을 정도로 확산될 것이기 때문이다. 일부 연구자들은 개인적 가치에 초점을 맞추고 있다. 자기실현 가치는 다른 3대 가치보다 더 우월하게 평가되며 다른 3대 가치는 자기실현 가치의 하부가치(sub-value)로 체계화한다.

자유로운 표현에 대한 이 같은 접근법을 적극적으로 채택하는 법학자는 레디쉬(Martin Redish)이다.[616] 그는 내용을 고려하는 것에 근거를 둔 수용가능한 발언에 대한 모든 구분은 자기실현 분석 하에서는 부적절하다고 주장한다. 개인적 선택과 지적 발전의 가치에 전제를 두고, 표현의 한 유형이 다른 것보다 이 가치를 보다 더 잘 강화한다는 정부 결정은 그 자체로 자기실현 원칙의 거부이다. 레디쉬는 무정부상태를 주장하지는 않는다. 수용가능한 발언을 결정하는 행정적 규율을 제정하기보다는, 표현권

---

615 274 U.S. at 375, 377 (1927).
616 M. Redish, Freedom of Expression: A Critical Analysis, The Michie Company, 1984. Dom Caristi, Expanding Free Expression, op. cit. p. 12. 재인용

이 보다 더 특권적 지위를 누리는 것으로 이해하는 사법심사체계를 선호한다. 그러한 결정들을 사법적 판단에 두는 것이 학자들을 예민하게 하는 반면에[617] 레디쉬는 이 같은 구조가 해석의 일반적 지침을 구하기 위해 필요하다고 믿는다.

일반적 지침은 수정헌법 제1조의 조문과 정책들이 명하는 자유언론의 이익에 대한 강한 존중을 동시에 제공한다. 반면에 진실로 강제하고 갈등을 일으키는 사회적 관심사항들과 그들의 이익을 조정하기 위해 사법부에 개별사건마다 신축성을 허용한다. 레디쉬에 따르면 사건의 맥락에 대한 관심 없이 법의 적용을 수축하는 너무 제한적인 법률보다는 넓은 가치의 사법적 적용으로부터 두려워할 게 적다. 표현의 자유, 특히 자기실현과 관련된 사건에서 사법부에 대한 강한 신뢰를 나타내고 있다.

자기실현 이론은 합리적인 인간능력의 발달에 있어서 표현의 긍정적 가치를 중시한다. 그러나 긍정적인 면의 이면에 존재하는 인간의 자율성과 검열제도의 모순점이나 표현의 방해의 근거로서의 간섭정치의 부적절함 등을 들어 반대논리로 개인의 자기실현을 논하기도 한다. 이 입장에서는 수정헌법 제1조의 중심적 원칙은 정부가 표현매체들을 이용해 피치자들을 설득하고 종용하거나 피치자들의 집권을 합리화하는 것을 막는 것이므로, 각 개인의 자율조절을 침해할 우려가 있거나 침해하는 설득론은 잘못된 것이라고 비판하고 있다.[618]

---

617 Meiklejohn, The First Amendment and Evils That Congress has a Right to Prevent, 26 Ind. L. J., 1951, pp. 478-485. 수정헌법 제1조의 본질적 의미는 이미 헌법을 제정하고 유지하는 데 '균형'의 절차가 착수되고 완수됐다는 것이다. 또 그 원칙은 정부의 어느 부도 당국도 사건마다 국민의 정치적 자유를 악화시키는 것을 부정하는 것이다. Robert H. Bork, Neutral Principles and Some First Amendment Problems, 47 Ind. L. J., 1971, p. 1. 수정헌법 제1조는 정치적 발언만을 보호하고, 법원은 그것을 창조적으로 해석해서는 안 된다.

618 David A. Strauss, Persuasion, Autonomy, and Freedom of Expression, 91 Colum. L. Rev. 334, 336 (1991). Thomas Scanlon, A Theory of Freedom of Expression, 1 Phil. & Pub. Aff. 204, 205 (1972). 조소영, 앞의 논문 재인용, 17쪽.

(3) 사회적 선과 표현의 보호

드워킨(Ronald Dworkin)은 레디쉬와 다른 방식으로 해석한다. 드워킨 역시 자유로운 표현의 가치를 사회적 선이라기보다 개인적인 것으로 본다. 개인적 권리들이 공공선을 해칠지라도 개인적 권리들이 보호할 가치가 있다고 하는 게 드워킨의 입장이다. 다수가 언론을 제한하며 잘 산다고 정부를 설득한다고 하더라도, 자유언론의 기본권은 보호되어야만 한다.[619] 그러나 드워킨은 그것을 개별사건의 결정에 두지 않고 자유언론의 원칙을 확립하려고 한다. 그 원칙은 자유로운 표현의 이론보다 더 표현의 핵심가치를 보호한다. 그는 개별권을 보호하기 위해 특별한 규정을 제안한다. 개별권으로서 표현을 보호하는 것은 사회적 선(social good)으로서 표현을 보호하는 것보다 더 포괄적이라고 주장한다. 법학자들은 수정헌법 제1조의 해석론에 있어 단 하나의 이론만 정립하려는 데 대해 관심을 갖고 있다. 그는 양을 제한하는 것보다 차라리 보다 많은 언론을 통합하는 하나이어야 한다는 것을 더 선호한다.

다른 수정헌법 제1조 학자들도 역시 이 접근법을 채택하고 있다. 자유모델이라고 개념을 정립하면서 베이커(Baker)는 표현은 보다 큰 사회적 가치보다는 개인에 대해 가치가 있기 때문에 표현은 개인의 권리라고 주장한다. 다른 사람들의 법적 주장을 부적절하게 방해하지 않고, 보호를 받는 행위가 개인의 자기실현과 자기결정을 강화하는 방식 때문에 자유이론은 보호를 정당화한다. 자율적인 사람은 자신이 하고자 하는 것 또는 자신이 믿고자 하는 것에 대한 다른 사람들의 판단을 독립적이고 자율적인 고려 없이는 받아들이지 않을 것이라고 한다. 그러나 그는 이 접근법

---

[619] Ronald Dworkin, Taking Rights Seriously, Harvard University Press, 1978, p. 191. Dom Caristi, Expanding Free Expression, op. cit. p. 13. 재인용.

이 절대적인 것은 아니라고 곧바로 지적한다.

광고처럼 자기실현과 관련이 없는 표현들은 필연적으로 보호를 받는 것은 아니다. 다른 사람을 해치는 자기실현적 언론이 제한될 수 있다는 통고가 추가된다면 보다 많은 표현이 금지될 수 있다.[620] 중상모략하는 발언과 가혹한 서평, 레스토랑과 새로 개막한 연극의 비평적 평가, 공공연한 인종차별적 욕설 또는 진실이든 거짓이든 정치 후보자의 과거를 드러내는 일 등은 배제된다. 밀의 유해성 원칙(Mill's harm principle)이 해로움을 구성하는 것을 결코 해명하지 않을 것이라는 점에서 어려움이 가중된다.

(4) 공리주의적 접근

자유로운 표현의 가치로서 자기실현 하나만을 연방대법원이 사용하는 것은 제한된다. 대부분의 이론가들과 법관들은 공리주의를 보다 선호하고 있으며, 자연권이 있다고 하는 원칙에 대해 회의적이다. Cohen v. California사건에서 연방대법원은 자유로운 표현이 자치와 자기실현 양자에 기여하는 것으로 가치를 부여하는 것처럼 보인다.[621] "제기랄, 드래프트가 뭐야"라고 욕설이 붙은 자켓을 입었다고 유죄판결을 받은 것을 무죄로 하기 위해, 연방대법원은 '헌법의 배경(constitutional backdrop)'을 점검하고 다음과 같이 판시했다:

"자유로운 표현은 공적 토론의 영역으로부터 정부의 제한을 제거하기 위해 고안되고 의도된 것이다. 그것은 어떤 견해들이 큰 소리를 내야 하는

---

620 F. Schauer, The Role of the People, op. cit., p. 772.
621 403 U.S. 15 (1971).

것과 관련된 결정을 우리 각자의 손에 맡기는 것이다. 그러한 자유를 누리는 것이 궁극적으로 보다 능력 있는 시민을 양성하고 보다 완벽하게 예의를 갖추게 될 것이라는 희망과 다른 접근법은 우리 정치체제가 의존하는 개인의 존엄과 선택의 전제와 조화를 이루지 못할 것이라는 믿음을 갖는 것이다."

이 판결에서 "완벽한 예의(perfect polity)"는 "개인의 존엄과 선택"으로 표현된다. 연방대법원은 역시 헌법은 기질과 스타일의 문제로 거의 대부분을 개인의 영역으로 남겨둔다고 주장한다. 이 접근법은 수정헌법 제1조 학자인 채피가 채택한 것과 비슷하다. 채피는 표현을 보호하는 데 있어서 이중적 목적을 확인한다. 인생이 살만한 가치가 있고, 진리를 찾는 데 있어 사회적 가치가 있다면, 개인적 흥미와 자신들에게 중요한 문제에 대해 자신의 의견을 표현할 필요가 있다고 한다.[622]

자기실현을 위한 자유언론의 가치를 평가하는 브렌난(William Brennan) 전 연방대법관은 오로지 자기실현의 언론만을 중요한 것으로 평가하는 접근법에 대해 경고했다. 개인에 대한 가치로서의 자기표현은 방정식의 절반에 그친다. 브렌난에게 자치에 있어서의 사회적 이익은 나머지 방정식인 것이다.[623] 개인의 권리와 사회적 선의 이 조합은 자유로운 표현의 가치가 자기실현이라고 믿는다고 주장하는 많은 철학자들 가운데에서는 공통의 끈이다.

예를 들면 네빌(Robert Neville)은 개인적 자유와 사회적 자유를 구분한다.[624] 그는 사회적 자유를 집단에 참여하기 때문에 우리가 향유하는 자유

---

622 Z. Chafee, op. cit., p. 33.

623 Brennan, Press and the Court: Is the Strain Necessary? Editor & Publisher, 1979, p. 10. Dom Caristi, Expanding Free Expression, op. cit. p. 14. 재인용.

로 정의를 내린다. 또 개인적 자유를 사회적이지도 않고 종교적이지도 않은 자유로 정의를 내린다. 자유가 겹친다고 주의를 기울여 지적하는 반면에 언론을 사회적 기회와 사회적 다원주의로 잘못 범주를 정한다. 이와 유사하게 개인의 권리들과 사회적 선들은 자주 연결되고, 또는 적어도 혼란스럽기까지 하다. 삶의 민주적 방식에 없어서는 안 되는 기초로서 또 개인의 복지를 보호하기 위해서도 점점 더 자유가 요구되는 것은 분명히 우리 시대의 하나의 특징이다.

결론적으로 밀은 사회는 사회 자신의 이익을 위해 개인을 강화할 필요가 있다고 주장했다. 개인이 발달하면 할수록, 개인들이 그들 스스로에게 보다 더 가치가 있으며, 따라서 그들은 다른 사람들에게 보다 더 가치가 있게 된다. 밀의 일차적 의도는 인류는 집단적으로 그리고 오랜 기간 개성의 계발로부터 이익을 얻고 있다고 하는 것이다. 피카드(Robert Picard)는 이 주제의 재미있는 반전을 제시한다. 자기실현이 보다 더 큰 사회적 선을 위해 봉사한다라기보다는, 자유민주주의의 이상들은 개인의 권리들에 대한 약속 없이는 존재할 수 없다고 주장한다. 진정한 민주주의가 가능하게 하는 도구들은 자기실현을 추구하기 위한 개인의 권리와 개인들의 능력을 보호하는 권리들과 특권들이다.[625]

자기실현의 가치에 대한 약속 없이는 민주주의는 가치가 없다. 민주주의적 사회주의적 이론을 촉진하는 데 있어서, 피카드는 개인들은 자신들에게 영향을 미치는 모든 영역에 참여해야 하며, 정부의 역할은 그러한 참여를 가능하게 하는 수단을 확보하는 것이라고 말한다. 고도의 자기실현과 사회참여는 서로 얽혀 있다. 레디쉬는 그들이 섞여 있는 게 아니고,

624 R. Neville, The Cosmology of Freedom, State University of New York Press, 1974, pp. 6–7. Dom Caristi, Expanding Free Expression, op. cit. p. 14. 재인용.

625 R. Picard, The Press and the Decline of Democracy, 1985, p. 11. Dom Caristi, Expanding Free Expression, op. cit. p. p. 14. 재인용.

정치적 참여는 개인이 자기실현을 하는 유일한 수단이라고 생각한다.[626]

자유로운 표현의 가치로서 자기실현은 역시 이를 비판하는 학자들도 있다. 베비르(BeVir)는 그 가치 자체는 인정하고 있지만, 그것을 수정헌법 제1조 분석에 갖다 붙이려는 어느 시도도 부적절한 것이라고 주장한다. 이 주장은 자기실현이 수정헌법 제1조의 지위에 주어진다고 하면, 그것은 우리 사회질서에 많은 것을 못하게 하고 다수지배의 체제를 손상시킬 것이라고 한다. 샤우어(Frederick Schauer)는 여러 가지 이유로 자유언론의 자기실현 이론에 비판적이다. 첫째로 어떤 것이 자기실현이기 때문에 권리를 주장하는 것은 그러한 권리를 모든 자기실현적 행태에 적용할 것을 요한다고 주장한다. 특별히 듀이(John Dewy) 같은 지지자들의 논문을 점검할 때 분명히 이것은 관심사항이어야 한다. 듀이는 국가는 자연과 인간의 상호작용을 보호해야 한다고 한다.

이 같은 어려움에도 불구하고 이 예민한 논쟁은 비설득적이다. 무기휴대와 종교의 자유 그리고 공정한 재판을 받을 헌법적 권리들은 정부로 하여금 어떤 상황 하에서 이러한 권리들에 대해 한계를 설정하는 것을 금지하는 것은 아니다. 둘째로 샤우어는 자기실현을 현재의 수정헌법 제1조 원칙과 조화를 이루게 하지 못할 경우 자기실현이 작동되지 못하게 될 것이라고 주장했다. 차라리 이것은 레디쉬가 주장하는 균형적 접근법을 위해 주장되는 것이다. 인간은 자유로운 표현을 보장하는 민주주의를 통해 자기실현을 이루며, 자기실현을 이루는 자유로운 표현을 통해 민주주의를 완성해 나가는 것이다.

---

626 Redish, op. cit., p. 601.

2. 진리에의 도달과 사상의 자유시장의 확대

(1) 진리에의 도달(Attainment of Truth)[627]

전통이론에 있어서 표현의 자유는 개인적 선일 뿐만 아니라 사회적 선이기도 하다. 에머슨은 표현의 자유는 처음에는 지식을 증진시키고 진리를 발견하는 최선의 과정이라고 규명한다. 이런 측면에서 고려한다면, 이 이론은 가장 건전하고 이성적인 판단이 어떠한 명제를 지지하거나 반대해 제출될 수 있는 모든 사실과 논쟁들을 고려함으로써 도달된다는 전제로부터 시작한다.

인간의 판단은 손상되기 쉽다. 그리고 감정이나 편견, 개인적 이익에 지배를 받아 오류를 범할 수 있다. 그것은 정보와 통찰력의 부족으로부터 또는 부적절한 사고로부터 손상을 입는다. 인간의 판단은 어느 한 사람이 판단을 하는 그러한 점에 거의 그대로 둘 수 없지만, 언제나 불완전하게 남아 있으며 보다 더 큰 확장과 정련(refinement), 거절 또는 수정에 지배를 받는다. 이에 따라 지식과 진리를 구하는 개인은 문제의 모든 측면을 특별히 다른 시각을 위해 강하게 느끼며 호전적으로 주장하는 사람들이 제시한 바대로 들어야 한다.

개인은 모든 대안을 고려해야 하고, 반대파에게 판단을 드러냄으로써 자신의 판단을 점검해야 하고, 거짓으로부터 진리를 가려내기 위해 다른 의견들을 충분히 활용해야 한다. 역으로 정보와 토론의 억압 또는 의견의 대립은 개인으로 하여금 최상의 이성적 판단에 이르는 것을 막고, 새로운 사상의 생성을 차단하며, 오류를 영속적으로 범하는 경향이다. 이것이 보편적으로 사용되고 있는 소크라테스적인 대화 방법이다.

---

627 T. Emerson, First Amendment, pp 7-8.

에머슨은 진리에 도달하는 과정은 지속적인 것이라고 강조한다. 보다 더 깊은 지식이 활용되면 될수록 조건이 변하고, 새로운 통찰력이 등장하며, 판단은 재평가와 개선을 하게 되거나 포기하게 될 것이다. 이 이론은 수용되고 있는 의견이 어느 정도 확실하게 진실하다고 생각될지라도 토론은 개방되어야만 한다는 것이다. 가장 널리 인정되고 있는 진리들 가운데 많은 것이 오류로 판명되어 왔다. 코페르니쿠스로부터 아인슈타인에 이르기까지 인간 지식에 있어서 가장 중요한 진보 가운데 많은 것은 지금까지 의문이 제기되지 않은 가정들에 도전하는 것으로부터 나온 것이다. 어느 의견도 도전으로부터 면제되는 것은 없다.

새로운 의견이 얼마나 오류이거나 악성으로 보이는 것과는 관계없이 그 과정은 역시 적용된다. 받아들여지지 않는 의견이 진실하거나 부분적으로 진실일 수 있기 때문이다. 그리고 진리를 억압하지 않고서는 오류를 억압할 방법이 없다. 게다가 심지어 새로운 의견이 전적으로 오류일지라도, 그것을 드러내 보이고 공개적으로 토론하는 것은 활력이 있는 사회적 목표에 기여한다. 새로운 의견은 수용된 의견을 다시 생각하고 다시 점검하는 것을 강제할 것이다. 새로운 의견은 그 의견을 갖는 이유를 깊게 이해하게 하고, 그 의견의 의미를 충분히 평가하게 한다. 의견의 억압을 유일하게 정당화하는 것은 의견을 억압하고자 하는 사람들이 진리의 판단에 있어서 결코 오류를 범하지 않을 수 있어야 하는 것이다. 그러나 어느 개인이나 집단도 특별히 지속적으로 변화하는 세상에서 오류를 범하지 않을 수 없을 것이다.

에머슨이 개인의 판단에 도달하는 과정에 보다 더 많이 생각하는 것은 본질적이다. 그것은 그 과정이 역시 일반적 또는 사회적 판단에 도달하는 최선의 방법이라는 것을 주장한다. 사회적 판단이 개인적 판단들로 구성되기 때문에 이것은 옳다. 그것은 따라서 사회적 판단을 구성하는 개인적 판단의 질에 따라 불가결하게 조건으로 될 것이다. 보다 중요한 것은,

지적인 개인적 판단을 위해 공개토론을 본질적으로 하는 같은 이유들은 이성적 사회적 판단을 위해 공개토론을 긴요한 것으로 한다. 새로운 지식의 획득, 새로운 사상에 대한 관용, 공개경쟁에서 의견의 점검, 사회의 가정을 다시 생각하는 훈련을 통해서, 사회는 구성원의 수요와 열망에 부응하는 공동의 결정에 보다 더 잘 도달하게 될 것이다.

(2) 지속적인 과정의 보장

표현의 자유는 지식을 증진시키고 진리를 발견하기 위한 최선의 과정이다. 표현의 자유는 개인적인 선일 뿐만 아니라 사회적인 선이기도 하다. 이 이론은 가장 건전하고 가장 합리적인 판단은 특정한 명제에 관해 찬성과 반대의 입장에서 제시되는 모든 사실들과 주장들을 고려함으로써 도달될 수 있다는 전제로부터 출발하고 있다. 원래 인간의 판단이란 지극히 불완전한 것이어서 쉽게 감정이나 편견 또는 개인적인 이해관계의 영향을 받게 되고 그리하여 오류를 범하게 되는 것이다. 따라서 지식과 진리를 발견하기 위해서는 인간의 문제의 모든 측면들을 알 수 있는 기회가 주어져야 하고, 특히 자기와 입장이 다른 사람의 견해를 들을 기회를 가져야 한다. 즉 인간은 모든 대안들을 고려해야 하고, 또 허위로부터 진리를 가려내기 위해 다른 사람들의 판단이나 견해를 이용해야 한다.

에머슨이 이 장의 제목을 '진리의 발견(discovery of truth)'이라고 표현하기보다 '진리에의 도달(attainment of truth)'이라고 한 것은 적확하다. 진리에 도달하는 과정은 하나의 지속적인 과정(continuous process)이기 때문이다. 표현의 자유의 가치가 정태적이라기보다 동태적으로 실현된다는 것을 통찰하는 것이다. 새로운 지식이 나타남에 따라, 상황이 변함에 따라, 그리고 새로운 통찰력이 주어짐에 따라 기존의 판단은 끊임없이 재평가되고 수정되고 발전되어야 한다. 따라서 이미 받아들여진 의견이 아무

리 진리라 하더라도 토론은 항상 개방되어 있어야 한다. 가장 널리 승인
됐던 진리가 오류임이 밝혀진 예는 허다하다. 결국 어떠한 의견도 새로운
도전으로부터 면책될 수 없는 것이다.

진리에 도달하는 과정은 새로운 의견이 아무리 허위적이고 유해한 것
처럼 보일지라도 보장돼야 한다. 아무리 허위적이고 유해한 의견이라 할
지라도 적어도 부분적으로는 진리를 포함하고 있으며, 따라서 이것을 억
압하는 것은 동시에 진리를 억압하는 것이 된다. 그리고 새로운 의견이
전적으로 허위적인 것이라 할지라도, 그것의 표명과 그것에 대한 공개적
인 토론은 중요한 사회적 목적에 이바지한다. 즉 이러한 표명과 토론은
승인된 의견에 대한 재고찰과 재검증의 기회를 부여할 뿐만 아니라 승인
된 의견에 대한 보다 깊은 이해와 새로운 평가를 가능하게 해 주는 것이
다. 따라서 표현의 자유는 진리의 발견을 위해 필요불가결하다.

(3) 사상의 자유시장의 형성

표현의 자유가 사회적 선을 고양시킨다는 중대한 생각은 1644년 밀턴
의 '아레오파지티카'에서 비롯됐다. 밀턴의 표현의 자유에 대한 가장 큰
업적은 제한을 받지 않는 토론은 '진리의 발견(the discovery of truth)'에
이르게 할 것이라고 주장한 것이다. 밀턴은 출판허가제는 작동될 수 없으
며, 표현하려고 하는 시각을 가진 사람들에게 모욕이라고 주장했다. 또
시민은 정보를 가지게 되고 다른 시각들에 노출되면 더 잘할 수 있기 때
문에 출판허가제는 해로운 것이라고까지 주장했다. 사상의 자유시장 개
념은 바로 밀턴에서 시작되어 밀을 거쳐 홈즈 연방대법관을 통해 미국법
에서 인정을 받게 됐다.

자유로운 발언을 지지하는 데 필요한 유일 가치로서 자유주의자들이
생각한 바와 같이, 진리의 발견은 권리장전(the Bill of Rights)이 오래전부

터 자유로운 표현을 지지하기 위해 사용됐다. 실제로 진리의 발견은 적어도 16세기 이래 논의된 것이다. 비록 밀턴의 주장이 자유로운 표현보다 우선적으로 종교적 권리를 지지하기 위해 창안되었다고 하더라도, 아레오파지티카로부터 자주 인용되는 진리의 승리 구절은, 자유로운 발언은 진리를 발견하는 수단으로서 보호되어야만 한다는 원칙을 지지하기 위해 여전히 법학 논문들에서 사용되고 있다. 이 철학은 루소, 로크, 밀을 포함한 폭넓고 다양한 정치철학자들에 의해 채택됐다. 그것은 홈즈,[628] 더글러스[629]와 같이 자유로운 표현을 지지하는 존경받는 연방대법관들의 연방대법원 판결[630]로 이어지고 있다.

홈즈와 브랜다이스에 이어 핸드 판사는 정부가 AP통신의 배포 제한행위를 멈추게 하려고 하는 독점금지사건에서 같은 취지의 판결을 내렸다.[631] 그는 전체 일반이익의 가장 중요한 것 가운데 하나는 뉴스를 매우 많은 취재원으로부터 가능한 한 다양한 측면과 색깔로 확산시키는 것이라고 판시했다. 그 이익은 수정헌법 제1조와 똑같다고 할 수는 없지만 그와 비슷하다. 올바른 결론은 당국의 선별을 통해서가 아니라 많은 사람들의 논쟁을 통해서 얻어지는 것이라고 상정을 했다.

답변하고 정정하는 권리 규정들은 시장접근법에서 최대한의 지지를 발견한다. 진리를 찾는 것은 대조적인 사실들을 제시할 것을 요한다. 진리탐구에 기여하는 발언을 정의하는 것은 어렵다. 이 때문에 따라서 그것은

---

628 Abrams v. U.S., 250 U.S. 616, 630 (1979).

629 Dennis v. U.S., 341 U.S. 494, 584, (1951), Douglas의 소수의견: 사상이 시장에서 받아들여지도록 하기 위해 경쟁을 벌일 때, 충분하고 자유로운 토론이 거짓을 드러내고 거짓 사상은 지지자를 거의 얻지 못할 것이다.

630 Sweeney, The Marketplace of Ideas: An Economic Analogy for Freedom of Speech, Association for Education in Journalism and Mass Communication Convention, Aug. 1984, p. 10, 13개의 판결에서 자유로운 표현을 위한 사상의 자유시장의 은유가 나타난다. Dom Caristi, Expanding Free Expression, op. cit. p. 5. 재인용.

631 United States v. Associated Press, 52 F.Supp. 362 (S.D.N.Y. 1943), 326 U.S. 1 (1944).

보호를 받아야 한다. 진리발견을 위해 호소하는 시장의 은유를 발견하는 사람은 누구라도 복잡하고 무형의 쟁점으로 인해 그것을 골칫거리로 여긴다. 다양성의 이익은 실제로 진리를 찾고자 하는 것의 하부 가치이다. 발언자들의 다양성을 지지하는 목적은 진리의 탐구가 그렇게 하는 것에 의해 제고된다는 기대이다. 공중에게 보다 많은 제안들이 유용하게 되면 그럴수록 최선의 것을 또는 차라리 가장 적합한 것을 선별하는 기회가 더 크게 주어질 것이다.

모든 글에서 메시지는 단순하다. 즉 비록 가능하다고 할지라도 진리의 성취는 어렵다는 것이다. 진리에 대해 어느 누구도 선제적으로 주장할 수 없기 때문에 진리의 추구는 의견의 모든 차이가 공중에게 유용하다는 것을 요구한다. 기여하는 것을 가지고 있다고 주장하는 사람들은 발언할 기회가 주어져야 한다. 공중의 발언이 공중의 진리의 발견에 대해 어떠한 것을 부가하는지를 결정하기 위해 발언자를 여과하는 것을 요구하는 것은 어느 한 기구에 매우 많은 권한을 부여할 우려를 안고 있다.

1922년에 리프만(Walter Lippmann)은 "멀리 떨어져 있거나 복잡한 문제에 대한 진리는 자기 스스로 증명되는 게 아니며, 정보를 집합시키는 기계는 기술적이고 비싸다"고 말했다.[632] 연방대법원은 "정보 형성과 오락 기능 사이의 선은 그 기본권 보호를 위해 너무나 포착하기 어렵다. 각자는 허구를 통한 선동의 사례들과 가깝다. 어느 누구에겐 오락일지라도 그것은 다른 사람의 원칙을 가르친다"라고 판결했다.[633]

---

632 W. Lippman, Public Opinion, 1922, p. 202. Dom Caristi, Expanding Free Expression, op. cit. p. 6. 재인용.

633 Winters v. N.Y., 333 U.S. 507, 510 (1948).

(4) 사상의 자유시장의 한계

수정헌법 제1조에 따른 표현의 자유 보장은 시장이론이 비판을 받으면서 논쟁의 대상이 되기도 한다. 근본적으로 자본주의가 발달하면서 경제력 집중현상이 나타나고, 대중매체가 독점적 지배하에 놓이게 되기 때문에 시장이 제대로 작동되지 못한다는 비판을 받게 된다. 특히 마르쿠제 (Herbert Marcuse)는 마르크스주의적 시각에서 이성적 존재는 의견과 정보의 자유로운 교환에 관여한다는 시장개념의 근본전제를 인정하지 않는다.[634] 정부와 대중매체가 각자 자신만의 목적을 위해 사람들을 조종하기 때문에 사람들은 이성적이지 않다고 주장한다.

사상의 자유시장 이론은 자유로운 표현 이론으로서 진리를 찾는 것은 흠이 있다는 지적을 받고 있다. 사상의 자유시장이 효율적으로 작동하게 된다면, 모든 사람들은 재화를 사고파는 데 그 시장에 동등한 접근 기회를 가져야 한다. 논쟁이 되고 있는 게 사상이라고 하면, 이것은 다양한 소리를 말하고 들을 수 있는 기회를 모든 참여자들이 갖는 것을 요한다.[635]

시장개념을 부정하는 입장에서는 어느 한 단체 또는 같은 생각을 가진 소수의 개인들이 시장을 지배할 수 있을 때 기회를 독점하면 시장의 은유는 서로 동떨어지게 된다. 개혁을 촉구하는 사상에 대한 접근을 부정하면서 현존하는 불평등한 제도들을 합리화하기 위한 자신들의 이익을 위해 소수의 지배자들은 시장 지배의 힘을 사용하고자 하는 전적인 유혹이 있다. 이 접근법은 시장의 실패이론으로 분류된다.

특히 자유로운 표현에 대한 이 같은 철학적 접근법은 문제이다.[636] 왜냐

---

634 이춘구, 사상의 자유시장 이론 전개의 법적 고찰, 109–112쪽.

635 Z. Chafee, 2 Government and Mass Communications, 1947, p. 471: 헌법학자 채피는 이 역설을 예견했다. 시장이 적절하게 작동하려면 그것은 정부의 개입을 요한다고 주장했다. Dom Caristi, Expanding Free Expression, op. cit. p. 6. 재인용.

하면 그것은 진리를 다수의 의지라고 정의를 내리기 때문이다. 다수가 그 것을 진리라고 정의를 내리지 않는다면 어느 것도 궁극적으로 진리는 아 니다. 역으로, 어느 제안이 정확하다고 하더라도 그 제안의 성공은 전적 으로 그것을 받아들이는 능력에 달려 있다. 만약에 진리의 발견이 자유로 운 표현에 의해 보호받는 가치라고 한다면, 이 목적을 지지하지 않는 발 언은 보호받을 필요가 없다. 분명히 청중을 혼란스럽게 하거나 잘못 인도 하기 위해 의도된 발언은 보호받을 가치가 없는 것이다. 부가적으로 이 가치의 적용은 과학적 지식처럼 유효한 진리들과 같이 어느 범위에서는 보다 덜 적절할 것이다. 경계선을 결정하는 사건들에서 어려움은 그러나 작동 불가능한 것으로 그 접근법을 비난해서는 안 된다.

수정헌법 제1조에 대한 재발견론자들은 강력한 공적 토론장을 창출하 는 데 있어서 정부의 적극적인 조치가 필요하다고 본다. 즉 발언의 민주 적 기능의 중요성을 상승시키는 일이다. 마이클존은 이것을 발언과 언론 의 순전한 정당성으로 보았다. 사상의 자유시장이 보이지 않는 손에 의해 순전히 자동적으로 조정되고 바람직한 결과를 생산해 낼 것으로 기대하 는 것은 무리이다. 그러나 사상의 자유시장과 수정헌법 제1조의 표현의 자유는 이 같은 한계를 극복하면서 자유민주주의를 지탱해 주는 이론적 제도적 보장이라고 하겠다. 사상의 자유시장으로서 언론의 자유를 확충 하면서 시민의 참여와 정치적 의견을 형성하며, 공개된 의사소통 채널을 확대해 나가야 한다.[637]

636 이춘구, 사상의 자유시장 이론 전개의 법적 고찰, 111–112쪽.
637 Patrick Garry, The First Amendment and Freedom of the Press: A Revised Approach to the Marketplace of Ideas Concept, Marquette Law Review, Volume 72, 1989, p. 234.

3. 정책 결정 참여와 자치의 보호

(1) 정책결정에의 참여(Participation in Decision-making)[638]

에머슨은 표현의 자유체제의 세 번째 주요한 가치로 공동체 모든 구성원이 활용 가능한 공개토론 과정을 통해 정책결정에의 참여를 제공하는 것을 들고 있다. 개념적으로 최선의 공동판단에 도달하는 기술은 엘리트한 사람으로 제한될 수 있거나 또는 명백하게 가치가 없는 것으로 느끼는 사람들만을 제외하고, 사회의 대부분의 구성원들에게로 확대될 수 있다. 이론의 초기 형태에 있어서는 이론은 자주 매우 제한되고 있다. 그러나 19세기 이후 인류사회가 발달하면서 공동체 결정을 형성하는 과정에 참여할 자격을 모든 사람이 가진다는 것이 받아들여지게 되었다.

이 발전은 앞서 논의한 바와 같이 부분적으로 표현의 자유가 개인의 권리라는 개념이 수용된 데 따른 것이다. 그러나 그것은 역시 사회적 선으로서 자유로운 표현의 논리에 고유한 것이다. 그것이 최선으로 작동하게 하는 과정을 위한 질서에서 모든 관련된 사실을 발표하게 하고, 모든 의견과 모든 통찰력을 고려하는 데 활용 가능해야 한다. 사실들이 밝혀지고 의견들이 개인에 의해서만 형성된 이래, 그 체제는 모든 사람들이 참여할 것을 요구한다. 밀이 표현한 것처럼, "한 사람을 제외하고 모든 인간이 하나의 의견이고 오로지 한 사람만이 반대의견이라 할지라도, 인간이 그 한 사람을 침묵시키는 데 더 이상 정당화될 수 없는 것은 그가 힘을 갖고 있더라도 그가 인간을 침묵시키는 데 정당화될 수 없는 것과 같다."

이러한 이유들에 덧붙여서 사회 모든 구성원들이 자신만의 신념을 형성하고 다른 사람들에게 그 신념을 자유롭게 전달하는 권리는 민주적으

---

638 Emerson, First Amendment, pp. 8–11.

로 구성된 사회의 본질적 원칙으로 여겨야만 한다. 민주주의와 평등을 위한 점증하는 압력들은 이 이론의 논리적 의미를 보강시키고, 모든 사람들이 사회적 결정을 내리는 데 함께하는 기회를 요구했다. 이것은 특별히 정치적 결정에 옳은 것이다. 그러나 기본이론은 정치적 영역을 넘어간다. 그것은 전체 문화를 형성하는 데 참여하는 권리를 수용하며, 종교와 문학, 예술, 과학 그리고 인간의 학습과 지식의 모든 영역에 있어서 표현의 자유를 포함한다.

위에서 언급한 바와 같이 정치행동 영역에서 표현의 자유 이론은 특별한 중요성을 갖고 있다. 사회의 생존과 복지, 진보에 관한 대부분의 즉각적인 결정들이 이루어지는 것은 정치과정을 통한 것이다. 바로 여기서 정부가 반대를 억압하는 특별한 유인을 갖는 것이며, 보다 효율적인 억압력을 행사하는 것이다. 정치영역에서 표현의 자유는 일상적으로 그 밖의 다른 곳에서 자유를 확보하기 위한 필요조건이다. 따라서 자유로운 표현에 대한 치열한 전투가 자주 펼쳐지는 것은 정치영역에서다.

에머슨은 공적 업무에 관한 토론의 자유는 국가의 정치구조가 민주적이거나 비민주적인 것과는 관계없이 중요한 기능을 수행한다고 설명한다. 모든 정부는 정부에 대해 시민의 태도와 수요, 바람과 관련된 정보를 환류하는(feed back) 과정을 가져야만 한다. 따라서 정부는 그들의 소망과 바람을 알게 하기 위해 일정한 정도의 자유를 시민 일부에게 제공해야만 한다.

실제로 보다 형식적인 측면에서 고충처리 청원으로서 권력을 갖고 있는 정부에 대한 이 전달권은 정치적 표현의 초기 형태 가운데 하나이다. 예를 들면 1215년의 대헌장(Magna Carta)과 1689년의 권리장전(Bill of Rights)은 그러한 청원에 대한 반응으로 반포된 것이다. 일반적으로 정치적 토론의 정도가 더 많이 허용되면 될수록 정부는 더욱더 반응을 보이게 되며, 보다 더 국민의 의지에 가까이 가면 갈수록 국민의 지지 가치에 맞게 정부는 더욱더 열심히 노력해야 한다.

그러나 중요한 점은 표현의 자유가 정치적으로 유용한 것은 아니지만, 민주적 정부형태를 작동하는 데 없어서는 안 된다는 것이다. 정부는 '피치자의 동의(the consent of the governed)'로부터 정부 권력의 정당성을 갖는다는 독립선언(Declaration of Independence)의 전제를 받아들이면, 피치자는 그들의 동의권을 행사하기 위해 개인의 판단을 형성하고 공동의 판단을 형성하는 데 있어 충분한 표현의 자유를 가져야 한다는 결론이다. 종교적 믿음의 자유를 위한 논쟁과 함께 이 명제는 표현의 자유를 지지하기 위해 매우 빈번하게 그리고 가장 지속적으로 촉구되는 명제이다. 마이클존은 '정치적 자유(Political Freedom)'에서 이 논쟁의 의미를 가장 자세하게 발전시키고 있다.

에머슨에 따르면 정치적 표현의 자유의 지지자들은 인민이 그들에게 위탁된 기능을 수행할 만한 자격이 있는지, 그들이 충분한 정보를 획득할 수 있는지, 또는 판단을 위한 충분한 능력을 가졌는지 하는 문제에 대해 자주 언급했다. 18세기 사람들은 이성의 힘과 인간의 완전성에 대한 절대적인 믿음을 갖고 이 점에 관해서는 몇 가지 의문을 품었다. 19세기와 20세기 정치이론가들은 보다 더 주의를 기울였다. 그리고 정치적 표현의 권리가 교육과 문화발전에 있어서 어느 특정한 점에 이르지 못한 사회에까지 안전하게 확장될 수 있는가 하는 데 대해 몇 가지 일치하지 않는 사항들이 있다. 그러나 이러한 문제들은 실질적으로 민주주의 그 자체의 생성능력과 관련된 문제들이다. 그리고 일단 사회가 민주주의 절차를 약속했으면 또는 차라리 그러한 약속 과정에 있어서 사회는 필수적으로 공개적 정치토론의 원칙을 수용한다.

(2) 자치 보호의 필요성

표현의 자유는 사회의 모든 구성원들이 만드는 결정의 과정에 참여하는 기회를 제공한다는 점에서 본질적이며, 민주주의의 본질이기도 하다. 메디슨(James Madison)은 정부가 아니라 인민이 주권자이며, 표현의 자유의 목적은 자유로운 사회에서 시민이 스스로를 지배하도록 하는 것이라고 믿었다.[639] 이러한 점은 특히 정치적인 결정에 있어서 중요한 것으로 일단 사람들이 독립선언문의 서약을 인정했다면, 그것은 지배받는 자들이 그들의 동의의 권한을 실행하기 위해 개인적인 결정과 공통적인 결정을 하는 데에 있어서 완전한 표현의 자유를 향유할 수 있다는 것을 말해주는 것이다.

언론의 자유의 원칙은 자치의 필요성으로부터 나온다. 법철학자 마이클존은 민주주의에서 자유로운 표현은 자치(self-governance)를 용이하게 하기 위해 보호받는 게 필요하다고 주장했다.[640] 그 주장은 아주 논리적 전제들 위에 기초하고 있다. 시민은 정부를 운영하기 위해 지도자를 선출한다. 누구를 선출할지 여부를 결정하기 위해 정보를 얻고 판단하려면 정보를 제공받아야 한다. 자유로운 표현은 유권자들에게 정보를 제공하는 것을 확실히 하기 위해 보호받아야 한다. 그렇지 않으면 대의민주주의의 개념은 초점을 잃게 된다.[641] 마이클존이 수정헌법 제1조의 자치에 초점을 맞춰 강조하는 것은 자유로운 표현의 개인적 주관적 정당성을 거부하는 결과를 빚게 한다.

---

639 T. Barton Carter · Marc A. Franklin · Jay B. Wright, op. cit. 41.

640 A. Meiklejohn, Free Speech and its Relation to Self Government, p.66.

641 J. Altschull, Agents of Power, 1984, p. 182. 민주주의의 가정은 자신들을 정부에서 대표할 사람을 선택하는 데 있어서 시민이 정보를 갖고 판단을 내릴 때 민주주의가 자양분을 흡수하고 전진한다는 것을 유지하고 있다. Dom Caristi, Expanding Free Expression, op. cit. p. 7. 재인용.

마이클존은 공적 표현(public speech)과 사적 표현(private speech)으로 나누고, 자신들의 대표자를 현명하게 선출하는 데 필수적인 표현으로 정치적인 것과 관련된 표현들은 정부의 규제로부터 또 처벌로부터 완전하게 면제되어야 한다고 밝힌다. 그는 그러한 면제가 공익과 관련된 문제에 대해 활발하고 아무 제약을 받지 않는 토론을 보장해 줄 것이라고 강조한다. 즉 수정헌법 제1조에 의해 보호를 받을 것이다. 이에 비해 사적 표현들은 수정헌법 제5조의 적법절차 조항에 의해 보호될 수 있을 것이다. 표현의 내용과 공적 쟁점의 토론에 대한 그것의 적절성은 그 표현이 보호받는 발언인지를 결정하게 한다.

정치적 개념으로서의 표현의 자유는 네 가지의 다른 기능을 수행한다. 첫째, 공공정책의 결정에 대한 광범위한 토론정보와 그에 따른 공공정책의 개선을 가능하게 한다. 둘째, 정치적 변화의 채널을 투명하게 확립시켜 준다. 셋째, 표현의 자유는 정부의 권한남용을 막아 준다. 넷째, 기능은 Whitney 판결에서 브랜다이스 연방대법관이 강조한 것처럼 표현의 자유는 정책 입안에 반대하는 사람들을 위한 '안전밸브'를 제공해 줌으로써 정치적 안정을 증진시켜 준다는 것이다.

그러나 정치적 발언이 무엇인가에 대해 논란이 일고 있다.[642] 정치적 발언을 좁게 해석할 경우 다른 발언들이 위험에 처하게 될 것이다. 모든 사안에는 공적 측면이 존재한다는 점에서 정치적 표현의 절대적 보호론이 제시하는 구분법은 반드시 합리적이라고 볼 수 없다.[643] 예술과 문학(art and literature)의 경우 사적인 표현이 되므로 수정헌법 제1조의 보호 범주로부터 제외되는 결과를 빚게 될 수 있다. 이는 수정헌법 제1조가 보호하고자 하는 핵심영역을 배제시키는 것으로서 알맹이가 없는 이론이다.

---

642 William E. Francois, Mass Media Law and Regulation, p. 34.

643 Z. Chafee, Book Review, 62 Harv. L. Rev. 891, 900 (1949). 조소영, 앞의 논문, 15쪽.

민주주의적 사회주의 관점은 "민주주의는 정치적 범위로 국한되어야 한다는 견해를 단호하게 거부한다." 앞에서 본 바와 같이 마이클존은 정의를 내리는 문제와 씨름을 했다. 초기 저술에서 그는 오로지 분명하고 직접적인 정치적 표현이 그러한 보호를 받을 자격이 있는 것으로 주장했다. 후에 그는 예술적 과학적 발언이 간접적으로 정치영역에 영향을 미칠 것이라고 드러내면서 그 주장을 철회했다.[644] 마이클존은 이에 대해 자유사회의 기본 영역인 교육과 인간과 세계에 대한 지식과 이해를 통해서 창조적 바탕이 되는 철학과 과학의 성취, 문학과 예술 그리고 공적 관심사에 대한 공적 토론은 제한 없이 보호되어야 한다고 이론을 수정했다. 이에 따라 자치과정과 시민정신의 함양과 관련된 과학과 예술, 도덕 등을 정치적 발언으로 확대해석하게 된다.

현실적으로 정치적 표현과 사적 표현의 구분이 모호하며, 이 구분론은 국민의 정치 참여가 낮을 때는 비현실적일 수밖에 없을 것이다. "본질적인 것은 모두 다 말해야 하는 것이 아니라 말할 가치가 있는 것은 모두 다 말해져야 한다는 것이다." 물론 이 접근법의 실질적 문제점은 말할 가치가 있는 것이 언제 언급되는지를 결정하는 것이며 또 누가 이 결정을 내릴 것인지 여부이다.

홈즈의 자유주의적(Holmsian Libertarianism) 시장론에 비해 마이클존의 공동체주의(Meiklejohnian Communitarianism)에 기반을 둔 언론자유 이론은 정치적 언론의 중요성만을 강조한 나머지 비정치적 언론을 소홀히 하는 데 약점이 있다.[645] 메릴(Merrill)은 언론의 사회적 책임(Social Responsibility)을 강조하는 개념이 보급되려는 초기에 언론의 자유에 대한 현실적이고

---

644 Meiklejohn, Is the First Amendment an Absolute? 1961 Sup. Ct. Rev. 245. 특별히 마이클존이 정치영역과 관계가 없는 것으로 규정한 주제들은 교육, 철학, 과학, 문학, 예술, 공적 쟁점들이다.

645 박용상, 앞의 책, 40쪽.

실체적인 위협이라고 보았다.[646] 정부가 표현의 자유, 언론의 자유를 확장하기 위해 개입하는 것도, 그로 인한 침해 가능성에 대해서도 경계해야 한다.

(3) 알 권리와 정보 접근권

자유로운 표현의 가치에 독특한 것은 언론에 의해 알 권리(the right to know)로 자주 주장되는, 정부가 보유한 정보에 대한 접근권(right of access)이다. 그 이유는 효율적인 인민주권이 정보를 갖고 있는 공중을 요하기 때문이다. 또 적절한 정보에 대한 접근을 부인하는 것은 투표권을 부인하는 것과 같다는 것이다. 이 뒤에 있는 역설은 자치권에 대한 정보를 위한 주장을 펼치는 것은 많은 정보를 생략한다는 것이다. 집단적 의사결정과 관련이 있는 자료는 획득 가능할 것이다. 그러나 오로지 개인적 선택과 관련된 정보는 비록 때로는 생명에 영향을 줄지라도 비밀로 할 것이다.

이 이론은 비켈(Alexander Bickel)[647]과 베비르(Lillian BeVier)[648]를 포함해 다른 학자들의 저술 속에서도 일반적이다. 어느 학자는 의회 특권의 헌법적 보호를, 즉 "발언의 보호는 정치과정의 성공적인 작동과 자치의 유지를 위해 필요하다"는 증거로서 제시한다. 브렌난[649]과 버거[650]처럼 정치적

---

[646] J. C. Merrill, The Imperative of Freedom, Hastings House, 1974, p. 204.

[647] Alexander M. Bickel, The Morality of Consent, 1976, p. 62. 수정헌법 제1조의 정당성을 입증하는 사회적 이익은 정치과정을 성공적으로 가동하게 하는 이익이다.

[648] Lillian R. BeVier, The First Amendment and Political Speech: An Inquiry into the Substance and Limits of Principle, 30 Stanford L. Rev., 1978, p. 299. 베비르는 수정헌법 제1조의 유일한 논리적 구조는 정치적 발언으로 제한되고, 부가적인 표현을 보호하는 다른 규정들은 합법적이라고 주장하면서, 그 규정들이 헌법적으로 보호를 받는다고 주장하는 것은 헌법 입안자들의 의도, 전체로서 헌법 그리고 정부구조에 해가 된다고 한다.

[649] New York Times v. Sullivan, 376 U.S. 254, 270 (1964). 공적 쟁점에 대한 제한 없는 토론의 국가적 약속.

[650] CBS v. DNC, 412 U.S. 94, 122 (1973).

의견이 다른 연방대법관들도 자치의 가치를 지지하는 판시를 내렸다. 마샬 연방대법관은 법원을 위해 "자유롭고 공개적인 토론이 정보를 제공받은 상태에서 유권자가 의사결정을 내리는 데 필수적이다"라고 요약했다.[651] 블랙 연방대법관도 "수정헌법 제1조의 해석에 대해 어떠한 차이가 존재할지라도 수정조항의 주요 목적이 정부업무를 자유롭게 토론하는 것을 보호하는 것이라는 데 대해 실질적으로 일반적 합의가 존재한다"고 판시했다.[652]

베이커(Baker)에 따르면, 자치에 유용하기 때문에 표현을 보호하는 것은 민주적 변화를 소중하게 평가하는 것이다.[653] 변화를 이룩해 나가는 민주적 과정은 때로는 사상의 자유시장 철학과 연계돼 정치적 발언을 보호하는 것에 의해 보다 더 기능을 잘한다. 그는 또 "그것의 공식적 보호는 민주적 환경을 변화시키기 위해 공적 토론에 참여하는 것을 실제로 보호하는 정도로 수정헌법 제1조 이론이 적절하게 된다"라고 주장한다.

비록 공적 담론의 일부인 언론에 대한 수정헌법 제1조의 보호를 제한하지 않는다고 할지라도, 민주적 자치의 폭넓은 견해가 자유로운 언론을 위한 중요한 정당성이라는 점에서 포스트(Post)와 와인슈타인(Weinstein) 교수의 견해에 동의한다.[654] 그러나 부가적인 중요한 정당성으로서 실제로 사상의 자유시장 이유와 비슷한 진리의 탐구 이유(search-for-truth rationale)를 무시해서는 안 된다고 생각한다.[655]

---

651 Pickering v. Board of Education, 391 U.S. 563, 571-572 (1968).

652 Mills v. Alabama, 384 U.S. 214, 218 (1966).

653 C. Edwin Baker, The Process of Change and the Liberty Theory of the First Amendment, 55 S. Cal. L. Rev., 1981, pp. 293, 330.

654 Eugene Volokh, The Trouble with "Public Discourse" as a Limitation on Free Speech Rights, 97 Va. L. Rev. 2011, p. 567.

655 James Weinstein, Participatory Democracy as the Central Value of American Free Speech Doctrine, 97 Va. L. Rev. 2011, pp. 491, 502. 이하 Weinstein, Participatory Democracy로 표기.

진리의 탐구를 방해하고 여론 형성에 참여할 권리를 방해하는 거의 모든 제한들을 고려하면, 아마 많은 것들이 이 부가적 정당성에 달려 있다고 하지 않을 것이다.[656] 과학문제에 대한 제한적인 특정 진술은 역시 그러한 문제의 정책적 함축성에 대한 여론 형성을 도울 연설자의 권리를 방해할 것이다. 종교적 도덕적 역사적 토론에 대한 제한에 동일하게 적용된다. 예를 들면 어떤 저자들이 다른 구절보다 왜 이 구절을 사용했는지에 대한 문학자들의 토론처럼 진리의 탐색이 민주주의로부터 가장 먼 일부 상황은 정부 제한이 최소인 상황일 것이다.

여전히 과학적 종교적 도덕적 그리고 역사적 논쟁이 자유로운 언론조항의 주요 목적과 직접적으로 연결되는 것으로 보여지는지, 또는 그러한 목적에 간접적으로 그리고 방편으로서 연결되는지 여부가 문제가 될 것이다. 전자의 경우 진리의 탐구가 주요 목적으로 인정되면 그것은 자유로운 언론조항이 될 것이다. 후자의 경우에는 민주적 자치만이 주요 목적으로 인정되는 경우일 것이다. 가외의 조치들이 연쇄적 인과관계에 부가되는 것처럼 자유로운 언론이론을 적용하는 법관들과 다른 공무원들은 그 조항을 덜 강하게 적용할 것이다.

정부가 부과한 언론 제한과 진리의 탐구와의 관계이다. 지식의 형성은 진리를 허위로부터 또 선을 악으로부터 지속적으로 분리하는 행위들에 달려 있다는 것은 확실하다. 그러나 수정헌법 제1조의 원칙이 따라서 진리의 탐구나 지식의 형성을 촉진하는 데 적합하지 않다는 판단이 뒤따르지 않는다. 또는 사상의 자유시장 이유와 관련된 중요한 문제는 완전히 규제를 받지 않는 사상의 시장이 진리의 발견으로 이끌 것이라는 전적인 전제가 매우 경쟁적이라는 판단이 뒤따르지 않는다.

누군가는 잘못된 지식의 주장으로부터 참된 지식의 주장을 또 좋지 않

---

656 Robert Post, Participatory Democracy and Free Speech, 97 Va. L. Rev., 2011, pp. 477–482.

은 지식의 주장으로부터 보다 나은 지식의 주장을 지속적으로 분리해야 한다. 사상의 시장은 실제로 어떤 점에서는 실제로 규제를 받아야 한다. 그러나 이것은 정부가 강제적인 권력을 통해 그러한 규제를 부과하는 것을 의미하지는 않는다. 차라리 진리와 허위의 충분한 규제와 분리는 이미 법적 강제 없이 시행되고 있다. 대학교수들과 두뇌집단 연구자들, 정보를 제공받은 시민들, 그리고 다른 사람들은 진리와 허위가 분리되는 과정에 지속적으로 가담하고 있다. 정부는 그러한 행위자들이 사상의 자유시장의 비강제적인 규제에 자유롭게 가담하도록 두어야 한다. 그리고 현대 수정헌법 제1조의 원칙은 이러한 견해와 일치한다.

예를 들어 인간의 정신 과정에 인종과 연결되거나 성과 연결된 생물학적인 차이가 존재한다는 주장을 고려해 보자. 진리 탐구 이론은 이러한 주장을 주장하는 것을 금지하는 것은 부적절하게 진리의 탐구를 방해할 것이라고 제시한다. 왜냐하면 무엇이 진리이고 따라서 합법이라고 말하고 또 무엇이 허위이고 따라서 위법이라고 말하는 것이 위험하기 때문이다. 과학자들이 주류와 국외자 모두 지속적으로 과학적 조사의 표준 과정과 토론, 사회관습을 포함하는 과정, 포스트가 설명한 학자의 전문가적 규범과 학습한 언론인들의 의사결정과정 등과 같은 사회적 구조에 의해 진리를 허위로부터 분리해야 한다고 할지라도 그럴 것이다.

학문과 공적 토론 양자는 자신들의 결함을 안고 있다. 그것이 실제로 허위라는 확실한 증거에도 불구하고 그 결함은 허위가 지속하도록 허용한다. 그러나 입법자들이나 다른 정부 행위자들에 의한 과학적인 역사적인 논쟁의 강제적인 규제는 역시 결함을 안게 된다. 첫째, 그러한 강제적인 정부 규제는 진리에 대한 공정한 판단보다는 재정적 또는 이념적인 이익집단의 편견의 결과일 가능성이 높다. 둘째, 그러한 규제가 시행될 당시 지식인층의 의견을 반영한다고 하더라도, 새롭게 발견된 증거와 주장들에 의해 미래의 문제 제기를 차단함으로써 그러한 의견을 돌처럼 굳게 하는 경향일 것이다. 그러나 문제를 제기하고 점검하고 자료를 최신 자료로 정리하고 또 때때로 받아들인 지혜를 대체하는 지속적인 과정이 좋은 과학과 역사의 특징이다.

시간은 쟁론이 펼쳐지는 많은 믿음들을 전복했다[657]는 홈즈 연방대법관의 관찰은 어디에서나 그런 것처럼 적어도 과학에서 진리이다. 과학적 진리 탐구와 언론의 자유 사이의 이러한 연결은 수세기 동안 인정되고 있다. 구조세대에게 잘 알려진 프랑스 철학자 엘베시우스(Helvetius)는 "물리학이 물리학의 발달에 도움을 받은 것은 모순이며, 또 결과적으로 언론의 자유의 도움을 받는다. 이러한 자유가 존속되지 않았더라면 얼마나 많은 실수들이 시대에 의해 봉헌되고 경쟁할 수 없는 공리로 인용될 것인가! 여기서 말한 물리학은 도덕과 정치에도 적용 가능하다"라고 말했다.[658]

또 어떤 수용된 사상에 대한 도전을 차단함으로써 그러한 사상들이 실제로 정확하다고 할지라도 강제적인 정부 조치는 그러한 사상의 정확성에 대한 믿음을 손상시킨다. 과학적 또는 역사적 이론이 건전하다는 주요 증거는 도전의 세대들을 견뎌내는 능력이다. 반복적으로 반대주장을 고려한 후 지능과 인식 또는 기질 면에서 인종적 또는 성에 기초한 중대한 차이가 없다는 데 대해 과학자들이 의견의 일치를 보게 된다면, 과학적 의견일치는 정확할 것이라고 믿을 이유를 가질 수 있게 된다. 그러나 반대견해가 금지된 환경 속에서 그들이 이러한 의견의 일치에 이르게 된다면, 그 의견의 일치는 믿을 만한 것이 못 된다.[659]

---

657 Abrams v. United States, 250 U.S. 616, 630 (1919) (Holmes, J., 소수의견).
658 Helv?tius Hooper, A Treatise on Man, His Intellectual Faculties and His Education, London, n. pub, 1777, p. 319.
659 Eugene Volokh, Post, The Volokh Conspiracy, The Practical Costs of Condemning Openness to Distressing Answers on Factual Questions (Apr. 30, 2010, 4:26 pm), http://volokh.com/2010/04/30/the-practical-costs-of-condemning-openness-to-distressing-answers-on-factual- questions/.

정부의 강제적인 권력이 존재하지 않는다면, 사회제도의 실천을 통한 법적 강제가 없는 규제는 진리의 지속적인 발견과 세련으로 이끌 것이다. 사상의 자유시장과 수정헌법 제1조의 핵심가치로서 진리의 탐구에 대한 연방대법원의 언급은 이러한 견해를 지지한다. 포스트가 제시한 바와 같이 주권자로서가 아니라 보조자, 고용인, 교육자 또 기타 이와 비슷한 일을 하는 정부행위는 진리인 것과 허위인 것에 대해 판단을 내린다.[660]

그러나 그것이 진리의 탐구이론과 일치하지 않는다면, 그것은 역시 민주주의의 자치이론과 일치하지 않는다. 결국 공공대학 로스쿨이 행한 연속 강의는 특정 연설자를 배제하는 내용에 근거하고 관점에 근거한 판단들을 구체화할 것이다. 그러나 그러한 배제는 연설에 참여하는 연설자의 능력에 영향을 미치게 될 것이다. 연설에 의해 여론이 형성된다. 정부가 주권자로서 조치할 경우 민주주의 자치이론은 올바르게 그것을 비난할 것이다.

공립고등학교와 대학의 교과과정 결정은 비슷하게 여론 형성에 참여하는 연설자의 능력에 영향을 미친다. 학생들의 어느 사상이 논의되고 어느 사상을 부적절한 것으로 차단하는지를 통제하는 공립대학 교수들의 관행처럼 그렇게 한다. 파시즘을 위한 국가기금과 포버스(Orval Faubus)[661]의 생일축하가 아니라 민주주의를 위한 국가기금과 킹(Martin Luther King, Jr.) 목사의 생일축하를 돕기 위한 것처럼 정부 결정은 그렇게 한다. 이러한 모든 결정들은 진리에 대해 정부가 내리는 판단뿐 아니라 정부가 용어의 합리적인 정의에 따라 공적 담론인 언론을 형성하기 위해 시도하는 것을 포함한다.

---

660 Post, op. cit., p. 487. 대학 당국은 종신재직 사례들을 결정하면서 언론의 진리를 평가해야만 하는 것으로 주목.

661 포버스는 미국 아칸소 주지사로서 1957년 9월 주의 수도 리틀록의 공립학교인 센트럴 고등학교에 등교하려는 흑인학생의 등교를 막기 위해 주 방위군을 투입하려고 했으나, 아이젠하워 대통령은 주군을 연방 통치 아래에 두고 법원의 명령을 집행하는 데 미국 육군을 보냈다.

정부가 모든 시민에게 주권을 사용할 때보다 정부가 이러한 특별한 능력 범위 안에서 행동할 때 이러한 결정들이 허용 가능한 것은 단순히 모든 자유로운 언론조항 이론은 다르게 가동해야 한다는 전제를 반영한다. 이에 대해서는 많은 설명들이 있으며, 여기서는 그에 대해 고려하는 것을 원치 않는다. 그러나 포스트는 자신의 글 가운데 그것의 일부를 설명했다.[662] 이 주장의 중요한 점은 학교에서 말해야 할 것을 제한하는 정부의 권한은, 심지어 그러한 제한들이 진리의 탐구와 여론에 영향을 미치는 시민의 능력을 방해할 때라도 정부의 작업현장 또는 돈을 사용하는 것을 통해 정부가 주권자로서 행동할 때 어느 이론을 적용해야 하는지를 결정할 수 없다.

와인슈타인은 사상의 자유시장과 진리의 탐구 이유가 단지 도구적이라며 그에 반대하는 주장을 한다:

"사상의 자유시장 이유를 핵심적인 자유로운 언론의 공리로서 특징을 규정하는 보다 심각한 문제는 이론이 사회를 위해 참된 개인적 권리로서가 아니라 전체로서 선이라는 측면에서 자유로운 언론을 정당화하는 것이다."[663]

도구적 성질이 본질적으로 핵심적인 자유로운 언론의 공리를 갖는 근본적인 문제인지는 확신할 수 없다. 또한 도구적 이유가 참된 개인적 권리를 낳을 수 없는지 확신할 수 없다.

와인슈타인은 자유로운 언론을 도구적으로 정당화하는 문제는, 심지어

---

662 Robert Post, Constitutional Domains: Democracy, Community, Management, 1995, pp. 13–15.

663 Weinstein, Participatory Democracy, p. 502.

현명한 집단적 의사결정 상 민주주의 이익에 도구적인 것일지라도, 그러한 표현이 다른 도구적 이유에 근거한 압제에 종속된다는 것이라고 생각한다.[664] 그가 도구적 이유들을 중대한 정부 또는 사익이라고 부를지라도, 그는 자신의 자치이론에 따라 다른 도구적 이유들에 근거한 언론 제한을 허용할 것이다. 자신의 고유한 제안은 강하게 공적 담론의 일부인 언론만을 보호할 것이다. 그는 공적 담론은 연방대법원이 결정한 표현의 유형들이라고 정의를 내린다. 그것들은 민주주의 자치에 본질적이다.

그러나 그들은 중요한 정부 이익 또는 민간의 이익을 지나치게 악화시키는 것은 아니다. 와인슈타인은 다음과 같이 역시 추리를 한다. 자유로운 언론의 핵심적 이유가 민주주의에 대해 정확히 도구적인 것이 아니라 과학적 수학적 진리를 찾는 것처럼 보다 일반적인 집단 선에 대해 도구적이라면, 자유로운 언론의 권리는 덜 활발하고 안전해질 것이다. 그때 언론은 진리의 탐구보다 보다 중요하고 또는 적어도 긴급한 전체 복지 목표를 다투는 봉사에 심지어 쉽게 억제될 수 있기 때문이다.

예를 들어 반전시위는 국가의 전쟁 수행에 개입하는 것을 방지하기 위해 금지될 수 있다. 또는 인종차별적 언론도 그 언론이 소수자들에 대해 물리적 상해를 가하는 것을 방지하기 위해 불법화할 수 있다. 그러나 연방대법원이 언론이 본질적으로 또 도구적으로, 그리고 진리의 탐구 수단으로서, 또 자치의 수단으로서 양자 모두 가치가 있는 것으로 인정한다면 자유로운 언론이 보다 덜 안전해질 것인지가 관건이다. 전자에 대해서 언론 그 자체는 본질적이고 도구적 가치가 있다. 후자에 대해서도 그러한 것이 본질적이며 도구적 가치를 갖는다.

그리고 보다 일반적으로 사상의 자유시장 또는 진리의 탐구 이유가 민주

---

[664] James Weinstein, Participatory Democracy as the Basis of American Free Speech Doctrine: A Reply, 97 Va. L. Rev., 2011, pp. 633, 659.

주의 자치이유보다 덜 본질적이고 개인적인 것인지를 알 수 없다. 결국 포스트와 와인슈타인의 민주주의 자치이론은 자유로운 언론조항을, 선을 보호하는 것으로 해석한다. 우리는 민주주의가 전체로서 사회에 가져오고 그러나 민주주의적 자치에 참여하기 위한 개인의 권리에 의존하는 경향이다. 사람은 평등하게 모든 개인이 자유롭고 평등하게 적어도 정부 제한과 관련해 진리가 토론되는 언론에 참여하는 권리를 주장할 수 있다. 이 권리는 자신을 위해 진리를 밝힐 권리로서 또 인간 지식의 지속적인 발전에 참여하는 권리로서 주장할 수 있는 것이다.

확실히 진리를 찾기 위한 이러한 연결된 두 가지의 권리는 인민의 이익의 최소가 아니며 최대일 것이다. 그들은 참된 개인적 권리로서 보여질 자격이 충분히 있다. 그리고 수정헌법 제1조가 그러한 권리를 헌법적으로 보호하기에 매우 적합한 기초가 될 것이다. 자유로운 표현의 자치이론에 대한 하나의 작은 수정은 정치적 표현이 수정헌법 제1조의 핵심이고, 또 다른 어떤 표현보다도 더 보호받아야 하는 접근법이라는 것이다. 이러한 전제가 마이클존의 엄격한 해석보다 더 표현을 수용할지도 모르지만, 그것은 여전히 정치적 표현이 어느 정도 독특하다는 같은 기본적 입장으로부터 작동하는 것이다. 이것은 Myers사건에서 연방대법원이 정밀하게 채택한 접근법이다.[665] 과거 판결을 일관되게 인용하면서 연방대법원은 다음과 같이 판시했다:

"공적 업무와 관련된 발언은 자기표현보다 더 중요하다. 즉 그것은 자치의 필수적인 것이다. 이에 따라 법원은 공적 쟁점에 대한 발언은 수정헌법 제1조가 보장하는 가치 가운데 최상의 위치를 차지하고 있으며, 특별한 보호를 받을 가치가 있다고 자주 재확인했다. 수정헌법 제1조는 정치적인

---

665 Connick v. Myers, 461 U.S. 138 (1983).

것으로 특징을 지울 수 있는 한도 내에서만 언론과 집회를 보호하는 것은 아니다."[666]

연방대법원은 정치적 발언이 수정헌법 제1조의 '핵심(core)'이라고 잇따라 판결했다.[667] 그러나 다른 결정에 있어서 법원은 다르게 판결했다. "비록 정치적 연설이 헌법적 보호를 충분히 받을 정도의 자격이 있다고 할지라도 같은 정도로 존중을 받아야 할 다른 수많은 의사소통이 있다."[668]

자유로운 표현에 대한 자치 접근법은 역시 어려움이 있다. 자치를 용이하게 하기 때문에 발언이 가치를 평가받는다고 말하는 것은, 예를 들면 단순히 연구를 한 걸음 뒤로 물리게 하는 것이다. 결국 자유로운 발언의 자치이론이 미국의 정치적 유산과 일치되는 것처럼 보여도,[669] 그것은 정의를 내리는 데 심각한 문제를 안고 있다. 어떤 종류의 발언이 정치적이며 따라서 보호를 받을 가치가 있으며, 또 어떤 종류의 표현이 헌법적 보호를 받을 자격이 있는가라는 질문은 늘 표현의 자유이론의 과제가 되고 있다. 표현이 간접적으로 정치와 관련이 있는 것으로 보면서 미끄러운 경사지를 내려오기 시작할 때, 어떤 발언이 보호가치가 없는 것으로 결정하는 것은 어렵다. 샤우어는 발언이 보호할 만한가를 재판관들이 결정해야 한다고 주장함으로써 이러한 어려운 문제를 푼다. 국민주권은 어느 표현을 보호하지 않을지 결정하는 다수의 능력을 포함한다.[670]

---

666 Garrison v. Louisiana, 379 U.S. 64, 74–75 (1964). NAACP v. Claiborne Hardware Co., 458 U.S. 886, 913 (1982). Carey v. Brown, 447 U.S. 455, 467 (1980). Mine Workers v. Illinois Bar Assn., 389 U.S. 217, 223 (1967). Thomas v. Collins, 323 U.S. 516, 531 (1945).

667 Williams v. Rhodes, 393 U.S. 23, 32 (1968). Buckley v. Valeo, 424 U.S. 1, 45 (1976). McConell v. FEC, 450 U.S. 93, 264 (2003).

668 City Council v. Taxpayers for Vincent, 104 S. Ct. 2118, 2135 (1984).

669 Emerson, Colonial Intentions and Current Realities of the First Amendment, pp. 737–742. "나는 역사가 Meiklejohn 박사의 이론을 확인해 준다고 믿지만 역사는 그의 입장을 넘어서고 있다. 표현의 자유에 대한 기본권은 정치영역에만 국한되는 것을 의미하지 않는다."

4. 지속가능한 사회의 안전밸브

(1) 안정과 변화 사이의 균형(Balance Between Stability and Change)[671]

에머슨은 표현의 자유의 전통적 원리는 최종적으로 사회통제 이론을 형성한다고 주장한다. 공개적 토론의 원칙은 보다 채택 가능하고 동시에 보다 더 안정적인 공동체를 이룩하고, 건전한 분열과 필요한 동의 간의 위험한 균형을 유지하기 위한 방법이다. 이것은 언제나 진실이지는 않으며, 많은 현존하는 사회에 진실이 아닐지도 모른다고 한다. 그러나 인간이 법 안에서 어떻게 기능해야 하는지를 배우는 곳에서는 공개적 사회가 보다 더 강하고, 보다 더 공고한 사회가 될 것이다.

이러한 명제를 지지하는 이유들은 여기서는 요약된 형태로만 진술될 수 있다. 첫째, 토론의 억압은 이성적인 판단을 불가능하게 한다. 실제로 토론의 억압은 논리 대신에 힘을 사용한다. 게다가 표현의 강제는 비효율적인 것처럼 보인다. 그것이 적어도 잠시 동안 사회변화를 막을지 모르지만, 표현의 강제는 사상이나 신념을 근절시킬 수 없다. 또는 그것은 충성이나 단합을 촉진할 수 없다. 배저트(Bagehot)가 관찰한 바에 따르면, "지식국가에서 박해는 표면적으로는 일치를 이룰 수 있으나, 역시 속으로는 강하고 지속적인 확고한 의혹을 살 것이다."[672]

에머슨에 따르면 더욱이 억압은 사회로 하여금 변화하는 환경 또는 새로운 사상을 발전시키는 것을 막고 경직성과 우매함을 조장한다. 어느 사회,

---

670 F. Schauer, The Role of the People, op. cit., p. 780. 이것은 외설과 명예훼손 판단과 관련이 있다.

671 Emerson, First Amendment, pp. 11-15.

672 Walter Bagehot, The Metaphysical Basis of Toleration in Works of Walter Bagehot Vol. 2, Hutton ed., 1889, pp 339, 357.

어느 제도라도 자연적으로 경직적인 경향이다. 태도와 사상들은 판에 박은 듯 진부해지며, 제도들은 활력을 잃을 것이다. 결과는 닳아빠진 원칙들의 기계적 또는 자의적인 적용, 인정되지 않는 불만 쌓기, 새로운 접근법을 생각하지 못하게 하는 무능력, 그리고 일반적인 침체이다. 반대논리는 이러한 관료제적 부패의 전형적인 과정을 상쇄시키고 개선하는 데 있어서 중요한 사회적 역할에 봉사할 것이다.

다시, 표현의 억제는 사회가 직면하는 실제 문제를 감추고, 공중의 주목을 치명적 쟁점들로부터 돌려놓을 것이다. 그것은 불안의 실질적 기초인 불만을 소홀히 하게 되는 결과를 빚고, 따라서 그들의 시정을 막을 것이다. 표현의 억제는 반대의 정도를 감추고, 모든 당사자들의 입장을 어렵게 하기 때문이다. 따라서 이성적 약속을 어렵게 하거나 불가능하게 한다. 더욱이 억압은 반대파를 지하로 내몰고, 억압받는 자들을 무관심하게 하거나 필사적이게 한다. 억압은 따라서 사회의 활력을 약화시키거나 보다 더 힘에 의존하게 한다. 그리고 최종적으로 공동결정을 위해 지지가 필요한 다수를 약화시키고 쇠퇴하게 한다. 억압은 결정을 채택하는 이유들을 지적으로 이해하는 것을 방해하고, 밀이 관찰한 바와 같이 "확신에 근거하지 않은 신념들은 논쟁과 조금이라도 닮은 것 앞에서는 굴복하게 될 것이다." 요컨대 반대의 억압은 변화가 최종적으로 공동체에 강제적으로 밀어닥칠 때 보다 폭력적이고 급진적 형태가 될 것이라는 것을 잘 의미한다.

공개토론 과정이 사회를 서로 떨어지게 하는 것과는 전혀 다르게 보다 더 큰 단결로 이끄는 힘을 자극한다는 주장은 역시 정치적 정당성 개념에 의존한다. 보다 좁고 아마 보다 거친 용어로 진술한다면, 그 주장은 반대파들에게 그들의 시각을 자세히 설명하도록 허용한다면 그들로 하여금 '증기를 발산(to let off steam)' 시키게 한다는 것이다. 이 고전적 사례는 하이드 파크(Hyde Park) 회합이며, 거기서 어느 누구라도 자신이 모을 수 있는 청중에게 원하는 것을 말하도록 허용한 것이다. 이로 인해 에너지를 발산시키고, 불만을 줄이고, 저항을 법과 질서에 부합되게 한다. 요컨대 그것은 정치적 통일체를 통해 카타르시스 작용을 하게 한다.

에머슨은 그러나 정치적 정당성의 원칙은 보다 더 넓고 근본적이라고 본다. 자신의 입장을 진술하고 자신의 입장을 다른 사람이 채택하도록 설득하는 충분한 자유를 갖는 사람들은 결정이 자신에게 반대하는 방향으로 이루어질 때에도 공동판단을 받아들일 준비가 더 되어 있다고 그 원칙은 주장한다. 사회적 삶을 위한 이성적 규정들에 맞춰 그들은 공정하게 대우를 받았다고 인정할 것이다. 그들은 자신들의 힘 안에서 모든 것을 다했다는 것을 느끼게 되고, 남아 있는 유일한 대안은 모두가 힘에 호소하는 것을 통한 기본원칙, 즉 건강한 사회에서 대부분의 개인들이 착수하려고 하지 않는 행동과정을 포기하는 것이라는 것을 이해하게 될 것이다. 많은 상황 속에서 그들은 다시 한번 시도할 기회를 보유하며, 결국 다수를 자신들의 입장으로 설득하려고 희망할 것이다. 적법절차가 준수되어 온 사법절차에서처럼, 비록 그들이 좋아하는 것에 대한 것은 아닐지라도 결과적 결정들이 합법적이라는 것을 느끼게 될 것이다.[673]

사회적 통제문제를 다루면서, 자유로운 표현의 지지자들은 비슷하게 그 문제는 사회에서 단결을 촉진하거나 축소하기 위해 작용하는 전체적인 힘의 맥락에서 고려돼야 한다고 강조한다. 대체로 그들은 하나의 사회는 불안한 변화보다는 일반적인 타성에 따르는 경향이 더 강하다고 이론화한다. 이에 따라 인구의 상당 부분이 심각한 역경 또는 차별적 조건들 아래서 살지 않는다면 정치질서에 대한 저항은 무질서 단계에까지 이르지 않을 것 같다. 유효한 불만을 완화해 주는 데 지속적으로 실패한 정부만이 폭력적 반대가 발발하는 것을 두려워할 필요가 있다. 따라서 사회를 자주 규정짓는 타성이 주어져 있다고 하더라도, 전혀 격변을 야기하지 않

---

673 Charles Lund Black, The People and the Court, Macmillan, 1960, pp. 56–86.

는 표현의 자유는 변화를 주는 과정으로서, 필요한 사회적 정치적 변화를 촉진하고 사회를 우매화하고 부패하게 하는 것으로부터 지키는 것으로서 보다 더 적합한 것으로 보여진다.

게다가 국가는 정치적 통합을 촉진하고 힘에 호소하는 것을 억압할 적절한 힘을 보유하고 있다. 우선 국가는 시민과 함께 표현의 자유에 대한 권리를 공유하고 있다. 이 힘에는 상당한 한계가 있을지라도, 일반적인 시민이나 시민집단보다 국가는 일상적으로 정보를 얻기 위한 좋은 입장에 있고, 자신의 공식적인 견해를 전달할 수 있는 보다 더 권위적인 입장에 있다. 보다 중요한 것은 국가가 행동을 제한하거나 강제할 권한을 갖고 있는 점이다. 이미 우리가 살핀 바와 같이 우리와 관련이 있는 권리는 오로지 표현에만 확장된다. 행동단계에 이를 경우 국가의 강력한 힘은 규제나 금지를 위해 유용하게 될 것이다. 그리고 최종적으로 국가는 권한뿐 아니라 책무도 지고 있다. 그 책무는 표현의 자유가 일반 복지를 위해 기능할 수 있도록 하는 조건을 통제하는 것이다. 이것은 무질서를 야기하는 불만을 제거하는 책임뿐 아니라 민주주의의 기본원칙이 작동할 수 있는 경제적 사회적 조건을 유지하는 책임도 포함한다.

이 이론의 지지자들은 충분한 토론과정이 모두에게 공개되어 있으며 충분한 토론을 행하는 사회에 대한 약간의 위험을 포함하고 있다는 것을 인정한다. 중대한 문제를 해결하는 과정에서 때때로 실질적인 지연이 있을 수 있다. 결국 사회에 유익한 결정에 도달하는 데 견고한 보호장치가 있을 수 없다. 다양성과 반대를 고무하는 그 과정은 때로는 사회를 함께 묶고 있는 공동 결속을 느슨하게 하는 경향이며, 그 결속을 푸는 위협을 가할지도 모른다. 주어진 답은 그 말뚝이 높고 또 위험을 무릅써야 한다는 것이다.

어느 사회도 절대적 안전을 이룩하는 것을 기대할 수는 없다. 변화는 불가피하다. 유일한 문제는 정도와 방법이다. 표현의 자유이론은 압제체제보다 더 이성적이고 질서정연한 조정의 더 큰 가능성을 제공한다. 더욱이 그들은 경험의 교훈으로서 위험은 언제나 상상의 것이며, 압제는 압제의 발전을 위한 것보다 일반복지의 편견에 대해 보다 더 자주 발동된다고 주장하고 있다. 이에 대해 그들은 위험은 최소의 악이며, 대안은 보다 더 나쁘며, 보유할 가치가 있는 유일한 안전장치는 자유 위에 기초하는 것이라고 덧붙인다.

따라서 표현의 자유이론은 민주적 절차를 통해 보다 나은 사회적 판단에 이르기 위한 기술 이상의 것을 내포한다. 그것은 사회의 비전과 믿음, 인생의 전체 행로를 포괄하고 있다. 이 이론은 인간의 정신이 자유롭고, 자신의 운명이 자신의 이성의 힘과 이성을 창출하는 자신의 전망, 실질적으로 제한이 없는 계몽적 시민에 의해서만 결정되고, 새로운 사회사상에 의해 각성하고 고무된 시대로부터 자라나온 것이다. 이 이론은 창조적이고 진보적이며 신이 나며 지적으로 강건한 공동체에 도달하기 위한 처방으로서 제안되고 있다. 이 이론은 관용과 회의론, 이성과 주도권을 고무하는 것을 통해 인간으로 하여금 자신의 전체적인 잠재성을 실현하도록 하는 삶의 방식을 생각한다. 이 이론은 전제적이고 순응자, 비이성적이고 정체된 사회의 대안을 일축한다. 그것은 수정헌법 제1조에서 구체화된 사회의 개념이다.

(2) 안전밸브 가치

표현의 자유는 좀 더 적합하고 좀 더 안정적인 사회를 이룩하는 방법이며, 필수적인 공감대와 건전한 반대 의견의 변화가 가능한 균형을 유지하는 방법이다. 토론에 대한 억압은 설득 대신에 힘을 앞세우게 함으로써 합리적인 판단을 불가능하게 한다. 억압은 사회로 하여금 새로운 사고를 발달시키거나 상황을 변화시킴으로써 그 상황들에 적응할 수 있는 능력들을 금지시키고 고정성과 무능력을 양산시키게 될 뿐이다. 억압은 사회가 직면한 문제들을 은닉시키고 비판적인 사안들로부터 공공의 관심을 다른 곳으로 돌리기 때문이다.

반면에 열린 토론 과정은 사람들이 결정의 과정에 일부분이 됨으로써 자신들이 반대했던 결정에 대해서도 그것을 받아들일 수 있는 더 많은 준비를 가능하게 해 사회구성원들이 더 강한 결집력을 만들 수 있게 해 준다고 한다. 따라서 국가는 항상 통일성을 증진하고, 폭력에 호소하는 것을 자제할 수 있도록 적합한 권력을 유지해야 할 것이다. 그러므로 표현의 자유는 사회의 발전이 사회의 붕괴 없이 행해질 수 있도록 필수적인 갈등 해결 과정 속에서 그 틀이 형성되도록 해 주는 것이라고 평가한 것이다. 표현의 자유는 고정과 변화 사이의 균형을 유지해 주는 본질적인 제도라고 정의할 수 있다.

여기서 에머슨은 자유로운 표현의 '안전밸브(safety valva)' 가치를 주장한다. '안전밸브' 가치는 사회구성원에 대해 자신을 표현할 기회를 주는 것은 불만을 표출시키는 것을 의미한다. 이 대안은 개인과 집단들이 아마 폭동과 심지어는 정부를 전복하려는 등 보다 더 극렬한 행동을 취하는 결과를 빚을 수 있는 표현들을 금지할 것이다. 불만을 터트릴 기회가 주어진 국민은 궁극적으로 폭발하게 되는 적대감을 가두게 할 것 같지는 않다. 끓는 물주전자로 비유할 수 있다. 증기를 천천히 내뿜게 하면 아무런 문제가 발생하지 않고 주전자 상태도 안전할 것이다. 그러나 만약에 주전자가 막혀 있고 압력이 점차 빠져나가는 것을 방지하면, 결국 주전자를 파괴할 정도로 증기가 형성될 것이다.

에머슨이 자유로운 표현의 안전밸브 가치를 좋은 것으로 보는 반면에, 마르크스주의자들은 그 과정을 한 걸음 더 멀리 취하고 있다. 그들은 자유로운 표현이 개인과 집단에 대해 그들의 불만을 터트리게 할 뿐 아니라 그것은 또 존재하는 바대로 상황을 지속하게 하는 그들의 의지로 귀결될 것이라고 주장한다. 안전밸브는 따라서 현상을 유지하기 위해 작용을 하지만 반면에 자유로운 표현을 하게 하며, 변화의 기회를 거의 없앤다. 끓는 물의 비유를 사용하면서, 마르크스주의자들은 증기를 빠져나가게 함으로써 압력을 받은 물의 변화를 초래하지 않지만, 반면에 주전자가 과도한 압력으로부터 폭발하게 허용함으로써 비록 맹렬하기는 하지만 물이 끓는 것을 종식시킨다고 지적한다. 시위는 정부를 위한 '경고장치'로서 기능을 하며, 가능한 위기에 대비하고 위기를 몰아낼 기회를 주게 된다고까지 주장이 발전되고 있다.

(3) 명백하고 현존하는 위험의 접근법

언론권 보호에 대해 명백하고 현존하는 위험(clear and present danger)의 접근법 주창자들은 자유로운 표현의 가치로서 질서 잡힌 사회의 유지를 채택하고 있다.[674] 발언이 명백하고 현존하는 위험의 원칙에 접근할 때에만 그 발언은 금지된다. 이 접근법의 결과물은 투쟁적 단어 원칙(fighting words doctrine)이며, 이 원칙은 발언이 선동적이며 격렬한 반응을 야기할 가능성이 있는 발언자들을 규제한다.[675] 실제로 채피는, 홈즈 연방대법관이 명백하고 현존하는 위험의 기준을[676] 채택하도록 설득한 사람으로 알려져 있으며, 역시 표현의 안전밸브 가치를 지지했다.

에머슨이 폭력의 정도로까지 불만이 팽배해지는 것을 자유로운 표현이

---

[674] Whitney v. California, 274 U.S. 357, 375–377 (1927).

[675] Chaplinski v. New Hampshire, 315 U.S. 568, 572 (1941): 투쟁적 언어, 즉 바로 그 말을 언급함으로써 상처를 주고 즉각적으로 평화를 파괴할 가능성이 있는 언어는 진리에 대한 걸음으로서 사회적 가치가 거의 없다. 진리는 언어로부터 유래하는 장점이 질서와 도덕에 있어서 사회이익에 의해 보다 더 중요하다는 것이다. Cantwell v. Connecticut, 310 U.S. 296, 310 (1939)

[676] Ragan, Justice Oliver Wendell Holmes Jr., Zechariah Chafee Jr., and the Clear and Present Danger Test for Free Speech, 58 J. Am. Hist., 1971, p. 23. Dom Caristi, Expanding Free Expression, op. cit. p. 10. 재인용.

예방한다고 주장한 반면에 채피는 언론은 나라를 행복하게 할 정도까지 갈 수 있다고 느꼈다. 언론의 자유는 "가장 행복한 종류의 나라를 창조한다. 그것은 남성과 여성이 자신들의 나라를 사랑하게 하는 가장 좋은 길이다"[677]라고 했다.

이 이론적 접근법이 실제로 신랄한 표현들을 보호할지도 모르지만, 그 보호는 열정적 연설가들이 행한 표현까지만 연장된다. 자유언론을 보호하는 것은 그것이 안전판으로 기능하기 때문에 순전히 상업적인 발언을 무시한다. 상품광고는 필수적으로 보호자격이 있는 것은 아니지만, 쟁점 광고(advocacy advertising)는 안전밸브 가치의 핵심에 있다.

역설적으로, 평화로운 사회를 유지하는 안전밸브를 제공하는 자유로운 표현을 위해, 표현은 그렇게 효율적일 수는 없다. 반란에 대해 군중을 확신시키려고 시도하는 개별 연설가는 그 자신을 표현함으로써 울분을 토해낸다. 연설가가 군중이 폭력행동을 일으키도록 지나치게 잘 믿게 하면, 표현은 폭력의 난무를 초래하는 결과를 빚게 될 것이다. 그와 같은 이유 때문에 자유로운 표현에 대한 안전밸브 접근법은 조화시키기 어렵다.

비효율적인 연설가에게는 발언할 기회가 주어지는 반면에 보다 효율적인 사람들은 사회질서의 이익을 위해 그에 부과된 한계를 설정해야 한다. 그러한 접근이 동등한 보호문제를 위해 드러내는 어려움과는 무관하게, 그러한 규정들을 집행하는 것은 재량적이고 변덕스럽고 또 질서 측면에서 실수를 범하는 경향이 있다. 경찰 등 질서유지를 담당하는 정부기관들은 폭력이 일어나기를 기다리기보다는 잠재적 폭동 가능성을 예방하려고 할 것이다.

---

[677] Z. Chafee, Free Speech in the United States, p. 564.

(4) 제4부로서의 언론의 균형자 역할

미국의 자유로운 표현의 원칙들은 다른 제도들과 비교하면 결코 순탄하지 않다. 자유로운 표현의 역사를 통해 그 원칙들을 제도화하는 데에는 정치, 경제, 문화적 차이로 어려움을 겪었다. 언론의 자유 조항에도 불구하고 언론의 접근권과 기자들의 특권은 거부돼 왔다.[678] 발언의 자유 조항이 모든 발언자들과 저술가들에게 언론의 권리를 부여하는 것이 아니고, 언론의 자유 조항이 언론에 독특한 권리를 부여한다는 인식 때문이다. 여기서 자유로운 표현의 '파수견(watchdog)' 가치의 하부가치로 실제로 편집 자율권을 보호한다.[679]

언론의 중심기능이 사회 내 권력의 공적 사적 중심에 대한 대항세력으로서 봉사하는 것이라면, 독립적인 편집 판단을 보호하는 것은 필수적이다. 비잰슨이 언론의 역할을 공적 불법행위뿐 아니라 사적 불법행위까지 감시하는 것으로 확장할지라도, 이유는 똑같이 남는다. 이것이 민주사회주의 언론 이론과 일치하는 것이다. 개인의 자유는 국가뿐만 아니라 사회의 경제 그리고 다른 기관의 침해로부터 보호되어야 한다. 편집 자율권이 제공하는 가치는 자유로운 표현을 위한 에머슨의 4개의 가치 중에 포함되지는 않았다.

블라시는 수정헌법 제1조의 '견제하는 가치(checking value)'라는[680] 용어를 사용한다. 블라시는 정부에 대한 파수견으로 봉사하려고, 정부의 금지로부터 자유로운 언론을 갖는다는 가치를 함축하기 위해 수정헌법 제1조의 견제하는 가치라는 용어를 사용한다. 언론은 견제와 균형(checks and

---

678 F. Schauer, Principles, Institutions, and the First Amendment, p. 84.
679 Randall P. Bezanson, The New Free Press Guarantee, 63 Va. L. Rev., 1977, pp. 731, 767.
680 Dom Caristi, Expanding Free Expression, p. 10.

balances)의 체제에서 비공식적 제4부이다. 연방과 주 그리고 지방자치단체 차원에서 공적 권한의 남용에 대한 견제를 위해 자유로운 표현이 보호되는 게 필요하다. 편집 의사결정에 정부가 개입해서는 안 된다는 주장은 때로는 불완전하며, 청중으로 하여금 스스로 적절한 정당성을 이해하도록 할 여지를 남겨둔다.

파수견, 이론의 대표적 지지자는 스튜어트 연방대법관이다. 그는 예일대학교 로스쿨 연설에서[681] 수정헌법 제1조의 자유언론 규정은 헌법의 중심 규정이어야 한다며, 그렇지 않으면 그 규정은 '헌법의 중복'에 그칠 것이라고 주장했다. 그는 자유언론을 헌법에서 보호하는 주된 목적은 정부의 3부를 추가적으로 견제하는 것으로서 정부 밖에 제4의 기관을 창설하는 것이라는 제안을 지지하기 위해 소수의견을 낸 브랜다이스의 주장을 인용했다.[682] 물론 이 입장은 비판론자가 없는 게 아니다.[683] 주요 논점은 언론에 그러한 특별한 지위를 주는 것은 언론이 책임을 지고 행동하는 것을 요구하고, 믿음을 깬 데 대해 책임을 질 수 있다는 것이다.[684] 편집의 재량이 보호된다면 그것은 스튜어트 연방대법관이 주창한 구조적 접근법을 형성하는 것이 된다. 연방대법원은 상당부분 그것을 분석하면서 자유언론의 이 이론을 받아들였다. 블랙 연방대법관의 판결문 중에, "언론은 정부의 비밀을 지킬 수 있고, 국민에게 정보를 제공할 수 있기 위해서 보호받는다"고 했다. 또한 오로지 자유롭고 제한받지 않는 언론만이 정부 내에서 속임수를 효율적으로 노출시킬 수 있을 것이다.[685]

버거(Stewart Burger) 연방대법원장은 언론을 위한 별도의 권리를 거부

---

681 Potter Stewart, Or of the Press, 26 Hastings L. J., 1975, p. 631.

682 Meyers v. U.S. 272 U.S. 52, 293 (1926).

683 Anthony Lewis, A Preferred Position for Journalists? 7 Hofstra L. Rev., 1979, p. 595. First National Bank of Boston v. Bellotti, 435 U.S. 765 (1978). 법인은 자유로운 언론권을 갖는다.

684 Dom Caristi, Expanding Free Expression, p. 11.

685 New York Times v. U.S., 403 U.S. 713, 717 (1971).

하는 데도 불구하고 편집의 자율권의 중요성을 주장했다.[686] 6쪽의 짧은 의견서에서 그는 '언론의 역할(2회)', '언론의 독립성(2회)', '언론의 자유로운 종사자', '언론의 자유', '언론의 판단(2회)', '언론의 결정' 그리고 '편집평가의 과정'이라는 구절들을 사용한다.[687] 그는 편집·편성의 자율권이 반드시 보호해야 할 가치라는 입장을 채택한다. "자유로운 표현의 이름으로 매일매일 방송국의 편집·편성 결정이 촉구되는 제한에 예속된다고 주장하는 것은 이례적인 것이다." 버거와 정치적으로 반대편에 서 있는 더글러스 연방대법관도 역시 편집의 자율성을 지지했다. 그는 우리가 갖고 있는 오래된 형태의 수정헌법 제1조는 법원의 유일한 지침이며, 법원이 선언한 하나의 굳고 신속한 원칙은 정부는 언론으로부터 손을 놓고 있어야 한다는 것이다.

다른 판결에서도 연방대법원은 편집 판단에 제공되는 보호를 명백하게 재확인했다.[688] Tornillo사건에서[689] 연방대법원은 편집자들의 신성불가침(sacrosanct)에 대해 판시하고 있다. "정부가 신문에 게재되려고 하는 것을 강제하려고 하는 순간 언론의 자유가 위험에 처해 있는 것을 우리는 경험으로부터 알고 있다"고 했다.[690] 표현의 자유의 제도적 보장으로서 언론의 자유는 우리에게 더욱더 소중하다. 사상의 자유시장 확대를 추구하는 우리에게는 정부가 언론으로부터 자신의 손을 놓고 있어야 한다는 경구가 더욱 절실하게 다가온다.

---

686 First National Bank of Boston v. Bellotti, 435 U.S. 765, 798 (1978). 그 조항의 역사는 입안자들이 특별한 또는 제도적 특권을 생각했다는 것을 제시하지 않는다.

687 CBS v. DNC, 412 U.S. 94, 116-121 (1973).

688 Pittsburgh Press Co. v. Human Relation Comm'n., 413 U.S. 376, 391 (1973).

689 Miami Herald v. Tornillo, 418 U.S. 241 (1974).

690 Bigelow v. Virginia, 421 U.S. 809, 829 (1975).

5. 4대 가치의 확대 발전

미국 수정헌법 제1조는 많은 학자들에 의해 다양한 방법으로 해석되고 있다. 대부분의 수정헌법 제1조 이론은 자유로운 표현이 보호할 가치가 있다고 하는 데 대한 통찰력을 제공한다. 에머슨은 표현의 자유를 강조하는 전통적 이론의 건전성 또는 현대적 조건 아래에서 이론의 생존력을 설명하지 않았다. 그는 그러한 설명을 할 수 있다고 믿는다. 여기서 중요한 점은 표현의 자유의 체제가 전통적 이론에서 구체화된 근본적인 제안들을 실천하기 위한 것에 기초하고 그것을 위해 설계돼야 한다는 것이다. 에머슨이 열거한 4대 가치들은 기본적 핵심가치이지만 그 가치들은 시대적 상황의 변화에 따라 확대될 것이다.

미국 수정헌법 제1조의 표현의 자유를 굳건히 보호하는 이유는 복합적이다. 표현의 자유는 인간으로서의 존엄권, 진리의 탐구, 각성된 선택, 개인의 자기표현, 사회적 결연, 정치적 참여, 사회적 카타르시스, 평등권, 관리의 자의적 규제와 과도한 침입적 규제의 증대에 대한 자유 등 여러 가지 가치를 포괄하는 것이다. 표현의 자유의 보호법익은 민주화를 이룩해 나가는 우리의 경우 더욱더 깊게 연구해야 하고 확장시켜 나가야 할 목표이다. 에머슨의 이론을 고전적 지침으로 간직하면서도 현대적으로 재해석하고 발전시켜 나가야 한다는 생각이다.

표현의 자유의 구체적 가치는 단면적이라기보다는 중층적으로 체계를 구축하고 있다. 인간이 인간으로서 존엄하기 위해서는 자기실현이 가능해야 하며, 자기실현을 위해서는 진리에의 도달이 전제돼야 하는 것이다. 인간은 사회적 존재로서 공동체 의사결정에 참여하고 이 참여로 인해 자기실현을 이룩할 수 있다. 사회적 존재로서 인간은 언제나 깨어 있으며, 사회의 변화와 안정 사이에 균형자 역할을 해야 한다. 이 또한 표현의 자유에서 비롯되는 것이다. 개인의 활발한 표현은 사회를 건전하게 발전시키는 촉매제이다. 개인의 자기실현과 지속가능한 자유민주주의의 공동체 발전이 그 지향하는 바이다.

여기서 강조하는 것은 공적 토론장으로서 사상의 자유시장을 언제나 현실세계에서 작동되도록 하자는 것이다. 일부 비판가들의 의견에도 불구하고 자유민주주의의 경험이 일천하고 권위주의적 문화가 청산되지 않은 우리로서는 사상의 자유시장 이론이 자유민주주의의 기본원리로서 지녀야 할 철학이라고 할 것이다. 사상의 자유시장의 주체는 주권자인 국민이며, 국민은 사상의 자유시장을 통해 정치적 의사결정을 내린다. 이에 따라 입법·행정·사법 3권을 형성하며, 유지시키기도 하고, 변화를 주기도 한다. 사상의 자유시장은 다양한 언론과 공적 토론장 등으로 그 모습을 드러낸다. 이에 사상의 자유시장은 관념적 존재에서 실재적 실체로서 규율되도록 해야 한다. 이를 통해 표현의 자유의 여러 가치들이 법익으로서 확고하게 보호를 받아야 한다. 이에 대한 이견은 표현의 자유를 더욱 더 보강해 주는 지침으로서 그 빛을 발할 것이다. 우리의 경우 정보통신기술의 발달에 따라 IPTV, 인터넷 등 SNS가 새로운 공적 토론장으로서 사상의 자유시장을 무한정 확대하는 경향이다.

우리 헌법학계와 언론법학계는 상술한 미국 수정헌법 제1조의 보호가치에 대해 아직 자세히 연구하지는 않고 있다. 대체적으로 에머슨의 연구 성과를 간단히 소개하는 데 그치고 있다. 이런 가운데 앞서 인용한 일부 선구적인 선행연구가 길잡이를 함으로써 이 연구를 이끌어내게 됐다.[691] 판례가 충분히 형성되지 않은 가운데 우리 헌법재판소도 "언론의 자유는 민주국가의 존립과 발전을 위한 기초가 되기 때문에 특히 '우월적 지위'를 지니고 있는 것이 현대 헌법의 한 특징이다"라고 판시하고 있다.[692]

---

[691] 성낙인, 표현의 자유, 헌법재판연구 6권, 헌법재판소, 1995, 173쪽
[692] 헌재 1991.9.16, 89헌마 165.

앞으로 우리 나름의 깊은 접근과 연구가 가능할 것으로 기대한다.

결론적으로 민주적 자치의 가치만 강조하는 게 아니라 4대 가치의 균형적 발전이 중요하다. 공적 토론장을 확충해 나가는 과정에서 표현의 자유의 여러 가치들이 더욱더 보장을 받도록 해야 한다. 서로 모든 가치가 등가적으로 보호되고 신장될 경우에 자유민주주의의 가치가 더 보호되고 신장될 기회를 얻게 될 것이다.

표현의 자유를 보장한 미국 건국의 아버지들이 그린 신대륙의 이상세계는 오늘날 우리가 구현해야 할 새로운 국가일 것이다. 표현의 자유의 보호법익들을 살피면서 입법부는 이 법익들을 침해하는 독소조항들을 서둘러 정비해야 한다는 생각이다. 행정부는 공적 토론장을 확충해 나가는 데 장애요소들을 정비해 나감으로써 선도적 역할을 다해야 한다. 활발한 토론을 통해 공동체 번영을 이루고, 사회 안정과 변화, 개혁을 이루어 나갈 수 있기 때문이다.

아울러 사법부는 미국의 경험에서 보듯이 표현의 자유의 가치들을 천착하고, 확장하고, 발전시켜 나갈 형성적 판결에 초점을 맞추는 게 절실하다. 브랜다이스의 경구처럼 자유에 대한 최대의 위협은 기력이 없는 국민이라는 사실을 상기하고, 공적 토론이 정치적 의무이며, 그리고 표현의 자유가 우리 정부의 근본원칙이어야 한다고 믿는다.

IV. 사상의 자유시장의 운영 실제

1. FCC 결정에 대한 내용분석

사상의 자유시장 은유는 앞서 본 바와 같이 크게 민주적 경제적 이론의 접근법으로 해석되고 있다. 이 같은 양대 해석적 접근은 다른 정책 목표들을 강조하고, 다양한 규제철학과 결합하기도 한다. 여기에서는 규제자들이 사상의 자유시장 은유를 해석하고 적용하는 법을 깊게 이해하기 위해 FCC가 33년간 사용한 은유를 분석한 결과를 살펴본다.[693] 1965년 중반부터 1998년 중반까지 FCC 결정에 대해 내용분석(content analsys) 기법을 적용했으며, 그 결정에는 사상의 자유시장 용어가 사용되었다. 그 결과 은유가 전형적으로 비규제적 조치의 맥락 안에서 사용되고, 최근에는 FCC가 은유의 경제이론 차원에 초점을 맞추는 경향이 늘고 있다. 그러나 분석 결과는 취해진 규제조치 유형과 원용된 사상의 자유시장의 이론적 해석 사이에 중요한 관계를 보여 주지 않는다.

사상의 자유시장 은유는 통신규제상 기본개념 가운데 하나이다. 그것은 법과 학문, 정치권에서 집중적으로 조명하고 분석하는 것의 주제가 되고 있다. 이러한 분석의 핵심은 은유가 민주주의 이론과 경제이론을 담고 있다는 것이다. 이 이중성으로 인해 은유의 다양한 해석이 광범위하게 이루어지게 된다. 이 분석의 초점은 서로 다른 이론적 접근법들이 다른 정책 목표들을 강조한다는 점이다. 사상의 자유시장의 경제이론에 근거한 해석은 효율성과 소비자 만족, 경쟁을 강조하는 반면에 민주주의 이론에

---

[693] Philip M. Napoli, The Marketplace of Ideas Metaphor in Communications Regulation, Journal of Communication, Vol. 49 (4), 1999, pp 151–169.

근거한 해석은 시민의 지식, 정보를 제공받은 시민의 의사결정, 효율적인
자치를 강조한다. 전자는 따라서 통신산업에 대한 정부 규제 완화와 연결
되며, 후자는 반대로 규제 요구와 연결된다. 이러한 일반화는 정책결정자
들이 사상의 자유시장의 은유를 해석하는 방법은 규제 결정의 유형과 영
역과 중요하게 관련된다는 것을 보여 준다.

사상의 자유시장 은유의 기원과 의미, 전제가 완전히 해부된다 하더라
도 은유가 통신규제에서 사용되는 방법에 대해서는 주의가 집중되지 않고
있다. 따라서 그 은유가 정책의 형성과 집행, 부과와 관련된 방법, 특별한
맥락에 대해서 실제로 행하는 것보다 그 은유가 사용되거나 사용되어서는
안 되는 것을 더 많이 알고 있다. 이것이 중대한 차이이다. 은유가 어떻게
실제로 해석되고 사용되는가를 밝히는 연구기관의 성장은 결정 결과에 중
대한 영향력을 가질 수 있다. 사상의 자유시장 개념의 적용에 대해 우리가
거의 알지 못하는 것은 미국 연방대법원이 은유를 사용하는 데 초점을 맞
춘 연구에서 비롯된다. 이들 연구는 법원들이 사상의 자유시장 개념을 명
시적으로 정의하지 않았으며, 그 은유는 전형적으로 정보를 받고자 하는
소비자와 시민의 권리를 지지하기 위해 사용된 것으로 밝혔다.

물론 연방대법원은 사상의 자유시장의 개념의 의미와 적용을 고심해야
하는 통신규제와 관련된 기관 가운데 하나이다. 통신규제에 중심적인 또
다른 기관은 FCC이다. 연방대법원이 제소된 정책 쟁점에 대해서만 반응
할 수 있는 것과는 달리, FCC는 통신정책을 매일 설계하고 집행하고 배정
하는 절차에 개입하고 있다. FCC가 사상의 자유시장을 해석하기로 선택
한 방법은 이러한 정책들에 대해 중대한 영향력을 가질 수 있다. 부가적
으로 FCC가 은유를 적용하는 방법과 시기는 통신규제상 은유의 특징을
지적한다.

이 연구에서는 FCC가 정책결정을 내릴 때 사상의 자유시장 은유를 사
용하는 것을 점검했다. 첫째, 사상의 자유시장 은유의 기원과 다양한 해

석의 배경을 살펴본다. 둘째, 지난 33년간 FCC가 은유를 사용한 것의 내용분석 방법론과 결과를 제시한다. 셋째, 통신규제와 정책 분석상 이러한 결과의 함축성을 논의한다.

2. 사상의 자유시장 이론과 민주주의 이론

FCC가 사상의 자유시장 은유를 사용한 방법을 점검하기 전에 그와 연결된 개념의 기원과 다양한 해석을 이해하는 것이 중요하다. 그 은유가 경제이론과 민주주의 이론 양자에 기원을 두고 있다는 것을 이해하는 것이 중요하다. 또 시장 결정적 언론(marketdetermined speech)과 민주주의 결정적 언론(democratically determined speech) 사이의 차이를 갖고 매체를 규제하는 데 대한 보다 폭넓은 관심을 반영한다. 전자는 경쟁적 시장의 가동의 결과로부터 유래하는 방송과 보도로 정의되며, 후자는 상상의 민주주의의 대회장에 모인 사람에 의해 선택될 방송과 보도로 정의된다. 양자 사이의 교차점과 긴장은 은유가 통신규제상 사용되는 방법에 대한 연구에 초점을 제공한다.

사상의 자유시장 은유의 기원은 앞에서 본 바와 같이 17세기 밀턴의 저술로 거슬러 올라간다. 이 개념의 발달 초기 단계에서 중심 원칙들은 진리는 사상의 자유로운 교환과 자기표현과 생각의 자유 등 중요한 개인의 권리에 의해 획득된다는 것이다. 비록 밀턴이 반대되는 사상의 자유로운 충돌로부터 진리의 절차가 나타나는 것으로 기술하더라도, 그는 시장이라는 특별한 용어를 사용하지 않았다. 개인의 권리의 표현으로서 이러한 시작들로부터 사상의 자유시장 개념은 시민의 권리와 효율적인 민주주의의 표현으로 진화했다. 밀이 개인의 권리를 넘어서서 사회적 선을 확장하는 데 기여하는 것으로 자유로운 언론을 개념화하기 때문에 이러한 전이의 주요한 촉발자로 규정되고 있다.

이 접근법은 마이클존의 수정헌법 제1조 이론의 토론상 민주주의 과정에서 보다 세련되고 보다 직접적으로 적용된다. 마이클존은 거기서 방해를 받지 않는 정보의 흐름이 자치사회에 본질적이라고 주장했다. 마이클존에 따르면 최종 목표는 현명한 결정의 투표이다. 유권자들은 따라서 가능한 한 현명해져야 한다. 이 접근법에 따르면 다양한 정보원으로부터 자유롭고 방해받지 않는 정보의 흐름은 정치적 결정을 효율적으로 이루어지게 하며, 민주주의 정부에서 인민의 주권을 보장한다.

사상의 자유시장에 대한 이 같은 해석적 접근은 사법적 의사결정에도 잘 반영되고 있다. 예를 들면 Whitney사건의 동의의견에서 브랜다이스 연방대법관은 건국의 아버지들은 생각하고 싶은 대로 생각하는 자유와 생각한 대로 말하는 자유는 정치적 진리의 발견과 확산에 없어서는 안 될 수단이라고 판시했다. 여기서 핵심은 사상의 자유시장 개념에 대해 초기에 언급된 바와 같이 진리에의 도달 과정은 정치적 진리에 특별히 세련되고, 또 사상의 자유로운 교환은 그러한 정치적 진리에의 도달 과정과 연결되어 있다는 점이다. 또 다른 익히 알려진 사례는 Associated Press사건에서 연방대법원이 내린 결정에서 발견할 수 있다. 다수의견에서 블랙 연방대법관은 다양하고 적대적인 정보원으로부터 정보를 가능하면 가장 광범위하게 확산하는 것은 공공복지에 본질적이며, 자유로운 언론이 자유로운 사회의 조건이라고 판시했다. 자유로운 사회의 필요조건으로서 사상의 자유시장 개념은 이 언명에서 민주주의의 효율적인 기능과 함축적으로 연결된다. 법학과 사법적 의사결정 양자에서 활기찬 사상의 자유시장과 효율적인 민주주의 자치 사이의 이론적 연결이 확실히 구축되고 있다.

사상의 자유시장 은유의 경제적 차원은 1차적으로 홈즈 연방대법관의 유명한 Abrams사건 소수의견에서 나타나기 시작했다. 홈즈는 반미 전단을 배포하는 5명의 러시아 이민자들을 유죄로 선고한 것을 지지하는 재판부 결정에 다른 의견을 냈다. 홈즈는 바람직한 궁극적인 선은 사상의 자유로운 거래에 의해 잘 도달된다고 판시했다. 또 진리의 최선의 점검은 시장의 경쟁 속에서 스스로를 받아들이게 하는 사상의 힘이라고 밝혔다. 그것은 어느 정도 미국 헌법이론이라고 강조했다. 홈즈의 판시는 이 점에 대해 경제이론을 민주주의 이론 영역에 전적으로 뿌리내리게 하는 개념으로 포함하는 시발점이 됐다. 특별히 시장개념 사용을 통해 홈즈의 의견은 효율적이고 방해가 없는 경제적 거래와 정보를 잘 제공받은 의사결정 사이의 인과관계를 제시한다.

그러한 주장들은 사상의 자유시장의 개념화를 주도했다. 실제로 홈즈의 시장 은유가 개념의 시원을 정확히 반영하는 정도는 의문이 제기되고 있다. 예를 들면 고든(Gordon)은 홈즈의 사상의 자유시장의 개념화를 밀의 그것과 비교하고, 밀은 소수의 의견을 적극적으로 촉진하고 격려해야 한다고 주장했다. 소수의견은 홈즈의 시장 은유를 반영하는 자유방임주의 접근법을 잘 넘어서 확장된다.

홈즈의 의견이 사상의 자유시장 개념의 경제이론 차원을 도입한다고 하더라도, 홈즈는 은유의 특별한 용어를 명확히 규정하지는 않았다. 특별한 용어의 시원은 Lamont사건에서 브렌난 연방대법관이 사용한 데서 비롯된 것으로 본다.[694] 그러나 그 은유는 12년 전 Rumely사건에서 처음으로 명확히 규정됐다.[695] 더글러스 연방대법관은 동의의견에서 신문이나 잡지, 서적의 출판사처럼 이러한 출판자는 사상의 자유시장에서 사람들의 마음을 얻기 위해 노력한다고 밝혔다.[696] 브렌난 연방대법관은 후에

---

694 Lamont, DBA Basic Pamphlets v. Post Master General, 381 U.S. 301 (1965).

695 United States v. Rumely, 345 U.S. 41 (1953). 하원 로비활동선별위원회는 로비집단으로부터 특정한 정치서적을 구입한 개인의 이름의 공개를 강요할 수 없다는 항소법원의 판결을 연방대법원이 인용.

696 은유의 시원을 이 같이 살피는 것은 U.S. v. Rumely사건에서 market과 place를 나눠서 쓴 데서 비롯되고 있다. 보통 사용하는 marketplace라는 용어가 사용된다고 하더라도 이 사건은 주요 단어 탐색을 지나치도록 할 것이다.

동의의견에서 marketplace로 표기했으며, 자발적인 수신인들이 사상을 받고 고려하는 데 자유롭지 못하다면 사상의 확산은 아무것도 이룰 수 없다고 했다. 그것은 판매자만이 있고 구매자는 없는 척박한 사상의 자유시장이 될 것이다. 따라서 1960년대 중반까지 시장 은유는 수정헌법 제1조의 주요한 차원의 정밀한 표현으로 충분히 확고해지고 있다. 거기서 경제적 교환개념은 뚜렷한 지위를 차지했다.

사상의 자유시장 개념에 대해 경제적 성분을 이렇게 시장이라는 용어를 통해 부가하는 것은 훨씬 더 엄격한 신고전주의적 경제해석에 대한 문을 열었다. 이러한 사상의 자유시장 은유에 대한 신고전적인 경제적 접근은 보다 폭넓은 민주주의적 기능을 인정하지 않고 재화와 용역의 효율적인 교환에 배타적으로 초점을 맞추고 있다. 매체경제학자 오웬(Bruce Owen)의 다음 주장을 고려해 보자:

"사상의 자유시장은 하나 이상의 해석이 가능한 은유이다. 대부분의 비경제학자에게 떠오르는 은유는 밀턴의 아레오파지티카 앞부분에서 나오는 명구에 의해 제시되고 있다. 그것은 사상이 인간의 정신에 대한 지적 지배를 위해 경쟁하며, 경기를 흥미롭게 유지하기 위해 진리는 더 빈번하게 이길 것이라는 점이다. 그 용어를 사용하고자 하는 감각은 그러나 이것과는 조금 다르다. 특별히 시장이라는 인식을 문자 그대로 받아들이려고 한다. 정보와 오락, 지적 재화들이 매매되는 시장이 있다."[697]

민주주의 이론은 이러한 해석적 접근 안에서 사상의 자유시장 개념의 정의와 적용을 요인으로 포함하지 않는다. 그 대신 공급을 유익한 것으로

---

[697] Bruce Owen, Economics and Freedom of Expression: Media Structure and the First Amendment, Ballinger, 1975, p. 5.

만드는 내용의 충분한 소비자가 있는 한 어느 내용이나 사상이 공급될 것이라는 가정에 따라 시장은 단순히 재화가 수요와 공급의 법칙에 따라 교환되는 장소이다. 적용 관점으로부터 이러한 경제적 해석은 궁극적인 정책목표를 정보를 제공받은 자치로부터 효율적인 교환과 소비자 만족을 극대화하는 것으로 이동시킨다.

사상의 자유시장에 대한 이러한 접근은 파울러(Mark Fowler) FCC의장의 통신규제에 대한 시장 접근에서 전적으로 출현해서 발전하게 됐다.[698] 이러한 규제적 접근에 따르면, 사상의 자유시장은 다른 상품처럼 취급받아야 하고 그처럼 기능해야 한다. 규제자들을 위한 지도원칙은 경쟁을 촉진하고 소비자 복지를 최대화해야 한다. 따라서 파울러와 브레너(Brenner)가 공공의 이익은 공익에 대해 정의를 내린다고 할 때, 그들은 사상의 자유시장에 대한 민주주의 이론이 지향하는 접근과 전형적으로 연결된 것보다 더 공익이라는 용어에 대해 개인적이며 소비자 지향적 해석을 내린다. 사상의 자유시장 은유의 이러한 해석은 통신산업의 집중적인 규제완화에 상응한다. 또 신고전주의 경제학에서 경쟁적이고 규제를 받지 않는 시장들이 효율을 최대화하고 소비자를 만족시키는 데 가장 효율적인 수단이라는 우세한 전제가 주어진다.

사상의 자유시장의 엄격한 경제적 해석에 고유한 목표들을 추구하는 것이 민주주의적 해석의 목표들을 달성하는 최선의 방법이라는 것은 가능하다. 경쟁과 소비자 만족을 극대화하는 것은 불가피하게 정보를 제공받은 시민과 잘 기능을 하는 민주주의를 낳게 한다. 사상의 자유시장 개념에 대한 초기의 많은 해석은 그러한 해석을 반영한다. 예를 들어 앞서 언급한 더글러스의 사상의 자유시장 용어 사용을 살펴보자.

---

[698] Mark Fowler · Daniel Brenner, A Marketplace Approach to Broadcast Regulation, Texas Law Review 60, 1982, pp. 1–51.

전체 맥락에서 보면 시장에서 사람들의 마음을 얻으려고 하는 공표자들의 인식을 갖고서 언명은 상품보다 청중의 견해를 거의 드러내는 것처럼 보이고, 밀과 마이클존의 사상에 대해 관련성이 거의 없음을 보여 준다. 그러나 더글러스의 언명은 후에 사회의 안전은 적대적이고 비정통적인 관점들에 의존한다는 주장에 반영되고 있다.[699] 따라서 이러한 연합접근에 따라 규제가 없고 경쟁적인 사상의 거래와 수요공급의 법칙은 민주주의를 잘 기능하게 하는 최선의 보장이라고 여겨지고 있다. 그러나 경제적 민주주의적 성과 사이의 그러한 상호작용은 사상의 자유시장의 엄격한 경제적 해석의 궁극적인 정책목표에 대해 중심적인 것은 아니다. 따라서 사상의 자유시장에 대한 엄격한 경제적 접근과 연합접근 사이의 구별은 중요하다. 전자는 경쟁과 소비자 만족을 궁극적인 정책목표로 인식하고, 후자는 이러한 목표들을 보다 광범위한 정치적 목적들을 달성하기 위한 수단으로 간주한다.

결론적으로 사상의 자유시장에 대한 경제적 민주주의적 이론 접근은 독립적으로 기능할 수 있고 또는 인과적으로 연결될 수 있다. 독립적인 해석에 있어서 사상의 자유시장에 대한 민주주의 이론에 기초한 접근은 배타적으로 사상의 극대화와 효율적인 자치에 대한 관계에 초점을 맞춘다. 반면에 경제이론에 기초한 접근은 배타적으로 소비자 복지와 경쟁에 초점을 맞춘다. 제3의 해석은 경쟁적이고 효율적이며 비규제적인 사상의 자유시장을 주장함으로써 인과적으로 경제와 민주주의 이론 접근을 연결한다. 여기서 사상의 자유시장은 소비자 선호에 예민하게 반응하면서 정보를 제대로 전달받게 하고 의사결정을 내리게 하며 민주주의를 잘 기능하게 한다.

또 사상의 자유시장 은유와 통신정책결정의 해석 사이의 관계를 아우른다. 특별히 앞서 논의한 바와 같이 은유는 통신산업의 규제완화나 규제부

---

699 U.S. v. Rumely 345 U.S. 41 (1953).

과를 주창한다. 사상의 자유시장 은유에 대한 저작 내에서, 규제완화적 접근법은 은유의 엄격한 경제적 해석에 뿌리를 내리고 있다. 비록 이 유형이 절대적인 것은 아닐지라도, 반면에 정부 개입에 대한 요구는 자주 민주주의적 이론 해석과 연결된다. 따라서 FCC가 사상의 자유시장 은유를 점검하면서, 주요 문제는 은유가 사용되는 이론적 맥락을 중심으로 하고 또 그것을 지지하기 위해 은유가 사용되는 정책조치 유형을 중심으로 한다.

3. 내용분석적 방법론

FCC가 사상의 자유시장 은유를 사용한 실태를 이해하기 위해 1965년 중반부터 1998년 6월까지 FCC의 각 결정들에 대해 실시된 내용분석을 살펴본다. 1965년이 선택된 것은 사상의 자유시장이 수정헌법 제1조 법학에서 확고해진 대표적 시기이기 때문이다. 1965년 연방대법원은 Lamont사건에서 두 번째로 그 은유를 사용했다. 따라서 1965년은 은유가 FCC의 분석 과정에 중대하게 침투하기 시작한 초기 시점으로 생각된다. 그러나 1967년까지 이 은유는 사용되지 않는다. 이 분석을 위해 FCC 자료은행이 사용한 어휘는 FCC의 1965년 중반으로 기록된 모든 결정을 포함한다. 그 후에는 FCC 보도자료와 위원의 발표, 의회 발표를 포함한다.

분석에서는 Boolean 탐색기법이 사용되었으며, 사상의 자유시장이라는 용어를 대입했다. 그리고 일련의 조사에서 113건의 기록이 검출되었으며, 시장(marketplace)이라는 단어를 둘로 나눠 탐색한 결과 4건의 결정이 검색됐다. 정보의 자유로운 흐름(free flow of information) 또는 사상의 공개적 교환(open exchange of ideas)과 같은 관련 용어는 검색하지 않았다. 은유의 사용상 잠재적 어려움이나 모호성을 극복하기 위한 조치이다. 사상의 자유시장이란 용어가 사용될 때에만 그 개념은 명시적이고 유형적인 은유로 존재한다. 여기서 법적 정책적 결정을 할 때 은유의 사용이 보다 광범위한 맥락에서 점검될 수 있다. 부가적으로 특별한 사상의 자유시장이라는 용어는 관련 구절이 그렇지 않더라도 경제적 이론과 민주주의적 이론의 함축성을 안고 있다.

분석에서는 보도자료와 연설문, 외부 당사자만의 견해가 포함된 논평들은 제외됐다. FCC의 사용과 해석에 초점을 맞추기 위한 것이다. 이에 따라 분석대상은 87건으로 압축됐다. 이 가운데 21건은 2~3차례, 공정성 원칙 결정과 관련된 건은 15~26차례, 그리고 전체적으로 173차례 은유가 사용됐다. 전체적 맥락에서 내용분석이 이루어졌으며, 은유의 개별적 사용에 초점이 맞춰진 것은 아니다. 규제조치 내에서 그것을 다양하게 사용하는 것보다 규제조치에 걸친 은유의 사용은 보다 더 실질적으로 중요하다. 아래에서 설명하는 바와 같이 이러한 분석을 위해 측정된 기초적 변수는 결정 내에서 은유의 사용에 걸쳐 다양하지는 않다. 왜냐하면 은유가 사용된 전반적인 이론적 규제적 맥락에 초점이 맞춰져 있기 때문이다.

각 결정에 대해 규제완화 또는 규제강화 등 은유 사용의 맥락을 반영하는 변수들을 번호로 매겼다. 소수의견도 분석대상에 포함시켰으며, 이 소수의견은 정책조치에 찬성하지만 원칙에 반하거나 규제 방향에서 그리 충분하지 않은 것으로 분석됐다. 최종적으로 사상의 자유시장의 은유가 경제이론적 또는 민주주의 이론적 맥락에서 사용됐는지 여부에 따라 분류가 됐다. 전자는 통신 또는 사상의 자유시장, 진리의 획득과 의사결정의 개선과 정보를 제공받은 유권자의 창설과 토론이나 민주주의를 고양하는 것 사이의 관계를 포함한다.

예를 들면 공정성 원칙의 지속적인 생존가능성에 대한 1974년 조사는 수정헌법 제1조와 사상의 자유시장 사이의 강한 연계를 보여 주고 있다.[700] 이 공정성 보고는 "수정헌법 제1조의 목표는 특별한 개인의 발언을 단순히 보호하는 것이 아니라 차라리 정보를 제공받는 공중의 의견, 즉 여론을 보호하고 촉진하는 것이다. 여론은 민주주의 사회와 제도의 지속적인 활력을 위해 필요한 것이다." 1998년 네스(Susan Ness) 위원은 동의 의견에서 사상의 자유시장 내에서 대립적인 정보 원천의 필요성을 강조하고 다양성은 민주주의를 위한 보장정책이라고 결론을 내렸다.

사상과 정보의 자유시장은 자치에 본질적이다.[701] 경제이론 맥락에서 사용은 소비자 복지의 증진, 소비자 선택, 경제적 효율성 또는 경쟁 등으로 정의를 내린다. 그러나 정보를 제공받고 의사결정을 내리거나 또는 효율적인 자치와 관련된 보다 광범위한 목표들을 인정하지 않는다. FCC의 제4차 연례 경쟁성 보고서는 "사상의 자유시장은 다른 경쟁적 상품시장이 하는 것처럼 기능을 해야 한다"고 강조한다.[702]

효율적인 자치에서 통신이나 사상의 자유시장의 역할에 대한 잔여 기록을 통해서 인정되지 않았다고 하더라도, 이 기록은 경제이론 범주 내에 포함된다. 비슷하게 많은 사례에서 FCC는 경제시장에서 또 사상의 자유시장 내에서 경쟁을 고양시키는 것에 대해 주목하고 있다. 비록 그러한 언명들에서 사상의 자유시장이 경제시장으로부터 분리된다고 하더라도 언명된 목표들이 경쟁을 촉진하거나 고양하는 것을 넘어서지 않는다면, 즉 경쟁의 민주주의적 장점을 인정하지 않는다면 그러한 언명들은 민주주의 이론 범주에 놓여진다.

경제이론과 민주주의이론 차원 양자가 분명한 그러한 쟁점들은 양자의 범주에 배정했다. 이러한 사례 가운데 하나는 1980년 FCC가 지역방송국의 신디케이트 배제권을 인정하는 규정(syndication exclusivity rules)들을 제거한 것이다. 처음에 그 결정은 비디오 서비스 소비자들의 복지에 대한

---

700 Fairness Report, p. 5.
701 1998 Biennial Regulatory Review, 13 F.C.C. Rcd 11276, 1998, p. 11300.
702 Annual Assessment of the Status of Competition in Markets for the Delivery of Video Programming, 13 F.C.C. 1034, 1997, p. 396.

FCC의 관심을 서술한 것이며, 그것은 FCC의 효율적인 통신서비스를 보장하기 위한 FCC의 책임에 뿌리를 내리고 있다.[703] 그러나 FCC는 부가적인 분석기준, 즉 외부성 또는 파급효과를 인정했다. 그것은 공중에게 정보를 제공하는 방송사들의 책무에 대한 관심과 관련이 있다. FCC는 계속해서 "지역뉴스와 공적 업무 편성의 참된 가치는 그 가치가 전체로서 사회에 대해 가지고 있고 또 특별히 민주주의 제도가 잘 기능하도록 하는 데 대해 가지고 있는 가치 속에 있다"고 설명한다. 전체 표본의 36%가 이러한 이론적 맥락상 상호의존성이 있다.

4. 사용명세서 분석

FCC 결정을 규제적 측면에서 내용을 분석한 결과 소수의견을 포함시켰을 경우 전체 87건 가운데 42건, 48%가 규제완화적인 것이다. 22건, 25%는 규제지향적인 결정들이다. 그러나 17건의 소수의견이 포함된 결정을 제외하고 70건을 대상으로 분석한 결과 40건, 57%가 규제완화적인 것이다. 이에 비해 규제지향적인 결정은 11건, 16%대로 떨어진다. 이것은 전형적으로 사상의 자유시장의 은유를 소수파들이 사용하는 것은 FCC가 규제를 완화하려는 데 대해 반대하면서 나타난다. 이러한 소수의견은 1960년대 후반에서 1970년대 초반 존슨(Nicholas Johnson)이 FCC 다수파의 편성 규정 강화, 면허기준, 공정성 원칙 요구 등에 반대하면서 나타난 것이다.[704]

---

[703] Cable Television Syndicated Program Exclusivity Rules, 79 F.C.C. 2d 663, 1980, p. 672.

[704] Complaint by Daily Herald—Telephone and Sunday Herald Times, Bloomington, Ind., 23 F.C.C. 2d 221, 1970. Inquiry into WBBM—TV's broadcast on November 1 and 2, 1967, 18 F.C.C. 2d 124, 1969.

요약하면 FCC 다수파가 사용하는 은유에만 초점을 맞추면, 은유는 규제완화적 맥락에서 사용되고 있다. 이 같은 분화현상은 이 시기 FCC의 전반적인 규제경향을 반영하고 있다. 그러나 1970년대 중반으로 들어서면서 강한 규제완화는 통신을 포함한 많은 산업에서 정부 규제를 특징으로 규정짓고 있다. 그러나 전체 기간으로 보면 60%는 규제완화를 결정하는 것이며, 규제지향적인 결정은 40%로 격차를 보이고 있다. 특히 조사대상으로 분류한 대상 가운데 규제완화적인 것은 80%이며, 규제지향적인 것은 20%에 그친다. 이것은 사상의 자유시장의 은유는 실제로 규제완화적인 조치를 지지하는 것으로 나타난다.

이론적 맥락에서 은유의 사용을 분석하면, 소수의견을 포함하는 경우 민주주의 이론이 36건, 41%이며, 경제이론은 32건, 37%로 큰 차이를 보이지 않는다. 소수의견을 배제한 경우 민주주의 이론이 27건, 39%로 경제이론 30건, 43%보다 조금 적게 나타난다. 이것은 FCC가 경제이론의 은유에 대한 해석과 민주주의 이론의 해석 면에서 거의 균등하게 나뉘고 있는 것을 보여 준다. FCC는 경제적 효율성과 민주주의의 선 기능 사이의 인과관계를 추정하는 데 주저하는 경향이다.

시대의 흐름에 따른 은유의 사용을 분석하면 초기에는 통신산업에 대한 적극적인 규제가 이루어졌지만 1980년대 초반 이후로 사상의 자유시장의 은유에 대해 규제완화적인 경향이 강화됐다. 이론적 맥락에서 분석하면 1960년대에서 1970년대 초에는 민주주의 이론이 경제이론에 따른 은유 해석을 앞서고 있다. 그러나 1970년대 중반에서 1980년대 초반에는 경제이론의 사용이 근소하게 앞섰다. FCC 조치가 경제적 고려에 의해 이루어지던 1980년대에도 대부분 민주주의 이론이 상대적으로 우월하게 유지되고 있었다. 그러나 1980년대 후반 이후로 민주주의 이론이 FCC의 개념 사용으로부터 실질적으로 사라지게 됐다. 이러한 경향은 경제이론이 FCC 내에서 민주주의이론을 퇴색하게 하는 것을 반영하고 있다.

앞서 살핀 바와 같이 규제완화적 조치들은 경제이론적 해석과 결합하고, 규제를 부과하는 결정들은 민주주의 이론에 기초한 해석들과 결합한다. 내용분석 결과를 보면 규제지향적 결정 내에서 소수의견을 포함할 경우 민주주의 이론을 사용하는 결정들은 14건 대 9건으로 경제이론 사용을 능가한다. 대조적으로 규제완화적 결정들에서 민주주의 이론 해석들은 경제이론 해석보다 30건 대 19건으로 통상적이다. 그러나 이러한 분석은 통계분석상 큰 의미가 있는 것은 아니다. 소수의견을 배제할 경우 양 이론은 규제지향적 결정에서 경제이론과 민주주의 이론이 6건 대 5건으로 거의 차이를 보이지 않는다. 규제완화적 결정에서 경제이론과 민주주의 이론은 29건과 17건으로 상대적으로 거의 변화가 없다. 규제지향적 조치에서와 마찬가지로 이것은 FCC가 규제완화적 결정을 사상의 자유시장의 은유의 민주주의적 목표의 성과와 결합하는 경향을 보여 준다.

5. 통신정책상 중요한 은유

사상의 자유시장은 오랫동안 비판론에도 불구하고 통신정책상 가장 중요한 은유 가운데 하나로 남아 있다. 이 연구 결과는 오랫동안 유지되는 은유가 FCC의 결정들을 요인으로 포함하는 첫째 지표들을 제공한다. 그 결과는 FCC가 중대하게 규제조치의 특정한 범주들을 사상의 자유시장 개념의 특정한 해석과 결합시키는 것은 아니라고 지적한다. 따라서 사상의 자유시장 은유가 전형적으로 통신산업의 규제완화를 정당화한다고 하더라도, 이러한 결정들은 그것들이 경제적 효율성과 소비자 만족을 촉진하는 것에 입각해 온 만큼 민주주의 원칙에 근거를 두고 있다. 부가해서 은유가 사용되는 규제지향적인 결정들이 상대적으로 적지만 그 결정들은 그것들이 정치적 목표들을 달성해 온 것처럼 경제적 목표들을 달성하는 것에 기초를 두고 있다.

FCC는 그 대신 은유를 해석하는 데 신축적인 것처럼 은유를 적용하는 데 신축적이다. 적용상 이 같은 신축성은 FCC가 일률적으로 규제적 조치들을 사상의 자유시장의 특별한 해석과 연결시키지 않는다는 것을 은유가 제시하는 점에서 고무적인 것이다. 즉 규제지향적인 또는 규제완화적인 자세가 늘 사상의 자유시장의 정치적 또는 경제적 차원을 고무하거나 침해할 것이라고 FCC가 명백히 주장하는 것은 아니다. 해석상 신축성은 사상의 자유시장 은유가 여러 면에서 통신정책결정의 경쟁적 영역에 남아 있다는 것을 말하고 있다. FCC가 은유의 해석상 일관성을 보여 주지 않는 것은 학술논문이나 연방대법원의 해석이 일관성을 보여 주지 않는 것이나 같다.[705]

정책분석 견지에서 보면 이러한 결과들은 중대한 관심을 제기한다. 특별히 FCC가 은유를 사용하는 것이 사상의 자유시장의 정치적 경제적 영향을 인정하는 정도는 FCC의 분석적 자원과 에너지가 거의 대부분 배타적으로 경제적 영역의 결정의 영향에 집중되고 있다고 제시하는 연구기관의 성장과 대조를 이루고 있다. FCC는 정책의 사회적 정치적 영향보다 경제적 영향에 경험의 집중력을 쏟아붓고 있다.[706] 이러한 경향은 갈수록 현저해지고 민주주의 이론 맥락에서 은유를 해석할 것 같지는 않다. 이러한 해석은 규제완화적 조치들과 연결된다. 이러한 결과들은 정책결정과 제도적 진화에서 은유의 역할에 대해 중요한 함축성을 갖는다.

그러나 특별히 사상의 자유시장 은유의 민주주의 이론과 경제이론 해석 양자는 정치적 경제적 목적의 양자가 역사적으로 FCC 정책결정에 대해

---

705 W. W. Hopkins, The Supreme Court Defines the Marketplace of Ideas, Journalism & Mass Communication Quarterly, 73, 1996, pp. 40-52.

706 W. G. Lavey, Inconsistencies in Applications of Economics at the Federal Communication, Federal Communications Law Journal, 45, 1993, pp. 437-490.

중심적이라는 것을 실증하고 있다. 따라서 FCC는 정책결정들이 정책목표들을 달성하는 정도를 평가하기 위해, FCC는 정책결정의 경제적 영향뿐 아니라 그들의 가능한 정책적 영향들도 분석해야 한다.

은유는 의사결정권자들이 새롭고 복잡한 상황을 이해하도록 돕는다. 은유는 복잡한 관계를 신속하게 언급하게 하고, 지식구조를 제공함으로써 이해를 촉진한다. 그러나 은유는 인위적으로 분석적 과정을 제한하는 잠재력을 갖고 있다. 은유를 권하는 특별성과 친근성, 유형성은 우연히 모호하게 하고 왜곡할 것이다. 은유는 전통매체의 맥을 따라 뉴미디어 기술발전을 제한시킨다는 비판을 받고 있다. 은유의 해석과 적용을 좁히는 것은 은유가 분석도구로서 점차적으로 수축되고 있는 것을 보여 준다.

이러한 경향은 경제적 규제기관으로서 FCC의 지향성의 이동을 보여준다. FCC는 전통적인 경제규제로 특징을 규정하는 효율성과 경쟁, 소비자 만족의 기준에 초점을 맞추고 있다. 다른 경제규제기관들이 했던 것처럼, FCC는 점차적으로 규제완화정책들이 이러한 목표들을 이룩하기 위한 최선의 방법이라고 간주하고 있다. 이러한 변화가 보여 주는 함축성은 관심의 원인이 될지도 모른다. 그러나 이것은 FCC의 규제사고에 대해 보다 덜 중심적인 것으로 되고 있다.

통신산업의 독특한 사회적 정치적 영향은 오랫동안 통신규제에 대한 중심적인 지도적 관심이 되고 있다. 또 혼합적 규제기관으로서 FCC의 전통적 지위 뒤에 있는 주요 이유이다. FCC 견지에서 보면 통신산업의 사회적 정치적 기능은 그것의 경제적 기능과 관련된 중요성면에서 위축되고 있다. 결론적으로 FCC가 시민의 지식과 정보를 제대로 전달받고 행하는 의사결정, 민주주의 기능을 올바르게 수행하게 하는 사상의 자유시장을 위해 지속적으로 일할 것이라는 점에서 위축 가능성이 나타나고 있다.

사상의 자유시장 은유를 넘어서서 통신정책 결정자들을 안내하고 또 그들의 결정의 정당성에 기여하는 몇 가지 모호하게 개념이 규정된 원칙들이 있다. 다양성과 지역주의, 보편적 서비스와 같은 개념들은 다양한 해석에 종속된다. 결정 결과에 대한 이해당사자들의 영향력에 전형적으로 초점을 맞추는 보다 공통적인 외부 차원의 반대로, 이러한 지도적 원칙들에 지속적으로 초점을 맞추는 것은 내부 차원에서 정책결정 과정에 통찰력을 제공할 수 있다.

V. 사상의 자유시장과 언론의 책임성

1. 시장의 책임성에 대한 경고

사상의 자유시장 이론과 시장 모형은 법적으로도 많은 도전을 받고 있다.[707] 제시되는 모든 모형 가운데 시장 모형이 언론의 자유와 언론의 책임 양자에 대한 미국의 헌신과 가장 양립할 수 있다고 본다. 시장의 힘, 세력들은 책임을 담보하는 데 완벽하게 작동하지 않는다. 그러나 그들은 실제로 공중을 경제적 또는 공적 결정론을 통해 책임의 궁극적인 과정으로 이끈다. 결정론은 언론 엘리트가 내용을 결정하는 데로 청중의 가치와 선호를 주입하는 데 있어서 상당히 유용한 해석이다 .

물론 다른 책임체제도 제안될 수 있다. 언론위원회와 비평적 저널리즘 잡지, 편집자에 대한 편지들, 윤리규정, 옴부즈맨, 소송과 같은 언론에 대한 일련의 정상적인 압력들은 실제로 언론활동에 대해 영향력을 행사하고 또 책임의 중요한 기제로서 기능을 담당한다. 이들 체제는 시장 또는 자유방임 책임에 대한 보조적이고 확실히 모순적이지 않은 것으로 '시장

---

707 John C. Merrill, The Marketplace, p. 11.

옹호자들' 에게는 보여진다.

여기에 권위주의와 국가 개입의 책임형태가 논의될 수 있다. 그러나 이는 시장 모형에 모순적인 것으로 간주된다. 왜냐하면 전국적 그리고 주 차원에서 정부기구들은 언론에 대해 규제적 권위를 갖게 될 것이기 때문이다. 그들은 언론의 자율성과 편집의 자기결정에 심각하게 영향을 미칠 것이다. 미국은 FCC를 통해 이미 이러한 규제영역(수탁자 모형 : fiduciary model)으로 길을 들어서고 있다. 시장 옹호는 물론 아마 단순한 방송 주파수 대역의 할당 과정을 넘어서서 FCC의 개념과 일치하지 않는다. 시장 모형은 물론 완벽하지는 않지만 다원론적으로 정의된 언론의 책임 개념을 제공한다. 그러나 별도의 언론 규제나 수탁자 모형보다 더 미국의 전통과 이념과 보다 일치된다. 미국 사회는 보다 많은 언론 수요를 가지면서 다양화되고 있다. 시장 모형은 이러한 열망들을 채워 주며, 이러한 분산된 청중에게 이론상 그리고 심지어 행동에 있어서 그럴 듯하게 제공한다.

시장 모형의 구체적 책임 형태로 거래법적 관점에서 매수자 부담원칙(caveat emptor)이 논의된다.[708] 확실히 대중매체 전달내용의 소비자 또는 구매자는 주의해야 하고 또 언론시장에서 자신의 기회를 가져야 한다. 왜냐하면 시장에는 오도하고, 믿을 수 없고, 불완전하고, 편견을 갖고, 부정확하고, 또 몇몇 경우에는 개인적 사회적 전국적 복지와 발전에 유해한 정보가 있기 때문이다. 전달내용은 소비자가 그들의 기회를 얻는 것이다. 그들은 어떤 전달내용이 자신들을 드러내고, 어떤 것을 신중하게 보유하고 얻을 것인지 그리고 어떤 것을 거부할지를 결정한다. 이러한 방식으로 공동체 구성원은 시장 모형으로 진입하는 것이다.

매수자 부담 원칙은 공동체 시장의 구성원이 아주 매우 중요하다는 것

---

708 caveat emptor: 매수자 위험 부담 원칙(라틴어), 구매 물품의 하자 유무에 대해서는 매수자가 확인할 책임이 있다는 원칙.

을 제시한다. 구성원이 개인적 자유를 최대한 행사하는 것은 정보와 여론, 분석을 위한 대중매체에 의지하는 과정을 통해서 이루어진다. 게다가 구성원은 다른 언론에 대한 한 언론의 중요성을 점검하고, 상당수의 원천과 관점으로부터 정보를 찾는다. 밀턴의 기본사상에 따라 보다 지적이고 보다 정보를 잘 얻는 개인이 되는 것이다. 대안은 사상의 자유시장에서 언론에 의해 이점을 취하는 과정이다. 정보의 소비자들이 언론과 세계에 대해서 보다 더 회의적이고 보다 더 정보를 얻게 되는 만큼, 적어도 시장 이론에 있어서 언론은 보다 더 책임을 지게 된다. 또 보다 더 다원적이고, 보다 더 청중의 항상 상승하는 기대를 실현하는 데 관심을 갖게 된다. 따라서 이러한 방식으로 일종의 상호교육 과정을 통해 언론은 그들의 청중들에 대해 항상 더 책임을 지게 된다.

사상의 자유시장 이론에서 시장 모형의 목적은 이상적으로 무엇이 바로 다원적 시장 체제가 될지를 최대한 개인적 독립적으로 편집 결정을 허용하는 것이다. 시장 구성원이 받아들이고 지지하는 언론은 생존하고 번성하게 될 것이다. 구성원이 싫어하거나 거부하는 언론은 고통을 겪고 또 소멸할 것이다. 이것이 궁극적인 책임(ultimate accountability)이다. 그리고 그것이 개인주의와 민주주의, 자유의 정신과 조화를 이루는 사상의 자유시장 이론에서 추구하는 책임인 것이다.

사상의 자유시장에 있어서 시장의 책임성은 적어도 법적 차원에서 공동체 구성원은 보다 책임성 있는 언론을 원하거나 요구하고 또 매체는 그들의 행동에 있어서 보다 도덕적이어야 한다는 것을 주장한다. 실제로 청중들은 언론의 도덕적 궁지에 대해 거의 또는 아무것도 알지 못하고, 또 도덕적 궁지에 대해 거의 신경 쓰지 않는다. 언론은 어찌 됐든 '책임 있는' 부문들과 '무책임한' 부문들이 함께 '뒤섞여 있는 가방들'이다. 광범위한 공중의 무지에서 믿음에 근거해 책임지는 언론과 무책임한 언론 사이에서 크게 중립적인 영역에 놓인 대량의 정보를 얻기 위해 공중은 악과 함께 선을 받아들이는 것을 배워 왔다.

공동체 구성원이 언론매체에 있어서 인지되는 무책임성에 대해 적절히 반응하는 것은 매우 어렵다. 많은 구성원은 너무 이질적이고 분산되고 익명성이 있어서 책임성의 강력한 적어도 단기간 힘을 제공할 수 없다. 상당수 구성원들은 인지된 매체의 취약성 또는 무책임성 때문에 구독 신청서를 취소하거나 채널을 돌릴지 모른다. 그러나 다른 구성원들은 그러한 매체들의 행동들을 용서하고 또는 적어도 그들에 대해 무관심할 것이다. 따라서 편집 결정들 때문에 만약에 어느 정도 있다 하더라도 매체의 유통은 거의 다양화하지 못한다. 그러나 편집 관습들 때문에 그들이 그렇게 한다는 실질적인 경험적 증거가 없다.

만약에 언론이 시장에서 또는 시장에 대해 실제로 책임을 진다면 언론은 차라리 정기적으로 무책임성으로 처벌받게 되거나 또는 책임 있는 언론으로 보상을 받게 된다. 예를 들면 1980년대 Washington Star지의 폐간을 살펴보자. 그 신문은 언론 비평가의 의견에 따르면 최고의 질을 가진 것으로 평가받았다. 폐간에도 불구하고 편집 결과에 따른 것으로 보지는 않는다. 다른 사례로 National Enquirer지를 들어보자. 그 신문의 수다스럽고 느슨하게 진리를 다루는 것 때문에 그 신문이 벌을 받는다면, 그것은 법 체제를 통해 벌을 받는 것이지 시장을 통해 벌을 받는 것은 아니다. 이 신문의 독자들은 언론이 실제로 담을지 모르는 자주 발생하는 사기성 언론과 무관하게 그들이 원하는 것을 얻는다. 바꿔 말하면 그것의 감정적 내용에 있어서 때때로 그것이 변화할지 몰라도 그러한 종류의 신문발행을 지속하기 위한 시장에 충분히 큰 집단이 있다. 작동되는 것은 청중의 수용이다. 만약에 이것이 어느 종류의 도덕적 맥락에서 '책임성'으로 간주된다면, 그 경우 그것은 매우 모호하고 넓은 개념이다. 실제로 그러한 시장의 제재는 청중을 확대하고 또 보다 많은 이윤을 얻기 위해 실질적으로 보다 비윤리적이고 무책임한 언론 행동으로 이끌지 모른다.

시장은 단기간에 법적 책임 외에 질 또는 윤리적 행동을 보장할 수 없다. 그러나 그것은 매체 관리자들을 위해 상당한 자유를 확보해 줄 수 있고 또 매체 내용상 다양성이나 다원주의를 보장할 수 있다. 그것은 상당수 청중들의 상당수 구성원들에 의해 상당수 매체에 상당한 책임으로 귀결될지 모른다. 법적 제한과 그에 동등한 압력 없이 시장이 홀로 행동할 때 그것은 믿을 만한 게 아니다. 실제로 그것은 언론 관리자들의 개별적 도덕의식보다 심지어 덜 믿을 만할지도 모른다. 그리고 확실히 그것은 법적 체제보다 덜 믿을 만하다. 현실적으로 매우 많은 사건들에 있어서 시장과 이윤 동기는 부패하는 경향이고 또는 언론 관리자들의 도덕적 감수성을 해친다.

여기서 언론의 집중화로 인해 민주주의의 근본인 다원주의가 위협을 받는 데 대해서는 경고가 주어진다. 시장 모형이 상당한 정도로 언론 다원주의에 의지하기 때문에, 늘어나는 거대 언론 기업집단의 발전과 멀티미디어 복합기업들이 시장체제의 기초에 대해 위협적 자세를 취한다. 만약에 시장에 선택들이 실제로 존재한다면, 구성원들은 한 매체에서 다른 매체로 바꿀지 모른다. 소수의 도시에서는 그러한 선택들이 일어난다. 그러한 위축이 실제로 일어나지 않는다는 주장도 있지만 다원적 언론체제의 위축은 시장접근법의 기초를 위협한다. 공동체에서 단순히 언론 수보다 또는 분산된 소유자들의 수보다 더 많은 것을 생각하는 게 필요하다. 다원주의 입장에서도 전달내용에 대한 고려가 매우 중요하다. 특히 3개의 신문으로 한 도시의 구성원에게 전달하는 것보다 하나의 신문으로 보다 많은 내용들이 구성원들에게 전달하는 것이 필요할지도 모른다.

2. 책임면에서의 시장의 약점

사상의 자유시장 이론에 근거한 시장 모형은 시장이 언론을 조정할 수 있고, 무책임하거나 비윤리적 행동들을 제거한다는 것을 상정한다. 그것은 다양한 사상과 정보들 가운데 공동체 구성원들이 자유롭게 공익을 촉진시킬 사상과 정보를 교환한다는 것을 상정한다. 피카드(Robert Picard)는 그러한 주의에 의문을 제기한다.[709] 진실이 이기고 말 것이라는 밀턴의 믿음과는 반대로 거짓과 진리가 투쟁을 하는 이른바 자유시장에서 진리가 실제로 승리할 것이라는 데 대해 근본적으로 의문을 제기한다. 이러한 가정을 지지하는 경험적 증거가 확실히 없다는 것이다. 그러한 주의를 철학적으로 고려하는 것을 넘어서서 또 제한적 자유시장이 문제이다. 피카드가 매우 체계적으로 기록한 바와 같이 많은 종류의 제한들이 시장을 교란하는 경향이다.

피카드와 알철, 스마이트(Dallas Smythe) 그리고 실러(Herbert Schiller)와 같은 많은 학자들은 시장에서의 선택은 상당수 요인들에 의해 제거될지도 모르고 제거돼 왔다고 주장한다.[710] 또 진리가 사상과 정보시장에 나타날 가능성은 실제로 언제나 가능하다고 할지라도 전복돼 왔다고 한다. 산호세 주립대학의 브라운(Dennis Brown)은 1965년 미주리 대학에서 정보자유센터를 위한 보고서에서 미국의 시장철학이 사회를 통해 불어오는 담론의 신선한 바람으로 귀결된다는 사상에 의문을 제기했다.[711] 예를 들면 방송의 막대한 비용이 드는 기술은 오로지 매우 큰 청중이 도달할 때

---

709 Robert Picard, The Press and the Decline of Democracy, Greenwood Press, 1985, chapts 1 and 6.
710 Dallas Smythe, On the Political Economy of Communication, Journalism Quarterly 37, 1969, pp. 563–572.
711 Dennis Brown · J. C. Merill, Regulatory Pluralism in the Press, Freedom of Information Center Report 5, 1965, pp. 1–4.

에만 최고의 경제적 효율로 작동될 수 있다. 결과적으로 수용된 사상들에 영합하고 또 새로움이나 낯선 것을 피하는 강한 기질이 있다.

이러한 논란거리를 싫어하는 것은 결코 전자매체에 국한되는 것은 아니다. 연구자들은 전체로서 대중매체 산업의 담백함에 주목한다. 그것은 그의 작동과 관습으로부터 너무 멀리 제 위치를 벗어나는 것은 나쁜 일이라는 판단이다. 결과적으로 오래되고 수용되는 것은 공적으로 방송된다. 그러나 신선하고 논쟁적인 것은 자주 방송되지 않는 경향이다.

미국 언론인들은 대체적으로 책임성에 대한 시장접근법들을 실질적으로 수용하지 않았다. 이것은 1973년 미국 전체적으로 시행된 인상적 연구에 의해 확인됐다.[712] 그 연구는 신문들이 스스로 책임이 있다고 여기는 방법을 찾아내기 위해 시도된 것이다. 시장 모형은 이 연구에서 책임성 체제로 고려되지 않았다. 연구 결과 편집자들은 그들의 신문에 책임성을 부과하는 것으로 밝혀졌다. 그들은 자신들과 독자들에게 봉사하기 위한 자신의 노력에 대해 책임을 진다. 이를 위해 옴부즈맨과 언론위원회, 자문이사회, 취재원들에게 보내진 정정양식들 그리고 바로잡기 등이 구축되어 있다. 그러나 응답자들의 24%는 자기반사적이라고 지적한다. 그들은 그것들을 '다른 체제'라고 주장한다.

대표적인 사상의 자유시장으로서 언론의 책임성을 두고 볼 때 시장접근법의 주요 약점 가운데 하나는 개별 공동체 구성원은 언론에 압력을 행사하는 데 권한이나 힘을 갖고 있지 않다는 것이다. 개별 구성원은 본질적으로 무능력하다. 따라서 서로 단결하고 강력한 압력집단을 형성해 언론이 자신들에게 책임이 있다고 주장하며 권위와 힘을 가져야 한다. 공장 근로자들과 사용자의 관계는 유추적이다. 근로자들이 서로 단결하지 않으면,

---

712 Keith P. Sanders, How Newspapers Hold Themselves Accountable, Editor and Publisher, 1973, pp. 7-8, 16, 28.

즉 노동조합이 구성된 압력집단 또는 세력집단이 없으면 사용자는 그들의 결정과 행동에 대해 근로자들에게 책임을 지려 하지 않는다. 특히 경제학자들과 사회, 정치철학자들은 시장 세력들이 언론 책임성의 가장 좋은 수단이라고 제안한다. 하이에크(Frederich Hayek)와 프리드먼(Milton Friedman), 커크(Russel Kirk), 레벨(Jean-Francois Revel), 미제스(Ludwig von Mises), 보에글린(Eric Voeglin), 랜드(Ayn Rand) 등이 이런 입장에 서 있다.

그러나 하버드대학의 노직(Robert Nozik)을 제외하고 도덕 철학자들은 대체로 시장 모형을 지지하지 않는다. 공중이 재정적 방법으로 언론에 제재를 가하는 것은 도덕적 언론 행동을 보장하는 것이 아니라는 시각이다. 그래서 시장접근법은 자기규제적이고 자발적으로 결정하는 다른 책임성 접근법과 함께 도덕적 시각이 함께 작동하도록 해야 한다. 이 같은 현상은 시장에서 경쟁이 서서히 사라지면서 사상의 자유시장으로서 대중매체의 책임의 초석이 위협을 받는 데서 비롯되고 있다.

메릴(Merrill) 교수는 "대중매체가 청중의 바람과 기대를 만족시키거나 만족시키지 못하는 만큼 대중매체는 보상을 받거나 또는 벌을 받는다는 의미에서 공중에 대해 책임이 있다"고 한다. 즉 보상을 받는 경우 판매부수 또는 시청자들이 증가하고 그로 인해 이익이 증대하고, 벌을 받게 되면 판매부수 또는 시청자들이 감소하고 사업에서의 이탈 가능성이 높다는 관념이다. 메릴 교수는 자유와 책임성의 방어벽으로서 시장이 작동하도록 하기 위해 법과 윤리가 시장 모형으로 삽입되어야 한다고 주장할지도 모른다. 왜냐하면 시장 모형의 이윤수요는 모든 공적 전문적 책임의 고려를 줄이기 위해 작동되는 증거가 발견되기 때문이다. 더 나아가 그것은 품위 있는 책임언론의 협력자라기보다는 적이 된다는 것이다.[713]

---

713 A. H. Raskin, The Marketplace: A Stacked Court, Media Freedom and Accountability, Greenwood Press, 1989, p. 33.

시장 모형은 이 같은 고유한 윤리적 문제에도 불구하고 미국 수정헌법 제1조에 부합한다. 그것은 언론의 책임성을 위한 시장의 작동에 의존하며, 어느 정도 언론을 조작하는 경향이 있거나 그들을 우선적 검열에 제출하게 되는 외부의 특별히 정부와 법적 수단들을 용납하기도 한다. 언론의 '자기규제'와 '자발적 결단'과 조화를 이루며 작동되면, 이 모형이 언론 체제에 상당한 책임성을 제공하고, 또 수정헌법 제1조의 규정들의 정신과 일치할 수 있다. 그러나 홀로 작동되는 경우, 경제적인 것뿐 아니라 도덕적 책임을 주장하게 되면 시장접근법이 언론에 대한 적절한 책임근거를 제공할 수 있다는 것은 회의적이라고 하겠다.

3. 자유와 권위의 공존

사상의 자유시장의 책임성은 현대적으로 볼 때 최대 자유와 일치하며, 공동체 구성원들이 언론결정과 행동 속으로 포함되는 기초이다. 이러한 내용을 강화하는 것은 관련 공준들이다. 자유와 권위는 각자 두 개의 주요 차원에서 존재하고 또 공생한다. 책임성은 항상 권위의 위치와 관련이 있다. 즉 시장 모형 속의 권위는 궁극적으로 구성원이다. 매체 관리자들은 구성원들을 무시할 수 있지만 그러나 시장으로부터 일탈하게 될 위험에 처한다. 미국 신문 발행자는 많은 권위를 갖는다. 따라서 그는 많은 자유를 갖는다. 그러나 시장 모형에 따르면 권위와 자유는 시장에 의존하며, 궁극적으로 구성원에 의존한다. 앙골라 또는 파라과이와 같은 소위 권위주의적 국가일 경우 그것은 국가 또는 언론의 권위와 자유의 중심지인 국가·정당 장치이다. 이러한 공생적 언론, 정당, 국가 권위체제는 역시 그 자체에 대한 편집 결정 또는 아마 궁극적으로 그것을 후원하는 군사력에 대해 책임이 있다.

국가와 언론과의 관계는 이처럼 자유와 권위의 공존에 따라 분석할 수 있다. 국가 권위와 자유 그리고 언론 권위와 자유이다. 개별 언론인들은 어느 체제에서도 실제적 자유가 거의 없다. 그러나 그들은 시장-자유주의 국가에서 가장 자유롭다. 자유는 항상 권위와 관련이 있다. 왜냐하면 권위는 자유의 실행을 위해 필수적이기 때문이다. 물론 다른 권위와 자유 차원, 즉 구성원 차원이 있다고 주장하는 많은 학자들이 있다. 그러한 믿음은 확실히 인민에게 속하는 언론자유의 마르크스주의자적인 개념과 역시 기본적으로 같은 것을 서술하는 자본주의 모형 개념 양자를 낳았다. 이것은 물론 언론이 자연적으로 '인민'에 대해 책임을 지는 사회적 독립체로 구성한다는 결론으로 이르게 한다. 시장 접근법에서 구성원은 언론에 대해 직접적 권한을 갖고 있지 않다. 언론의 권력은 간접적이며 대부분 재정적이다. 어느 정도 권위는 그리고 자유는 항상 국가와 함께 또는 언론 그 자체와 함께 놓여 있다는 것을 반복하는 게 중요하다. 또는 보다 더 제한적이고 간접적인 방식으로, 시장체제 안에서 구성원 스스로가 시장을 통해 상당한 권력을 행사한다.

여기서 볼 때 자유와 권위는 실제로 동전의 양면이다. 이러한 복잡한 공생관계로부터 유래하는 의미론상 문제가 중요하다. 자유와 권위가 분리될 수 없고, 권위의 원천은 자유의 원천을 결정한다. 언론의 자유와 권위의 두 가지 주요한 차원을 간단히 살펴보자.

먼저 소위 '국가 자유(state freedom)'라고 불릴 수 있는 것, 즉 국가 권위에 적용되는 자유(정부, 당, 언론장치), 일종의 집중화된 자유이다. 여기서 국가는 국가가 적절하다고 보는 바대로 언론을 발전시키고 통제하는 자유를 갖고 있다. 국가 측면에서 언론이 사회 안정과 국가 진보와 발전을 위한 도구로 사용된다고 보는 자유가 있다. 미국 관점에서 보면 물론 이것을 '권위주의적' 차원이라고 부를 것이다.

역시 '자유언론' 또는 자유주의 차원으로 일상적으로 불리는 것이 있다. 여기서는 '자유'가 언론에 달려 있는 것이다. 정부 중심적인 것이 되는 대신에 자유가 제도 안에서 공고해지고 그리고 기업 정체성을 띤다. 자유는 실제로 언론 단위들에 속하고 또 기본적으로 '소극적' 자유의 일종이다. 즉 외부의 개입 또는 통제로부터 언론 기관의 자유이다. 이러한 상황에서 자유는 언론의 보다 낮은 등급으로 여과해서 내려가는 오로지 일부 자유로써 언론 소유자와 관리자의 손에 있다. 그리고 이러한 상황에서 구성원들은 시장에서 도구가 된다.

다음으로 자유를 고려할 때 항상 하는 것처럼, 이제 '권위'의 주제에 도달한다. 이것을 '자유'와 함께 동시적으로 생각하는 것은 중요하다. 두 개의 개념 사이에는 긴밀한 관계가 있다. 권위의 위치가 누가 자유를 가졌는지를 결정한다. 자유 대신 권위에 대한 관계에 있어서 국가 차원과 언론 차원 각자를 보도록 하자. 왜냐하면 미국에서 언론 체제를 자유주의적인 것으로 간주하기 때문에, 다른 것에 대한 것보다 언론 권위주의로 부르는 차원에 대해 약간 더 주의를 기울일 것이다. 권위주의적 또는 국가 권위 체제가 있다. 여기서 권위, 권력이 정부 안에서 집중된다. 그것은 집중화된 권위이며 그리고 그것은 실제로 군사 또는 경찰력에 의해 뒷받침되고 있다. 시장이 없고 따라서 사람들은 그들이 받는 전달내용 또는 언론의 일반적 처신에 대해 말할 게 거의 없다.

여기에 자유주의적 또는 권위적 언론 체제가 있다. 여기서 권위, 즉 권력이 언론 자신 안에서 집중화한다. 매체 관리자들 가운데 차라리 넓게 확산된 권위로서 이것은 분권화된 권위의 유형이다. 자유주의적이라고 부르는 이러한 언론 권위 체제는 국가, 권위주의라기보다는 일종의 제도적 권위주의이다. 그러나 그것은 시장 모형에 근거한 제도적 권위이다. 거기에서는 구성원들이 직접적 그리고 헌법적 권력을 갖는 매체 관리자들에 대해 영향력을 갖는다.

결론적으로, 시장 모형은 언론이 시장에 대해 책임을 지고 또 언론에 있어서 자유방임과 매수자 부담 원칙의 개념 양자는 언론의 자유를 극대화하고 동시에 사람들에게 언론이 책임지게 한다고 주장한다. 이것이 미국의 전통과 미국 헌법에 가장 잘 맞는 모형이다. 그것은 언론 관리자들에게 많은 자유를 주고 동시에 그들을 강제해서 공동체 구성원들을 고려하게 한다. 시장 모형은 보다 많이 책임지는 언론으로 이끌지 않을지도 모른다. 그리고 이것은 법률 그리고 윤리가 그 모형 속으로 끼어들어가야만 하는 곳이다. 함께 받아들여도, 법률과 도덕적 의식을 존경함으로써, 시장 모형은 자유와 권위 양자를 유지하기 위한 최선의 체제를 제공한다. 방법론적으로 통제된 실험 상황 바깥에서 관찰과 논리적 적용을 환영하면서 언론연구에 있어서 성숙한 상황은 '문 개방(open door)'[714] 정책과 함께 경험주의와 균형을 이룰 것이다.

---

714 Unhindered opportunity; free access. Admission to all on equal terms.

제7장

한국에서의 사상의 자유시장 이론의 발전

I. 사상의 자유시장의 유추

　사상의 자유시장의 원형질로 회자되는 아고라, 광장은 고대 그리스와 로마에만 존재하고, 우리 역사에는 존재하지 않을까? 이 연구를 진행하는 동안 줄곧 머리에서 떠나지 않는 화두이다. 광장과 시장, 거리 등은 공동체 구성원이 모여서 공동체 의사를 결정하는 게 고대 도시국가나 부족국가의 모습일 것이다. 이 같은 상상을 펼치면 우리나라도 고조선 개국 이래 오랫동안 사상의 자유시장을 필두로 공적 토론장이 존재했을 것으로 유추하는 것은 역사 해석의 비약이 아닐 것이다.[715] 이런 문제를 깊게 생각하는 것은 사상의 자유시장 이론을 이해하는 데 풍부한 자료를 제공할 뿐 아니라 우리의 자유민주주의를 발전시키고, 국가공동체의 건전한 지속가능성을 기대하기 때문이다.

　또 한 가지 전제주의적 왕정으로 이어지는 역사와 문화적 특성으로 인해 서양에서 발전된 사상의 자유시장 이론과 달리 우리의 경우 이를 유추

---

[715] 이춘구, 한국 역사상 사상의 자유시장의 유추에 대한 법적 연구: 고조선에서 정부수립까지, 전북대학교 동북아법연구소, 동북아법연구 제9권 제2호, 2015, 439~474쪽.

해석하는 것이 견강부회가 아닌지 하는 문제이다. 이 문제의 경우 우리가 선입견을 갖는 것과 달리 우리 조상들은 고대 그리스나 로마처럼 주민의 직접적인 참여와 공동결정으로 공동체를 유지 발전시켜 온 것을 깨닫게 된다. 물론 서양에서의 사상의 자유시장도 지금까지 살펴본 바와 같이 처음부터 시민의 권리를, 즉 표현의 자유를 충분히 보장해 온 것은 아니며 축소와 확대 과정을 거친 것이다. 이 점은 우리와 같다고 할 것이다. 특히 공동체의 일반의지의 결정이라는 관점에서 보면 우리 조상들은 역사 이래 공동체 운명을 결정하는 데 대체적으로 공동으로 참여하고, 주체적으로 공동체를 이끌어 온 것으로 본다.

구체적으로 우리나라의 개국 과정에서 드러나는 신시와 소도, 화백회의 개념 등을 살펴보고, 사상의 자유시장 이론과 비교 유추해 보도록 한다. 이 같은 시도는 우리가 공동으로 판단할 수 있는 우리 역사적 자료를 근거로 이루어질 수 있을 것이다. 그동안 서양의 이론과 제도를 서양 문화로만 국한해서 본 점이 문제일 뿐이다. 물론 우리 역사발전 과정을 서양의 도구로만 해석하는 것은 옳지 않을 수도 있다. 그러나 우리가 인류 보편적 가치관을 갖고 선진문화를 구가해 온 것을 반추하면 양자를 비교 유추하는 것도 지나친 논리의 비약이라고 할 수 없을 것이다. 인류 역사가 고대 신화로부터 시작하고, 또 이를 바탕으로 발전해 나온 점이 공통의 해석을 가능하게 하는 단초가 될 것이다.

우리는 고조선이 신시에서 개국하며, 홍익인간 재세이화의 이념을 치국의 목표로 삼은 것을 주목한다. 신시는 고대 도시국가일 뿐 아니라 사상의 자유시장으로 해석할 수 있다. 소도는 특히 사상의 자유시장의 구체적 형태로 고대의 공적 토론장으로 볼 수 있다. 국가 이념적인 면에서 홍익인간은 복지국가를 지향하며, 다른 나라와 평화적 협력관계를 유지하겠다는 우주적 평화관을 천명한 것이다. 재세이화는 율려로 국민을 다스리며, 국민이 정보를 제공받고 합리적으로 의사를 결정하게 하는 것이다.

특히 공동체 의사결정에 도입된 화백제도는 우리 식의 사상의 자유시장을 투영하는 것으로 볼 수 있다.

우리 고대국가의 사상의 자유시장은 유구히 전해져 내려온다. 도의의 실현과 민본주의를 중심으로 하는 조선은 왕의 독재보다 신료들의 활발한 토론을 통해 정치가 구현된다. 이 과정에서 간원 등의 상소가 활발히 이루어진다. 마을공동체의 경우 향약과 두레 등을 중심으로 사상의 자유로운 거래가 이루어진 것으로 유추해 본다. 물론 왕조체제의 한계가 있기는 하지만 마을 단위에서 공동체 의사를 스스로 결정하는 점에서 왕조체제 유지에도 순기능적 역할을 했다고 평가를 받는다. 그러나 왕조체제의 모순이 폭증하면서 19세기 근대 시대에 우리는 동학혁명 등을 통해 백성이 주체가 되고 국가공동체 의사를 결정하려는 시도를 하게 된다. 이 같은 흐름은 혁명주체의 역량부족과 식민열강들의 외세 개입으로 좌절하고 만다.

우리는 대한제국의 멸망과 일제의 식민지배의 위기를 3·1운동과 임시정부 수립을 통해 극복하게 된다. 우리는 이 과정에서 사상의 자유시장의 기초인 민주공화제를 확고히 하게 된다. 왕정복고나 입헌군주제와의 결별을 이루게 된 것이다. 이 같은 결단은 오늘날 우리의 헌정체제의 근본을 이루게 된 점에서 중요한 역사적 전기를 마련한 것이다. 민족의 역사적 위기의 시대를 우리는 스스로 잘 극복하고, 새로운 자유민주주의 체제를 받아들일 태세를 주체적으로 갖추게 된 것이다. 여기에서는 우리 역사를 공동체 의사결정 면에서 통사적으로 살펴보고, 광복 후 대한민국 체제에서 펼쳐지는 사상의 자유시장을 유추해 본다.

II. 고조선과 고대국가의 사상의 자유시장

1. 고조선의 개국과 사상의 자유시장 유추

사상의 자유시장을 유추하려면 국가공동체로서의 우리나라의 정신을 이해하는 게 전제되어야 할 것이다. 삼국유사의 고조선조에서는 개국 과정을 다음과 같이 기술한다. '고기'에 이르기를 "옛날 환인의 서자 환웅이란 자가 있어 자주 천하에 뜻을 두고 인간 세상을 구하고자 하였다. 아버지가 아들의 뜻을 알고 아래로 삼위태백 땅을 내려다보니 널리 인간 세상을 이롭게 할(弘益人間) 만한지라 이에 천부인 세 개를 주어, 가서 그곳을 다스리게 하였다. 환웅이 무리 3천 명을 거느리고 태백산 꼭대기 신단수 아래 내려와 이를 일러 신시(神市)라고 하였으니 그를 환웅천왕이라 한다. 그는 풍백(風伯)·우사(雨師)·운사(雲師)를 거느리고, 곡식·생명·질병·형벌·선악 등 무릇 인간 세상의 360여 가지 일을 맡아서 세상에 있으면서 다스리고 교화(在世理化)하였다."[716]

동국통감 이래 조선조 문헌에서는 환웅이 임금에 오르는 과정을 국인입위군(國人立爲君), 백성이 임금을 세워 임금으로 하게 했다는 식으로 기술한다. 단군세기에서는 국인추위천제자(國人推爲天帝子), 백성이 천제의 아들로 추대했다고 한다.[717] 응제시주에서는 국인입이위왕(國人立以爲王), 홍만종의 순오지에서는 민추작군장(民推作君長)이라고 한다. 백성이 추대

---

716 일연, 삼국유사 권1 기이1 고조선, 1281.: 古記云 昔有桓因[謂帝釋也]庶子桓雄 數意天下 貪求人世 父知子意 下視三危太伯 可以弘益人間 乃授天符印三箇 遣往理之 雄奉徒三千 降於太伯山頂 [卽太伯 今妙香山]神壇樹下 謂之神市 是謂桓雄天王也 將風伯雨師雲師 而主穀主命主病主刑主善惡 凡主人間三百六十餘事 在世理化. 원동중, 삼성기전 하편, 3쪽. (안경전 역주, 환단고기, 상생출판, 2012, 40쪽.).

717 이암, 단군세기, 1쪽. (안경전 역주, 환단고기, 상생출판, 2012, 92쪽.).

해서 군장, 임금으로 삼았다는 대목은 눈여겨볼 대목이다. 치자인 군주를 만드는 주체가 백성이며, 국가는 백성으로부터 기원한다는 인식을 보여준다. 이는 소극적인 덕치관념에 그치지 않고 세습적 전제군주를 거부하면서 국민주권론으로까지 나아갈 수 있는 함의를 갖고 있다.[718] 환웅이 임금으로 오르는 데 사상의 자유시장이 원천적으로 기능했다는 것을 보여주는 것이다.

여기서 주요한 개념은 고조선이 도읍한 곳이 신시이며, 홍익인간 재세이화를 개국의 이념으로 표방한 것이다. 먼저 신시는 신국, 신의 도시라는 의미로 해석할 수 있다. 단군왕검이 다스리는 제정일치의 도시국가를 뜻한다. 고대국가가 대부분 그러하듯이 제사장이 다스리는 시대상을 반영하는 것이다. 이에 대해서 신시를 경제적 의미의 호혜시장으로 해석하는 견해도 있다.[719] 시장에서 재화와 용역을 거래할 때 반드시 계(契, 호혜 circle)를 들어야 하는 시장을 뜻하는 것으로 해석한다. 동양 고서에 천시(天市), 천고시(天高市), 신고시(神高市) 또는 전조후시(前朝後市) 등으로 표현한다.

사상의 자유시장과 관련해 고조선의 개국 과정에서 3천 명의 무리를 거느리고 있다는 것은 그만큼 많은 무리들의 뜻을 받아 그들을 중심으로 도시국가(부족국가)를 세운 것을 의미하는 것으로 본다. 신단수 아래 신시는 국가공동체를 형성하는 공론의 장이며, 일반의지의 집결 장소이다. 어느 나라도 고대국가 개국 과정을 이처럼 명료하게 설명한 사례는 거의 없을 것이다. 즉 고조선을 형성하는 과정에서 정치적 진리, 공동체 구성원의 참여에 의해 결단을 내리고 인간세계를 널리 이롭게 한다는 홍익인간의 이념을 분명히 한 것이다.

---

718 정영훈, 단군신화의 정치사상, 한국동양정치사상사학회, 한국동양정치사상사 제8권 제2호, 2009, 24쪽.
719 김영일, 옛 가야에서 띄우는 겨울편지, 두레, 2000, 224쪽.

이 홍익인간은 내적으로 복지공동체 건설을 뜻하며, 외적으로 평화로운 인류사회 건설의 이상을 천명하는 것이다. 우리가 복지국가와 국제평화주의를 헌법이념으로 하는 것도 여기서 유래를 찾을 수 있다. 또 재세이화라고 하는 것은 이치로써 백성을 다스린다는 의미이다. 이치는 법률과 도덕 등 공동체를 지탱해 주는 규율이기도 하며, 자연법이기도 하다. 특히 공동체의 의사결정을 합리적으로 한다는 화백, 즉 만장일치 또는 다수결의 원리이기도 하다.

여기서 주목할 것은 신시를 호혜시장을 볼 경우 어떤 의미에서는 사상의 자유시장을 경제적 시장으로 접근하는 방법론과 일맥상통하는 것으로 여겨진다는 점이다. 이 호혜시장은 생산계(生産界)와 소비계(消費界)를 철저히 분리하는 시장이다. 계를 반드시 들게 하는 궁극적인 이유는 영역개념을 탈피해 탈국가적으로 계원으로서의 인류애를 사회에 축적시키기 위한 고대인의 사회적 고안으로 해석된다. 사실 이 같은 경제적 시장 접근법이 재화와 용역뿐 아니라 사상의 시장에서도 이루어진다고 보는 것이 진리에 도달하게 하고 사회적 효용성을 증대시키게 되는 것이다. 이러한 접근을 고대인이 생각했을 수 있다는 상상은 우리의 사상적 근원을 풍부하게 할 것이다.

우리 한국사상의 원형인 풍류도(風流道)는 기본적으로 단군사상에서 유래하며, 신바람 문화를 그 동력으로 한다. 신라의 대사상가인 최치원은 '난랑비서'에 "우리나라에 현묘한 도가 있으니 이를 풍류라 이른다. 그 교의 기원은 선사(仙史)에 실려 있으며, 실로 이는 삼교를 포함하고, 중생을 교화한다"고[720] 강조한다. 풍류도는 단군사상에 있는 인간 존중의 인본주의적 이상과 도덕적 신성으로서의 천관(天觀)을 그대로 계승하고 있다. 풍류도는 유교·불교·도교를 포함하는 유·불·선 이전 우리의 독

---

720 김부식, 삼국사기, 1145, 國有玄妙之道 曰風流　設敎之源 備詳仙史 實內包含三敎 接化群生.

특한 사상체계이자 정신문화의 원형질이다.

현묘지도(玄妙之道)인 풍류도는 어원적으로는 배달민족의 도를 말한다.[721] 풍류도는 신이자 도덕적 신성으로서 하늘과 인간의 합일을 지향한다. 또 접화군생(接化群生)을 실천해 나가는 것을 핵심 도의로 삼는다. 군생에 대해서 일반 민중으로 보는 견해와 인간을 포함하는 뭇 생명으로 해석하는 견해로 나뉜다. 민주주의 정치과정적 견해에서는 전자에 중점을 둘 것이며, 생태적 종교적 접근법에서는 후자에 방점을 둘 것이다. 접화군생은 모든 생명과 접촉해 이를 감화시킨다는 뜻으로 고조선의 개국이념인 조화와 융화의 홍익인간사상을 보다 심화시키고 더 나아가 외연을 확대시킨 것으로 볼 수 있다. 특히 재세이화의 교화적 원리로 구체화하는 것으로 본다. 이치로써 설득하고, 감성으로 감화를 주는 사상이야말로 이기론으로까지 펼쳐지는 위대한 근원이다. 여기서 우리는 사상의 자유시장의 고유한 원천을 탐구할 수 있을 것이다.

풍류도는 어느 장애도 속박도 없는 자연 그대로 인간 본연의 자유무애를 지향한다. 우리 민족은 저 바이칼 호수를 떠나 해가 먼저 뜨고 밝은 동쪽을 향해 끝없이 이동해 갔다. 그것은 젖과 꿀이 흐르고 순록이 뛰노는 목초지가 이어지는 툰드라, 이상향을 향한 이동이다. 그래서 유목민적 방랑과 정착 생활 속에서 음주가무를 즐기고 창조적 활동을 해 온 것이다. 자유무애와 원융무애하는 가운데 방정회통하는 조화의 정신을 갖고 있다. 사상의 자유시장은 근본적으로 원융무애이지만 표현에 있어서 방정회통하는 것이다. 풍류도는 따라서 국가론에서 나와 국가와의 일체를 강조하며, 윤리면에서 지행일체를 중시하고, 정의론을 올곧게 세운다.

---

721 정경환·이정화, 풍류도의 내용과 의미에 관한 연구, 한국민족사상학회, 민족사상 제4권 제2호, 2010, 15쪽. 안호상, 단군과 화랑의 역사와 철학, 사림원 1979. 최재충, 천부경: 민족의 뿌리, 한민족, 1985, 118쪽. 60쪽; 현묘지도를 우리 민족 고유의 사상인 '한' 의 고어로 설명.

2. 화백회의, 소도와 사상의 자유시장 유추

화백의 어원을 살펴보면 화는 통일 · 통합 · 화합 · 일치이며, 전원일치이자 만장일치이다. 또 다른 한편으로 화는 다수 · 균형 · 안정 · 평화이며 전체성과 구심성, 질서이다. 백은 자유 · 해방 · 초월을 뜻한다. 이것은 개인과 소수이며, 개인의 자율성과 내면으로부터의 자발적 의사표시이다. 화가 대중적이고 드러난 질서로서의 전체성, 대중적인 통합의사이며, 정의 중심의 구심적인 집중적인 지향점이라고 한다면, 백은 자유 중심의 소수적 분산적 해체적 지향이다. 백은 유목민적 이동성 · 분산성 · 개인성 · 개별성 · 자유와 진취와 약동과 모험과 신령한 초월성과 함께 드러난 질서의 정의와 통합과 구심과 다수 지향에 대해 거부권을 던질 수 있는 소수의 영적 결단을 뜻한다.[722] 이런 점에서 중요한 정치철학적 의미를 갖는다. 이는 밀의 소수이론과 홈즈의 소수의견과 일맥상통하는 것으로 해석할 수 있다.

단군의 화백은 부족 대표들이 모여 중요 사항을 합의해 처리하며, 만장일치제가 특징이다.[723] 씨족사회 전통을 계승한 회의로 국왕의 추대와 부정방지, 단결 강화 등 국가공동체의 의사결정이 사상의 자유시장을 근거로 하는 것임을 유추할 수 있다. 만장일치제의 화백은 자신의 영역과 백성을 지닌 부족장끼리 합의해 나가기 때문에 왕검의 화백이라고 한다. 왕검의 화백은 부족원이 부족보다 더 큰 공동체에 헌신한 대가로 얻은 징표를 부족장에게 신탁했을 때 이 징표로써 거부권을 발동하고 상호 상쇄함으로써 집단상호간에 합의를 이끌어 내는 화백이다. 부족장의 거부권이 마음에 들지 않으면 부족원들은 징표를 회수해 갈 권리가 있다.

---

722 김영일, 앞의 책, 116~118쪽.
723 양근석, 단군시대의 통치철학 연구, 한국민족사상학회, 민족사상 3(1), 2009, 164쪽.

또 하나는 둔피처로 알려진 소도이다. 소도는 삼한시대부터 제주가 제사를 지내는 곳이며, 일반 백성이 자유롭게 들어가 여러 부족국가를 통일하거나 분리 독립을 의결할 수 있는 민주적 권리를 갖는다.[724] 직접민주주의 형태를 보인다. 소도는 계원들의 쉼터이자 수련과 교양과 화백의 정치적 토론장이다. 그래서 화백은 최고의 민주주의의 씨앗이라고 한다. 서양의 민주주의가 영역 안에 갇혀 있는 민주주의라면, 두 가지 화백은 국가영역 상호간 또는 영역을 재구축할 수 있는 권리를 준다는 면에서 확연히 구분되는 민주주의 방법이다.

고대 그리스와 로마에서 발달된 민주주의는 일반 시민의 알 권리가 충분히 확보된 바탕에서만 펼쳐질 수 있다. 또 지역단위로 나뉘어서 의회가 조직된다는 점이다. 이 때문에 다른 지역으로 이사해서 의회에 참여해 누구를 선출하거나 논의를 자세히 하기가 어렵다는 지적을 한다. 정착 일변도의 민주주의 방식이기 때문이다. 그러나 단군의 화백은 노마디즘, 유목민의 화백이다. 여기서는 지지와 지지의 회수를 통해 일반 시민이 여러 부족국가를 통합하기도 하고, 분리 독립도 시키며, 부족장들의 알력을 중재하기도 한다. 이런 점에서 단군의 화백은 서구적 직접민주주의와 달리 수만 명이 모여도 의견을 수렴할 수 있는 장점을 갖고 있다.

단군의 화백은 고구려의 제가회의, 백제의 정사암회의, 신라의 화백회의로 계승된다. 여기에 참여하는 일반 시민을 몽고어로 다르칸(daruxan)이라고 한다. 이들 가운데 풍류도를 배우며 실천해 가는 젊은 엘리트는 화랑으로 일컫고 있다. 이암의 '단군세기'에 따르면 13세 단군 흘달(BC 1763)은 소도를 많이 설치하고 천지화(天指花)를 심었다. 미혼의 자제로 하여금 글을 읽고 활 쏘는 것을 익히게 하며 국자랑(國子郞)이라 부르게 했

724 김영일, 앞의 책, 224–225쪽.

다. 국자랑은 머리에 천지화를 꽂고 다녀 천지화랑이라고도 불렸다. 화랑이 삼국시대보다 앞서 존재한 것을 알 수 있다. 국자랑은 고구려에서는 조의선인, 신라에서는 화랑으로 이어진다.

또 우리 민족은 이동을 하던 도시국가 시대에는 제천의식(祭天儀式)을 통해서 신인(神人) 영교(靈交)를 하려고 한다. 우리 민족의 뿌리인 부여시대에는 정월에 영고(迎鼓)라는 놀이를 하며 하늘에 제사를 지내고 음주가무를 했다. 후한서는 영고를 다음과 같이 기술한다:

"정월에는 하늘에 제사를 지내는데 나라 안에 큰 모임을 연다. 연일 먹고 마시고 노래하고 춤을 춘다. 이를 영고라 한다. 이때에는 일시적으로 형벌을 그치고 죄인들을 풀어준다."[725]

부여와 마찬가지로 동예에서는 10월에 무천이라는 제천의식을 행했다.[726] 마한, 진한, 변한 등 삼한도 5월에 씨뿌리기를 마치고 제천행사를 열었으며, 음주가무를 즐긴다. 이 같은 제천의식은 공동체 구성원의 안녕과 번영을 자축하기도 하고, 생산과 분배 등 경제적 결정뿐 아니라 죄수를 풀어주는 등 중요한 의사를 결정하기도 한다.

당시에는 제정일치로 통치가 이루어지기 때문에 제천의식도 사상의 자유시장의 원형질이 될 수 있을 것이다. 이때에는 정치적 의사결정이 제천의식 속에서 이루어지는 것이다.

---

725 後漢西 권 85, 東夷列傳. 以殷正月祭天 國中大會 連日飮食歌舞 名曰迎鼓 於是斷刑獄 解囚徒.
726 後漢西 권 85, 東夷列傳. 濊常以十月 祭天晝夜飮酒歌舞 名曰舞天.

III. 왕조시대의 사상의 자유시장

1. 왕정시대의 사상의 자유시장의 유추

고려와 조선을 통해 왕정시대가 펼쳐지면서 고대국가에서 보는 바와 같은 국민의 직접 참여적인 국가의사결정은 약해진다. 고대국가의 자치 지배적 기능은 서구사회처럼 왕권강화와 함께 크게 약화되고 만다. 조선 시대 중앙정치에서는 왕이나 대신과 언관이 공론 형성의 주체이고, 또 유생이 공론을 형성하기도 한다. 왕정이 민본주의적인 통치이념을 내걸고 있기 때문에 국민의 자치는 아닐지라도 국민의 의사가 직간접적으로 통치에 반영된다고 볼 수 있을 것이다.

역사적으로 민의상달(民意上達)의 대표적인 것은 태종조의 신문고(申聞鼓) 제도이다. 조선 태종 1년, 1401년 백성들의 억울한 일을 직접 해결해 줄 목적으로 대궐 밖 문루 위에 달았던 북이 신문고이다. 그러나 신문고는 주로 서울의 관리들이 사용하게 된다. 신문고 제도의 본래 취지와는 달리 일반 상인(常人)이나 노비, 또 지방에 거주하는 관민(官民)은 거의 사용하지 않고, 효용도 없게 됐다.

조선의 정치는 공식적으로 삼사(三司)를 통해 국민의 여론을 듣고 이에 맞춰 집행하는 게 기본이다. 삼사는 언론을 담당한 사헌부·사간원·홍문관을 가리키는 말이다. 삼사의 주요 임무는 잘못되는 정치 전반에 걸친 비판적 기능을 수행하는 일이다. 사헌부는 시정·풍속·관원에 대한 감찰 행정과 관원의 자격을 심사하는 인사 행정에 관여하는 기관으로 수장은 대사헌이다. 사간원은 국왕에 대한 간쟁, 신료에 대한 탄핵, 당대의 정치·인사 문제 등에 대해 언론을 담당하는 언관으로서 수장은 대사간이다. 홍문관은 궁중의 서적과 문한(文翰)을 관장하고, 경연관으로서 국왕의 학문적 정치적 자문에 응하는 학술적 임무 때문에 왕에게 조정의 옳고 그름을 논하거나 간언하는 언관이 되며 수장은 대제학이다.

삼사의 힘이 강할 때는 왕권과 신권의 전제를 막았으나, 이들의 힘이 약하거나 파벌에 의해 나누어지면 나라가 혼란스러웠다. 삼사 가운데 사간원과 사헌부를 양사(兩司) 또는 언론양사라 한다. 이들이 함께 상소를 올리는 것을 양사합계(兩司合啓)라 하며, 이 두 기관의 관원들을 대간(臺諫)이라 한다. 후에 홍문관이 합세하면서 삼사가 되고, 이 세 기관이 함께 상소하는 것을 삼사합계(三司合啓)라 한다. 더 나아가 자신들의 주장을 관철하기 위하여 삼사의 전 관원이 대궐문 앞에 부복하여 국왕의 허락을 강청하는, 오늘의 연좌데모와 같은 것을 합사복합(合司伏閤)이라고 한다.

또 관직에 나가지 않은 선비들은 산림의 상소제도를 통해 왕의 행실과 정책에 대해 비판한다. 유명한 선비들이 주로 자신의 의지나 생각 등을 왕에게 전달하는데, 이처럼 관직에 나가지 않은 선비들을 보통 산림이라 부른다. 산림의 상소제도의 활성화, 삼사를 통해 조선은 언로가 활성화되고 있다. 왕이 자신의 행동이나 정책에 대해 신하나 산림 세력에게 비판을 들을 수 있는 장치가 있었던 것이다.

조선은 건국 초기부터 국민의 직언을 널리 구하는 구언(求言) 교서를 내리고 이를 시행한다. 구언은 나라에 재앙이 있을 때 또는 국정에 필요할 경우 임금의 정치의 잘잘못에 대하여 널리 신하로부터 비판의 말을 구하던 제도이며, 이를 정책에 반영한다. 실제로 태조실록 권제7, 11장 앞쪽, 태조 4년 4월 25일(무자)에 구언교서에 관한 기록이 나온다. 간관 이고 등이 말씀을 올리기를, "언관의 직책을 가졌으니 종묘사직의 안전과 위험에 관한 일에 대해 감히 입을 다물고 있을 수 없거늘, 더구나 이제 바른말을 구하는 말씀(求言之敎)이 내렸으니, 삼가 어리석은 충심으로 천총을 번거롭게 할까 하옵니다" 하였다.[727]

세종대왕의 하루 일과를 통해 사상의 자유시장이 어떻게 작동되는가를 엿볼 수 있다.[728] 세종대왕의 일과는 여러 계층의 사람들과 만나 사상을 교환하는 데 중점이 두어졌다. 오전 5시에 기상한 뒤 9시에서 11시까지 윤대(輪對)를 했다. 누군가와 돌아가면서 독대를 하는 것이다. 영의정이나 우의정 같은 고위층과 독대하는 데 그친 것이 아니라 5품관, 지금의 사무관 이하 관리들과도 대화를 나눈 것이다. 윤대는 문무 관원이 윤번으로 궁중에 들어가서 임금의 질문에 응대하기도 하고, 또 정사의 득실을 논하는 제도이다. 세종 7년, 1425년 6월에 처음으로 동반(東班, 문관) 4품 이상, 서반(西班, 무관) 2품 이상으로 하여금 날마다 들어와서 대답하게 하였다. 매일 아침에 열리는 문무백관 회의, 조계(朝啓)에 참여하지 아니하던 각사(各司)는 그 아문(衙門, 관청)의 차례대로 매일 1인이 예궐(詣闕)하되,[729] 각사가 조계한 뒤에 입대(入對)하여 일을 논하게 한다. 뒤에 윤대관(輪對官)을 동반 6품 이상과 서반 4품 이상으로 정해 각각 그 관아의 차례대로 날마다 윤대하였으며, 그 인원은 하루에 5인을 넘을 수 없게 하였다.

세종실록 권제28, 28장 앞쪽에서 30장 뒤쪽, 세종 7년 6월 23일(신유)을 통해 이를 확인할 수 있다. 예문관 대제학 변계량 등 10인이 진언하기를, "이제 우리 전하께서 정부와 육조와 대간에 명하시어 날마다 모든 일을 진언하게 하시어 정치하는 길에 자료가 되게 하시니 총명을 넓히고 아랫사람의 심정을 통달하심이라 하겠사옵고, 당나라와 송나라의 전성 시대에는 모두 윤대하는 법이 있었사오니, 이는 단지 총명을 넓혀서 막히고 가리는 폐단이 없게 할 뿐만 아니오라, 여러 신하의 현부까지도 또한 임금의 밝게 비추어 보심에 벗어나지 못하게 할 것입니다. 비옵건대, 옛 제도에

---

727 諫官李臯等上言 冒職言官事 有關於宗社安危者 不敢含默今有求言之敎 謹以愚衷 仰瀆天聰
728 세종대왕, 회의 때마다 싸움 붙였더니…조직이 움직이기 시작했다, 조선일보, 2015. 1. 10, 조선비즈. 이홍 광운대 경영학과 교수가 삼성그룹 사장단 회의에서 '창조 습관으로 10년 후를 대비하라' 는 제목으로 강연한 내용을 요약 보도한 것이다.
729 대궐에 들어가 임금의 명령을 받듦.

따라 4품 이상으로 하여금 날마다 윤대하게 하시어 더욱 말할 길을 넓히시고 아랫사람이 심정을 다 아룀으로써 여러 신하의 사정을 살피시면 매우 다행하겠나이다" 하였고, 임금이 명하기를, "윤대하는 것은 동반은 4품 이상, 서반은 2품 이상이 매일 들어와서 대답하게 하라" 하였다.[730] 또 경국대전 예전 조의에 따라 동반 6품 이상이나 서반 4품 이상은 각각 관아의 차례에 따라 매일 윤대한다. 5인을 넘지 아니한다.[731]

점심을 먹고 오후 1시부터 3시까지는 경연(經筵)을 했다. 경연은 신하들이 임금을 가르치는 자리로서 유학의 경서(經書)와 사서(史書)를 진강(進講)하고 논의(論議)를 받는 학술제도이다. 경연은 의정부 직할 기구이며, 영의정이 겸직하고 실무는 정3품 참찬관이 맡는다. 세종은 이때 특이한 방법을 사용했다. 나이 든 관료들과 집현전의 젊은 학자들을 동시에 참여시켰다. 만날 "아니 되옵니다"만 외치는 고위 관료들과 달리 젊은 학자들은 세상을 어떻게 볼까 궁금했기 때문이다. 여기서 세종은 고위 관료와 젊은 학자 사이에 격차를 발견했다. 이게 바로 문제를 보는 눈이다. 격차가 바로 문제이기 때문이다. 마지막으로 저녁 10시에서 12시에는 구언(求言)을 했다. 백성으로부터 이야기를 듣는다는 것이다.

정리하면, 세종은 줄기차게 문제를 찾아다니고 토론하며 자신의 사상을 점검하는 사람이다. 자신의 생각이, 그리고 당대에 통용되던 방법이 틀릴지도 모른다는 문제의식을 가지고 있었기 때문이다. 또는 자신이 진짜 문제를 못 보고 있다고 생각하였기 때문일 것이다. 세종은 반대가 주는 다양성의 의미를 깊이 알고 있었다. 사상의 자유시장 이론이 반대사

---

730 藝文大提學卞季良等十人陳言 一今我殿下 命政府六曹臺諫 日陳庶事 以資治道 可謂廣聰明而達下情矣 唐宋盛時 皆有輪對之法 是不獨廣聰明而無壅蔽之患 群臣之賢否 亦且難逃於聖鑑矣 乞依古制 令四品以上逐日輪對 益廣言路 以盡下情 以察群臣之邪正 幸甚…命…輪對 令東班四品以上 西班二品以上 逐日入對

731 東班六品以上 西班四品以上 各以衙門次第 每日輪對 毋過五人

상, 소수의 사상에게도 들려줄 기회를 갖도록 하는 것과 일맥상통하는 일이다. 또 홉즈의 회의주의와 사상의 진화론, 공리주의 등을 엿볼 수 있는 대목이기도 하다.

세종조에는 유독 창의적 인재가 많고, 나라를 부강하게 하고 문화를 융성하게 했다. 국방으로는 대마도와 여진족 정벌에 성공한 최윤덕과 6진을 개척한 김종서, 학문으로는 한글을 만든 성삼문 같은 집현전 학자들, 과학으로는 이천과 장영실, 음악에는 박연, 관료로는 황희 등 창의적 인재를 쏟아부어 주었다. 왕조체제이지만 사상을 활발하게 교환하면서 국가공동체의 번영을 구가할 수 있었다.

전체적으로 왕조시대에도 국가공동체 의사결정에 여러 계층의 사상이 직간접적으로 교환될 수 있다는 점에서 서양의 사상의 자유시장의 은유를 떠올리게 한다. 그러나 대체로 자치가 아니고, 왕의 지배를 받으며, 수평적 사상의 교환 보다는 수직적 상하전달이라는 점에서 한계를 인정하지 않을 수 없다. 이런 점에서는 서양의 중세 왕정시대도 비슷하다고 볼 수 있다. 궁극적인 지향점에서는 조선이 도의를 국민에게 전하고 교화하려고 했던 점에서는 뛰어난 점이 있다고 하겠다.

2. 향촌 공동체 의사결정과 사상의 자유시장의 유추

중앙에서 왕 중심의 의사결정이 이루어지는 것과 비교해서 향촌사회에서는 향촌민 또는 지식계층인 재지사족(在地士族)이 공론을 형성하는 계층이다. 국가공동체 전체적 측면에서는 이것은 다스리는 자와 다스림을 받는 자 상호간의 의사소통에 불과하다. 그러나 마을공동체 단위에서는 자치 · 자율의 전통이 이어지고 있다. 이 같은 전통은 오늘날에도 상당부분 계승되고 있다.

조선시대 전통 촌락에서의 주민자치와 자율의 전통은 여러 형태로 나타난다. 생활공동체로서 촌락은 생업과 문화, 생태와 자원을 공유하고 존속해야 했다. 그 과정에서 국가의 법제적 이념적 통제와 별도로 스스로의 자율과 자치능력을 보유하고 있었다. 전통 촌락사회의 자율과 자치적 전통이 대체로 공생과 평등, 순리라는 측면에서 공통점을 지니고 있다. 이것은 불문율이지만 어느 법보다 강하고 민주적이며 실용적일 수 있다.[732] 여기서 사상의 자유시장의 말초적 형태와 순수한 기능을 유추할 수 있을 것이다.

두레로 상징되는 농촌의 공동체 문화도 모듬살이의 지혜이자 공생의 지혜이다. 때로는 이들을 직접 지배하에 두려는 통치체제와 사족 지배체제의 외적인 통제력에 따라 좌절되거나 왜곡되기도 한다. 그만큼 최고 지배층과 권력층의 이데올로기가 허용하는 선에서 백성의 자율이 허용가능하다고 본다. 민중의 자율 의지나 사회관행이 생겨나고 발전하는 과정은 사회체제의 변화, 민중의식의 성장, 사회경제적 조건 등 역사의 흐름과 함께 하고 있다. 조선 초기에는 동린계(洞隣契), 계를 모아 향을 피우는 향도(香徒)가 주축을 이룬다. 양란 이후 17세기 이후에는 상하합계를 구성해 사족 지배체제를 복구하려고 한다. 18세기 중반 이후 사족지배력의 이완 현상과 함께 진전되는 촌락의 발전은 사족들의 동계 조직을 와해시키고, 두레와 촌계, 목적계 등의 발전을 촉진한다.

대표적으로 두레는 공동노동과 생산조직이라는 일차적 목적을 가진다. 의사결정은 완전히 민주적인 방법으로 진행되고, 공동체적인 삶의 유지를 우선으로 하고 있다. 전체 주민이 참여해 마을의 여러 일을 논의하며, 결정하는 주민 전체 회의가 일반적이다. 그것은 투표라든가 투표권이 중요한 것이 아니라 각기 맡은 바 분담 역할을 철저히 이행하는 공동체로서

---

732 이해준, 한국의 마을문화와 자치 · 자율의 전통, 계명대학교 한국학연구원, 한국학 논집 제32집, 2006, 216쪽.

의 삶 그 자체이다. 이에 따라 평등하게 의사결정에 참여하고, 상부상조 부담이나 공동노역 등에서 공평하다. 이는 엄격한 규제와 규율, 자치의 전통을 지키며, 말단 행정자치 단위로서 기능을 하기도 했다. 전체 주민 은 마을 중대사에 대해 함께 정보를 주고받고, 올바른 결정을 시도하며, 경제적 공동체를 이룬다는 점에서 사상의 자유시장으로서 두레가 작용하 는 것을 이해할 수 있다.

마을 단위에서 사림의 향약 보급과 실시는 사족의 향촌자치와 자율 측 면에서는 중요한 발전이다. 양란을 치른 뒤 정부는 사회통합을 위해 적극 적으로 향약을 권장하면서 영조와 정조시대에는 향약의 전성기를 맞는 다. 그러나 촌락 농민들의 생활공동체 문화와 자율적 전통을 억제하는 역 할을 했다. 향약은 조선사회의 기본질서인 성리학적 질서를 세우기 위한 조직이기 때문이다. 명분론에 입각한 상하차별의 신분제적 질서와 소농 을 기본 생산층으로 하는 현 경제체제의 유지를 목적으로 하는 것이다.[733] 향약은 시행 주체의 교화의지가 관철되는 것이며, 향촌사회에서 주도권 장악을 의미한다. 혈연적 유대 조직으로서 기능도 갖는 등 향약의 성격에 따라 의사소통 체계는 다르다.

향약에서는 중앙과 지방의 정치를 평가하기도 하고 정보를 주고받는다. 향약 결성과 약원의 입약 전 교육, 입약 후 교육 등 과정을 통해 의사소통 의 환경을 마련했으며, 이는 곧 향약이 의사소통 기구로서 창설한 것임을 의미한다. 향약은 각종 정보의 교류처로서 사상의 자유시장인 것이다. 향 약의 약원은 모두 1표의 의결권을 가지고 만장일치를 원칙으로 한다.[734] 만장일치가 될 때까지 토론을 거듭하고, 결정된 사항에 불복할 경우 제재

---

733 김무진, 조선시대 향약 및 향안조직에서의 의사결정구조, 계명대학교 한국학연구원, 한국학논 집 제32집, 2005, 84-85쪽.
734 김홍주, 앞의 논문, 84쪽.

조치를 규정한다. 토론 중 상대방의 의견을 존중하고 목소리가 높아지거나 토론이 공격적인 경우를 대비하여 이를 자제하는 조항을 넣는가 하면 결정된 사항에 불복할 경우 제재조항도 규정하고 있다. 이 같은 토론방식을 정한 것은 진보적이라고 할 수밖에 없다. 회의는 일 년에 두 번, 봄과 가을에 정기적으로 개최하고 삼 년에 한 번씩 총회를 여는 것을 기본으로 하나 중요한 사항의 결정이 필요한 경우 임시회의를 열 수 있게 규정하고 있다. 또한 모든 구성원들이 회의에 적극 참여하도록 미리 통문(通文)을 하고 불참시 제재 규정을 두었다. 마치 밀턴 시대를 상상할 수 있는 것처럼 제한적이며 계층적 의사소통과 사상의 거래이자 의사결정구조라고 할 수 있다.

향약의 4대 덕목인 덕업상권(德業相勸), 과실상규(過失相規), 예속상교(禮俗相交), 환난상휼(患難相恤)은 사상의 자유시장의 내용적 지침으로서도 유효하다고 볼 것이다.[735] 가장 기본적인 덕업상권은 좋은 일은 서로 권한다는 뜻을 지닌다. 사상의 자유시장이 사상의 교환에 의해 진리가 승리한다는 궁극적인 덕목을 엿볼 수 있는 대목이다. 과실상규는 잘못을 서로 규제한다는 뜻으로 공동체에 해로운 일과 사상을 규제한다는 측면에서 직접적으로 질서를 유지하는 작용을 한다. 예속상교는 예의 풍속을 잘 지키면서 서로 교분을 쌓는다는 뜻으로 에머슨의 변화와 안정 사이의 균형을 유지하게 한다는 가치와 일맥상통한다. 환난상휼은 어려운 일은 서로 돕는다는 뜻으로 복지공동체로서 궁극적인 지향점을 제시하는 것이다.

사족향약은 사족 상호 간의 의사소통이며, 수령향약은 수령과 군현민 그리고 군현민 상호 간의 의사소통이고, 상하동약은 상하민 간의 의사소통이다. 향약은 공간적으로 군현을 중심으로 하지만 동 단위나 자연부락 마을 단위로 하는 것도 있다. 특히 이이가 입안한 서원향약은 색장과 별감

---

735 유성선, 율곡 향약에 나타난 사회사상 연구, 중앙대학교 중앙철학연구소, 철학탐구 18, 2005, 16-24쪽.

등 말단 동리 책임자의 경우 양민과 천민을 막론하고 성실해서 착한 일을 하려는 데 뜻을 둔 자로 가려서 삼도록 했다. 천민까지도 향촌공동체의 주요 의사결정 과정에 참여시킬 수 있다고 한 것이다.[736] 밀턴이 비기독교인 등에게 언론의 자유를 인정하지 않으려고 한 것과 대조를 이룬다.

향약은 마을공동체의 사상의 자유시장에서 공동체의 번영을 위한 근본 결단을 내리고 향민들의 일치된 의견으로 제정된 규범이다. 제정면에서 민간의 사약(私約)이지만 공동체의 근본결단을 규약으로 문서화한다는 점에서 공법적 성격을 갖는다. 이는 제5장 제도론에서 살핀 바와 같이 종교단체 등이 자체적으로 규범을 정하고 자율성을 갖는 점과 비슷하다. 이런 점에서 향약은 본래적으로 성리학이 중심이 되는 사회에서 자연법으로서 법원(Rechtsquelle, 法源)의 성격을 갖는 것으로 해석할 수 있다.[737]

오백 년 넘게 유지되는 고현향약의 경우[738] 약원의 개방적 가입, 만장일치의 의결절차 등 여러 면에서 준주민자치적 단계로 평가받기도 한다.[739] 그러나 향약은 더 나아가 자치법규로서의 성격을 갖고 있다고 보는 게 통설이다. 제정 주체와 집행 주체 면에서 향약은 국가와 국가의 위임을 받은 지방조직이다. 왕을 중심으로 하는 국가질서를 더욱더 보강한다는 점에서 정당성이 인정된다. 또한 그 강행성과 위반에 대한 제재는 마찬가지로 형벌적 또는 행정벌적 성격을 갖는다. 아울러 향약은 사회법이며, 사회법의 개척자로서 노동법으로서 성격이 규정되기도 한다.[740]

736 최연식, 조선시대 사림의 정치참여와 향촌자치의 이념, 한국정치외교사학회, 한국정치외교사 논총, 제27집 제1호, 2005, 25쪽.
737 박덕배, 향약의 법적 연구, 한국법사학회, 법사학연구 제3호, 1976년, 27쪽.
738 이강오, 태인 고현향약에 대한 연구(1), 전북대학교 전라문화연구소, 전라문화논총 제1집, 1986, 271쪽.
739 김호주, 조선 향촌규약에 나타난 마을공동체 운영 특성: 고현향약을 중심으로, 국토연구원, 국토연구 제79권, 2013, 86쪽.
740 박덕배, 앞의 논문, 63쪽.

Ⅳ. 근대국가 형성기의 사상의 자유시장

1. 동학 민주주의와 사상의 자유시장 유추

조선사회의 지방관리의 학정과 과도한 세금징수 등 내적 모순의 증대는 민란 등을 거친 뒤 1894년 동학혁명으로 폭발하게 된다. 동학혁명은 우리 식의 민주주의의 길을 열어갈 절호의 기회이지만 외세의 개입과 정부의 외세 의존적 태도, 동학군의 역량부족 등으로 실패하고 만다. 동학은 아시아에서 도의를 바탕으로 민족적 민주주의의 가능성을 모색했다는 점에서 큰 의미를 갖는다. 동학 민주주의는 인권의 각성과 공공성, 국민주권 등 서구적 민주주의의 요소를 내포한다. 서구와 똑같은 개념은 아닐지라도 근본취지에서 비슷하다는 점에서 그 우수성과 독자성이 평가받을 만하다. 우리가 사상의 자유시장을 여기서 유추하며, 우리 식의 자유민주주의를 더욱 발전시켜 나갈 당위성을 강화해야 한다.

동학은 "하늘 마음이 곧 사람 마음이다(天心卽人心)", "사람이 하늘을 모시고 있다(侍天主)"는 자각에서 시작하기 때문에 인권에 대한 뚜렷한 인식을 갖고 있다.[741] 동학은 우주상의 인간과 정치공동체상의 인간의 위상을 새로이 설정함으로써 시작한다. 이 같은 인간상은 서구 민주주의의 인간상과 다르다. 즉 동학에서 개인주의적 민주주의의 성격을 찾기 어려우며, 공동체적 민주주의의 성격을 찾을 수 있다.

이 공동체성은 계급성이나 인민성과는 다르며, 우주적 공동체라고 하겠다. 그래서 "사람을 하늘과 똑같이 섬기라(事人如天)", "자연사물도 공경하라(敬物)", "사람이 곧 하늘이다(人乃天)"라는 명제로 새로운 인간관이 정립

---

741 정경환, 동학과 한국근대정치사상, 한국민족사상학회, 민족사상 제2권 제2호, 2008, 146-148쪽.

된다. 동학은 신성과 자연성을 인간 안에서 찾아낸 네오휴머니즘을 정치철학적 토대로 삼는다. 단군 이래 우리의 고유한 천지인(天地人) 통일사상을 강조한다. 이는 신과 자연으로부터 독립한 인간중심주의가 서구 민주주의의 토대가 되는 것과 구별된다.

동학은 접포제(接包制)를 통해 민을 조직화하고 정치에 참여하게 한다. 접포제를 통해 공공정책을 결정하고, 일련의 민족자주집회와 혁명운동의 형식으로 공공체성을 수행한다. 접포제는 국(國)과 가(家)만 존재하던 조선사회에 새로운 사회현상이며, 이로써 민이 자율적으로 공적인 사회영역을 형성하기 시작한다. 이 조직체를 통해 공적인 문제에 대해 발언을 시작하고, 정치과정에 참여하기 시작한다. 동학의 접포제는 사대부 영역을 대체하는 것이다. 이러한 현상은 민주주의에서 매우 중요한 지표이다.[742] 이는 근대적 맹아이지만 사상의 자유시장의 대표적 형태로 기록될 것이다. 또 경통(敬通) 등과 같은 매체를 통해 공론을 형성하고 유교집권 세력과 경쟁한다.[743]

서구 근대자유민주주의에서는 개인들간의 경쟁이 시장을 통해 이루어지고, 정치집단들간의 경쟁을 법이라는 합리성에 의거해 절차화하고 있다. 동학에서는 아직 이 같은 절차적 합리화의 기제를 찾기 어렵다. 동학은 배려와 윤리적 보살핌을 정치의 기본으로 하며 배려적 성찰적 민주주의(deliberative democracy)이다. 그래서 각자위심(各自爲心)을 집단적으로 극복해 우주적 공동체성을 각성하는 일종의 의식혁명 또는 공동체적 혁신을 강조한다. 동학이 혁명으로 발전하는 근거가 여기서 나온다. 이에 비해 서구 민주주의는 각자위심하는 다양한 개인들의 성향들을 조정하고 합의

---

742 오문환, 동학에 나타난 민주주의: 인권, 공공성, 국민주권, 계명대학교 한국학연구원, 한국학논집 제32집, 2005, 193쪽.

743 오문환, 앞의 논문, 183쪽.

하고 타협한다. 동학에 이르러 위민정치가 끝나고 민이 사상적으로 자각하고 스스로 조직화해서 정치주체로 나서는 민주정치가 태동하게 되는 것이다. 이 접포제에서 아테네의 폴리스의 시민민주주의의 원형과는 또 다른 한국 민주주의 원형을 찾을 수 있다. 정부가 접포제와 집강소를 민회로 인식한 것도 우리 민주주의가 동학에서 시작된다는 것을 시사한다.

동학은 보은집회를 통해 척왜양(斥倭洋)이라는 새로운 공론을 주도하고, 고부봉기를 통해 부패관료 척결이라는 반봉건 기치를 내건다.[744] 이 같은 반봉건 투쟁을 통해 자주적 혁명적 민주주의를 볼 수 있다. 또 인민의 조세 부담에 상응하는 국민주권의 요구를 동학에서 볼 수 있다. 반침략적 민족자주운동은 인민의 대외적 국민주권을 보여 주고, 인민의 혁명운동은 대내적 국민주권의 맥락으로 이해할 수 있다. 국민의 군대를 통한 대외주권의 확립과 국가의 주인으로서의 인민의 혁명은 프랑스혁명으로 상징되는 근대 민주주의와 같은 맥락으로 본다. 국민주권의 세계사적 흐름에 부합하는 운동을 동학혁명에서 보게 된다. 그러나 동학군이 국민 국가의 군대가 되지 못한 것은 동학의 한계이자 조선의 비극이다.

동학혁명은 조세 저항, 부패한 지방관리 척결, 정부의 부적절한 대응, 정부와의 본격적인 갈등 심화, 정부군과의 전쟁, 혁명으로 펼쳐지는 과정에서 철저하게 대비하지 못했다는 지적을 받는다. 접포제를 조직적 기반으로 전개된 동학혁명이 일본군과 정부군 연합에 의해 실패한 이후 조선의 자발적 자생적 민주적인 공공성은 급격히 무너진다. 이후 한국의 근대화는 외세의존적 국가주의적 근대화의 길로 나아가게 된다. 유감스럽게도 사회주도형 근대화가 실패하고, 국가주도형 근대화가 주류를 이루게 된다. 민족자주적 근대화가 실패함에 따라 외세의존형의 근대화가 대세

---

744 김혜승, 동학정치사상과 갑오동학농민운동: 한국민족주의의 민주화, 한국정치사상학회, 정치사상연구 제11집 1호, 2005, 74쪽.

를 이루게 되는 것이다. 그러나 이는 곧 망국의 길로 이끌게 되고, 사상의 자유시장도 일시 빛을 잃게 된다.

2. 3 · 1운동과 사상의 자유시장의 유추

동학혁명에 이어 위정척사, 개화독립협회 운동은 개화기 이후 3대 민족주의 운동이다. 이 가운데 개화독립협회 계열의 사상이 가장 중심적인 역할을 한다. 이 시기는 사상의 자유시장 측면에서 보면 미국 식민지의 독립운동과 궤를 같이하는 것으로 볼 수 있다. 개화사상은 반봉건주의에 앞장을 서지만 반제국주의 투쟁에는 소극적이다. 동학사상은 반제국주의에 적극적이지만 반봉건주의에 철저하지 못했다.[745]

서재필, 윤치호, 이승만 등 개화사상가들은 1890년대에 한국인을 위한 한국(Korea for Koreans)을 외치면서 독립신문을 발간했다. 또 독립협회운동을 통해 자유와 평등사상에 입각한 근대적 민족국가 형성을 시도한다.[746] 그러나 수구파와 식민제국 열강의 반대와 고종의 해산명령 등으로 좌절하게 된다. 개화기 사상은 1900년대로 들어서면서 애국계몽사상으로 발전하지만 근대 민족주의 사상에 도달하지 못한다. 이승만은 나라가 망하는 풍전등화의 위기를 맞아 '독립정신'을 저술하고 나라의 기능에서 사상의 자유시장 은유를 강조한다:

● 순한글 신문인 독립신문

"나라라 하는 것은 여러 사람이 모여 사는 조직된 사회로 여러 사람이 모여 의논하는 회의체에 비유할 수 있다. 그들은 큰 건물에 모여 몇 사람 씩 짝을 지어 자유롭게 웃으며 이야기하고 토론도 한다."[747]

1905년 을사보호조약 이후 민족지도자들은 계몽주의적 문명관과 사상을 받아들여 민족의 구원과 변화를 기도한다. 사회진화론과 계몽주의, 애국주의 원리에 따라 대한자강회를 결성하고, 언론·출판·교육 분야를 중심으로 민족의 실력 양성과 독립을 추구한다. 하지만 통감부 간섭과 규제로 한계 상황에서 진행하다 1907년 해산된다. 이후 비밀결사체인 신민회를 통해 사상을 교류하고 독립운동을 추진한다. 이 시기에 신채호는 '20세기 신국민' 논설에서 "동포는 정치사상을 분흥(奮興)하며 정치능력을 장양하여 독립적 국민의 천능(天能)을 장하며, 입헌적 국민의 자격을 구(具)하여 국가의 명(命)을 유지하며 민족의 폭(幅)을 확장하라"고 주장한다. 여기서 입헌적 국민국가의 국민으로서의 국민상을 분명히 제시·고무한다.[748] 자유와 평등, 정의, 용기, 공공사상의 발휘가 신국민의 기초임을 강조한다.

공화주의 이념의 발달이라는 관점에서 보면, 3·1운동에 앞서 동경 유학생들을 중심으로 선포된 2·8독립선언문이 더 구체적이다. 이광수가 기초한 1919년 2월 8일 '재일본 동경 조선청년독립단' 이름의 '2·8독립선언문'은 민주공화주의 수용사에서 중요한 과정을 보여 준다:[749]

745 김용직, 3·1운동의 정치사상, 한국동양정치사상학회, 한국동양정치사상연구 제4권 제1호, 2005, 47-48쪽.

746 강정민, 제헌헌법의 '자유주의 이념적 성격', 한국정치사상학회, 정치사상연구 제11집 2호, 2005, 83쪽.

747 김충남·김효선, 풀어쓴 독립정신, 청미디어, 2008, 60쪽.

748 최홍규, 신채호의 민족주의사상-생애와 사상, 단재 신채호선생 기념사업회, 형설출판사, 1986, 286-288쪽.

749 이상훈, 독립운동과 민주공화주의 이념, 한국철학사상연구회, 시대와 철학 제23권 4호, 2012, 200쪽.

"조선청년독립단은 우리 2천만 민족을 대표하여 정의와 자유의 승리를 득(得)한 세계의 만국 앞에 독립을 기성(期成)하기를 선언하노라. 우리 민족은 일본의 군국주의적 야심의 사기와 폭력 아래 우리 민족의 의사에 반하는 운명을 당하였으니 정의로 세계를 개조하는 이때에 당연히 이의 광정(匡正)을 세계에 요구할 권리가 있으며, 또 오늘날 세계 개조의 주역이 되고 있는 미국과 영국은 보호와 합병을 지난날 자기들이 솔선하여 승인한 잘못이 있는 까닭으로, 이때에 지난날의 잘못을 속죄할 의무가 있다고 단언하는 바이다."

　조선청년독립단은 먼저 정의와 자유의 승리를 얻은 세계 만국 앞에서 독립의 달성을 기약한다. 민족의 의사에 반해 국권을 침탈당한 만큼 이를 바로잡겠다는 주권자의 의지를 명확히 한다. 일본 군국주의와 대조해 민주주의를 선명히 하면서 아무런 무력 수단을 갖고 있지 못함에도 불구하고 열혈청년의 기백으로 심지어 무력투쟁까지를 정당화시킨다. 아울러 민주공화주의의 기초 원리인 국민 기본권과 그 권리 인식에 대한 분명한 주장과 더불어, 일본의 조선 합병이 당시 내세운 명분과 달리 실제적인 정복과 지배에 불과하며 심지어 이를 승인한 미국과 영국 등 선진국들의 제국주의적 행보에 대한 질타도 담겨 있다:

　"우리 민족에게는 참정권과 집회 · 결사의 자유, 언론 · 출판의 자유 등을 불허하며 심지어 신교의 자유, 기업의 자유까지도 적지 아니 구속하며 행정 · 사법 · 경찰 등 여러 기관이 다투어 조선민족의 사적인 권한까지도 침해하였다. 정의와 자유를 기초로 한 민주주의 위에 선진국의 모범을 따라 새 국가를 건설한 뒤에는 건국 이래 문화와 정의와 평화를 애호하는 우리 민족은 세계의 평화와 인류의 문화에 공헌할 수 있게 될 줄로 믿는 바이다."

특히 우리 민족에게는 사상의 자유시장의 참여 기회가 원천적으로 차단되고 있는 것을 정면으로 비판한다. 또 우리 민족은 오랜 역사와 문화, 국가 경영 경험을 가졌기에 민족자결로 독립되면 세계평화와 인류문화에 이바지할 수 있음을 천명한다. 조선청년독립단은 결의문에서 "일본의회 및 정부에 조선민족대회를 소집하야 대회의 결의로 오족의 운명을 결할 기회를 여하기를 요구"한다. 당대 지성적 애국지사들에게 투영된 서구의 민주공화주의와 사상의 자유시장 철학의 편린을 찾을 수 있다.

2·8독립선언에 이어 1919년 3·1운동에 이르러서는 여러 갈래의 민족운동과 근대화운동이 통합돼 통합적 민족주의운동과 독립운동을 전개한다. 3·1운동은 20세기 민족운동사와 독립운동사에 가장 위대하고 획기적인 사건으로 우리 헌법의 주요한 정신적 근거가 된다. 3·1운동으로 임시정부가 수립되고, 일제가 지배정책을 바꾸게 되며, 해방 이후 국가수립에 기여하게 된다. 3·1운동은 참여자들이 민족민주운동에 참여함으로써 체험적으로 의식이 바뀌고 사상을 공고히 하게 된다. 완결형이 아니라 진행형인 것이다.

기미독립선언서에서 최남선은 자유·평등·정의·인도·평화 등의 보편가치를 한국민족운동의 핵심가치로 내세운다. 3·1운동의 독립정신은 자유를 위한 투쟁(Fight for Freedom)이고, 독립선언은 자유의 성취를 목표로 하는 의사의 표출이다. 이는 미국 건국의 아버지들이 1776년 7월 4일 독립을 선언하는 것과 같은 입장이다. 사상의 자유시장에서 국가의 독립성과 민족의 자주성, 인류의 평등성, 국가와 민족 공동체의 지속성 등을 천명한다:

"우리 조선은 이에 우리 조선이 독립한 나라임과 조선 사람이 자주적인 민족임을 선언하노라. 이로써 세계 모든 나라에 알려 인류가 평등하다는 큰 뜻을 똑똑히 밝히며, 이로써 자손만대에 일러, 민족의 독자적 생존의 정당한 권리를 영원히 누리도록 하노라."[750]

이 같은 결단은 전체 민중의 뜻이며, 자유 발전과 인류적 양심의 발로임과 동시에 세계 개조의 큰 움직임에 순응해 나가기 위한 것임을 밝힌다. 사상의 자유시장에서 내린 결단은 자유와 공영이며, 이는 인류적 양심에 근거한 것임을 분명히 하고 있다. 자유는 개인의 자유와 민족의 자유를 의미한다. 또한 자연권적 저항권의 행사라고 강조한다:

"반만년 역사의 권위를 의지하여 이를 선언함이며, 2천만 민중의 충성을 모아 이를 두루 펴 밝히며, 겨레의 한결 같은 자유발전을 위하여 이를 주장함이며, 인류가 가진 양심의 발로에 뿌리 박은 세계 개조의 큰 움직임에 순응해 나가기 위하여 이를 내세움이니, 이는 하늘의 분명한 명령이며 시대의 큰 추세이며, 온 인류가 더불어 같이 살아갈 권리의 정당한 발동이기에, 하늘 아래 그 무엇도 이를 막고 억누르지 못할 것이니라."[751]

특히 3·1운동은 합리성과 인도주의 정신에 따른 계몽의 프로젝트로 해석한다. "양심이 우리와 함께 있으며, 진리가 우리와 더불어 나아가는도다." 부분에서는 사상의 자유시장을 각성하는 표현이 두드러진다:

"아! 새 천지가 눈앞에 펼쳐지도다. 힘의 시대가 가고 도의의 시대가 오도다. 지난 온 세기에 갈고닦아 키우고 기른 인도의 정신이 바야흐로 새 문명의 밝아오는 빛을 인류의 역사에 쏘아 비추기 시작하도다. 우리의 본디부터 지녀온 자유권을 지켜 풍성한 삶의 즐거움을 실컷 누릴 것이며,

---

750 吾等은 玆에 我 朝鮮의 獨立國임과 朝鮮人의 自主民임을 宣言하노라. 此로써 世界萬邦에 告하야 人類平等의 大義를 克明하며, 此로써 子孫萬代에 告하야 民族自存의 政權을 永有케 하노라.

751 半萬年 歷史의 權威를 仗하야 此를 宣言함이며, 二千萬 民衆의 誠忠을 合하야 此를 佈明함이며, 民族의 恒久如一한 自由發展을 爲하야 此를 主張함이며, 人類的 良心의 發露에 基因한 世界改造의 大機運에 順應幷進하기 爲하야 此를 提起함이니, 是ㅣ 天의 明命이며 時代의 大勢ㅣ며, 全人類 共存 正當한 發動이라, 天下何物이던지 此를 沮止抑制치 못할지니라.

우리의 풍부한 독창력을 발휘하여 봄기운 가득한 온 누리에 민족의 정화를 맺게 할 것이로다.

우리가 이에 떨쳐 일어나도다. 양심이 우리와 함께 있으며, 진리가 우리와 더불어 나아가는도다. 남녀노소 없이 음침한 옛집에서 힘차게 뛰쳐나와 삼라만상과 더불어 즐거운 부활을 이루어내게 되도다. 천만세 조상들의 넋이 은밀히 우리를 지키며, 전 세계의 움직임이 우리를 밖에서 보호하나니, 시작이 곧 성공이라, 다만 저 앞의 빛으로 힘차게 나아갈 따름이로다."[752]

V. 임시정부 시대의 사상의 자유시장

1. 상해임시정부의 민주공화국 수립

3·1운동이 우리 정치체제에 큰 영향을 미친 것은 그동안 논의되던 입헌군주제 대신 입헌공화주의를 채택한 것이다. 이 공화주의는 3·1운동과 임시정부를 불가분의 관계로 맺어 주고 또 해방 이후 국가체제에도 결정적으로 작용하게 된다. 1919년 4월 11일과 12일 이틀에 걸쳐 중국 상해의 프랑스 조계에서 신익희·조소앙 등 전국 13도 출신의 대표자 27명이

---

752 아아, 新天地가 眼前에 展開되도다. 威力의 時代가 去하고 道義의 時代가 來하도다. 過去 全 世紀에 鍊磨長養된 人道의 精神이 바야흐로 新文明의 曙光을 人類의 歷史에 投射하기 始하도다. 我의 固有한 自由權을 護全하야 生旺의 樂을 飽享할 것이며, 我의 自足한 獨創力을 發揮하야 春滿한 大界에 民族的 精華를 結紐할지로다. 吾等이 玆에 奮起하도다. 良心이 我와 同存하며 眞理가 我와 幷進하는도다. 男女老少 업시 陰鬱한 古巢로서 活潑히 起來하야 萬彙群象으로 더부러 欣快한 復活을 成遂하게 되도다. 千百世 祖靈이 吾等을 陰佑하며 全 世界 氣運이 吾等을 外護하나니, 着手가 곳 成功이라. 다만, 前頭의 光明으로 驀進할 따름인뎌.

참석한 가운데 제1차 대한민국 임시의정원(입법기관) 회의를 개최하고, 전문과 10조의 임시헌장을 심의 통과시켰다. 우리나라의 현대적인 첫 헌법이다. 4월 13일 임시정부는 국호를 대한민국으로 정하고, 국가체제를 민주공화국으로 채택한다. 이 같은 민주공화주의의 채택은 1919년 8월 11일 공포된 독일 바이마르헌법이나 1911년 10월 10일 발생한 중국 신해혁명 등의 영향을 받지 않고 우리 애국지사들이 압제의 핍박을 통해 독립운동의 지도원리로 받아들인 것이다.[753]

임시의정원은 이동녕을 의장으로 선출하고, 국무총리에 이승만, 내무총장에 안창호, 외무총장에 김규식, 법무총장에 이시영, 재무총장에 최재형, 군무총장에 이동휘, 교통총장에 문창범을 선정하며 정부를 구성했다.

임시헌장은 "신인일치(神人一致)로 중외협응(中外協應)하야 한성(漢城)에서 기의(起義)한지 삼십유일(三十有日)에 평화적(平和的) 독립(獨立)을 삼백여주(三百餘州)에 광복(光復)하고 국민(國民)의 신임(信任)으로 완전(完全)히 다시 조직(組織)한 임시정부(臨時政府)는 항구완전(恒久完全)한 자주독립(自主獨立)의 승리(勝利)로 아(我) 자손여민(子孫黎民)에 세전(世傳)키 위(爲)하야 임시의정원(臨時議政院)의 결의(決議)로 임시헌장(臨時憲章)을 선포(宣布)하노라" 했다.

독립운동 지도자들은 신과 인민이 일치함을 강조함으로써 새로운 나라의 건국이 신의 뜻, 즉 천명과 인민의 일반의지와 합치됨을 역설하고 있다. 이는 특정종교의 유일신을 가리키는 것이 아니라 전통적인 '하느님'의 표현으로 본다.[754] 또한 국민의 신임으로 완전히 다시 조직한 임시정부는 사상의 자유시장에서 주권자로서 국민이 군주정을 폐지하고, 자기지배(self-rule)의 입헌공화정을 채택하는 결단을 선포한다.[755] 국가계약에

753 이상훈, 앞의 논문, 214쪽.
754 박찬승, 대한민국 헌법의 임시정부 계승성, 독립기념관 한국독립운동사연구소, 한국독립운동사연구 제43집, 2012, 381쪽.

● 상해임시정부 요인들

의한 새로운 국가를 창설하는 것을 내세우고 있다.

　구체적으로 임시헌장 제1조는 대한민국은 민주공화제로 한다고 했다.
제2조 대한민국은 임시정부가 임시의정원의 결의에 의하여 이를 통치한
다고 함으로써 대한민국이 국가로서 완전히 기능한다는 것을 밝히고 있
다. 제3조에서 인민의 평등권을 규정하고, 제4조에서 종교·언론·저
작·출판·결사·집회 등의 자유를 규정한다. 특히 제4조 규정은 미국 수
정헌법 제1조 규정을 충실하게 따른 것처럼 보인다. 제5조에서 선거권과
피선거권, 제6조에서 교육·납세 및 병역의 의무를 설정함으로써 대한민
국이 식민 상태에서도 정상적으로 통치행위를 하는 것을 강조한다. 제7조
대한민국은 인민의 의사에 의해 건국한 정신을 세계에 발휘하고 나아가
인류문화 및 평화에 공헌하기 위해 국제연맹에 가입한다고 천명한다. 임
시헌장은 제8조에서 구황실 우대 규정을 둠으로써 임시정부가 대한제국

---

755 서희경, 대한민국 건국헌법의 역사적 기원(1898–1919): 만민공동회, 3·1운동, 대한민국임시
　　정부헌법의 '민주공화' 정체 인식을 중심으로, 한국정치학회보 제40집 제5호, 2006, 154쪽.

의 법통을 계승한다는 의지를 드러낸다. 마지막으로 제10조에서 임시정부는 국토 회복 후 만 1년 내에 국회를 소집한다고 예고한다.

임시정부는 또 선서문에서 "3월 1일 대한민족(大韓民族)이 독립(獨立)을 선언(宣言)함으로부터 본정부(本政府)가 전국민(全國民)의 위임(委任)을 수(受)하야 조직(組織)되엿나니 본정부(本政府)가 전국민(全國民)으로 더부러 전심(專心)코 육력(戮力)하야 임시헌법(臨時憲法)을 준수(遵守)하야 국토광복(國土光復)과 방기확국(邦基確國)의 대사명(大使命)을 과(果)하기를 자(玆)에 선서(宣誓)하노라. 우리의 유(流)하난 일적(一滴)의 혈(血)이 자손만대(子孫萬代)의 자유(自由)와 복영(福榮)의 가(價)이요 신(神)의 국(國)의 건설(建設)의 귀(貴)한 기초(基礎)이니라" 하고 강조한다.

임시헌장 전문처럼 정부가 전 국민의 위임을 받아 조직됐음을 다시 확인하고, 임시헌법을 준수할 것을 다짐한다. 임시정부의 대사명으로서 국토의 광복과 나라의 기초를 다지며 나라를 확고하게 세우는 것을 명시하고 있다. 특히 신의 나라 건설을 다시 강조하는데, 이는 고조선 이래 우리 민족의 천손사상과 천지인 삼위일체 사상을 계승하고 있음을 역설하는 것이다. 전체적으로 홍익인간 재세이화의 개국이념이 흐르고 있음을 보여 준다.

2. 임시정부의 통합과 삼균주의

3·1운동 이후 상해 임시정부를 비롯해 연해주의 대한국민의회, 서울의 한성임시정부가 잇따라 결성된다. 1917년 러시아혁명이 일어나자 이에 자극받은 한인들이 블라디보스토크 신한촌(新韓村)에서 회원 2,000명으로 전로한족회중앙총회(全露韓族會中央總會)를 조직한다. 기관지 '한인시보'를 발행하고, 총회는 1919년 3월 17일 대한국민의회로 개편한다.

3·1운동이 일어나고, 제1차 세계대전이 종결된 뒤 국제 정세가 새롭게 전개된 데 따른 것이다. 이에 대처하기 위해 총회는 1919년 3월 21일 임시정부를 선포한다.

대한국민의회는 최고의결기관인 총회와 이를 대행할 상설의회, 독립군의 조직과 훈련을 담당할 선전부, 독립군 자금모금을 담당할 재무부, 무기 조달을 담당할 외교부 등의 집행부를 둠으로써 의회 기능뿐 아니라 사법, 행정 기능까지 갖추었다. 별도의 행정부를 조직해 대통령에 손병희, 부통령에 박영효, 국무총리에 이승만, 탁지총장 윤현진, 군무총장에 이동휘, 내무총장에 안창호, 산업총장에 남형우, 참모총장에 유동열을 추대한다. 의회는 각계각층의 지도자 70~80명의 의원으로 구성하고, 의장에 문창범, 부의장에 김철훈을 선출한다.

또 1919년 4월 23일 서울에서 국내외 애국지사들이 조선의 독립에 대비해 한성임시정부를 결성했다. 한성임시정부 선포 당일 전국 13도 대표 24명은 서울 종로 서린동 봉춘관(奉春館)에서 국민회의를 열고 대회취지서와 임시정부 선포문을 발표했다. 한성임시정부는 민주공화제의 원리와 함께 언론·출판·결사의 자유와 공민권 등을 선포했다.

이승만 집정관총재(執政官總裁), 이동휘 국무총리 등 12명의 정부 각료가 임명됐다. 당시 미국에 머물던 이승만은 수도 워싱턴에 집정관총재 사무실을 열고 대외적으로 프레지던트(President, 대통령)라는 호칭을 사용했다. 한성임시정부는 국체로 민주제를 채택하고, 국권이 국민에게 있음을 선포했다. 정체는 국민이 선출한 대의원을 통해 국가권력을 행사하는 대의제를 택했다. 이처럼 한성임시정부는 3·1운동의 정통성을 이은 민주공화제 국가임을 강조했다. 이와 함께 국민의 자유와 권리의 존중, 세계평화에의 공헌을 국가 정책의 기본 방침인 국시(國是)로 삼았다. 내정(內政)과 외교(外交)의 모든 권한이 있다는 점과 국민은 납세와 병역의 의무를 져야 한다고 명기했다. 이 같은 내용의 약법은 정식 국회에서 헌법을 반포할 때까지 적용된다고 했다. 약법이 헌법적 성격을 지녔다는 뜻이다.

1919년 4월 14일 미국에서 열린 제1차 재미한인대표자회의도 공화주의 원리를 국가이념으로 채택하고, 신앙과 언론·출판의 자유를 보장해야 한다고 명시했다.[756] 그해 6월 14일 이승만은 한국 정부의 구성을 세계 열강 지도자들에게 통고하면서 최초로 국호를 대한민국(Republic of Korea)이라고 표기했다. 3·1운동으로 자주 독립의 의지를 굳게 하고, 민주의식을 성숙시키게 됐다. 3·1운동은 앞선 2·8운동과 더불어 자유주의, 민주주의를 추구한 운동으로 평가된다.[757] 1919년 9월 6일 중국 상해에서 한성임시정부와 상하이임시정부, 러시아 블라디보스토크의 노령(露領)임시정부가 합쳐져 대한민국임시정부로 재탄생했다. 노령임시정부와 상하이임시정부는 모두 정부의 위치를 자기 지역에 두려고 했으나, 교통이 편리하고 외교활동이 더 활발한 상하이로 합의를 봤다. 대한민국 단일 임정은 대통령 중심제를 채택했으며, 정부 조직은 명망 있는 인사들이 각료로 기용된 한성임시정부 조직을 계승하기로 했다.

3·1운동 이후 1920년대에서 해방 때까지 우리는 좌우합작에 의한 통일적인 반제국주의와 독립의 길을 열어가려고 했다. 이 시기는 좌우 이념적 갈등 속에서 다양한 정치사상과 이데올로기들이 백화제방식으로 실험적으로 도입됐다. 대표적으로 조소앙은 정치·경제·교육에서 평등을 지향하는 지력·권력·부력의 균등을 지향하는 삼균주의를 주창한다. 삼균주의는 특정의 특권계급이나 독재정권이 아닌 진정한 전민적(全民的) 정치균등을 추구한다.[758] 이를 통해 전민적 정치기구를 건립하고 민주공화의 국가체제를 완성하며 계급·성별·교파 등의 차별이 없는 보통선거제

---

756 김철수, 미국 헌법이 한국 헌법에 미친 영향 서설, 한국공법학회, 한국에서의 미국 헌법의 영향과 교훈: 미국 헌법 제정 200주년 기념논문집, 1987, 16쪽.

757 조동걸, 한국민족주의의 성립과 독립운동사연구, 지식산업사, 1989, 404쪽.

를 실시해 국민의 정치권을 평등하게 하려 했다. 삼균주의는 "우리 민족 대다수의 집체적 총기관을 설립하려는 것"이다.[759] 그래서 "소수가 다수를 통치하는 착취기관인 국가 또는 정부를 근본적으로 부인하고 다수 자신을 옹호하는 자치기능의 임무를 충실히 실천할 수밖에 없는 독립정부를 수립하려는 것"이다.

이런 정치적 시도는 인류 역사상 처음이다. 그러므로 신민주주의로 부른다. 삼균주의는 국가 안에서 사람과 사람 간의 균등과 함께 민족 간의 균등, 국가 간의 균등을 주창한다. 인류적 차원에서 평화와 행복을 도모하려는 또 다른 차원의 삼균주의를 제시하는 것이다. 삼균주의는 1941년 11월에 공포된 건국강령 총강 제2항에 표현되고 있다:[760]

"우리나라의 건국정신은 삼균제도에 역사적 근거를 두었으니, 선민(先民)이 이르기를 수미균평위(首尾均平位)하면 흥방보태평(興邦保泰平)이라 하였다. 이는 사회 각 계층이 지력(智力)과 권력과 부력(富力)의 균등으로 국가를 진흥하고 태평을 보전한다는 것이니, 이것은 홍익인간(弘益人間)과 이화세계(理化世界)하자는 우리 민족의 지킬 바 최고의 공리임."

이 삼균주의는 제헌헌법 이후 모든 영역에 있어서 만민균등주의로 진화하게 된다.[761]

임시정부는 다섯 차례 임시헌장을 개정한다.[762] 광복 1년여 전인 1944년 4월 22일 개정된 임시헌장을 살펴본다. 전문에서 "국가의 독립을 갈망하

758 정영훈, 근대 한국 민족주의의 정치사상(2): 1920–1940년대 합작 통일운동의 정치사상, 한국 동양정치사상학회, 한국동양정치사상연구 6(2), 2007, 182쪽.
759 서희경, 대한민국 헌법의 탄생: 한국헌정사 만민공동회에서 제헌까지, 창비, 2012, 93쪽.
760 박찬승, 앞의 논문, 393쪽.
761 박찬승, 앞의 논문, 405쪽.

엿고, 무수한 선열들은 피와 눈물로써 민족자유의 회복에 노력하야 3·1 대혁명에 이르러 전민족의 요구와 시대의 추향(趨向)에 순응하야 정치·경제·문화 기타 일체 제도에 자유 평등 및 진보를 기본정신으로 한 새로운 대한민국과 임시의정원과 임시정부가 건립되엿고 아울러 임시헌장이 제정되었다"고 하며 대한민국 건국에 대해 밝히고 있다.[763] 새로운 대한민국은 자유와 평등, 진보를 기본정신으로 한다고 설명한다.

임시헌장 제1조는 대한민국이 민주공화국임을 규정하고, 제2조에서 강토를 대한(大韓)의 고유한 판도로, 제3조에서 대한민국의 인민은 원칙상 한민족으로 했다. 특히 제4조에서 대한민국의 주권은 인민 전체에 있으며, 국가가 광복되기 전에는 주권이 광복운동자 전체에 있다고 단서 조항을 붙이고 있다. 임시헌장 제5조에서는 언론·출판·집회·결사·신앙·통신의 자유를 보장하고 있다. 또 제7조에서는 질서유지·공공복리 등으로 인한 기본권의 일반적 유보조항을 두고 있다. 자유민주주의를 기본으로 하면서 사상의 자유시장을 보장한다는 측면에서는 임시헌장 이래 일관된 입장을 유지하고 있다. 헌법체제의 지속과 변경을 넘어 임시정부의 헌법은 1948년 제헌헌법의 체계와 용어, 기본원칙, 이념 등과 매우 유사하다. 또 헌법적 연속성이 분명하다. 따라서 임시정부 헌법을 대한민국 헌법체제의 일종의 원형헌법이라고 부를 수 있을 것이다.[764]

---

762 진영재·최선, '한국적 권력구조'의 기원적 형태: 대한민국임시정부(1919년~1945년)의 헌법 개정과 권력구조 변천사 분석, 한국정치학회, 한국정치학회보 제43집 제2호, 2009, 27쪽.

763 신우철, 임시헌장(1944.4.22.) 연구:독립운동, 권력투쟁 그리고 '헌법', 법과사회이론학회, 법과 사회 제34권, 2008, 359쪽.

764 서희경, 앞의 책, 110쪽.

3. 상해임시정부의 법통 계승과 국가재건

1919년 4월 13일 선포된 상해임시정부와 1948년 8월 15일 수립된 정부와의 관계를 어떻게 보는지가 대한민국의 수립, 즉 건국과 관련해 논란을 빚고 있다. 이는 미국에서 건국의 아버지들(Forefathers of the Nation) 또는 헌법의 제정자(Authors of the Constitution), 국가의 틀을 짠 조상(Framers of the Nation)들의 의도를 파악하는 것과 닮아 있다고 생각한다. 즉 우리 대한민국의 건국의 아버지들 또는 헌법 제정자, 국가의 틀을 짠 조상들의 의도를 새겨야 하는 것과 같다. 이는 헌법 전문 등을 통해 이들의 의도를 살피는 것이 옳다고 생각한다. 이 문제는 사상의 자유시장에서 헌법제정권자들, 즉 주권자들의 의도를 규명하는 것과 맥을 같이 한다고 본다.

대한민국임시정부는 대한제국을 계승하고 민족자결과 인류공영이라는 3·1운동의 이념을 바탕으로 1919년 4월 13일[765] 상해에서 건립되어 1945년 중경에서 조국의 광복을 맞이하는 순간까지 대일항전의 중심에서 독립운동을 수행한 민족의 대표기관이다. 임시정부는 대한민국을 대표하는 실질적이고 합법적인 망명정부로서 외교, 언론, 교육활동 등을 통해 민족의 독립의지를 공고하게 다졌다.[766] 또 의열투쟁과 대일무력항전을 통해 일본제국주의자들의 야만성을 물리치고 불굴의 광복혼을 고양시켰다. 임시정부는 단순한 민족해방운동단체에 머물지 않고, 광복 이후 재건될 대한민국의 미래에 관한 국가 청사진을 제시하고 논의하는 장이었다. 이는 현 대한민국의 정치적 준거이며, 민족국가 형성의 잠재적 기관이다.

상해임시정부의 임시헌장에서 살펴본 바와 같이 당시 독립운동가들은

---

[765] '각종 기념일 등에 관한 규정'은 4월 13일을 대한민국임시정부수립기념일로 정하고, 3·1운동으로 건립된 대한민국임시정부의 법통과 역사적 의의를 기리는 행사를 한다고 규정하고 있다.

[766] 이용중, 대한민국임시정부의 지위와 대일항전에 대한 국제법적 고찰, 국제법학회논총 제54권 제1호, 2009, 106쪽.

3·1운동으로 세운 새로운 나라의 국호를 대한민국으로 정하고, 정체와 국체를 민주공화제로 선포했다. 여기에서는 1948년 제헌헌법의 의도를 살피는 데 중점을 둔다. 제헌헌법 전문에서는 "우리들 대한국민(大韓國民)은 기미 3·1운동으로 대한민국을 건립(建立)하여…"라고 하며, 1919년 4월 13일 상해에서 임시정부를 수립한 것을 계기로 대한민국을 이미 건립한 것으로 본다. 또 "이제 민주독립국가(民主獨立國家)를 재건(再建)함에 있어서…"라고 하면서, 1948년 8월 15일을 건국이 아니라 정부를 수립하고 1919년 3·1독립운동으로 건립한 민주독립국가를 재건하는 것으로 명시한다.

이승만 박사를 비롯한 건국의 아버지들, 제헌헌법의 기초자들은 임시정부 헌장에서 규정한 바와 같이 군주제를 폐지하고 민주공화제의 대한민국을 건립한 것을 대내외에 선포한 것이다. 대한민국 건립 이후 국토와 국민은 온전하지만 국권의 행사가 제한적이었기 때문에 임시정부 수립이 불가피했으며, 조국이 광복된 이후 헌법을 제정하면서 민주독립국가의 재건이라고 명기하게 된 것으로 해석해야 한다.

이승만 박사도 1948년 헌법 제정 당시에 충분히 이를 검토하고 받아들였으며, "우리들 대한민국은 기미년 3·1혁명에 궐기하여 처음으로 대한민국 정부를 세계에 선포하였으므로, 그 위대한 독립정신을 계승하여 자주독립의 조국 재건을 하기로 함"이라는 문구를 헌법 전문에 넣도록 제안했다.[767] 그리고 헌법기초위원장이었던 서상일 의원은 헌법초안 제안 설명에서 "이 헌법안은 대한민국 임시헌장 그 밖에 구미 각국에 있는 모든 헌법을 종합해서 원안이 기초된 것이라 볼 수 있다"고 하였다. 그리고 제1회 제헌국회에서 이승만 의장은 개원식사(開院式辭)에서 "오늘 여기에서 열리는 국회는 기미년에 서울에서 수립된 민국임시정부의 계승이다"라고

---

[767] 국회도서관, 헌법제정회의록(제헌의회), 1967, 341쪽.

선언하고 있어, 대한민국임시정부의 헌법과 대한민국건국헌법과의 상호
관계를 잘 설명해 주고 있다. 이는 건국을 1919년으로 보고, 대한민국을
자유민주주국가로 재건하려는 의지를 천명하는 것으로 해석된다. 대한민
국의 탄생을 우리 독립운동의 연속선상에서 이해하려는 주체적 인식이
뚜렷하다.[768]

따라서 1948년의 헌법제정과 정부수립은 제한적이고 임시적이던 정부
기능을 회복하고 대한민국을 재건한 것으로 해석해야 하며, 이렇게 함으
로써 이승만 대통령을 비롯한 독립운동가들의 독립운동과 헌법제정의 정
통성과 정당성도 올바르게 평가받을 수 있을 것이다. 다만 이승만 의장이
1919년 한성임시정부를 계승한다고 한 것은 원천적으로 4월 13일 상해임
시정부를 벼리로 세운 것으로 해석할 수 있을 것이다. 결국 대한민국의
건국 문제는 국가의 형태와 기능의 정상화 등을 뛰어넘어 주권자의 의지
의 결단을 이해하는 데서 풀릴 수 있을 것이다. 주권자의 의지를 살필 경
우 우리나라는 늘 독립을 쟁취하려고 노력해 온 것을 온전하게 이해할 수
있다.

이에 대해서 광복이 있고 나서야 건국이 가능하다는 점과 고조선이 개
국을 천명했기 때문에 건국이라는 표현을 쓰기 어렵다는 점 등을 근거로
1948년 8월 15일 비로소 건국했다는 주장도 제기되고 있다. 또 개정이 아
니라 제정이라고 표현하여 역사적 불연속성을 표방한 점,[769] 1941년 11월
임정 외교부장 조소앙이 만든 '대한민국건국강령' 제2장 복국(復國), 제3
장 건국(建國) 등에서 1941년 당시 아직 건국이 되지 못함을 인정했다고
해석하기도 한다.[770] 그러나 국가의 형태와 형식논리에 머문다면 공허한

---

768 한인섭, 대한민국은 민주공화제로 함: 대한민국 임시헌장(1919. 4. 11) 제정의 역사적 의의, 서
울대학교 법학 제50권 제1호, 2009, 169쪽.
769 이완범, 건국 기점 논쟁: 1919년설과 1948년설의 양립, 한국인문사회과학회, 현상과 인식
33(4), 2009, 75쪽.

논쟁만을 유발할 것이다. 사상의 자유시장에서 헌법제정권자, 주권자인 국민의 일반의지가 어떻게 형성되고 어떻게 구현되는가에 초점을 맞추는 게 좋을 것이다.

1962년 개정헌법에서는 제헌헌법과 같이 건국 규정을 명시적으로 언급하지 않고 "3·1운동의 숭고한 독립정신을 계승하고, 새로운 민주공화국을 건설함에 있어서…"라고 하며, 상해임시정부의 법통계승을 명시하지 않고 제3공화국 건설의 의미를 강조한다. 이 같은 태도는 1972년, 1980년 개정헌법에도 이어진다. 이에 대해서는 헌법 전문에서 '대한민국 건립'을 빼버리고 나면 역사적으로 의미있는 사건들 중 유독 3·1운동만 왜 언급하고 있는지를 이해하기 어렵게 된다는 지적이 있다.[771] 즉 역사적 헌법적 문제의식의 가닥을 놓치게 된다. 우여곡절 끝에 1987년 개정헌법 전문에서는 "우리 대한국민은 3·1운동으로 건립된 대한민국임시정부(大韓民國臨時政府)의 법통(法統)을 계승하고"라고 하며, 3·1운동으로 대한민국이 건립되고 이때 세워진 임시정부의 법통을 계승한다는 사실을 명문화했다.

법통의 사전적 의미는 '정통성 따위를 제대로 이어받음', '법의 계통이나 전통'을 뜻하며, 여기에서는 대한민국과 그 임시정부의 건립, 그에 따른 국가로서의 통치, 그 제도 등을 제대로 이어받는 것으로 해석한다. 그러나 이승만 대통령을 비롯한 독립운동가들, 건국의 아버지들, 헌법제정자들의 의도를 더욱더 분명하게 계승하려면, 제헌헌법 전문을 그대로 되살리는 게 이치에 맞을 것이다. 그렇게 하는 것이야말로 우리 독립이 자주적으로 이루어진 것이며, 우리의 정체가 자유민주주의임을 분명히 할 수 있기 때문이다. 아울러 건국을 둘러싼 불필요한 오해를 불식시키고

---

770 이완범, 앞의 논문, 76쪽.
771 한인섭, 앞의 논문, 170쪽.

대한민국의 정통성과 독립성을 지킬 수 있을 것이다. 이는 사상의 자유시장에서 최종적으로 의사를 결정하는 주권자들의 몫이다. 2008년 8월 14일 KBS 9시 뉴스에 방영된 여론조사에 의하면 광복절의 명칭을 건국절로 바꾸자는 법안에 반대하는 의견이 67.9%로 찬성 21.1%보다 세 배 이상이다.[772]

VI. 대한민국의 사상의 자유시장의 유추

1. 사상의 자유시장의 제도화

한국에서 사상의 자유시장은 해방 이후 공화국 수립 과정에서 헌법제정 과정에서 관념적으로 형성된 것으로 볼 수 있다. 미국의 건국 과정에서 건국의 아버지들이 새로운 국가의 미래를 논의한 것과 비슷하게 유추할 수 있는 것이다. 사상의 자유시장에서 논의된 국가의 틀이 제헌헌법에 구체화되고 한국의 민주공화정이 발달하게 된 것이다.

앞에서 살펴본 바와 같이 사상의 자유시장은 한국에서도 이를 뒷받침하는 표현의 자유, 언론·출판의 자유를 통해 제도화되고 있다. 관념의 세계인 사상의 자유시장 이론은 헌법 전체를 지배하며, 표현의 자유 등 기본권을 통해 현시적으로 작용을 하는 것이다. 구체적으로는 한국의

---

772 이 여론조사는 KBS가 미디어리서치에 의뢰해 2008년 8월 12일 전화조사로 이루어졌으며, 전국의 만 19세 이상 성인남녀 5,490여 명 중 1,000명이 응답해 응답률은 18.2%, 표본오차는 95% 신뢰수준에 ±3.1% 포인트이다.

자유민주주의를 지탱해 주는 공적 토론장이며, 개별적 기본권으로 그 기능이 완성되는 것이다.

먼저 한국은 공화국 수립과 함께 1948년 7월 17일 제헌헌법 제13조에서 "모든 국민은 법률에 의하지 아니하고는 언론·출판·집회·결사의 자유를 제한받지 아니한다"고 규정하며, 자유민주주의와 언론·출판의 자유를 최초로 인정했다. 그러나 제28조 제2항에 "질서유지와 공공복리를 위하여 필요한 경우에" 이 자유를 일반적 법률유보에 따르도록 했다.

그러나 자유당 정권이 붕괴한 후 4·19혁명으로 성립한 제2공화국은 1960년 6월 15일 헌법 개정을 통해 언론·출판의 자유를 인정하는 한편, 일반적 법률유보와 함께 제28조 제2항 단서 조항으로 "단, 그 제한은 자유와 권리의 본질적인 내용을 훼손하여서는 아니되며 언론·출판에 대한 허가나 검열과 집회·결사에 대한 허가를 규정할 수 없다"고 했다. 이것은 미국 연방헌법 수정 제1조가 언론의 자유에 대한 제한을 절대적으로 금지한 것을 본받은 것이다. 당시 다수 학자들은 이것이 언론의 자유를 절대적 기본권으로 보장하려 한 것이라고 주장했다.[773]

1962년 12월 26일 개정된 제3공화국헌법은 제18조 제1항에서 언론·출판의 자유를 보장하고, 제2항에서 언론·출판에 대한 허가나 검열을 금지함으로써 '사전검열 금지' 원칙을 명문화했다. 다만, 공중도덕과 사회윤리를 위해 영화나 연예에 대한 검열을 할 수 있도록 했다. 제3항에서 "신문이나 통신의 발행시설기준은 법률로 정할 수 있다"고 규정해 대중매체의 특성에 따른 제도적 특수성을 헌법적 고려에 도입했다. 제5항은 "언론·출판은 타인의 명예나 권리 또는 공중도덕이나 사회윤리를 침해하여서는 아니 된다"고 규정했다. 국가안보와 질서유지, 공공복리를 위한 일반유보와 함께 언론자유의 한계를 명시하고 언론·출판의 자유의 사회적

---

773 박용상, 앞의 책, 69쪽.

성격을 명확히 했다.[774] 언론의 자유와 책임성을 동시에 강조하면서 언론의 자유를 제도적 개념으로 인식한 것이다.

이를 구체화하기 위해 '신문통신 등의 등록에 관한 법률'과 '방송법'을 제정했다. 1964년 6·3사태를 계기로 '언론윤리위원회법'을 제정했다. 이에 대한 반발로 언론파동이 일기도 했다. 1972년 12월 27일 개정된 유신헌법은 제18조에서 "모든 국민은 법률에 의하지 아니하고는 언론·출판의 자유를 제한받지 아니한다"고 규정해 제3공화국헌법이 인정한 언론 자유의 우월적 가치나 기능적 중요성에 대한 인식이 배제됐다. 이에 따라 제32조 제2항에 의거해 국가안전보장, 질서유지, 공공복리를 위해 유보할 수 있는 '상대적 기본권'으로 전락하게 됐다. 더 나아가 제53조 규정에 의거해 국가의 안전보장 또는 공공의 안녕질서가 중대한 위협을 받을 우려가 있을 때에는 긴급조치를 취하고 국민의 기본권을 잠정적으로 정지시킬 수 있게 했다.

1987년 10월 29일 헌법은 이에 대해 제21조 제1항에서 "모든 국민은 언론·출판의 자유와 집회·결사의 자유를 가진다"고 선언해 표현의 자유를 일반적으로 보장하고 있다. 제2항에서 "언론·출판에 대한 허가나 검열과 집회·결사에 대한 허가는 인정되지 아니한다"고 하며, 유럽과 미국에서 인정하는 사전검열금지 원칙을 채택했다. 더 나아가 제3항에서 "통신·방송의 시설기준과 신문의 기능을 보장하기 위하여 필요한 사항은 법률로 정한다"고 했다. 또한 제4항에서 "언론·출판은 타인의 명예나 권리 또는 공중도덕이나 사회윤리를 침해하여서는 아니 된다. 언론·출판이 타인의 명예나 권리를 침해한 때에는 피해자는 이에 대한 피해의 배상을 청구할 수 있다"고 규정했다.

현행 헌법은 서구 대륙법계의 예에 따라 제19조의 양심의 자유, 제20조

---

[774] 허영, 헌법이론과 헌법, 박영사, 2013, 466쪽.

종교의 자유, 제22조 학문과 예술의 자유를 규정하고 별도로 제21조에 집회 · 결사의 자유와 함께 언론 · 출판의 자유를 규정하고 있다. 앞에서 살펴본 바와 같이 기본권의 역사적 전개과정에서 정신적 자유가 발전해 온 것을 따르는 태도이다. 현행 헌법 제21조 제1항과 제2항은 미국의 수정헌법 제1조가 규정한 'freedom of speech and press'의 표현방식을 본받은 것으로 본다.[775] 그러나 미국은 1791년이라고 하는 시대적 상황 때문에 개인의 표현의 자유와 대중매체의 언론의 자유를 구분하지 않고 있다. 그리고 기술발전에 따른 표현방식에 대해서는 보호 여부가 명확하지 않다. 이에 따라 제2차 세계대전 이후 제정된 독일 헌법 제5조처럼 개인의 표현의 자유와 대중매체의 자유를 구분하는 것이 입법론상 체계적일 것이다.

헌법 제21조 제1항은 언론 · 출판의 자유 또는 단순히 언론의 자유 조항으로 부른다. 그러나 인간이 자신의 사상과 의견을 표현하는 방법으로 언론 · 출판 · 집회 · 결사를 대표적으로 들었을 뿐이라며, 사상과 의견을 표현하는 모든 방법과 수단을 다 포괄하는 것으로 이해해야 한다는 게 통설이다. 따라서 이 조항을 표현의 자유(freedom of expression) 조항으로 부르는 게 더 적합하다.[776] 더 나아가 표현의 자유가 모든 자유의 기초가 되기 위해서는 단순한 의사표현의 자유뿐 아니라 포괄적인 의사소통의 자유(freedom of communication)로 이해돼야 할 것이다. 이 경우 표현의 자유는 표현자의 의사표현과 전파의 자유, 수령자의 정보자유 내지 알 권리, 신문 · 방송 등 대중매체의 자유 등을 포괄하는 개념이다.

특히 헌법 제21조 제4항에 대해 언론 · 출판의 내재적 한계를 정한 것으로 보는 견해와 헌법정책적 결단으로 언론 · 출판의 자유가 넘어설 수 없는 구체적인 헌법적 한계를 명시함과 동시에 사인간에 직접적인 효력

---

775 박용상, 앞의 책, 71쪽.
776 김옥조, 미디어법, 커뮤니케이션북스, 2012, 3쪽.

을 가진다는 것을 특별히 명시한 것이라는 견해가 엇갈리고 있다. 헌법 제37조 제2항이 일반적 법률유보를 두고 있기 때문에 이 조항은 언론·출판의 자유의 한계를 강조하는 당연한 내용을 규정하는 주의적 규정이다.[777] 헌법재판소도 "헌법 제21조 제4항은 언론·출판은 타인의 명예나 권리 또는 공중도덕이나 사회윤리를 침해하여서는 아니 된다고 규정하고 있는 바, 이는 언론·출판의 자유에 따르는 책임과 의무를 강조하는 동시에 언론·출판의 자유에 대한 제한 요건을 명시한 규정으로 볼 것이고, 헌법상 표현의 자유의 보호영역 한계를 설정한 것이라고는 볼 수 없다"고 판시했다.[778]

2. 사상의 자유시장 이론의 수용

사상의 자유시장 이론은 우리 법학계에서 본격적으로 논의되지 않고 있다. 헌법과 언론법의 기본철학과 원리에 대한 고찰이 시급하지 않았기 때문으로 본다. 공화국 수립과 자유민주주의의 수호가 보다 더 시급한 역사적 상황과 무관하지 않다고 생각한다. 그러나 언론의 자유, 표현의 자유, 사상의 자유 등이 헌법재판 등을 통해 논의가 되면서 사상의 자유시장 이론 연구가 진행된 것으로 보인다. 법학계에서 이에 대한 논문이 거의 없는 것도 이를 반증한다. 다만 일부 학자들의 연구와 판례 등을 통해 그 편린이 나타난다.

그래도 언론·출판의 자유가 헌법전에 규정되고 난 이후 지금까지 대중매체와 관련한 언론자유의 법리는 우리 법학계와 언론학계를 중심으로

---

777 정종섭, 헌법학원론, 박영사, 2013, 608쪽.
778 헌재 2009. 5. 28. 2006헌바109.

대체로 두 가지의 규범 모델을 형성시키면서 전개된 것으로 볼 수 있다. '자유주의 언론 모형'과 '민주주의 언론 모형'의 구분이 그것이다.[779] 위에서 논의된 아레오파지티카와 사상의 자유시장 이론을 충실하게 계수한 것으로 앞으로 연구에도 지침이 될 것으로 보여진다.

(1) 자유주의 언론 모형

'자유주의 언론 모형'은 사상의 자유시장을 그 이론적 전제로 하면서 언론시장에서의 소비와 공급의 사회적 힘에 의존하는 것이 언론자유의 가치를 가장 신장시킬 수 있다는 입장이다. 따라서 정부에 의한 언론의 내용 규제를 철저히 배격한다. 이 모형은 정부의 언론정책에 대한 불신을 전제로 하고 있다. 언론매체가 행사하는 대정부 견제기능과 비판기능을 높게 평가함으로써 그러한 기능을 수행하는 언론매체에 대해 보다 강한 헌법적 보장을 부여한다. 이 모형이 근거로 하는 현실적인 토대는 자유롭고 다양한 의사형성이 가능한 개방적이고 분권화된 언론환경이다. 검열금지의 원칙 내지 사전제한금지의 법리(prior restraints doctrine), 표현의 내용 규제(content-based regulation)에 대한 엄격한 심사기준의 적용, 명확성의 원칙(the void for vagueness doctrine)과 과도한 광범성의 법리(overbreadth doctrine)가 헌법의 법리로 정립되고 있다. 자유시장 모형에서도 시장의 실패를 막기 위한 정부의 개입은 제한적으로 허용된다. 음란과 명예훼손 등 헌법의 보호를 받지 않는 일정한 유형의 표현에 대해서는 직접적인 정부의 개입이 허용된다.

자유주의 언론 모형은 미국의 경우 인쇄매체에 대한 정부 규제의 헌법

---

[779] 이인호, 표현의 자유, 헌법재판 주요 선례연구1, 헌법재판연구원, 2012, 161-163쪽. 이 부분은 이 논문을 인용해서 앞으로의 연구에 도움이 되도록 한다.

적 심사과정에서 두드러지게 반영되고 있다. 플로리다 주의 반론권법을 위헌으로 선언한 Tornillo사건이 대표적이다.[780] 이 판결에서 미국 연방대법원은 신문이 독점화돼 있고 그 결과 사회 내 일정한 언론(speech)을 자신의 지면으로부터 배제하는 일종의 사적 통제권을 가지고 있음을 인정하면서도, 접근권의 요구보다 신문의 편집 자유의 우위를 인정했다. 특히 대법원은 그 논거로서 인쇄매체에 대한 정부 규제로 인해 위협받게 되는 언론자유의 보호이익들을 다음의 몇 가지로 제시하고 있다.

첫째, 정부 규제는 무엇을 보도하고 무엇을 보도하지 않을 것인지를 결정하는 발행인의 편집통제와 판단을 간섭하게 된다. 둘째, 경제적 또 여러 요인으로 인해 신문지면의 총수는 제한돼 있기 때문에 발행인에게 일정한 언론을 출판하도록 강요하는 것은 사실상 발행인이 출판하고자 하는 기사를 차단시키고 그것을 강요된 언론으로 대체하는 것이다. 셋째, 반론권과 같은 규제는 발행인에게 반론의 공간을 제공할 의무를 부과시킴으로써 사실상 논쟁적 발언(controversial speech)을 불리하게 만든다. 다시 말해서, 반론권 규제로 인해 신문은 반론권을 촉발시킬 수 있는 주제를 가급적 피하고자 할 것이다. 이는 결과적으로 공적 문제에 관한 왕성한 보도를 오히려 위축시키게 될 것이다.

그 밖에 강요된 언론의 출판은 마치 발행인의 동의를 얻고 있는 것처럼 보일 수 있기 때문에, 발행인은 자신이 동의하지 않는 언론에 강제로 연루되게 되고 이는 곧 그 자신의 언론의 자유에 포함되어 있는 '말하지 않을 자유' 를 제약하는 결과가 될 것이다. 요컨대 신문의 경우 미국 연방대법원은 반론권의 요구보다 신문사측의 언론자유에 보다 높은 가치를 두고 있는 것이다.

---

[780] Miami Herald Publishing Co. v. Tornillo, 418 U.S. 241 (1974).

(2) 민주주의 언론 모형

'민주주의 언론 모형'은 사상의 자유시장을 전제로 하면서도 그 폐해를 인식하면서 일정한 정도 언론매체에 대한 정부 규제의 필요성이 있음을 인정한다. 언론자유의 핵심가치인 견해의 다양성과 공공토론이라는 민주적 가치를 실현시키기 위한 것이다. 따라서 내용 규제를 철저히 배격하는 입장은 아니다. 이 모형이 딛고 있는 현실적 토대는 종래 아날로그 방송매체가 형성했던 폐쇄적이고 중앙집권적인 언론 환경이다.

민주주의 언론 모형은 언론의 자유를 공공토론 메커니즘의 핵심요소로 간주한다. 이러한 시각에서는 언론의 자유시장이 아무리 잘 형성돼 있다 하더라도 그것이 곧바로 진지한 공개토론과 견해의 다양성이라는 민주적 가치의 실현에 기여한다고 믿지 않는다. 언론의 자유시장 모형에는 중대한 결함이 있다. 지금까지의 대중매체 환경에서는 많은 시민이 자신의 견해를 말하고 널리 전달하는 데에 높은 비용이 요구된다. 그 결과 사상의 자유시장은 부자의 언론이나 또는 대중적 호소력을 가진 수익성 좋은 언론만을 선호하는 경향이라는 비판이 제기된다. 따라서 값비싼 언론매체를 이용할 수 없는 가난한 사람에게 언론의 자유시장은 공허한 염불에 불과한 것이다. 민주주의 언론 모형에 있어서는 아무리 잘 돌아가는 언론시장이 경쟁적으로 구축돼 있다 하더라도 견해의 다양성을 확보하기 위한 정부 규제의 필요성이 인정되게 된다.

물론 민주주의 언론 모형에 있어서도 정부가 자신이 원하는 언론을 선별해 규제하는 내용 규제가 헌법적으로 허용되는 것은 아니다. 그러나 정부는 민주체제의 기능 향상을 위해 내용차별적이 아닌 방식으로 언론매체를 규율하는 것은 헌법적으로 가능하다. 민주주의 언론 모형에 있어서는 자유주의 언론 모형에서와 같이 내용 규제와 내용 중립적 규제(content-neutral regulation)의 엄격한 이분법적 도식에 집착하지는 않는다. 민주주의 모형에 있어서는 다른 종류의 언론이 다소 희생되는 한이 있더라도 정치적 언론(political speech)을 촉진시키고자 하는 강한 열망을 가지고 있다. 특히 깨어 있는 시민을 위한 교육적 프로그램과 공공문제에 관한 프로그램은 민주주의 모형에 있어서 특별한 위상을 부여받는다.

민주주의 언론 모형은 미국의 경우 주로 방송 영역에서 적용된다. 대표적으로 방송에 있어서의 반론권 사건인 Red Lion사건을 들 수 있다.[781] 여기서 미국 연방대법원은 방송에 있어서 공정성 원칙(fairness doctrine)의 합헌성을 만장일치로 지지하고 있다. 견해의 다양성과 공적 문제에 대한 관심을 촉진시키려는 정부의 노력은, 설령 그러한 노력이 언론매체의 소유자들에 대한 규제적 통제를 결과한다 하더라도, 언론자유의 원칙과 양립된다는 점을 분명히 했다. 이 판결에서 연방대법원은 "보다 우위에 있는 것은 방송인의 (말할) 권리가 아니라 시청자와 청취자의 (다양한 견해를 받을) 권리이다"라고 지적하고, 견해의 다양성 확보라는 가치로부터 '다양한 사상과 견해를 받을 수 있는 시청자와 청취자의 권리'를 언론자유의 한 내용으로 확인했다. 법이론적 토론이 구미국가들보다 활발하지 않은 상황에서 헌법재판소는 보다 적극적으로 두 이론을 포용하면서, 사상의 자유시장이론과 민주주의 모형의 균형을 모색하고 있다.

3. 사상의 자유시장의 현실

한국에서의 사상의 자유시장의 현실도 유럽과 미국처럼 민주화 과정에서 표현의 자유의 내실과 민주화 성숙도가 표리 관계에 있게 된다. 공화국 수립 이후에도 4·19혁명 때까지 신문발행 허가제가 계속됐고, 1970년

---

781 Red Lion Broadcasting Co. v. FCC, 395 U.S. 367 (1969).

이후 유신체제에서는 '국가보위법', '군사기밀보호법', '긴급조치 9호' 등을 통해 언론통제가 이루어졌다. 1980년대에는 신군부에 의해 언론통폐합조치가 이루어지고, 그 이후 소위 민주정부에서도 신문에 대해 세무조사를 실시했다.

자유민주주의를 정착시켜 나가는 과정에서 사상의 자유시장이 권력과 언론매체, 언론매체와 수용자와의 관계에 있어서 대단히 유동적이다. 이 또한 압축 성장으로 인한 고통의 과정이다. 구체적으로 표현의 자유와 관련된 많은 법제에 위헌요소가 산재하고, 운용과정에서 위헌으로 흐를 위험성도 있다. 이에 대한 경계를 늦출 수 없는 실정이다. 아레오파지티카에 주장된 바와 같이 표현의 자유를 보장하기 위해서는 사전억제가 금지되어야 한다.[782] 판례상 허가와 검열 금지사건과 그에 대한 헌법재판소의 판결체계를 살펴본다.

(1) 최초의 검열금지원칙 결정

구 '영화법' 제12조, 제13조 상 공연윤리위원회의 영화사전심의가 자율심의 형식을 빌리기는 했으나 공윤의 구성이나 운영이 행정권의 영향 아래 있었고, 심의 결과에 따라 실질적인 상영 여부가 결정(심사받지 않고 상영하면 형사처벌)되므로 사전검열에 해당한다는 헌재의 위헌결정이 있었다.[783] 이 결정은 우리 헌정사에서 처음으로 검열금지의 원칙을 적용해 영화검열에 대해 위헌결정을 내린 최초의 사건이다. 이 사건은 93헌가13, 91헌바10이 병합된 것인데, 두 사건 모두 당시 공연윤리위원회에 의한 사전심의를 거치지 않고 영화를 상영한 것이 문제가 되었다.

---

782 김철수, 헌법학신론, 박영사, 2013, 847쪽.
783 헌재 1996. 10. 4. 93헌가13, 91헌바10(병합).

93헌가13 사건은 해직교사 문제를 다룬 영화('닫힌 교문을 열며')를 공연 윤리위원회의 사전심의 없이 상영했다는 이유로 불구속으로 기소된 한 제작사 대표가 사전심의를 규정하고 있는 영화법 규정이 헌법 제21조 제2항 검열금지의 원칙에 위반된다고 해 위헌제청신청을 한 데 대해 서울지방법원이 이를 받아들여 헌법재판소에 제청한 사건이다. 그리고 91헌바10 사건은 5·18 광주민주항쟁을 다룬 '오 꿈의 나라' 라는 단편영화를 사전심의 없이 상영했다는 이유로 1심에서 각 100만 원의 벌금을 선고받은 두 피고인이 항소심에서 위헌제청신청을 했으나 기각되자 헌법재판소에 직접 헌법소원을 제기한 사건이다.

　일제시대부터 시작해 건국 이후에도 줄곧 당시까지 존속되어 왔던 영화에 대한 검열을 위헌이라고 다툰 것이다. 당시 영화를 비롯해서 음반, 비디오 등 많은 표현매체들은 사전심의를 거치지 않고서는 일반에게 공표될 수 없었고 이를 위반하는 경우 형사제재를 받고 있었기 때문에, 이 사건은 문화예술계뿐만 아니라 사회적으로도 초미의 관심사였다.

　이 사건에서 헌법재판소는 재판관 9인의 전원일치 의견으로 당시 '영화법' 의 영화사전심의제도가 헌법 제21조 제2항의 검열에 해당하여 곧바로 위헌이라고 선언했다. 이 결정에서 헌법재판소는 이후 지금까지 지속되고 있는, 헌법 제21조 제2항의 검열금지의 원칙에 관한 다음의 4가지 확립된 법리를 형성하게 된다. ① 영화를 비롯해 의사표현의 매개체라면 그 형태에 관계없이 모두 검열금지의 헌법적 보호를 받는다. ② 금지되는 '검열' 이란 행정권이 주체가 돼 사상이나 의견이 발표되기 이전에 그 내용을 심사·선별해 발표를 사전에 억제하는 제도를 가리킨다. ③ 이러한 성격의 검열은 어떤 공익을 이유로 해서도 절대적으로 허용되지 않는다 (절대적 금지). ④ 검열에 해당하기 위해서는 다음의 4가지 요건이 모두 충족돼야 한다. 첫째, 일반적으로 허가를 받기 위한 표현물의 제출의무가 존재할 것, 둘째, 행정권이 주체가 된 사전심사절차가 존재할 것, 셋째,

허가를 받지 아니한 의사표현을 금지할 것, 넷째, 심사절차를 관철할 수 있는 강제수단이 존재할 것 등이다.

헌법재판소는 이러한 검열금지의 법리를 설정하는 논거를 다음과 같이 제시하고 있다: "이러한 검열제가 허용될 경우에는 국민의 예술활동의 독창성과 창의성을 침해하여 정신생활에 미치는 위험이 클 뿐만 아니라 행정기관이 집권자에게 불리한 내용의 표현을 사전에 억제함으로써 이른바 관제의견이나 지배자에게 무해한 여론만이 허용되는 결과를 초래할 염려가 있기 때문에 헌법이 직접 그 금지를 규정하고 있는 것이다."

헌법 제21조 제2항이 금지하는 사전억제는 어떤 사상이나 표현이 사상의 공개시장(open marketplace of ideas)에서 경쟁을 해 보기도 전에, 즉 다른 동료 시민들에 의한 평가를 받아볼 수 있는 기회를 가지기도 전에, 정부가 먼저 그 사상에 대한 평가를 하여 일정한 사상을 사전에 걸러내는 모든 조치를 가리킨다.[784]

정부는 그 뒤 1997년 이후 10여 차례나 '영화·비디오물진흥법'을 개정하고, 모든 영화는 상영 전에 등급심사를 받도록 했다. 그런데 등급을 받지 못하는 경우(등급보류)에는 무한정 표현행위가 금지될 수 있으므로 이 역시 위헌이라는 헌재 결정이 내려졌다.[785] 이어 개정된 '영화진흥법' 제21조 제3항 5호나 이를 이어받은 '영화·비디오물진흥법' 제29조 제2항 5호가 '등급보류' 대신 채택한 '제한상영가' 제도도 2008년 헌재에 의해 명확성의 원칙에 위반된다는 이유로 또다시 헌법불합치 결정을 받았다.[786] '음반·비디오물법' 제20조 제4항의 등급분류 보류제도도 위헌결정을 받았다.[787] 이에 따라 이 조항을 이어받은 '영화·비디오물진흥법'

---

784 이인호, 앞의 논문, 146쪽.
785 헌재 2001. 8. 30. 2000헌가9.
786 헌재 2008. 7. 31. 2007헌가4.
787 헌재 2008. 10. 30. 2004헌가18.

제50조 제4항도 위헌이 된다. 영화에 대해 미국은 완전등급제가 연방법에 의해 확립돼 있으며, 한국은 미국에 가깝다. 영국과 프랑스는 삭제와 등급제를 병용하고 있으며, 스웨덴과 노르웨이, 캐나다, 오스트레일리아는 정부가 직접 심의해 등급과 삭제, 상영금지 조치를 내리고 있다.

(2) 사상의 자유시장 이론 결정

헌법재판소는 '출판사 및 인쇄소의 등록에 관한 법률(1972. 12. 26.) 제5조의 2 제5호 위헌심판' 사건에서 사상의 자유시장 이론을 본격적으로 받아들인다.[788] 헌재는 성 표현 중에서 음란과 저속의 구별기준을 제시하면서 음란을 헌법의 보호대상에서 제외하고 대신 저속은 헌법의 보호대상이 된다고 판시했다. 이 사건에서 문제가 된 법률 제5조의 2 제5호는 출판사가 "음란 또는 저속한 간행물을 출판하여 공중도덕이나 사회윤리를 침해하였다고 인정되는 경우"에 등록청은 당해 출판사의 등록을 "취소할 수 있다"고 규정하고 있었다. 서울특별시 서초구청장은 제청신청인이 '도서출판 정인엔터프라이즈' 라는 명칭으로 출판사 등록을 한 뒤 발행한 '세미-걸(nine actress semi-girls nice photographs)' 이라는 제목의 화보집이 '음란 또는 저속한 간행물' 에 해당한다는 이유로 위 출판사 등록 취소 조항에 근거하여 제청신청인의 출판사 등록을 취소하는 처분을 내렸다. 이에 제청신청인은 서울고등법원에 위 처분의 취소를 구하는 행정소송을 제기하는 한편, 위 법률조항이 헌법 제21조 제1항(언론·출판의 자유)과 헌법 제11조(평등권)에 위반된다고 주장하면서 위헌법률심판제청을 신청하였고 동 법원이 이를 받아들여 헌법재판소에 위헌법률심판을 제청하게 된 것이다.

---

788 헌재 1998. 4. 30. 95헌가16.

이 사건에서는 성표현물을 발행한 출판사의 등록을 취소시킴으로써 이미 공표된 문제의 표현물을 사후적으로 제거하는 규제방식이 다투어졌다. 헌법재판소는 재판관 9인의 전원일치 의견으로 "음란한 간행물"을 출판했다는 이유로 출판사의 등록을 취소할 수 있게 하는 것은 헌법에 위반되지 아니하고, "저속한 간행물"을 출판했다는 이유로 출판사의 등록을 취소할 수 있게 하는 것은 헌법에 위반된다고 결정했다. 이 결정에서 헌법재판소는 언론·출판의 자유가 수행하는 4가지 기능을 강조하면서 '사상의 자유시장론(free trade in ideas)'을 정면으로 받아들인 가운데 이 이론에 입각해서 음란 표현과 저속 표현을 구별하고 "엄격한 의미의 음란"을 헌법의 보호대상에서 제외시키는 새로운 법리를 전개했다.

헌법재판소는 언론·출판의 자유가 수행하는 가치와 기능을 다음의 4가지로 제시한다. 첫째, 견해의 다양성과 공개토론을 가능하게 함으로써 민주체제에 있어서 자기통치(self-government)의 기본적 수단으로 기능한다. 둘째, 개인으로 하여금 타인과의 커뮤니케이션을 통해 공동사회의 일원이 되게 함으로써 공동체를 유지하는 기능을 한다. 셋째, 개인의 인격 발현에 있어서 가장 유효하고 직접적인 수단이 된다. 넷째, 진리의 확보를 통해 문화와 사회의 진보를 가능하게 한다. 에머슨(Emerson) 등의 이론을 계수한 것으로 보인다.

헌법재판소는 또 "어떤 사상이나 견해가 옳고 가치 있는 것인지를 판단하는 절대적인 잣대가 자유민주 체제에서는 존재할 수 없다는 사실"을 강조하면서, 우리 시민사회의 내부에 '사상의 경쟁메커니즘'이 작동하고 있기 때문에 설령 유해한 사상이나 표현이 있다 하더라도 그 해악의 시정은 일차적으로 정부가 아니라 사상의 공개시장에서 대립되는 사상이나 표현에 의한 경쟁을 통해 이루어져야 한다는 점을 지적하고 있다.

헌법재판소는 이에 따라 이 사건에서와 같이 표현에 대한 내용 규제(content-based regulation)는 내용 중립적 규제(content-neutral regulation)에 비해

보다 엄격한 위헌심사의 대상이 된다고 밝히고 있다:

"언론·출판의 영역에서 국가는 단순히 어떤 표현(내용)이 가치 없거나 유해하다는 주장만으로 그 표현에 대한 규제를 정당화시킬 수는 없다. 대립되는 다양한 의견과 사상의 경쟁메커니즘에 의하여 그 표현의 해악이 해소될 수 없을 때에만 비로소 국가의 개입은 그 필요성이 인정되는 것이다."

헌법재판소는 또 "대립되는 사상의 자유경쟁에 의해서도 그 해악이 처음부터 해소될 수 없는 성질의 표현이거나 또는 다른 사상이나 표현을 기다려 해소되기에는 너무나 심대한 해악을 지닌 표현"은 헌법상의 언론·출판의 자유의 보호대상이 아니라고 한다. 여기서 헌법재판소는 스스로 제시하는 '엄격한 의미의 음란'이 바로 여기에 해당한다고 하면서, 헌법의 보호대상이 아닌 음란의 개념을 다음과 같이 제시하고 있다:

"인간 존엄 내지 인간성을 왜곡하는 노골적이고 적나라한 성표현으로서 오로지 성적 흥미에만 호소할 뿐 전체적으로 보아 하등의 문학적 예술적 과학적 또는 정치적 가치를 지니지 않은 것."

이러한 음란 표현은 "사회의 건전한 성도덕을 크게 해칠 뿐만 아니라 사상의 경쟁메커니즘에 의해서도 그 해악이 해소되기 어렵다"고 한다. 우리 헌법 제21조 제4항이 바로 이러한 표현의 자유에 있어서의 한계를 설정한 것이라고 한다. 반면에, 이 같은 엄격한 의미의 음란 이외의 저속한 표현은 헌법의 보호대상이 될 수 있다.

구 '정기간행물등록법' 제7조 제1항('신문법' 제12조 제1항)이 정간물의 발행자로 하여금 일정한 시설을 갖추어 등록할 것을 요구하고 있는 것은 무책임한 정간물의 난립을 방지함으로써 언론·출판의 공적 기능을 다할 수 있도록 한 제도라는 이유로 위헌이 아니라는 것이 판례의 입장이다.[789] 그러나 이를 허가제와 같이 운용한다면 위헌이 된다. 등록요건으로 과거 '정간법' 제6조 제4항의 시설기준을 지나치게 요구할 경우 등이 이에 해당한다. '정간법'이 일정한 시설기준을 요구하고 있는 것(동조 제2항 9호)을 자기 소유여야 하는 것으로 해석하는 한 위헌이다. 다양한 신문을 통해 자유롭게 표출된 여러 계층의 다양한 주장이나 욕구에 자유롭게 접할 수 있게 된 것이다. 그러한 다양한 신문의 존재는 바로 참된 의미의 사상의 자유시장의 형성에 이바지할 수 있을 것이다.[790]

헌법재판소는 과거 '정간법' 제7조 제1항의 등록규정이 정간물과 관련한 장단기 계획 수립을 위한 행정편의적인 것이라 하면서도 등록 없이 정간물을 발행한다고 하여 처벌하는 것('정간법' 제22조 3호, 종전 '신문법' 제40조 1호)은 위헌이 아니라고 판단했다.[791] 그러나 대부분의 국가가 정간물 등을 간단한 사전신고를 하거나 아무 신고도 없이 발행하고 있는 점 등을 감안하면 종전 '신문법'에서 가장 참여와 이용이 자유로운 인터넷신문마저 등록대상으로 삼고 위반자에 벌칙까지 둔 것(동법 제40조)은 지나치다 하겠다.

헌법재판소는 종전 '신문법' 제20조 제1항(구 '정간법' 제10조)에 의한 납본(신문사업자는 신문 발행 시 2부를 즉시 등록관청에 납본하여야 한다.)은 사전에 내용을 심사해 공개여부를 결정하는 것이 아니므로 검열에 해당하지 않는다고 판시했다.[792] 그러나 2009년 7월 개정법은 이 조항을 삭제했다. 방송통신위원회는 방송사업자, 중계유선방송사업자, 전광판방송사업자가 '방송심의규정'을 위반한 경우 등에 해당 프로그램의 정정, 수정 또는

---

789 대법원 1990. 4. 10. 90도332; 헌재 1992. 6. 26., 90헌가23.
790 팽원순, 한국언론법제론, 법문사, 1994, 78쪽.
791 헌재 1997. 8. 21. 93헌바51.
792 헌재 1992. 6. 26. 90헌바26.

중지를 명할 수 있다. 이는 이미 방영된 내용에 대한 제재조치이긴 하나 앞으로 방영될 예정인 프로그램의 발표에 대한 사전억제이므로 위헌이라 할 수 있다.[793]

(3) 인터넷 표현의 자유의 신장

정부가 인터넷에서 '불온통신(不穩通信)'이라는 개념으로 광범위한 표현행위를 규제하는 것을 위헌이라고 선언한 사건은 인터넷에서 표현의 자유를 최초로 신장시킨 결정이다.[794] 이 사건에서 문제가 된 것은 당시 '전기통신사업법' 상의 이른바 '불온통신심의제도'이다. 정부가 온라인에서 유통되는 정보 내용을 심의하여 사후적으로 걸러내는 규제적 수단을 사용해 온 것은 꽤 오래된 일이다. 1983년에 제정되었던 '공중전기통신사업법'을 1991년 8월 10일 전부 개정한 '전기통신사업법'(법률 제4394호)은 제53조에서 소위 '불온통신단속제도'를 두고 있었다. 이에 의하면, 전기통신을 이용하는 자가 "공공의 안녕질서 또는 미풍양속을 해하는 내용의 통신", 즉 불온통신을 하는 것을 금지하고(제1항), 이러한 불온통신에 대하여는 주무장관(당시 체신부장관)이 전기통신사업자에게 그 취급을 거부·정지 또는 제한하도록 명령을 내릴 수 있으며(제3항), 이 명령을 이행하지 아니한 전기통신사업자는 2년 이하의 징역 또는 500만 원 이하의 벌금에 처하였다(제71조 제6호). 매우 거칠고 단순한 규제체제였다. 이용자에 의한 불온통신을 금지하면서도 그 자체에 대한 직접적인 제재는 없고, 전기통신사업자를 규제의 대상으로 삼아 간접적으로 불온통신을 사후적으로 제거하는 기법을 채택한 것이다.

---

793 김옥조, 앞의 책, 39쪽.
794 헌재 2002. 6. 27. 99헌마480.

1995년 이후 일부 개정을 거친 불온통신심의제도의 내용은 다음과 같다. 즉 "불온통신을 억제하고 건전한 정보문화를 확립하기 위하여" '전기통신사업법'에 의하여 설립된 정보통신윤리위원회가 온라인에서 유통되는 모든 정보를 심의하여 그 결과 불온통신("공공의 안녕질서 또는 미풍양속을 해하는 내용의 전기통신")이라고 판단되면, 전기통신사업자에게 ① 불온통신을 행한 이용자에 대한 경고, ② 해당 정보의 삭제, 또는 ③ 이용정지나 이용해지를 요구하고, 전기통신사업자가 이러한 시정요구에 불응하면 정보통신윤리위원회는 정보통신부장관에게 건의하여 법적 효력을 가지는 동일한 시정명령을 내리도록 하였다. 그리고 이 시정명령을 거부하는 전기통신사업자에게는 형사처벌(2년 이하 징역 또는 2천만 원 이하 벌금) 및 행정제재(사업폐지 또는 사업정지)를 가하는 것이다.

이 사건의 청구인은 항공대학교 학생으로서 1998년 9월 14일부터 주식회사 나우콤에서 운영하는 종합컴퓨터 통신망인 '나우누리'에 '이의제기'라는 이용자명(ID)으로 가입하여 컴퓨터통신을 이용하여 왔다. 청구인은 1999년 6월 15일 위 '나우누리'에 개설되어 있는 '찬우물'이라는 동호회의 '속보란' 게시판에 "서해안 총격전, 어설프다 김대중!"이라는 제목의 글을 게시하였는데, '나우누리' 운영자가 같은 달 21일 정보통신부장관의 명령에 따라 위 게시물을 삭제하고 청구인에 대하여 '나우누리' 이용을 1개월 중지시켰다. 이에 청구인은 정보통신부장관의 위와 같은 명령의 근거조항인 '전기통신사업법' 제53조, 같은 법 제71조 제7호 중 제53조 제3항 부분 및 같은 법 시행령 제16조가 청구인의 헌법상 보장된 표현의 자유, 학문과 예술의 자유를 침해하고, 적법절차 및 과잉금지원칙에 어긋나는 위헌조항이라고 주장하면서, 1999년 8월 11일 이 사건 헌법소원심판을 청구하였다.

이 사건에서 다투어진 표현규제방식은 사후적 심의를 통해 문제된 표현내용을 직접적으로 걸러내는 방식이다. 헌법재판소는 위헌 결정에서 6인의 다수의견을 통해 인터넷을 "가장 참여적인 사상의 공개시장", "표현촉진적인 매체"라고 규정하면서, '유해성에 대한 막연한 의심이나 유해의 가능성만으로 표현물의 내용을 광범위하게 규제하는 것은 표현의 자유와 조화될 수 없다'는 법리를 다시 한 번 확인하고 있다.

다수의견은 1998년의 음란물 출판사 등록취소제도 사건에서 헌법재판소가 판시했던 법리, 즉 "민주주의에서 어떤 표현이나 정보의 가치 유무, 해악성 유무를 국가가 일차적으로 재단하여서는 아니 되고 시민사회의 자기교정기능, 사상과 의견의 경쟁메커니즘에 맡겨야 한다"는 법리를 환기시키고 있다. 이 결정은 인터넷에서 표현의 자유가 가지는 가치와 중요성을 처음으로 확인하면서 과거의 질서 위주의 사고로 인터넷을 막연히 규제하려는 시도에 경종을 울린 매우 의미 있는 결정이다.[795]

헌법재판소는 또 공직선거법 제93조 제1항 등 위헌확인 사건에서 "선거일 전 180일부터 선거일까지 인터넷상 선거와 관련한 정치적 표현 및 선거운동을 금지하고 처벌하는 것은 후보자 간 경제력 차이에 따른 불균형 및 흑색선전을 통한 부당한 경쟁을 막고, 선거의 평온과 공정을 해하는 결과를 방지한다는 입법목적 달성을 위하여 적합한 수단이라고 할 수 없다"고 판시했다.[796] 헌재는 이 사건에서 "인터넷은 개방성, 상호작용성, 탈중앙통제성, 접근의 용이성, 다양성 등을 기본으로 하는 사상의 자유시장에 가장 근접한 매체이다. 즉 인터넷은 저렴한 비용으로 누구나 손쉽게 접근이 가능하고 가장 참여적인 매체로서, 표현의 쌍방향성이 보장되고, 정보의 제공을 통한 의사표현뿐 아니라 정보의 수령, 취득에 있어서도 좀 더 능동적이고 의도적인 행동이 필요하다는 특성을 지니므로, 일반유권

---

795 이인호, 앞의 논문, 169쪽. 임영덕, 미국 미디어 규제와 망중립성에 관한 고찰, 미국헌법연구 제21권 제3호, 미국헌법학회, 2010, 82쪽.

796 2011. 12. 29. 2007헌마1001, 2010헌바88, 2010헌마173 · 191(병합).

자도 인터넷 상에서 정치적 의사표현이나 선거운동을 하고자 할 개연성이 높고, 경제력 차이에 따른 선거의 공정성 훼손이라는 폐해가 나타날 가능성이 현저히 낮으며, 매체 자체에서 잘못된 정보에 대한 반론과 토론, 교정이 이루어질 수 있고, 국가의 개입이 없이 커뮤니케이션과 정보의 다양성이 확보될 수 있다는 점에서 확연히 대비된다"고 했다.

(4) 민주주의 언론 모형 결정

신문의 공적 기능과 사회적 책임을 높이기 위한 입법조치의 헌법적 한계를 처음으로 다룬 결정은 사상의 자유시장 이론에 근거한 자유주의 언론 모형을 극복하고 민주주의 언론 모형을 따른 것으로 평가된다.[797] '신문 등의 자유와 기능 보장에 관한 법률' 제16조 등 위헌확인 등의 결정은 소수 거대신문의 여론 독점현상을 해소하기 위해 마련되었던 '신문법'과 '언론중재법'에 대해 신문의 자유의 관점에서 헌법적 평가를 내린 사건이다. 이 결정에서 헌법재판소는 신문의 다양성 보장을 위해 마련된 소유규제와 공정거래규제에 대해 신문의 자유의 관점에서 일부 위헌적 평가를 내렸으며, 한편으로 정정보도청구권을 헌법적으로 용인하면서도 정정보도청구의 소를 가처분 절차에 의하도록 한 부분과 소급적용을 시킨 부분에 대해서는 위헌결정을 내렸다.

신문법과 언론중재법은 2005년 1월 27일 같은 날 공포되었다. 두 법률은 '권력과 자본으로부터 독립한 언론'이라는 개혁구호를 내걸고 언론개혁을 주장해 오던 진보적 시민단체(언론개혁시민연대, 민주사회를 위한 변호사모임, 언론개혁국민행동 등)가 몇몇 거대 보수신문(조선일보, 동아일보, 중앙일보)의 소위 시장독과점화와 사주나 경영진의 편집권 침해를 시정할

---

[797] 헌재 2006. 6. 29. 2005헌마165.

목적으로 당시 언론매체의 사회적 책임을 강조한 이른바 진보 성향의 노무현 정부의 협력 아래 이루어 낸 성과물이라고 할 수 있다. 두 법률은 신문을 비롯한 언론매체의 공적 기능을 강화하고 사회적 책임을 높이는 데 그 입법취지를 두고 있었다. 두 법률이 공포되자 곧 직접적인 규율대상자인 (주)조선일보사와 (주)동아일보사는 두 법률의 다수조항들이 자신들의 신문의 자유를 침해한다고 주장하며 헌법소원심판을 청구했다.

이 결정은 신문법과 언론중재법의 제정을 둘러싸고 격렬하게 대립했던 언론개혁론자와 반대론자 사이의 논쟁에 일정한 헌법적 가이드라인을 설정해 준 결정이다. 헌법재판소는 이 결정에서 신문의 자유의 핵심이 각 신문사의 자유로운 경향·논조를 보호하는 데 있음을 인정하면서도, 신문의 민주적 여론형성 기능을 강조하면서 신문의 다양성을 보장하기 위한 구조적 규제(structural regulation)는 그것이 현저히 불합리한 것이 아닌 한 헌법적으로 허용된다고 판시했다.

이 사건의 청구인들은 "방송과 달리 신문의 경우에 다양성의 보장은 국가의 간섭으로부터 자유로운 다수의 신문들이 그 논조와 경향으로써 자유로이 경쟁하는 가운데 저절로 보장되는 것이므로, 신문의 다양성 보장을 명분으로 국가가 개입하는 것 자체가 위헌이다"는 주장을 펼쳤다. 그러나 헌법재판소는 "신문의 독과점 또는 집중화 현상과 경향보호가 결합할 경우 정치적 의견의 다양성을 전제로 하는 다원주의적 민주주의체제에 중대한 위협이 될 것"이라면서 "개별 신문기업이 각자의 경향보호를 주장하기 위해서는 신문의 다양성 확보가 필수적인 전제"이고, 따라서 "신문의 다양성을 보장하기 위한 국가의 적절한 규율은 경향보호와 모순된다기보다는 상호보완적인 것"이라고 판시했다.

이 같은 기본전제 하에서 헌법재판소(6인의 다수의견)는 신문사의 경향·논조 보호와 무관한, 겸영금지나 소유규제와 같은 신문기업 활동의 외적 규제는 원칙적으로 입법 재량의 영역이라고 하면서 완화된 심사를 하고 있다. 그리하여 이종미디어 겸영금지, 이종미디어 교차소유규제, 신문사의 경영내역 공개강제, 신문사 내 고충처리인 강제에 대해서 합헌결정을 내렸다. 대신, 신문사업자를 일반사업자에 비해 더 쉽게 시장지배적 사업자로 추정하는 규정과 시장지배적 신문사업자를 신문발전기금의 지원 대상에서 제외하는 규정은 신문의 다양성 보장이라는 입법 목적 달성을 위한 합리적이고도 적정한 수단이 되지 못한다고 평가하여 위헌결정을 한 것이다.

이 결정 선고 직후 결정의 취지와 신문법의 개정 방향을 놓고 시민사회와 학계 그리고 정치권에서 제정 당시와 마찬가지로 또다시 팽팽한 입장차이를 드러냈다.[798] 정부·여당(당시 열린우리당)과 언론개혁을 주장하는 시민단체들은 신문법의 입법취지에 헌법재판소가 동의한 만큼 위헌판결을 받은 시장지배적 사업자 조항을 수정·보완하고 나아가 법제정 과정에서 삭제된 신문사주의 소유지분 제한을 되살리며 편집위원회와 편집규약의 임의규정을 강행규정으로 바꾸어야 한다고 주장했다. 야당(당시 한나라당)은 사실상 죽은 신문법을 폐기하고 신문과 방송의 겸영을 허용하는 등 새로운 신문법 제정을 촉구했다. 논자들 사이에서 헌법재판소 결정의 취지에 대한 해석이 판이하게 갈렸다.

헌법학자들 사이에서도 언론개혁을 원칙적으로 찬성하는 입장은 "언론개혁의 법이론적 탐구는 본질적으로 사소유적(私所有的) 내지 사경제적(私經濟的) 소유구조의 기본철학을 갖고 있는 현재의 자유주의 모델에 대한 비판적 인식에서부터 출발해야 한다"고 하면서, 헌법재판소 결정이 민주주의 언론 모델에 충실하지 못했다고 평가한다. 이에 반해, 신문에 대해서 자유주의 언론 모델의 기본 시각을 견지하고 있는 측은 헌법재판소가 신문법의 공적기능 조항과 내적 자유 조항을 각하한 것에 대해, '신문의 자유의

---

[798] 이인호, 앞의 논문, 175–176쪽.

핵심내용인 경향·논조 보호에 정면으로 배치되는 의무를 법적으로 확인·선언하고 있는 이들 조항을 적법요건 불비를 이유로 존치시키고 있는 것은 심각한 문제'라고 비판하고, 그 밖에 합헌결정한 부분들에 대해서도 신문의 자유가 가지는 가치를 경시한 판단이라고 강하게 비판하고 있다.

또 다른 입장은 겸영금지 및 소유규제 조항과 관련해서 헌법재판소가 합헌 및 헌법불합치 결정을 내린 것에 대해 타당하다는 평가를 내리면서, 여론의 다양성을 저해하지 않는 한도에서 신문기업의 상호겸영과 교차소유를 허용하는 것이 바람직하다는 입장을 밝히고 있다. 이와 함께 헌법재판소가 신문의 자유의 성격을 주관적 공권성과 자유신문의 제도보장으로 함께 보고 신문의 경향보호의 명제와 신문의 다양성 보장의 명제를 상호보완적이라고 이해한 것에 대해 동조하면서, 다만 신문의 다양성 보장을 구체적으로 제도화함에 있어서 경향보호의 명제가 무의미하게 되어서는 안 된다는 점을 강조하는 입장도 있다.

아무튼 입법자는 이 결정 이후 위헌 및 헌법불합치 결정의 취지를 반영하는 개정입법을 2009년에 만들면서, 전부 개정의 형식으로 기존의 '신문 등의 자유와 기능 보장에 관한 법률'을 '신문 등의 진흥에 관한 법률'로 변경했다. 이 법률명의 변경은 큰 의미를 지니는 것으로 보인다. 개정법률은 그 내용 속에서 과거 청구인들이 신문의 자유의 핵심을 이루는 경향·논조 보호에 정면으로 배치된다고 위헌주장을 펼쳤던 공적 기능조항과 내적 자유 조항을 일부 삭제 또는 수정하고 있기 때문이다. 이러한 변화는 2008년에 정부 여당이 바뀐 것에 기인한 것으로 보인다.

(5) 사후억제 원칙 결정

헌법 제37조 제2항의 일반법률 유보원칙에 따라 표현의 자유에 대해 사후억제가 인정된다는 게 학설과 판례의 입장이다. 사후억제도 '명백하고 현존하는 위험의 원칙'이 적용된다. 사후억제일지라도 입법을 통해 표현의 자유가 지나치게 규제되고, 사상의 자유시장이 침해를 받을 우려가 제기되고 있다.

구 국가보안법 제7조 제1항의 '구성원', '활동', '동조', '기타 방법', '이롭게 한' 등 5개 용어가 너무 포괄적이고 다의적이므로 위헌이라는 심판제청에 대해 헌법재판소는 "만약 그 문언을 그대로 운용하면 위헌이지만 국가의 존립·안전 또는 자유민주주의의 기본질서에 무해한 행위는 처벌하지 않고 실질적인 해악을 미칠 명확한 위험성이 있는 행위만 처벌하는 것으로 제한하는 한정적 해석을 내리는 한 합헌"이라고 판시했다.[799] 1991년 5월 31일 이 법을 개정, 제1조 제2항을 신설하고 "이 법을 해석 적용함에 있어서는 제1항의 목적 달성을 위하여 필요한 최소한도에 그쳐야 하며, 이를 확대해석하거나 헌법상 보장된 국민의 기본적 인권을 부당하게 제한하는 일이 있어서는 아니 된다"고 했다. 또 논란이 많았던 제7조 제1항의 이른바 '찬양·고무죄'와 '이적표현물 소지죄'에 주관적 구성요건으로 "국가의 존립·안전이나 자유민주적 기본질서를 위태롭게 한다는 정을 알면서"라는 조건을 붙였다. 헌재는 2004년 8월 26일 재판관 9명 전원일치로 이 조항의 합헌결정을 내렸다.[800]

'국가보안법' 제7조 제5항도 '이적'이라는 포괄적이고 다의적인 용어 때문에 위헌심판에 붙여졌으나 위의 '찬양·고무죄'의 경우와 같은 한정합헌결정을 내렸다.[801] 헌법재판소는 그 소정행위가 국가의 존립, 안전을 위태롭게 하거나 자유민주적 기본질서에 위해를 줄 경우에 적용된다고 판시했다. "여기의 국가의 존립, 안전이나 자유민주적 기본질서에 실질적

---

799 헌재 1990. 4. 2. 89헌가113.
800 헌재 2004. 8. 26. 2003헌바85.
801 헌재 1990. 4. 2. 89헌가113.

해악을 줄 명백한 위험성이 있는 경우란 일응 그 표현물의 내용이 그와 같이 된 경우일 때라 할 것이고, 따라서 국가의 존립, 안전이나 자유민주적 기본질서에 해악이 될 정도가 못 된다거나 해악이 되는지 여부가 불분명한 때에는 그 적용이 배제된다 할 것이며, 문제의 표현물과 외부 관련성의 정도 또한 여기의 위험성 유무를 판단하는 기준이 된다"는 취지로 설시했다. 헌재의 이 같은 판시는 보호법익인 국가의 존립, 안전이나 자유민주적 기본질서에 실질적 해악을 줄 명백한 위험성을 요구했을 뿐 위험의 현존성을 언급하지 아니한 것이어서 명백하고 현존하는 위험의 원칙을 따랐다고 보기 어렵다는 평가가 지배적이었다.[802]

구 '군사기밀보호법' 제6조는 "군사상의 기밀을 부당한 방법으로 탐지하거나 수집한 자는 10년 이하의 징역이나 금고에 처한다"고 했으나 '군사상의 기밀', '부당한 방법' 등의 표현이 모호하다는 이유로 위헌심판이 청구됐다. 헌재는 "그것이 누설된 경우 국가안보에 명확한 위험이 초래될 정도의 실질적 비밀가치가 있는 비공지의 사실에 한정하여 해석해야 한다"면서 한정 합헌판결을 내렸다.[803] 또 반론·정정·추후보도 청구권은 언론의 자유의 본질적 내용을 침해하는 것도 아니고, 언론기관의 재판청구권을 침해하는 것도 아니라는 것이 헌재의 입장이다.[804] 명예훼손 피해자는 손해배상과 함께 명예회복을 위해 다른 처분을 요구할 수 있다는 민법 제764조에 따라 과거에는 언론피해자가 손해배상청구와 함께 사죄광고를 많이 요구했다. 헌재는 이에 대해 사죄광고의 강제가 헌법상 양심의 자유에 대한 침해가 될 수 있으므로 위헌이라고 결정했다.[805] 일본에서는

---

802 김대휘, 국가보안법 제7조 제1항 및 제5항의 해석기준―대법원 1992. 3. 31. 선고, 90도2033판결―, 형사판례연구[1], 형사판례연구회편, 박영사, 1993, 223쪽.

803 헌재 1992. 2. 25. 89헌가104.

804 헌재 1991. 9. 16. 89헌마165.

805 헌재 1991. 4. 1. 89헌마160.

위헌시비에도 불구하고 아직 널리 통용되고 있다. '청소년보호법'은 청소년에게 유해한 매체를 지정하고 유통을 제한하고 있다. 청소년 입장에서는 일종의 검열이 아니냐는 주장이 나올 수 있다.[806] 그러나 이는 청소년 보호라는 입장에서 당연히 허용될 수 있는 범위 내의 제한이라고 할 수 있다. 또 유해매체 지정 자체가 발행 행위 이후의 행위이고, 성인에게는 접근기회의 제약이 없기 때문에 헌법상의 사전억제금지에 해당되지 않는 것이다. 일본 최고재판소의 판례도 비슷한 입장이다.

VII. 사상의 자유시장의 진화

한국에서도 사상의 자유시장을 통한 진실의 발견과 자유민주주의 사회의 절차상 필요에 따른 여론형성의 요구로 표현의 자유의 필요성이 제기된 것이다. 그러나 시장구조와 민주주의 정치과정의 절차, 사회변화로 사상의 자유시장 이론도 새롭게 진화를 모색해야 할 것으로 보인다. 사상의 자유시장 이론의 전통적 모형에 대해 오늘날 비판이 가해지고 있다. 앞서 살핀 바와 같이 수정 모형에 따르면 '사상의 시장의 공공성'을 중시하면서 경제시장과 마찬가지로 사상의 시장의 실패는 국가의 개입을 요구한다고 본다. 특히 경제적 힘이 사상의 시장을 지배할 수 있음을 주목하고, 언론매체의 독과점화 현상으로 인해 고전적인 사상의 자유시장 이론이 작동하기 어렵게 됐다고 지적한다. 또 언론매체의 사회적 책임을 확보하기 위해 법적 개입이 필요하다고 주장하는 것이다.[807]

---

806 김옥조, 앞의 책, 45쪽.

중요한 것은 사상의 자유시장이 구조변화를 일으키고 있다는 점이다.[808] 전통이론에 따르면 국가의 제한만 없으면 '자유시장'이 물질 부문에서처럼 자율적으로 작동할 것으로 기대했다. 그러나 국가나 정부 차원보다 더 우선하는 사상과 가치가 있으며, 일정한 물질적 재산이 없는 사람은 자신의 사상이나 정신을 공개시장에 내놓을 수 없다. 자본주의 발전과 함께 기술혁신이 진행되면서 시장 진입에 필요한 재산적 기초는 더욱 증대했다.

　이에 반비례해 시장에 진입할 수 있는 사람의 수는 극소수에 불과한 것으로 보인다. 그만큼 현실사회에서 누구나 평등하게 사상의 시장에 진입하는 게 불가능해진 것이다. 재산의 불평등이 사상과 표현의 자유시장에도 불평등을 만들고 있는 것이다. 이제 국가는 전통적인 불간섭보다 사상의 자유시장을 형성하거나 회복하는 조건을 확보해야 할 상황에 처하게 됐다. 또 통신기술의 발전에 따라 거대 대중매체가 등장하고 정보송신자의 지위를 독점해 사상과 정보유통의 과정을 지배하는 상황이 발생한 것이다. 소수 송신자와 다수 수신자의 지위가 고정되면서 표현의 자유가 실질적으로 경제적 힘의 크기에 좌우되는 상태가 됐다. 국가가 언론정보시장에 개입하지 않는 것은 표현의 자유가 거대 대중매체를 소유한 사람들이 바라는 사상이나 정보만이 확산되는 것을 보장해 주는 격이다. 이렇게 되면 표현 기회의 불평등을 방치할 뿐 아니라 소수의 거대 대중매체 소유자가 그것을 소유하지 않는 다수자가 표현할 기회를 제한하는 권리를 주는 것이 된다.

　특히 자본주의 발달로 발생하는 부작용을 줄이기 위해 국가가 공공복지를 증진하면서 많은 정보가 국가로 집중되고 있다. 국가는 최대의 정보

807　양건, 헌법강의, 법문사, 2013, 500쪽.
808　유일상, 언론정보윤리론, 도서출판 아침, 2001, 428-431쪽.

보유자가 됐고, 앞으로도 더욱더 많은 정보를 보유하게 될 것이다. 현대 국가는 정보의 최대 최강의 송신자라는 지위를 누리게 된 것이다. 국민은 자기실현을 위해서나 민주주의 정치과정에 참여하기 위해서도 국가에 정보를 요구하게 되는 상황이 도래한 것이다. 국가를 언론과 정보의 시장으로부터 배제하려는 것은 사실상 공허하게 됐다. 국가가 보유하는 대량의 정보를 시장 밖에 방치하는 것은 사상의 자유시장을 마비시킬 수 있다. 국가가 또다시 국민의 통제를 받지 않게 된다면 국민은 국가 정보에 의해 일방적으로 조종을 받게 되고, 민주주의도 위험에 처하게 될 것이다. 즉 국가를 사상의 자유시장 기능을 보강하고 형성하는 존재로 인정하고 국민의 표현의 자유를 보장해야 한다.

대중매체와 관련된 과학기술의 발전은 국가주권을 넘어서서 표현의 자유를 전 지구적 차원으로 확대하고 있다. 자원의 희소성을 극복하고 등장한 국제 거대 대중매체는 다국적화로 언론정보 시장을 국가 통제권 밖으로 밀어내고 있다. 정보자유와 정보주권 간에 논쟁을 불러일으키고 있다. 국가에 의한 표현의 자유의 보장정책을 무력화시키는 것이다. 이에 대해 언론정보정책을 일국 단위로부터 동양문화권 또는 한자문화권 등 문화권 단위로 전환해야 한다는 제안도 나오고 있다.

사상의 자유시장은 밀턴의 아레오파지티카와 홈즈의 이론에서 보듯이 태생에서부터 무제한적인 것은 아니다. 우리 헌법도 제37조 제2항의 일반유보 조항 등에 따른 한계가 있다. 특히 헌법은 제8조 제4항에서 위헌정당해산제도를 두고, 민주주의 그 자체를 투쟁의 대상으로 삼는 민주주의의 적들에게 더 이상 관용을 베풀 수 없다는 방어적 민주주의를 채택하고 있다.[809] 헌법재판소는 "우리 헌법의 전문과 본문의 전체에 담겨져 있는 최고의 이념은 국민주권주의와 자유민주주의에 입각한 입헌민주헌법

---

[809] 홍성방, 헌법학, 현암사, 2002, 73쪽. 정종섭, 헌법소송법, 박영사, 2001, 371쪽.

의 본질적 기본원리에 기초하고 있다. 기타 헌법상의 제 원칙도 여기서 연유되는 것이므로 이는 헌법전을 비롯한 모든 법령해석의 기준이 되고 입법형성권 행사의 한계와 정책결정의 한계를 제시하며, 나아가 모든 국가기관과 국민이 존중하고 지켜야 하는 최고의 가치규범이다"고 판시했다.[810]

헌법재판소 결정과 그에 따른 1991년 국가보안법 개정 이후 대법원도 국가의 안전보장 등 위험기준에 관해 본격적으로 논의를 시도했다.[811] 우리의 경우 전쟁을 겪고 끊임없이 적화통일을 기도하는 반쪽의 집단이 엄존하고 있는 현실을 고려하면 미국 법적인 명백하고 현존하는 위험의 원칙이 곧바로 적용될지에 대해서는 의문이 제기된다.[812] 이에 따라 독일 법적인 이론이 더 참고가 될 것이다.

표현은 원칙적으로 사상의 자유시장론에 입각해 사상시장의 경쟁체제에 맡기는 게 바람직하다. 그러나 시민사회의 자기 교정기능에 의하더라도 그 표현의 해악이 처음부터 해소될 수 없는 성질의 것이거나 또는 다른 사상이나 표현을 기다려 해소되기에는 너무나 심대한 해악을 지닌 표현은 국가에 의한 개입이 1차적인 것으로 용인되고 언론 · 출판의 자유에 의해 보호되지 않는다.[813] 사상시장의 자유경쟁체제에만 시민사회의 자기 교정능력을 맡길 수 없다는 게 역사적 경험이다. 따라서 표현의 한계를 인정할 수밖에 없다. 헌재는 "언론 · 출판으로 말미암은 해악을 시정하고 방지하기 위한 언론 · 출판에 대한 규제는 필요하고 정당한 것이기는 하나 그 해악을 해소시키기 위해서는 국가의 개입에 앞서 우선 시민사회 내부에 존재하는 일차적 메커니즘인 사상의 경쟁메커니즘에 의하여야 한

810 헌재 1989. 9. 8. 88헌가6.
811 대법원 1992. 3. 31. 선고, 90도2033판결.
812 박용상, 국가안보와 표현의 자유, 금랑 김철수선생 팔순기념논문집, 경인문화사, 2012, 550–551쪽.
813 문광삼, 헌법학, 삼영사, 2013, 476쪽.

다. 즉 시민사회 내부에서 서로 대립되는 다양한 사상과 의견들의 경쟁을 통하여 유해한 언론·출판의 해악이 자체적으로 해소될 수 있다면 국가의 개입은 최소한도에 그쳐야 한다"고 판시했다.[814]

그럼에도 사상의 자유시장을 지탱해 주는 표현의 자유는 미국 수정헌법 제1조의 보장과 같이 우월적 자유(preferred freedom)로서 경제적 자유 등 다른 어느 자유보다 근본적이며 우선적으로 보장되어야 한다. 이에 따라 표현의 자유에 대한 위험에 대처하는 유일한 처방은 '강요된 침묵'이 아니라 '보다 다양한 발언'이다. 결국 사상의 자유시장 이론은 '자유를 통한 진리 발견'의 사고이다.[815]

---

814 헌재 1998. 4. 30. 95헌가16.
815 한수웅, 헌법학, 법문사, 2013, 757쪽.

• 제8장 •
결 론

사상의 자유시장 이론을 살펴면서 국가권력의 최종적인 근본적 결단권자로서 국민의 의식이 깨어 있어야 한다는 생각을 해 본다. 과연 우리 국민이 주권자로서 사상의 자유시장에서 자유롭게 자신의 사상을 발표하고 진리에 도달할 수 있는지 고민해 본다. 비단 이 문제는 우리만의 문제는 아닐 것이다. 미국에서도 사상의 자유시장은 오히려 기득권층의 집단이익을 안정시키고, 편견을 강제할 우려도 있기 때문이다.

그래도 우리 국민은 사상의 자유시장에 대한 이해를 높이면서 국가공동체 운명을 스스로 결정할 수 있어야 한다. 미국처럼 활발하게 표현의 자유와 언론의 자유가 논의되고 확대되면서 사상의 자유시장을 확충하기를 바라는 이유도 여기에 있다. 우리가 인간으로서 국가공동체에서 무엇을 위해 어떻게 살아갈 것인지에 대한 해답도 여기에 있다.

이론적으로 경제학적인 접근과 제도적인 접근이 이루어지면서 사상의 자유시장 이론이 도전받는 것은 사실이다. 그러나 사법부에서는 홈즈 이후의 확고한 전통에 따라 고전적 사상의 자유시장이 거의 순수한 형태로 유지되고 있다. 이 과정에서 여러 학자들의 접근법이 사상의 자유시장에 대한 판례들을 풍성하게 하는 것은 사실이다. 역설적으로 새로운 경제사회 현상에 따라 사건들이 다양하게 일어나도 그 기본적인 판단은 흔들림이 없다. 이것이 테러 등 여러 도전에도 불구하고 미국이 표현의 자유와 언론의 자유, 사상의 자유시장을 확고하게 지키는 이유일 것이다. 바로 여기서 미국이 세계 최강대국으로 유지되는 힘의 원천을 발견하게 된다.

홈즈의 사상의 자유시장 이론 형성 과정은 우리에게 시사하는 바가 크다. 당시로서는 첨단의 철학과 과학적 방법론이 적극적으로 활용되고 있다. 공리주의를 바탕으로 실용주의가 벼리를 이루고, 다윈의 진화론과 적자생존의 법칙, 과학적 회의론, 역사적 접근법 등이 종합적으로 망라되고 있다. 남북전쟁 참전 경험과 러시아혁명 등 시대적 상황 또한 홈즈에게 사상의 자유시장 이론의 현실성을 더해 주고 있다. 또 잉버의 사상의 자유시장을 정당화하는 신화에 대한 비판은 제도로서 굳어지는 시장의 위험을 각성하게 한다. 관념의 사상의 자유시장이 현실의 시장에 적용될 경우 발생할 수 있는 여러 우려들을 심층적으로 살피게 한다.

또한 FCC의 결정을 둘러싼 사상의 자유시장 은유 개념의 활용 정도를 조사한 나폴리의 내용분석은 사상의 자유시장을 적확하게 이해할 수 있는 기회를 제공하는 것이다. 전체적으로 사상의 자유시장이 미국 독립 등 정치적 격변기를 지나 자본주의가 성숙하는 등 오랜 시간을 거치면서 변화보다는 안정을 선호하면서 집단적 편견에 대해서는 주의를 기울여야 한다는 점을 일깨워준다.

사상의 자유시장, 구체적으로는 수정헌법 제1조가 보호하는 법익은 우리에게도 유익한 분석의 틀과 준거의 틀을 제공한다. 에머슨이 4대 가치로 범주화하는 것은 미국인들의 합리적인 사고를 엿보게 하는 대목이다. 진리에의 도달과 자기실현, 공동체 의사결정에의 참여 그리고 변화와 안정 사이의 균형의 가치를 우리 교양인이 가슴에 지니면 사회생활을 하는 데 유익한 지침이 될 것 같다. 사실 필자가 이번 연구를 하게 된 것도 이 같은 가치와 접근법을 널리 공유하기를 바라는 마음에서다. 이를 통해 지성을 넓히고 품위를 높임으로써 대한민국 전체적인 품격이 향상되기를 바랄 뿐이다.

미국의 철학과 이론을 우리나라에 바로 수입하는 것이 마찰을 빚을 수도 있을 것이다. 그러나 사상의 자유시장 이론은 인류공동체의 공통적인 과제를 해결해 주는 사고체계이다. 우리가 사상의 자유시장 이론을 더욱 더 깊게 연구하고 고민할 필요가 있다고 하겠다. 그럼에도 불구하고 한국에서 '언론자유' 라는 가치에 대해 국민의 몰이해와 무지는 심각하다는 지적이 있다.[816] 오랫동안 권위주의 정권을 경험한 탓이다. 1987년 6·29선언 이후 민주화와 함께 대통령과 정부에 대한 비판이 자연스럽게 이루어지고 있다. 때로는 지나칠 정도의 비난까지 속출하고 있는 실정이다. 사상의 자유시장을 통해 활발하게 논쟁을 벌일 수 있는 역사적 전기를 맞고 있는 것은 사실이다.

그러나 정부를 포함한 3권의 언론자유에 대한 침해는 알 수 없을 정도로 이루어지고 있다. 특히 종교단체, 시민·사회단체, 이익집단, 노동조합, 대기업 집단 등의 언론자유 통제도 광범위하게 일어나고 있다. 또 방송과 신문 등 언론종사자들의 권력화 현상도 두드러지고 있다.[817] 총리 후보자의 검증 등 중대한 헌정질서가 왜곡된 정보 제공으로 크게 위협받기도 한다.[818] 또 국가정책에 대한 시비가 당파적 입장에서 지속돼 국정이 마비되고, 경제가 기본부터 흔들리기도 한다. 반면에 종합편성 방송을 비롯해 보도전문 채널 등 언론시장은 무한경쟁체제로 들어서고 있다. ICT 등의 기술발달로 인해 IP TV와 DMB, 휴대전화, 인터넷, SNS 등으로 공적 토론장(public forum)이 급속도로 확장되고 있다. 그만큼 사상의 자유시장이 무한정 확대되면서 언론·표현의 자유가 꽃을 피울 기회를 갖게

---

816 손태규, 앞의 책, 21쪽.
817 이춘구, 공영방송의 정치적 독립성에 관한 법적 연구: 공영방송 지배체제 입법을 중심으로, 한국언론법학회, 언론과 법 제13권 제2호, 2014, 217–265쪽.
818 이춘구, 방송의 자유와 중대 보도의 공정성 긴급심의제도 연구, 전북대학교 법학연구소, 법학연구 제42집, 2014, 221–265쪽.

되는 것이다.

미국에서도 정부가 통제하는 토론장에 대한 반대로서 인터넷이 사상의 자유시장이 돼야 하는가에 대한 논란이 제기된 바 있다. 또 공격적인 발언이나 주제를 다루는 예술가들, 음악가들 그리고 다른 사람들을 수정헌법 제1조를 통해 보호해서는 안 된다는 여론조사 결과도 나오고 있다. 정치적으로 바로 잡기 위한 현대의 압력이 공격적인 단어와 사상들을 표현하는 자유를, 특히 대학 캠퍼스에서 그리고 대중매체에서 확실히 줄이고 있다. 미국 국민이 심지어 그들이 동의하지 않는 사람들을 위해 자유로운 표현을 지지하는 공적 공무원들을 지속적으로 선출할 것인지도 주목 대상이다.

그래서 언론자유의 근원인 아레오파지티카와 사상의 자유시장 이론 등을 고찰하고, 자유언론을 실천해 나가야 할 이유가 있는 것이다. 아레오파지티카를 통해 언론의 자유의 연원을 보다 생생하게 고찰하려 했다. 표현의 자유와 언론의 자유는 태동부터 무한정이 아님을 확인한다. 또 인간으로서 가장 기본적인 권리임을 인정하게 된다. 사상의 자유시장 이론의 형성과 발전 그리고 언론의 책임으로까지 논의를 확대하면서 책임 있는 언론의 길을 법철학적으로 모색하려고 했다.

우리의 경우처럼 체제 전복을 기도하는 세력들이 국내에 있거나 해외에 강한 적들이 있다면 사상의 자유시장은 위축될 것이다. 독점적 매체 사업 행위뿐 아니라 선정적 언론과 부정확성, 오만은 정부에 의한 징벌적 반응을 불러일으킬 것이다. 언론이 언론의 자유를 지키려고 한다면 모든 차원에서 정부에 의한 침해에 대해 단호하게 대처해야만 한다. 그러나 언론은 언론의 자유를 행사하는 데 역시 책임 있게 해야만 한다.

필자가 사상의 자유시장 이론을 통해 추구하고자 하는 것은 공론의 장으로서 사상의 자유시장이 건전해야 우리의 자유민주주의가 꽃을 피우게 될 것으로 기대하기 때문이다. 백가쟁명 백화제방의 시대가 구현된다면,

우리 사회는 홍익인간 재세이화를 실현하며 고도의 자유민주주의를 구가하게 될 것이다. 사상의 자유시장을 통해 올바르게 주권을 행사하고 올바르게 정부를 선출해야 한다. 사상의 자유시장이 제 기능을 하도록 입법부가 '비정상의 정상화'를 위해 더욱더 노력해야 할 것이다.

헌법재판소와 사법부는 언론과 함께 사상의 자유시장이 올바르게 작동하는지를 감시해야 한다. 주권자인 국민 모두가 단군의 신시에서, 고대 그리스인처럼 광장에서 자신의 의견을 당당히 밝히고, 자유민주주의 국가를 올바르게 형성하는 계기를 갖도록 해야 할 것이다. 사상의 자유시장이 제대로 기능하고, 자유민주주의를 한 단계 더 발전시키는 것은 주권자인 국민의 몫이다.

참고문헌

[외국문헌]

Aleinikoff., T., The Constitution in Context. The Continuing Significance of Racism, 63 U. COLO. L. Rev., 1992.

Alschuler, A., Law Without Values: The Life, Work, and Legacy of Justice Holmes, 2000.

Altschull, J., Agents of Power: The role of the News Media in Human Affairs, Longman, 1984.

Asard, E. · Bennett, W., Democracy and the Marketplace of Ideas: Communication and Government in Sweden and the United States, Cambridge University Press, 1997.

Bagehot, W., The Metaphysical Basis of Toleration in Works of Walter Bagehot Vol. 2, Hutton ed., 1889.

Baker, C., Scope of the First Amendment Freedom of Speech, 25 UCLA L. REV., 1978.

    The Process of Change and the Liberty Theory of the First Amendment, 55 S. Cal. L. Rev., 1981.

    Human Liberty and Freedom of Speech, Oxford University Press, 1989.

Baker, L., Justice from Beacon Hill: The Life and Times of Oliver Wendell Holmes, 1991.

Barron, J., Access to the Press—A New First Amendment Right, 80 HARV. L. REV. 1967.

    Freedom of the Press For Whom? The Right of Access to Mass Media, Indiana University Press, 1973.

Barton,. T., Carter · Marc A. Franklin · Jay B. Wright, The First Amendment and The Fourth Estate, The Law of Mass Media, The Foundation Press, Inc., 1991.

BeVier, L., The First Amendment and Political Speech: An Inquiry into the Substance and Limits of Principle, 30 Stanford L. Rev., 1978.

Bezanson, R., The New Free Press Guarantee, 63 Va. L. Rev., 1977.

    Institutional Speech, 80 Iowa L. Rev., 1995.

Bickel, A., The Morality of Consent, 1976.

Black, C., The People and the Court, Macmillan, 1960.

Blasi, V., Holmes and the Marketplace of Ideas, The University of Chicago, 2004 Sup. Ct. Rev. 1, 2004.

Blocher, J., Institutions in the Marketplace of Ideas, 57 Duke L. J., 2008.

Access to the Press—A New First Amendment Right, 80 HARV. L. Rev. 1967.

Bollinger, L., The Tolerant Society: Freedom of Speech and Extremist Speech in America, 1986.

Public Institutions of Culture and the First Amendment: The New Frontier, 63 U. Cin. L. Rev., 1995.

Bork, R., Neutral Principles and Some First Amendment Problems, 47 Ind. L. J., 1971.

Bosmajian, H., Metaphor and Reason in Judicial Opinions, 1992.

Breton, A. · Wintrobe, R., Freedom of Speech vs. Efficient Regulation in Markets for Ideas, 17 J. Econ. Behav. & Org., 1992.

Brietzke, P., How and Why the Marketplace of Ideas Fails, Valparaiso U. L. Rev. 31(3), 1997.

Brown, D. · Merill, J., Regulatory Pluralism in the Press, Freedom of Information Center Report 5, 1965.

Campbell, D., The Supreme Court and the Mass Media, Praeger Publishers, 1990.

Caplan, B., The Myth of the Rational Voter: Why Democracies Choose Bad Policies, 2007.

Caristi, D., Expanding Free Expression in the Marketplace—Broadcasting and Public Forum, New York: Quorum Books, 1992.

Caristi D. · Davie W., Communication Law—Practical Applications in the Digital Age, Pearson Education, Inc., 2012.

Carpenter, D., Response, The Value of Institutions and the Values of Free Speech, 89 Minn. L. Rev., 2005.

Chafee, Z., Free Speech in the United States, Harvard University Press, 1941.

2 Government and Mass Communications, 1947.

Coase, R., The Nature of the Firm, 4 Economica, 1937.

The Problem of Social Cost, 3 J. L. & ECON., 1960.

The Market for Goods and the Market for Ideas, 64 Am. Econ. Rev.: Papers & Proc., 1974.

Advertising and Free Speech, 6 J. Legal Stud. 1, 1977.

The Institutional Structure of Production, 82, Am. Econ. Rev., 1992.

The New Institutional Economics, 88 Am. Econ. Rev., 1998.

Cohen, J. · Gleason, T., Social Research in Communication and Law, Sage Publications, 1990.

Cole, D., Agon at Agora: Creative Misreadings in the First Amendment Tradition, 95 Yale L. J., 1986.

Cooter, R., Inventing Market Property: The Land Courts of Papua New Guinea, 25 Law & Soc'y Rev., 1991.

Cornwell, N., Freedom of the Press—Rights and Liberties under the Law, ABC CLIO, 2004.

Dahl, R., Who Governs? Democracy and Power in an American City, 1961.

Delgado, R., Campus Antiracism Rules: Constitutional Narratives in Collision, 85 Nw. U. L. Rev., 1991.

Dworkin, R., Taking Rights Seriously, Harvard University Press, 1978.

Ellickson, R., Order Without Law, 1991.

    The Market for Social Norms, 3 Am. L. & Econ. Rev. 1, 2001.

Elliot, D., Responsible Journalism, Sage Publications, Inc., 1986.

Emerson. T., Toward of a General Theory of the First Amendment, 1966.

    The System of Freedom of Expression, 1970.

    Colonial Intentions and Current Realities of the First Amendment, Faculty Scholarship Series Yale Law School Faculty Scholarship 1—1, 1977.

    The Affirmative Side of the First Amendment, 15 GA. L. Rev.. 1981.

Fish, S.,Fraught with Death: Skepticism, Progressivism, and the First Amendment, 64 U. Colo. L. Rev., 1993.

Forster, E., Presidential Address, Freedom of Expression: A Symposium, Herman Ould ed., 1970.

Fowler, M. · Brenner, D., A Marketplace Approach to Broadcast Regulation, Texas Law Review 60, 1982.

Fraleigh, D. · Tuman, J., Freedom of Expression in the Marketplace of Ideas, SAGE Publications, Inc., 2011.

Francois, W., Mass Media Law and Regulation, Iowa State University Press/AMES, 1990.

Gant, S., We're All Journalists Now: The Transformation of the Press and Reshaping of the Law in the Internet Age, Free Press, 2007.

Gard, S., The Absoluteness of the First Amendment, HeinOnline 58 Neb. L. Rev., 1978—1979.

Garry, P., The First Amendment and Freedom of the Press: A Revised Approach to the Marketplace of Ideas Concept, Marquette Law Review, Volume 72, 1989.

Geertz, C., The Bazaar Economy: Information and Search in Peasant Marketing, 68 Am. Econ. Rev., 1978.

Gilmore, G., The Ages of American Law, 1977.

Goldman, A. · Cox, J., Speech, Truth, and the Free Market for Ideas, 2 Legal Theory, 1996.

Goodwin, R., The Shape of American Politics, Commentary, 1967.

Grey., T., Holmes and Legal Pragmatism, 41 Stan. L. Rev., 1989.

Hafen, B., Developing Student Expression Through Institutional Authority: Public Schools As Mediating Structures, 48 Ohio St. L. J., 1987.

Hand, L., The Spirit of Liberty, Papers and Addresses of Learned Hand, I. Dilliard ed., 1960.

Harvard Law Review Association, Note, The Impermeable Life: Unsolicited Communications in the Marketplace of Ideas, 118 Harv. L. Rev., 2005.

Holmes, O., The Common Law, 1881.

The Path of the Law, 10 Harv. L. Rev., 1897.

Law in Science and Science in Law, 12 Harv. L. Rev., 1899

Natural Law, 32 Harv. L. Rev. 1918.

Hooper, H., A Treatise on Man, His Intellectual Faculties and His Education, London, n. pub, 1777.

Hopkins, W., The Supreme Court Defines the Marketplace of Ideas, Journalism & Mass Communication Quarterly, 73, 1996.

Horwitz, P., First Amendment Institutions, Harvard University Press, 2013.

Howe, M., Justice Oliver Wendell Holmes: The Shaping Years 1841−1870, 1957.

Ingber, S., Procedure, Ceremony and Rhetoric: The Minimization of Ideological Conflict in Deviance Control, 56 B. U. L. Rev. 1976.

The Interface of Myth and Practice in Law, 34 VAND. L. Rev., 1981.

The Marketplace of Ideas: A Legitimizing Myth, 1984 Duke L. J. 1, 1984.

Jefferson, T., The Papers of Thomas Jefferson, Princeton University Press, ed. Julian P. Boyd, 1950.

Kamenshine, R., The First Amendment's Implied Political Establishment Clause, 67 CALIF. L. Rev., 1979.

Kelley, D. · Donway, R., Liberalism and Free Speech, Democracy and the Mass media, The Press Syndicate of the University of Cambridge, 1990.

Kelley, P., Was Holmes a Pragmatist? Reflections on a New Twist to an Old Argument, 14 S.I.U. L. J. 1990.

Kloppenberg, J., Uncertain Victory: Social Democracy and Progressivism in European and American Thought 1870−1920, 1986.

Kozel, R., INSTITUTIONAL AUTONOMY AND CONSTITUTIONAL STRUCTURE, 112 Mich. L. Rev., 2014.

Kozinski, A. · Banner, S., Who's Afraid of Commercial Speech?, 76 Va. L. Rev., 1990.

Krieghbaum, H., Pressures on the Press, Thomas Y. Crowell Co., 1973.

Lavey, W., Inconsistencies in Applications of Economics at the Federal Communication,

Federal Communications Law Journal, 45, 1993.

Lawrence, C., If He Hollers, Let Him Go: Regulating Racist Speech on Campus, Duke L. J., 1990.

Levinson, S., Freedom of Speech and the Right of Access to Private Property Under State Constitutional Law, in Developments in State Constitutional Law, 1985.

Levy, L., Legacy of Suppression: Freedom of Speech and Press in Early American History, Belknap Press of Harvard University Press, 1960.

Lewis, A., A Preferred Position for Journalists? 7 Hofstra L. Rev., 1979.

Freedom for the Thought That We Hate—A Biography of the First Amendment, 2007. 박지웅 · 이지은 옮김, 우리가 싫어하는 생각을 위한 자유—미국 수정헌법 제1조의 역사, 간장, 2010.

Locke, J., Two Treatises of Civil Government, Everyman's Library ed. 1924.

Luban, D., Justice Holmes and the Metaphysics of Judicial Restraint, 44 Duke L. J., 1994.

Madison, J., Report on the Alien and sedition Acts 1800, Jack N. Rakove, ed. James Madison Writings, Library of America, 1999.

Marcuse, H., Eros and Civilization, Beacon, 1966.

Marshall, W., In Defense of the Search for Truth as a First Amendment Justification, 30 Ga. L. Rev. 1, 1995.

Massaro, T., Equality and Freedom of Expression: The Hate Speech Dilemma, WM. & MARY L. Rev., 1991.

McGee, R., Hate Speech, Free Speech and the University, 24 AKRON L. Rev., 1990.

Meiklejohn, A., Political Freedom, 1948.

Free Speech and Its Relation to Self-government, Harper & Brothers Publishers, 1948.

The First Amendment and Evils That Congress has a Right to Prevent, 26 Ind. L. J., 1951.

Political Freedom: the Constitutional Powers of the People, 1960.

Menand, L., The Metaphysical Club: A Story of Ideas in America, 2001.

Mendelson, W., On the Meaning of the First Amendment: Absolutes in the Balance, California Law Review Volume 50, 1962.

Merrill, J., The Imperative of Freedom, Hastings House, 1974.

The Marketplace: A Court of First Resort, Media Freedom and Accountability, Greenwood Press, 1989.

Mill, J., On Liberty, David Bromwich · George Kateb, eds, 2003.

Milton, J., Areopagitica, Everyman's Library ed. 1927.

Nagel, R., How Useful is Judicial Review in Free Speech Cases? 69 Cornell L. Rev., 1984.

Napoli, P., The Marketplace of Ideas Metaphor in Communications Regulation, Journal of Communication, Vol. 49 (4), 1999.

Nichols, P., A Legal Theory of Emerging Economies, 39 Va. J. Int'l L., 1999.

North, D., Institutions, Institutional Change and Economic Performance, 1990.

Nowak, J. · Rotunda, D., Constitutional Law, 2004. 이부하(역), 미국 헌법상 표현의 자유, 영남법학 11권 1호, 영남대법학연구소, 2005.

Overbeck, W., Major Principles of Media Law, Harcourt Brace College Publishers, 1998.

Owen, B., Economics and Freedom of Expression: Media Structure and the First Amendment, Ballinger, 1975.

Pember, D., Mass Media Law, Wm. C. Brown Publishers, 1984.

Picard, R., The Press and the Decline of Democracy, Greenwood Press, 1985.

Posner, R., ed, The Essential Holmes, Address of Chief Justice Holmes, 1992.

Post, R., Participatory Democracy and Free Speech, 97 Va. L. Rev., 2011.

Raskin, A., The Marketplace: A Stacked Court, Media Freedom and Accountability, Greenwood Press, 1989.

Rawls, J., Political Liberalism, Columbia University Press, 1993.

Reich, C., The Greening of America, The New Yorker, 1970.

Rosenblatt, J., Milton's Selected Poetry and Prose, W.W. Norton & Co., 2010.

Sanders, K., How Newspapers Hold Themselves Accountable, Editor and Publisher, 1973.

Scanlon, T., Rawls' Theory of Justice, 121 U. PA. L. REV., 1973.

　　　　Freedom of Expression and Categories of Expression, 40 U. PITT. L. REV., 1979.

Schauer, F., Fear, Risk and the First Amendment: Unraveling the "Chilling Effect," 58 B. U. L. Rev., 1978.

　　　　The Role of the People in First Amendment Theory, 74 Cal. L. Rev. , 1986.

　　　　The Second-Best First Amendment, William and Mary Law Review Volume 31, 1989.

　　　　Uncoupling Free Speech, 92 Colum. L. Rev., 1992.

　　　　Discourse and Its Discontents, 72 Notre Dame L. Rev., 1997.

　　　　Principles, Institutions, and the First Amendment, 112 Harv. L. Rev., 1998

　　　　The Boundaries of the First Amendment: A Preliminary Exploration of Constitutional Salience, 117 Harv. L. Rev., 2004.

　　　　Towards an Institutional First Amendment, 89 Minn. L. Rev. 2005.

　　　　Is There a Right to Academic Freedom?, 77 U. Colo. L. Rev., 2006.

Schmidt, B., Freedom of the Press vs. Public Access, Praeger, 1976.

Shriver, H., ed, Justice Oliver Wendell Holmes: His Book Notices and Uncollected Letters and Papers, 1936.

Smith, A., The Public Interest and Telecommunications in 1 New Directions in Telecommunications Policy, P. Newberg ed., 1989.

Smith, S., Skepticism, Tolerance, and Truth in the Theory of Free Expression, 60 S. Cal. L. Rev. 1987.

Smythe, D., On the Political Economy of Communication, Journalism Quarterly 37, 1969.

Stewart, P., Or of the Press, 26 Hastings L. J., 1975.

Tucker, D., Law, Liberalism and Free Speech, Rowman & Littlefield Pub Inc., 1985.

Volokh, E., The Trouble with "Public Discourse" as a Limitation on Free Speech Rights, 97 Va. L. Rev. 2011.

Weber, M., Die Protestantische Ethik und der Geist des Kapitalismus, Gesammelte Aufsäze, zur Religionssoziologie, Bd. 1, J. C. B. Mohr, T?bingen, 1920.

Weinstein, J., Participatory Democracy as the Central Value of American Free Speech Doctrine, 97 Va. L. Rev. 2011.

Wellington, H., On Freedom of Expression, 88 Yale LJ., 1979.

Westbrook, R., John Dewey and American Democracy, 1991.

Williamson, O., The New Institutional Economics: Taking Stock, Looking Ahead, 38 J. Econ. Lit. 2000.

[국내문헌]

강정민, 제헌헌법의 '자유주의 이념적 성격', 한국정치사상학회, 정치사상연구 제11집 2호, 2005.

국회도서관, 헌법제정회의록(제헌의회), 1967.

김대휘, 국가보안법 제7조 제1항 및 제5항의 해석기준-대법원 1992. 3. 31. 선고, 90도 2033 판결-, 형사판례연구[1], 형사판례연구회편, 박영사, 1993.

김동철, 자유언론법제연구, 나남커뮤니케이션, 1987.

김무진, 조선시대 향약 및 향안조직에서의 의사결정구조, 계명대학교 한국학연구원, 한국학 논집 제32집, 2005.

김영일, 옛 가야에서 띄우는 겨울편지, 두레, 2000.

김옥조, 미디어법, 커뮤니케이션북스, 2012.

김용직, 3·1운동의 정치사상, 한국동양정치사상학회, 한국동양정치사상연구 제4권 제1호, 2005.

김철수, 미국 헌법이 한국 헌법에 미친 영향 서설, 한국공법학회, 한국에서의 미국헌법의 영향 과 교훈: 미국 헌법 제정 200주년 기념논문집, 1987.

헌법학신론, 박영사, 2013.

김충남 · 김효선, 풀어쓴 독립정신, 청미디어, 2008.

김혜승, 동학정치사상과 갑오동학농민운동: 한국민족주의의 민주화, 한국정치사상학회, 정치
사상연구 제11집 1호, 2005.

김홍주, 조선 향촌규약에 나타난 마을공동체 운영 특성: 고현향약을 중심으로, 국토연구원,
국토연구 제79권, 2013.

문광삼, 헌법학, 삼영사, 2013.

문종대, 존 밀턴(John Milton)의 언론자유사상: 이성과 자유의지, 그리고 관용, 한국언론학회,
한국언론학보 48권 1호, 2004.

박덕배, 향약의 법적 연구, 한국법사학회, 법사학연구 제3호, 1976년.

박용상, 표현의 자유, 현암사, 2002.

국가안보와 표현의 자유, 금랑 김철수선생 팔순기념논문집, 경인문화사, 2012.

박찬승, 대한민국 헌법의 임시정부 계승성, 독립기념관 한국독립운동사연구소, 한국독립운동
사연구 제43집, 2012.

서희경, 대한민국 건국헌법의 역사적 기원 (1898-1919): 만민공동회 · 3.1운동 · 대한민국임시
정부헌법의 '민주공화' 정체 인식을 중심으로, 한국정치학회보 제40집 제5호, 2006.

대한민국 헌법의 탄생: 한국헌정사 만민공동회에서 제헌까지, 창비, 2012.

성낙인, 표현의 자유, 헌법재판연구 6권, 헌법재판소, 1995.

손태규, 왜 언론자유, 자유언론인가, 기파랑, 2011.

신우철, 임시헌장(1944.4.22.) 연구:독립운동, 권력투쟁 그리고 '헌법', 법과사회이론학회,
법과 사회 제34권, 2008.

안호상, 단군과 화랑의 역사와 철학, 사림원 1979.

양 건, 헌법강의, 법문사, 2013.

양근석, 단군시대의 통치철학 연구, 한국민족사상학회, 민족사상 3(1), 2009.

오문환, 동학에 나타난 민주주의: 인권, 공공성, 국민주권, 계명대학교 한국학연구원, 한국학
논집 제32집, 2005.

원동중, 삼성기전 하편. (안경전 역주, 환단고기, 상생출판, 2012.).

유성선, 율곡 향약에 나타난 사회사상 연구, 중앙대학교 중앙철학연구소, 철학탐구 18, 2005.

유일상, 언론정보윤리론, 도서출판 아침, 2001.

이강오, 태인 고현향약에 대한 연구(1), 전북대학교 전라문화연구소, 전라문화논총 제1집, 1986.

이노홍, 미국 신문산업규제와 수정헌법 제1조, 홍익법학 제10권 제1호, 2009.

이상훈, 독립운동과 민주공화주의 이념, 한국철학사상연구회, 시대와 철학 제23권 4호, 2012.

이승우, 헌법학, 도서출판 두남, 2014.

이암, 단군세기. (안경전 역주, 환단고기, 상생출판, 2012.).

이완범, 건국 기점 논쟁: 1919년설과 1948년설의 양립, 한국인문사회과학회, 현상과 인식 33(4), 2009.

이용중, 대한민국임시정부의 지위와 대일항전에 대한 국제법적 고찰, 국제법학회논총 제54권 제1호, 2009.

이인호, 표현의 자유, 헌법재판 주요선례연구1, 헌법재판연구원, 2012.

이진로, 미국의 언론자유사상 연구, 한국정치평론학회, 정치와 평론 11권, 2012.

이춘구, 사상의 자유시장 이론 전개의 법적 고찰: 연원과 현대적 발전을 중심으로, 국가법연구 제10집 1호, 한국국가법학회, 2014.

　　　미국 수정헌법 제1조의 보호가치 고찰, 언론과 법 제13권 제1호, 한국언론법학회, 2014.

　　　공적 토론장의 확대에 관한 법적 고찰: 미국의 판례를 중심으로, 전북대학교 동북아법연구소, 동북아법연구 제8권 제2호, 2014.

　　　방송의 자유와 중대 보도의 공정성 긴급심의제도 연구, 전북대학교 법학연구소, 법학연구 제42집, 2014.

　　　공영방송의 정치적 독립성에 관한 법적 연구: 공영방송 지배체제 입법을 중심으로, 한국언론법학회, 언론과 법 제13권 제2호, 2014.

　　　미국 방송법제상 공정성 원칙의 전개 연구, 전북대학교 법학연구소, 법학연구 제43집, 2015.

　　　미국 Red Lion 사건과 Syracuse 사건에 대한 연구: 방송의 공정성 원칙의 헌법 논쟁을 중심으로, 전북대학교 동북아법연구소, 동북아법연구 제8권 제3호, 2015.

　　　기술 발전에 따른 매체 접근권 연구, 한국국가법학회, 국가법연구 제11권 1호, 2015.

　　　한국 역사상 사상의 자유시장의 유추에 대한 법적 연구: 고조선에서 정부수립까지, 전북대학교 동북아법연구소, 동북아법연구 제9권 제2호, 2015.

이해준, 한국의 마을문화와 자치·자율의 전통, 계명대학교 한국학연구원, 한국학 논집 제32집, 2006.

임상원, 아레오파지티카의 언론자유사상, 언론과 사회 제16권, 1997.

임영덕, 미국 미디어 규제와 망중립성에 관한 고찰, 미국헌법연구 제21권 제3호, 미국헌법학회, 2010.

정경환, 동학과 한국근대정치사상, 한국민족사상학회, 민족사상 제2권 제2호, 2008.

정경환·이정화, 풍류도의 내용과 의미에 관한 연구, 한국민족사상학회, 민족사상 제4권 제2호, 2010.

정영훈, 근대 한국 민족주의의 정치사상(2): 1920-1940년대 합작 통일운동의 정치사상, 한국동양정치사상학회, 한국동양정치사상연구 6(2), 2007.

　　　단군신화의 정치사상, 한국동양정치사상사학회, 한국동양정치사상사 제8권 제2호, 2009.

정종섭, 헌법소송법, 박영사, 2001.

　　　헌법학원론, 박영사, 2013.

조동걸, 한국민족주의의 성립과 독립운동사연구, 지식산업사, 1989.

조소영, 표현의 자유의 제한방법론에 관한 연구—미국의 연방대법원 판례를 중심으로, 연세대학
　　교 대학원 박사논문, 2001.

진영재·최선, '한국적 권력구조'의 기원적 형태: 대한민국임시정부(1919년~1945년)의 헌법 개
　　정과 권력구조 변천사 분석, 한국정치학회, 한국정치학회보 제43집 제2호, 2009.

최연식, 조선시대 사림의 정치참여와 향촌자치의 이념, 한국정치외교사학회, 한국정치외교사
　　논총, 제27집 제1호, 2005.

최재충, 천부경: 민족의 뿌리, 한민족, 1985.

최홍규, 신채호의 민족주의사상—생애와 사상, 단재 신채호선생 기념사업회, 형설출판사, 1986.

팽원순, 한국언론법제론, 법문사, 1994.

한수웅, 헌법학, 법문사, 2013.

한인섭, 대한민국은 민주공화제로 함: 대한민국 임시헌장(1919. 4. 11) 제정의 역사적 의의,
　　서울대학교 법학 제50권 제1호, 2009.

허　영, 헌법이론과 헌법, 박영사, 2013.

홍성구, 아레오파지티카에 나타난 공화주의와 언론자유, 한국언론학회, 한국언론학보 55권
　　2호, 2011.

홍성방, 헌법학, 현암사, 2002.